SISTEMA MUNDIAL, INTERCAMBIO DESIGUAL Y RENTA DE LA TIERRA

Esta publicación de la División de Ciencias Sociales y Humanidades de la Universidad Autónoma Metropolitana-Unidad Xochimilco y Editorial Itaca, fue dictaminada por pares académicos expertos en el tema. Agradecemos a la Rectoría de la Unidad el apoyo brindado para la presente publicación.

D.R. © Universidad Autónoma Metropolitana
Universidad Autónoma Metropolitana-Unidad Xochimilco
Calzada del Hueso 1100, Colonia Villa Quietud
Coyoacán, C.P. 04960, Ciudad de México,
Sección de Publicaciones de la División de Ciencias Sociales y Humanidades
Edificio A, 3er piso. Teléfono 54 83 70 60
pubcsh@correo.xoc.uam.mx
http://dcshpublicaciones.xoc.uam.mx
ISBN UAM: 978-607-28-1196-6

Diseño de la portada y fotografía: Iraís Hernández Güereca
"Cuarzo", 2016, mina El Edén, Zacatecas, Zacatecas, México

D.R. © David Moreno Soto
Editorial Itaca
Piraña 16, Colonia del Mar,
C.P. 13270, Ciudad de México.
tel. (55) 58 40 54 52
www.editorialitaca.com.mx
ISBN Itaca: 978-607-97801-5-9

Primera edición: diciembre de 2017

Impreso y hecho en México / *Printed and made in Mexico*

Sistema mundial, intercambio desigual y renta de la tierra

Jaime Osorio

UNIVERSIDAD AUTÓNOMA METROPOLITANA
Casa abierta al tiempo
UNIDAD XOCHIMILCO División de Ciencias Sociales y Humanidades

ITACA

Índice

El despliegue del capital en el Estado-nación y en el sistema mundial*

1

En su desarrollo el capital reclama una base territorial sustentada en el Estado-nación, pero también requiere desplegarse en un sistema mundial. Este doble movimiento no está exento de contradicciones y problemas, siendo los principales insolubles en el seno de la organización capitalista.

2

El Estado-nación ofrece al capital una base territorial con fronteras definidas, a diferencia de las indefiniciones presentes en los espacios en que se organizaba la producción feudal. Con el establecimiento del Estado-nación el capital logra crear unidades territoriales en donde tiende a imperar una única moneda, lo que facilita y alienta el intercambio de mercancías; se avanza también en la conformación de una misma ley de pesos y medidas; se establece, por otro lado, un Estado de derecho y una úni-

* Una primera versión de este artículo apareció publicado en *Crítica Marxista*, núm. 44, Univesidade Estadual de Campinas, São Paulo, 2017.

ca autoridad central.[1] Nunca como en el capitalismo el Estado requirió de una centralización tan férrea del poder político. Al mismo tiempo, esa centralización reclama presentar el poder político como una relación pluralmente repartida por muy diversas formas de organización, como las instituciones de la llamada sociedad civil, escuelas, medios de comunicación e iglesias; partidos políticos, corporaciones gremiales, sindicatos; organizaciones no gubernamentales (ONG), asociaciones de vecinos, etcétera. Jamás la centralización del poder político reclamó tanta "descentralización".

3

En el Estado-nación se diversifican las actividades productivas y se universaliza la recaudación de impuestos, lo que otorga a la administración del aparato de Estado[2] mayor autonomía monetaria. Se crean así las condiciones para profesionalizar al personal del aparato de Estado, que tiende a crecer. Por otra parte, esa recaudación regular y amplia permite también la profesionalización de las Fuerzas Armadas y de la Policía, cuyo número también se expande.

[1] Ya no principados que debían obediencia tanto al Papa como al emperador.

[2] Establecemos una distinción conceptual entre Estado, en tanto condensación de relaciones sociales de poder, dominio y construcción de comunidad, y aparato de Estado, cosificación de aquellas relaciones, que se expresa en instituciones, personal y leyes jerarquizadas. Véase Jaime Osorio, *El Estado en el centro de la mundialización. La sociedad civil y el asunto del poder*, México, Fondo de Cultura Económica / Universidad Autónoma Metropolitana (UAM)-Xochimilco, 2004. Para un desarrollo más específico, véase Jaime Osorio, "Los dilemas del dominio en un mundo de hombres libres", en *Estado, biopoder, exclusión. Análisis desde la lógica del capital*, Barcelona, Anthropos / UAM-Xochimilco, 2012.

4

La secularización del Estado, la fijación de territorios, el reconocimiento de la soberanía y la igualdad jurídica de los Estados son algunos de los procesos centrales acordados en los tratados de paz de Westfalia (1648), y que se consideran como puntos de partida para la conformación del moderno Estado-nación.[3]

5

El establecimiento del Estado-nación implicó no sólo llevar a cabo el dominio de determinadas clases sociales sobre otras clases, sino también de determinadas etnias o naciones sobre otras etnias o naciones. De esta manera, el Estado-nación es simultáneamente un sistema de dominio de clases sociales y de etnias o naciones.

6

El Estado-nación opera de manera activa en la reproducción del capital. En primer lugar, al establecer un Estado de derecho que asegura la reproducción de las relaciones capitalistas. Con el reconocimiento legal de la propiedad privada, el Estado sienta las bases para la mantención y reproducción del monopolio sobre los medios de producción de reducidos sectores sociales, y con ello, simultáneamente, del despojo de dichos medios para la mayoría de la pobla-

[3] Juan José Bremer, "La paz de Westfalia y su contexto histórico", en *De Westfalia a Post-Westfalia. Hacia un nuevo orden internacional*, México, Instituto de Investigaciones Jurídicas-Universidad Nacional Autónoma de México (UNAM), 2013.

ción, que debe convertirse en vendedora de fuerza de trabajo para sobrevivir. Establecida esa separación, la propia dinámica del capital se encargará día tras día de reproducir esas relaciones. Terminada la jornada, el capital acrecentará su control sobre la riqueza y los medios de producción, en tanto los trabajadores percibirán un salario que los obliga a seguir vendiendo su fuerza de trabajo. De esta forma se dan las condiciones para el surgimiento de cualquier capital. Pero esto no significa que todos los capitales sobrevivirán, pues el capitalismo es un sistema de competencia, por lo que en esa lucha muchos capitales serán liquidados y absorbidos por otros, propiciando la concentración y acumulación de capitales, así como la de los medios de producción y la riqueza social.

7

El Estado también interviene en la reproducción capitalista por la vía de inversiones directas en infraestructura y en la producción de bienes diversos, abre espacios para la emergencia de capitales alentando la demanda de bienes diversos y acrecentando el mercado interno de bienes salarios por la vía de empleos, todo lo cual crea condiciones para que la valorización del capital sea factible. Bajo otras políticas económicas, no se encarga directamente de las inversiones en infraestructura, sino que abre concursos para resolver el abastecimiento de servicios como electricidad, agua, recolección de basura, administración de cárceles, o la construcción de carreteras e infraestructura portuaria, aeroportuaria, o arreglo de calles y banquetas en centros urbanos, todo lo cual amplía los espacios de inversiones y realización del capital privado. También determina criterios para la fijación de los salarios mínimos, cuando no los establece directamente. Suscribe acuerdos comerciales con otros Estados nacionales o con organismos regionales. Devalúa o revalúa la moneda en función de intereses diversos de sectores del capital.

8

El Estado-nación juega un papel fundamental en la lucha de clases. El Estado no es una entidad neutra que arbitra los conflictos de clase. Por el contrario, interviene de manera decisiva en favor de los intereses del capital en general y de fracciones y sectores en particular. Favorece las modalidades de organización de los dominados que reproducen la dominación, como las leyes que definen las modalidades de sindicalización, que pueden intervenir en la compra-venta de la fuerza de trabajo y en la organización del trabajo, pero nunca para poner fin a que dicha compra-venta se lleve a cabo. De igual manera, alienta la formación de partidos políticos sobre la base de la ciudadanía, allí en donde todos los miembros de la sociedad aparecen como políticamente iguales, ocultando las enormes diferencias entre ser dueño de una empresa o ser sólo el vigilante de la misma. La ciudadanización, por otra parte, es un mecanismo que opera desintegrando y atomizando a las clases sociales. Por ello, con el avance del capitalismo, los partidos de clase, que alguna vez tuvieron peso, tienden a convertirse en partidos de ciudadanos.

9

El papel del Estado-nación es fundamental en la lucha de clases ya que establece también la frontera entre lo legal y lo ilegal, lo permitido y lo no permitido, las luchas sociales que son reconocidas porque operan dentro de la ley frente a las que no son reconocidas porque se apartan de la ley. Todo esto tiene enormes consecuencias pues define formas y espacios de luchas posibles pero innecesarias, y formas y espacios de luchas no permitidas pero necesarias.

10

El capital requiere del Estado-nación porque sus autoridades, desde el aparato de Estado, son las únicas que pueden ofrecer paz social en sus territorios, esto es, garantizar la obediencia y la sumisión de la población a las leyes y normas adecuadas a las necesidades del capital. Esto no lo pueden alcanzar ni las más poderosas empresas transnacionales, sean General Motors, Citibank, Walmart o Facebook.

11

Para el capital el Estado-nación es una instancia fundamental en su apertura hacia el sistema mundial. Ya que el capitalismo es una organización que se expande planetariamente, y los capitales de los Estados-nación deben competir en el mercado mundial con capitales de otros Estados, el Estado-nación constituye un mecanismo de fuerza de los capitales, así como de protección y de garantías. Mayores serán esas garantías y esas protecciones mientras más fuerte sea el Estado-nación.

12

La mundialización ha sido posible por las operaciones y las acciones llevadas a cabo por los Estados-nación. En plena etapa de mundialización el Estado-nación juega ahora un papel relevante para abrir condiciones a los capitales operantes en ese espacio. Establece acuerdos comerciales con otros Estados-nación que alientan los flujos e intercambios de mercancías. En las giras internacionales de presidentes o primeros ministros se incluyen sectores empresariales de manera regular con el fin de facilitar acuerdos, ya sea de inversión, firma de tratados comerciales o para elevar los intercambios comerciales con otras economías.

13

¿Por qué el capitalismo requiere un sistema mundial como espacio para desarrollarse? Porque sus procesos de reproducción –que reclaman materias primas, fuerzas de trabajo, mercados y nuevos campos de inversión– lo impulsan a expandirse por todo el planeta.

14

El capital necesita subordinar al planeta como base de operaciones, de manera formal y también real. Con la mundialización este proceso ha dado nuevos pasos. Esto implica primeramente una expansión extensiva, fluyendo hacia cada rincón del planeta. Pero también reclama una expansión intensiva: no le es suficiente operar sobre la superficie del planeta, sino que necesita alcanzar cada vez más su interior, elevarse a las alturas, pero sobre todo multiplicar las unidades de capital por espacio apropiado. Esa subordinación real implica para el capital poder operar venciendo las condiciones climáticas, las estaciones, la consistencia de suelos y capas, las distancias geográficas, operar con independencia de la profundidad de las aguas, etcétera. En este sentido, la mundialización es mucho más que una mayor expansión extensiva y una multiplicación de la masa de mercancías intercambiadas a nivel del sistema mundial. Es, sobre todo, un salto cualitativo en la subordinación real del planeta, de territorios y espacios, al capital.

15

Que el capital opere como sistema mundial tiene consecuencias en la unidad del sistema mundial y en los Estados-nación que allí se integran, ya que las operaciones en ese espacio propician la conformación de economías estructuralmente heterogéneas, con centros desarrollados y economías dependientes, y un sistema interestatal jerarquizado y diferenciado, procesos que retroalimentan una forma particular de conformación del sistema mundial capitalista, en el que estas heterogeneidades se reproducen, amplificando las diferencias.

16

Primariamente se constituyó un sistema mundial de imperios y colonias que posibilitaba, mediante procedimientos de dominio político, la transferencia de metales preciosos, materias primas y alimentos a los centros imperiales, un proceso que estableció el piso fundamental de acumulación que hizo posible que en el siglo XVIII se produjera la revolución industrial en Inglaterra, y con ello las bases para futuras relaciones en las que serán los mecanismos económicos y no primariamente políticos los que permitan la apropiación de valores de economías de producción primaria por parte de las economías industriales.

17

Tras los procesos de independencia de las colonias en América Latina, tomará curso una división internacional del trabajo con economías y Estados-nación con estructuras industriales más diversificadas y productivas, y economías y Estados-nación con estructuras productoras de materias primas y alimentos menos diversificadas y con baja productividad, lo que propicia –por las diferencias de composición orgánica del capital– la venta de bienes por parte de las economías agrominero exportadoras con precios de producción por debajo del valor, a cambio de bienes por parte de las economías industriales con precios de producción por encima del valor. Se establece de esta forma un proceso regular de intercambio desigual que favorece la acumulación y que alienta el desarrollo de unas economías y el subdesarrollo y la dependencia de otras, que asimismo recrean en su interior las condiciones económicas y políticas para reproducir el desarrollo de algunas y la dependencia y subdesarrollo de otras.

18

Lo anterior tiene como correlato en términos políticos la conformación de un sistema interestatal constituido por Estados-nación con grados desiguales de soberanía, siendo ésta mayor en los Estados-nación desarrollados y menor (subsoberanía) en los Estados-nación subdesarrollados o dependientes.[4] Las diferencias económicas y políticas señaladas generan un sistema interestatal con predominio de poder de algunos Estados-nación soberanos, en el que alguno ejercerá la hegemonía, y la subordinación en grados diversos de los Estados-nación subsoberanos.

[4] Este tema inicialmente lo desarrollamos en *El Estado en el centro de la mundialización. La sociedad civil y el asunto del poder*, *op. cit.* El tema también es relevante porque pone en entredicho la ecuación "Estado es igual a soberanía", tan cara al pensamiento político prevaleciente.

19

La creación y recreación de un sistema mundial y de Estados-nación en los términos económicos y políticos antes descritos no es algo accidental o pasajero, sino que hace a la esencia del capitalismo en su despliegue como sistema mundial, propiciando de manera simultánea, desde las relaciones económicas y políticas, desarrollo y subdesarrollo, así como Estados-nación soberanos y subsoberanos. El capitalismo no puede funcionar sino produciendo y reproduciendo los procesos anteriores. Esta es una de las razones para sostener que las contradicciones que genera el despliegue del capital a nivel de los Estados-nación y del sistema mundial no tienen solución en el mundo que conforma el capital.

20

En el sistema mundial se generan reglas y mecanismos de operación que favorecen a los Estados-nación con mayor poder, soberanía y desarrollo, en desmedro de Estados-nación subsoberanos y dependientes. Esto se expresará en el derecho internacional, así como en las instituciones abocadas a operar en el plano del sistema mundial, como el Banco Mundial, el Fondo Monetario Internacional (FMI), la Organización de las Naciones Unidas (ONU), los diversos tratados multinacionales de comercio, seguridad e integración, etcétera.

21

Pero también aparecen unidades económicas que operan de manera regular rebasando las fronteras nacionales, dando vida a capitales transnacionales, y más recientemente a cadenas globales de producción que actúan a nivel del sistema mundial en forma jerarquizada,[5] con segmentos productivos que reclaman mayores conocimientos, ubicados en los centros del sistema mundial, y segmentos que reclaman mayor peso de la fuerza de trabajo, ubicados de manera predominante en el mundo dependiente y periférico.

22

El incremento y expansión de capital financiero y especulativo en las últimas décadas, y su capacidad de operar en tiempo real desplazamientos de concentración o fuga de capitales, propiciando inestabilidades de diversos tipos, constituye uno de los ejemplos de las operaciones de capitales que traspasan de manera rutinaria las fronteras de los Estados-nación, haciendo del espacio del sistema mundial su campo normal de operaciones. Pero estas operaciones en el sistema mundial no deben llevar a perder de vista el hecho de que estos capitales tienen sus sedes y casas matrices establecidas en espacios nacionales específicos, los Estados desarrollados, y que es allí en donde tienden a concentrar las ganancias alcanzadas en cualquier punto del planeta.[6]

[5] Gary Gereffi, "Las cadenas productivas como marco analítico para la globalización", en *Problemas del Desarrollo*, vol. 32, núm. 125, abril-junio, México, Instituto de Investigaciones Económicas-UNAM, 2001.

[6] Una maniobra recurrente de estos capitales consiste en establecer algunas bases de operación en los llamados paraísos fiscales, que permiten reducir el pago de impuestos o reducir la transparencia de sus gestiones. Pero esos paraísos fiscales –generalmente instalados en Estados-nación subdesarrollados, o en pequeñas islas–, son apenas una fórmula de triangulación empleada por grandes capitales financieros con sedes en economías de Estados-nación desarrollados.

23

Pero la presencia de capitales y de organizaciones productivas supranacionales también tiene como correlato la disputa entre los Estados-nación con mayor poder por inversiones, por apropiación de materias primas, por ventas.[7] En el mundo dependiente y periférico se produce un fenómeno parecido, por la disputa entre Estados-nación para promocionar sus territorios como los mejores espacios para recibir las inversiones de las cadenas globales de valorización y atraer segmentos productivos a sus territorios.[8]

24

Todo esto lleva a generar procesos de desterritorialización, de capitales financieros y especulativos que operan por el planeta y de segmentos productivos dispersos por los más variados rincones de la Tierra, al mismo tiempo que alienta nuevas territorializaciones, en la búsqueda de los capitales por la apropiación de nuevos yacimientos de minerales, de bosques, de fuentes de agua dulce, etcétera.

[7] Así, por ejemplo, la competencia entre Boeing (estadounidense) y Airbus (europea) en el mercado de aviones de reacción. La venta de armamento sofisticado es otro de los tantos campos de disputa entre capitales del mundo central, sea en submarinos, tanques, aviones de guerra o instalación de satélites en el espacio para mejorar las coberturas de telecomunicación.

[8] En la reestructuración de la industria automotriz y la aeroespacial, Estados de Europa Oriental y de América Latina se disputan los segmentos productivos que generan las cadenas globales de producción de estas industrias. En niveles de mayor subdesarrollo, las luchas aparecen en los segmentos de la industria del vestido, entre Estados de Centroamérica (Honduras, en primer lugar) y Estados del sudeste asiático, como Camboya, Vietnam, Myanmar (antigua Birmania), entre los principales.

25

Desde la perspectiva anterior, es posible señalar que con la mundialización asistimos a una aguda disputa del planeta entre capitales con asiento predominante en Estados-nación centrales, la cual incluye una lucha por territorios, materias primas, mercados y obtención de ventajas a partir de las bajas remuneraciones y pobres condiciones laborales de la fuerza de trabajo en el mundo dependiente. En todo este proceso, que involucra a quienes invierten, en dónde invierten, de quiénes venden y a quienes compran, los Estados-nación operan como punto de referencia y apoyo central de los capitales.

26

El fenómeno supranacional también se presenta en el campo de las comunicaciones, cada vez más globalizadas: CNN, Fox News, y todos los medios derivados del desarrollo de Internet. Pero lo supranacional no puede hacernos perder de vista los intereses de qué capitales y qué Estados-nación prevalecen al crear información, difundirla y ahora capturarla y procesarla para efectos y demandas tan diversos como dirigir productos a mercados sociales definidos o para efectos de vigilancia y seguridad de los Estados.

27

Existe un espacio en el que los intereses del gran capital alemán no difieren mayormente de los intereses del gran capital estadounidense. Pero hay un trecho en donde las diferencias entre unos y otros se hacen presentes.[9] También emergen entidades políticas y de seguridad que rebasan a los Estados-nación, como el tratado que dio vida a la Unión Europea, el Parlamento Europeo y la Organización del Tratado del Atlántico Norte, entre otras.

28

¿Estos procesos significan la manifestación de una nueva tendencia que conduce a la declinación o extinción del Estado-nación? Es común que se presenten procesos que parecen caminar en esa dirección. Un ejemplo, entre muchos posibles, fue la imposición de políticas de ajuste de una enorme agresividad, por parte del Banco Central Europeo y el FMI, a la Grecia gobernada por Alexis Tsipras, en cuanto condición para que Grecia pudiera permanecer en la Unión Europea.

29

Pero lo primero a considerar es el poder que ejercen Estados-nación y capitales específicos en organismos supranacionales como los antes mencionados, para nada ajenos al gran capital alemán, en el caso del Banco Central Europeo, y al gran capital de Estados Unidos en el caso del FMI. Por otro lado, no debe olvidarse que las políticas de injerencia de poderes estatales soberanos sobre Estados-nación subsoberanos no son nuevas. Desde que el sistema mundial capitalista tomó formas maduras y las relaciones se establecen entre Estados-nación formalmente independientes

[9] Basta mencionar el escándalo de la Volkswagen por haber manipulado los grados de contaminación de sus vehículos y la forma en la que este tema fue abordado por los medios estadounidenses y los de otros Estados competidores de Alemania en la Unión Europea en el campo automotriz.

habría que decir que estas políticas son comunes. Esto es resultado de la heterogeneidad en materia de fuerza y soberanía que existe entre los diferentes Estados, lo que permite que los más fuertes y soberanos impongan medidas a los más débiles o con menor soberanía en el sistema mundial. Esta es la contracara de procesos económicos diversos que permiten la apropiación de valor por parte de ciertas economías y la pérdida de valor por parte de otras.

30

En América Latina, por ejemplo, hasta bien entrado el siglo XX, el embajador de los Estados Unidos "sugería" o definía quién sería el presidente de la república en muchos Estados-nación centroamericanos. Y hoy los Estados Unidos definen qué países son susceptibles de recibir préstamos y apoyos de la comunidad internacional y cuáles no, o cuáles pueden realizar intercambios comerciales y cuáles deben ser bloqueados, según se ubiquen o no en la lista de los Estados-nación que propician el terrorismo, según los criterios del Departamento de Estado. Este tipo de imposiciones no son nuevas en el sistema mundial capitalista y no se deben adjudicar, por lo tanto, a la presencia de nuevas tendencias y/o de nuevos actores globales que serían producto de la mundialización.

31

Tampoco hay que perder de vista que muchos Estados-nación poderosos llevan a cabo medidas que los favorecen bajo el paraguas de organismos supranacionales. Habría que recordar la expulsión de Cuba de la Organización de los Estados Americanos, bajo la presión de Estados Unidos sobre el resto de Estados-nación latinoamericanos, medida a la que se opuso solamente el Estado mexicano, en un momento en que éste operaba una estrategia de mayor autonomía en su política exterior. Recientemente se ha levantado el embargo comercial a Irán, luego de que una Comisión de la ONU (a insistencia de Estados Unidos) certificó que se había paralizado el enriquecimiento de uranio, paso indispensable para producir bombas nucleares. Y todo ello en tiempos en que es un secreto a voces que Israel, aliado privilegiado de Estados Unidos, sí procesa uranio enriquecido y cuenta con armas nucleares.

32

En su debate con Kautsky, Lenin rechazó la tesis de la constitución de un superimperialismo o ultraimperialismo defendida por el primero, esto es, la constitución de un nuevo capitalismo, como resultado de la tendencia a la unificación de Estados propiciada por los intereses de los grandes capitales de diversas economías, dispuestos a invertir de manera conjunta. De esta forma el imperialismo, que fomenta el belicismo y el nacionalismo, podría conllevar –en la visión de Kautsky– a una expansión pacífica del capitalismo. Frente a esta propuesta, Lenin sostuvo que el capitalismo es un sistema de competencia entre capitales con bases estatales-nacionales diferenciadas, por lo que, más allá de los acuerdos a los que puedan arribar capitales de diferentes Estados nacionales, como resultado de la competencia y la lucha entre capitales, esos acuerdos terminan por romperse cuando se pone en juego la supervivencia de unos u otros, lo que lanza a esos capitales a refugiarse en sus Estados nacionales y a alentar la guerra entre Estados.[10] Las dos guerras mundiales avalan el acierto de la reflexión de Lenin.

[10] "Si llamamos ultraimperialismo a la unión internacional de los imperialismos nacionales (o con mayor exactitud, a los que actúan dentro del marco de los distintos Estados), unión que 'podría' eliminar los conflictos [...] desagradables,

yección hacia el sistema mundial, como hemos desarrollado en puntos previos. Estas tendencias antiglobales han alcanzado un peso significativo en los últimos años con el avance de movimientos y partidos políticos, particularmente en el seno de Estados de la Unión Europea y en Estados Unidos. Su principal logro ha sido a la fecha el triunfo en el referéndum por la salida del Reino Unido de la Unión Europea, el *Brexit*, superando a los partidos que apostaban por la continuidad, pero con nuevas prerrogativas y excepciones, situación que le otorgaba a Londres una posición ventajosa desde que se conformó la Unión Europea. También puede incluirse, en este sentido, el triunfo electoral de Donald Trump en las elecciones presidenciales de Estados Unidos.

40

No constituye una solución a la contradicción eliminar del horizonte reflexivo alguna de las dimensiones espaciales que requiere el capital para desplegarse, como hace Immanuel Wallerstein al sobredimensionar el sistema-mundo y minimizar o de plano desechar al Estado-nación.[16] Por esta vía son muchos los procesos que quedan ocultos y, además, la propia noción de sistema-mundo pierde consistencia teórica. Entre algunas de las consecuencias de esta postura, Wallerstein termina por definir como revolucionarios sólo aquellos procesos que modifican el sistema-mundo, restándole significación a los procesos de ruptura ocurridos al nivel del Estado-nación, sea las revoluciones rusa, china o cubana y, anteriormente, la Revolución francesa. Parece más productivo, en

[16] Señala Wallerstein: "Los sistemas-mundo de análisis significaron antes que nada *la sustitución de una unidad de análisis llamada 'sistema-mundo' en vez de la unidad estándar de análisis, que había sido el Estado nacional*" (cursivas JO). *Análisis de sistemas-mundo. Una introducción*, México, Siglo XXI, 2ª ed., 2006, p. 32.

términos teóricos y políticos, preguntarse por qué si el socialismo reclama una dimensión planetaria para desarrollarse, esto es, un sistema mundial, las revoluciones inscritas en esa tendencia tomaron forma, hasta nuestros días, en Estados-nación.[17]

41

Retomemos el problema. ¿Por qué las revoluciones que han buscado poner fin al capitalismo se han hecho presentes en los espacios de Estados-nación? ¿Qué hay en la dinámica del capitalismo para que, aun reclamando operar en un sistema mundial, sus fracturas se produzcan en los acotados territorios del Estado-nación? ¿Por qué un proyecto que se reclama internacionalista, como el que subyace en la idea del socialismo y/o del comunismo, ha tenido que restringirse a iniciar en Estados-nación?

42

En un segundo nivel de interrogantes cabe preguntar por qué esas rupturas se han producido en Estados-nación de la periferia capitalista. Una cuestión cuya respuesta nos obliga a considerar el sistema mundial como una unidad de desarrollo del capitalismo que propicia fracturas en Estados-nación particulares, aquellos del mundo periférico, subdesarrollado y dependiente, esto es, en Estados subsoberanos. Dentro del sistema mundial de dominación y poder, los Estados-nación constituyen los eslabones que condensan las relaciones que articulan el poder sistémico del capital. A diferencia de lo que señalan Hardt y Negri en torno al "no-lugar" del poder

[17] *Idem.*

del Imperio,[18] siendo este global, el poder del capital tiene condensaciones particulares en los Estados-nación del sistema interestatal.

43

Los eslabones estatales soberanos, más poderosos y con mayor desarrollo, se constituyen en las fortalezas del dominio global. En ellos, a la fecha, la lucha de clases no alcanza dimensiones rupturistas. O bien, habiéndolas alcanzado, no terminaron de articularse con la madurez de sujetos políticos (organizaciones) con voluntad histórica. Es en los Estados subsoberanos, subdesarrollados y dependientes en donde la lucha de clases ha logrado articular a la fecha sujetos políticos con voluntad histórica y relaciones de dominio con fisuras que hacen posible la ruptura política. Son los Estados subsoberanos, los subdesarrollados y dependientes los eslabones en los que se rompe la cadena de poder y dominio global. Esto significa que la construcción de un orden social que pretende superar el capitalismo se inicia allí en donde el capitalismo ha generado más barbarie que civilización.[19] He aquí una inversión que tiene diversas consecuencias.

44

Es en la dinámica de esa inversión en donde residen las potencialidades de la revolución. Es en los Estados-nación dependientes y subdesarrollados en donde se condensan no sólo las contradiccio-

[18] Michael Hardt y Antonio Negri, *Imperio*, México, Paidós, 2002.

[19] En lenguaje ortodoxo se diría: en Estados-nación en donde las fuerzas productivas no han alcanzado su mayor desarrollo.

nes económicas y políticas locales de la reproducción del capital, con su secuela de explotación redoblada, pauperismo y una riqueza concentrada y oprobiosa, sino también las del sistema mundial capitalista. Es así como las tendencias y contradicciones mundializadas se hacen locales.

45

La valorización a nivel del sistema mundial proletariza, pauperiza y explota en niveles que agudizan la superexplotación. Esta modalidad de explotación es posible por las rupturas del ciclo del capital que presentan las economías dependientes –donde la producción (y explotación) se hace en los espacios nacionales, pero la realización en los mercados mundiales, lo que privilegia a los trabajadores locales como productores, pero con escaso o débil papel en la expansión del mercado interno y en el consumo–, y como compensación a las transferencias de valor propiciadas por el intercambio desigual, lo que genera desarrollo en unas regiones y Estados y subdesarrollo y miseria en otros. Esa pauperización y explotación redoblada no es resultado sólo de las transferencias de valor, sino también de la conversión de una parte del fondo de consumo de los trabajadores en fondo de acumulación de los capitales que operan en las economías dependientes, junto a extensiones de las jornadas laborales y demás formas que someten y mantienen en la barbarie al grueso de la población. Ello es posible porque la dinámica de la reproducción del capital se vuelca a las exportaciones hacia los mercados mundiales, pudiendo dar la espalda a las necesidades de consumo de la población trabajadora local, resultado de la ruptura del ciclo del capital señalada con anterioridad.

46

Allí radica la internalización local de las contradicciones del sistema mundial. En estas condiciones, las posibilidades de que el Estado-nación del mundo subdesarrollado y dependiente pueda generar imaginarios de comunidad se ven restringidas, cuando no anuladas, prevaleciendo por el contrario su dimensión de poder despótico y autoritario. En esta lógica reside el que sean Estados-nación dependientes y subdesarrollados los eslabones débiles de la cadena de dominio y poder que el capital articula y unifica en el sistema mundial.

47

El que las revoluciones contra el capital implosionen primero en Estados-nación del mundo subdesarrollado y dependiente provoca, por otra parte, serias limitaciones a las posibilidades de construcción del socialismo, una forma de organización de la vida en común que –también y con mayor fuerza que el capitalismo– reclama un sistema mundial para constituirse.

48

Los límites territoriales del Estado-nación son demasiado estrechos para conformar el socialismo. Las rupturas en Estados-nación subdesarrollados y dependientes ponen el punto de partida para las nuevas formas de organización de la vida en común en espacios con niveles de desarrollo de las fuerzas productivas que están lejos de ser los requeridos para conformar el socialismo. Y esto se agrava aún más si es el capital el que predomina en el sistema mundial, golpeando, cercando y bloqueando las revoluciones que logran generarse, con el fin de que las rupturas producidas sean aplastadas, o bien vegeten o mueran por inanición.

49

No se equivocaron los que hicieron revoluciones y los que hacen revoluciones en estas condiciones. Éstas son las condiciones existentes en lo que seguramente será un largo y escabroso camino en el tránsito del capitalismo al socialismo. Sin los primeros pasos que ya se han dado, y los que seguirán, ese tránsito sería sin duda más largo y difícil.

Bibliografía

Álvarez Junco, José, "Una nación no nace, se hace", en *El País*, 30 de abril de 2016.

Bremer, Juan José, "La paz de Westfalia y su contexto histórico", en *De Westfalia a Post-Westfalia. Hacia un nuevo orden internacional*, México, Instituto de Investigaciones Jurídicas-Universidad Nacional Autónoma de México (UNAM), 2013, recuperado el 2 de mayo de 2016, en <https://archivos.juridicas.unam.mx/www/bjv/libros/7/3366/5.pdf>.

Gereffi, Gary, "Las cadenas productivas como marco analítico para la globalización", en *Problemas del Desarrollo*, vol. 32, núm. 125, abril-junio, México, Instituto de Investigaciones Económicas-UNAM, 2001.

Hardt, Michael, y Antonio Negri, *Imperio*, México, Paidós, 2002.

Katz, Claudio, *Bajo el imperio del capital*, Buenos Aires, Luxemburg, 2011.

Lenin, Vladímir Ilich, "Prólogo al libro de Nicolai I. Bujarin", en *La economía mundial y el imperialismo*, México, Siglo XXI (Cuadernos de Pasado y Presente, núm. 21), 1976 (1971).

Osorio, Jaime, *El Estado en el centro de la mundialización. La sociedad civil y el asunto del poder*, México, Fondo de Cultura Económica / Universidad Autónoma Metropolitana (UAM)-Xochimilco, 2004.

———, *Estado, biopoder, exclusión. Análisis desde la lógica del capital*, Barcelona, Anthropos / UAM-Xochimilco, 2012.

———, "El sistema-mundo de Wallerstein y su transformación. Una lectura crítica", en *Argumentos*, vol. 28, núm. 77, enero-abril, México, División de Ciencias Sociales y Humanidades de la UAM-Xochimilco, 2015.

Wallerstein, Immanuel, *Análisis de sistemas-mundo. Una introducción*, México, Siglo XXI, 2ª ed., 2006.

El sistema-mundo de Wallerstein y su transformación

Una lectura crítica*

El marxismo es un *corpus* teórico que cuenta con diversos grados de análisis, los cuales tienen sentido en tanto la aprehensión de la realidad que construye el capital reclama distintos niveles de abstracción y de concreción.

Si en el modo de producción se destacan los elementos simples, pero fundamentales, que caracterizan cualquier organización capitalista, esto es, desde un elevado proceso de abstracción,[1] en el sistema mundial se condensan los procesos que trae consigo el hecho de que el capitalismo reclame una organización planetaria para operar. En el seno de ese sistema, el capitalismo genera diversas formas de capitalismo, entre las que destacan el capitalismo central o imperialista y el capitalismo periférico o dependiente. En cada una de estas formas, en su historicidad, se van generando diversos patrones de reproducción del capital. Por otra parte, en tanto el capitalismo requiere de espacios "nacionales" para emerger y asentarse, y siendo ésta la base o el resultado de su proyección en el sistema mundial, tenemos la noción de formación económico-social, en la que se im-

* Una primera versión de este artículo apareció en la revista *Argumentos*, vol. 28, núm. 77, enero-abril, México, Universidad Autónoma Metropolitana UAM-Xochimilco, 2015.

[1] "Cuando analizamos las formas económicas [...] no podemos servirnos del microscopio ni de reactivos químicos. La facultad de abstraer debe hacer las veces del uno y los otros". Karl Marx, "Prólogo a la primera edición", en *El capital*, Siglo XXI, 8ª ed., México, 1979 (1975), p. 6.

brican históricamente patrones de reproducción de capital con formas precapitalistas (si las hubiere), Estado, clases sociales, con fracciones y sectores, otros agrupamientos sociales, como los étnicos, y las particularidades que presenta en esos espacios la lucha de clases. Por último, se encuentra la coyuntura, una noción que da cuenta en el nivel de mayor concreción –en cuanto síntesis alimentada por los niveles anteriormente señalados– de las particularidades de la lucha de clases y de sus correlaciones de fuerza, en periodos de estabilidad en la reproducción del capital o de crisis económica y/o política.

El análisis de coyuntura es vital para cualquier proyecto de revolución y de reorganización de la vida en común, en tanto es a ese nivel que las contradicciones sistémicas y las de las formaciones económico-sociales, así como la acción política transformadora, terminan tomando forma y expresión.

En tanto componentes de un sistema categorial integrado, los distintos niveles de abstracción-concreción conforman una unidad diferenciada, donde cada nivel, si bien forma parte de una unidad, reclama su particularidad sobre los problemas que aborda, por lo tanto acerca de los conceptos y categorías a los cuales recurrir, y la necesidad de redefinir conceptos de mayor abstracción para acceder a las mayores concreciones.

Son los problemas teórico-históricos que se abordan los que definen el nivel en que debe desarrollarse el análisis. Pero dicho nivel necesariamente se nutre teórica e históricamente de los otros niveles. No hay niveles que sean compartimentos estancos ni autosuficientes, que puedan desconocer a los demás.[2] Esto sólo puede provocar un empobrecimiento en la reflexión y en su capacidad de dar cuenta de la realidad social.

[2] Esto no niega que el andamiaje conceptual para explicar el modo de producción capitalista es fundamental para el avance de los siguientes niveles. Sin una propuesta acerca de qué organiza la vida en sociedad en el capitalismo y cuáles son sus contradicciones, lo que logra Marx en *El capital*, el resto de niveles de análisis funcionarían sin la brújula y las coordenadas que allí se desarrollaron.

Una falsa dicotomía: el todo o sus partes

Lo anterior viene a cuento para destacar los problemas y debilidades de una propuesta teórica, la de Immanuel Wallerstein, que se alimenta de la Escuela de los Annales y de Fernand Braudel en particular, y que abreva también del estructuralismo de la Comisión Económica para América Latina y el Caribe (Cepal) de la época de Raúl Prebisch, y de algunas nociones y debates marxistas.[3] Wallerstein afirma que su "unidad de análisis" es una y sólo una: el sistema-mundo, y que las demás unidades (como "el Estado soberano" o "la sociedad nacional")[4] no tienen consistencia real, son "evoluciones comprendidas dentro de otras evoluciones". Cuando Wallerstein tomó conciencia de que ninguna de las unidades anteriores "era un sistema social", entendió que "el único sistema social era el sistema mundial"[5] y que a su estudio abocaría sus esfuerzos.

[3] Asumidos de formas bastante simples, como capital, ciclos y ondas largas, división del trabajo, plusvalía. Una síntesis de las vertientes teóricas en la propuesta del sistema-mundo wallersteiniano se puede ver en *Análisis de sistemas-mundo. Una introducción*, México, Siglo XXI, 2ª ed., 2006 (2005), en particular el capítulo I, pp. 13-39. Este es uno de los ejes de la reflexión de Wallerstein. Otro se refiere a sus críticas a los saberes de la modernidad capitalista, como la división disciplinaria y el modelo baconiano-newtoniano de ciencia, entre otros aspectos. Aquí nos abocaremos al primer eje, sin dejar de mencionar numerosos acuerdos con problemas señalados en el segundo.

[4] En rigor, la noción "sociedad", a la que remite de manera frecuente Wallerstein, no tiene un estatuto teórico en el marxismo. Sí, por el contrario, la de formación económico-social.

[5] Immanuel Wallerstein, *El moderno sistema mundial I. La agricultura capitalista y los orígenes de la economía-mundo europea en el siglo XVI*, México, Siglo XXI, 1979, p. 12. En una formulación más explícita Wallerstein señala que "Los sistemas-mundo de análisis significaron antes que nada la sustitución de una unidad de análisis llamada 'sistema-mundo' en vez de la unidad estándar de análisis, que había sido el Estado nacional". *Análisis de sistemas-mundo...*, *op. cit.*, p. 32.

Se justifica perfectamente que en una determinada reflexión y para resolver problemas determinados se asuma algún nivel de análisis específico, lo que implica tomar elementos simples en su historicidad (o abstraer). Es lo que hace Marx cuando establece en *El capital* una serie de "supuestos". Así, para el análisis del "capital en general", esto es, en el modo de producción capitalista, a pesar de reconocer que "hacer *descender el salario del obrero por debajo del valor de la fuerza de trabajo*" es un "método que desempeña un papel muy importante en el movimiento real de los salarios", señala sin embargo, que este proceso "queda excluido" de su análisis "por una razón: porque aquí partimos del supuesto de que las *mercancías*, incluyendo entre ellas a la fuerza de trabajo, se compran y venden siempre por todo su *valor*".[6] Explicar el surgimiento de la plusvalía como un remanente de valor que va más allá del valor de la fuerza de trabajo lo exigía, de lo contrario el valor extra podía aparecer como el simple resultado del pago de salarios por debajo del valor de la fuerza de trabajo.[7]

Estos procedimientos son válidos y necesarios. Lo que no parece válido ni necesario es asumir que la realidad social puede ser explicada sólo desde un nivel de análisis, asumiendo además que el resto de unidades son innecesarias e irrelevantes, como señala Wallerstein.

Inspirado en el "epigrama de T. J. G. Locher" que señala que "el todo es más que la suma de las partes, pero también es sin duda menos",[8] Wallerstein queda atrapado en la primera parte y asume

[6] Karl Marx, *El capital*, t. I, México, Fondo de Cultura Económica, 7ª reimp., 1973 (1946), p. 251 (cursivas en el original).

[7] Esto último forma parte de los regímenes de superexplotación, un problema fundamental en la teoría marxista de la dependencia para explicar las particularidades del capitalismo dependiente, asunto que se ubica en un nivel de concreción mayor que los problemas que aborda Marx en los señalamientos antes indicados.

[8] Immanuel Wallerstein, *El moderno sistema mundial I...*, *op. cit.*, p. 14. No está de más señalar que "el todo es más que la suma de las partes" porque considera las relaciones entre éstas.

que basta dilucidar "el todo", el sistema-mundo, para que los problemas que implican conocer la realidad social queden resueltos, al fin que las partes son sólo componentes del todo y que su dinámica se encuentra inscrita en éste.

Wallerstein construye así un universal en donde las partes alcanzan consistencia real, pero limitada. Es como afirmar que si conozco lo que es el capital, ya conozco lo referente a cualquier capital. En un sentido general sí. El problema es que la noción universal de capital no tiene que explicar en qué sector de la producción opera un capital particular, qué montos de dinero reclama para poder funcionar, qué formas materiales debe tomar (máquinas, hilos, telas, luz, galpón donde funcionar, productos, etcétera), asuntos que si nos preguntamos por procesos específicos sobre algún capital en particular sí deberemos responder.

Pero el epigrama señalado sostiene que "el todo es también sin duda menos que la suma de las partes". En las partes o particulares se desarrollan procesos y se presentan características que rebasan lo que se expresa a nivel de las unidades mayores o del todo, como cuando el capital se presenta bajo la forma de máquina, con lo que, siendo capital, es además capital constante y capital fijo, según los problemas que nos ocupen.

Además, desde la perspectiva de Wallerstein, la información de procesos que se pierde en las partes u otras unidades es mucha mayor, ya que "solamente podía hablarse de cambios sociales en sistemas sociales"[9] *y* sólo el sistema-mundo es un sistema social, por lo que si tal cambio no se produce a ese nivel, se considera poco relevante, cuando no es simplemente despreciado.

El hecho de que la formación económico-social francesa en el siglo XIX fuera capitalista y se inscribiera en relaciones particulares en el sistema mundial no invalidaba el estudio de su estructura de clases, de las originalidades de su Estado y su régimen político, de la estructura y carácter de los partidos políticos, de las

[9] *Ibid.*, p. 12.

formas que asume la lucha de clases, de los debates ideológicos y políticos presentes en aquel siglo o en momentos específicos de ese tiempo.

Porque esos problemas eran relevantes, y porque al fin y al cabo fue en esa formación económico-social en donde las luchas revolucionarias contra el dominio burgués dieron algunos de sus principales pasos iniciales, como en 1848 y en 1871, es que Marx se ocupó de estudiar esos procesos y escribió diversos trabajos, como *Las luchas de clases en Francia de 1848 a 1850*, *El dieciocho Brumario de Luis Bonaparte*, *La guerra civil en Francia* y el *Manifiesto del Consejo General de Asociación Internacional de los Trabajadores sobre la guerra civil en Francia en 1871*.

En pocas palabras, el estudio del sistema-mundo es necesario, pero insuficiente[10] para responder a otros interrogantes no menos importantes de la realidad social, que se definen en otras unidades. Definir un único nivel de análisis o de abstracción implica suponer que los demás no sólo son faltos de sustancia, sino simples derivaciones del nivel privilegiado. Esto señala Wallerstein cuando afirma que, alcanzado el sistema-mundo, "tenía un único tipo de unidad en lugar de unidades dentro de otras unidades. Podía explicar los cambios en los Estados soberanos como consecuencias de la evolución y la interacción del sistema mundial".[11]

Es innegable que se pueden y se deben explicar los cambios en los Estados desde las tendencias que se hacen presentes en el sistema mundial. Sin embargo, las tendencias generales del modo de producción capitalista o del sistema-mundo no se expresan de igual manera en las diferentes modalidades en las que se reproduce el capital, ni bajo las luchas de clases en diferentes formaciones

[10] Como necesario, pero también insuficiente, sería asumir sólo las formulaciones del modo de producción presentes particularmente en *El capital*.

[11] Immanuel Wallerstein, *El moderno sistema mundial I*, *op. cit.*, p. 12. La dificultad de integrar particulares en un universal ("unidades dentro de otras unidades") no es un problema menor en la epistemología de Wallerstein.

económico-sociales, lo que reclama el estudio de Estados y formaciones económico-sociales particulares.

Pero siendo relevante lo anterior, también lo es el hecho de que lo que acontece en las formaciones económico-sociales o en Estados nacionales tiene consecuencias en el sistema mundial capitalista, mayores o menores según la magnitud de lo acontecido. Las revoluciones rusa, china, vietnamita o cubana, por ejemplo, tuvieron repercusiones que alteraron el comportamiento y tendencias presentes en el sistema-mundo. Por tanto, si se quiere entender el sistema-mundo, necesariamente debe entenderse a su vez lo que acontece en niveles más concretos de reflexión, como las revoluciones en formaciones económico-sociales del capitalismo periférico o dependiente y en el imperialista, o en Estados y sociedades "nacionales", al decir de Wallerstein.

Señalar que sólo es relevante el cambio del sistema-mundo como criterio para analizar el cambio social implica establecer una barrera que impide ponderar procesos en los que aquello no ocurre, pero que sin embargo provocan rupturas o irrupciones de algo nuevo. Desde la masiva expropiación de tierras a campesinos, la fuga de éstos frente a la brutal explotación de señores y terratenientes, la violencia contra los *paupers* para educarlos en la condición de asalariados entre los siglos XVI y XVIII, a las masivas y decididas irrupciones de obreros y trabajadores en las calles de París a mediados del siglo XIX y hasta 1871 en contra del poder imperante, muchas cosas han cambiado en la conformación de las clases trabajadoras, en su organización y su disposición de lucha, y también con respecto a las condiciones para imaginar el mundo por construir.

Presentar el problema de análisis desde una dicotomía: sistema-mundo / Estados o formaciones económico-sociales, no sólo es erróneo y conduce a equívocos,[12] porque en la organización capitalista

[12] Igualmente erróneo sería afirmar que sólo estudiaremos formaciones económico-sociales o Estados "nacionales".

unos y otros se requieren y se explican en sus relaciones;[13] también porque ello conduce a vaciar teóricamente no sólo las unidades no asumidas, sino también aquellas consideradas como primordiales.[14]

El vaciamiento teórico del sistema-mundo wallersteiniano

Para Wallerstein el sistema-mundo es

> una zona espaciotemporal que atraviesa múltiples unidades políticas y culturales, una que representa una zona integrada de actividad e instituciones que obedecen a ciertas reglas sistémicas. De hecho [...] el concepto fue aplicado inicialmente al "sistema-mundo moderno", el cual, se argumenta, toma la forma de una "economía-mundo".[15]

[13] Relaciones que se hacen presentes por ejemplo cuando nos preguntamos ¿qué formación económico-social es la hegemónica en el sistema mundial en un momento o etapa determinada? O ¿cuánto cambió el sistema mundial desde la derrota de Estados Unidos en Vietnam?

[14] Mucho de lo dicho hasta aquí se puede aplicar a la propuesta de Juan Íñigo Carrera sobre "la unidad mundial de la acumulación de capital" como nivel de reflexión por excelencia, en donde las unidades nacionales de acumulación son simples "apariencias". Véase "La unidad mundial de la acumulación de capital en su forma nacional históricamente dominante en América Latina. Crítica de las teorías del desarrollo, de la dependencia y del imperialismo", Centro para la Investigación como Crítica Práctica, consultado el 5 de enero de 2016, en <http://cicpint.org/es/inigo-carrera-j-2008b-la-unidad-mundial-de-la-acumulacion-de-capital-en-su-forma-nacional-historicamente-dominante-en-america-latina-critica-de-las-teorias-del-desarrollo-de-la-dependencia-y-de/>.

[15] Immanuel Wallerstein, *Análisis de sistemas-mundo...*, *op. cit.*, p. 32. "La colocación de[l] [...] guión [entre sistema-mundo o economía-mundo] intentaba señalar que se estaba haciendo referencia no a sistemas, economías e imperios *de* (todo) el mundo, sino sobre sistemas, economías e imperios *que son* un mundo (pero posiblemente y de hecho, usualmente, sin ocupar la totalidad del globo)". *Idem*.

El sistema-mundo moderno es y ha sido siempre una economía-mundo capitalista. Con economía-mundo se señala

> una gran zona geográfica dentro de la cual existe una división del trabajo y por lo tanto un intercambio significativo de bienes básicos o esenciales así como un flujo de capital y trabajo. Una característica definitoria de una economía-mundo es que *no* está limitada por una estructura política unitaria. Por el contrario, hay muchas unidades políticas dentro de una economía-mundo, tenuemente vinculadas entre sí en nuestro sistema-mundo moderno dentro de un sistema interestatal.[16]

Entre las instituciones más relevantes del sistema-mundo moderno se encuentran el mercado, compañías que compiten, Estados o sistema interestatal, unidades domésticas, clases y grupos de estatus.

Wallerstein distingue cuatro áreas en el sistema-mundo: centrales, semiperiféricas, periféricas y arena exterior. El centro es el área que concentra procesos productivos relativamente monopolizados. Las zonas periféricas concentran procesos caracterizados por mayor competencia y libre mercado. Las zonas semiperiféricas reúnen procesos de uno y otro tipo, en tanto la arena exterior realiza actividades que no tienen mayor relación con los procesos del sistema-mundo.[17]

En estos temas, la teoría del sistema-mundo sigue lo señalado por Raúl Prebisch, quien formuló la noción centro-periferia para poner de manifiesto la existencia de un mercado mundial heterogéneo. Para Prebisch, dicha heterogeneidad estaba marcada por el hecho de que los países periféricos "no sólo no han recibido parte del fruto de la mayor productividad industrial, sino que no han po-

[16] *Ibid*., p. 40.

[17] *Ibid*., pp. 46-47; véase también *El moderno sistema mundial I...*, *op. cit*., pp. 492-493.

dido retener para sí el provecho de su propio progreso técnico".[18] Ello se expresa en un deterioro en los términos de intercambio, en donde los precios de los bienes industriales que América Latina compra a los centros tienden a subir en el largo plazo, en tanto los bienes que la región exporta tienden a bajar en términos relativos en iguales plazos. La situación, señala Prebisch, debería operar en sentido inverso, dada la mayor productividad de las economías centrales y la consiguiente rebaja en los valores y precios de los bienes que exportaban.

Uno de los problemas de esta reflexión es que externaliza los problemas del atraso de la región, es decir, señala procesos que acontecen fuera de las fronteras locales, en el mercado mundial, como los que provocan la pérdida de valores en favor de los centros, y con ello la gestación del subdesarrollo. Pero el problema es interno, ya que la baja composición orgánica del capital en la periferia propicia intercambios desiguales con las economías centrales, productoras de bienes con mayor tecnología y composición orgánica más elevada.

Para Wallerstein, en una versión simplificada de lo anterior, las relaciones entre centros y periferias implican transferencias de valor de las segundas a los primeros, por el peso de los procesos productivos monopolizados presentes en las zonas centrales, a través de los cuales obtienen ventajas sobre los procesos productivos periféricos más diversificados, dada una mayor libertad de mercado. Aquí, como en la teoría de Prebisch, las razones del subdesarrollo son externalizadas hacia el campo del comercio en el mercado mundial y no hay interrogantes acerca de lo que acontece con el capital y las clases dominantes en la periferia.

Wallerstein sigue en esto a Fernand Braudel, su padre intelectual, quien establece una "distinción entre la esfera del libre mer-

[18] Organización de las Naciones Unidas, *Estudio económico de América Latina 1949*, Santiago de Chile, 1973 (Serie Conmemorativa del XXV Aniversario de la Cepal), p. 49. Este material fue escrito por Raúl Prebisch.

cado y la esfera de los monopolios. Él denominó sólo a esta última capitalismo y, lejos de ser la misma cosa que el libre mercado, afirmaba que el capitalismo era el 'antimercado'".[19]

Fuera de estos señalamientos hay poco o nada más que explique las relaciones entre centros y periferias y el papel de las semiperiferias. Y mucho menos sobre las tendencias y procesos que atraviesan a cada una de estas zonas. Al fin que Wallerstein no cree "que el mercado mundial 'engendre' versiones del capitalismo; tampoco creo que existan múltiples 'versiones del capitalismo'. Lo que sí creo es que solamente hay una clase de capitalismo, la única que ha existido históricamente",[20] con lo cual la idea de capitalismo semiperiférico y periférico, capitalismo central, capitalismo dependiente, o cualquier otro calificativo para nombrar formas varias de capitalismo en el seno del sistema mundial capitalista, no tiene sentido. La pobreza teórica alcanza aquí quizá uno de los puntos más altos en la teoría del sistema-mundo, ya que no hay procesos internos de los centros, las periferias o semiperiferias que los definan (si acaso monopolios o libre mercado o una mezcla de ambos), sólo relaciones comerciales "exteriores".

Porque "si sólo hay una clase de capitalismo", la propia relación centro-periferia-semiperiferia pierde consistencia, en tanto pierden consistencia los propios centros y las semiperiferias y periferias. ¿Es que acaso el capitalismo se reproduce de una única manera, y en ese sentido los centros sólo serían una forma más avanzada de la única "clase de capitalismo", y las periferias sólo una versión más atrasada de aquella única clase, con un intermedio semiperiférico?

Lo que Wallerstein termina por desechar es la idea de que el capitalismo tiene variantes y formas y que éstas, cualesquiera que

[19] Immanuel Wallerstein, *Análisis de sistemas-mundo...*, *op. cit.*, p. 34.

[20] Immanuel Wallerstein, "Comentarios sobre las pruebas críticas de Stern", en *Revista Mexicana de Sociología*, vol. 51, núm. 3, julio-septiembre, México, Instituto de Investigaciones Sociales-Universidad Nacional Autónoma de México, 1989, p. 341.

sean, no se reproducen de la misma manera, y que su condición no es una simple eventualidad o añadido secundario en el seno de estructuras idénticas, que se podría sortear de manera simple, como si las zonas periféricas pudieran llegar a ser desarrolladas si se lo proponen, o si se modifican las reglas del comercio internacional. En este sentido, la posición de Wallerstein es un retroceso frente a los planteamientos preliminares que André Gunder Frank y los sectores más avanzados de la corriente cepalina llegaron a formular: el subdesarrollo (o periferia) no es sino la otra cara del desarrollo (centro), haciendo de esa relación un asunto con mutuas implicaciones sustantivas. Desde ese horizonte lo único que pueden esperar las regiones subdesarrolladas en el seno del capitalismo es el "desarrollo del subdesarrollo", en la feliz síntesis expresada por Frank.[21]

El capitalismo como sistema mundial presenta diversas modalidades de capitalismos y de reproducción del capital. En el seno de las relaciones que los constituyen y que genera a unos y otros, el capitalismo no se reproduce de igual forma en las regiones y economías "desarrolladas", "centrales" o "imperialistas", que en las regiones y economías "subdesarrolladas", "periféricas" o "dependientes". Y si no se reproduce de igual forma, es un problema teórico crucial explicar en qué consisten esas formas particulares de reproducción.[22]

[21] André Gunder Frank, *Capitalismo y subdesarrollo en América Latina*, Buenos Aires, Siglo XXI, 1970.

[22] Un problema importante es que se establece una diferencia cualitativa entre el capitalismo central o imperialista y el capitalismo dependiente. Al interior de cada una de estas cualidades, aparecen diferencias de grado: habrá economías o formaciones económico-sociales más desarrolladas y otras menos. Lo importante es que son, sin embargo, economías desarrolladas, lo que implica formas de reproducción del capital y una relación con el reparto del valor y apropiación a nivel del sistema mundial cualitativamente distintas a las que se presentan en economías dependientes, donde también hay gradaciones, pero

Esa tarea es la que se planteó la teoría marxista de la dependencia con los trabajos de Theotônio dos Santos, Vânia Bambirra y que alcanzó su mejor desarrollo en el escrito *Dialéctica de la dependencia* de Ruy Mauro Marini, trabajos que contaron con las intuiciones y aportes –y también con las discusiones de los equívocos– de Frank.[23]

Al develar los mecanismos de reproducción del capital en las economías dependientes, la teoría marxista de la dependencia se nos presenta así como una teoría que se integra con las teorías del imperialismo desarrolladas por Hilferding, Rosa Luxemburgo, Bujarin y Lenin, en tanto éstas buscan explicar el desarrollo del capitalismo en las economías imperialistas, y las implicaciones de la expansión del capitalismo por el sistema mundial. Este es el punto de mira y la perspectiva de lo que quieren develar las teorías del imperialismo en manos de los autores antes citados.[24]

No es extraño que Wallerstein no entienda el horizonte antes señalado y, por lo tanto, aquí en acuerdo con Frank, ambos duden acerca de la utilidad de la noción de imperialismo, ya que a su parecer "es un término que en realidad cubre cualquier uso que los estados centrales hacen de su fuerza política para imponer sobre la economía-mundo estructuras de precio que les resultan favorables" y como "este fenómeno es tan endémico [...] desde

que implica reproducción del capital y participación del valor (y despojos) de naturaleza distinta.

[23] Sobre las condiciones del surgimiento de la teoría de la dependencia, véase Jaime Osorio, "El marxismo latinoamericano y la dependencia", en *Cuadernos Políticos*, núm. 39, enero-marzo, México, Era, 1984. También se incluyó en Jaime Osorio, *Crítica de la economía vulgar. Reproducción del capital y dependencia*, México, Miguel Ángel Porrúa / Universidad Autónoma de Zacatecas (América Latina y el Nuevo Orden Mundial), 2004.

[24] El imperialismo no constituye por lo tanto un listado de características en donde el problema se reduciría a constatar cómo se manifiesta hoy.

sus comienzos [...], dudan de [su] utilidad", y recomiendan "no usarlo para nada".[25]

Respecto al funcionamiento general del sistema-mundo moderno, Wallerstein se apoya en los ciclos largos de Kondratieff, con sus fases ascendentes y descendentes, de aproximadamente 50 años, para señalar que desde fines de los años sesenta, de acuerdo con una perspectiva que se ha hecho sentido común, la economía-mundo ha ingresado en una fase larga de desaceleración y además de crisis, acompañada de un cuestionamiento de la hegemonía de los Estados Unidos, con lo que se ha abierto un periodo de incertidumbre con respecto al futuro del sistema. Éste, como todo sistema vivo e histórico, nace, se despliega y tiende a la muerte. En esa última etapa estamos desde 1968. Y no hay mucho más en Wallerstein en cuanto al soporte teórico y categorial de su noción de sistema-mundo.

La *mélange* entre marxismo y teoría braudeliana que realiza nuestro autor se carga, sin embargo, hacia la última, con el costo en materia política y pobreza teórica que es intrínseco a la propuesta de Braudel, lo que termina pasando factura en el andamiaje teórico de Wallerstein y su análisis del sistema-mundo.[26]

[25] Samir Amin *et al.*, *Dinámica de la crisis global*, México, Siglo XXI, 1983, p. 248. En general, en este texto, tanto Frank como Wallerstein confunden las relaciones entre imperios y colonias, donde las riquezas de las segundas son apropiadas por la fuerza y el dominio que ejercen los imperios sobre las colonias, con la noción de imperialismo, en donde es en el seno de relaciones entre naciones y economías formalmente independientes donde se debe buscar la explicación de las transferencias de valor de unas a otras economías.

[26] Sobre la larga duración y la conformación de una "historia pasiva" en Braudel, que despolitiza el análisis, véase Jean Chesneaux, *¿Hacemos tabla rasa del pasado? A propósito de la historia y de los historiadores*, México, Siglo XXI, 11ª ed., 1990 (1977), pp. 149. Para una crítica de las formulaciones teóricas braudelianas sobre la noción de capitalismo signada por el peso de la larga duración (una categoría "cuasi eterna de la historia de la humanidad", según Romano), véase Ruggiero Romano, *Braudel y nosotros. Reflexiones sobre la cultura histórica*

El Estado y el sistema interestatal

El análisis del Estado se realiza desde una postura teórica que rechaza su sustancia real y, por ello, sus transformaciones se consideran "consecuencias de la evolución y la interacción del sistema mundial", como ya hemos señalado.

Ello no le impide a Wallerstein destacar que en el capitalismo "tanto los Estados como el sistema interestatal tienen un grado intermedio de poder" que responde "perfectamente a las necesidades de los empresarios capitalistas". Wallerstein se pregunta "¿por qué el mercado libre no es suficiente para sus propósitos? ¿Será que realmente les iría mejor [a las personas cuyo objetivo es la acumulación interminable de capital] en un mundo en el que no existiera autoridad política alguna?". Con esto "llegamos a lo básico, la universalmente reconocida demanda de seguridad para los derechos de propiedad. [Porque] No tiene sentido acumular capital si uno no puede conservarlo".[27]

"Los empresarios pueden perder capital acumulado en tres formas principales, fuera de las operaciones del mercado", indica Wallerstein. "El capital puede ser robado; puede ser confiscado; puede ser gravado."[28] En todos estos casos, sea para impedir que algo de esto ocurra o para limitar en especial el último caso, el Estado y el sistema interestatal aparecen como las instancias políticas por excelencia.

Tenemos Estados con diferentes grados de soberanía interna y externa. En palabras de Wallerstein,

> Ningún Estado moderno ha sido realmente soberano *de facto* hacia adentro, porque siempre ha habido resistencia interna a su autori-

---

de nuestro tiempo, México, Fondo de Cultura Económica (Cuadernos de la Gaceta, núm. 93), 1997, p. 13.

[27] Immanuel Wallerstein, *Conocer el mundo, saber el mundo. El fin de lo aprendido. Una ciencia social para el siglo XXI*, Siglo XXI, México, 2001, p. 72.

[28] *Idem.*

> dad. [...] Asimismo, ningún Estado ha sido nunca verdaderamente soberano hacia afuera, puesto que la interferencia de un Estado en los asuntos de otro es cosa habitual, y puesto que todo el corpus de derecho internacional [...] representa una serie de limitaciones a la soberanía externa.[29]

Concluyendo que "es notorio que los estados fuertes no son plenamente recíprocos en el reconocimiento de la soberanía de los estados más débiles".[30]

Pero el hecho de derivar de la lógica del sistema-mundo que los Estados en el sistema mundial capitalista deben velar por la propiedad privada de los medios de producción y permitir y alentar la reproducción ampliada de plusvalía, más que negar refuerza la necesidad de conocer cómo es posible que en espacios nacionales el capital alcance estos objetivos, no sólo permitiendo que los procesos de explotación tomen forma, sino generando condiciones para que los sectores sociales explotados no "vean" la explotación ni el dominio de clases, y que además el capital construya imaginarios de nación y de comunidad, en medio de la lucha entre clases, fracciones y sectores, y de grupos étnicos y religiosos tan heterogéneos y específicos en cada espacio nacional.

Para explicar todo esto, nociones como soberanía popular y "normalidad" del cambio político (el liberalismo como geocultura y legitimidad del sistema-mundo), junto a desarrollo, nacionalismo y progreso, señaladas con insistencia como ideas fuerza que explican el papel del sistema interestatal, son demasiado pobres para la envergadura de los problemas planteados a nivel estatal. ¿Las nociones de desarrollo, progreso, o de ciudadanía cobran fuerza, toman forma y se hacen proyecto político de la misma manera en Alemania que en Haití? La respuesta es obviamente que no. ¿No reclama todo esto plantearse problemas y apropiarse de categorías para abordar estos problemas?

[29] *Ibid.*, p. 70.
[30] *Idem.*

A la orfandad teórica anterior se agrega la del análisis del Estado como tal, siendo la legitimidad y la hegemonía quizá los únicos conceptos que alcanzan cierto peso en la reflexión de Wallerstein en tal sentido. Nociones como Estado y aparato de Estado se asimilan, con lo cual clases dominantes y clases reinantes, o quienes ocupan los altos cargos del aparato de Estado se hacen similares o se confunden. Las derivaciones teóricas frente a dos preguntas clásicas del análisis político, ¿quiénes detentan el poder? y ¿cómo lo ejercen?, que nos obligan nos obligan, en el primer caso a distinguir fracciones y sectores de clase en el seno de las clases dominantes, y los grados de fuerza de que disponen para impulsar sus proyectos, lo que reclama definiciones sobre la hegemonía de qué fracciones o sectores, quiénes conforman el bloque en el poder, frente a –y en lucha con– las clases dominadas y sus proyectos. Y en donde el segundo interrogante reclama preguntarnos por las formas de gobierno, si hay división de poderes, si hay Parlamento, si hay partidos políticos, si hay otras formas de representación, si hay gobiernos civiles o militares, si hay votos o bayonetas, lo que resuelven y lo que no resuelven tales gobiernos, etcétera.[31]

Esta reducción de los problemas a considerar forma parte de las decisiones teóricas iniciales, según las cuales el sistema-mundo es el único que tiene consistencia en tanto sistema social. ¿Entonces los asuntos relevados más arriba no tendrán significación, mucho más para alguien que se propone desarrollar cierta capacidad de injerencia colectiva sobre los rumbos que podrá tomar el sistema-mundo una vez liquidado el actual?[32]

[31] He abordado estos y otros problemas en *El Estado en el centro de la mundialización. La sociedad civil y el asunto del poder*, México, Fondo de Cultura Económica, 2004.

[32] Son muchos los llamados de Wallerstein a tomar posiciones: "Hará falta un enorme esfuerzo colectivo para desarrollar una estrategia de transformación lúcida". *Después del liberalismo*, México, Siglo XXI, 1998, p. 249. En otro momento señala que "la cuestión [...] estriba [. . .] en qué clase de transformación social somos capaces de llevar a cabo y de qué modo se resolverá la crisis".

Para dimensionar otros problemas pasados por alto cabría señalar que el capitalismo sufre una contradicción de origen: reclama un sistema mundial para desplegarse y desarrollarse, pero su gestación y desarrollo necesita a su vez de espacios nacionales, Estados-nación.[33] Esta contradicción está en la base, al menos, de dos discusiones actuales relevantes y que se pueden sintetizar en estos interrogantes: ¿el Estado-nación tiende a desaparecer o se redefine con el proceso de mundialización?, y ¿la revolución socialista es inmediatamente mundial o es una revolución que explota en el seno de Estados nacionales para de allí proyectarse a nivel mundial?

Sobre el primer problema, al no considerar la contradicción arriba señalada, Wallerstein da por sentado que el Estado, o más bien el sistema interestatal, es consustancial al sistema-mundo en sus diversos estadios, por lo que no hay discusión alguna que desarrollar, a lo sumo que los Estados han perdido legitimidad y se han debilitado por el propio debilitamiento del liberalismo en tanto geocultura del sistema-mundo. Sin embargo, asumiendo esa pérdida de legitimidad, también se podría decir que el poder del Estado se concentra en la actual etapa de mundialización como en pocos momentos de la historia. Nunca un poder tan concentrado requirió de tanta descentralización del poder como el actual.

Frente al segundo problema, la posición de Wallerstein es que sólo tiene sentido hablar de revolución cuando el cambio social alcanza al sistema social y sólo hay un sistema social en el capitalismo, el sistema-mundo. Por tanto, sólo es pertinente hablar de revolución del sistema-mundo, llegando a preguntarse qué tan revolucionarias han sido las revoluciones ocurridas en Estados nacionales. Algunas han dejado secuelas relevantes, como la Revolución francesa y el auge del liberalismo (con nociones de soberanía popular, normali-

Geopolítica y geocultura. Ensayos sobre el moderno sistema mundial, Barcelona, Kairós, 2007, p. 170.

[33] Remito nuevamente a *El Estado en el centro de la mundialización...*, *op. cit.*, cap. V y VI en particular.

dad del cambio político y desarrollo), pero en el fondo, en tanto no se modificó el sistema social o sistema-mundo capitalista, aquello relevante no puede considerarse un cambio revolucionario.[34]

Revoluciones en la larga duración

En la introducción al primer volumen de su obra magna, Wallerstein deja asentado el criterio con el cual analizará los cambios en la historia humana. Allí señala "que existen ciertas grandes divisorias en la historia del hombre. Una de tales divisorias [...] es la llamada revolución neolítica o agrícola. La otra gran divisoria es la creación del mundo moderno".[35]

Con un aparato conceptual de este calibre, en donde destacan las transformaciones de estructuras que persisten en la larga duración, no tiene nada de extraño que las transformaciones políticas ocurridas ahora en el seno del sistema-mundo capitalista, construido desde el siglo XVI, se le presenten como procesos menores, que no están a la altura de la noción de revolución que asume y de los cambios que espera de ésta, sea lo que conocemos como revolución rusa, china, cubana o vietnamita, para señalar algunas.

El sistema-mundo es todo. Nada que no le ponga fin tiene significación política sustantiva, sin importar los cambios realizados, la disposición de las organizaciones y la voluntad de los sujetos que han operado en la lógica de destruir el capitalismo. Uno de los problemas de esta situación es que aquellas experiencias, como las antes mencionadas, fueron "nacionales", y con independencia de

[34] Dice Wallerstein, "ya antes sostuve que 'la Revolución francesa representó la primera de las revoluciones antisistémicas de la economía-mundo capitalista, en pequeña parte un éxito, en su mayor parte un fracaso'". *Después del liberalismo*, *op. cit.*, p. 150, citando el volumen 3 de *El moderno sistema mundial*.

[35] Immanuel Wallerstein, "Introducción: sobre el estudio del cambio social", en *El moderno sistema mundial I...*, *op. cit.*, p. 7.

lo que hayan realizado organizaciones y pueblos, ellas están condenadas a ser "recuperadas" por el sistema-mundo. Tenemos aquí a Braudel –aquel al que se le señaló haber construido una "historia inmóvil"–,[36] hablando desde la pluma de Wallerstein, quien repite que las revoluciones, tal como las luciérnagas en la noche, no impiden que "la oscuridad" de las estructuras de larga duración "permane[zcan] victoriosa[s]".[37]

Son muchos los procesos, los cambios y las novedades que tal narrativa pierde en la camisa de fuerza que se ha impuesto. Qué distinta es la mirada de otro pensador social, preocupado también por la destrucción del capitalismo. En un temprano balance de la revolución de 1871 Marx señala que la Comuna de París ha demostrado, sobre todo, que "la clase obrera no puede limitarse simplemente a tomar posesión de la máquina del Estado tal como está y servirse de ella para sus propios fines".[38]

El análisis de coyuntura de una formación económico-social específica, la francesa, permite a Marx recuperar y destacar un asunto crucial para las futuras experiencias revolucionarias que proseguirán a la derrota de 1871 en París.

Es la misma postura que sostiene Lenin, al reflexionar sobre la revolución de 1905, cuando destaca la conformación de un doble poder allí donde la lucha de clases arriba a situaciones prerrevolucionarias y revolucionarias.

> En el fragor de la lucha se formó una organización de masas original: los célebres *Soviets de diputados obreros* o asambleas de delegados de todas las fábricas. Estos *Soviets* [...] comenzaron a desempeñar

[36] Ruggiero Romano, *Braudel y nosotros...*, *op. cit.*, p. 48.

[37] Recurro aquí a una imagen de Fernand Braudel, *La historia y las ciencias sociales*, México, Alianza, 1989, p. 27.

[38] Karl Marx, "Manifiesto del Consejo General de la Asociación Internacional de los Trabajadores sobre la guerra civil en Francia en 1871", en *La Comuna de París*, Madrid, Akal, 2010, p. 31.

cada vez más [...] el papel de gobierno provisional revolucionario, el papel de órganos y de dirigentes de las insurrecciones.[39]

¿Quién tiene las coordenadas a la mano para decidir que una revolución nacional no será el inicio de una revolución mundial? Lenin jugó sus cartas para que a la revolución rusa le siguieran revoluciones en el centro de Europa, por lo menos en Alemania, lo que abriría las puertas para la internacionalización de la revolución proletaria. La dolorosa derrota de esa experiencia obligó a Lenin y al partido bolchevique a retrotraer fuerzas a fin de buscar alternativas para hacer frente a un panorama exterior e interior marcado por la ofensiva contrarrevolucionaria mundial y local.

La Revolución cubana, en otro tiempo y espacio, hizo lo imposible para lograr que la revolución se extendiera por América Latina e incluso en África, destinando parte importante de sus escasos recursos para formar cuadros, armar y pertrechar fuerzas, movilizar enormes contingentes militares en los años sesenta y setenta. No fue una decisión el hecho de caminar solos en la región y en el mundo en su intento por romper con el capitalismo. La Cuba revolucionaria preparó condiciones para que uno de sus cuadros de primer nivel, como Ernesto Che Guevara hiciera realidad la consigna internacionalista de crear uno, dos, tres Vietnam en la región. Los proyectos no triunfaron y el Che murió en las sierras de Bolivia en esa empresa.

¿Se puede acusar a los revolucionarios cubanos de haber hecho la revolución al interior de unas fronteras nacionales y no haber esperado las condiciones para que esa revolución empatara con la revolución mundial? Interrogantes similares se pueden formular para (casi) todas las experiencias revolucionarias conocidas en la historia del sistema-mundo. Y Wallerstein formula cuestionamientos en esos términos, frente a la derrota de la revolución en Alemania:

[39] Vladímir Ilich Lenin, "Informe sobre la revolución de 1905", en *Obras escogidas*, en tres tomos, t. I, Moscú, Progreso, 1961, p. 820.

"Tal vez los espartaquistas lo intentaron demasiado pronto. Tal vez deberían haber esperado a 1933".[40]

Aquí no podemos sino decir que Wallerstein se mete en terrenos demasiados complejos e indescifrables, desde el mirador y con las armas conceptuales con las cuales pretende analizar la historia.

No hay forma de que se inicie una revolución sabiendo de antemano cuáles son sus límites. Asumir el criterio del éxito o del fracaso de estas experiencias en su capacidad de revolucionar el sistema parece no sólo estrecho, sino equivocado. El planteamiento de Wallerstein parte de una lógica del éxito en revolucionar el sistema. Y esa lógica define retroactivamente todo.

Sería más productivo plantear y desarrollar los problemas teóricos e históricos que se juegan en procesos como las revoluciones que pretenden acabar con el capitalismo en naciones –o mejor, en formaciones económico-sociales–, y no han tomado la forma de revoluciones mundiales, en lugar de dejarlos sin explicación porque simplemente hubo cooptación de dirigentes y/o movimientos.[41]

Un elemento que opera en la situación anterior remite a la contradicción ya señalada: el capitalismo requiere un sistema mundial para reproducirse, pero también requiere espacios nacionales para gestarse y desarrollarse.

Esta es una de las razones por las que las contradicciones que caracterizan a la organización capitalista han generado rupturas revolucionarias en espacios nacionales, en donde, sin embargo, las potencialidades para la revolución pueden extenderse, en ciertos momentos, a espacios más amplios, como al centro de Europa lue-

[40] Immanuel Wallerstein, *Geopolítica y geocultura...*, *op. cit.*, p. 14. Como si el tiempo de las revoluciones se fijara a voluntad, cuando se quiere.

[41] "Los movimientos que llegan al poder con frecuencia pierden el deseo de solidarizarse con los movimientos que no están en el poder. Éste es el efecto de la cooptación; pero, a pesar de ello, con frecuencia han ofrecido una solidaridad renuente". Immanuel Wallerstein, "La crisis como transición", en Samir Amin *et al.*, *Dinámica de la crisis global*, *op. cit.*, p. 40.

go de la Revolución rusa. Pero estos procesos no siempre alcanzan esa dimensión.

UN PAISAJISTA DE BROCHA GRUESA

A los problemas de encorsetar su reflexión al sistema-mundo, con las limitaciones que hemos señalado, Wallerstein agrega una nueva camisa de fuerza a su reflexión, ahora temporal: sólo importa la larga duración. La combinación de estos dos elementos nos ubican en la larga noche de la historia, allí en donde todos los gatos son pardos.[42]

Por ello no tiene nada de sorprendente que Lenin se nos presente como un liberal, de izquierda, pero liberal al fin y al cabo, allí donde el liberalismo es la geocultura del sistema-mundo capitalista.[43] Tampoco sorprende que la teoría marxista de la dependencia sea considerada como la contracara de la teoría de la modernización, una "actualización de la antinomia wilsoniano-leninista" liberal.[44]

Desde una perspectiva analítica tan general –un sistema-mundo construido de manera pobre en términos teóricos, y desde la

[42] O donde "la oscuridad permanece victoriosa", como señala Braudel, *La historia y las ciencias sociales*, *op. cit.*, p. 27.

[43] Immanuel Wallerstein, *Después del liberalismo*, Siglo XXI, México, 1996. Sobre Lenin y el leninismo como la versión de izquierda del liberalismo, véase en particular pp. 16, 91, 112-118. Véase también *Impensar las ciencias sociales. Límites de los paradigmas decimonónicos*, Siglo XXI, México, 1998, p. 21, publicado en inglés en 1991, antes que el texto anterior, publicado en inglés en 1995, en *Impensar las ciencias sociales* era el marxismo en general la versión de izquierda del liberalismo. En escritos y entrevistas posteriores las referencias sobre el tema se limitan al leninismo, y ya no a Lenin. Véase Immanuel Wallerstein y Gao Jingyu, "Lenin and Leninism Today: An Interview with Immanuel Wallerstein", en *International Critical Thought*, vol. 2, núm. 1, marzo, 2012.

[44] Immanuel Wallerstein, *Después del liberalismo*, *op. cit.*, p. 118.

larga duración– y con categorías tan rudimentarias frente a los problemas que aborda, no es extraño que formule nociones –en este caso de liberalismo– en donde cabe todo, o casi todo.[45] Son los problemas –para decirlo de manera burda– de tener que pintar un cuadro de trazos y detalles finos con una brocha gruesa. No hay forma de no hacer sino gruesos y torpes brochazos, o dejar la tela con manchas, o bien todo de un solo color.

Pero el problema no se limita a las herramientas conceptuales. También se refiere a la perspectiva política que Wallerstein sostiene. Y aquí no discutimos su derecho a asumir la perspectiva política que considera pertinente. Sino sus consecuencias para la reflexión y el quehacer. Al fin que Wallerstein es un autor cuya reflexión tiene y busca una audiencia en lo que él denomina los nuevos movimientos antisistémicos.

Su gruesa crítica a la "vieja izquierda" asume y propone puntos cruciales, como los de la organización y los del poder, que no son simplemente problemas de una vieja izquierda, sino de cualquier izquierda que se proponga modificar el orden societal existente.

Allí están sus ideas de que el cambio social planificado lleva inevitablemente a generar poderes controladores; su rechazo a la noción de organización política; su defensa del espontaneísmo; su malestar con la idea de dirigencia política; su rechazo a la lucha por el poder político y el Estado, propios de "la vieja izquierda";[46] su concepción del poder político diseminado y atomizado,[47] la

[45] Aparte de Marx y, claro, del propio Wallerstein, desde la noción que formula cabe preguntarse ¿quién se salva de no ser liberal?

[46] Temas con los que rompe la revolución de 1968. Véase Immanuel Wallerstein, *Geopolítica y geocultura...*, *op. cit.*, p. 18.

[47] "Los elementos del verdadero poder político se encuentran esparcidos por muchos lugares. Las maquinarias-Estado son uno de esos lugares, muy importantes, aunque no el único". Immanuel Wallerstein, *Impensar las ciencias sociales...*, *op. cit.*, p. 41.

dilución de la noción de poder político[48] y, como veremos, la de revolución.

Ahora sí, la revolución con nosotros

En 1848 el sistema-mundo tuvo su primera "revolución mundial", marcada por la primera "revolución social" verdadera de la era moderna, en Francia, acompañada de "la primavera de las naciones", con una serie de levantamientos en otros países de Europa, y en donde comienza a tomar forma la constitución del liberalismo como la geocultura del sistema-mundo,[49] misma que perdurará hasta los inicios de la nueva "revolución mundial" que inicia en 1968.

Con la crisis mundial de 1968, marcada por el inicio de la fase B en las ondas largas de Kondratieff,

> por primera vez en quinientos años, la fuerza de los estados está declinando, no debido al aumento de la fuerza de las empresas transnacionales, como se suele afirmar, sino debido a la disminución de la legitimidad concedida a los estados por sus poblaciones, como resultado de haber perdido la fe en las perspectivas de mejoramiento gradual.[50]

"El sistema llega a un punto de bifurcación", sostiene Wallerstein, debido a que "el muy peculiar sistema en que vivimos, y en el que los estados han desempeñado un papel crucial apoyando

[48] "El poder radica en controlar las instituciones económicas, en controlar las estructuras-veto que tienen la facultad de desorganizar, en controlar las instituciones culturales". A falta de confusión, Wallerstein termina por agregar más ingredientes: "El poder radica en los movimientos por sí mismos". *Idem*.

[49] Immanuel Wallerstein, *Análisis de sistemas-mundo...*, *op. cit.*, pp. 90-91.

[50] Immanuel Wallerstein, *Conocer el mundo, saber el mundo...*, *op. cit.*, p. 87.

los procesos de acumulación interminable de capital, ya no puede continuar funcionando".[51]

Ahora sí, sostiene Wallerstein, hemos ingresado en un periodo de "revolución mundial", marcado por el derrumbe del liberalismo como geocultura del sistema-mundo y por el incremento de los costos de remuneración, de insumos y de impuestos para los productores.[52] También por el surgimiento de nuevos movimientos antisistémicos que han roto con la vieja izquierda.

A estas alturas de la exposición no sorprenden las razones aducidas por Wallerstein para hablar de "revolución", en primer lugar, y además "mundial", en segundo lugar. Baste considerar la segunda "revolución" para hacer algunas observaciones. Ésta remite a la pérdida de la legitimidad que otorgaba el liberalismo wallersteiniano, en la que juegan razones económicas que han debilitado a esa ideología. Pero un peso sustantivo lo asume el papel de los nuevos movimientos antisistémicos, los cuales presentarían características que para el autor son muy relevantes: no son obreros ni trabajadores los principales actores de estas nuevas movilizaciones, es decir, no tenemos clases como sujetos de la historia, como sostiene el marxismo, sino grupos de identidad, por género, raza, estudiantes, etcétera; no operan bajo estructuras partidarias ni presentan jerarquizaciones de mando, fórmulas que se harían presentes en la noción de partido de Lenin; no luchan por el poder del Estado, como sostienen igualmente los marxistas y los identificados con la

[51] *Idem*.

[52] Immanuel Wallerstein, *Análisis de sistemas-mundo...*, *op. cit.*, p. 108. En un escrito anterior (*Conocer el mundo, saber el mundo...*, *op. cit.*, pp. 150-151) Wallerstein señalaba cuatro "procesos que han minado las estructuras básicas de la economía-mundo capitalista": la desruralización del mundo; el creciente costo social de permitir a las empresas externalizar sus costos; como consecuencia de la democratización, los costos de las demandas populares; y el colapso de la Vieja Izquierda o lo que llama movimientos antisistémicos tradicionales.

estrategia de Lenin, al fin que "los elementos del verdadero poder político se encuentran esparcidos en muchos lugares".[53]

No se entiende, a estas alturas, por qué Wallerstein de manera generosa califica a estos procesos de "revolución mundial", siendo tan estricto, por otro lado, calificando como no revolucionarios los procesos políticos acaecidos a lo largo del siglo XX en México, Rusia, China, Vietnam o Cuba.

Lo que ha devenido de 1968 no sólo no ha cambiado el sistema-mundo, como condición señalada por Wallerstein para hablar de un verdadero cambio social en el sistema capitalista, sino que además no ha destruido ningún Estado nacional. No deja de llamar la atención que aquellos estudiantes que se movilizaron en las universidades estadounidenses, en los momentos en que Wallerstein estudiaba, lo hacían también enarbolando las banderas de rechazo a la presencia estadounidense en Vietnam y en apoyo a la lucha de ese pueblo. Y la derrota de Estados Unidos allí –con toda su sofisticación tecnológica y su barbarie de guerra, lanzando bombas de napalm sobre la población civil, no fue un problema menor para el sistema-mundo en general y para Washington en particular–. Pero nada de esto se menciona ni se considera. Seguramente porque los vietnamitas no luchaban bajo las premisas de los nuevos movimientos antisistémicos destacados por Wallerstein, sino bajo la estrategia de la "vieja izquierda",[54] sin importar lo que ésta haya hecho.

[53] Immanuel Wallerstein, *Impensar las ciencias sociales...*, *op. cit.*, p. 41.

[54] Esta misma noción de "vieja izquierda" (lo cual también es válido para la noción de "nueva izquierda") no deja de ser un velo que impide ver las diferencias –no menores– en el seno de esa heterogénea corriente. ¿El Che Guevara es lo mismo que Stalin, y éste que Lukács, y éste que Rosa Luxemburgo, y que Gramsci, y que Fidel? Nuevamente el pintor de "brocha gorda", ¿tratando de dibujar fino?, se hace presente.

Las propuestas estratégicas del cambio

La reflexión se hace difusa a la hora de hacer propuestas o de pensar cómo ocurrirá el colapso del sistema-mundo. Así, se afirma que "el poder radica en controlar las instituciones económicas, en controlar las estructuras-veto que tiene la facultad de desorganizar, en controlar las instituciones culturales", para culminar estas vaguedades con otra más, que dice todo y nada al mismo tiempo: "El poder radica en los movimientos por sí mismos".[55]

El problema es que "no hay demasiado que pueda decirse de una lucha que recién comienza a desarrollarse, una cuyas características centrales son: la total incertidumbre de su resultado y la opacidad de la lucha".[56]

Sin embargo, a fin de ayudar a clarificar "una estrategia alternativa a la difunta estrategia de la 'revolución'", Wallerstein sugiere "algunas líneas de acción que podrían ser elementos de esa estrategia". Señala en primer lugar que "en todas partes, en cada puesto de trabajo, debemos presionar por más, es decir, porque la clase trabajadora conserve una porción mayor de la plusvalía". En segundo lugar, indica que "en todas partes en todas las estructuras políticas en todos los niveles, más democracia, es decir, más participación popular y más toma de decisiones abierta". En tercer lugar, "necesitamos buscar una manera de construir un nuevo universalismo basado en un cimiento de incontables grupos, y no en el mítico individuo atómico", lo que "requiere una especie de liberalismo social global que vacilamos en aceptar". Por último, "pensar en el poder estatal como una táctica, que se utiliza siempre que se puede y para las necesidades inmediatas, sin invertir nada en él para fortalecerlo".[57]

[55] Immanuel Wallerstein, *Impensar las ciencias sociales...*, *op. cit.*, p. 41.
[56] Immanuel Wallerstein, *Análisis de sistemas-mundo...*, *op. cit.*, p. 120.
[57] Immanuel Wallerstein, *Después del liberalismo...*, *op. cit.*, p. 216.

De manera humilde, el Wallerstein estratega se pregunta "¿transformará esto el sistema?", para responder de inmediato "no lo sé". Pero no duda en señalar, sin embargo, que "cuando el sistema mundial actual se derrumbe sobre nosotros en los próximos cincuenta años, debemos tener una alternativa sustantiva para ofrecer que sea creación colectiva".[58] Aquí la sorpresa es total, ¿qué significa que el sistema se derrumbará?

Con estos pronunciamientos los problemas de destruir el sistema-mundo capitalista, o si se quiere, la revolución, y además mundial, han desaparecido del horizonte wallersteiniano, al fin que el sistema se derrumbará (¿cómo?, ¿por obra de qué o quiénes?). Por eso ahora sólo nos queda pensar colectivamente en lo que haremos una vez que aquello se haya producido.

Se podría pensar que Wallerstein tiene presente la idea de la revolución como "proceso" (una transformación a realizar), y no como "momento" (el asalto al Palacio de Invierno en la revolución rusa; la derrota del ejército de Batista en Santa Clara, o el ingreso del Ejército Rebelde a La Habana y Santiago de Cuba en la revolución cubana). Sin embargo, los procesos revolucionarios tienen momentos que no son insignificantes, porque marcan el cambio en la correlación de fuerzas o, al menos, permiten a las fuerzas revolucionarias asumir la iniciativa para romper con lo que sea necesario a fin de proseguir con los quehaceres del proceso.

Lo que llama la atención es que ese momento en Wallerstein desaparece. Y termina en una solución propia del reformismo clásico: no sabemos cómo, pero en algún momento, por obra de no se sabe qué, tendremos las condiciones (¿el poder?) para organizar la vida en común bajo nuevos parámetros. Preocupémonos entonces para cuando aquello ocurra. De pronto el sistema-mundo, que se ha comido y ha fagocitado todos los enormes esfuerzos de pueblos y organizaciones por revolucionarlo, "se derrumba".

[58] *Ibid.*, pp. 216-217.

La dilución de la revolución como momento, para que inicie el proceso, también se manifiesta cuando la noción "revolución" es reemplazada por la de "transición".[59] Así indica que "tenemos que aproximarnos de un modo diferente al tema de las transiciones. En primer lugar, hemos de distinguir entre cambio a través de la desintegración y cambio controlado", señalando que este último es el que "se produjo cuando se pasó del feudalismo al capitalismo".[60] En ese paso, en realidad "no hubo revolución burguesa", ya que "el capitalismo histórico fue engendrado por una aristocracia terrateniente que se transformó en una burguesía, porque el viejo sistema se estaba desintegrando".[61]

La posibilidad de que no hubiese revolución en el paso del feudalismo al capitalismo reposa en que ambos son sistemas sustentados en la explotación, lo que permite la reconversión de algún sector de las antiguas clases dominantes en burguesía, la cual ha iniciado la desintegración de las relaciones feudales y el avance de las relaciones capitalistas antes de alcanzar el poder. Las revoluciones proletarias están en las antípodas de esta doble situación: ni las relaciones socialistas pueden madurar en el capitalismo, desintegrando las relaciones capitalistas, ni el proyecto proletario puede devenir de una simple reconversión de alguna fracción o sector burgués.

La idea de revolución para destruir el capitalismo y sus relaciones, proceso que puede alcanzar la forma de una verdadera guerra civil, poco o nada tiene que ver con imágenes como derrumbe del sistema o cambio controlado. Esas imágenes forman parte, por el contrario, de propuestas que desean revolucionar lo existente, pero sin revoluciones.

[59] En la teoría de la revolución proletaria se habla de "transición" al socialismo como un periodo posterior a la revolución/momento, marcado por los cambios para sentar las bases de la nueva organización, ahora socialista, esto es, ya en el periodo de la revolución como proceso.

[60] Immanuel Wallerstein, *El capitalismo histórico*, México, Siglo XXI, 1988, p. 97.

[61] *Ibid.*, pp. 96-97.

A MODO DE CONCLUSIÓN

Los problemas de la reflexión de Wallerstein sobre el sistema mundo no se refieren sólo a su ubicación en un abstracto proceso de análisis, sino al pobre arsenal teórico con el que enfrenta su estudio. Lo mismo puede decirse respecto a su reflexión sobre el Estado, el sistema interestatal, el poder, el cambio social y la revolución.

Más que potenciar su análisis, el ensamblaje que realiza entre las propuestas teóricas de Braudel, la Cepal de Prebisch y el marxismo termina generando una armazón teórica que manifiesta sus debilidades cuando se la confronta como tal, más allá de la riqueza de datos y fuentes de información que acompañan sus estudios históricos sobre el sistema-mundo.

La falta de discusión sobre los elementos y supuestos que sostienen sus opciones políticas también dejan a éstas en un campo de enorme fragilidad y con propuestas vagas que no se condicen con la posición asertiva con la que descalifica toda formulación política que se aleje del modelo que construye sobre el empoderamiento de los nuevos movimientos antisistémicos, la atomización del poder político y un poderoso sistema-mundo que se desploma o bien cambia de manera controlada.

BIBLIOGRAFÍA

Amin, Samir, *et al.*, *Dinámica de la crisis global*, México, Siglo XXI, 1983.

Braudel, Fernand, *La historia y las ciencias sociales*, México, Alianza, 1989.

Chesneaux, Jean, *¿Hacemos tabla rasa del pasado? A propósito de la historia y de los historiadores*, México, Siglo XXI, 11ª ed., 1990 (1977).

Frank, André Gunder, *Capitalismo y subdesarrollo en América Latina*, Buenos Aires, Siglo XXI, 1970.

Íñigo Carrera, Juan, "La unidad mundial de la acumulación de capital en su forma nacional históricamente dominante en América Latina. Crítica a las teorías del desarrollo, de la dependencia y del imperialismo", en Centro para la Investigación como Crítica Práctica, 2008, consultado el 5 de enero de 2016, en <http://cicpint.org/es/inigo-carrera-j-2008b-la-unidad-mundial-de-la-acumulacion-de-capital-en-su-forma-nacional-historicamente-dominante-en-america-latina-critica-de-las-teorias-del-desarrollo-de-la-dependencia-y-de/>.

Lenin, Vladímir Ilich, "Informe sobre la revolución de 1905", en *Obras escogidas*, en tres tomos, t. I, Moscú, Progreso, 1961.

Marx, Carlos, *El capital*, t. I, México, Fondo de Cultura Económica, 7ª reimp., 1973.

Marx, Karl, "Manifiesto del Consejo General de la Asociación Internacional de los Trabajadores sobre la guerra civil en Francia en 1871", en *La Comuna de París*, Madrid, Akal, 2010.

______, *El capital*, México, Siglo XXI, 8ª ed., 1979 (1975).

______, *Introducción general a la Crítica de la Economía Política de 1857*, Siglo XXI, 15ª reimp., 2011 (1968).

Organización de las Naciones Unidas, *Estudio económico de América Latina 1949*, Santiago de Chile, Serie Conmemorativa del XXV Aniversario de la Cepal, 1973.

Osorio, Jaime, "El marxismo latinoamericano y la dependencia", en *Cuadernos Políticos*, núm. 39, enero-marzo, México, Era, 1984.

______, *Crítica de la economía vulgar. Reproducción del capital y dependencia*, México, Porrúa / Universidad Autónoma de Zacatecas (América Latina y el Nuevo Orden Mundial), 2004.

______, *El Estado en el centro de la mundialización. La sociedad civil y el asunto del poder*, México, Fondo de Cultura Económica, 2004.

Romano, Ruggiero, *Braudel y nosotros. Reflexiones sobre la cultura histórica de nuestro tiempo*, México, Fondo de Cultura Económica (Cuadernos de la Gaceta, núm. 93), 1997.

Rosdolsky, Roman, *Génesis y estructura de* El capital *de Marx (estudios sobre los Grundrisse)*, México, Siglo XXI, 1978.

Wallerstein, Immanuel, *El moderno sistema mundial I. La agricultura capitalista y los orígenes de la economía-mundo europea en el siglo XVI*, México, Siglo XXI, 1979.

_______, "La crisis como transición", en Samir Amin *et al.*, *Dinámica de la crisis global*, México, Siglo XXI, 1983.

_______, *El capitalismo histórico*, México, Siglo XXI, 1988.

_______, "Comentarios sobre las pruebas críticas de Stern", en *Revista Mexicana de Sociología*, vol. 51, núm. 3, julio-septiembre, México, Instituto de Investigaciones Sociales-UNAM, 1989.

_______, *Después del liberalismo*, México, Siglo XXI, 1996.

_______, *Impensar las ciencias sociales. Límites de los paradigmas decimonónicos*, México, Centro de Investigaciones Interdisciplinarias en Ciencias y Humanidades-Universidad Nacional Autónoma de México (UNAM) / Siglo XXI, 1998.

_______, *Conocer el mundo, saber el mundo. El fin de lo aprendido. Una ciencia social para el siglo XXI*, México, Siglo XXI, 2001.

_______, *Análisis de sistemas-mundo. Una introducción*, México, Siglo XXI, 2ª ed., 2006 (2005).

_______, *Geopolítica y geocultura. Ensayos sobre el moderno sistema mundial*, Barcelona, Kairós, 2007.

Wallerstein, Immanuel, y Gao Jingyu, "Lenin and Leninism today: An Interview with Immanuel Wallerstein", en *International Critical Thought*, vol. 2, núm. 1, marzo, 2012.

Sistema mundial y formas de capitalismo*

1

Frente a la dificultad de ofrecer una respuesta sobre las particularidades del capitalismo en América Latina, el camino asumido por corrientes diversas en el seno del marxismo ha sido considerarlo un capitalismo "joven", o "atrasado", teniendo como modelo el capitalismo industrial y desarrollado, por lo que el aceleramiento de su "madurez" se considera como una solución al atraso. De esta forma se elude explicar los procesos que lo atraviesan y, de manera reactiva, se cuestiona aquello que se aleje del modelo asumido. Aquí discutiremos estas posiciones, y otros equívocos recurrentes, para destacar que el capitalismo dependiente latinoamericano es una forma original de capitalismo, plenamente madura, y que la dinámica de reproducción que genera no sólo no lo acerca, sino que lo aleja de las rutas seguidas por el capitalismo desarrollado.

2

Para diversas corrientes marxistas, el sistema mundial capitalista debe ser concebido como el espacio en el que operan economías

* Una primera versión de este artículo apareció en la revista *Direito e Praxis*, vol. 7, núm. 13, Universidade do Estado Rio de Janeiro, 2016.

con diversos niveles de desarrollo científico y tecnológico, con diversas composiciones orgánicas de capital y diferentes niveles de productividad.[1] Esto explicaría que unas economías sean desarrolladas y que otras permanezcan en el subdesarrollo. Pero esto no deja de ser una constatación de lo inmediato, de lo perceptible. Así es como el capitalismo se manifiesta.

Desde esa atalaya, que lo explica todo y no explica nada, no aparecen preguntas sobre las razones por las que economías diversas, formalmente independientes, iniciaron relaciones en el siglo XIX desde puntos de partida muy diferenciados en materia de productividad. ¿No plantea esta situación consecuencias para lo que sigue?

Más aún, ¿qué hace posible que el capitalismo "joven" o "atrasado" no realice o sólo haga débiles esfuerzos por elevar su productividad, en sus intentos, si los hay, por aproximarse a los niveles avanzados? ¿Acaso la competencia no lo impulsaría en tal sentido? Y si ello no ocurre u ocurre débilmente, ¿por qué no opera en este capitalismo la fuerza y compulsión que impondría la concurrencia?

3

El recurso a las diferencias de productividad, de composición orgánica y tecnología constituye una formulación que "naturaliza" el desarrollo de unas economías y regiones y el subdesarrollo de otras,[2] al asumirlos como resultados normales devenidos de aquellas diferencias, y no como problemas.[3]

[1] Véase, por ejemplo, Rolando Astarita, *Monopolio, imperialismo e intercambio desigual*, Madrid, Maia, 2009.

[2] Utilizaremos, en un sentido lato, subdesarrollo y capitalismo dependiente como sinónimos.

[3] Existe una línea de continuidad entre este marxismo y el viejo marxismo ortodoxo: las diferencias en el desarrollo de las fuerzas productivas explican

Para este marxismo el desarrollo y el subdesarrollo se explican de manera aislada e individual. El desarrollo es el resultado de los esfuerzos y las capacidades internas de capitales y naciones, y la ausencia o debilidad de tales esfuerzos y capacidades explica a su vez el subdesarrollo de otros. En el sistema mundial capitalista no existirían relaciones en el sentido fuerte del término, esto es, relaciones con consecuencias sustantivas en las economías que interactúan. Habría intercambio de productos, inversiones de capitales de unas en otras. Pero nada de esto, o cualquier otra relación, tendría consecuencias en materia de desarrollo o subdesarrollo.[4]

De esta forma el sistema mundial capitalista aparece como un espacio abierto en el que cualquier economía, en cualquier tiempo, puede alcanzar el desarrollo haciendo lo pertinente (¿qué?, ¿en qué condiciones históricas?, ¿en qué espacio de fuerzas en el sistema mundial?). Subyace el supuesto, además, de que todas las economías son estructuralmente homogéneas, y que la heterogeneidad visible sólo es la expresión del estadio de desarrollo o de subdesarrollo en que se encuentran. Es por esa homogeneidad estructural que en el mediano o largo plazo se puede (o no) llegar a las mismas metas, ya que las diferencias de productividad se pueden reducir, mantener o amplificar.

Es desde una mal entendida ortodoxia y de premisas como las anteriores de donde proviene el malestar de estas corrientes con la teoría marxista de la dependencia (TMD, en adelante). Ya que en sus formulaciones el capitalismo dependiente no tiene nada de na-

todo. Sólo hay que acelerar ese desarrollo para romper con el atraso, y además para acercarnos a la revolución.

[4] Los supuestos del individualismo metodológico se expresan aquí en la economía mundial. Para las teorías de la estratificación, por ejemplo, las desigualdades sociales se explican de manera individual, por las diferencias de capacidad, talento y esfuerzo de los individuos. Y esto define los montos diferenciados de riqueza que perciben. No existen relaciones sociales, para estas teorías, que incidan en la desigualdad social. Menos en la explotación, que no reconocen.

tural, la TMD establece con claridad los procesos que permitieron su gestación y que lo constituyen y reproducen. Como tampoco tiene nada de natural el capitalismo desarrollado. Ambos son el resultado de procesos históricos en el seno de un sistema mundial capitalista que no sólo permite sino que favorece que capitalismos con muy diversos niveles de composición orgánica y de productividad, se requieran y se reproduzcan en sus diferencias.

4

El hecho de que el capitalismo reclame extracción de valor por medios económicos y no políticos no puede llevar a que la historia y los procesos previos de apropiaciones de riqueza por medios políticos, entre imperios y colonias o semicolonias, que permitieron que emerjan economías industriales y economías agromineras, se presenten como asuntos insignificantes, simples antecedentes, puesto que para la historia que sigue no constituyen un detalle irrelevante.

Si en el siglo XIX se relacionan economías formalmente independientes en la situación señalada, ello es resultado de procesos de despojo operados por los centros imperiales sobre sus colonias, que hicieron posible que esa acumulación de riquezas favoreciera condiciones para la multiplicación de intercambios comerciales y, posteriormente, de procesos de industrialización en ciertos espacios del planeta, así como el auge de una producción primaria en otros que era requerida por los primeros.

En otras palabras, antes del siglo XIX existieron procesos de acumulación y de desacumulación que establecieron puntos de partida radicalmente diferenciados entre las economías que, en ese siglo, se interrelacionan y participan de la división internacional del trabajo. Que todo esto se haya propiciado por mecanismos políticos y extraeconómicos no implica que no hubieran consecuencias económicas a la hora de iniciarse las relaciones entre economías "independientes" en el siglo XIX.[5]

La excepcionalidad de unas pocas economías que desde el atraso productivo inicial han gestado procesos de desarrollo en el último siglo del capitalismo, en las que no aparece por cierto ninguna de América Latina, y teniendo en cuenta el amplio número de economías subdesarrolladas y dependientes, alimenta la hipótesis de que un sistema mundial capitalista maduro no constituye un espacio que aumente las posibilidades para el desarrollo, mucho menos cuando se constata que las distancias iniciales, allí donde el capitalismo se ha hecho presente, se reproducen y se incrementan.

5

Desarrollo y subdesarrollo son procesos relacionados que emergen no sólo de manera simultánea, sino imbricados. Son resultados del despliegue, expansión y madurez del sistema mundial capitalista y de las relaciones que lo constituyen. Sólo en ese campo

[5] Señala Eric Hobsbawm, "es cada vez más claro que los orígenes de la revolución industrial de Gran Bretaña no pueden ser estudiados exclusivamente en términos de historia británica. El árbol de la expansión capitalista moderna creció en una determinada región de Europa, pero sus raíces extrajeron su alimento de un área de intercambio y acumulación primitiva más amplia, que incluía tanto las colonias de ultramar ligadas por vínculos formales como las 'economías dependientes' de Europa Oriental, formalmente autónomas. La evolución de las economías esclavistas de ultramar, y de las basadas en la servidumbre de la gleba, de Oriente, fueron tan partícipes del desarrollo capitalista como la evolución de la industria especializada y de las regiones urbanizadas del sector 'avanzado' de Europa". Y agrega: "Eran necesarios los recursos de todo este universo económico para abrir una brecha industrial en *cualquier* país del sector económicamente avanzado". *En torno a los orígenes de la revolución industrial*, Buenos Aires, Siglo XXI, 1971, p. 105.

de estrechas y condensadas relaciones entre diversas economías es que desarrollo y subdesarrollo, o que capitalismo desarrollado y capitalismo dependiente, alcanzan explicación y sentido.[6]

Acerca de las relaciones establecidas en el siglo XIX, se debe destacar que cuando las economías formalmente independientes de América Latina se interrelacionan con las economías industriales en el mercado mundial se establece una clara división internacional del trabajo entre las economías de la región, en tanto productoras y exportadoras de materias primas y alimentos, y las economías industriales, como productoras y exportadoras de bienes industriales. No es un asunto menor el punto de partida cualitativamente diferenciado con respecto a los valores de uso que era posible producir para unas y otras economías.

La producción de valores de uso industrial reclama y potencia el surgimiento de nuevas ramas y de sectores productivos complementarios y más complejos.[7] La producción industrial liviana requiere de industrias intermedias y ambas del desarrollo de industrias productoras de bienes de capital, como máquinas y herramientas, así como de máquinas que produzcan máquinas.

En tiempos en que no había a quién comprar estos bienes, la industrialización operó como la locomotora que arrastró el de-

[6] "La razón por la cual la revolución industrial comenzó en Occidente fue que durante los 300 años anteriores se había concentrado allí capital monetario y oro en cantidades enormes como resultado de un saqueo sistemático del resto del mundo por medio de las conquistas y el comercio coloniales." Ernest Mandel, *El capitalismo tardío*, México, Era, 1972, p. 60. Datos como estos permiten entender por qué el desarrollo pudo emerger en ciertas regiones y economías. El subdesarrollo reclama considerar economías formalmente independientes (no colonias) y los procesos de reproducción de capital que gestan en su integración en el sistema mundial capitalista.

[7] Si en el siglo XVII es la industria del algodón la que permite el despegue de la revolución industrial en Inglaterra, a mediados del siglo XVIII es la producción de ferrocarriles el gran detonante para las industrias del hierro y del acero. Véase Eric Hobsbawm, *En torno a los orígenes de la revolución industrial*, *op. cit.*, cap. 3, pp. 89-114.

sarrollo de sectores industriales cada vez más complejos y de un denso tejido productivo, comercial y bancario interrelacionado. A ello se añaden redes de comunicación, de medios de transporte, de bodegas, de conglomerados industriales, comerciales y bancarios que potenciaron las múltiples dinámicas desatadas por el capital.

Si agregamos que en el siglo XIX el consumo de los trabajadores tiende a entroncarse cada vez más con valores de uso industrial, además de la demanda sobre estos bienes que generan los sectores sociales que viven de renta y plusvalía, amén de lo demanda productiva, el cuadro de dinamización interna que el capitalismo desarrollado genera alcanza mayores significados, sin desconocer las importaciones provenientes de las colonias o excolonias.

Si en un momento los conocimientos ayudaron a potenciar tecnologías, más tarde fue la propia dinámica del capital la que reclamaba potenciar conocimientos, a fin de generar nuevas tecnologías.[8] El constante desarrollo de las fuerzas productivas se constituye en una tendencia inscrita en el modo de ser del capitalismo desarrollado: plusvalías superiores a la ordinaria van de la mano de los procesos que incrementan la productividad.

La producción de materias primas y alimentos para el mercado mundial, por el contrario, no reclama que la acompañe e impulse la expansión de actividades productivas complejas. No se gesta entonces una locomotora interna que expanda el desarrollo de otros sectores productivos que sean fundamentales para sostener la producción exportadora. Por ello, el tejido productivo y la red de relaciones internas en general serán reducidos. El capital local privilegia sus relaciones con capitales en el mercado mundial. De

[8] Maurice Dobb señala que "el invento no es un proceso autónomo, desligado del progreso de la inversión de capital, ni es posible separar a éste de sus efectos sobre el desarrollo de la invención que, a su vez, reactúa sobre el proceso de inversiones a través de su influencia sobre la rentabilidad". *Estudios sobre el desarrollo del capitalismo*, Buenos Aires, Siglo XXI, 1971, p. 343. En este sentido el descubrimiento del motor a vapor y su aplicación es un parteaguas en los procesos que darán vida a la revolución industrial. *Ibid.*, pp. 308-309.

esta forma, tendrá prioridad la infraestructura que favorece las exportaciones, como caminos, ferrocarriles, puertos, bodegas, frigoríficos. Emergerán talleres que trabajan la plata, el cuero, etcétera, pero con una fuerza expansiva limitada.

Por otro lado, el tipo de valores de uso generados reclama niveles bajos de desarrollo de las fuerzas productivas, comparados con la ebullición que opera en el mundo industrial. El crecimiento de los bienes exportados se sustenta en lo fundamental a partir de extender jornadas laborales, multiplicar el número de brazos abocados a la producción y, más tarde, cuando se reclame infraestructura más compleja (como ferrocarriles, frigoríficos y herramientas diversas) ésta será adquirida en el mundo industrial.

Importa destacar que esta modalidad de inserción al mercado mundial y de expansión del capitalismo en la región no desata el empuje de un aguijón productivista, como en las economías industriales. Hay elevaciones en la productividad, pero siempre a la zaga y con creciente distancia de lo que acontece en el mundo desarrollado. Esto es así porque la propia producción de los valores de uso que se lleva a cabo no lo reclama, como no lo reclama el peso de los mercados exteriores como espacio de realización fundamental.

La brecha creciente que se establecerá entre unas y otras economías, como podemos apreciar, arranca desde el tipo de valores de uso que unas y otras producen e intercambian, cómo los producen y para quiénes.

6

Pero la significación de los valores de uso es mayor en el curso posterior del capitalismo en unas y otras economías. La masiva exportación de alimentos desde América Latina favorece que una parte sustancial de la población que labora en el campo –en los países que ponen en marcha procesos de industrialización– pueda trasladarse a los centros urbanos e industriales.

Por otro lado, la importación de alimentos por parte de las economías industriales –que incluye desde postres (azúcar, cacao, frutas) hasta productos fundamentales en la canasta de consumo (como carne de res y trigo)– propicia el descenso del valor de la fuerza de trabajo, lo cual hará posible que en siglo XIX el capitalismo europeo pueda culminar un giro fundamental en su proceso de maduración, pasando de una producción que reposaba en mecanismos de la plusvalía absoluta a otra en donde el peso fundamental será ahora la plusvalía relativa.[9]

Esto implicó que el capitalismo industrial consiguiera solucionar una ecuación vital: compatibilizar la elevación de la cuota de plusvalía con la expansión del mercado interno por la vía del incremento del consumo de los trabajadores. La masiva incorporación de la población trabajadora de las economías industriales al mercado potenciará el desarrollo industrial de bienes de consumo y de bienes de capital y con ello del capitalismo en general. El ciclo del capital industrial encontraba así un eje de dinamismo y articulación interno.

La expansión industrial y el abaratamiento de bienes industriales también se vieron favorecidos por la cuantiosa oferta de materias primas (capital constante) desde América Latina, lo que incidió por otro lado en la atenuación de las tendencias a la baja de la tasa de ganancia.

Junto a la importación de productos industriales complejos, como ferrocarriles, el grueso de las importaciones industriales que realizan las economías latinoamericanas son bienes de consumo durables, como muebles, vajillas y demás valores de uso para el hogar, así como ropa, bebidas y otros bienes no durables. Dichos productos van dirigidos básicamente a los mercados locales de alto poder de consumo, que operan como una extensión de los mercados industriales, ajenos a la producción artesanal o semimanufacturera local de bienes salarios diversos.

[9] Ruy Mauro Marini, *Dialéctica de la dependencia*, México, Era, 1973.

Lo contradictorio de esta relación, en términos de los valores de uso que unas y otras economías intercambian y de sus efectos en el giro que propicia en las economías industriales, de la plusvalía absoluta a la plusvalía relativa, y de la elevación de la dimensión civilizatoria que puede presentar el capitalismo, es que en América Latina tiene una contracara radicalmente distinta.

La producción de la región –que incide en aquellos cambios en el mundo industrial– tenderá a sustentarse en la extensión y profundización de mecanismos de explotación que reposan en el mayor desgaste físico de los trabajadores y fórmulas en las que los salarios serán insuficientes para preservar el fondo de consumo, con el fin de acrecentar el fondo de acumulación del capital.[10]

Preguntarnos por los valores de uso diferenciados que intercambian las economías latinoamericanas con las economías industriales pone de manifiesto que el problema entre unas y otras economías no es simplemente de diferencias en los niveles de productividad, sino que ellas arrancan a partir de los valores de uso que cada economía puede producir y que seguirán marcando diferencias en las modalidades de reproducción del capital.

7

Esto se hace más ostensible si a los temas que se derivan de los valores de uso se añaden los propiciados desde el valor implicado en las relaciones y las consecuencias que esto desencadena en unas y otras economías.

El sólo hecho de que las economías desarrolladas produzcan con niveles tecnológicos superiores y con más elevadas productividades que las que presentan las economías dependientes permite que se produzcan modalidades de intercambio entre na-

[10] *Idem.*

ciones en donde unas, las dependientes, entregan productos con más horas de trabajo a cambio de productos con menos horas de trabajo.[11]

Importa detenernos en esta modalidad de intercambios porque, al estar regidos por la ley del valor, parece que no reclaman interrogantes y no plantearan problema alguno. Todo es simple resultado de la ley del valor, se sostendrá.

Pero el sistema mundial capitalista no es un territorio abierto, en donde el capital ubicado en cualquier región del planeta y en cualquier economía nacional puede generar transformaciones científicas y tecnológicas y producir bienes sobre la base de elevar la productividad del trabajo. La producción de diferentes bienes no reclama las mismas modalidades y los mismos niveles de elevación de la productividad. Por tanto, las diversas especializaciones productivas a nivel del sistema mundial generan condiciones para que el intercambio de más horas de trabajo por menos horas se mantenga y se reproduzca.

Aquí, la visión de Ricardo sobre el comercio internacional y las ventajas comparativas, que harían posible que las diferentes economías, cualquiera sea la especialización productiva, accedieran al desarrollo, no tiene cabida.

El sistema mundial capitalista y las divisiones internacionales del trabajo que se presentan en su seno generan especializaciones productivas que no propician ni conducen a todas las economías al desarrollo. Por el contrario, apuntan a generar especializaciones que favorecen la elevación de la productividad de algunas regiones y economías, mientras que limitan las opciones de actividades que potencian la elevación de productividades en otras.

[11] "El intercambio de mercancías producidas en condiciones de una productividad del trabajo más alta por mercancías producidas en condiciones de productividad del trabajo más baja era un intercambio desigual; era un intercambio de menos por más trabajo". Ernest Mandel, *El capitalismo tardío*, *op. cit.*, p. 54.

Es necesario además distinguir de qué especializaciones productivas hablamos. No es lo mismo alimentar una especialización industrial con una producción de bienes cada vez más diversificada y compleja, y que alienta el desarrollo de conocimientos y nuevas tecnologías, que especializaciones monoproductoras, o con una diversidad muy reducida, como las que caracterizan a las economías latinoamericanas, y con complejidades productivas reducidas.

Es con la división internacional del trabajo constituida en el siglo XIX, entre economías industriales y economías exportadoras de materias primas y alimentos, cuando se establece un punto de bifurcación en donde, en las primeras, los procesos de capitales individuales tendientes a generar ganancias desatan desarrollo y condiciones para intercambiar menos horas de trabajo por más, lo que favorece que la acumulación se sostenga no sólo con base en esfuerzos internos.

En las segundas, por el contrario, su lugar en la división internacional del trabajo implica desatar procesos en los que la búsqueda de ganancias por los capitales locales no sólo no generará desarrollo, aunque sí ganancias individuales, sino condiciones para reproducir los atrasos productivos, lo que implicará una modalidad de capitalismo que intercambiará más horas de trabajo por menos, mermando la fortaleza de la acumulación.

Los capitales en el mundo industrial, en los siglos XVIII y XIX, buscan primordialmente ganancias y de manera casi inadvertida ese impulso propiciará desarrollo. Y son las operaciones estatales las que les permiten avances sustantivos en tanto los protege de competencias en el mercado local e incrementa sus recursos por medio de operaciones militares de conquista hacia otras regiones, que aceleran la acumulación.[12] Los capitales posteriormente desa-

[12] "El nacionalismo de la burguesía británica [...] fue agresivo; su propósito no era eliminar el atraso sino reforzar su propio progreso, conquistar el mundo." Eric Hobsbawm, *En torno a los orígenes de la revolución industrial*, *op. cit.*, p. 98.

rrollados llegaron poderosamente asistidos a esa situación.[13] Sobre esta base operan además la aguda explotación de su población local, la expansión de la producción industrial, el creciente peso de la tecnología, la elevación de la productividad, la incorporación de los trabajadores al consumo industrial y los intercambios internacionales de menos por más horas de trabajo.

Con la división internacional del trabajo gestada en el siglo XIX esa particular situación histórica, que empató búsqueda de ganancias y desarrollo, tendió a hacerse menos probable en periodos posteriores. Los capitales que maduraban en América Latina buscaron ganancias y las alcanzaron, pero también propiciaron subdesarrollo. La producción de valores de uso con escasa demanda de conocimientos, una producción volcada a los mercados exteriores, la superexplotación, intercambios internacionales de más horas de trabajo por menos, son algunos de los procesos que se encuentran en la base de esa situación.

En esta modalidad de intercambio entre economías la ley del valor pone de manifiesto que la lógica del capital tiene poco o nada que ver con la disposición y voluntad de los trabajadores, en tanto el que define qué producir, con qué equipos, tecnologías y organización de la producción es el capital. Si su trabajo no es más "productivo" al que hay que pasarle la factura es al capital.

[13] Entre los elementos que favorecieron la revolución industrial en Inglaterra Hobsbawm señala necesario "reconsiderar la naturaleza y la importancia del mercantilismo británico; es decir, la política sistemática de expansión económica belicista y colonialismo, y la no menos sistemática protección de los industriales, comerciantes y armadores británicos". Añade que "la presencia de una burguesía potente y dinámica, en cuyo seno privaban los intereses manufactureros nacionales, fue decisivo. Pero parece también probable que la inclinación de los gobiernos británicos a colocar las ganancias comerciales y la conquista de nuevos mercados sobre toda otra consideración haya ejercido un papel decisivo en la exclusión de rivales económicos en potencia". *Ibid.*, pp. 305-306.

Limitados a los intercambios entre economías en los que la ley del valor opera con toda su fuerza se hacen presentes procesos que apuntan a reforzar el desarrollo de algunas economías y regiones y la dependencia de otras.

Es posible violentar la ley del valor en los intercambios entre economías desarrolladas y dependientes, permitiendo transferencias de valor y propiciando intercambios desiguales.

A ello se refiere Marx cuando señala que

> en el mercado mundial, el trabajo nacional más productivo se considera al mismo tiempo como más intensivo, siempre y cuando que la nación más productiva no se vea obligada, por la concurrencia, a rebajar el precio de venta de sus mercancías hasta el límite de su valor.[14]

Como señala Marini, "aunque la productividad reduzca el valor unitario de la mercancía, ésta puede venderse en el mercado mundial *por encima de su valor*, si la concurrencia no actúa en sentido contrario".[15]

Sea por diferencias productivas que implican intercambios de más horas de trabajo por menos horas de trabajo o por transferencias de valor, el capitalismo dependiente sufre importantes pérdidas. Estos dos procesos se encuentran en la base del deterioro de los términos de intercambio, en perjuicio de los precios de los productos exportados por las economías dependientes.[16]

[14] Carlos Marx, *El capital*, t. I, México, Fondo de Cultura Económica, 1973, pp. 469-470.

[15] Ruy Mauro Marini, "Las razones del neodesarrollismo", en *Revista Mexicana de Sociología*, vol. XL, núm. extraordinario, México, Instituto de Investigaciones Sociales-Universidad Nacional Autónoma de México (UNAM), 1978, p. 70 (cursivas en el original).

[16] Para el año 2000 las materias primas habían perdido entre 50 y 60% del valor relativo que tenían frente a las manufacturas hasta la década de 1920, con excepción de la carne de res, la madera y el tabaco, que habían mejorado. José Antonio Ocampo y María Ángela Parra, "Los términos de intercambio de los productos básicos en el siglo XX", en *Revista de la Cepal*, núm. 79, abril, Santia-

A estos procesos que favorecen la profundización de tendencias dispares en unas y otras economías, se agregan las transferencias de valor vía repatriación de ganancias por inversiones de capitales de economías desarrolladas en economías dependientes.[17] Que esto sea lo que hacen todos los capitales no significa que no nos preguntemos por las consecuencias que ello provoca en donde se concentran las ganancias y desde donde salen los valores o las mayores horas de trabajo.

---

go de Chile, 2003. Otros autores encontraron una disminución acumulada de 75 % durante unos 140 años para los precios de bienes primarios, producción básica de las economías dependientes, en tanto el índice acumulado de *The Economist* presenta una baja de 60.1 % entre 1900-1904 y 1996-2000 para los precios de esos bienes. Véase Rolando Astarita, *Monopolio*, *imperialismo e intercambio desigual*, *op. cit.*, pp. 151-152.

[17] De acuerdo con Theotônio dos Santos, en el periodo 1946-1968 hubo una salida de 15 mil millones de dólares de América Latina a Estados Unidos en la forma de dividendos, intereses, etcétera, sobre inversiones de capital extranjero. En tanto el capital exportado por Estados Unido a América Latina ascendió sólo a 5 500 millones de dólares. Theotônio dos Santos, *Economía y cambio revolucionario en América Latina*, Caracas, 1970, pp. 75-78, citado por Ernest Mandel, *El capitalismo tardío*, *op. cit.*, p. 66. En 2014, las entradas de Inversión Extranjera Directa (IED) en América Latina y el Caribe alcanzaron 158 803 millones de dólares. Los beneficios obtenidos en la región por las empresas transnacionales sólo en ese año alcanzaron 103 877 millones de dólares, considerado un año a la baja. Estas empresas suelen reinvertir alrededor de 50 por ciento de sus beneficios, por lo que extraen de la región otro 50 %. Véase Comisión Económica para América Latina y el Caribe (Cepal), *La inversión extranjera directa en América Latina y el Caribe 2015*, LC/G.2641-P, Santiago de Chile, Cepal, 2015, pp. 19-23. Por otro lado, la transferencia a filiales de parte de las ganancias permite a los capitales transnacionales reducir el pago de impuestos por beneficios, lo que incrementa el despojo de valores. Véase Orlando Caputo, "La crisis de la economía mundial y América Latina. Una nueva interpretación de la crisis", ponencia presentada en el Décimo Encuentro de la Sociedad de Economía Política, México, Sociedad Latinoamericana de Economía Política y Pensamiento Crítico / UNAM, 14-16 de octubre, 2015.

8

Estos procesos no pueden ser asumidos como la explotación de las economías dependientes por las economías desarrolladas. Hablamos de relaciones entre economías formalmente independientes, por tanto, no tenemos colonias o semicolonias. Por otra parte, si bien es cierto que Estados desarrollados impulsan y protegen el accionar de los capitales allí asentados en sus operaciones en el exterior, esto implica que Estados y capitales de naciones desarrolladas explotan a trabajadores del mundo dependiente. Además, debe considerarse que los capitales de las economías dependientes intervienen de manera directa o indirecta en estos procesos. En definitiva, capitales y Estados de economías desarrolladas explotan a trabajadores de las economías dependientes con el consentimiento de Estados y clases dominantes de estas últimas economías. Y en conjunto estas transferencias de valor, por procedimientos diversos, potencian el desarrollo de unas economías y debilitan el de otras.

Aquí tampoco se puede decir que los trabajadores del mundo desarrollado explotan a naciones o a trabajadores del mundo dependiente.[18] Son capitales, clases dominantes y Estados los que explotan. Esto no implica desconocer, sin embargo, que las ganancias alcanzadas en las economías dependientes permiten a los capitales de las economías desarrolladas y sus Estados elevar el

[18] Como lo planteó Arghiri Emmanuel en su texto "El proletariado de los países privilegiados participa de la explotación del tercer mundo", en Samir Amin *et al.*, *Imperialismo y comercio internacional. El intercambio desigual*, Córdoba, Pasado y Presente (Cuadernos de Pasado y Presente, núm. 24), 1971. Rolando Astarita atribuye erróneamente esta idea también a Marini cuando señala que "la explicación de Marini tiene una clara vinculación con la idea de que los trabajadores de los países adelantados participan en la explotación de los países atrasados". *Economía política de la dependencia y el subdesarrollo. Tipo de cambio y renta agraria en la Argentina*, Bernal, Universidad Nacional de Quilmes (Textos y Lecturas en Ciencias Sociales), 2010, p. 46.

bienestar no sólo de las clases dominantes, sino también de las clases dominadas del mundo desarrollado.[19]

9

A la luz de los problemas que provocan los bajos niveles de productividad en las economías latinoamericanas, en términos de pérdidas de horas de trabajo y de transferencias de valor, cabe preguntarse por las medidas que los capitales operantes en la región pusieron en práctica a fin de hacer frente a una situación tan desfavorable. No es difícil entender que el inicio y la profundización de procesos de industrialización en el siglo XIX para elevar la productividad no se correspondían con las condiciones existentes, sea en materia de infraestructura, conocimientos y de capacidad de desarrollar tecnologías.

En la reproducción del capital en las economías dependientes se hacen presentes dos procesos que permiten comprender la respuesta que se terminó gestando frente a esta situación. El primer proceso refiere a que la propia dinámica del patrón agrominero exportador sólo desata el aguijón productivista en niveles muy precarios. La productividad tendió a crecer en los ejes exportadores, pero en niveles inferiores a lo que se incrementaba en las economías industriales. Bastaba aumentar el número de horas en las jornadas laborales y el número de trabajadores para hacer frente a la elevación de la demanda de materias primas y alimentos, o bien, para compensar con mayor producción la baja de los precios en el mercado mundial. Por otro lado, la demanda de productos

[19] Muchas clases sociales y fracciones que viven de salarios, como proletarios o pequeña burguesía asalariada, perciben ingresos del consumo improductivo de las clases dominantes. Esto no las convierte en clases o fracciones que participan de la explotación.

industriales, tanto de bienes de consumo suntuario como de bienes de capital, se satisfacía con las importaciones desde las economías industriales.

El segundo proceso tiene relación con el ciclo del capital que pone en marcha el patrón agrominero exportador en la economía latinoamericana en el siglo XIX. Debido a que el grueso de la producción está volcada a los mercados exteriores, ello implica que la contradicción del capital frente a los trabajadores, en tanto productores y potenciales consumidores, se tienda a agudizar en la economía latinoamericana, al fin que los trabajadores no cumplen un papel dinámico en la realización, permitiendo que el capital pueda remunerar a la fuerza de trabajo por debajo de su valor, es decir, propiciando procesos de superexplotación que aceleran su desgaste y limitan su capacidad de consumo.

De esa manera, por la vía de apropiarse de parte del fondo de consumo de los trabajadores para convertirlo en fondo de acumulación del capital, o por prolongaciones de la jornada y en menor medida por la intensidad, el capital logra incrementar la tasa de explotación y a su vez elevar la masa de plusvalía.

La superexplotación no sólo se constituyó en un mecanismo que limitaba la participación de los trabajadores en tanto consumidores. Pasó a ser un mecanismo vital para hacer frente a las debilidades productivas en la competencia y compensar las transferencias de horas de trabajo y de valor en el mercado mundial, así como la fórmula para elevar las ganancias de los capitales operantes en la región.

Todo esto muestra la conformación de un capitalismo que se ve azuzado por la búsqueda de ganancias, pero que en sus modalidades particulares de inserción al sistema mundial capitalista genera mecanismos de reproducción que, respondiendo a aquella lógica, propicia procesos particulares, conformando un capitalismo *sui generis*. De allí la necesidad de caracterizarlo como un capitalismo dependiente. A contrapelo de lo que se sostiene, es necesario pero no suficiente conocer las leyes y tendencias del capitalismo en general para explicar la dinámica del capitalismo latinoamericano.[20]

10

La superexplotación, en tanto violación del valor de la fuerza de trabajo,[21] es posible porque existe una masa enorme de población semiactiva e inactiva, o flotante, latente e intermitente, disponible para las necesidades y tiempos del capital.

En el capitalismo la fuerza de trabajo se ve confrontada por dos tendencias contradictorias: una que apunta a elevar su valor por el incremento de bienes que se incorporan a la canasta de los bienes salarios, sean para necesidades indispensables o para satisfacer las necesidades sociales, como resultado del propio desarrollo de las fuerzas productivas y de la sociabilidad reinante. Otra que tiende a limitar la elevación del valor de la fuerza de trabajo, porque el propio avance de la productividad lleva al descenso de los valores unitarios de los bienes salarios, antiguos y nuevos.

En otras palabras, la tendencia es a que crezca la masa de bienes necesarios (leche, pan, huevo, carne, frijoles, ropa) y sociales (refrigeradores, celulares, radio, televisión, cine, educación, ocio, etcétera), pero que ello no se exprese en una elevación similar en términos del valor de la fuerza de trabajo y, por tanto, en una elevación igualmente similar en salarios. La masa de bienes salarios crece más que lo que crece su valor total.

[20] Astarita señala "que no es necesaria una teoría de la acumulación específica para los países dependientes, sino [sólo] estudiar cómo se particularizan las tendencias y leyes generales del capital". *Economía política de la dependencia y el subdesarrollo...*, *op. cit.*, p. 11.

[21] El tema lo hemos desarrollado extensamente en "Fundamentos de la superexplotación", en *Razón y Revolución*, núm. 25, Buenos Aires, 2013.

En condiciones de superexplotación lo que tiende a producirse es que crece la masa de bienes a consumir, pero en tanto el salario no permite cubrir los bienes necesarios y los bienes sociales, alcanzar unos propicia reducir o cancelar el consumo de otros. Se comprará un televisor, pero se gastará menos en salud, ropa o alimentos diversos.

La superexplotación, por tanto, conduce a un incremento de la pobreza relativa, pero en condiciones que afectan la reproducción normal de la fuerza de trabajo. Esto, y sus consecuencias en la reproducción del capital en general, como su peso en tanto elemento para incrementar la plusvalía, o para reducir el mercado de consumo que generan los salarios, son algunos puntos centrales que debieran llamar nuestra atención.

Hablar de que se superexplota de manera generalizada en una economía no es entonces el asunto simple de que se paga poco o que se trabaja largas horas. No es un simple adjetivo a la explotación. Es un elemento que tiene decisivas consecuencias en la reproducción del capital y en las formas de inserción de las economías latinoamericanas en el sistema mundial. Y es por esas consecuencias que tiene un peso fundamental en la teoría que explica el funcionamiento del capitalismo dependiente.

Para el pensamiento liberal es un escándalo que los trabajadores consuman televisores, cuando –se señala– debieran destinarlo al consumo prioritario de alimentos o de salud, sea de ellos o de sus hijos. Lo que ese pensamiento no entiende es que las necesidades sociales, como contar con un televisor, tienen un enorme peso justamente porque son sociales, en el sentido de las formas de existencia en un tiempo determinado.

Si en los lugares de trabajo se habla del último partido de futbol o en la tienda de verduras o abarrotes se habla de la telenovela o del *reality* que está de moda, los sujetos tenderán a consumir un bien que permite participar de la sociabilidad reinante. En pocas palabras, reproducir la fuerza de trabajo no es alimentar caballos, en donde con un fardo de alfalfa se resuelve todo. La fuerza de trabajo reposa en el cuerpo de humanos que no pueden vivir o reproducirse como en la época de las cavernas. Superexplotación no puede confundirse entonces con pobreza absoluta.[22]

Además, en un mundo en donde se multiplica el trabajo femenino, y se reduce la presencia de adultos por largas horas en el hogar, se reduce la construcción de áreas verdes en los nuevos complejos habitacionales para obreros, o en las autoconstrucciones populares, y se multiplica la inseguridad, tener un televisor en casa (o ahora un iPad) es una forma necesaria para mantener en ese espacio, de tamaño cada vez más reducido, a niños y adolescentes, en tanto las nociones y modos de ocio de éstos se han modificado.

El problema con la superexplotación es que la satisfacción de necesidades sociales se tiene que hacer a expensas de reducir o dejar de consumir bienes indispensables. Y esto genera consecuencias en todo el proceso de reproducción del capital.

11

Una crítica recurrente a la TMD, y en particular a la superexplotación, es que se asume como una expresión de la teoría del subconsumo, formulada por el economista suizo J. C. L. Simonde de Sismondi y asumida por los populistas rusos, en torno a la imposibilidad de la acumulación capitalista derivada de la contradicción entre producción y consumo, en donde habría de manera permanente un excedente de producción por la debilidad del mercado interno, que sólo puede resolverse acudiendo a los mercados exteriores como solución a la realización de la plusvalía.

Lo que Sismondi y los populistas rusos manifiestan es su incomprensión acerca de qué es la acumulación de capital, derivada

[22] Véase Rolando Astarita, *Monopolio, imperialismo e intercambio desigual*, *op. cit.*, p. 37.

de no considerar al capital constante, y asumir sólo la plusvalía y los salarios en el valor total creado.[23]

Sin dejar de reconocer que existe una contradicción entre producción y consumo que abordará posteriormente, Marx pone de manifiesto desde un "modelo abstracto" los esquemas de reproducción,[24] las condiciones de funcionamiento en equilibrio de la producción capitalista, esto es, de una reproducción que, respetando el valor, establezca los valores de uso necesarios para mantener el equilibrio de los intercambios entre el sector I, de bienes de capital, y el sector II, de bienes de consumo.

Hablamos de un esquema abstracto porque Marx establece una serie de supuestos en las condiciones de equilibrio, como una economía capitalista pura; la existencia de sólo dos clases sociales, capitalistas y obreros; la misma duración e intensidad del trabajo; la no variación de la composición orgánica del capital; y la exclusión del comercio exterior.

Desde esas premisas, la contradicción capitalista referente a producir valor bajo la forma de valores de uso encuentra una vía de solución, en donde "cada uno de [los] sectores [I y I I] debe velar [...] por la sustitución del valor de sus elementos de producción; pero sólo puede hacerlo si toma una parte de esos elementos de producción del otro sector, en una forma materialmente apropiada".[25]

Pero una vez que abandona algunos de los supuestos asumidos, Marx analiza las crisis capitalistas y las contradicciones que se gestan, señalando que "dentro de la producción capitalista, la proporcionalidad de las distintas ramas de producción [y sectores I y II] aparece como un proceso constante derivado de la

[23] Estos temas los desarrolla Marini en su artículo "Las razones del neodesarrollismo", *op. cit.*

[24] Carlos Marx, *El capital*, t. II, *op. cit.*, cap. XX y XXI, pp. 350-465.

[25] Roman Rosdolsky, *Génesis y estructura de* El capital *de Marx*, México, Siglo XXI, 1978, pp. 501-502.

desproporcionalidad"[26] entre ramas y sectores, poniendo un alto a los que privilegian la proporcionalidad y el equilibrio como el estado recurrente de la dinámica capitalista.[27]

En torno a la contradicción entre producción y consumo, Marx señala además que

> Las condiciones de la explotación directa y las de su realización no son idénticas. [...] Unas se hallan limitadas solamente por la capacidad productiva de la sociedad, otras por la proporcionalidad entre las distintas ramas de la producción y por la capacidad de consumo de la sociedad,

y esta última "por la capacidad de consumo a base de las condiciones antagónicas de distribución que reducen el consumo de la gran masa de la sociedad a un mínimo susceptible sólo de variación dentro de límites muy estrechos". Para rematar indicando que "cuanto más se desarrolla la capacidad productiva, más choca con la angosta [base] sobre [la] que descansan las condiciones del consumo".[28]

En resumen, los seguidores de las propuestas sobre el subconsumo no creían viable la acumulación capitalista ni el desarrollo del capitalismo mismo al no considerar el valor generado por la producción de capital constante y la oferta y demanda que ese capital genera. De allí que el mercado externo aparecía como el único camino para resolver los problemas de realización de la plusvalía. Con los esquemas de reproducción, en un modelo abstracto, Marx puso de manifiesto las proporcionalidades posibles entre el sector I y el sector II, considerando el valor y la reposición

[26] Carlos Marx, *El capital*, t. III, *op. cit.*, p. 254.

[27] Henryk Grossman señala al respecto: "Los neoarmonicistas idealizan el estado de equilibrio [...] –confundiendo el método de investigación con los fenómenos a investigar– creían deducir del esquema del equilibrio la tendencia al equilibrio del capitalismo", citado por Roman Rosdolsky, *Génesis y estructura de* El capital *de Marx*, *op. cit.*, p. 498.

[28] Carlos Marx, *El capital*, t. III, *op. cit.*, p. 243.

de valores de uso para la oferta y demanda entre ambos sectores. Por último, en un análisis menos abstracto y considerando las contradicciones en el capitalismo entre producción y consumo, Marx también puso de manifiesto los problemas de realización a los que se enfrenta el capital en tanto reduce el poder de consumo de los trabajadores. A su vez, señaló que la proporcionalidad entre sectores se deriva de constantes desproporcionalidades.

En síntesis

> la solución dialéctica del problema de la realización sólo puede residir en el progreso del modo de producción capitalista, en la constante extensión de sus mercados interno y externo. Pero desde este punto de vista, la reproducción ampliada del capital no es "imposible" (como le parecía a Sismondi) ni puede proseguir hasta el infinito (como creían los clásicos) puesto que el modo de producción capitalista mismo debe reproducir sus contradicciones internas en una escala cada vez más elevada, hasta que la "espiral" del desarrollo capitalista [...] toque a su fin.[29]

En niveles de desarrollo más concretos, como es el despliegue del capitalismo en el sistema mundial, las leyes del capitalismo pueden sufrir alteraciones. Así, está el hecho de que el capitalismo dependiente en el siglo XIX, al volcar su producción hacia los mercados exteriores, y con ello propiciar la superexplotación, establece la contradicción del capitalismo entre producción y consumo en un nuevo nivel. Por otro lado, ya en el siglo XX, la industrialización, al no terminar de generar el sector I de bienes de capital, obliga a replantearse lo que ello significa en términos de la proporcionalidad y desproporcionalidad entre sectores. Y cómo la carencia o debilidad de ese sector en el plano interno es resuelta por el capital local vía importaciones o como productos que ingresan en paquetes de inversión del capital extranjero. ¿Qué fuerzas tiene entonces el sector I en la economía dependiente en cuanto

[29] Roman Rosdolsky, *Génesis y estructura de* El capital *de Marx*, *op. cit.*, p. 505.

oferta y demanda de equipos, bienes salarios y bienes suntuarios en la economía local?

No hay subconsumo en el capitalismo dependiente, si con ello se quiere sostener que la superexplotación impide la acumulación y reproducción del capital en general. Por el contrario, esta es condición para que la reproducción opere en el capitalismo dependiente. Pero una economía sustentada en la superexplotación no permite cualquier acumulación ni cualquier reproducción.[30] Favorece la desproporcionalidad entre ramas, como la debilidad del sector I y la mayor fortaleza del sector II. Pero también, la desproporcionalidad en el seno de los bienes de consumo, según sean bienes salarios (IIa) o sean bienes suntuarios (IIb), en beneficio relativo sobre estos últimos.

Pero además estas discusiones deben ubicarse en el contexto de la vigencia de un patrón de reproducción del capital como el que actualmente impera en la región, el de especialización productiva, en donde el sector industrial juega un papel secundario –frente al peso del sector primario, con la masiva producción de materias primas y alimentos volcados a los mercados exteriores–, y sólo al-

[30] Esto pone límites a juicios que sostienen para América Latina que "*los salarios bajos, la superexplotación y el ejército industrial de reserva no constituyen en sí mismos obstáculos para la acumulación capitalista* [...] sino más bien todo lo contrario. Es que en la medida en que los salarios son bajos, la plusvalía puede ser alta, y si los capitalistas reinvierten una parte importante de la misma en ampliar su capital, habrá crecimiento de las fuerzas productivas y, por lo tanto, de la oferta y la demanda correspondientes". Y, poniendo de manifiesto la meta que orienta estos juicios, se señala que "este fenómeno se ha dado en el capitalismo central". Véase Rolando Astarita, *Economía política de la dependencia y el subdesarrollo*, *op. cit.*, p. 56 (cursivas en el original). Astarita señala que lo que el capitalismo industrial hizo en los siglos XVIII y XIX en América Latina se podría hacer en el siglo XXI. Además, los problemas de realización y de desproporcionalidad entre sectores en el capitalismo dependiente quedan minimizados. Sólo cabe preguntarse, si es tan simple la solución ¿por qué los capitales de la región no lo han hecho? ¿Por qué insisten en buscar mercados exteriores y en adquirir equipos y maquinarias en el capitalismo desarrollado?

canza relevancia en algunas economías, principalmente en México, en menor medida en Brasil y más abajo en Argentina.

La expansión de la producción de autos en México en los últimos 30 años es una buena muestra de los problemas que se hacen presente en los temas que nos ocupan. Según la Asociación Mexicana de la Industria Automotriz, en 2014 México se posicionó a nivel mundial como el octavo armador de autos, alcanzando la cifra récord de 3 219 786 unidades, 9.8 % de aumento respecto al año anterior. De ese total, 85 % se exportó, particularmente a Estados Unidos, que recibió 71 %.[31]

En el mercado mexicano, el automóvil es un bien suntuario, y por ello es bajo el porcentaje de lo producido que se vende en la economía local, poco más de 10 %. Pero ese producto en el mercado estadounidense es un bien salario. Por ello crecen tanto las exportaciones a esa economía.

No debe perderse de vista que son empresas extranjeras las que dominan la industria automotriz en México, realizándose en esta economía las labores de algunos segmentos productivos, los menos avanzados en materia tecnológica, como armado, ensamble, maquila y producción de partes.

También debe considerarse que la demanda de la industria automotriz hacia otras industrias locales es muy débil. En estas condiciones, con segmentos productivos de bajo nivel tecnológico, sin mayores relaciones con otras ramas de la industria local y ventas mayoritarias hacia el exterior, es difícil que no operen desproporcionalidades entre ramas y sectores en las economías dependientes.

[31] ¿Axel Sánchez, "Producción y exportación de autos marcan récord histórico", en *El Financiero*, Empresas, 8 de enero de 2015, consultado el 4 de diciembre de 2015, en <http://www.elfinanciero.com.mx/empresas/produccion-y-exportacion-de-autos-en-mexico-rompen-records-en-2014.html>.

12

Con la marcha del patrón industrial en el siglo XX pareció abrirse un proceso en el que la ruptura del ciclo del capital y otros desequilibrios en la reproducción del capital en América Latina tenderían a reorientarse, aproximándose a las formas en las que el capital se reproduce en el mundo industrial desarrollado. Éste fue el mensaje tanto de la Comisión Económica para América Latina y el Caribe como de las principales burguesías industriales de la región. Sin embargo, estas ilusiones pronto se fueron desvaneciendo. En los países de mayor desarrollo de la región las etapas de producción de bienes industriales no durables (ropa y alimentos) y durables (muebles) avanzó con relativa facilidad. Por otro lado, el crecimiento de los empleos en el aparato estatal y en las fábricas, favorecidos estos últimos por la baja composición orgánica del capital, ampliaba el mercado interno. Pero aun en condiciones de producción de procesos relativamente simples ya se presentaban problemas con la balanza comercial, por la importación de componentes para esta producción, sean materias primas, herramientas y repuestos, y por las importaciones de bienes suntuarios.

Pero los problemas serios comenzaron a hacerse presentes cuando el proceso de industrialización requirió pasar a fases más complejas, como la producción de equipos, maquinarias y repuestos. El monto de las inversiones para estas industrias debía ser mayor, lo que reclamaba reducir los montos destinados al consumo suntuario de las clases dominantes, mayor control sobre los salarios, mayores préstamos y reducción de intereses de la banca de desarrollo y de la banca privada, así como elevar las transferencias del sector exportador hacia la industria, lo que alentaba conflictos entre sectores de las clases dominantes.

Pero en medio de estos problemas emergió una alternativa que no había sido contemplada en los proyectos iniciales y que modificará de raíz el proceso de industrialización.

Terminada la segunda guerra mundial, con una infraestructura productiva intacta y alentada además por la aplicación de técnicas y conocimientos bélicos ahora empleados en la producción, se produjo una pronunciada reducción de la vida útil del capital fijo en la economía estadounidense, dejando sobrantes equipos, maquinarias y repuestos todavía útiles, los cuales pasarán a ser ofertados en generosas condiciones de pago en el mercado mundial, en particular hacia el mercado latinoamericano.

Esta oferta empataba en el tiempo con las necesidades de la burguesía latinoamericana de pasar a fases de mayor complejidad en la producción industrial, lo que abrió las puertas para que se aliara con el capital estadounidense, favoreciendo inversiones en el sector industrial o simplemente adquiriendo los equipos que reclamaba la nueva fase de la acumulación.

Pero junto a la asociación de la burguesía local con el capital extranjero, otro asunto relevante es que la industrialización dejó de constituir un proyecto orgánico, que cubriría el conjunto de ramas industriales, para quedar descabezado, al no desarrollar las ramas del sector de bienes de capital, apareciendo sólo algunas actividades ligadas a ese sector, y depender entonces de la importación de esos bienes de las economías desarrolladas.

Abandonar la producción de bienes de capital significó además dejar de lado al sector que motoriza con mayor peso el desarrollo de conocimientos y de nuevas tecnologías, con lo que la burguesía latinoamericana lanzó a la basura la ¿débil? posibilidad de encabezar un proyecto de desarrollo.

En aquella decisión se hicieron presentes, entre otros aspectos, su antigua subordinación al capital extranjero y a sus Estados, el peso de la superexplotación en el proceso de acumulación, la magnitud de lo que se precisaba para impulsar procesos de desarrollo científico y tecnológico y para propiciar el desarrollo de ramas industriales, todo lo cual reclamaba esfuerzos de acumulación que la obligarían a limitar sus gastos suntuarios. La responsabilidad no compete al capital extranjero, sino a los Estados, a la burguesía local y también a los sectores exportadores regionales, que veían con rechazo y temor tener que incrementar sus aportes para la industrialización.

13

Si bien los equipos y maquinarias importados constituían principalmente bienes de capital para la producción de bienes salarios en el seno de la economía estadounidense, en América Latina asumían otra condición, la de bienes de capital para producir bienes de consumo suntuario, como automóviles, por el peso de la superexplotación. Esto tendrá consecuencias en el rumbo de la industrialización y en las dificultades de empatar con las necesidades del grueso de la población trabajadora.

La asociación con el capital extranjero aceleró la división de la burguesía industrial en dos fracciones, que comenzaron a operar con proyectos e intereses cada vez más contrapuestos: una, ligada a la producción industrial liviana, menos dinámica, menos capitalizada, con baja composición orgánica, y cada vez más ligada a la producción de bienes salarios; otra, aliada al capital extranjero, con mayores niveles de composición orgánica, ligada a una producción industrial de bienes más complejos y suntuarios, y que se erigirá en la fracción burguesa más dinámica.

Esta división, que se acentuará muy rápidamente, propiciará disputas interburguesas por la hegemonía del Estado y por la orientación de la industrialización, logrando imponerse los proyectos de la burguesía más dinámica. En tanto su producción se dirige básicamente al mediano y alto mercado interno, alentará políticas económicas tendientes a afectar el poder de consumo del grueso de los trabajadores industriales y de la baja burocracia estatal, y del resto de franjas proletarias urbanas peor remuneradas y subempleadas, auspiciando las transferencias de ingresos a las clases, fracciones y sectores con mediano y alto poder de consumo interno. Al mismo tiempo, buscará abrirse a los mercados regionales, por la vía de sumar pequeños mercados de alto poder de consumo en diversas economías y, de esa forma, ampliar el campo de la realización.

Todos estos movimientos y procesos terminan con las ilusiones de un proyecto de industrialización que lograría articular la producción y las necesidades de consumo del grueso de la población trabajadora. Con ello la ruptura del ciclo del capital manifestaba una nueva dimensión, ahora desde la producción industrial y en el seno de la economía local, generando un poderoso pero reducido mercado de alto poder de consumo, lo que reactiva las pulsiones a incrementar la superexplotación, a concentrar ingresos en las capas sociales de mayores ingresos y a iniciar aperturas al exterior como forma de ampliar mercados, ante las restricciones operantes en los mercados locales.

A estos problemas, que volvían a poner de manifiesto tendencias locales de reproducción del capital que operaban distanciadas de las tendencias imperantes en el mundo desarrollado, se agregan otros, como el incremento de la pobreza concentrada en los cinturones de miseria que se expanden en las grandes ciudades de la región, ante la elevación de la composición orgánica en las industrias dinámicas y el débil crecimiento de las industrias tradicionales, así como la dificultad del sector industrial en general de crear empleos a la altura de la oferta de brazos propiciada por la masiva migración campo-ciudad, y los problemas de la producción agraria para retener a esa población, a causa de la monopolización de la tierra en la mayoría de las economías regionales.

14

La crisis mundial propiciada por la caída de la tasa de ganancia, a fines de los años sesenta del siglo XX, empató con la crisis del patrón de reproducción industrial en América Latina, por el crecimiento de los desequilibrios de la balanza comercial, ante las deudas por importaciones de equipos y maquinarias, las dificultades de ampliar mercados internos y externos para la producción industrial de bienes de consumo durable, el descenso en los niveles de crecimiento y la agudización de la lucha de clases.

Al calor de aquella crisis el sistema mundial capitalista sufrirá una profunda readecuación que dará paso a la conformación de una nueva división internacional del trabajo, a partir de la cual la región regresará a su condición exportadora de materias primas y alimentos, como patrón dominante, y en pocas economías se mantendrán con peso algunas actividades de maquila electrónica y de ropa, ensamble automotriz y producción de partes, con poca tecnología.

La puesta en marcha del patrón exportador de especialización productiva se apoya en ventajas naturales como petróleo, minerales diversos, productos agrícolas (verduras, granos y frutas), carne, madera y productos industriales como los antes señalados.

El nuevo patrón hace de los mercados exteriores su campo fundamental de realización. Allí se presenta una división entre las economías de la parte sur de América Latina que dirigen su producción principalmente a la Unión Europea, a China y a otras economías del sudeste asiático, así como a la región misma, y a otras, el caso de México y algunas economías centroamericanas que exportan principalmente hacia los Estados Unidos.

La puesta en marcha del nuevo patrón fue acompañada de la masiva venta de empresas públicas, que aceleró la acumulación de capitales, y de agresivas políticas de reducciones salariales y de retiro de prestaciones sociales, estas últimas medidas favorecieron la capacidad de competencia de los capitales y sus productos en el mercado mundial.

Estas pérdidas, unidas a la generalización creciente de la precariedad laboral y la subcontratación, han incrementado la superexplotación a niveles que la región ya creía superados.

Importa destacar que los valores de uso producidos bajo el nuevo patrón de especialización productiva no cuentan con la capacidad de dinamizar actividades complementarias que complejicen la estructura productiva. Producir soja, frutas, vinos o café y extraer cobre, petróleo o litio no crea condiciones para industrias aledañas, encadenadas a esas producciones o extracciones que fomenten nuevos empleos y nuevas demandas de producción industrial. Cuando lo llegan a reclamar es de un nivel de complejidad tecnológica que se adquiriere en las economías desarrolladas o bien exportando los productos para su procesamiento en el exterior.

A inicios del siglo XXI el capitalismo latinoamericano, ahora bajo el patrón exportador de especialización productiva, vivió un periodo de bonanza. Esta experiencia contó con la excepcional demanda de petróleo, materias primas y alimentos en el mercado mundial, en gran medida propiciada por el espectacular crecimiento de la economía china, y ante la elevación de los precios de la mayoría de los principales productos de exportación de la región.

El incremento del volumen de las exportaciones, acompañado por una sustancial subida de precios, propició que tanto el capital local, estatal y privado, como el extranjero, que aumentó su presencia en minería, agroindustria, energía, servicios, ensamble y maquila, incrementaran sus ganancias en niveles inusitados. Se contaba con recursos para alentar inversiones estratégicas que ensancharan la demanda de nuevos bienes en la economía local, extendieran el tejido productivo y abrieran condiciones para el despliegue de una dinámica que rompiera o redujera los nudos más agudos de la dependencia y el subdesarrollo.

Pero las fuerzas dinamizadoras de la dependencia terminaron por predominar. Los obstáculos propiciados por la segmentación productiva en las cadenas de valor global caminan en el sentido no de alentar procesos de industrialización, sino de especializaciones en aspectos muy parciales de alguna actividad industrial, las menos tecnificadas, en tanto los segmentos que reclaman conocimientos y niveles de tecnificación más avanzada han terminado por quedar asentados en las economías desarrolladas.

A su vez, los grandes exportadores de materias primas y alimentos incrementaron las hectáreas sembradas y abrieron nuevos yacimientos mineros, pero poco o nada destinaron a realizar inversiones estratégicas en aras de complejizar la estructura productiva.

Por ello, entrada la segunda década del siglo XXI, tras la caída de la demanda exterior y la aguda baja de los precios de materias primas y alimentos, ante la baja del crecimiento de China y la debilidad de otros centros desarrollados, los capitales y Estados que obtuvieron cuantiosos beneficios y que no realizaron inversiones con perspectivas de reducir la dependencia y el subdesarrollo no han tenido empacho en convocar a nuevas políticas de ajuste, que apuntan a reducir o cortar el poco presupuesto destinado a mejoras salariales, educación y a políticas para enfrentar la pobreza. El subdesarrollo y la dependencia han dado una nueva vuelta de tuerca en la región.

15

Importa destacar el peso de los patrones exportadores en la historia económica regional. Ése era el rasgo del primer patrón erigido en el siglo XIX, el agrominero exportador, y tras el muy breve lapso en que se hizo presente el patrón industrial, ha vuelto a hacerse presente un nuevo patrón volcado a los mercados exteriores, el de la especialización productiva.

En una subregión en donde la superexplotación es una tendencia central del capitalismo dependiente, el hecho de que el capital encuentre caminos para valorizarse en mercados exteriores, vía exportaciones, no es ninguna buena noticia para el mundo de los trabajadores. El nuevo patrón de reproducción lo ha puesto de manifiesto desde que estableció las bases para su arranque y a lo largo de su expansión.

América Latina asistió a una brutal ofensiva del capital sobre las condiciones de vida de la población trabajadora desde los años setenta del siglo XX, y la agudización de la explotación redoblada se ha constituido en base de sustentación del dinamismo y de los éxitos de la nueva modalidad de reproducción.

Importa destacar que no estamos frente a cualquier economía exportadora en América Latina. Nos encontramos en la situación de una región administrada por un patrón de reproducción que agudiza al máximo las contradicciones de la dinámica del capitalismo dependiente, como la ruptura del ciclo del capital y una organización productiva que sigue dando la espalda a las necesidades del grueso de la población trabajadora.

No es lo mismo exportar sobre la reducción del poder de consumo de la población asalariada local, como ocurre en América Latina, que hacerlo sobre la base de una economía con una elevada productividad, como la alemana, en donde se mantiene e incluso se incrementa la producción y consumo de bienes salarios por parte del mundo del trabajo, así como de equipos por parte del capital local. Y es esa elevada productividad la que permite contar con cuantiosos montos de bienes que son lanzados al mercado mundial con una alta capacidad de competencia.[32]

La economía exportadora latinoamericana también tiene poco que ver con la modalidad exportadora de Corea del Sur. Allí la creación de industrias volcadas a los mercados exteriores fue acompañada por políticas que impulsaron el desarrollo del sector de bienes de capital, de manera simultánea al desarrollo de bienes de consumo. Parte sustantiva de los excedentes iniciales de las exportaciones se orientaron a fortalecer las bases industriales para favorecer nuevas exportaciones cada vez más complejas, dándose inicio a una paulatina incorporación de la población trabajadora al mercado interno.

El recurso a la expansión del crédito en América Latina como forma de elevar en parte el consumo de franjas obreras y de la baja pequeña burguesía asalariada, que ha teorizado la sociología regional como "la expansión de las clases medias", se realiza sobre bases de empleo muy precarias. A ello se suma la especulación con los créditos, que aumenta enormemente los precios finales por el elevado incremento de los intereses. Todo esto ha quedado en entredicho en

[32] El escándalo de la Volkswagen, en la segunda mitad de 2015, es un duro golpe para la credibilidad de la eficiencia productiva del capital alemán en general.

momentos en que el empleo y los salarios vuelven a sufrir los embates de nuevos programas de ajuste, al decaer las exportaciones y sus precios. La expansión del mercado interno muestra en este, como en otros ejemplos previos, su enorme fragilidad en las economías dependientes y la dificultad de ajustar la ruptura del ciclo del capital.

16

Desarrollo del subdesarrollo. Así sintetizó André Gunder Frank el futuro de las economías dependientes en caso de seguir regidas por relaciones capitalistas.[33] Leída desde los estadios de mayor desarrollo de la teoría marxista de la dependencia, esta formulación no remite a ninguna idea estancacionista. Las economías latinoamericanas podrán seguir creciendo, expandiendo sus sectores exportadores o ramas e industrias diversas y gestando plusvalía relativa en sectores particulares.[34] Pero lo harán recreando y agudizando las fracturas en la reproducción del capital, así como los desequilibrios sociales inherentes a la condición subdesarrollada y dependiente. De allí que se sostenga que de proseguir expandiéndose el capitalismo se seguirá desarrollando el subdesarrollo.

La TMD no plantea que la economía latinoamericana, por su condición subdesarrollada y dependiente, deba caminar hacia el

[33] André Gunder Frank, *Capitalismo y subdesarrollo en América Latina*, Buenos Aires, Siglo XXI, 1970.

[34] Que se desarrolle plusvalía relativa en algunos sectores no significa que sea ésta la que defina los procesos de explotación en la economía dependiente. Como que se geste plusvalía absoluta en el mundo desarrollado no implica que sea ésta la que defina la explotación en esas economías. Astarita critica el señalamiento de la imposibilidad de producción de plusvalía relativa en el capitalismo dependiente que postulan otros autores. Véase Rolando Astarita, *Economía política de la dependencia y el subdesarrollo*, *op. cit.*, p. 66.

estancamiento, por más que autores diversos, más o menos cercanos a esta propuesta teórica, lo hayan señalado.

Brasil, México y Argentina, para mencionar las tres mayores economías de la región, han podido presentar en formas y periodos diversos importantes crecimientos de sus economías en los últimos sesenta años, tanto bajo el patrón industrial como bajo el actual patrón exportador de especialización productiva. Pero nada de lo realizado permite afirmar que se ha avanzado hacia el desarrollo, sino que, por el contrario, se han profundizado las contradicciones propias del capitalismo dependiente.

17

Llegados a este punto, parece pertinente una reformulación del sistema mundial capitalista respecto a la noción con la cual arrancamos este escrito.

Ese sistema no debe ser concebido simplemente como el espacio en donde operan economías capitalistas con diversos niveles de desarrollo científico y tecnológico, con diversas composiciones orgánicas de capital y diferentes niveles de productividad. Esta visión esconde más de lo que permite entender.

El sistema mundial capitalista es fundamentalmente la unidad diferenciada en donde se articulan, al menos, dos formas de capitalismo: el desarrollado y el dependiente.

Estas formas de capitalismo constituyen una unidad al operar de manera integrada y articulada de acuerdo a la lógica del capital y la prosecución de apropiación y crecimiento de ganancias. Pero lo hacen de maneras diferenciadas de acuerdo a una división de formas de capitalismo. Esta división no es sino la articulación de formas de reproducción de capitales que impulsan y permiten a unas economías desarrollarse, en tanto a otras las impulsan a subdesarrollarse.

Al interior de estas formas de capitalismo se presenta una diversidad de grados, sea de capitalismo desarrollado, sea de capitalismo dependiente.

18

Dado el nivel de maduración del sistema mundial capitalista, de la división de formas de capitalismo y de las relaciones que las constituyen, se puede afirmar que siendo teóricamente factible el paso de una economía desarrollada a la condición de subdesarrollada, y el paso de una economía dependiente a la condición de desarrollada, este último paso, en términos históricos, sólo puede presentarse como resultado de una situación de excepción, en donde la lógica de la acumulación no puede operar por su propia dinámica ni por la simple acción autorreguladora del mercado, sino por una dirección que defina un plan de desarrollo con capacidad de disciplinar al conjunto de las clases sociales, particularmente a las dominantes, y que al menos neutralice a las fuerzas del imperialismo, para alcanzar esos objetivos.

El primer paso, del desarrollo al subdesarrollo, es teórica e históricamente más factible que suceda, porque para que ello ocurra basta que se pierda la capacidad de transferir valor y horas de trabajo a su favor y de potenciarlos.

No existe una línea de continuidad entre la forma capitalismo dependiente y la forma capitalismo desarrollado, en el sentido de que por una simple acumulación de diferentes condiciones o procesos una economía dependiente y subdesarrollada alcanzará el desarrollo. Si el desarrollo y el capitalismo dependiente maduran de manera simultánea y por la relación que establecen y sostienen, la dinámica de reproducción establecida en una y otra forma, operando de manera normal, tenderá a reproducir dependencia y desarrollo.

El paso de la condición dependiente y subdesarrollada al capitalismo desarrollado implica necesariamente una ruptura en varias dimensiones: primero, con las tendencias espontáneas de la acumulación o con la capacidad autorreguladora del mercado. Segundo, con las clases dominantes del mundo dependiente, en el sentido de ajustarse a planes y proyectos que tendencialmente no son los que históricamente han llevado a cabo, y tercero, con el capital imperialista a través, por lo menos, de su neutralización.

Las burguesías de las economías subdesarrolladas no cuentan con la voluntad histórica de encabezar proyectos que permitan quebrar con las tendencias locales a la superexplotación y alcanzar así una reinserción al mercado mundial en otras condiciones, que no sean aquellas que reproducen el subdesarrollo y la dependencia. Y ello por una razón simple: bajo las condiciones subordinadas en que se desenvuelven y sometidas a las divisiones internacionales del trabajo imperantes pueden lograr grandes ganancias, a pesar de las transferencias de valor y de horas de trabajo. Esto permite la constitución de capitales poderosos, no sólo a nivel regional, sino mundial, aunque sus procesos de acumulación y de reproducción no generen desarrollo para las economías locales.

El capital extranjero que invierte en la región tiende a adecuarse a los procesos de reproducción de capital imperantes, y no a modificarlos. Esta es una de las razones por las que llega a la región: porque puede superexplotar, lo que acrecienta sus ganancias, sostiene la ruptura del ciclo del capital, e invierte en actividades productivas o de servicios que no alteran la dinámica que reproduce el subdesarrollo.[35]

Sólo una situación de excepción, que camine a contracorriente de las tendencias de la acumulación y del mercado, puede revertir las tendencias que reproducen la dependencia. En cualquier condición, el desarrollo alcanzado tendrá como contracara la profun-

[35] Para Astarita, por el contrario, "la IED no impide que [el] capitalismo dependiente adquiera dinámica propia", por lo que es necesario volver a pensar "los efectos que tiene la IED en los países atrasados". *Economía política de la dependencia y el subdesarrollo*, *op. cit.*, p. 58.

dización o la extensión del subdesarrollo y de la dependencia en algún otro rincón del planeta. Nunca estos procesos emergen por separado.

19*

Parte sustancial de los procesos que han permitido a Corea del Sur alcanzar los niveles productivos actuales poco o nada tienen que ver con la simple dinámica de la acumulación y de la mano invisible del mercado. Su situación se ubica más bien en las antípodas de esas tendencias. Constituyen, como señalamos, una situación de excepción.

Tras finalizar la segunda guerra mundial (1945), y la retirada de las tropas japonesas de la península de Corea, la cual ocuparon desde 1910, Estados Unidos dividió la península por el paralelo 38, quedando ocupada al norte por tropas soviéticas y al sur por tropas estadounidenses. Entre 1950 y 1953 la península coreana se ve remecida por una guerra que enfrenta a la actual Corea del Sur, apoyada por Estados Unidos y la Organización de las Naciones Unidas, y la actual Corea del Norte, apoyada por la República Popular China y de manera indirecta por la Unión Soviética. En esa guerra murieron alrededor de dos y medio millones de personas, principalmente combatientes, pero también población civil, y se destruyó gran parte de la infraestructura de la península. Tras un armisticio (que no tratado de paz) se constituye Corea del Norte, en las fronteras con China, y Corea del Sur, en la parte baja de la península, con salida terrestre sólo por Corea del Norte, y más cercana a Japón. La frontera zigzaguea en torno al paralelo 38, con 4 kilómetros de una zona desmilitarizada.

* Para este punto nos apoyamos en Jaime Osorio, "América Latina frente al espejo del desarrollo de Corea del Sur y China", en *Problemas del Desarrollo. Revista Latinoamericana de Economía*, vol. 46, núm. 182, julio-septiembre, México, Instituto de Investigaciones Económicas-UNAM, 2015.

Ocupada un largo periodo por fuerzas estadounidenses luego de la guerra, Corea del Sur fue importante para Washington hasta la caída del bloque socialista como tapón que impediría el avance del "comunismo", pero fundamentalmente por su privilegiada posición geoestratégica, cercana a las principales ciudades chinas y también al territorio de la Unión Soviética.

Para Estados Unidos era necesario el fortalecimiento económico de Corea del Sur. Por ello, entre 1945 y 1961, le otorgó donaciones por más de 3 100 millones de dólares, que representan un tercio más de lo que percibió Francia como parte del Plan Marshall.[36] A inicios de los años ochenta Japón otorgó a Seúl 3 mil millones de dólares por concepto de reparación de la guerra y por la ocupación.

En un periodo de 15 años, iniciados en 1945, las autoridades llevaron a cabo una profunda reforma agraria, que desmanteló el poder de los sectores terratenientes. Y la guerra civil propició, por otro lado, el debilitamiento de la incipiente burguesía industrial.

Todo ello creará las condiciones para la conformación de un Estado con elevados niveles de autonomía frente a las clases dominantes, y que cuenta con un fuerte apoyo de Washington.

De 1961 a 1979 el general Park Chung-hee encabezó una Junta Militar, desde 1963 se hizo proclamar presidente de la República, un periodo en el que estatizó la banca y estableció planes de desarrollo para incentivar el auge de sectores estratégicos, convirtiendo el crédito en un arma para obligar a los sectores empresariales a invertir en esos sectores.

Para el primer plan quinquenal de desarrollo (1962-1966) los sectores privilegiados fueron el sector energético, abonos, textiles y cemento, para el segundo (1967-1971) 50 % de los recursos del sector financiero se canalizaron al apoyo de la industria química y

[36] Éric Toussaint, "Corea del Sur: el milagro desenmascarado", en *Oikos*, vol. 10, núm. 22, Santiago de Chile, Escuela de Economía de la Universidad Católica Cardenal Raúl Silva Henríquez, 2007, p. 86.

de la industria de bienes de capital,[37] en tanto que para el tercero se privilegió la siderurgia, el equipamiento del transporte, los electrodomésticos y la construcción naval.[38] Como puede apreciarse, los planes combinan la producción de bienes de consumo y de bienes de capital, generando condiciones para que tanto el sector II como el I puedan despegar, expandirse y retroalimentarse.

Junto a los planes de desarrollo Park creó grandes conglomerados industriales y financieros (*chaebols*), con el apoyo de transnacionales estadounidenses, que serán la base de la futura economía exportadora.

El Estado fijó a los campesinos un volumen mínimo de producción para el consumo de la población urbana, a precios establecidos por las autoridades, por lo general inferiores al precio de costo.

A la muerte de Park le siguió otro dictador, también militar, Chun Doo-hwan, quien mantuvo la fuerte presencia estatal en la economía. Estableció planes para el desarrollo de nuevos sectores estratégicos y reprimió violentamente los movimientos que reclamaban la democratización del país.

El nuevo gobierno mantuvo el control de los salarios a niveles deprimidos. Para 1980, cuando la economía ya comenzaba dar signos de crecimiento, el salario de un obrero coreano correspondía a una décima parte del de un obrero alemán y la mitad del de un obrero mexicano. En tanto la jornada laboral era la más extensa en el mundo.

Fue en los años ochenta cuando la economía de Corea del Sur despegó con cifras por arriba de 8 % del producto interno bruto, dando inicio a lo que se denominó el "milagro económico coreano", aunque con un crecimiento de la deuda exterior también elevado.

[37] John Jairo Cuéllar Escobar, "El desarrollo industrial en Corea del Sur (1960-2010). Elementos explicativos y de política. Un contrapunto a la experiencia colombiana", tesis de maestría en Ciencias Económicas, Facultad de Ciencias Económicas-Universidad Nacional de Colombia, 2012.

[38] Éric Toussaint, "Corea del Sur: el milagro desenmascarado", *op. cit.*, p. 93.

Tras masivas movilizaciones reclamando democracia el presidente Chun debió ser destituido en 1987, y recién en 1988 los ciudadanos pudieron elegir autoridades por sufragio universal, resultando triunfador en 1992 el primer presidente civil.

La información señalada pone de manifiesto, en contra de las ilusiones de liberales y neoschumpeterianos, que la experiencia de Corea del Sur no constituye un modelo factible de ser realizado en América Latina. Expresa una situación de excepción, desde las condiciones internacionales, hasta las regionales y locales. Ni Estados Unidos, ni las clases dominantes de la región están en condiciones de acompañar un proyecto como el anterior, y mucho menos de encabezarlo.

La autonomía y el poder alcanzados por el Estado de Corea del Sur, no sólo sobre la población trabajadora industrial y del campo, sino también sobre las clases dominantes, constituyen condiciones que ponen de manifiesto la ingenuidad neodesarrollista[39] cuando convocan a los Estados latinoamericanos a tener una mayor presencia en la economía, para romper con el subdesarrollo.

¿En qué lugar de América Latina se podría hacer algo, no digamos semejante, sino cercano a lo señalado? ¿Estados Unidos y su discurso de la libertad empresarial, de protección a la propiedad privada, la libertad del mercado, etcétera, lo apoyaría gustoso? ¿También el Fondo Monetario Internacional y el Banco Mundial? No es difícil ver que nada de esto sería posible, en el cuadro de las relaciones de fuerzas imperantes. Las pocas experiencias en las que algo cercano a un proyecto de desarrollo nacional se ha buscado motorizar tanto el capital local como el extranjero se han movilizado, utilizando procedimientos de todo tipo, para ponerles fin.

[39] "Diez tesis sobre el nuevo desarrollismo", São Paulo, mayo de 2010, consultado el 19 de marzo de 2014, en <http://www.tenthesesondevelopmentalism.org/theses_spanish.asp>.

20

La teoría de la dependencia emerge como resultado de la crisis del desarrollismo, alimentada por las características específicas de un proceso de industrialización que no logró resolver los problemas que se suponía iba a superar, sino que generó nuevos, redoblando la dependencia y el subdesarrollo.

También es resultado de la crisis del marxismo ortodoxo y de su incapacidad de explicar las novedades, como la Revolución cubana, así como de sus antiguos errores, como los llamados a establecer alianzas con la burguesía local.

El nuevo marxismo que emerge con fuerza en la región tras el triunfo de la Revolución cubana abre nuevas rutas para entender las razones del subdesarrollo, así como el problema de la actualidad de la revolución en la región. Desde entonces, nociones como dependencia y desarrollo del subdesarrollo se constituyen en centros de una reflexión que busca explicaciones sobre las particularidades del capitalismo regional y que dan fundamentos a una nueva política.

El problema de la dependencia, en tanto emerge a partir de la vinculación de la región en el sistema mundial capitalista, reclamaba una formulación desde la economía política. Pero esta era una perspectiva con débil desarrollo en la región, en donde predominaba la historia económica, desde el marxismo, y corrientes keynesianas y estructuralistas en la economía misma. A ello se sumarán perspectivas sociológicas que no terminarán, sin embargo, de propiciar pasos sustantivos en la reflexión.

Los aportes de autores como André Gunder Frank, Theotônio dos Santos, Vânia Bambirra y Ruy Mauro Marini constituyen el núcleo que conforma la teoría marxista de la dependencia. Pero ésta sólo termina de tomar forma con el escrito *Dialéctica de la dependencia* de Ruy Mauro Marini.[40] Es recién en ese trabajo en el

[40] Véase Jaime Osorio, "El marxismo latinoamericano y la dependencia", en *Cuadernos Políticos*, núm. 39, enero-marzo, México, Era, 1984.

que se formula una propuesta que explica la inserción de América Latina en el mercado mundial, y cómo ello propicia la generación de un capitalismo con particularidades en su reproducción, como la ruptura del ciclo del capital y la superexplotación. Tales particularidades no son signos de deficiencias o "deformidades"[41] del desarrollo capitalista, sino justamente la expresión de su desarrollo y madurez en tanto capitalismo dependiente.

En rigor, sólo a partir de *Dialéctica de la dependencia* se puede hablar de la constitución de una teoría marxista de la dependencia. Todos los trabajos previos, incluso los realizados por el propio Marini, no son más que aproximaciones, mejores o peores, a esa propuesta, por lo que cualquier crítica a dicha teoría debiera hacerse considerando esa situación,[42] y no regodearse tomando como base las formulaciones embrionarias o las aproximaciones.

Bibliografía

Astarita, Rolando, *Monopolio, imperialismo e intercambio desigual*, Madrid, Maia, 2009.

_______, *Economía política de la dependencia y el subdesarrollo. Tipo de cambio y renta agraria en la Argentina*, Bernal Universidad Nacional de Quilmes (Textos y Lecturas en Ciencias Sociales), 2010.

Caputo, Orlando, "La crisis de la economía mundial y América Latina. Una nueva interpretación de la crisis", ponencia presentada en el Décimo Encuentro de la Sociedad de Economía

[41] La expresión la utiliza Rolando Astarita. Véase *Monopolio, imperialismo e intercambio desigual*, *op. cit.*, p. 102. Aunque en otro libro Astarita se la atribuye a Marini. Véase *Economía política de la dependencia y el subdesarrollo*, *op. cit.* p. 61.

[42] Lo que deja abierta la puerta para criticar a todos los autores que se desee y se considere pertinente, incluido el propio Marini en sus trabajos previos, pero no dar por sentado que esto significa estar hablando de la TMD.

Política, México, Sociedad Latinoamericana de Economía Política y Pensamiento Crítico / Universidad Nacional Autónoma de México (UNAM), 14-16 de octubre, 2015.

Comisión Económica para América Latina y el Caribe (Cepal), *La inversión extranjera directa en América Latina y el Caribe 2015*, LC/G.2641-P, Santiago de Chile, Cepal, 2015.

Cuéllar Escobar, John Jairo, "El desarrollo industrial en Corea del Sur (1960-2010). Elementos explicativos y de política. Un contrapunto a la experiencia colombiana", tesis de maestría en Ciencias Económicas, Facultad de Ciencias Económicas-Universidad Nacional de Colombia, 2012.

Dobb, Maurice, *Estudios sobre el desarrollo del capitalismo*, Buenos Aires, Siglo XXI, 1971.

Dos Santos, Theotônio, *Dependencia económica y cambio revolucionario en América Latina*, Caracas, Nueva izquierda, 1979.

Emmanuel, Arghiri, "El proletariado de los países privilegiados participa de la explotación del tercer mundo", en Samir Amin, Charles Bettelheim, Arghiri Emmanuel y Christian Palloix, *Imperialismo y comercio internacional. El intercambio desigual*, Córdoba, Pasado y Presente (Cuadernos de Pasado y Presente, núm. 24), 1971.

Frank, André Gunder, *Capitalismo y subdesarrollo en América Latina*, Buenos Aires, Siglo XXI, 1970.

Hobsbawm, Eric, *En torno a los orígenes de la revolución industrial*, Buenos Aires, Siglo XXI, 1971.

Mandel, Ernest, *El capitalismo tardío*, México, Era, 1972.

Marini, Ruy Mauro, *Dialéctica de la dependencia*, México, Era, 1973.

______"Las razones del neodesarrollismo", en *Revista Mexicana de Sociología*, vol. XL, núm. extraordinario, México, Facultad de Ciencias Políticas y Sociales-UNAM, 1978.

Marx, Carlos, *El capital*, tomos I-III, México, Fondo de Cultura Económica, 1973.

Ocampo, José Antonio, y María Ángela Parra, "Los términos de intercambio de los productos básicos en el siglo XX", en *Revista de la Cepal*, núm. 79, abril, Santiago de Chile, 2003.

Osorio, Jaime, "El marxismo latinoamericano y la dependencia", en *Cuadernos Políticos*, núm. 39, enero-marzo, México, Era, 1984.

______, "Fundamentos de la superexplotación", en *Razón y Revolución*, núm. 25, Buenos Aires, 2013.

______, "América Latina frente al espejo del desarrollo de Corea del Sur y China", en *Problemas del Desarrollo. Revista Latinoamericana de Economía*, vol. 46, núm. 182, julio-septiembre, México, Instituto de Investigaciones Económicas-UNAM, 2015.

Rosdolsky, Roman, *Génesis y estructura de* El capital *de Marx*, México, Siglo XXI, 1978.

Sánchez, Axel, "Producción y exportación de autos marcan récord histórico", en *El Financiero*, Empresas, 8 de enero de 2015, México, consultado el 4 de diciembre de 2015, en <http://www.elfinanciero.com.mx/empresas/produccion-y-exportacion-de-autos-en-mexico-rompen-records-en-2014.html>.

Toussaint, Éric, "Corea del Sur: el milagro desenmascarado", en *Oikos*, vol. 10, núm. 22, Santiago de Chile, Escuela de Administración y Economía-Universidad Católica Cardenal Raúl Silva Henríquez, 2007, pp. 81-109.

VV AA, "Diez tesis sobre el nuevo desarrollismo", São Paulo, mayo de 2010, consultado el 19 de marzo de 2014, en <http://www.tenthesesondevelopmentalism.org/theses_spanish.asp>.

Ley del valor, intercambio desigual y renta de la tierra*

¿Por qué una teoría para explicar el capitalismo dependiente latinoamericano?

Para la teoría marxista de la dependencia (TMD), el capitalismo dependiente constituye una "forma" de capitalismo, distinta a otras formas posibles, como el capitalismo desarrollado o central.[1]

El capitalismo dependiente no implica inmadurez ni atraso capitalista. Tampoco un "desarrollo deformado", como afirma Astarita.[2] Mucho menos un peldaño en una ruta que conduciría a la condición del capitalismo desarrollado. Por el contrario, es una forma madura de capitalismo, original, que emerge como resultado de los procesos relacionales que dieron vida al sistema mundial, en donde se gestan desarrollo y subdesarrollo.

En tanto forma histórica particular de capitalismo, su génesis y su reproducción rebasa los señalamientos de textos clásicos, como *El capital*. Quizás esos problemas pudieron haber sido vislumbrados en los libros sobre comercio exterior y sobre mercado mundial y las crisis, que aparecen entre los materiales que Marx señaló en

* Una primera versión abreviada de este artículo apareció en la revista *Cuadernos de Economía Crítica*, año 3, junio, núm. 6, La Plata, 2017.

[1] Sobre el tema véase el capítulo III de este libro.

[2] Rolando Astarita, *Monopolio, imperialismo e intercambio desigual*, Madrid, Maia, 2009, p. 102.

su inacabado programa de trabajo.[3] No entender el sistema mundial capitalista como una unidad diferenciada de formas de capitalismo es lo que lleva a sostener que no existe necesidad de nuevas teorizaciones para explicar lo que se percibe como un capitalismo "adelantado o atrasado",[4] postulando implícitamente que hay capitalismos maduros e inmaduros, es decir, simples diferencias de grado de un único modo de ser del capitalismo. Pero esta formulación ya es toda una propuesta teórica que debe fundamentarse y no se soluciona agregando calificativos sin entrar a la raíz del asunto, y tampoco invocando literalmente a Marx frente a problemas que no alcanzó a abordar teóricamente.

Destaquemos algunos procesos que caracterizan la reproducción en el capitalismo dependiente, y que ponen de manifiesto la necesidad de conceptualizaciones particulares, como la ruptura del ciclo del capital y la superexplotación de la fuerza de trabajo.

El primero remite a la fractura que opera en la segunda fase de la circulación, allí donde las mercancías preñadas de valor (M') en los procesos de producción deben salir al mercado mundial para realizar la plusvalía (D'). Puesto que en la historia económica regional han predominado patrones de reproducción exportadores, volcados a los mercados exteriores, eso implica que si hasta la producción de mercancías (M') el proceso se desarrolla en el espacio local, la realización de esas mercancías y su conversión en dinero incrementado tiende a realizarse de manera predominante en mercados exteriores.

Esta es una particularidad de la reproducción del capital en el capitalismo dependiente, que implica que los capitales que operan como ejes de la acumulación en la región pueden prescindir de la demanda de los trabajadores, ya que ese capital está más preocupado por el consumo del capital y el de los trabajadores de las

[3] Karl Marx, *Elementos fundamentales para la crítica de la economía política (Grundrisse) 1857-1858*, t. I, Buenos Aires, Siglo XXI, 1971, pp. 29-30.

[4] Rolando Astarita, *Monopolio, imperialismo e intercambio desigual*, *op. cit.*, p. 85.

economías y regiones en donde se realiza la plusvalía: Gran Bretaña en un tiempo, Estados Unidos, la Unión Europea y Japón más tarde, y últimamente China, si pensamos en las economías del Cono Sur regional.

Alemania es una gran economía exportadora. Pero no lo hace a costa de reducir o mermar el poder de consumo del grueso de su población trabajadora. El asunto entonces no es la condición exportadora de una economía, sino de qué manera ésta se constituye. El capitalismo latinoamericano hace justamente de los bajos salarios un elemento que favorece su capacidad de competencia en los mercados internacionales, y que compensa las pérdidas propiciadas por el intercambio desigual, provocando una inclusión marginal en el mercado interno de una importante franja de trabajadores. Y todo esto, sin que los valores retornados por esas exportaciones se constituyan en inversiones que permitan complejizar la estructura productiva con nuevos sectores, como el industrial, en aras de dinamizar el conjunto de la economía.[5]

Un antecedente que hizo posible esa ruptura del ciclo del capital en la región fue que luego de los procesos de independencia y en tanto maduraba una modalidad de reproducción local del capital, las economías de la región se encontraron frente un mercado ya creado, el que les proporcionaba la demanda generada en Europa y posteriormente en Estados Unidos. De esta forma el capital en la región no tuvo que plantearse el problema de crear mercado, lo que sí ocurrió en el mundo industrial, resolviéndolo por la vía de la plusvalía relativa, que implica incorporar a los trabajadores al consumo, elevando la productividad en las ramas que generan bienes salarios, con lo cual se reduce el tiempo de trabajo necesario, se incrementa el trabajo excedente y emergen quienes realizan la plusvalía internamente.

[5] Sobre las particularidades del proceso exportador de Corea del Sur, véase Jaime Osorio, "Corea del Sur y China: ¿modelos para América Latina?", en *Teoría marxista de la dependencia*, México, Itaca / Universidad Autónoma Metropolitana (UAM), 2016, pp. 261-280.

Esta ruptura del ciclo del capital pareció recomponerse en América Latina en el breve periodo en que se pusieron en marcha procesos de industrialización. Pero este proceso quedó cercenado cuando el capital latinoamericano resolvió adquirir equipos y maquinarias en el exterior y no desarrollarlos internamente. Con ello se dejó de poner en marcha el tipo de producción que demanda la generación de mayores conocimientos y se redobló la dependencia frente a los capitales extranjeros.

Por otra parte, la producción industrial más dinámica, ya con el capital extranjero operando en el sector secundario, terminó tomando la ruta de la producción de bienes suntuarios (refrigeradores, televisores, autos, etcétera), por lo que el capital dinámico requirió ampliar el estrecho pero poderoso mercado interno de alto poder de consumo para esos bienes, lo que propició afectar los ingresos de los trabajadores. De esta forma la ruptura del ciclo del capital terminó tomando forma ahora en el seno mismo de las economías regionales, particularmente en las de mayor desarrollo. De manera conjunta, se dio inició a procesos de integración para conformar mercados regionales, por la vía de la sumatoria de los reducidos mercados de alto poder de consumo existentes en las distintas economías regionales. En todo caso, la producción primaria siguió operando y vendiendo en los mercados externos.[6]

Tras la debacle de la industrialización y la crisis mundial abierta en los años setenta, luego de un breve interregno, las economías locales volvieron a su antigua vocación en tanto economías exportadoras de materias primas y alimentos, manteniendo en algunos casos industrias de maquila y de producción de partes. Con ello la ruptura del ciclo volvió a presentarse teniendo nuevamente a los mercados exteriores como centro de realización.

[6] Los tiempos en que entra en crisis el patrón industrial y sus afectaciones sobre salarios y prestaciones sociales presentan fases particulares en las diversas economías de la región que aquí no podemos particularizar.

Esta ruptura del ciclo del capital en la reproducción dependiente es un proceso que permite entender el relevante papel de los bajos salarios en la reproducción del capital local, y por consiguiente el débil papel del consumo de los trabajadores en el mercado interno, así como los procesos que hacen viable y necesaria la superexplotación, alentada a su vez por la abundancia de mano de obra sobrante.

La superexplotación (esto es, la violación del valor de la fuerza de trabajo) es asumida como el fundamento de la reproducción del capital dependiente, porque permite al capital local (nacional y extranjero) incrementar sus ganancias apropiándose de parte del fondo de consumo de los trabajadores para convertirlo en fondo de acumulación. Ello es posible por la abundancia de mano de obra, pero también porque el propio ciclo del capital y su ruptura lo alienta. Con una producción dinámica volcada a los mercados externos y/o a estrechos mercados internos de alto poder de consumo, no existen razones para que el capital hegemónico en América Latina eleve los salarios de la población obrera y de los asalariados de las capas bajas de la pequeña burguesía, bajo diversos patrones de reproducción del capital, ya que sus mercados se encuentran en el exterior o en la esfera interna de alto poder de consumo, salvo en el breve periodo que la industrialización se constituyó en el patrón de reproducción predominante, cuando reducidas franjas de la población asalariada ampliaron el mercado interno.

Para ejemplificar lo anterior digamos que en México el salario mínimo en 2016 fue de 73.04 pesos mexicanos diarios, lo que da un salario mensual aproximado de 2 191.2 pesos. Un televisor de pantalla plana estándar en promedio cuesta alrededor de 3 mil pesos. Aunque se elevaran 100 % los salarios mínimos (algo fuera de la normalidad, en donde año con año en los últimos tiempos el salario mínimo ha subido entre 1 y 3 %), que darían un ingreso mensual aproximado de 4 400 pesos mexicanos, esto significa que un trabajador mexicano con el nuevo ingreso gastaría alrededor de 70 % de su salario sólo para acceder a este bien, que tiene una importante función en la sociabilidad imperante en nuestro tiempo. Y le quedaría sólo 30 % para cubrir el resto de las necesidades básicas en materia de alimentación, vestuario, vivienda, transporte, salud y educación para él y su familia. En otras palabras, ni aún con una elevación salarial de esa magnitud los trabajadores podrían acceder a los bienes básicos indispensables, y mucho menos a los bienes ensamblados en México, sean televisores de plasma, autos, celulares o computadoras. Para esa producción el consumo de los trabajadores no cuenta. Y no son pocos trabajadores. De acuerdo a datos de 2011, poco más de 56 % de la población trabajadora mexicana, alrededor de 26 millones de personas, percibía entre uno y tres salarios mínimos.[7] Lo paradójico es que muchos hogares con esos ingresos terminan adquiriendo televisores, no los más sofisticados, a crédito en la generalidad de los casos, por el enorme peso de la televisión en la sociabilidad reinante (por su papel en el tiempo de ocio; como factor que ayuda al control de niños en departamentos reducidos y sin áreas verdes cercanas o con una elevada inseguridad). Este gasto en todo caso termina afectando el consumo de otros bienes y servicios indispensables.

La superexplotación permite a su vez al capital local resarcir parte de las transferencias de valor (retorno de ganancias de inversiones extranjeras), así como parte de las pérdidas provocadas por el intercambio desigual. En definitiva, la superexplotación no sólo sostiene la tasa de ganancia de los capitales locales, sino también la de los capitales extranjeros que invierten en la región, al tiempo que es un soporte para que no emerja el aguijón productivista que caracterizaría las formas desarrolladas de capitalismo, por el papel de la plusvalía relativa y su necesidad de elevar la productividad para incorporar a los productores al mercado, permitiendo que se mantengan las condiciones que reproducen el intercambio

[7] Centro de Análisis Multidisciplinario, "Poder adquisitivo del salario y precarización del nivel de vida de los trabajadores en México. 2012", reporte núm. 100, México, Facultad de Economía-Universidad Nacional Autónoma de México (UNAM), 2012.

desigual. Los capitales de la región resienten esas transferencias de valor, pero buscan aminorarlas superexplotando. La superexplotación en el capitalismo dependiente desarrolla efectos sustantivos en la tasa de ganancia a nivel del capitalismo como sistema mundial.

Otros autores, como Íñigo Carrera, señalan la inutilidad de hablar de dependencia, puesto que en el comercio internacional todas las economías compran y venden y esto las haría a todas mutuamente dependientes.[8] El problema es que en esa interdependencia se establecen relaciones en las que operan fuerzas y condiciones productivas desiguales, y ello tiene consecuencias diferenciadas para los que se relacionan, tal como desarrollarse o no. Por ello cuando se habla de dependencia en términos teóricos se hace referencia a relaciones sustantivas y no a las simplicidades de la interdependencia.

Hablar de un capitalismo dependiente implica referirnos a una modalidad particular de reproducción del capital, con características como la ruptura del ciclo del capital, la superexplotación y el peso del intercambio desigual y las transferencias de valor, el cual apunta a reproducir el atraso y el subdesarrollo o, al decir de Frank,[9] a reproducir "el desarrollo del subdesarrollo", con sus desequilibrios y con la agudización de las contradicciones inherentes a todo capitalismo.

[8] Juan Íñigo Carrera, "La unidad mundial de la acumulación de capital en su forma nacional históricamente dominante en América Latina. Crítica de las teorías del desarrollo, de la dependencia y del imperialismo", Centro para la Investigación como Crítica Práctica, 2008, consultado el 29 de septiembre de 2016, en <http://cicpint.org/es/inigo-carrera-j-2008b-la-unidad-mundial-de-la-acumulacion-de-capital-en-su-forma-nacional-historicamente-dominante-en-america-latina-critica-de-las-teorias-del-desarrollo-de-la-dependencia-y-de/>, pp. 29-30.

[9] André Gunder Frank, *Capitalismo y subdesarrollo en América Latina*, Buenos Aires, Siglo XXI, 1970.

La teoría marxista de la dependencia y la ley del valor

Desde corrientes teóricas diversas –la mayoría ligadas a la ortodoxia de partidos comunista, otras periféricas a corrientes trotskistas– se hace una lectura de Marx en donde la ley del valor es asumida como una verdad fija y quieta, nunca alterada e inmutable. Y quien ose señalar que se viola el valor es acusado de no asumir esa ley, desconociendo la negatividad imperante en el ser, una "tensión que hace posible que se haga otro de sí mismo desde sí mismo".[10] Pero en la reflexión de Marx la negación o mejor, la negatividad –que cuestiona los principios de identidad y de no-contradicción de la lógica formal, por su pobreza para pensar el ser–,[11] constituye un elemento central para comprender la conflictividad inscrita en el ser, lo que permite explicar su actividad, contradicciones, historicidad y superación.

En el tratamiento del valor esa conflictividad no podía no estar presente. Y se puede expresar así: porque existe una ley del valor es posible y necesario que se la niegue, violentándola. La propia lógica del capital, más allá del lugar del sistema mundial capitalista en el que actúe, genera los mecanismos que atentan contra el valor, en tanto no es una simple relación operante en el intercambio de mercancías, sino una relación que define la producción y los intercambios en un mundo en el que maximizar la ganancia es el objetivo central.

Empresas de vanguardia del capitalismo mundial han puesto de manifiesto en los últimos tiempos esta tensión inscrita en la lógica del capital. Volkswagen instaló aparatos que impedían la lectura de los niveles de contaminación producidos por los motores de sus vehículos. La feroz competencia en la rama automotriz propicia medidas como la señalada. Volkswagen tendría que haber incrementado gastos en nuevas tecnologías y destinar por tanto

[10] Carlos Pérez Soto, *Desde Hegel. Para una crítica radical de las ciencias sociales*, México, Itaca, 2008, p. 162.

[11] Carlos Pérez Soto, *Sobre Hegel*, Santiago de Chile, Palinodia, 2006, p. 73.

mayor tiempo de trabajo socialmente necesario para lanzar al mercado productos con el valor de uso apropiado. Aquí se actuó en la producción para sacar o mantener ventajas en el mercado, violentando lo que la positividad de la ley del valor señalaría.

La Unión Europea, por otro lado, anuncia que ha establecido una penalización de 13 mil millones de euros a la empresa estadounidense Apple, porque ha dejado de pagar impuestos en una serie de economías de esa comunidad, aprovechando deducciones que el gobierno de Irlanda le ofrece, presentando las ventas realizadas en otras economías europeas como ventas realizadas en ese país. Todo esto le ha permitido a Apple incrementar sus ganancias, transferir seguramente una parte considerable de ellas a su casa matriz, reducir precios de sus productos y ganar en la competencia. Estas violaciones, recurrentes en el accionar del capital, y no simples excepciones, son también dimensiones de la ley del valor.

Además de minimizar situaciones como las anteriores, los lectores que asumen solamente la dimensión positiva del valor dan por sentado que todo lo que el marxismo puede decir al respecto está señalado en *El capital*, olvidando el nivel de abstracción en que esa obra fue formulada y los problemas específicos que busca resolver, sujetándose a ciertas premisas, pero curiosamente, sin desconocer la negación inherente a la ley del valor. Es lo que manifiesta Marx cuando, al considerar los mecanismos que tienden a contrarrestar la caída de la tasa de ganancia, menciona la "reducción del salario por debajo de su valor". Y allí señala que "sólo citamos esto empíricamente, puesto que [...] nada tiene que ver con el análisis general del capital, sino que se relaciona con el problema de la concurrencia, que no se estudia en esta obra". Y agrega que esa reducción del salario "es, sin embargo, una de las causas más importantes que contribuyen a contrarrestar la tendencia decreciente de la cuota general de ganancia".[12]

[12] Carlos Marx, *El capital*, t. III, México, Fondo de Cultura Económica, 1973, p. 235.

En pocas palabras, para el estudio del capitalismo en niveles de mayor concreción, allí donde se puede y deben dejar de lado algunas premisas autoimpuestas para el análisis del capitalismo "en general", Marx enuncia mecanismos que violan la ley del valor, y además afirma que esa violación en relación al valor de la fuerza de trabajo "es una de las causas más importantes que contribuye a contrarrestar la caída de la tasa de ganancia", ni más ni menos.

Para el análisis del capitalismo "en general" se va a partir del supuesto de que las mercancías se compran y venden por su valor.[13] ¿Por qué Marx se sujeta a ese supuesto? Porque quiere alcanzar los fundamentos que explican la lucha de clases en el capitalismo. Y un punto de partida básico es desentrañar cómo se produce el proceso de explotación en este modo de producción. De allí su recorrido para establecer qué es el valor.

La riqueza en el capitalismo no viene de la tierra, ni del comercio, como formularon escuelas diversas. Pagando los medios de producción y la fuerza de trabajo por su valor el capital obtiene un plus de valor que no estaba al inicio del proceso, y que emerge como resultado de la diferencia entre el valor producido en un día de trabajo y el valor diario de la fuerza de trabajo.

Aun respetando el valor de las mercancías el capital no puede sino generar variadas y agudas condiciones para que la lucha de clases tome forma en el capitalismo. Con cuánta mayor razón, diríamos, si ese valor es violentado porque los salarios se ubican por debajo del valor de la fuerza de trabajo, o la prolongación de las jornadas laborales o el incremento de la intensidad no logran compensar los desgastes propiciados, permitiendo que el capital se apodere hoy de futuros años de vida y de trabajo, al violentar ahora el valor total de la fuerza de trabajo.[14]

Junto con el señalamiento de los procesos que apuntan a unificar al capital (concentración, centralización, tasa media de ganan-

[13] *Ibid.*, p. 251.
[14] *Ibid.*, p. 440.

cia y precios de producción), y de los que integran y desintegran a los vendedores de fuerza de trabajo (salarios, sobrepoblación relativa), Marx llega a uno de los problemas vitales en la lógica de explicar las bases en que se sustenta la lucha de clases y las potencialidades de liquidación del capitalismo: la caída tendencial de la tasa de ganancia.

Las crisis capitalistas son el resultado de la propia lógica del capital por acrecentar las ganancias, y no resultado de que hicieron algo mal en ese sentido. Las crisis son expresión de esa dimensión negativa inscrita en el capital. Por ello Marx afirma que "el *verdadero límite* de la producción capitalista es *el mismo capital*".[15] Pero esa negatividad emerge sosteniendo los supuestos asumidos, para poner de manifiesto que las fracturas del capital no sólo son posibles sino inevitables, lo que abre condiciones particulares para la lucha de clases en el capitalismo.

Desde ese horizonte, que pone de manifiesto la conflictividad e historicidad del mundo que construye el capital, el marxismo puede y debe ahora hacerse cargo de reflexionar sobre el capitalismo y sus "formas", en niveles de mayor concreción, asumiendo procesos y tendencias que en la reflexión de *El capital* por las razones antes señaladas, no se consideraron.

El subdesarrollo, contracara del desarrollo, es la negación de este último. Y todo ello ocurre reafirmando la ley del valor, pero en su doble dimensión. Marini lo señala así, "el desarrollo de las relaciones mercantiles sienta las bases para que una mejor aplicación de la ley del valor tenga lugar, *pero simultáneamente crea todas las condiciones para que jueguen todos los distintos resortes mediante los cuales el capital trata de burlarla*".[16]

[15] *Ibid.*, p. 248.

[16] Ruy Mauro Marini, *Dialéctica de la dependencia*, México, Era, 1973, pp. 32-33 (cursivas JO).

Por eso superexplotación en la forma dependiente del capitalismo.[17] Es la ley del valor la que contiene las propias fuerzas que pulsan por violentarla. En definitiva, al estar atravesado por la negación en el ser, el análisis de Marx puede romper la camisa de fuerza de la lógica formal y abordar la complejidad de la realidad en niveles de mayor concreción. La negatividad es así una de las principales dimensiones que hace de su reflexión un pensamiento capaz de pensar las contradicciones, el movimiento heterogéneo de lo social, los saltos y la generación de rupturas.

La vigencia del intercambio desigual

Vista la región desde los procesos de independencia hasta nuestros días, se puede señalar que el periodo en que se buscó poner en marcha un patrón de industrialización, y que llevó a una cierta diversificación de la estructura productiva, constituye un momento de excepción. La norma prevaleciente ha sido la presencia de una estructura productiva bastante restringida, en donde se mantienen condiciones de especialización productiva sobre materias primas y alimentos (y en los últimos tiempos de algunas partes y ensamble

[17] Es curioso como algunos autores (Kornblihtt, Lastra, Íñigo Carrera) asumen sin mayor problema la superexplotación, o los salarios por debajo del valor de la fuerza de trabajo, pero entienden que si alguien va más lejos está negando la vigencia de la ley del valor. No importa que en la realidad emerjan de manera recurrente tendencias en tal sentido (como los ejemplos mencionados de Volkswagen y Apple). Y no aparece ninguna explicación teórica del por qué en el caso del valor de la fuerza de trabajo sí se puede violar su valor, sin negar la ley del valor, pero en cualquier otra situación no. ¿Será porque Marx se refirió a ella abiertamente? Esto no eximiría a tales autores de explicar las razones por las cuales Marx consideró ese caso como uno que no atenta contra la ley del valor.

automotriz) que han tendido a sostener una exportación muy poco diversificada.

La producción de bienes agrarios o mineros reclama en general composiciones orgánicas del capital bajas en relación a las que prevalecen en los sectores industriales en general y mucho más si hablamos de la producción de punta de las economías desarrolladas. La producción de partes de la industria automotriz y de la industria electrónica, así como el ensamble, se llevan a cabo con mayor tecnificación, pero ello ocurre sólo en algunas economías de la región, como México y parcialmente en Brasil.

Esto trae como consecuencia que, en términos de precios de producción, en los procesos de intercambio en el mercado mundial se propicien transferencias de valor desde las economías con baja composición orgánica de capital en provecho de las economías con una composición orgánica más alta, debido a que en las primeras los precios de producción tienden a ubicarse por debajo del valor, mientras que en las segundas esos precios se ubican por encima del valor.[18] Aquí reside la base primordial del intercambio desigual, entre otras razones porque hace reposar en el campo productivo lo que se manifestará en el campo de la circulación, que alcanza formas maduras mientras más se desarrolle el intercambio de mercancías y el mercado mundial capitalista.

Sobre este proceso es relevante considerar tres aspectos. El primero, que la fijación de una tasa media de ganancia y la constitución de precios de producción diferentes a los valores producidos por los capitales en diversas ramas y economías expresa la unidad del capital total, en tanto partes de un todo.[19] Esa unidad de intereses existe aquí "no sólo por simpatía general de clase, sino direc-

[18] Carlos Marx, *El capital*, *op. cit.*, pp. 161-177.

[19] Armando Bartra, *El capital en su laberinto. De la renta de la tierra a la renta de la vida*, México, Itaca / Universidad Autónoma de la Ciudad de México / Centro de Estudios para el Desarrollo Rural Sustentable y la Soberanía Alimentaria, 2006, p. 94.

tamente, por motivos económicos, *en la explotación de la clase obrera en su conjunto por el capital en bloque*".[20]

Pero "esta insistencia en la unidad orgánica del capital total *no debe* [...] *restarle importancia a la desigualdad en el intercambio*, *la acumulación y la reproducción*", pues

> Las diferencias entre plusvalía generada y plusvalía realizada que [...] podemos calificar de *transferencias* son tan necesarias para los capitales invertidos en las ramas que reciben los flujos de valor como para aquellos de las que provienen pues el desarrollo desigual es la condición de posibilidad de la realización de la plusvalía total producida.[21]

En pocas palabras, la fijación de precios de producción expresa de manera simultánea la unidad del capital y la desigualdad que lo constituye y que reproduce, entre otras razones, por transferencias de valor entre ramas, sectores y economías.

Frente al rechazo de Emmanuel de considerar la fijación de precios de producción sobre una tasa media de ganancia como una modalidad de intercambio desigual, pues según él, "este género de desigualdad existe en todo intercambio en el sistema capitalista, ya ocurra en el interior o en el exterior de la nación",[22] tanto Bettelheim como Amin asumen que sí se trata de un intercambio desigual. Señala Bettelheim:

> como los productos se intercambian a su precio de producción, los países en los cuales la composición orgánica es más baja no obtienen a cambio del producto de una hora de trabajo nacional [...] nada más que los productos que han costado menos de una hora de trabajo socialmente necesario en los países en que la composición orgánica del capital es más elevada.[23]

[20] Carlos Marx, *El capital*, *op. cit*..., p. 199 (cursivas JO).

[21] Armando Bartra, *El capital en su laberinto*, *op. cit.*, p. 95 (cursivas JO).

[22] Emmanuel Arghiri, *El intercambio desigual. Ensayo sobre los antagonismos en las relaciones económicas internacionales*, México, Siglo XXI, 1972, p. 197.

[23] Charles Bettelheim, "Intercambio internacional y desarrollo regional", en Samir Amin *et al.*, *Imperialismo y comercio internacional. El intercambio des-*

Amin matiza, pero concuerda en lo central:

> las críticas dirigidas por Bettelheim a Emmanuel nos parecen plenamente justificadas. Porque aquí el intercambio es desigual: *1)* en lo esencial porque las productividades son desiguales (estando esa desigualdad ligada a composiciones orgánicas diferentes); y *2)* sólo accesoriamente porque las composiciones orgánicas diferentes determinan [...] precios de producción diferentes de los valores aislados.[24]

El segundo aspecto a considerar es que "la nivelación constante de las constantes desigualdades" ocasionadas por las diferencias de composición orgánica del capital

> se efectuará tanto más rápidamente: *1)* cuanto más móvil sea el capital, es decir cuanto más fácilmente pueda transferirse de una esfera de producción a otra y de un lugar a otro; *2)* cuanto más rápidamente pueda desplazarse de una esfera de producción a otra y de un centro local de producción a otro la fuerza de trabajo.[25]

Pero las movilidades e inversiones de capitales del mundo desarrollado se dirigen básicamente hacia economías desarrolladas y no a regiones en donde los bajos salarios pudieran parecer una atracción irresistible para el capital.[26] Tampoco la movilidad del trabajo y su paso de unas esferas de producción a otras y de unas a otras economías es un asunto que opere de manera libre. No hay libre movilidad de la fuerza de trabajo, lo que trae límites a

---

igual, México, Siglo XXI (Cuadernos de Pasado y Presente, núm. 24), 9ª ed., 1984 (1971).

[24] Samir Amin, "El comercio internacional y los flujos internacionales de capitales", en Samir Amin *et al.*, *Imperialismo y comercio internacional. El intercambio desigual*, p. 79 (cursivas JO).

[25] Carlos Marx, *El capital*, *op. cit.*, p. 198.

[26] Bettelheim indica que son las zonas de altos salarios y de elevada composición orgánica las que cuentan con mayor poder de consumo (productivo) o final, por lo que esto las constituye en zonas privilegiadas de inversión. "Intercambio internacional y desarrollo regional", *op. cit.*, p. 40.

"la nivelación constante de las constantes desigualdades" que se expresan en los intercambios por precios de producción.

En un sistema mundial capitalista en el que operan divisiones internacionales del trabajo, las opciones del capital operante en América Latina para moverse por diversas ramas de producción y poner límites a las transferencias de valor son reducidas, porque ello reclamaría capitales dispuestos a poner en entredicho su papel en esas divisiones del trabajo y generar condiciones para pasar a producciones más tecnificadas y complejas. Pero esto también implicaría enfrentar a los capitales hegemónicos en el sistema mundial, un asunto que los capitales de la región, como han mostrado a lo largo de la historia, no están dispuestos a realizar, a lo más que aspiran es a negociar desde el marco de capitales subordinados en el sistema mundial.

Tampoco puede perderse de vista que las divisiones internacionales del trabajo y las modalidades de reproducción de capital que propician en diferentes momentos históricos no son simples llamados a la buena voluntad de los capitales en el sistema mundial, para que las asuman o no, por el contrario, se constituyen en determinaciones a seguir porque favorecen la reproducción mundial del capital, estableciendo actividades productivas diversas en diversas regiones, que a su vez favorecen la reproducción del capital en condiciones diferenciadas en las diversas regiones. Por ejemplo, el abandono del patrón industrial de reproducción y el paso en las últimas décadas del siglo XX al nuevo patrón de especialización productiva, basado en la exportación de materias primas y alimentos y alguna producción industrial, se constituyó en un cambio obligado para los grandes capitales de la región, lo que supuso asumir su nuevo papel en la división internacional del trabajo pero, al mismo tiempo, asegurar su reproducción como capital en las nuevas condiciones mundiales de valorización.

El tercer aspecto a considerar en este tema es que si nos ubicamos en el mediano y largo plazo y con una creciente maduración de los intercambios mercantiles, la persistencia en el tiempo de determinadas economías y regiones para ubicarse en la franja en la que los precios de producción se establecen por arriba de los valores, y la de otras economías y regiones para ubicarse en la franja en la que los precios de producción se establecen por debajo de los valores tiene consecuencias, en el sentido de que el intercambio desigual deja de ser un proceso coyuntural, generando patrones de reproducción de capital[27] en unas y otras economías y regiones que apuntan a que las condiciones que permiten que los procesos que favorecen el intercambio desigual se reproduzcan y se reproduzcan a su vez las condiciones que impulsen el desarrollo de unas economías y regiones y la dependencia y el subdesarrollo de otras. Y esto se expresará además en que los Estados cuenten con mayor o menor poder en el plano del sistema mundial, y en que las clases dominantes establezcan alianzas económicas y políticas a fin de sacar adelante los intereses del capital, unas como capitales dominantes y otras como capitales subordinados.

En otras palabras, la persistencia en el tiempo de economías en una u otra posición en la relación precio de producción-valor, por arriba o por debajo, pone de manifiesto que los mecanismos considerados para "la nivelación constante de las constantes desigualdades" no operan y se convierten, por el contrario, en una "desnivelación constante de las constantes desigualdades".

Aquí se hace necesario volver a destacar la excepcionalidad de casos como el de Corea del Sur, en donde el masivo aporte de capitales extranjeros, y la presencia de regímenes dictatoriales que impusieron a las clases dominantes orientaciones coactivas sobre cómo y dónde invertir, con férreos planes para impulsar ramas industriales estratégicas, así como las imposiciones de elevadas tasas de explotación sobre la población trabajadora por largos años, hacen que esta experiencia se ubique entre los casos de excepción.[28]

[27] Jaime Osorio, *Crítica de la economía vulgar. Reproducción del capital y dependencia*, México, Miguel Ángel Porrúa / Universidad Autónoma de Zacatecas (América Latina y el Nuevo Orden Mundial), 2004, pp. 33-85.

[28] Jaime Osorio, "Corea del Sur y China: ¿modelos para América Latina?", *Teoría marxista de la dependencia*, *op. cit.*, pp. 216-280.

No fue la simple lógica del mercado la que propició estos cambios, ni estos se producen de manera regular en la reproducción del capital global. No entender esto es lo que lleva a los neodesarrollistas a suponer que ya se cuenta con una receta o posible modelo a seguir a partir de la poderosa plataforma exportadora creada en la región en las últimas décadas.

La persistencia del intercambio desigual no se vio mermada cuando América Latina puso en marcha procesos de industrialización, porque el patrón industrial de reproducción de capital fue descabezado cuando se debía pasar a la etapa de una industrialización pesada, luego de la industrialización de bienes de consumo livianos, como alimentos, vestido, muebles y objetos diversos. En esa encrucijada, que reclamaba destinar masas de capitales de mayor volumen para establecer industrias de repuestos, máquinas, herramientas y bienes de capital en general, la burguesía industrial de la región terminó optando por comprar estos bienes, particularmente a los Estados Unidos, economía que luego de la segunda guerra mundial inició una profunda renovación del capital fijo en su planta productiva, lanzando al mercado mundial una enorme cantidad de equipos obsoletos de acuerdo con su nivel tecnológico, pero aún útiles, a precios atractivos y además con facilidades de pago. Ello terminó por derrumbar las resistencias, si las hubo, para poner en marcha una industria pesada extensa con recursos locales, frente a la envergadura de acumulación que ese proceso implicaba para los capitales regionales.

En otra modalidad que no altera lo sustancial, esos equipos llegaron de la mano de paquetes de inversión y de asociación de la burguesía latinoamericana con el capital extranjero, en proyectos para la industria regional. De esta forma la posibilidad de construir un sector industrial orgánico, que desatara potencialidades tecnológicas y productivas, se vio cancelado.

Así, aun en los momentos de mayor impulso del patrón industrial, las economías latinoamericanas siguieron dependiendo en lo fundamental de las exportaciones primarias, con sus secuelas de intercambio desigual, de acceso a créditos para hacer frente a las importaciones de equipos industriales y bienes suntuarios y para el pago de deudas.

Con el establecimiento del nuevo patrón exportador de especialización productiva en las últimas dos décadas del siglo XX,[29] que implicó el retorno a economías basadas en la exportación de materias primas y alimentos, junto al establecimiento de algunos segmentos manufactureros de grandes cadenas de valor, por lo general de intensidad tecnológica media o por debajo de la media, y muy escasos en tecnologías de punta, la baja composición orgánica del capital que estos procesos reclaman ha seguido alimentando la transferencia de valor por la vía del intercambio desigual. O bien, es posible que alguna rama o sector productivo cuente con técnicas avanzadas y se apropie de sustantivos recursos, pero los capitales que se apropian de ellos no se constituyen en motores que arrastren el avance de otras actividades productivas, mucho menos una industrialización orgánica, por lo que esos recursos pueden generar grandes ganancias para capitales específicos, pero no desarrollo para la economía en general.[30]

A los mecanismos antes señalados se agregan nuevas modalidades de transferencia de valor de las economías de la región a las economías desarrolladas. Ya no se trata solamente del pago de reducidos salarios también por capitales extranjeros, que ven acrecentadas sus ganancias y sus remesas por esta vía; el pago de impuestos por concesiones de explotación de yacimientos mineros o bosques, o el pago de elevados intereses por deudas. Ahora se suma también la maquila y el establecimiento de segmentos productivos en los que predomina el peso del trabajo, por los general con bajos requerimientos tecnológicos, como la maquila de ropa

[29] Jaime Osorio, *Crítica de la economía vulgar…*, *op. cit.*, pp. 101-127.

[30] La industria maquiladora presente en diversas economías de la región es un ejemplo de la poca vinculación que establece esta industria con el resto de la estructura productiva local, al demandar materias primas y equipos básicamente desde el exterior. Véase Jaime Osorio, *Teoría marxista de la dependencia*, *op. cit.*, pp. 299-331.

de grandes marcas en países como Honduras;[31] la de productos electrónicos en la frontera norte de México, y la fabricación de autopartes y el ensamble de automóviles en el interior de este país, estos últimos con grados más elevados de tecnificación y calificación de mano de obra.

Llama la atención la explicación que propone Astarita frente a estos procesos para negar las transferencias de valor implicadas. Así, señala que en las maquilas "la tecnología es por lo común de punta". Sin embargo reconoce que "el salario pagado es muy inferior", y que "en la práctica muchas veces los salarios de estas empresas son tan bajos que apenas alcanzan el nivel de la reproducción fisiológica de la fuerza de trabajo".[32] Pese a ello sostiene que "el capital [extranjero] está pagando el valor de la fuerza de trabajo [*sic*] tal como está determinado por el espacio de valor nacional" del país atrasado.[33] Por ello "surgirán plusvalías extraordinarias, sustentadas en la explotación intensiva de la mano de obra del país atrasado, en términos del espacio de valor del país adelantado".[34] Al final "la alta explotación está garantizada por el hecho que *el plusvalor se está realizando en un espacio de valor potenciado* [el mercado del país desarrollado] en relación al espacio de valor del país atrasado". Y concluye: "En este sentido no hay 'engaño' o 'robo'" porque "cada hora de trabajo realizada en B [país atrasado], con tecnología adelantada, genera tanto valor como antes una hora de trabajo realizada en A [país adelantado], ya que *el producto se está realizando en el mercado interno de A*".[35]

[31] Mateo Crossa, "Honduras: maquilando subdesarrollo en la reestructuración capitalista", tesis de maestría en Estudios Latinoamericanos, México, Programa de Posgrado en Estudios Latinoamericanos, UNAM, 2014.

[32] Rolando Astarita, *Monopolio, imperialismo e intercambio desigual*, *op. cit.*, pp. 134-135.

[33] *Ibid.*, p. 135.

[34] *Ibid.*, p. 134.

[35] *Ibid.*, p. 135 (cursivas JO).

Más allá del error de asumir que el valor de la fuerza de trabajo es igual a salarios equivalentes a la reproducción fisiológica,[36] lo que le permite no hablar de una violación del valor de la fuerza de trabajo, siendo uno de los autores a los que la vigencia de la ley del valor no les permite reconocer lo anterior, Astarita elude además los problemas principales. ¿Dónde se produce el valor que permite las ganancias extraordinarias? ¿En B o en A? Las ganancias extraordinarias no pueden sino generarse en B, la economía "atrasada" (empleando los términos del autor), ya que como ha señalado "cada hora de trabajo realizada en B [país atrasado] con tecnología adelantada, genera tanto valor como antes una hora de trabajo realizada en A [país adelantado]". Por lo tanto no es porque se realiza el producto en A que se explica la ganancia extraordinaria. Sólo es posible que se genere más valor porque junto a la tecnología avanzada, igual a la de A, en B se pagan salarios por debajo de lo que se pagan en A. Por tanto esto nos remite a la apropiación de valor desde B que termina en A, con lo cual estamos ante un proceso de transferencia de valor entre economías, otro de los temas rechazados por Astarita.

Los calificativos empleados, como "engaño" o "robo", no hacen más que distraer y ocultar lo principal: procesos de explotación de trabajadores de las economías dependientes por capitales extranjeros y generación de valor que termina apropiado por los capitales de las economías desarrolladas.[37]

[36] Véase Jaime Osorio, "Fundamentos de la superexplotación", en *Teoría marxista de la dependencia*, *op. cit.*, pp. 149-174.

[37] Y repitamos por enésima vez, no explotación de los trabajadores del mundo dependiente por parte de los trabajadores de los países desarrollados, mantra que repiten y repiten los antidependentistas para convencerse de las bondades de sus argumentos, sino explotación por parte de capitales. Emmanuel no es la TMD.

INTERCAMBIO DESIGUAL ¿AL REVÉS?

Juan Íñigo Carrera ha formulado una particular interpretación de la teoría de la renta que no sólo busca discutir el intercambio desigual, sino también la propia teoría de la dependencia. Sin embargo, su formulación presenta contradicciones que terminan poniendo en entredicho sus esfuerzos.

Detengámonos aquí en su explicación de los flujos internacionales de renta y plusvalía, que curiosamente no son asumidos como parte de procesos de intercambio desigual. En tanto estas explicaciones se producen teniendo a la renta de la tierra como elemento central, señalemos que a diferencia de las ganancias extraordinarias en el sector industrial, en donde es el tiempo de trabajo de productividad promedio socialmente necesario el que define el valor de las mercancías, en la producción agraria puede ocurrir que la demanda social reclame incorporar a la producción tierras con muy baja calidad, o con localización de difícil acceso, lo que debido a la condición de bien natural de la tierra, no reproducible, permite que el precio de producción de los bienes agrícolas se establezca a partir de las tierras menos fértiles, por lo que todas las producciones que se desarrollan en tierras con mayores fertilidades permiten la generación de ganancias extraordinarias, renta diferencial, siendo ésta mayor mientras mejores sean las tierras trabajadas.

El hecho de que no sea el tiempo promedio sino el empleado en las peores tierras el que defina el precio de producción en el sector agrícola es lo que propicia que Marx hable de "falso valor social", el cual es cubierto por la plusvalía generada por el resto de sectores económicos. Así tenemos entonces que en la propia renta diferencial operan mecanismos de transferencia de valor. Estos dos aspectos son negados erróneamente por Astarita,[38] ensimismado en su noción de trabajo potenciado, con la cual niega las transferencias

[38] Rolando Astarita, *Monopolio, imperialismo e intercambio desigual*, *op. cit.*, p. 6.

de valor presentes en el seno de una rama, las producidas entre ramas y entre sectores de economías diversas.

Los problemas comienzan con lo que Íñigo Carrera (IC) llama "flujos internacionales", sin asumir que constituyen transferencias de valor ni intercambio de valor. Señala Carrera

> que, en la división internacional del trabajo [se establece] una relación específica entre un ámbito nacional donde se concentra el capital industrial en general [economías desarrolladas], y otro donde se concentra el capital agrario [economía argentina] que pone en acción una productividad del trabajo que supera a la que determina el precio de producción en el mercado mundial.[39]

En estas condiciones,

> el flujo genérico de la plusvalía convertida en renta diferencial de la tierra toma la forma concreta de *un flujo internacional* por el cual, el ámbito nacional donde se concentra el capital industrial en general, *pierde el control directo sobre el curso de una porción de la plusvalía producida en él*.[40]

El capital que sufre esta merma de plusvalía es el capital industrial inglés, que en "la génesis [...] del proceso nacional argentino de capital durante el siglo XIX, que alcanza su plenitud en las primeras décadas del siglo XX [...], se abastece de mercancías agrarias fuera de su propio ámbito nacional".[41] Y esa merma significa valor apropiado por la economía argentina en perjuicio de Inglaterra. En otras palabras, tenemos un intercambio desigual de acuerdo a lo señalado anteriormente, sólo que al revés. Plusvalía que viaja de las economías centrales o industrializadas a la llamada periferia o economía dependiente.

[39] Juan Íñigo Carrera, *La formación económica de la sociedad argentina. Vol. I. Renta agraria, ganancia industrial y deuda externa. 1882-2004*, Buenos Aires, Imago Mundi, 2007, p. 80.

[40] *Idem* (cursivas JO).

[41] *Idem*.

Pero el flujo internacional de ganancia extraordinaria que favoreció la renta para Argentina sufre en un momento posterior un movimiento inverso. Señala IC que

> *a través del capital prestado a tasas extraordinariamente altas y la valorización extraordinaria de los capitales industriales aplicados en la Argentina a la circulación de las mercancías agrarias y demás servicios públicos, el proceso nacional británico de acumulación de capital recupera para sí parte de la plusvalía que extrajera a sus obreros –a su vez, consumidores específicos de las mercancías agrarias argentinas– y que escapara inicialmente de sus manos rumbo al proceso nacional argentino de acumulación de capital bajo la forma de renta diferencial de la tierra.*[42]

En este caso, por las razones señaladas, el capital inglés logra reapropiarse de las mermas sufridas cuando adquirió bienes agrícolas argentinos y debió pagar precios superiores a los precios de producción por la renta diferencial allí concentrada, en beneficio de Argentina. Para IC estos movimientos y flujos de ganancia, ahora en sentido contrario, de Argentina hacia Inglaterra, tampoco constituyen transferencias de valor.

Todo se lleva a cabo sin pérdidas para nadie, pero propiciando resultados desiguales. La unidad mundial de la acumulación al parecer así lo exige.

EL DETERIORO EN LOS TÉRMINOS DE INTERCAMBIO COMO INDICIO DEL INTERCAMBIO DESIGUAL

Siendo necesaria la crítica a las conclusiones que la Comisión Económica para América Latina y el Caribe (Cepal) derivó del problema, como suponer la presencia de una burguesía capaz de llevar a cabo procesos de industrialización hasta el punto de permitir

[42] *Ibid.*, pp. 80-81 (cursivas en el original).

retener los frutos del progreso técnico, o las razones por las que dicho problema se produce (salarios más altos en las economías industriales; economías –desarrolladas– que cuentan con sindicatos más poderosos; o precios que favorecen a la periferia en las fases de expansión, pero que empeoran en las fases recesivas más que lo que habían mejorado),[43] lo cierto es que sus estudios, junto a otros, sobre el deterioro en los términos de intercambio, en perjuicio de los precios de los productos que exportan las economías periféricas y que favorece a los precios de los bienes industriales y tecnológicos que venden las economías centrales, permite vislumbrar el proceso del intercambio desigual.[44]

Los estudios sobre el tema cuentan con información desde fines del siglo XIX y ponen de manifiesto que, salvo periodos excepcionales, como el abierto en la segunda mitad de la primera década del siglo XXI, favorecido por la elevada demanda china, los precios de los productos latinoamericanos han perdido peso frente al incremento relativo de los precios de los productos de las economías desarrolladas.

Así, de acuerdo a un estudio del departamento económico de Naciones Unidas y considerando el quinquenio 1876-1880 igual a 100, la relación entre los precios de los productos primarios frente a los de los productos manufacturados desciende a 96.3 para el periodo 1886-1890, a 87.1 de 1896 a 1900, y se estabiliza en 85.8 entre 1906 y 1913, comenzando a caer con mayor rapidez finalizada la primera guerra mundial.[45]

[43] Octavio Rodríguez, *La teoría del subdesarrollo de la Cepal*, México, Siglo XXI, 1980, pp. 41-58.

[44] Permite vislumbrarlo, por lo cual se queda al nivel de la constatación del deterioro en los términos de intercambio, pero no lo explica. Marini señala que "Celso Furtado ha comprobado el fenómeno, sin llegar a sacar de él todas sus consecuencias". *Dialéctica de la dependencia*, *op. cit.*, p. 36.

[45] *Ibid.*, p. 30. Véase Paolo Santi, "El debate sobre el imperialismo en los clásicos del marxismo", en Paolo Santi *et al.*, *Teoría marxista del imperialismo*,

Para el siglo XX los movimientos caminan en igual dirección, agudizando la tendencia a la caída de los precios de los productos primarios en relación a los precios de los productos industriales. Para 1946-1947 el referido índice se ubicó en 68.7.[46] Ocampo y Parra, utilizando fuentes diversas (incluyendo trabajos de *The Economist*), señalan que para el "año 2000 las materias primas habían perdido entre el 50 y 60 % del valor relativo que tenían frente a las manufacturas hasta la década de 1920".[47]

Cuando Astarita formula una explicación de este proceso señala que el deterioro de los términos de intercambio es resultado de la diferencia entre el trabajo complejo o potenciado, que se lleva a cabo en las empresas del mundo desarrollado, y el trabajo simple, que predomina en las empresas del mundo dependiente. Más allá del papel de este elemento, lo que Astarita busca evitar por esta vía es indicar que existen transferencias de valor entre economías, a pesar de haber señalado previamente que asume el supuesto de una tasa media de ganancia y de precios de producción.[48] Pero desde ese horizonte no hay forma de eludir el tema de la ganancia producida y de la ganancia apropiada y de las transferencias entre ramas y sectores y entre economías.

Refiriéndose a los procesos que ocurren con la fijación de una tasa media de ganancia, base para la fijación posterior de precios de producción, Marx señala que las diversas cuotas de ganancia de distintas esferas y ramas de producción "son *compensadas entre sí* por medio de la concurrencia para formar una cuota general de

---

Córdoba, Pasado y Presente (Cuadernos de Pasado y Presente, núm. 10), 1971, p. 49.

[46] Raúl Prebisch, "El desarrollo económico en América Latina y algunos de sus principales problemas", en *Desarrollo Económico*, vol. 26, núm. 103, 1986.

[47] José Antonio Ocampo y María Ángela Parra, "Los términos de intercambio de los productos básicos en el siglo XX", en *Revista de la Cepal*, núm. 79, abril, Santiago de Chile, 2003, p. 11.

[48] Rolando Astarita, *Monopolio, imperialismo e intercambio desigual*, *op. cit.*, p. 156.

ganancia distinta".[49] Es decir, la ganancia que pierde una esfera o rama la gana otra, y viceversa. Por tanto, se transfieren valores, más allá de que esto corresponda a la unidad y desigualdad presente en las posibilidades de reproducción de todo el capital, como hemos comentado en puntos anteriores.

Para la TMD, el intercambio desigual no significa asumir que las economías desarrolladas explotan a las economías dependientes, como de manera insistente sostiene Astarita.[50] Las clases dominantes locales juegan un papel activo en la explotación que llevan a cabo capitales y Estados del mundo desarrollado sobre los trabajadores de las economías dependientes, así como reproducen asociaciones y relaciones subordinadas con los capitales de las economías desarrolladas.

Destacar esa condición de las clases dominantes es uno de los puntos políticos centrales que esa teoría ha formulado y que pone de manifiesto las falacias de neodesarrollistas y neoschumpeterianos en su esperanza de que la burguesía latinoamericana encabece proyectos de desarrollo que propicien bienestar para el conjunto de la población.

LA RENTA DE LA TIERRA: ¿ALTERNATIVA A LA TEORÍA MARXISTA DE LA DEPENDENCIA?

En tanto *Dialéctica de la dependencia* es un texto que busca dar cuenta de las tendencias que explican la dinámica del capitalismo dependiente, sus señalamientos operan en un nivel que impedían dar cuenta de situaciones concretas. En el *post scriptum* que acompaña el texto principal de ese libro, Marini señala que "el nivel

[49] Carlos Marx, *El capital*, *op. cit.*, p. 164 (cursivas JO).

[50] Rolando Astarita, *Monopolio, imperialismo e intercambio desigual*, *op. cit.*, p. 143.

mismo de abstracción del ensayo no propiciaba el examen de situaciones particulares, que permitieran introducir en el estudio cierto grado de relativización".[51]

En ese nivel opera una situación general en las economías de la región –lo que no niega particularidades– en donde el tema de la renta de la tierra y las ganancias extraordinarias que podrían derivarse no impide que la inserción de las economías latinoamericanas en el mercado mundial limite las transferencias de valor, ponga fin al intercambio desigual, altere el desarrollo del subdesarrollo, limite la superexplotación y la dependencia. Esta doble situación es lo que explica por qué Marini no le prestó al tema de la renta una atención especial, sin que ello implique que fuese ajeno a sus consecuencias económicas y políticas en la región.[52]

Diversos estudios ponen de manifiesto que el supuesto privilegio de la renta de la tierra en materia de comercio internacional y de ganancias extraordinarias no ha impedido el intercambio desigual –como sostiene Íñigo Carrera–.[53] No son datos menores ni basta decir que no son confiables los estudios y cifras de Naciones Unidas, la Cepal, Conferencia de las Naciones Unidas sobre Comercio y Desarrollo, *The Economist* y otros que destacan el peso del deterioro en los términos de intercambio, lo que no significa avalar las conclusiones que de allí se derivan. Creo que si esos datos no se consideran confiables, el problema pasaría entonces por presentar estudios y estadísticas confiables.[54]

[51] Ruy Mauro Marini, *Dialéctica de la dependencia*, *op. cit.*, pp. 81-82.

[52] Ruy Mauro Marini, "La reforma agraria en América Latina. Comentarios a la intervención de Michel Gutelman", en *Cuadernos Agrarios*, núm. 4, México, octubre-diciembre de 1976, en <http://www.marini-escritos.unam.mx/281_reforma_agraria.html>.

[53] Juan Íñigo Carrera, "La unidad mundial de la acumulación de capital...", *op. cit.*

[54] El laborioso esfuerzo estadístico de Íñigo Carrera (*La formación económica de la sociedad argentina...*, *op. cit.*, pp. 185-295) no resuelve este problema, dadas las inconsistencias teóricas en su concepción de los "flujos" de renta y

Es posible que la posición excepcional de Argentina en algunos aspectos puede ayudar a explicar el especial interés que despierta entre intelectuales de esa sociedad el estudio de la renta, pero no sus conclusiones. Me referiré a dos asuntos considerando básicamente la segunda mitad del siglo XIX y la primera del siglo XX, aunque señalaré algunos datos para fechas más recientes: el primero refiere a la propiedad de los sectores de exportación; el segundo, a los valores de uso dirigidos al mercado mundial.

El hecho de que la producción para la exportación en Argentina descansara en lo fundamental en manos de capitales nacionales ofreció condiciones que difieren de la mayoría de las economías regionales, en donde la propiedad de los rubros de exportación estaba en manos de capitales extranjeros, fuese petróleo, cobre, plátanos o azúcar, o bien estaban concesionados a dichos capitales.

En el primer caso ello permite que retorne a la economía local una masa mayor de valor y que aliente actividades productivas asociadas a los bienes exportados, como sería el caso de la manufactura del cuero vacuno, de la lana, instalación y mantención de frigoríficos y otras actividades, lo que dinamizó tempranamente el aparato productivo, el desarrollo de las clases sociales urbanas y el aparato de Estado. El trabajo de Cardoso y Faletto[55] aborda estos procesos con un sesgo sociologista. A esto debe agregarse la masiva inmigración de artesanos, obreros especializados y brazos en general que alentó la temprana diversificación de actividades productivas urbanas en Argentina.

Estos procesos se ven claramente reducidos cuando son capitales foráneos los propietarios o concesionarios de los rubros de exportación, como Standard Fruit, Anaconda, Kennecott, Royal

ganancias, y en las propias dudas del autor sobre la capacidad de la renta de compensar el intercambio desigual, como veremos en lo que sigue.

[55] Fernando Henrique. Cardoso y Enzo Faletto, *Dependencia y desarrollo en América Latina*, México, Siglo XXI, 1969.

Dutch Shell, Standard Oil Company of New Jersey, Richmond Petroleum Company. Estos y otros consorcios que operaron –y algunos aún operan– en la región transfieren parte sustantiva de sus ganancias a sus países de origen, dejando montos ínfimos del valor producido en las economías de la región, lo que crea pocas condiciones para la puesta en marcha de otras actividades productivas.

Además, las materias primas minerales producidas para la exportación, como cobre, salitre, estaño e incluso petróleo, no se prestan para generar otras actividades productivas asociadas, en tanto requieren equipos y conocimientos de difícil aplicación, dado el nivel de la planta productiva. La plata es quizá el producto en esta línea que más se presta para permitir su procesamiento interno.

Pero siendo relevante el tema de la propiedad de las grandes plantaciones trigueras y de la producción de ganado en el caso argentino, ello sin embargo se ve relativizado cuando incorporamos la propiedad de las actividades productivas aledañas. Allí aparece la industria de refrigeración de carnes, en donde el peso del capital extranjero merma los beneficios de la renta. En 1882 llegan los capitales ingleses a la industria frigorífica argentina, expandiendo sus funciones y dejando poco espacio a los capitales locales en esa actividad. Ello se ve acrecentado desde 1907, con el arribo de capitales estadounidenses.

Lo mismo tiende a ocurrir con la comercialización del café en Brasil y el enorme peso de las compañías extranjeras. A comienzos del siglo XX Brasil cubría 75 % de la producción mundial de café, con São Paulo como eje geográfico principal. Pero eran sociedades alemanas (Th. Wille, Carl Hellwig), inglesas (Naumann, Johnson) y estadounidenses (Arbuckle, Hard Rand) las que manejaban las exportaciones. Las cinco primeras compañías comercializadoras controlaban 53 % de las exportaciones brasileñas, que correspondían a 39.7 % de las exportaciones mundiales, en tanto las diez primeras controlaban 71 % de dichas exportaciones, que correspondían a 53.2 % de las exportaciones mundiales. Las sociedades brasileñas de comercio sólo exportaban 6.6 % del café producido en el país.[56] Situaciones semejantes podemos encontrar en relación al cobre, estaño, petróleo, frutas, azúcar, cacao, etcétera.

En pocas palabras, cuando se agregan variables con significación en la apropiación de la renta, en donde la propiedad local de los rubros de exportación puede ser relevante, si las actividades colindantes y la comercialización están en manos de capitales foráneos el peso relativo de la renta como ganancia extraordinaria apropiada por las economías locales comienza a perder significación. Mucho más serio será el problema cuando la propiedad o concesión de los principales rubros de exportación están en manos de capitales extranjeros y si a ello se suma el papel relevante de capitales extranjeros también en la comercialización.

Esta situación tiende a reproducirse en los tiempos actuales. El capital extranjero gana creciente presencia en América Latina en la producción de minerales y materias primas en general, y también en bienes alimenticios del sector agrario, pecuario y de la piscicultura.

Según la Cepal, en 2010, el área de producción de soja en Argentina fue de 18 millones de hectáreas. La producción superó los 52 millones de toneladas. Con la utilización de equipos avanzados de trituración, Argentina es altamente competitiva frente a sus rivales estadounidenses y brasileños. La presencia de empresas transnacionales se ha elevado desde inicios del siglo XXI, con un nuevo empuje de consorcios antiguos. Así, dentro de las cinco mayores empresas de molienda de soja se ubican tres estadounidenses (Bunge, Cargill y Molinos Río de la Plata), una argentina (Vicentin) y una francesa (Louis Dreyfus), las que concentran el 81 % de la molienda.

[56] Marie-Christine Renard, "La regulación del mercado internacional del café: una perspectiva histórica", en *Los intersticios de la globalización*: *un label "Max Havelaar" para los pequeños productores de café*, México, Centro de Estudios Mexicanos y Centroamericanos, 1999, consultado el 20 de septiembre de 2016, en <http://books.openedition.org/cemca/526?lang=es>.

Para el caso de Brasil las empresas de molienda son casi las mismas, aunque las exportaciones de esta economía se realizan básicamente en granos. En los primeros cinco lugares se encuentran Bunge Alimentos, Cargill Agrícola, Archer Daniels Midland (también estadounidense) Coimbra (Louis Dreyfus) y la brasileña André Maggi.[57] En ambas economías, el peso de Monsanto, quien vende las semillas transgénicas, y Bayer, los insecticidas y demás agroquímicos, es muy relevante. La disputa y reparto de la renta entre tantos intereses involucrados de manera directa no es un asunto menor.

El segundo elemento de importancia refiere al tipo de valores de uso que producía la economía argentina: trigo y carne, los que constituyen productos fundamentales en la canasta de bienes salarios de la población europea y estadounidense.[58]

Eso permitía que su demanda, más allá de las crisis económicas mundiales, mantuviera niveles que difícilmente podían lograr las economías productoras de minerales o de otros alimentos y postres que no estaban en lugares centrales (como azúcar, cacao, plátano y café) en la canasta de consumo de los asalariados de las economías desarrolladas, y que incluso propiciaba reducciones en el consumo de las clases dominantes de esas economías y de los sectores del capital ligados a la producción industrial, para el caso de los minerales.

Pero, aun así, Argentina vivió duros momentos en los años treinta en medio de la gran crisis desatada en 1929. Reino Unido, su principal socio comercial, decidió proteger el mercado de carnes de la mancomunidad Británica, privilegiando la compra a sus excolonias, como Australia, Canadá y Sudáfrica, y excluyendo

[57] Cepal, *La inversión extranjera directa en América Latina y el Caribe 2012*, Santiago de Chile, Cepal, 2012, p. 114.

[58] Empleamos variables que constituyen elementos relevantes para el análisis de los patrones de reproducción de capital. Véase Jaime Osorio, "La noción patrón de reproducción del capital", en *Cuadernos de Economía Crítica*, núm. 1, La Plata, Sociedad de Economía Crítica, 2014.

a otras economías. En este cuadro el gobierno argentino estableció negociaciones con el de Gran Bretaña que dieron forma a un acuerdo que se firmó el 1 de mayo de 1933: el pacto Roca-Runciman (por el vicepresidente argentino, Julio A. Roca hijo y el presidente de la Junta Británica de Comercio, sir Walter Runciman), con resultados gravosos para la economía argentina.

Entre los puntos firmados se estableció que Gran Bretaña adquiriría no menos de 390 mil toneladas de carne enfriada argentina, siempre que el precio fuese menor al de los proveedores de la Comunidad Británica y con una participación no menor a 85 % de carnes provenientes de frigoríficos británicos y estadounidenses. A su vez, Argentina liberaba de impuestos todos los productos británicos, y se asumía que la totalidad de las compras argentinas de carbón debían realizarse a Gran Bretaña, adjudicándose a este país también el monopolio de los transportes de Buenos Aires. Como parte del pacto se crea también el Banco Central de la República Argentina, que regularía las tasas de interés y la emisión monetaria, y cuyo directorio tenía una presencia importante de funcionarios ingleses.[59]

Sin embargo, IC señala en tono dubitativo que

> el argumento del flujo desfavorable a la economía argentina por efecto del 'intercambio desigual' resulta inconsistente [porque] más allá de la renta diferencial, el precio de las mercancías exportadas encierra un componente de renta de monopolio absoluto sobre la tierra. Con lo cual, por muy chico que este componente sea respecto del correspondiente a la renta diferencial, su existencia pone en evidencia que *las mercancías agrarias se venden en el mercado mundial a un precio comercial que se ubica por encima del correspondiente a su precio de producción*. Esta porción de la renta contrarresta, e incluso *puede* [*sic*]

[59] *El Historiador*, "Pacto Roca-Runciman. El debate de las carnes en la década de 1930", s/f, consultado el 20 de septiembre de 2016, en <http://www.elhistoriador.com.ar/articulos/decada_infame/pacto_roca-runciman.php>.

más que compensar, el efecto de la menor composición orgánica del capital agrario respecto del industrial en general.[60]

Al fin que "la venta de las mercancías primarias en el mercado mundial implica el flujo de plusvalía desde el país importador al exportador",[61] esto es, Inglaterra, la Unión Europea, Estados Unidos y China han transferido valor a América Latina en los diversos momentos en que han importado materias primas y alimentos desde esta región. Pero

> aun en el supuesto de que *hubiera* una *diferencia sistemática en contra* [de los países proveedores de materias primas] *entre el valor y los precios de producción* de las mercancías exportadas. [Esto] implicaría *simplemente* que *la clase obrera* [del país perjudicado] *gasta una masa de trabajo social mayor a la materializada en las mercancías importadas de igual precio de producción*.[62]

Lo primero a destacar es que si en el primer párrafo, por efecto de la renta diferencial, IC asume que el precio comercial se ubica por encima del precio de producción, lo que "contrarresta", y más aún, "puede [*sic*] más que compensar" la menor composición orgánica de las economías productoras de materias primas, en el segundo párrafo "si hubiera diferencia sistemática en contra [*sic*]" (que los precios de producción sean inferiores al valor), esto es sólo un problema en donde hay que entregar más trabajo social por menos trabajo social. Y lo que constituye un problema a explicar –y que se encuentra en la base del intercambio desigual–, el motivo por el que se produce ese proceso y las consecuencias que tiene para las distintas economías que intervienen, es naturalizado por IC, quien señala, inmediatamente después, que "a la

[60] Juan Íñigo Carrera, *La formación económica de la sociedad argentina...*, *op. cit.*, p. 82 (cursivas JO).

[61] Juan Íñigo Carrera, "La unidad mundial de la acumulación de capital...", *op. cit.*, p. 31.

[62] *Idem* (cursivas JO).

acumulación de capital, este mayor gasto [de trabajo social] le es por completo indiferente".[63] Y con ello da por cerrado el asunto.[64]

IC explica la falta de relevancia de este "intercambio desigual" al afirmar que "los capitales de los países que el propio capital social ha formado como proveedores de materias primas pueden acumularse a la misma velocidad que el de los países productores de mercancías en general" (*sic*).[65] Pareciera que IC regresa a los planteamientos de la teoría clásica del comercio internacional acerca de que la especialización productiva sobre bienes respecto a los que se cuenta con ventajas comparativas, determinada por fertilidad de los suelos, disponibilidad de riquezas mineras, termina por provocar condiciones privilegiadas de competencia, permitiendo que las transacciones resulten beneficiosas para todas las economías.[66] En definitiva, no importa lo que cada economía produzca, una azúcar, soja o plátanos, y otra equipos industriales, software o cohetes espaciales, al fin que con las productividades adecuadas todas podrán "acumular a la misma velocidad" y alcanzar beneficios en sus intercambios.

Al aproximarse a una formulación como la anterior, postulada por la teoría clásica del comercio internacional, reforzada por IC con la teoría de la renta de Marx, no es difícil verificar los rechazos en que incurre este autor para explicar situaciones como el capitalismo dependiente. Para qué hablar de intercambio desigual, "si

[63] *Idem*.

[64] Habría que señalar que a la acumulación de capital le pueden ser indiferentes muchos procesos, como la explotación, la generación de población sobrante relativa, el pauperismo, la prolongación de la jornada, los salarios por debajo del valor, y así un largo etcétera. ¿Ello justifica que no debamos preguntarnos en qué consisten y cuáles son sus consecuencias?

[65] Juan Íñigo Carrera, "La unidad mundial de la acumulación de capital...", *op. cit.*, p. 31.

[66] Ruy Mauro Marini, "La crisis del desarrollismo", en Ruy Mauro Marini y Márgara Millán (coords.), *La teoría social latinoamericana. Subdesarrollo y dependencia*, t. II, México, El Caballito, 1994, p. 140.

los capitales proveedores de materias primas pueden acumularse a la misma velocidad que el de los países productores de mercancías en general". Y ello se refuerza si se cuenta con productos con rentas diferenciales. Pero no es relevante si no se producen mutuas ventajas y beneficios, porque a la acumulación de capital le tiene sin cuidado el que economías diversas se relaciones intercambiando masas desiguales de trabajo social. Desde esta lógica es obvio que no tiene sentido hablar de intercambio desigual o de capitalismo dependiente.

Regresando a la discusión que nos ocupa, el supuesto de precios comerciales por encima del precio de producción tiene cierto sentido si se considera que la carne de res y la de cordero constituyen dos de los cuatro productos básicos cuyos precios aumentaron su valor relativo frente a los precios de los productos manufacturados en el siglo XX (con un acumulado entre 1900/1904 y 1996/2000 de 134.6 para la carne de res y de 399.3 para la de cordero), siendo los otros dos productos la madera (208.1) y el tabaco (100.4). Pero lo desmiente el precio del trigo, el otro gran producto de exportación argentino, que sufre una caída acumulada en el siglo XX de -46.4, frente a los precios de las manufacturas en casi todo el siglo XX.[67]

En todo lo anterior no debe olvidarse el peso del capital extranjero en diversos momentos de la producción y comercialización, así como en la apropiación de renta. Tampoco se puede desdeñar que al cubrir los cálculos anteriores hasta el periodo 1996-2000, el acumulado se ve incrementado por la elevación de los precios de los productos básicos en la última década del siglo XX, tendencia que se extenderá hasta la primera década del siglo XXI.

"No es porque se cometieron abusos en contra de la naciones no industriales que éstas se han vuelto económicamente débiles, es

[67] José Antonio Ocampo y María Ángela Parra, "Los términos de intercambio de los productos básicos en el siglo XX", en *op. cit.*

porque eran débiles que se abusó de ellas."[68] Las ventajas que algunos autores atribuyen a la renta de la tierra no lograron permitirle a Argentina, con las particularidades excepcionales señaladas, un derrotero cualitativamente distinto que el del resto de las economías de la región, marcado por la subordinación, el subdesarrollo y la dependencia. Con mayor razón ese será el norte de economías regionales más débiles. Para el siglo XX el grueso de los precios de los productos que exporta América Latina sufrieron caídas relativas: azúcar (-65.4), banano (-7.5), cacao (-61.8), cobre (-46.0), lana (-7.6) y plata (-23.8). Sólo el café (45.3), el estaño (15.4) y el zinc (5.9) revierten esta tendencia, además de los casos señalados anteriormente.[69]

Conclusiones

En una apretada síntesis podemos señalar que la renta diferencial propicia ganancias extraordinarias. Sin embargo, inicialmente esas ganancias extraordinarias se consideran en relación a la tasa media de ganancia y a los precios de producción del sector agrícola. Pero el hecho de ser ganancias extraordinarias en el seno del sector agrario no significa que esas ganancias extraordinarias permanecerán por arriba de las tasas de ganancia y de los precios de producción y los precios comerciales de otros sectores productivos y de otras economías con una elevada composición orgánica. Confrontadas a esta situación, las ganancias extraordinarias del sector agrícola pueden quedar igualadas o quedar por debajo de las ganancias medias de esos otros sectores. Por tanto, en relaciones comerciales con economías de elevados precios de producción, los productores de ganan-

[68] Ruy Mauro Marini, *Dialéctica de la dependencia*, *op. cit.*, p. 31.

[69] José Antonio Ocampo y María Ángela Parra, "Los términos de intercambio de los productos básicos en el siglo XX", en *op. cit.*, p. 13.

cias extraordinarias en el sector agrario pueden incluso transferir valor y encontrarse en relaciones de intercambio desigual.

> En el caso de la agricultura [...] el establecimiento de la cuota media de ganancia entraña la cesión de una parte de la plusvalía ahí obtenida a otras ramas de composición orgánica superior, de tal modo que la transferencia favorable de la que se beneficia la agricultura al imponerse en el precio un costo falso es más o menos neutralizada por las transferencias desfavorables que le impone la nivelación de la ganancia.[70]

A esto debe añadirse la participación de muy diversos capitales, nacionales y extranjeros, en las fases de producción y comercialización de los bienes agrícolas, todo lo cual propicia repartos de la renta que limitan su concentración en sólo algunas manos, así como limita el monto de ganancia que regresa a la economía productora de la renta.

Los capitales exportadores latinoamericanos ligados a la producción de materias primas y alimentos han puesto de manifiesto su incapacidad para arrastrar el desarrollo de otros sectores, en donde el industrial resulta fundamental. Sus ganancias han tendido a generar muchos ingresos y riqueza para sectores específicos del capital y terratenientes, y elevados recursos en manos del Estado vía impuestos y otros mecanismos, pero no generan desarrollo. La simple dinámica del mercado los lleva a hacer inversiones productivas en otros sectores y a complejizar la estructura productiva. Lo realizado con las ganancias extraordinarias percibidas en la primera década del siglo XXI, por los elevados precios de los productos exportados por América Latina, y la elevación de la masa de productos, ha vuelto a poner de manifiesto lo recién señalado.[71] Y esta es una historia recurrente en la mayoría de los países de la región.

Todo lo anterior no puede ser entendido como un llamado a olvidarnos de la renta de la tierra. Mientras más nos aboquemos a

[70] Armando Bartra, *El capital en su laberinto*, *op. cit.*, p. 85.

[71] Jaime Osorio, *Teoría marxista de la dependencia*, *op. cit.*, pp. 241-276.

comprender situaciones particulares el tema debe ganar atención. Éste es quizá el mayor aporte de profesores e investigadores que han vuelto a poner en la mesa un problema importante para comprender la diversidad de formas que puede asumir el capitalismo dependiente.

Bibliografía

Amin, Samir, "El comercio internacional y los flujos internacionales de capitales", en Samir Amin *et al.*, *Imperialismo y comercio internacional. El intercambio desigual*, México, Siglo XXI (Cuadernos de Pasado y Presente, núm. 24), 2ª ed., (1972).

Astarita, Rolando, *Monopolio, imperialismo e intercambio desigual*, Madrid, Maia, 2009.

______, "Respuesta al profesor Juan Íñigo Carrera", 2009, consultado el 16 de marzo de 2016, en <www.rolandoastarita.com/novRespuestaaInigocarrera.htm>.

______, *Economía política de la dependencia y el subdesarrollo. Tipo de cambio y renta agraria en la Argentina*, Bernal, Universidad Nacional de Quilmes, 2010.

Bartra, Armando, *El capital en su laberinto. De la renta de la tierra a la renta de la vida*, México, Itaca / Universidad Autónoma de la Ciudad de México / Centro de Estudios para el Desarrollo Rural Sustentable y la Soberanía Alimentaria, 2006.

Bettelheim, Charles, "Intercambio internacional y desarrollo regional", en Samir Amin *et al.*, *Imperialismo y comercio internacional. El intercambio desigual*, México, Siglo XXI (Cuadernos de Pasado y Presente, núm. 24), 9ª ed., 1984 (1971).

Cardoso, Fernando Henrique, y Enzo Faletto, *Dependencia y desarrollo en América Latina*, México, Siglo XXI, 1969.

Centro de Análisis Multidisciplinario, "Poder adquisitivo del salario y precarización del nivel de vida de los trabajadores en México. 2012", reporte núm. 100, México, Facultad de Economía-Universidad Nacional Autónoma de México (UNAM), 2012.

Comisión Económica para América Latina y el Caribe (Cepal), *La inversión extranjera directa en América Latina y el Caribe 2012*, Santiago de Chile, Cepal, 2012.

Crossa, Mateo, "Honduras: maquilando subdesarrollo en la reestructuración capitalista", tesis de maestría en Estudios Latinoamericanos, México, Programa de Posgrado en Estudios Latinoamericanos, UNAM, 2014.

El Historiador, "Pacto Roca-Runciman. El debate de las carnes en la década de 1930", s/f, consultado el 20 de septiembre de 2016, en <http://www.elhistoriador.com.ar/articulos/decada_infame/pacto_roca-runciman.php>.

Emmanuel, Arghiri, *El intercambio desigual. Ensayo sobre los antagonismos en las relaciones económicas internacionales*, México, Siglo XXI, 1972.

Frank, André Gunder, *Capitalismo y subdesarrollo en América Latina*, Buenos Aires, Siglo XXI, 1970.

Íñigo Carrera, Juan, *La formación económica de la sociedad argentina. Vol. I. Renta agraria, ganancia industrial y deuda externa. 1882-2004*, Buenos Aires, Imago Mundi, 2007.

______, "La unidad mundial de la acumulación de capital en su forma nacional históricamente dominante en América Latina. Crítica de las teorías del desarrollo, de la dependencia y del imperialismo", Centro para la Investigación como Crítica Práctica (CICP), 2008, consultado el 29 de septiembre de 2016, en <http://cicpint.org/es/inigo-carrera-j-2008b-la-unidad-mundial-de-la-acumulacion-de-capital-en-su-forma-nacional-historicamente-dominante-en-america-latina-critica-de-las-teorias-del-desarrollo-de-la-dependencia-y-de/>.

______, "Renta agraria, ganancia del capital y tipo de cambio: respuesta a Rolando Astarita", CICP, 2009, consultado el 29 de septiembre de 2016, en <http://www.ips.org.ar/wp-content/uploads/2011/04/Juan_Inigo_Carrera_Respuesta_a_Astarita_sobre_renta.pdf>.

Marini, Ruy Mauro, *Dialéctica de la dependencia*, México, Era, 1973.

______, "La reforma agraria en América Latina. Comentarios a la intervención de Michel Gutelman", en *Cuadernos Agrarios*, núm. 4, México, octubre-diciembre de 1976, en <http://www.marini-escritos.unam.mx/281_reforma_agraria.html>.

______, "La crisis del desarrollismo", en Ruy Mauro Marini y Márgara Millán (coords.), *La teoría social latinoamericana. Subdesarrollo y dependencia*, t. II, México, El Caballito, 1994.

Marx, Carlos, *El capital*, t. III, México, Fondo de Cultura Económica, 1973.

Marx, Karl, *Elementos fundamentales para la crítica de la economía política (Grundrisse) 1857-1858*, t. I, Buenos Aires, Siglo XXI, 1971.

Ocampo, José Antonio, y María Ángela Parra, "Los términos de intercambio de los productos básicos en el siglo XX", en *Revista de la Cepal*, núm. 79, abril, Santiago de Chile, 2003.

Osorio, Jaime, *Crítica de la economía vulgar. Reproducción del capital y dependencia*, México, Miguel Ángel Porrúa / Universidad Autónoma de Zacatecas (América Latina y el Nuevo Orden Mundial), 2004.

______, "La noción patrón de reproducción del capital", en *Cuadernos de Economía Crítica*, núm. 1, La Plata, Sociedad de Economía Crítica, 2014.

______, *Teoría marxista de la dependencia. Historia, fundamentos, debates y contribuciones*, Los Polvorines, Universidad Nacional de General Sarmiento, 2016.

______, *Teoría marxista de la dependencia*, México, Itaca / Universidad Autónoma Metropolitana, 2016.

Pérez Soto, Carlos, *Sobre Hegel*, Santiago de Chile, Palinodia, 2006.

______, *Desde Hegel. Para una crítica radical de las ciencias sociales*, México, Itaca, 2008.

Prebisch, Raúl, "El desarrollo económico en América Latina y algunos de sus principales problemas", en *Desarrollo Económico*, vol. 26, núm. 103, 1986.

Renard, Marie-Christine, "La regulación del mercado internacional del café: una perspectiva histórica", en *Los intersticios de la globalización*: *un label "Max Havelaar" para los pequeños productores de café*, México, Centro de Estudios Mexicanos y Centroamericanos, 1999, consultado el 20 de septiembre de 2016, en <http://books.openedition.org/cemca/526?lang=es>.

Rodríguez, Octavio, *La teoría del subdesarrollo de la Cepal*, México, Siglo XXI, 1980.

Santi, Paolo, "El debate sobre el imperialismo en los clásicos del marxismo", en Paolo Santi *et al.*, *Teoría marxista del imperialismo*, Córdoba, Pasado y Presente (Cuadernos de Pasado y Presente, núm. 10), 1971.

Sistema mundial, intercambio desigual y renta de la tierra, de Jaime Osorio, se terminó de imprimir en diciembre de 2017. Se tiraron 1 000 ejemplares. La edición estuvo al cuidado de David Moreno Soto y Maribel Rodríguez Olivares. Formación de originales: Anel Valencia López.

Matthias Weimann

Zeitwertbilanzierung und Wirtschaftsprüfung

Mit einem Geleitwort von Prof. Dr. Michael Olbrich

Springer Gabler

RESEARCH

Matthias Weimann
Trier, Deutschland

Dissertation Universität Trier, 2012

ISBN 978-3-658-00134-6 ISBN 978-3-658-00135-3 (eBook)
DOI 10.1007/978-3-658-00135-3

Die Deutsche Nationalbibliothek verzeichnet diese Publikation in der Deutschen Nationalbibliografie; detaillierte bibliografische Daten sind im Internet über http://dnb.d-nb.de abrufbar.

Springer Gabler

Gedruckt auf säurefreiem und chlorfrei gebleichtem Papier

Springer Gabler ist eine Marke von Springer DE. Springer DE ist Teil der Fachverlagsgruppe Springer Science+Business Media.
www.springer-gabler.de

Geleitwort

Angesichts der – vor allem im deutschsprachigen Schrifttum anzutreffenden – Vielzahl von Arbeiten zum „fair value accounting“ überrascht es, daß ein Themenkreis in diesem Kontext bislang nahezu vollständig vernachlässigt wurde: die Prüfung beizulegender Zeitwerte durch den Abschlußprüfer. Die Existenz dieser Forschungslücke überrascht aus zweierlei Gründen: Erstens strahlen die in der Rechnungslegung zu konstatierenden Probleme uneingeschränkt auf die anschließend vorzunehmende Prüfung dieser Rechnungslegung aus, so daß auch die prüfungstheoretische Durchdringung der Zeitwertproblematik vonnöten ist. Zweitens zeigte sich in der (ersten) Finanzkrise, daß Fehlbewertungen insbesondere von Finanzinstrumenten und drohende Schieflagen von Kreditinstituten auch von den mit der Prüfung betrauten Wirtschaftsprüfern nicht entdeckt wurden. Die vorliegende Arbeit, die 2012 vom Fachbereich IV der Universität Trier als Dissertationsschrift angenommen wurde, setzt an dieser Konstellation, bestehend aus einer gravierenden Forschungslücke bei gleichzeitiger erheblicher Praxisrelevanz, an. Herr Dr. Weimann widmet sich eingehend der Analyse jener Probleme, die mit der Prüfung beizulegender Zeitwerte einhergehen. Darauf aufbauend sucht er Lösungsmöglichkeiten aufzuzeigen, um den Herausforderungen, die das „fair value accounting“ an den Wirtschaftsprüfer stellt, begegnen zu können.

In einem sehr eigenständigen, schrittweisen Vorgehen sucht der Autor zunächst nach Lösungen, die durch die Gestaltung des Prüfungsprozesses erzielbar sind. Hier arbeitet Herr Dr. Weimann im Kontext der Rechnungslegungsregeln Ansätze innerhalb der Phase der Prüfungsdurchführung heraus, die den Schwierigkeiten der Prognose und der Existenz von Ermessensspielräumen begegnen. Es schließen sich Ansätze innerhalb der Phase der Urteilsmitteilung an, die sich auf die Vermittlung von Zusatzinformationen durch den Prüfer und die Einschränkung oder Versagung des Bestätigungsvermerks beziehen. Im Kontext der berufsständischen Regelungen diskutiert der Autor zunächst Möglichkeiten der Beseitigung verfahrenstechnischer Mängel, um sich danach Überlegungen der Beseitigung prüfungsnormenbedingter Mängel zuzuwenden. Er plädiert hierbei für die Neufassung einer zeitwertbezogenen Prüfungsnorm und arbeitet im Anschluß Aufbau und Inhalt einer solchen Norm eigenständig und schlüssig heraus. Einen weiteren Schritt vollzieht er, indem er Lösungen durch die Einflußnahme auf die Rechnungslegung erörtert. Herr Dr. Weimann diskutiert hier Ansätze der Vereinheitlichung der Zeitwertbilanzierung, der Ablehnung der Zeitwertbilanzierung und ihrer teilweisen Akzeptanz und spricht sich schlußendlich – gestützt auf eine sauber geführte Begründung – für diese dritte Lösung aus.

Insgesamt hat Herr Dr. Weimann mit seiner Arbeit einen Meilenstein der Prüfungstheorie vorgelegt, der die bislang bestehende gravierende Forschungslücke im Bereich „Prüfung von Zeitwerten“ deutlich verringert. Es handelt sich um Grundlagenforschung in der Tradition der normativen Betriebswirtschaftslehre, die zugleich eine hohe Praxisrelevanz aufweist. Es bleibt zu hoffen, daß die Ergebnisse von Herrn Dr. Weimann auch vom Berufsstand der Wirtschaftsprüfer aufgegriffen werden, bieten sie doch vielfältige fruchtbare Ansatzpunkte zur Verbesserung der prüferischen Urteilsfindung in bezug auf zeitbewertete Positionen im Jahresabschluß.

PROF. DR. MICHAEL OLBRICH

Vorwort

Die vorliegende Arbeit „Zeitwertbilanzierung und Wirtschaftsprüfung“ entstand während meiner Tätigkeit als wissenschaftlicher Mitarbeiter am Lehrstuhl für Betriebswirtschaftslehre, insbesondere Wirtschaftsprüfung und Controlling der Universität Trier sowie am Institut für Wirtschaftsprüfung der Universität des Saarlandes. Sie wurde 2012 vom Fachbereich IV der Universität Trier als Dissertationsschrift angenommen.

An erster Stelle möchte ich meinem verehrten akademischen Lehrer und Doktorvater, Herrn PROF. DR. MICHAEL OLBRICH, herzlich dafür danken, daß er mich im Rahmen meines Dissertationsprojektes jederzeit vorbildlich unterstützte, von der Themenfindung bis hin zur Publikation. Seine wertvollen Anregungen sowie die zahlreichen fruchtbaren Diskussionen haben maßgeblich dazu beigetragen, diese Arbeit erfolgreich fertigzustellen. Mein aufrichtiger Dank gilt zudem Herrn PROF. DR. LUTZ RICHTER für die Übernahme und zügige Erstellung des Zweitgutachtens. Ebenfalls bedanke ich mich bei Herrn Prof. DR. WALTER SCHERTLER in der Funktion des Prüfungsvorsitzenden. Darüber hinaus werde ich meinen Förderer in der Praxis, Herrn WP/STB PROF. DR. FRIEDHELM KLÄS (†), nicht nur aufgrund des durch ihn vermittelten Promotionsstipendiums der DELOITTE & TOUCHE WIRTSCHAFTSPRÜFUNGSGESELLSCHAFT, sondern auch wegen der unzähligen lehrreichen Gespräche und wertvollen Ratschläge stets in dankbarer Erinnerung behalten.

Ebenfalls bedanke ich mich bei den Herausgebern für die Aufnahme meiner Arbeit in die Schriftenreihe „Finanzwirtschaft, Unternehmensbewertung & Revisionswesen“. Weitergehend möchte ich mich bei meinen Kollegen am Lehrstuhl für die motivationsfördernde Arbeitsatmosphäre sowie manchen aufschlußreichen Gedankenaustausch bedanken.

Zu herzlichem Dank verpflichtet bin ich meiner lieben Schwester, Frau M.A. Stefanie Sapara, die die gesamte Arbeit gelesen und mit hilfreichen Kommentaren versehen hat. Meiner Partnerin, Frau DIPL.-KFF. BETTINA BERG, danke ich sehr herzlich für ihren steten Zuspruch sowie die unermüdliche moralische Unterstützung. Daneben spreche ich meinen ganz persönlichen Dank meinen lieben Eltern, DIPL.-ING. HARTMUT ROLAND WEIMANN sowie INGEBORG WEIMANN, aus. Sie haben mich nicht nur auf meinem privaten, sondern auch auf meinem akademischen und beruflichen Werdegang stets begleitet und ausnahmslos unterstützt.

DR. MATTHIAS WEIMANN

Inhaltsverzeichnis

Abkürzungsverzeichnis

A.	Auflage
Abb.	Abbildung
Abs.	Absatz
AG	Aktiengesellschaft
AICPA	„american institute of certified public accountants"
AktG	Aktiengesetz
APV	„adjusted present value"
Art.	Artikel
BaFin	Bundesanstalt für Finanzdienstleistungsaufsicht
BC	„basis of conclusion"
Bd.	Band
BFA	Bankfachausschuß
BFuP	Betriebswirtschaftliche Forschung und Praxis
BGBl.	Bundesgesetzblatt
BGHZ	Entscheidungen des Bundesgerichtshofs in Zivilsachen
BilKoG	Gesetz zur Kontrolle von Unternehmensabschlüssen
BilMoG	Bilanzrechtsmodernisierungsgesetz
BilReG	Gesetz zur Einführung internationaler Rechnungslegungs-standards und zur Sicherung der Qualität der Abschluss-prüfung
BiRiLiG	Bilanzrichtliniengesetz
bzw.	beziehungsweise
CAPM	„capital asset pricing model"
CF	„conceptual framework"
DCF-Verfahren	„discounted cash flow"-Verfahren
DPR	Deutsche Prüfstelle für Rechnungslegung
EPS	Entwurf eines Prüfungsstandards
ER	Entdeckungsrisiko
et al.	et alii
EU	Europäische Union
f.	folgende
FASB	„financial accounting standards board"
ff.	fortfolgende
Fn.	Fußnote
GenG	Gesetz betreffend die Erwerbs- und Wirtschafts-genossenschaften
ggf.	gegebenenfalls
GmbH	Gesellschaft mit beschränkter Haftung
GmbHG	Gesetz betreffend die Gesellschaften mit beschränkter Haftung

GoA	Grundsätze ordnungsmäßiger Abschlußprüfung
GoB	Grundsätze ordnungsmäßiger Buchführung
HFA	Hauptfachausschuß
HGB	Handelsgesetzbuch
Hrsg.	Herausgeber
IAASB	„international auditing and assurance standards board“
IAS	„international accounting standard(s)“
IASB	„international accounting standards board“
IASC	„international accounting standards committee“
i.d.F.	in der Fassung
i.d.R	in der Regel
IDW	Institut der Wirtschaftsprüfer in Deutschland e.V.
IE	„illustrative examples“
i.e.S.	im engeren Sinne
IFAC	„international federation of accountants“
IFRIC	„international financial reporting interpretations committee“
IFRS	„international financial reporting standard(s)“
IKS	internes Kontrollsystem
IR	Inhärentes Risiko
ISA	„international standard(s) on auditing“
i.S.d.	im Sinne des/der
i.S.e.	im Sinne eines/einer
i.S.v.	im Sinne von
i.V.m.	in Verbindung mit
KG	Kommanditgesellschaft
KGaA	Kommanditgesellschaft auf Aktien
KMU	kleine und mittelständische Unternehmen
KonTraG	Gesetz zur Kontrolle und Transparenz im Unternehmensbereich
KR	Kontrollrisiko
KWG	Gesetz über das Kreditwesen
lit.	litera
m.w.N.	mit weiteren Nachweisen
n.F.	neue Fassung
Nr.	Nummer
o.	ohne
OB	„objective of general purpose financial reporting“
OHG	Offene Handelsgesellschaft
o.V.	ohne Verfasser
PH	Prüfungshinweis
PR	Prüfungsrisiko
PS	Prüfungsstandard(s)

QC	„qualitative characteristics of useful financial information"
RG	Reichsgericht
RH	Rechnungslegungshinweis
RK	Rahmenkonzept
RS	Stellungnahme zur Rechnungslegung
Rz.	Randziffer
S	Standard
S.	Seite
SFAS	„statement of financial accounting standard(s)"
SIC	„standing interpretations committee"
Sp.	Spalte
Tab.	Tabelle
TransPuG	Gesetz zur weiteren Reform des Aktien- und Bilanzrechts, zu Transparenz und Publizität
u.a.	unter anderem
US-GAAP	„united states generally accepted accounting principles"
VAG	Gesetz über die Beaufsichtigung der Versicherungs-unternehmen
vgl.	vergleiche
WACC	„weighted average cost of capital"
WPg	Die Wirtschaftsprüfung
WpHG	Gesetz über den Wertpapierhandel
WPK	Wirtschaftsprüferkammer
WPO	Gesetz über eine Berufsordnung der Wirtschaftsprüfer (Wirtschaftsprüferordnung)
z.B.	zum Beispiel
ZfbF	Schmalenbachs Zeitschrift für betriebswirtschaftliche Forschung
z.T.	zum Teil

Abbildungsverzeichnis

I. Der beizulegende Zeitwert im Lichte der Abschlußprüfung

Die Rechnungslegung sieht sich in Deutschland einem grundlegenden Wandel ausgesetzt, da deutsche Unternehmungen neben der traditionellen handelsrechtlichen Bilanzierung auch internationale Rechnungslegungsstandards anwenden können oder gar dazu verpflichtet sind.[1] Daher erfuhr die Rechnungslegung nach den „international financial reporting standards" (IFRS)[2], die vom „international accounting standards board" (IASB)[3] verabschiedet werden, in den letzten Jahren auch zunehmend Beachtung im betriebswirtschaftlichen Schrifttum.[4] Die Rechnungslegung nach IFRS verfolgt die Zielsetzung, insbesondere Eigenkapitalgeber der bilanzierenden Gesellschaft mit entscheidungsnützlichen Informationen zu versorgen.[5] Dabei haben

---

1 Vgl. KIRSCH, Künftige Zahlungsströme (2007), S. 363, ferner SIEGEL, Relevanz (2007), S. 595.

2 Das Regelwerk der IFRS umfaßt nach IAS 1.7 zwei wesentliche Bereiche. Dies sind erstens die Einzelstandards, bezeichnet als „international accounting standards" (IAS) bzw. IFRS i.e.S., welche insbesondere Regeln über Ansatz, Bewertung, Ausweis und Erläuterung der Rechnungslegungsposten enthalten und zweitens weiterführende Regelungen, welche die Standards in Detailfragen ergänzen und in Form von Interpretationen des „standing interpretations committee" (SIC) bzw. des „international financial reporting interpretations committee" (IFRIC) oder durch Begründungserwägungen und Anwendungsleitlinien festgeschrieben sind. Vgl., wie auch im folgenden, LÜDENBACH/HOFFMANN, Rahmenkonzept (2011), Rz. 1 f. sowie 52 f. Als weiterer Regelungsbereich ist darüber hinaus das Rahmenkonzept zu nennen, das allgemeine Überlegungen, z.B. zum Zweck der Rechnungslegung, oder grundlegende Definitionen enthält. Wenn nachfolgend von den IFRS gesprochen wird, ist das gesamte Regelwerk gemeint. Zum Komitologieverfahren der Europäischen Union (EU) bzw. zur Umsetzung der IFRS in nationales Recht, vgl. BUCHHEIM/GRÖNER/KÜHNE, Übernahme in Europa (2004), KÜTING/RANKER, Auslegung der endorsed IFRS (2004), BUCHHEIM/KNORR/SCHMIDT, Anwendung der IFRS in Europa (2008), BUCHHEIM/KNORR/SCHMIDT, Endorsement-Verfahren (2008).

3 Im Jahre 1973 wurde das „international accounting standards committee" (IASC) als privatrechtliche Organisation von den Berufsverbänden der Wirtschaftsprüfer aus zehn Ländern gegründet, mit dem Ziel, weltweit einheitliche Rechnungslegungsstandards zu schaffen. In 2001 erfolgte eine Umstrukturierung, aus der das IASB hervorging, das sich seitdem um die Verbesserung von Rechnungslegungsgrundsätzen, -methoden und -verfahren bemüht und ferner nach Harmonisierung und Konvergenz zwischen den IFRS und den nationalen Rechnungslegungsvorschriften strebt. Vgl. eingehend zu diesen Ausführungen sowie weiterführend zum Aufbau und der Arbeitsweise des IASB statt vieler PELLENS/FÜLBIER/GASSEN/SELLHORN, Rechnungslegung (2008), S. 80-96. Mit der Umstrukturierung des IASC ging auch die Umbenennung der IAS in die IFRS einher, weswegen die Begriffe IAS und IFRS i.d.R. synonym verwendet werden. Vgl. hierzu auch KUßMAUL, Fair Value (2005), S. 181.

4 Zur IFRS-Rechnungslegung im allgemeinen vgl. statt vieler SCHRUFF, Rechnungslegung (2006) oder BIEG/HOSSFELD/KUßMAUL/WASCHBUSCH, IFRS (2009). Zur aktuellen Diskussion über die IFRS vgl. OLBRICH, Zeitwertbilanzierung (2008), OLBRICH, IFRS 13 (2011), KÜTING, Unbestimmte Rechtsbegriffe (2011), KÜTING/LAUER, Abschlußzwecke nach HGB und IFRS (2011), SCHRUFF, Rechenschaft (2011), SCHILDBACH, IFRS (2011).

5 Vgl. RK.12 ff. Diese Zielsetzung wird auch durch das in 2010 überarbeitete Rahmenkonzept weiter verfolgt. Vgl. hierzu ausführlich Abschnitt II.1.1.

die Informationen insbesondere verläßlich und relevant zu sein.[6] Letztendlich vollzieht sich ein Übergang in eine Rechnungslegungswelt, die über keinen vergleichbaren fundierten theoretischen Unterbau wie das kodifizierte deutsche Bilanzrecht verfügt und „[e]in recht überschaubares System abstrakter Rechnungslegungsnormen [...] gegen ein Mehr an kasuistisch differenzierten Einzelfallregelungen [eintauscht]"[7]. Als „Flaggschiff der IFRS-Bilanzierung"[8] kommen dabei beizulegende Zeitwerte zum Einsatz, welche, offenbar wegen ihrer vermeintlich höheren Entscheidungsnützlichkeit, die fortgeführten Anschaffungs- und Herstellungskosten als maßgebliches Bewertungskonzept verdrängen.[9] Da die Adressaten des Prüfungsurteils jedoch „dieselben Erwartungen wie bei einer Bewertung zu fortgeführten Anschaffungskosten"[10] haben, wird deutlich, daß sich mit dem Wandel der Rechnungslegung zwangsläufig auch Änderungen für die Abschlußprüfung ergeben. Ziel des wirtschaftlichen Prüfungswesens ist die Abgabe eines vertrauenswürdigen Urteils über die Ordnungsmäßigkeit des Jahresabschlusses.[11] Das Prüfungsurteil hat im öffentlichen Ansehen einen besonderen Stellenwert, denn erst durch die Jahresabschlußprüfung durch den Wirtschaftsprüfer[12] erlangt die externe Rechnungslegung bei Kapitalgebern Glaubwürdigkeit.[13] Vor dem Hintergrund der gewachsenen Bedeutung der internationalen Rechnungslegung drängt sich daher die Frage auf, ob das in Rede stehende Ziel der Abschlußprüfung erreicht werden kann, wenn der Prüfung die zeitwertbezogenen Rechnungslegungsnormen der IFRS zugrunde liegen. NAUMANN stellt diesbezüglich folgendes fest: *„Solange Wirtschaftsprüfer verlässliche Soll-größen vorfinden, können sie fair values grundsätzlich ebenso prüfen wie historische Anschaffungskosten.*"[14]

Dieser Aussage ist grundsätzlich zuzustimmen, da die Rechnungslegungsnormen die Grundlage zur Ermittlung von Soll-Größen bilden, indem sie vorgeben, wie das Wirt-

6 Im überarbeiteten Rahmenkonzept steht das Verläßlichkeitskriterium hingegen nicht mehr auf gleicher Ebene mit dem Relevanzkriterium, sondern wird durch die glaubwürdige Darstellung ersetzt, die nach RK.33 bislang lediglich einen Unterbegriff der Verläßlichkeit darstellte. Wesentliche inhaltliche Änderungen bezüglich dieser Grundanforderung ergeben sich jedoch nicht. Vgl. hierzu LÜDENBACH/HOFFMANN, Rahmenkonzept (2011), Rz. 16 sowie Abschnitt II.1.1.

7 KÜTING, Entobjektivierung (2006), S. 3.

8 KÜTING, Entobjektivierung (2006), S. 4.

9 Vgl. OLBRICH/BRÖSEL, Inkonsistenzen (2007), S. 1548, KÜTING, Entobjektivierung (2006), S. 4.

10 SCHRUFF, Rechenschaft (2011), S. 856.

11 Vgl. LEFFSON, Wirtschaftsprüfung (1991), S. 8 sowie MÜLLER/MÜLLER, Wirtschaftsprüfer (2004), S. 335. Vgl. ferner UNION EUROPÉENE DES EXPERTS COMPTABLES, Prüfung (1977), S. 19 f.

12 Die Begriffe Wirtschaftsprüfer, Abschlußprüfer und Prüfer werden im folgenden synonym verwendet.

13 Vgl. MARTEN, Entwicklungen (2008), S. 122. Schließlich soll die Verläßlichkeit der im Abschluß und Lagebericht enthaltenen Informationen durch die Prüfung erhöht werden. Vgl. TESCH, Abschlussprüfung (2007), S. 741.

14 NAUMANN, Prüfbarkeit der Standards (2010), S. 780.

schaften einer Unternehmung in der externen Rechnungslegung darzustellen ist.[15] Allerdings führt die Anwendung der IFRS-Normen häufig nicht zu eindeutigen „Soll-Zeitwerten“. Die Abkehr vom Anschaffungswertprinzip sowie die mit der Zeitbewertung angestrebte größere Marktnähe der Bilanzierung schränken eine verläßliche Wertermittlung ein.[16] Im allgemeinen sehen die Rechnungslegungsnormen der IFRS vor, den Zeitwert über Preise auf aktiven Märkten zu bestimmen. Da „für die überwiegende Mehrzahl der Bilanzpositionen jedoch keine Marktwerte vor[liegen], [...] erfolgt ein Rückgriff auf Ersatzwerte, deren Ermittlung anhand komplexer Bewertungsmodelle zu vollziehen ist“[17]. Diese sind allerdings theoretisch fragwürdig und gehen mit einer Vielzahl von Ermessensentscheidungen einher, weshalb die Deutsche Prüfstelle für Rechnungslegung (DPR) treffend feststellt, daß „[d]ie konsequente Fortführung des Fair-Value-Ansatzes [...] in vielen Fällen ungeeignet [ist], um den Informationsnutzen der Adressaten zu verbessern und übergeordneten Rechnungslegungszielen wie Verlässlichkeit und Vergleichbarkeit gerecht zu werden“[18].[19] So bleibt festzuhalten, daß die IFRS Verfahren tolerieren, die der normierten Verläßlichkeitsanforderung an Rechnungslegungsinformationen häufig widersprechen und damit einhergehend eine verläßliche Soll-Wertermittlung konterkarieren.[20]

Diese Ausführungen zeigen, daß die von NAUMANN aufgestellte Bedingung in der Realität nur in den seltensten Fällen erfüllt sein wird. Infolgedessen stellt der beizulegende Zeitwert nach IFRS im Rahmen der Abschlußprüfung ein besonders interessantes Forschungsobjekt dar, das es genauer zu untersuchen gilt. Während die aus dem „fair value accounting“ resultierenden Rechnungslegungsprobleme im wirtschaftswissenschaftlichen Schrifttum schon erschöpfend eruiert wurden,[21] sind dessen

---

15 Vgl. auch BAETGE/THIELE/MATENA, Sicherung der Prüfungsqualität (2004), S. 216.

16 Vgl. OLBRICH, Zeitwertbilanzierung (2008), S. 224.

17 DPR, Tätigkeitsbericht (2011), S. 8.

18 DPR, Tätigkeitsbericht (2011), S. 8.

19 Daß „fair values“ häufig nicht verläßlich sind, wird durch das Ergebnis des Tätigkeitsberichts 2010 der DPR unterstrichen, wonach 61 % der im Jahre 2010 festgestellten Bilanzierungsfehler einen „fair value“-Bezug aufweisen. Vgl. DPR, Tätigkeitsbericht (2011), S. 8 i.V.m. Anlage 3 und Anlage 8. Die DPR-Prüfung bezieht sich ausschließlich auf kapitalmarktorientierte Unternehmungen. Die Gesellschaften sind demnach auf Konzernbasis verpflichtet, einen IFRS-Abschluß zu erstellen. Zum Ablauf des Prüfverfahrens vgl. im allgemeinen DPR, Prüfverfahren (2009).

20 Ein beizulegender Zeitwert gleicht um so stärker einem geschätzten und damit nicht verläßlichen Wert, je weiter sich die Wertfindung von dem Ideal des Preises auf einem vollkommenen und vollständigen Markt entfernt. Vgl. hierzu auch RUHNKE/SCHMIDT, Fair Value (2005), S. 578. Die zunehmende Marktpreisentfernung wird von Bilanzierungsspielräumen begleitet, weswegen der vermeintliche Soll-Wert stets Schwankungen ausgesetzt ist. In Konsequenz repräsentiert der beizulegende Zeitwert i.d.R. keinen verläßlich ermittelbaren Soll-Wert i.S.e. Punktwertes und ist daher als Oberbegriff einer Bandbreite verschiedenartig ermittelbarer Wertansätze zu verstehen. Vgl. MARTEN/QUICK/RUHNKE, Wirtschaftsprüfung (2011), S. 401 sowie Abschnitt II.1.3.2.

21 Vgl. SCHILDBACH, Zeitwertbilanzierung (1998), BAETGE/ZÜLCH, Fair Value-Accounting (2001), OLBRICH, IAS 40 (2003), BALLWIESER/KÜTING/SCHILDBACH, Wertansatz (2004), KESSLER, Fair

Auswirkungen auf die Abschlußprüfung bisher weitgehend unerforschtes Land. Grundsätzlich haben erst wenige „Pioniere" dieses Terrain der Prüfung von Zeitwerten beschritten. An erster Stelle sind RUHNKE/SCHMIDT[22] zu nennen, die zu dem Schluß kommen, daß „die bestehenden [Prüfungs-]Normen sehr allgemein gehalten sind"[23] und daher versuchen, dem „Prüfer Hilfestellungen bei der Auslegung dieser Normen und Hinweise auf möglicherweise geeignete Prüfungshandlungen zu geben"[24]. Ferner legen die Autoren die notwendige Basis für eine weiterführende Auseinandersetzung mit der Thematik. Außerdem beschäftigen sich BRÖSEL/ZWIRNER im übertragenen Sinne mit dem in Rede stehenden Sachverhalt, indem sie sich der Prüfung des Geschäfts- oder Firmenwertes nach IFRS widmen, für welche ebenfalls die berufsständischen Regelungen zur Prüfung von geschätzten Werten und Zeitwerten heranzuziehen sind.[25] Eine jüngst veröffentlichte empirische Untersuchung befaßt sich mit der Informationsverarbeitung – einem zentralen Aspekt der Prüfungsforschung[26] – von Wirtschaftsprüfern am Beispiel der Prüfung geschätzter Werte gemäß IAS 40.[27] Die Diskussion über einen möglichen Prüfungsablauf sowie die Frage der grundsätzlichen Prüfbarkeit von Zeitwerten ist jedoch noch in vollem Umfang zu führen. Der von RUHNKE/SCHMIDT postulierte Forschungsbedarf[28] besteht demzufolge nach wie vor. Um einen Forschungsbeitrag leisten zu können, erscheint es erforderlich, sich zum einen dezidiert mit dem zeitwertspezifischen Prüfungsprozeß zu beschäftigen. Zum anderen ist es geboten, sich eingehend mit den Rechnungslegungsnormen der IFRS auseinanderzusetzen, bilden diese schließlich den Ausgangspunkt der Prüfung beizulegender Zeitwerte.

Die Relevanz einer Untersuchung, die sich mit der Prüfung beizulegender Zeitwerte befaßt, erscheint jedoch nicht nur aus der theoretischen, sondern zugleich aus der praktischen Perspektive notwendig:

1. Aus den gestiegenen Anforderungen der Rechnungslegung resultiert eine neue Herausforderung für den Berufsstand der Wirtschaftsprüfer. Die mit geschätzten

Value (2005), HITZ, IFRS-Rechnungslegung (2005), KÜTING, Entobjektivierung (2006), OLBRICH/BRÖSEL, Inkonsistenzen (2007), OLBRICH, Zeitwertbilanzierung (2008), BIEG/BOFINGER/KÜTING/KUßMAUL/WASCHBUSCH/WEBER, Saarbrücker Initiative (2008), BALLWIESER/KÜTING/SCHILDBACH, Fair Value (2009), KÜTING/LAUER, Krise (2009), KUßMAUL/WEILER, Fair Value-Bewertung Teil 1 (2009), KUßMAUL/WEILER, Fair Value-Bewertung Teil 2 (2009), HERING/OLBRICH/ROLLBERG, Finanzkrise (2010), OLBRICH, IFRS 13 (2011).

22 Vgl. RUHNKE/SCHMIDT, Überlegungen (2003) sowie RUHNKE/SCHMIDT, Fair Value (2005).

23 RUHNKE/SCHMIDT, Überlegungen (2003), S. 1051.

24 RUHNKE/SCHMIDT, Fair Value (2005), S. 594.

25 Vgl. BRÖSEL/ZWIRNER, Goodwill (2009).

26 Zur Prüfungsforschung im allgemeinen vgl. – m.w.N. – ZILCH, Wirtschaftsprüfung (2010), S. 9 ff.

27 Vgl. hierzu SCHWIND, Informationsverarbeitung (2011).

28 Vgl. RUHNKE/SCHMIDT, Fair Value (2005), S. 595.

Werten einhergehenden Probleme sind aus Sicht des Prüfers zwar nicht gänzlich neu, haben sich mit der zunehmenden Bewertung von Bilanzpositionen zum beizulegenden Zeitwert jedoch deutlich verschärft.[29] Schätzungen von Bilanzwerten, die durch das subjektive Ermessen der Rechnungslegenden geprägt sind, haben unstreitig an Bedeutung gewonnen.[30] Die Zeitwertbilanzierung nach IFRS hat folglich maßgeblich dazu beigetragen, daß „die Prüfung aufwendiger und schwieriger“[31] geworden ist. Die DPR gelangt aufgrund ihrer Tätigkeit sogar zu der Erkenntnis, daß die aktuellen Regelungen der IFRS – insbesondere wegen des „fair value accounting“ – für den Wirtschaftsprüfer nicht prüfbar sind,[32] was beweist, daß die Problematik der Prüfbarkeit von Zeitwerten die Praxis bewegt. Diese Aussage der DPR spiegelt sich zudem in der jüngst in der Prüfungspraxis lauter werdenden Forderung wider, daß das IASB bei der Überarbeitung bzw. Weiterentwicklung der Standards die Prüfbarkeit von Bilanzwerten in höherem Maße berücksichtigen muß,[33] was die praktische Relevanz der Thematik ebenfalls unterstreicht.

2. Durch erschwerte Prüfungsbedingungen steigen auch die Anforderungen an die Prüfungsnormen. „Dem […] erhöhten inhärenten Risiko, dass die Unternehmensleitung Schätzungen als Mittel der Abschlusspolitik einsetzt“[34], muß der Prüfer in angemessener Weise begegnen. Nun kann dem Institut der Wirtschaftsprüfer in Deutschland e.V. (IDW) nicht grundlegend vorgeworfen werden, daß für die Prüfung von Zeitwerten keine Prüfungsregelungen bestehen. Jedoch zeigte die Finanzmarktkrise[35], daß die berufsständischen Regelungen es offensichtlich nicht vermochten, den Prüfern eine zweckadäquate Hilfestellung zur Aufdeckung der

---

29 Vgl. ähnlich hierzu sowie mit Beispielen RUHNKE/SCHMIDT, Fair Value (2005), S. 578.

30 Vgl. RUHNKE, Prüfung von IFRS-Abschlüssen (2007), S. 161.

31 BIEG/BOFINGER/KÜTING/KUßMAUL/WASCHBUSCH/WEBER, Saarbrücker Initiative (2008), S. 2552.

32 Vgl. DPR, Comments to IASB (2011), S. 2.

33 Dies wird insbesondere in einem Begleitschreiben des Vorsitzenden des „international auditing and assurance standards board“ (IAASB) zu Kommentaren des IAASB zu einem IASB-Standardentwurf deutlich, das an den (nunmehr ehemaligen) Vorsitzenden des IASB, SIR DAVID TWEEDIE, gerichtet ist. Vgl. IAASB, Comments on IASB (2011), S. 1. Auch SCHRUFF, Mitglied des Vorstands einer großen Wirtschaftsprüfungsgesellschaft, äußert sich entsprechend. Vgl. SCHRUFF, Änderungsbedarf (2010), S. 86 und SCHRUFF Rechenschaft (2011), S. 856.

34 RUHNKE, Prüfung von IFRS-Abschlüssen (2007), S. 161.

35 Die „zeitnahe“ und „entscheidungsnützliche“ IFRS-Rechnungslegung mit ihren zukunftsorientierten Zeitwerten konnte die Finanzmarktkrise nicht verhindern oder vorhersehen, sondern wirkte vielmehr als Krisenverstärker. Vgl. KÜTING/LAUER, Krise (2009), S. 561 ff., HERING/OLBRICH/ROLLBERG, Finanzkrise (2010), S. 36 f. Dies wird von dem IASB-Mitglied KÖNIG dementiert. Vgl. hierzu KÖNIG, Finanzmarktkrise (2010), S. 82 f., FREUDIG, Standard-Lösungen (2011), S. 34 f. Ebensowenig konnte das „fair value accounting“ einen Beitrag zur Verhinderung von Bilanzskandalen leisten. Vgl. hierzu BIEKER, Fair Value Accounting (2006), S. 234 sowie BÖCKING, Wechselspiel der Gefühle (2008), S. 75 f.

Probleme der Zeitwertbilanzierung zu bieten, so daß diese ihren hoheitlichen Auftrag[36] z.T. nicht erfüllen konnten.[37] Hieraus ist der folgenreiche Schluß zu ziehen, daß die berufsständischen Regelungen den Sachverhalt nicht in ausreichendem Umfang normieren und somit in bezug auf die Prüfung beizulegender Zeitwerte eine praktische Regelungslücke aufweisen. Aufgrund dessen ist die gegenwärtige zeitwertspezifische Prüfungsnorm aus praktischer Sicht zwingend hinsichtlich ihres zweckadäquaten Inhalts und Umfangs zu würdigen.

Angesichts des skizzierten wirtschaftswissenschaftlichen Forschungsdefizits, der hohen praktischen Relevanz sowie der praktischen Regelungslücke ergibt sich folgende Zielsetzung: Für die Fälle, in denen die Anwendung der bestehenden Prüfungs- und Rechnungslegungsregelungen nicht zu der Abgabe eines vertrauenswürdigen Prüfungsurteils über Zeitwerte respektive den zeitwertbezogenen Teil der Rechnungslegung führt, die Prüfbarkeit der Werte also nicht gegeben ist, soll die vorliegende Schrift einen Beitrag dazu leisten, solche Regelungen zu identifizieren, die zu einer zufriedenstellenden Erreichung des Prüfungszwecks führen. So sucht die Arbeit die Forschungslücke zu schmälern sowie die praktische Regelungslücke zu schließen, indem sie sich der Perspektive des Abschlußprüfers annimmt und sich dessen Ziel, vertrauenswürdige Prüfungsurteile über die Zeitwertbilanzierung abzugeben, annähert. Aufgabe der Schrift ist es daher zunächst, den prinzipiellen Ablauf der Zeitwertprüfung im Status quo herauszuarbeiten und damit einen Rahmen zur Untersuchung der grundsätzlichen Prüfbarkeit beizulegender Zeitwerte zu schaffen. Zu beantworten ist daraufhin zum einen, ob bei Akzeptanz der bestehenden IFRS-Rechnungslegungsregelungen das Ziel mit verbesserten Prüfungsregelungen erreicht werden kann. Zum anderen ist zu eruieren, ob es einer grundsätzlichen Änderung der Rechnungslegungsregelungen bedarf, um den Prüfungszweck erfüllen zu können.

Als Würdigungsmaßstab der Prüfbarkeit beizulegender Zeitwerte dient in dieser Untersuchung das Verläßlichkeitskriterium bilanzierter Werte. Dies geschieht aus zwei Gründen: Erstens müssen bilanzierte Werte verläßlich sein, um dem bilanztheoretischen Objektivierungserfordernis, also der intersubjektiven Nachvollziehbarkeit, ge-

36 Im Schrifttum wird die Meinung vertreten, daß Wirtschaftsprüfern im Krisenfall der hoheitliche Auftrag obliegt, „das Versagen des Marktes bei der Bereitstellung richtiger Unternehmensdaten ab[zu]wenden". MÜLLER/SUTTNER, Pflichtrotation (2011), S. 12.

37 Dies zeigt sich z.B. in den vor und während der Krise erteilten uneingeschränkten Bestätigungsvermerken bei krisengeschüttelten Banken, die aufgrund ihrer Kapitalmarktorientierung und Konzernstrukturen die IFRS anzuwenden haben. Exemplarisch sei auf den uneingeschränkten Bestätigungsvermerk der COMMERZBANK AG für den Abschluß 2007 und 2008 bzw. die nicht für ungültig eingestufte Fortführungsprämisse hingewiesen, obschon die Bank schließlich Staatshilfen i.H.v. insgesamt 18,2 Milliarden Euro erhalten hat und in diesem Zuge teilverstaatlicht wurde. Vgl. COMMERZBANK AG, Geschäftsbericht 2007 (2008), S. 242, COMMERZBANK AG, Geschäftsbericht 2008 (2009), S. 292, ferner auch O.V., Commerzbank (2011). Folglich liegt die Vermutung nahe, daß die Prüfungsnormen z.B. keine ausreichenden zeitwertspezifischen Einschränkungs- oder Versagungsgründe bezüglich des Bestätigungsvermerks enthalten.

recht zu werden.[38] Zweitens stellt die Verläßlichkeit eine qualitative Anforderung zur Erfüllung des Bilanzzwecks der IFRS dar.[39] Ist ein bilanzierter Wert nicht verläßlich, ist er nicht objektivierbar und strahlt keine Entscheidungsnützlichkeit aus. In diesem Fall sind die „Verläßlichkeits-Determinanten" nicht erfüllt, weswegen die Prüfbarkeit nach der hier vertretenen Auffassung nicht gewährleistet ist. Ist die Prüfbarkeit von Zeitwerten nicht gewährleistet, kann über sie wiederum kein vertrauenswürdiges Urteil abgegeben werden; der Prüfungszweck wird nicht erreicht. Außerdem ist zu beachten, daß sich die vorliegende Schrift auf die gegenwärtigen Regelungen zur Zeitwertermittlung von Vermögenswerten gemäß IAS 16, 36, 38, 39, 40 und 41 konzentriert. Bevor die maßgeblichen Änderungen in der Zeitwertbilanzierung aufgrund von IFRS 13[40] eigenständig und umfänglich gewürdigt werden, erfahren diese in den sonstigen Abschnitten lediglich insofern eine Berücksichtigung, als Hinweise auf die anstehenden Neuerungen von Relevanz sind. Ausführungen zu Zeitwerten von Schulden werden hingegen nur in Grundzügen berücksichtigt, sofern es für das grundlegende Verständnis der Untersuchung notwendig ist. Obschon in Deutschland lediglich kapitalmarktorientierte Muttergesellschaften zur Aufstellung eines IFRS-Konzernabschlusses verpflichtet sind, bleiben Besonderheiten der Konzernrechnungslegung zur Eingrenzung des Umfangs der Untersuchung unberücksichtigt. Die Abstellung auf den Einzelabschluß ist zweckmäßig, da dieser regelmäßig die Grundlage zur Erstellung eines etwaigen Konzernabschlusses bildet.

Um der vorstehend beschriebenen Zielsetzung gerecht zu werden, sollen in Kapitel II die Ausgangsbedingungen der Thematik erläutert werden. Da für die Untersuchung die Rechnungslegungsregelungen der IFRS maßgeblich sind, werden in diesem Zusammenhang zunächst die Grundlagen der Zeitwertbilanzierung nach IFRS aufgezeigt (Abschnitt 1). So ist zuerst der Zweck der IFRS-Rechnungslegung zu konkretisieren, was im Hinblick auf die Prüfung von IFRS-Abschlüssen von entscheidender

---

38 Eine Rechnungslegung erscheint obsolet, wenn bilanzierte Werte keine Objektivität respektive Verläßlichkeit ausstrahlen. Nach MOXTER drückt sich das Prinzip der objektivierten Vermögenswertermittlung u.a. in leicht überprüfbaren Bewertungsmaßstäben aus. Vgl. MOXTER, Bilanzlehre (1984), S. 165. Zum bilanztheoretischen Objektivierungserfordernis vgl. zudem LEFFSON, GoB (1987), S. 81. Daß bilanzierte Werte Verläßlichkeit ausstrahlen müssen, wird (selbst) vom Vorsitzenden des IASB als notwendig erachtet. „Verlässliche und glaubwürdige Informationen sind in der Marktwirtschaft eine wesentliche Grundlage für [...] funktionierende Märkte. Investitionsentscheidungen, die Gewährung von Krediten und die Kapitalaufnahme basieren alle auf dem Vertrauen in die Verlässlichkeit [...] von Bilanzen." HOOGERVORST, Ausrichtung der IFRS (2011), S. 254.

39 Das Relevanzkriterium als weitere Qualitätsanforderung an entscheidungsnützliche Informationen rückt dabei – wie darzustellen sein wird – in den Hintergrund. Zur grundsätzlichen Ambivalenz des Verläßlichkeits- und Relevanzkriteriums vgl. HAßLINGER, IFRS-Rechnungslegung (2011), S. 5 f. und die dort angeführte Literatur.

40 IFRS 13 *Bemessung des beizulegenden Zeitwerts* wurde am 12. Mai 2011 vom IASB veröffentlicht und ist ab dem 1. Januar 2013 verpflichtend anzuwenden. Vgl. IASB, Common fair value measurement (2011).

Bedeutung ist. Daneben ist auf den Begriff sowie die Konzeption des „fair value" einzugehen. Dabei werden unterschiedliche Ausprägungsformen des beizulegenden Zeitwerts aufgezeigt. Zudem wird die der Wertkonzeption zugrundeliegende und die Zeitwert-Prüfung maßgeblich beeinflussende Ermittlungshierarchie präzisiert. Weitere Grundlagen sind in Abschnitt 2 insoweit darzulegen, als zunächst die Frage des Zwecks der Jahresabschlußprüfung eingehend zu beantworten ist. Hierauf aufbauend sind die gesetzlichen Regelungen zu Jahresabschlußprüfungen aufzuzeigen, welche die Prüfungspflicht, den Prüfungsgegenstand und -umfang sowie die Medien der Urteilsmitteilung des Wirtschaftsprüfers kodifizieren. Im Anschluß werden die berufsständischen Regelungen, welche die gesetzlichen Normen für den Berufsstand der Wirtschaftsprüfer konkretisieren, vorgestellt. Die Grundlagen abschließend ist die Bedeutung des Prüfungsrisikos und der Wesentlichkeit für Abschlußprüfungen hervorzuheben. Kapitel III kombiniert die dargelegten Grundlagen dahingehend, daß aufgezeigt wird, wie die Prüfung von nach IFRS zeitbewerteten Bilanzpositionen de lege lata dezidiert ausgestaltet werden kann. In Abschnitt 1 wird zunächst die Frage geklärt, welche Prüfungsnorm für den zugrundeliegenden Sachverhalt maßgeblich ist, wobei zugleich deren Inhalt darzulegen ist. Auf Basis der Prüfungsnorm, welche das bei Zeitwerten prüferisch notwendige Vorgehen lückenhaft und unstrukturiert wiedergibt, schließt sich in Abschnitt 2 die Entwicklung eines eigenständigen Prüfungsprozeßmodells an. Es erfolgt eine differenzierte Betrachtung des prüferischen Vorgehens, indem die vier maßgeblichen zeitwertrelevanten Stufen des Prüfungsprozesses extrahiert und im einzelnen aufgezeigt werden. So sind die Prüfungsplanung, die Systemprüfung, die aussagebezogenen Prüfungshandlungen sowie die Urteilsbildung und -mitteilung zu skizzieren. Im Rahmen der Erläuterung der einzelnen Stufen werden die jeweils zu beachtenden prüferischen Besonderheiten, die aus dem Charakter des beizulegenden Zeitwerts resultieren, aufgezeigt. Aufbauend auf diesen erzielten Erkenntnissen ist in Kapitel IV die besondere Herausforderung der Wirtschaftsprüfertätigkeit im Hinblick auf den Umgang mit Zeitwerten zu spezifizieren. Zu diesem Zwecke erfolgt in Abschnitt 1 zunächst die Identifikation und Erörterung der maßgeblichen Problemstellungen, welche die Aufgabe des Prüfers, ein vertrauenswürdiges Urteil über die Zeitwertbilanzierung abzugeben, beeinträchtigen. Dabei gilt es zwischen Problemen, die sich aus den bestehenden Rechnungslegungsregelungen ergeben, und Problemen, die aus den bestehenden berufsständischen Regelungen resultieren, zu differenzieren. Dem fügt sich in Abschnitt 2 ein Lösungsansatz an, der die Probleme durch die Gestaltung des Prüfungsprozesses zu beheben versucht. Da in bezug auf die Rechnungslegungsregelungen Defizite verbleiben, ist auf Grundlage dieser Erkenntnis ein weiterer Lösungsansatz zu untersuchen. Hierzu wird in Abschnitt 3 auf die Möglichkeit der Einflußnahme des Berufsstands auf den Standardsetzer rekurriert, um Verbesserungen in den Rechnungslegungsregelungen herbeizuführen, die sich positiv auf die Prüfbarkeit von Zeitwerten auswirken. Die Arbeit schließt in Kapitel V mit der Zusammenfassung der gewonnenen Ergebnisse.

II. Grundlagen der Zeitwertbilanzierung und Abschlußprüfung

1. Die Zeitwertbilanzierung nach IFRS

1.1 Der Zweck der IFRS

Um die Prüfung beizulegender Zeitwerte detailliert zu betrachten, ist einleitend der Grundstein für die Untersuchung in der Weise zu legen, daß wesentliche Elemente der IFRS-Rechnungslegung, insbesondere der ihr inhärenten Zeitwertbilanzierung, eingehend betrachtet werden. In diesem Abschnitt wird zunächst das Augenmerk auf die Zweckbestimmung der IFRS gerichtet, der die Zeitwertbilanzierung gerecht werden muß.

In der handelsrechtlichen Rechnungslegung sind die Zwecke aus unterschiedlichen Regelungen des HGB abzuleiten, wohingegen der Zweck der IFRS-Rechnungslegung konkret in IAS 1 geregelt ist.[1] Ziel der IFRS-Rechnungslegung ist nach IAS 1.9, einem weiten Adressatenkreis entscheidungsnützliche Informationen zu liefern. Diese Zielsetzung ist darüber hinaus sowohl im „früheren" Rahmenkonzept (RK) in RK.12 als auch im neuen „conceptual framework" (CF)[2] in CF.OB2 enthalten. Folglich dient die IFRS-Bilanzierung primär der Vermittlung von Informationen.[3] Hinsichtlich

1 Vgl. hierzu auch BAETGE/KIRSCH/THIELE, Bilanzen (2011), S. 142. Zu den Zwecken der handelsrechtlichen Rechnungslegung, namentlich der Dokumentation, Rechenschaft und Kapitalerhaltung und deren Beziehungen innerhalb des Zwecksystems, vgl. EBENDA, S. 91-102.

2 Das neue CF befindet sich in der Entstehungsphase. Es wird im Zuge der Konvergenzbemühungen des IASB und des „financial accounting standards board" (FASB) mit dem Ziel entwickelt, langfristig ein einheitliches Rahmenkonzept zu schaffen, das den Standardsetzern künftig als Deduktionsgrundlage zur Weiterentwicklung der Rechnungslegungsnormen dienen soll. Vgl., auch im folgenden, BAETGE/KIRSCH/THIELE, Bilanzen (2011), S. 144 f. sowie PELGER, Conceptual Framework (2011). Das Projekt ist in acht Phasen unterteilt, wobei zum jetzigen Zeitpunkt nur die erste davon abgeschlossen ist. Jene Phase A wurde im September 2010 beendet und regelt die Zielsetzung und qualitativen Anforderungen des IFRS-Abschlusses. Diese Punkte bilden Kapitel 1 „The objective of financial reporting" bzw. Kapitel 3 „Qualitative characteristics of useful financial information" des CF und ersetzen die entsprechenden bisherigen Paragraphen des RK. Vgl. IASB, Conceptual Framework (2010), Foreword. Nachfolgend wird zunächst auf den Normenstand des RK rekurriert, da die Finalisierung des Projekts zur Neufassung des „framework" schließlich noch aussteht. Freilich wird nichtsdestotrotz auf die mit dem CF einhergehenden materiellen Änderungen eingegangen. Eine Gegenüberstellung der Inhalte des RK und des CF findet sich in einem separaten Abschnitt des CF. Vgl. IASB, Conceptual Framework (2010), Table of Concordance.

3 Vgl. statt vieler OLBRICH, Zeitwertbilanzierung (2008), S. 213, BRÖSEL, Impairment Only Approach (2008), S. 234. Während die Rechnungslegung nach IFRS auf die reine Informationsvermittlung abzielt, die damit den bilanziellen Schutzzweck darstellt, ist ihr die dem deutschen

dieser Zielsetzung ist es zweckmäßig, erstens den bevorzugten *Adressatenkreis* sowie zweitens die *Entscheidungsnützlichkeit* der Informationen genauer zu betrachten. In beiden Fällen ist auf die Vorgaben des „framework“[4] zu rekurrieren, zu dem grundlegend festzuhalten ist, daß es globale Überlegungen der Rechnungslegung beinhaltet, die sich in zwei Bereiche unterteilen lassen.[5] Zum einen erfolgt die Darstellung der konzeptionellen Basis der IFRS-Rechnungslegung, also der von ihr verfolgten Ziele, Grundannahmen sowie deren Anforderungen, und zum anderen der Definitions-, Ansatz- und Bewertungskriterien der Abschlußposten. Demnach legt das „framework“, das ausdrücklich selbst kein Standard ist, die Prinzipien und Maximen der IFRS-Rechnungslegung fest, während die Standards diese konkretisieren und dem Konzept in ihrer Anwendung als lex specialis vorgehen.

Für die Vermittlung entscheidungsnützlicher Informationen werden die Bedürfnisse der *Adressaten* des IFRS-Abschlusses als Maßstab herangezogen.[6] Nach RK.9 gehören demnach derzeitige und potentielle Eigenkapitalgeber, Arbeitnehmer, Kreditgeber, Lieferanten, Kunden, der Fiskus und die Öffentlichkeit zu den Abschlußadressaten. Das IASB geht dabei von einem Gleichklang der Informationsbedürfnisse der genannten Adressaten aus, da es in RK.10 unterstellt, daß die Befriedigung der Informationsbedürfnisse von Eigenkapitalgebern mit der Erfüllung der wesentlichen Informationsbedürfnisse der anderen Adressaten einhergeht.[7] Das CF äußert sich diesbe-

---

Handelsrecht inhärente Koexistenz der bilanziellen Schutzzwecke in Gestalt der (stärker gewichteten) Gewinnanspruchsbemessung sowie der Informationsvermittlung im Hinblick auf den Gläubigerschutz hingegen fremd. Vgl. MOXTER, Rechnungslegungsmythen (2000), S. 2147, LANFERMANN/RICHARD, Ausschüttungen (2008), MOXTER, IFRS als Auslegungshilfe (2009), S. 10 und 12 sowie weiterführend zur Nichtberücksichtigung des Gläubigerschutzgedankens im Regelwerk der IFRS HAßLINGER, IFRS-Rechnungslegung (2011), S. 8 und 23 sowie das dort angeführte Schrifttum. Außerdem ist ein IFRS-Abschluß nicht dem Zweck dienlich, als Steuerbemessungsgrundlage zu fungieren. Vgl. statt vieler KUßMAUL, Vergleich (2000), S. 384 m.w.N. Zur Bilanzaufgabe der steuerlichen Gewinnermittlung vgl. LEFFSON, GoB (1987), S. 107 ff. sowie MOXTER, Bilanzlehre (1984), S. 108 ff.

4 An dieser Stelle ist anzumerken, daß im Jahre 1997 diverse Regelungen des damaligen RK in den damaligen IAS 1 übernommen wurden, weswegen sich heute viele Grundsätze sowohl aus dem RK respektive CF als auch aus den Vorgaben des IAS 1 ergeben. Vgl. BAETGE/KIRSCH/THIELE, Bilanzen (2011), S. 143. Wenn im folgenden nicht explizit vom RK oder CF gesprochen wird, sondern sich Ausführungen auf das Konzept im allgemeinen beziehen, wird der Begriff „framework“ verwendet.

5 Vgl., wie auch im folgenden, LÜDENBACH/HOFFMANN, Rahmenkonzept (2011), Rz. 2 f.

6 Vgl. hierzu auch BAETGE/KIRSCH/THIELE, Bilanzen (2011), S. 142.

7 Jedoch ist zu beachten, daß der Wert einer Information stets davon abhängt, „in welchem Umfang sie beim jeweiligen Adressaten Unsicherheit beseitigt (und damit die Qualität seiner Entscheidung erhöht)“. BRETZKE, Prognoseprüfung (1992), Sp. 1436. Ferner hat eine Bewertung stets subjektiv, zukunftsbezogen, unter Beachtung des Grundsatzes der Gesamtbewertung und vor allen Dingen zweckabhängig zu erfolgen. Zur funktionalen Wertlehre vgl. grundlegend MATSCHKE/BRÖSEL, Bewertung (2007), S. 22 ff. Insbesondere aufgrund der Zweckabhängigkeit fällt es schwer zu glauben, daß unterschiedliche Adressaten deckungsgleiche Ziele anstreben, betrachtet man alleine das Kriterium individuell unterschiedlicher Planungshorizonte. Daher ist von divergierenden

züglich differenzierter.[8] Nach CF.OB2 zählen nunmehr derzeitige und potentielle Eigenkapitalgeber, Fremdkapitalgeber sowie andere Gläubiger zu den primären Adressaten. CF.OB10 zeigt auf, daß auch staatliche Einrichtungen und die Öffentlichkeit Adressaten der Rechnungslegung sein können, wobei zugleich der Hinweis erfolgt, daß IFRS-Abschlüsse nicht unmittelbar an diese Gruppen gerichtet sind.

Nach Eingrenzung des Adressatenkreises ist weitergehend bedeutend, was das IASB unter der *Entscheidungsnützlichkeit* von Informationen versteht. Nach RK.15-21 sowie IAS 1.9 gelten folgende Informationen als entscheidungsnützlich.[9] Dies sind zum einen Informationen über die Vermögens- und Finanzlage, die in erster Linie in der Bilanz ersichtlich sind, zum anderen Informationen über die Ertragslage, dargestellt in der Gewinn- und Verlustrechnung (GuV), sowie Informationen über Änderungen in der Finanzlage, die vor allem in der Kapitalflußrechnung zu erkennen sind.[10] Um wirtschaftliche Entscheidungen treffen zu können, sollen Adressaten auf Grundlage von IFRS-Abschlüssen die Fähigkeit der Unternehmung einschätzen, künftig Dividenden und Zinsen zu bezahlen, Schulden zu tilgen sowie geleistete Einlagen zurückzuerstatten.[11] Um diesen Informationszweck zu erfüllen, erfolgt unter anderem ein weitgehender Ansatz von Vermögenswerten zu ihrem beizulegenden Zeitwert,[12] was für diese Arbeit von besonderem Interesse ist. Insgesamt hat ein IFRS-Abschluß dem Grundsatz der *„fair* presentation" zu folgen, wonach Vermögens-, Finanz- und Ertragslage nach IAS 1.15 „den tatsächlichen Verhältnissen entsprechend darzustellen" sind. Weitere maßgebliche Grundsätze zur Vermittlung entscheidungsnützlicher Informationen sind der in IAS 1 sowie im RK genannte Grundsatz

---

Interessenslagen auszugehen. Beispielsweise sind Eigenkapitalgeber an solchen Informationen interessiert, die Auskunft geben über künftige Ausschüttungen und künftige Kursentwicklungen der gehaltenen Anteile, während ein Gläubiger, z.B. ein Kreditinstitut, primär daran interessiert sein wird, daß vertragliche Vereinbarungen, wie regelmäßige Zins- und Tilgungszahlungen, eingehalten werden. Vgl. ähnlich hierzu und m.w.N. BÖCKING/LOPATTA/RAUSCH, Rechnungslegung (2005), S. 96. Freilich sollen damit Überschneidungen von Interessen nicht kategorisch geleugnet werden. Allerdings ist eine differenziertere Vorgehensweise bei der Beurteilung der Informationsbedürfnisse der Adressaten aus dargelegten Gründen notwendig.

8 Vgl. auch LÜDENBACH/HOFFMANN, Rahmenkonzept (2011), Rz. 5 f.

9 Entsprechende Regelungen finden sich in Kapitel 1 des CF, insbesondere in CF.OB12-OB21. Vgl. auch IASB, Conceptual Framework (2010), Table of Concordance.

10 Vgl. LÜDENBACH/HOFFMANN, Rahmenkonzept (2011), Rz. 6. Am Rande sei angemerkt, daß ein vollständiger IFRS-Abschluß gemäß IAS 1.10 zudem eine Eigenkapitalveränderungsrechnung der Periode sowie einen Anhang umfaßt. Diese Elemente sollen zusätzliche entscheidungsnützliche Informationen liefern. Außerdem haben börsennotierte Unternehmungen den Abschluß gemäß IAS 33.2 um das Ergebnis je Aktie sowie gemäß IFRS 8.2 um einen Segmentbericht zu erweitern.

11 Vgl. BAETGE/KIRSCH/THIELE, Bilanzen (2011), S. 143, RK.15 sowie CF.OB3. Allgemein gesprochen sollen Informationen bereitgestellt werden, die den Abschlußadressaten helfen, „die künftigen Cashflows des Unternehmens sowie insbesondere deren Zeitpunkt und Sicherheit des Entstehens vorauszusagen". IAS 1.9.

12 Vgl. OLBRICH/BRÖSEL, Inkonsistenzen (2007), S. 1543.

der Unternehmungsfortführung (RK.23, IAS 1.25 f.)[13] und der Grundsatz der Periodenabgrenzung (RK.22, IAS 1.27 f.)[14].[15] Diesen sind die Grundsätze der Wesentlichkeit (IAS 1.29 ff.), des Saldierungsverbots (IAS 1.32-35), der Vergleichbarkeit der Informationen (IAS 1.38-44) sowie der Darstellungsstetigkeit (IAS 1.45 f.) nachgeordnet. Ergänzend hierzu, und für die vorliegende Untersuchung von herausragender Bedeutung, werden im RK Qualitätsanforderungen an die Entscheidungsnützlichkeit von Informationen gestellt.[16] Dies sind insbesondere die *Relevanz* (RK.26-30) sowie die *Verläßlichkeit* (RK.31-38).

Nach RK.26 ist eine Information *relevant*, wenn sie die wirtschaftlichen Entscheidungen des Empfängers zu beeinflussen vermag, weil sie bei der Beurteilung vergangener, aktueller oder künftiger Ereignisse hilfreich ist oder indem sie bereits getroffene Annahmen über die Unternehmungsentwicklung bestätigt oder korrigiert. Nach RK.29 sind Art und Wesentlichkeit einer Information Determinanten der Relevanz. Nach RK.30 ist eine Information „wesentlich, wenn ihr Weglassen oder ihre fehlerhafte Darstellung die auf der Basis des Abschlusses getroffenen wirtschaftlichen Entscheidungen der Adressaten beeinflussen" kann. RK.31 folgend ist eine Information *verläßlich*, wenn sie frei von wesentlichen Fehlern und verzerrenden Einflüssen ist und sich der Adressat darauf verlassen kann, daß sie glaubwürdig das darstellt, worüber sie zu informieren vorgibt. Um verläßlich zu sein, müssen Informationen die Sekundäreigenschaften der glaubwürdigen Darstellung (RK.33 f.), wirtschaftlichen Betrachtungsweise (RK.35), Neutralität (RK.36), Vorsicht (RK.37) sowie Vollständigkeit (RK.38) erfüllen.

Ist man um eine Konkretisierung des Begriffs der Verläßlichkeit vor dem Hintergrund bemüht, daß Bilanzadressaten auf Basis der durch IFRS-Abschlüsse vermittelten Informationen wirtschaftliche Entscheidungen treffen, ist zu dem Schluß zu kommen, daß die Verläßlichkeit mit der Objektivierung von Abschlußinformationen einhergehen muß. Die Verläßlichkeit des RK „implizierte das Objektivierungserfordernis bereits in ihrer allgemeinen Beschreibung, die Freiheit von Fehlern und verzerrenden Einflüssen bei der Darstellung von Abschlussinformationen zu fordern"[17]. Das Objektivierungserfordernis ist erfüllt, wenn bilanzierte Werte „intersub-

---

13 Der Grundsatz der Unternehmungsfortführung wurde bisher nicht durch das CF-Projekt überarbeitet, womit die Regelungen des RK (übergangsweise) weiterhin Bestand haben. Vgl. ausführlich BAETGE/KIRSCH/THIELE, Bilanzen (2011), S. 148. Der in Rede stehende Grundsatz findet sich im CF daher gegenwärtig in Kapitel 4 „The Framework (1989): the remaining text". Vgl. CF.4.1.

14 Dieser Grundsatz wird im CF nicht fortgeführt. Vgl. IASB, Conceptual Framework (2010), Table of Concordance. Folglich ist der Grundsatz künftig nur in IAS 1 implementiert.

15 Vgl. im folgenden HAßLINGER IFRS-Rechnungslegung (2011), S. 24.

16 Vgl. auch STREIM/BIEKER/ESSER, Entscheidungsnützlichkeit (2003), S. 458 oder BÖCKING/LOPATTA/RAUSCH, Rechnungslegung (2005), S. 97.

17 KÜTING, Objektivierungsgrundsatz (2011), S. 1405.

jektiv nachprüfbar und für jedermann gültig"[18] sind. Folglich ist die Verläßlichkeit aus bilanztheoretischer Sicht deshalb wichtig, da Rechnungslegungsinformationen für den Adressaten in der Realität grundsätzlich nicht entscheidungsnützlich sein können, wenn ihr Zustandekommen nicht nachvollziehbar ist.[19] Aus diesem Grund nimmt die Verläßlichkeit in der vorliegenden Schrift eine zentrale Rolle ein, insbesondere wenn es darum geht, festzustellen, ob beizulegende Zeitwerte der Verläßlichkeitsanforderung gerecht werden können.

Vor diesem Hintergrund sind die mit dem neuen CF einhergehenden – und dort in Kapitel 3 festgehaltenen – Änderungen hinsichtlich der qualitativen Anforderungen an entscheidungsnützliche Informationen fragwürdig. Nunmehr gelten die Konzepte der Relevanz (CF.QC6-QC11) sowie der glaubwürdigen Darstellung (CF.QC12-QC16) als fundamentale Kriterien der Entscheidungsnützlichkeit.[20] Während das Kriterium der Relevanz gegenüber dem früheren RK keine wesentlichen Änderungen erfährt,[21] wird der Begriff der Verläßlichkeit, trotz seiner bilanztheoretischen Bedeutung, aufgegeben. Der Inhalt des „früheren" Verläßlichkeitsgrundsatzes geht weitgehend in dem Prinzip der glaubwürdigen Darstellung auf,[22] das damit eine Aufwertung erfährt. Schließlich war es bislang – wie oben aufgezeigt – lediglich ein Unterprinzip der Verläßlichkeit.[23] Nach CF.QC12 sind Informationen glaubwürdig dargestellt, wenn der IFRS-Abschluß alle Geschäftsvorfälle den tatsächlichen wirtschaftlichen Verhältnissen entsprechend abbildet und die Informationen das zeigen, was sie vorgeben zu präsentieren.[24] Als Determinanten der glaubwürdigen Darstellung gelten nach CF.QC12 die Vollständigkeit, die Neutralität und die Fehlerfreiheit von Informationen. Vollständigkeit bedeutet, daß alle erforderlichen Informationen, die zum Verständnis eines Sachverhalts notwendig sind, zu berücksichtigen sind (CF.QC13). Abschlußinformationen sind neutral, wenn sie wertfrei und objektiv sowie bilanz-

---

18 LEFFSON, GoB (1987), S. 81 m.w.N.

19 Vgl. BERNDT, Wahrheitskonzeption (2005), S. 204, SCHRUFF, Rechenschaft (2011), S. 860.

20 Diese werden ergänzt durch die Erweiterungsgrundsätze der Vergleichbarkeit, Nachprüfbarkeit, Zeitnähe und Verständlichkeit (CF.QC19-QC34).

21 Zur Beschreibung des Relevanzkriteriums nach CF vgl. ausführlich BAETGE/KIRSCH/THIELE, Bilanzen (2011), S. 145 f.

22 Vgl. auch KÜTING, Objektivierungsgrundsatz (2011), S. 1405.

23 Als Ursache für die Substitution des Verläßlichkeitsbegriffs nennt das IASB die unterschiedlichen Auffassungen hinsichtlich dessen Auslegung (CF.BC3.23). Zum divergierenden Begriffsverständnis vgl. zudem LORSON/GATTUNG, Qualitative Schranken (2007), S. 657 f. Anstatt – wie von einem Standardsetzer zu erwarten – für ein einheitliches Begriffsverständnis zu sorgen und dabei die an das IASB herangetragenen Meinungen, insbesondere die auch hier vertretene Auffassung, daß die Verläßlichkeit mit der Nachprüfbarkeit („verifiability") von Werten einhergehen muß, zu berücksichtigen, versucht das IASB das Problem „wegzudefinieren", indem der erklärungsbedürftige Begriff zugunsten eines dem IASB eher gelegenen Ausdrucks gestrichen wird, der die „eigene" Interpretation der Verläßlichkeit besser zum Ausdruck bringt (CF.BC3.25).

24 Vgl. diesbezüglich außerdem BAETGE/KIRSCH/THIELE, Bilanzen (2011), S. 146.

politisch nicht beeinflußt sind (CF.QC14).[25] Fehlerfreiheit ist gegeben, wenn die Informationen im Zuge eines richtig angewandten und anwendbaren Rechnungslegungsprozesses generiert werden (CF.QC15).

Obschon das neue CF die Inhalte der „früheren" Verläßlichkeitsdefinition weitgehend umfaßt, ist mit Blick auf die Verläßlichkeit aus bilanztheoretischer Sicht kritisch auf folgende Änderungen hinzuweisen. Zum einen ist die Nachprüfbarkeit der Informationen nicht Voraussetzung des Fundamentalgrundsatzes der glaubwürdigen Darstellung, sondern wird nunmehr den Erweiterungsgrundsätzen subsumiert, welche die Entscheidungsnützlichkeit von Informationen gegebenenfalls erhöhen können (CF.QC19). Die Nachprüfbarkeit bzw. Nachvollziehbarkeit von Werten ist jedoch, wie oben aufgezeigt, zwingende Voraussetzung für deren Objektivität und folglich Entscheidungsnützlichkeit.[26] „Mit der Verlagerung des Kriteriums der Nachprüfbarkeit auf eine untergeordnete Stufe soll verhindert werden, dass aus Adressatensicht nützliche Informationen mit Verweis auf ihre mangelnde Nachprüfbarkeit nicht in den Abschluss aufgenommen werden […]."[27] Doch nicht nur auf diese Weise versucht das IASB den in den letzten Jahren vorangetriebenen Ausbau der Zeitbewertung durch Änderung des „framework" nachträglich abzusichern.[28] So ist zum anderen kritisch anzumerken, daß das IASB dem Relevanzkriterium gegenüber der Verläßlichkeit nun offen einen höheren Stellenwert einräumt, da bei der Beurteilung der Entscheidungsnützlichkeit einer Information nach CF.QC18 zunächst die Relevanz zu prüfen ist, bevor die glaubwürdige Darstellung beurteilt wird. Folglich sind die im Schrifttum geäußerten Bedenken freilich gerechtfertigt, daß die Verläßlichkeit zugunsten der Relevanz – wegen der Ausweitung der Bewertung zum beizulegenden Zeitwert[29] – vom IASB bewußt zunehmend in den Hintergrund gedrängt wird.[30] Ergänzend ist anzumerken, daß zudem das Prinzip der Vorsicht, ehemals eine Determinante der Verläßlichkeit, nicht mehr berücksichtigt wird, da es laut IASB im Widerspruch zur Neutralität steht (CF.BC3.27 ff.).[31]

25 Vgl., wie auch im folgenden, BAETGE/KIRSCH/THIELE, Bilanzen (2011), S. 146.

26 Die Objektivität der Abschlußinformationen muß aber auch im neuen CF zwingend notwendige Bedingung „einer *faithful representation* im Sinn einer faktengetreuen Darstellung [sein]". LORSON/GATTUNG, Faithful representation (2008), S. 556.

27 SCHRUFF, Rechenschaft (2011), S. 859.

28 Vgl. hierzu ferner ebenfalls SCHRUFF, Rechenschaft (2011), S. 859.

29 Zeitwerten wird wegen ihres Zukunftsbezugs eine hohe Relevanz zugesprochen. Zukunftsorientierte Informationen reduzieren aber wegen ihrer mangelnden Verläßlichkeit gleichzeitig die Entscheidungsnützlichkeit. Vgl. statt vieler KÜTING/DAWO, Anwendungsfälle (2003), S. 241.

30 Vgl. insbesondere COENENBERG/STRAUB, Rechenschaft (2008), S. 24. Mit dem Bestreben, „die Relevanz der Finanzberichterstattung zu erhöhen, läuft der IASB Gefahr, dass die Rechnungslegung letztendlich irrelevant wird". SCHRUFF, Rechenschaft (2011), S. 860.

31 Dabei ist festzuhalten, daß sich der Vorsichtsgedanke des RK nicht wie im HGB auf die Erfüllung des Jahresabschlußzwecks der Kapitalerhaltung bezog, sondern nur eine Voraussetzung für die Verläßlichkeit von Informationen darstellte. Der in dieser Art verstandene Vorsichtsgedanke

Da zu bezweifeln ist, daß die „glaubwürdige Darstellung" tatsächlich eine größere Präzision des uneinheitlich verwendeten Verläßlichkeitsbegriffs liefert[32] und der „frühere" Terminus die Verläßlichkeit im bilanztheoretischen Sinne respektive das Objektivierungserfordernis zudem deutlicher zum Ausdruck bringt, wird im weiteren Verlauf der Arbeit der Begriff „Verläßlichkeit" und nicht dessen Substitut verwendet.

Bei Betrachtung der Zwecksetzung von IFRS-Abschlüssen ist zudem auf einen weiteren Aspekt hinzuweisen. So ist anzumerken, daß die Rechenschaft („stewardship of management") in RK.14 als weiterer Abschlußzweck genannt wurde, auch wenn dieser der Vermittlung entscheidungsnützlicher Informationen nachgeordnet[33] war. Im CF verzichtet das IASB hingegen auf eine ausdrückliche Berücksichtigung der Rechenschaft als Abschlußzweck.[34] Vielmehr ist der Standardsetzer der Auffassung, daß die Rechenschaft durch eine entscheidungsnützliche Rechnungslegung automatisch erfüllt ist (CF.OB3 i.V.m. CF.BC1.26). Dies ist jedoch deswegen vehement zu bezweifeln, da insbesondere bei einer „*fair* value"-basierten Rechnungslegung kaum abschließend beurteilt werden kann, ob das abzuschätzende „Zahlungsstrompotential" der Gesellschaft auf die Ergebnisse einer soliden Unternehmungsführung oder vielmehr auf Marktwertschwankungen zurückzuführen ist.[35]

Abschließend ist in diesem Zusammenhang der Frage nachzugehen, welche Unternehmungen die IFRS anzuwenden haben, um darzulegen, welche potentiellen und aktuellen Kapitalgeber welcher Gesellschaften in den „Genuß" kommen, mit entscheidungsnützlichen Informationen versorgt zu werden. Eine Verpflichtung zur Anwendung der IFRS-Regelungen besteht seit dem Bilanzstichtag 31. Dezember 2005 für sogenannte „kapitalmarktorientierte" Muttergesellschaften. Gemäß § 315a HGB fallen darunter Gesellschaften, die am jeweiligen Bilanzstichtag einen organisierten

---

sollte für ein sorgfältiges Maß an Ermessensausübung sorgen, wohingegen das handelsrechtliche Vorsichtsprinzip (zusammen mit dem Imparitätsprinzip) dem Grundsatz der Kapitalerhaltung dient und sich auf Sachverhalte bezieht, „deren (negative) Erfolgswirkungen am Abschlussstichtag noch nicht eingetreten, aber bereits verursacht sind und für künftige Perioden erwartet werden". BAETGE/KIRSCH/THIELE, Bilanzen (2011), S. 134. Zu dem Vorsichtsprinzip nach „früherem" RK vgl. LÜDENBACH/HOFFMANN, Framework (2008), Rz. 18.

32 Vgl. LÜDENBACH/HOFFMANN, Rahmenkonzept (2011), Rz. 16.

33 Vgl. hierzu PELLENS/FÜLBIER/GASSEN/SELLHORN, Rechnungslegung (2008), S. 113.

34 Vgl. COENENBERG/STRAUB, Rechenschaft (2008), S. 25 sowie SCHRUFF, Rechenschaft (2011), S. 859. PELGER spricht hingegen lediglich von einer Abstufung des Rechenschaftszwecks. Vgl. PELGER, Conceptual Framework (2011), S. 911. In der Rechenschaft wird jedoch die wichtigste Funktion der externen Rechnungslegung gesehen. Vgl. LÜCK, Quo Vadis (1989), S. 67. Die betriebswirtschaftliche Notwendigkeit zur Rechenschaftslegung der Geschäftsleitung besteht immer dann, sofern Eigentum und Verfügungsgewalt innerhalb einer Unternehmung voneinander getrennt sind, da die Eigentümer die Zielerreichung der der Geschäftsleitung übertragenen Aufgaben ebenso wie den Verbleib der hierfür zur Verfügung gestellten Mittel kontrollieren möchten. Vgl. LÜCK, Abschlußprüfung (1999), S. 1.

35 Zu diesen Zweifeln vgl. auch eingehend SCHRUFF, Rechenschaft (2011), S. 859 f.

Markt i.S.d. § 2 Abs. 1 Satz 1 WpHG in Anspruch nehmen oder zum Bilanzstichtag die Zulassung eines Wertpapiers zum Handel an einem inländischen organisierten Markt i.S.d. § 2 Abs. 5 WpHG beantragt haben.[36] Nichtkapitalmarktorientierte Muttergesellschaften können nach § 315a Abs. 3 HGB anstelle eines Konzernabschlusses nach HGB einen befreienden IFRS-Konzernabschluß aufstellen. Einzelabschlüsse sind weiterhin nach den handelsrechtlichen Regeln zu erstellen. Diesbezüglich legt die Gesetzesbegründung zwei Argumentationslinien dar. Zum einen sei der IFRS-Einzelabschluß zur Feststellung des ausschüttungsfähigen Gewinns aufgrund des Ausweises nicht realisierter Gewinne nicht geeignet, und zum anderen sei die steuerliche Gewinnermittlung auf Grundlage eines IFRS-Einzelabschlusses nicht möglich.[37] Nach § 325 Abs. 2a HGB dürfen Gesellschaften einen IFRS-Einzelabschluß erstellen, um diesen anstatt eines HGB-Abschlusses im elektronischen Bundesanzeiger zu veröffentlichen.

1.2 Zum Begriff des beizulegenden Zeitwerts

Seit Aufnahme ihrer Tätigkeit in den siebziger Jahren haben das FASB[38] und das IASB Einzelfragen und Detailprobleme hinsichtlich der Bewertung von Bilanzposten diskutiert, reguliert und zum Teil auch wieder verworfen, wobei die Bewertungsbasis „historische Kosten" bis vor wenigen Jahren nicht ernsthaft in Frage gestellt oder davon abgewichen worden ist.[39] Mitte der neunziger Jahre änderte sich dies jedoch zunehmend vor dem Hintergrund der Frage der konzeptionellen Eignung der Bewertung originärer und derivativer Finanzinstrumente zu ihrem beizulegenden Zeitwert. Seitdem schreitet die Orientierung der bilanziellen Wertfindung am beizulegenden Zeitwert in der Rechnungslegung voran. Im folgenden wird auf das IASB als Standardsetzer sowie die IFRS als relevante Rechnungslegungsregelungen abgestellt.

Wie bereits erwähnt, dient der weitgehende Ansatz von Vermögenswerten zu ihrem beizulegenden Zeitwert als Mittel zum Zweck, entscheidungsnützliche Informationen

36 Von dieser Pflicht ausgenommen sind Muttergesellschaften, die über eine Tochtergesellschaft kapitalmarktorientiert sind. Vgl. HOFFMANN, IFRS-Rechnungslegung (2011), Rz. 9.

37 Vgl. hierzu sowie zu Argumenten gegen diese Gesetzesbegründung, die dem IFRS-Einzelabschluß den Befreiungseffekt abspricht, HOFFMANN, IFRS-Rechnungslegung (2011), Rz. 11.

38 Das FASB wurde 1972, wie das IASB, als privatrechtliche Organisation gegründet. Als standardsetzendes Organ in den USA ist das FASB für die Veröffentlichung der Rechnungslegungsstandards zuständig. Vgl. grundlegend zum FASB und dessen Verlautbarungen PELLENS/FÜLBIER/GASSEN/SELLHORN, Rechnungslegung (2008), S. 64-70. Vgl. kritisch zu den Strukturen des FASB VORWOLD, FASB (2000) oder SCHILDBACH, US-GAAP (2002), S. 32-39.

39 Vgl., wie auch im folgenden, BIEKER, Fair Value Accounting (2006), S. 6 f.

zu liefern.[40] Abschlußadressaten sollen durch die Bewertung von Bilanzposten zum Zeitwert mit marktnäheren, zeitnäheren und entscheidungsrelevanteren Informationen versorgt werden, als dies offenbar eine Bewertung zu fortgeführten Anschaffungs- und Herstellungskosten vermag.[41] So spiegeln sich alle Wertentwicklungen im „fair value accounting“[42] unmittelbar in geänderten Bilanzposten wider, was dem handelsrechtlichen Anschaffungskostenprinzip, das eine willkürfreie und objektivierte Bewertungsgrundlage[43] darstellt, konträr gegenübersteht.[44]

Da der Zeitwert – anders als in der US-amerikanischen Rechnungslegung – nicht auf Ebene des „framework“ definiert ist, scheint es der Bewertungskonzeption auf den ersten Blick an ihrer normativen Verbindlichkeit zu mangeln.[45] Vielmehr findet der beizulegende Zeitwert jedoch seinen Niederschlag in unterschiedlichen Standards. Nach IAS 16.6 wird er beispielsweise wie folgt definiert: „Der *beizulegende Zeitwert* ist der Betrag, zu dem ein Vermögenswert zwischen sachverständigen, vertragswilligen und voneinander unabhängigen Geschäftspartnern getauscht werden könnte.“[46] Demgemäß handelt es sich um einen Wert, zu dem der Ansatz von Ver-

---

40 Ferner wird der Zeitwert im Rahmen der IFRS auch als Korrekturwert und Bewertungsmaßstab für Schulden herangezogen. Vgl. STREIM/BIEKER/ESSER, Entscheidungsnützlichkeit (2003), S. 459 i.V.m. BIEG/HOSSFELD/KUßMAUL/WASCHBUSCH, IFRS (2009), S. 87.

41 So auch OLBRICH, Zeitwertbilanzierung (2008), S. 213 i.V.m. SEARFOSS/FELLNER WEISS, Value Reporting (1990), S. 69, WIEDMANN, Fair Value (1995), SCHILDBACH, Zeitwertbilanzierung (1998), JONES/STANWICK, Fair Value (1999), S. 104-107.

42 Nach BAETGE/ZÜLCH ist grundlegend zwischen dem imparitätischen Zeitwertkonzept und dem „full fair value“-Konzept zu unterscheiden. Der Hauptunterschied findet sich darin, daß im erstgenannten Fall vorsichtig, also gemäß dem Niederstwertprinzip für Vermögensgegenstände und gemäß dem Höchstwertprinzip für Schulden, und verlustantizipierend – also unter Berücksichtigung aller bis zum Bilanzstichtag bekanntgewordenen Risiken – bilanziert wird. Den Autoren zufolge hat im zweiten Fall der Jahresabschluß eine uneingeschränkte Rechenschaftsfunktion wahrzunehmen, die vor allem auch eine Gewinnantizipation beinhaltet und nicht beschränkt wird durch Kapitalerhaltungsgrundsätze. Vgl. hierzu ausführlich BAETGE/ZÜLCH, Fair Value-Accounting (2001), S. 545 ff. sowie Abschnitt IV.3.4.

43 Vgl. BAETGE/KIRSCH/THIELE, Bilanzen (2011), S. 99 sowie 102.

44 Dadurch mögen Handelsbilanzen zwar konservativ sein, jedoch sind sie nicht in dem Maße volatil und konjunkturabhängig wie IFRS-Bilanzen. Vgl. zu diesen Ausführungen auch MÜLLER/MÜLLER, Wirtschaftsprüfer (2004), S. 352.

45 Vgl. HITZ, IFRS-Rechnungslegung (2005), S. 1014.

46 Identische oder nahezu deckungsgleiche Wortlaute sind in IAS 32.11, 18.7, 21.8, 36.6, 38.8, 39.9, 40.5 und 41.8 zu finden. Das Kriterium der Vertragswilligkeit ist dabei – vor dem Hintergrund marktüblicher Bedingungen (IAS 36.6) – so auszulegen, daß die Transaktionspartner sich nicht in einer wirtschaftlichen Zwangssituation befinden dürfen, die zu nicht marktgerechten Zugeständnissen, z.B. in Form von Abschlägen von der vereinbarten Gegenleistung, führen könnten. So ist ein vertragswilliger Verkäufer nach IAS 40.43 „weder übereifrig noch zum Verkauf gezwungen, er ist weder bereit, zu jedem Preis zu verkaufen, noch wird er einen unter den aktuellen Marktbedingungen als unvernünftig angesehenen Preis verlangen“. Die Sachverständigkeit der Vertragspartner wird determiniert von der Angemessenheit, die auszutauschenden Leistungen beurteilen zu können. Dies ist nach IAS 40.42 dann gegeben, wenn Käufer und Verkäufer „aus-

mögenswerten unter Berücksichtigung üblicher Marktbedingungen zu erfolgen hat.[47] So ist der Zeitwert – wie in Abschnitt II.1.3.2 ausführlich aufzuzeigen sein wird – primär auf Grundlage eines am aktiven Markt beobachtbaren Marktpreises festzulegen, da sich dieser „problemlos ermitteln und auch verifizieren lässt“[48]. Dabei liegt dem Zeitwertkonzept das theoretische Ideal von vollkommenen und vollständigen Märkten im Gleichgewicht zugrunde.[49] Vor dem Hintergrund der Betrachtung der Begrifflichkeit des beizulegenden Zeitwerts ist daher im allgemeinen zu konstatieren, daß der „fair value“ folglich als idealtypischer Gleichgewichtspreis in vollkommenen und vollständigen Märkten definiert ist, der für den Bilanzansatz problemlos ablesbar ist.[50] Dieses Begriffsverständnis fußt jedoch auf irrealen Bedingungen.[51] So existiert in der Realität kein Marktgleichgewicht, weswegen ein eindeutiger objektiver Marktwert, der als beizulegender Zeitwert Einzug in die Bilanz erhält, nicht identifiziert werden kann, mit der Folge, daß dieser näherungsweise abzuschätzen ist.[52]

1.3 Zur Konzeption des Wertmaßstabes beizulegender Zeitwert

1.3.1 Die Ausprägungsformen

Aufbauend auf den Ausführungen zum Begriff des beizulegenden Zeitwerts läßt sich festhalten, daß „der“ Zeitwert im eigentlichen Wortsinn der IFRS nicht existiert, sondern daß er vielmehr unterschiedliche Ausprägungsformen annehmen kann oder anders ausgedrückt, daß es sich bei dem Zeitwertkonzept der IFRS um „ein eher unverbundenes Nebeneinader unterschiedlichster Fair Value-Konzeptionen“[53] handelt, das eine kongruente Vorgehensweise vermissen lässt. Folglich gilt es, die Kon-

reichend über die Art und die Merkmale der als Finanzinvestition gehaltenen Immobilien, ihre gegenwärtige und mögliche Nutzung und über die Marktbedingungen zum Abschlussstichtag informiert sind“. Vgl. hierzu BIEKER, Fair Value Accounting (2006), S. 8 f. Vgl. zudem MUJKANOVIC, Fair Value (2002), S. 113 ff. sowie HITZ, Rechnungslegung (2005), S. 82 ff. Zur einheitlichen Definition des beizulegenden Zeitwerts nach IFRS 13 vgl. Abschnitt IV.3.2.1.

47 Vgl. BIEG/HOSSFELD/KUßMAUL/WASCHBUSCH, IFRS (2009), S. 87.

48 RUHNKE/SCHMIDT, Fair Value (2005), S. 577.

49 Vgl. statt vieler OLBRICH/BRÖSEL, Inkonsistenzen (2007), S. 1544 und 1548.

50 Vgl. auch BALLWIESER/KÜTING/SCHILDBACH, Wertansatz (2004), S. 530.

51 Aufgrund seiner Bedeutung für die vorliegende Untersuchung erfährt dieser Sachverhalt eine umfängliche Würdigung in Abschnitt IV.1.2.2.

52 Vgl. BALLWIESER/KÜTING/SCHILDBACH, Wertansatz (2004), S. 529, OLBRICH/BRÖSEL, Inkonsistenzen (2007), S. 1544.

53 STREIM/BIEKER/ESSER, Entscheidungsnützlichkeit (2003), S. 462.

zeption dieses Wertmaßstabes dezidiert zu betrachten, wobei zuerst genaues Augenmerk auf die verschiedenen Ausprägungsformen des „fair value" zu legen ist.

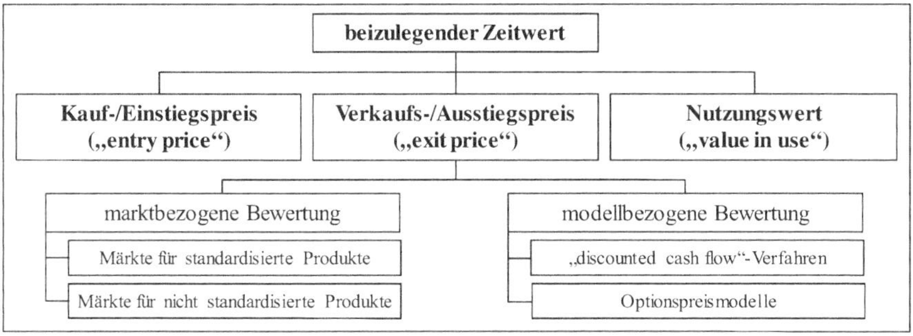

Abbildung 1: Ausprägungsformen des beizulegenden Zeitwerts[54]

Die Informationsbeschaffung ist bei der Bewertung zum beizulegenden Zeitwert von großer Bedeutung. Da in der Realität keine vollkommenen und vollständigen Märkte existieren, führt dies zu der Situation, daß verschiedenen Marktteilnehmern unterschiedliche Informationen vorliegen, was unausweichlich zu verschiedenen Bewertungsmöglichkeiten führt.[55] Insbesondere im angelsächsischen Schrifttum werden für den beizulegenden Zeitwert von Vermögenswerten bei nicht vollkommenen und nicht vollständigen Märkten drei unterschiedliche Ausprägungen genannt, die in ihrem Betrag regelmäßig voneinander abweichen:[56] Dabei handelt es sich um den Kauf- oder Einstiegspreis („entry price"), den Verkaufs- oder Ausstiegspreis („exit price") oder den Nutzungswert („value in use"). Einen graphischen Überblick über die jeweiligen Ausprägungsformen gibt die obige Abbildung 1.

Der Kauf- oder Einstiegspreis kommt im Rahmen der Zeitwertbilanzierung nach IFRS fast ausschließlich bei der Erstbewertung zum Tragen[57] und entspricht dem Be-

54 Modifiziert entnommen aus PFITZER/DUTZI, Fair Value (2002), Sp. 751.

55 Vgl. KUßMAUL, Fair Value (2005), S. 185 f.

56 Vgl. hierzu insbesondere OLBRICH, Zeitwertbilanzierung (2008), S. 213. Vgl. zudem BARTH/LANDSMAN, Fair Value Accounting (1995), KÜMMEL, Barwertkalküle (2002), S. 48, HITZ, IFRS-Rechnungslegung (2005), S. 1014 f. sowie das dort jeweils angeführte Schrifttum. Analog zu den Vermögenswerten gibt es auf nicht vollkommenen und nicht vollständigen Märkten auch bei Schulden drei Ausprägungen des beizulegenden Zeitwerts. Dies sind der Aufnahmebetrag („entry price"), der Ablösebetrag („exit price") sowie der unternehmungsspezifische Auszahlungsbarwert („value in use") der Schuld. Vgl. hierzu ausführlich KÜMMEL, Barwertkalküle (2002), S. 53 ff. m.w.N. Da der Schwerpunkt dieser Untersuchung auf der Prüfung beizulegender Zeitwerte von Vermögenswerten liegt, wird auf die Ausprägungsformen beizulegender Zeitwerte von Schulden nicht weiterführend eingegangen.

57 Vgl. OLBRICH, Zeitwertbilanzierung (2008), S. 213.

trag, der zur Anschaffung eines Vermögenswerts aufgebracht werden muß.[58] Im Gegensatz zum Kauf- oder Einstiegspreis stellen Verkaufs- oder Ausstiegspreis und Nutzungswert „zentrale Wertgrößen dar, die in einer Vielzahl von Bilanzierungsfällen Anwendung finden“[59]. Der Verkaufs- oder Ausstiegspreis ist dabei als der Betrag zu verstehen, der dem Verkaufserlös im Falle der Veräußerung eines einzelnen Vermögenswerts entsprechen würde und ist demnach abhängig von den auf dem relevanten Absatzmarkt[60] herrschenden Preisen.[61] Von dieser marktbezogenen Bewertung ist die modellbezogene Bewertung abzugrenzen, die bei der Wertfindung auf finanzmathematische Bewertungsverfahren wie das „discounted cash flow“-Verfahren (DCF-Verfahren) oder Optionspreismodelle zurückgreift.[62] Jedoch ist festzuhalten, daß ein „vorhandener Börsenkurs bzw. notierter *Marktpreis* [...] stets als bester Anknüpfungspunkt für die weitere Konkretisierung des beizulegenden Zeitwerts“[63] gilt. Demgegenüber stellt der Nutzungswert keinen Marktpreis dar. Vielmehr repräsentiert er einen „spezifischen (Nutzen-)Wert des jeweiligen Vermögenswertes aus Sicht des bilanzierenden Unternehmens“[64]. Gemäß IAS 36.6 entspricht der Nutzungswert dem Barwert der künftigen Einzahlungsüberschüsse, der aus einem Vermögenswert oder einer zahlungsmittelgenerierenden Einheit voraussichtlich abgeleitet werden kann.[65] Gegenüber Kauf- und Verkaufspreisen bestehen bei der Ausprägungsform des beizulegenden Zeitwerts als subjektiver Nutzungswert dahingehend (größere) Objektivierungsprobleme, da zur Ermittlung dieses unternehmungsindividuellen Werts nur diejenigen Informationen berücksichtigt werden, die ausschließlich der bewertenden Unternehmung zur Verfügung stehen.[66] Da die beiden anderen Ausprägungsformen aus beobachtbaren Marktdaten abgeleitet werden, sind sie unabhängig von unternehmungsindividuellen Gegebenheiten. Abbildung 2 stellt die Aus-

---

58 Vgl. SEARFOSS/FELLNER WEISS, Value Reporting (1990), S. 75.

59 OLBRICH, Zeitwertbilanzierung (2008), S. 213.

60 Darunter ist der bedeutendste oder vorteilhafteste Markt zu verstehen, der für eine Person relevant ist, die einen entsprechenden Vermögenswert abgeben (oder eine Schuld tilgen) möchte. Vgl. SCHILDBACH, Fair-Value-Bilanzierung (2009), S. 375.

61 Vgl. hierzu auch KÜMMEL, Barwertkalküle (2002), S. 49 sowie die dort angegebene Literatur.

62 Vgl. PFITZER/DUTZI, Fair Value (2002), Sp. 750 f.

63 PFITZER/DUTZI, Fair Value (2002), Sp. 750.

64 KÜMMEL, Barwertkalküle (2002), S. 49 f.

65 Zum Nutzungswert als Vergleichsmaßstab zur Bemessung außerplanmäßiger Abschreibungen im Rahmen regelmäßiger Wertminderungstests vgl. BRÖSEL, Impairment Only Approach (2008). Ferner wird die Verwendung des Nutzungswerts im Rahmen des wertorientierten Controllings im Schrifttum kontrovers diskutiert. OLBRICH stellt diesbezüglich fest, daß das Konzept der Ermittlung zahlungsmittelgenerierender Einheiten und ihres Nutzungswerts bei einer näheren Betrachtung mitnichten eine tragfähige Basis für eine wertorientierte Unternehmungsbereichssteuerung liefern kann. Vgl. hierzu OLBRICH, IAS 36 (2006) sowie OLBRICH, Fragwürdigkeit (2006).

66 Vgl. KÜMMEL, Barwertkalküle (2002), S. 50 m.w.N.

prägungsformen des beizulegenden Zeitwerts von Vermögenswerten auf unvollkommenen Märkten zusammenfassend dar.

Kauf- oder Einstiegspreis	– Betrag zur Anschaffung eines Vermögenswerts – Orientierung an den Preisverhältnissen des Beschaffungsmarkts – basiert auf dem Grundsatz der Einzelbewertung – theoretischer Hintergrund: Konzeption der Wiederbeschaffungswertbilanz[67]
Verkaufs- oder Ausstiegspreis	– Betrag aus der Veräußerung eines Vermögenswerts – Orientierung an den Preisverhältnissen des Absatzmarkts – basiert auf dem Grundsatz der Einzelbewertung – theoretischer Hintergrund: Konzeption der Veräußerungswertbilanz[68]
Nutzungswert	– unternehmungsindividueller Wert des Vermögenswerts aus Sicht der bilanzierenden Unternehmung – Berücksichtigung unternehmungsinterner Informationen und spezifischer Handlungsmöglichkeiten – basiert auf dem Grundsatz der Unternehmungsgesamtbewertung – theoretischer Hintergrund: Konzeption des ökonomischen Gewinns[69]

Abbildung 2: Der beizulegende Zeitwert von Vermögenswerten[70]

Da die Konzeption des beizulegenden Zeitwerts nach IFRS einer marktwertorientierten Rechnungslegung dienen soll und dabei die für ein bestimmtes Bewertungsobjekt am Markt verfügbaren Informationen zu einem Bilanzwert bündelt, in dem unternehmungsspezifische Präferenzen nicht berücksichtigt und bewertungssubjektspezifische Faktoren nicht vergütet werden, herrscht die Meinung vor, daß zur Ermittlung des beizulegenden Zeitwerts das Modell des Verkaufs- oder Ausstiegspreises zu präferieren ist.[71]

67 Vgl. hierzu eingehend MOXTER, Gewinnermittlung (1982), S. 103 ff. i.V.m. KUßMAUL, Fair Value (2005), S. 185.

68 Vgl. auch hierzu eingehend MOXTER, Gewinnermittlung (1982), S. 126 ff., wobei zu beachten ist, daß die IFRS normalerweise auf dem Gedanken der Unternehmungsfortführung beruhen. Vgl. KUßMAUL, Fair Value (2005), S. 186, Fn. 35 sowie Abschnitt II.1.1.

69 Die Theorie des ökonomischen Gewinns geht grundsätzlich von der Gesamtbewertung einer Unternehmung aus. Vgl. KUßMAUL, Fair Value (2005), S. 186 i.V.m. WÖHE/DÖRING, Einführung (2002), S. 1080.

70 Modifiziert entnommen aus KÜMMEL, Barwertkalküle (2002), S. 53.

71 Vgl. PFITZER/DUTZI, Fair Value (2002), Sp. 750 f. m.w.N. sowie KÜMMEL, Barwertkalküle (2002), S. 52 f. Dies spiegelt auch die Ausprägungsform des „fair value" gemäß IFRS 13 wider. Vgl. hierzu Abschnitt IV.3.2.1. Der Nutzungswert scheidet nach SCHILDBACH als Ausprägungsform des beizulegenden Zeitwerts grundsätzlich aus: Ist der „fair value" in Ermangelung von Marktpreisen zu „schätzen", darf das Ziel der Schätzung nicht der Wert sein, der aus der unternehmungsindividuellen Nutzung der der Schätzung zugrundeliegenden Güter durch die wertermittelnde Unternehmung resultiert. Vgl. SCHILDBACH, Fair-Value-Bilanzierung (2009), S. 376.

1.3.2 Die Ermittlungsstufen

Vorstehend wurde darauf hingewiesen, daß dem Zeitwertkonzept ein theoretisches Ideal zugrunde liegt, mit der Folge, daß ein Zeitwert in der Realität näherungsweise abzuschätzen ist. Das IASB verschleiert die Tatsache der „heroischen Modellwelt“[72] nicht, da es schließlich in verschiedenen Standards konkretisiert, wie die Abschätzung zu erfolgen hat.[73] Überraschend und in gleichem Maße problematisch ist hingegen, daß diesbezüglich keine einheitliche Methodik[74] existiert.[75] Zwar gibt das IASB in einem Subordinationsverhältnis stehende, sukzessiv abzuarbeitende Bewertungsmethoden vor, die sich allerdings von Standard zu Standard unterscheiden.[76] Gemein ist den Bewertungsmethoden, daß auf der *ersten Stufe* zu prüfen ist, ob ein aktiver Markt vorliegt, schließlich handelt es sich bei dem „fair value“ um einen marktorientierten Wertmaßstab.[77] Ein aktiver Markt liegt z.B. nach IAS 38.8 vor, wenn folgende Kriterien kumulativ erfüllt sind:[78] Erstens sind die auf dem Markt gehandelten Produkte homogen, zweitens können für die zu betrachtenden Produkte i.d.R. jederzeit vertragswillige Käufer und Verkäufer gefunden werden und drittens stehen die Preise der Öffentlichkeit zur Verfügung. Wird ein zeitzubewertender Vermögenswert auf solch einem Markt gehandelt, ist der dort am Bilanzstichtag zu beobachtende Preis als beizulegender Zeitwert in die Bilanz aufzunehmen. Schließlich stellen diese Preise den verläßlichsten Hinweis auf den beizulegenden Zeitwert dar.[79] Liegt der Zeitwert hingegen nicht als „Marktwert“ vor, ist in den nächsten Schritten auf jene Bewertungsmethoden zurückzugreifen, die in dem für den entsprechenden Bilanzposten geltenden Standard festgelegt sind.

---

72 SCHILDBACH, Fair-Value-Bilanzierung (2009), S. 374.

73 Vgl. OLBRICH/BRÖSEL, Inkonsistenzen (2007), S. 1544.

74 Zur Vereinheitlichung der Zeitwertermittlung gemäß IFRS 13 vgl. Abschnitt IV.3.2.1.

75 OLBRICH/BRÖSEL sehen denkbare, zugleich aber nicht entschuldbare Ursachen der inkonsistenten Standardsetzung u.a. in der großen Zahl der Board-Mitglieder (vor allem in der alten Zusammensetzung des Boards vor 2001) und deren intertemporalen Wechsel sowie in den unterschiedlichen Einflußnahmen der dort vertretenen Interessengruppen. Vgl. OLBRICH/BRÖSEL, Inkonsistenzen (2007), S. 1544, Fn. 7. Ein weiterer Grund liegt darin, daß es sich bei den IFRS „weniger um kodifizierte und durch Rechtsprechung ergänzte, sondern um an Einzelfallentscheidungen orientierte Konstrukte [im Original hervorgehoben] handelt“. KUßMAUL, Fair Value (2005), S. 186 f. Zu einer dezidierten Unterscheidung zwischen kodifiziertem Recht („code law“) und auf Einzelfallentscheidungen basierendem Fallrecht („common“ oder „case law“), mit seiner präzedenziösen Wirkung, vgl. HAYN, Internationale Rechnungslegung (1997), S. 24 ff.

76 Vgl. OLBRICH/BRÖSEL, Inkonsistenzen (2007), S. 1545.

77 Vgl. statt vieler BAETGE/ZÜLCH, Fair Value-Accounting (2001), S. 545.

78 Zu dieser Definition vgl. auch IAS 36.6 und 41.8. Inhaltlich äquivalent ist IAS 39.A71. Eine Ausnahme bildet IAS 16. Bei der Bewertung von Sachanlagen wird von marktbasierten Nachweisen und nicht von einem aktiven Markt gesprochen (IAS 16.33).

79 Vgl. HERING/OLBRICH, Zeitwertbilanzierung von Beteiligungen (2009), S. 366. Vgl. zudem auch IAS 38.39.

IAS 16.33 regelt für Sachanlagen, den beizulegenden Zeitwert auf der *zweiten Stufe* mittels Ertragswertverfahren, „also dem Barwert der aus dem Vermögenswert fließenden Zahlungsüberschüsse“[80], oder unter Anwendung einer Wiederbeschaffungswertmethode nach Berücksichtigung von Abschreibungen zu schätzen. In IAS 36, 38, 39, 40 und 41 wird bestimmt, daß sich die Wertfindung an Preise der Vermögenswerte anlehnt, die entweder bei früheren Transaktionen (zeitliche Vergleichspreise) oder für ähnliche Vermögenswerte (sachliche Vergleichspreise) gezahlt worden sind.[81] Sind zeitliche oder sachliche Vergleichspreise nicht verfügbar, ist gemäß IAS 38, 39 und 40 in einer *dritten Stufe* der beizulegende Zeitwert durch DCF-Verfahren zu bestimmen, wobei IAS 39 ferner Optionspreismodelle zuläßt.[82] IAS 41 spricht in diesem Zusammenhang hingegen von einer Bewertung zum „Barwert der erwarteten Netto-Cashflows ‚eines Vermögenswerts abgezinst mit einem aktuellen marktbestimmten Zinssatz“[83].

Da den Standards, die den Ansatz von Vermögenswerten zum beizulegenden Zeitwert vorschreiben, jeweils ein spezifisches Procedere zur Ermittlung oder Schätzung des beizulegenden Zeitwerts inhärent ist, wird der Informationszweck der Rechnungslegung merklich eingeschränkt.[84] Obschon in den einzelnen Standards „kein absolut kongruentes Vorgehen zu erkennen“[85] ist, kann nichtsdestotrotz ein allgemeines, dreistufiges Ermittlungsschema für beizulegende Zeitwerte festgestellt werden, das um eine weitere Stufe ergänzt werden kann. Es zeigt den Zeitwert in seiner Ausprägung als Marktpreis (1. Stufe), als aus Marktpreisen abgeleiteten Vergleichspreis (2. Stufe) oder als Schätzwert (3. Stufe), wobei das Konzept im Zuge der Subordination zur Wertermittlung alternativ auf die fortgeführten Anschaffungs- oder Herstellungskosten (4. Stufe) zurückgreift. Das Schema, das die in einem Subordinationsverhältnis stehenden Ermittlungsstufen der Zeitwertbemessung in allgemeiner Weise zusammenfaßt, wird gemeinhin als Ermittlungs- oder Bewertungshierarchie bzw. als Stufenkonzept[86] bezeichnet und ist in Abbildung 3 dargestellt.

---

80 OLBRICH/BRÖSEL, Inkonsistenzen (2007), S. 1545.

81 Vgl., wie auch im folgenden, OLBRICH/BRÖSEL, Inkonsistenzen (2007), S. 1545 sowie IAS 36.26 f., 38.39 f., 39.A74, 40.46(a) und 46(b) sowie 41.18 (hier werden neben sachlichen und zeitlichen Vergleichspreisen zusätzlich „Branchen-Benchmarks“ genannt).

82 Vgl. IAS 38.41, IAS 39.A74 und IAS 40.46(c).

83 IAS 41.20.

84 Vgl. hierzu ausführlich Abschnitt IV.1.2.1 und OLBRICH/BRÖSEL, Inkonsistenzen (2007), S. 1544 sowie die dort angeführte Literatur.

85 KUßMAUL, Fair Value (2005), S. 188.

86 Vgl. z.B. BAETGE/ZÜLCH, Fair Value-Accounting (2001), S. 554. Nachfolgend werden die Begriffe Stufenkonzept, Ermittlungshierarchie oder Bewertungshierarchie synonym verwendet.

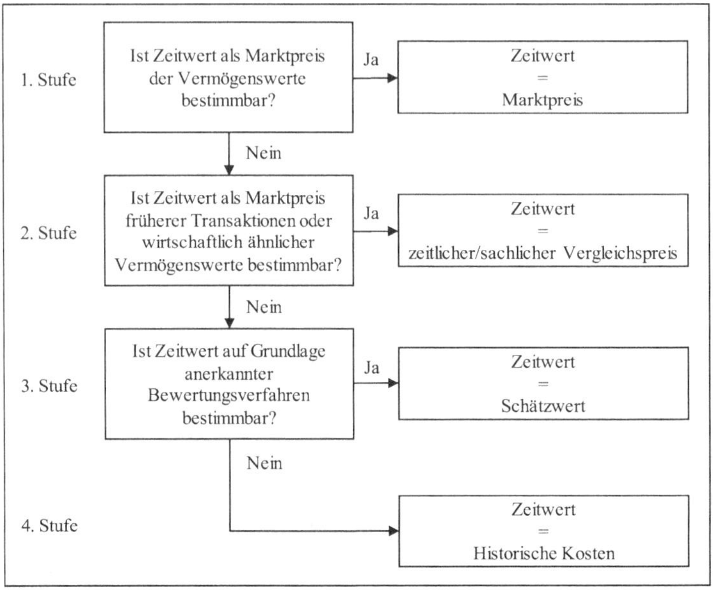

Abbildung 3: Stufenkonzeption zur Ermittlung des beizulegenden Zeitwerts[87]

Die vierte Stufe wird aus Gründen der Vollständigkeit kurz umrissen, im Verlauf der Untersuchung aber nicht weiter betrachtet.[88] Sofern der beizulegende Zeitwert in den Stufen eins bis drei nicht ermittelt werden kann, ist auf die historischen Kosten zurückzugreifen: Beispielsweise enthält IAS 40.53 einen expliziten Verweis auf das Anschaffungskostenmodell des IAS 16.[89] Kann der Zeitwert einer Immobilie nach IAS 40.45 f. nicht fortwährend verläßlich ermittelt werden, ist der Zeitwert i.S.d. (historischen) Anschaffungs- oder Herstellungskosten zu ermitteln, anzusetzen und fortzuführen.[90] Eine ähnliche Regelung ergibt sich aus IAS 38.81. Ist die Neube-

87 Abbildung modifiziert und in Anlehnung an KUßMAUL, Fair Value (2005), S. 187 erweitert entnommen aus BAETGE/ZÜLCH, Fair Value-Accounting (2001), S. 555.

88 Das einschlägige Schrifttum beschränkt sich ebenfalls auf die Darstellung der ersten drei Stufen. Vgl. insbesondere OLBRICH/BRÖSEL, Inkonsistenzen (2007). Vgl. zudem BAETGE/ZÜLCH, Fair Value-Accounting (2001), S. 547, THIELE, Zeitbewertung (2007), S. 632.

89 Vgl. KUßMAUL, Fair Value (2005), S. 188, Fn. 41. Entscheidet sich eine Unternehmung nach dem erstmaligen Ansatz für das Anschaffungskostenmodell, sind gemäß IAS 40.56 die gesamten als Finanzinvestitionen gehaltenen Immobilien nach den entsprechenden Vorschriften des IAS 16 zu bewerten, wobei eine Ausnahme für solche Immobilien gilt, die nach IFRS 5 als zur Veräußerung gehalten eingestuft sind.

90 Vgl. auch hierzu BIEG/HOSSFELD/KUßMAUL/WASCHBUSCH, IFRS (2009), S. 88. Weiterführend zur Erst- und Folgebewertung von Immobilien nach IAS 16 und 40 vgl. eingehend HARES, Zur Immobilie (2011), S. 17-73.

wertung eines immateriellen Vermögenswerts einer Gruppe von neu bewerteten immateriellen Vermögenswerten in Ermangelung eines aktiven Marktes für diesen Vermögenswert nicht möglich, so ist er mit seinen fortgeführten Anschaffungs- oder Herstellungskosten anzusetzen. Folglich können die historischen Kosten als vierte Stufe im Rahmen der Ermittlung des beizulegenden Zeitwerts berücksichtigt werden.

Die Inhalte dieses Abschnitts würdigend ist festzuhalten, daß auf der ersten Stufe der Ermittlungshierarchie Marktpreise Anwendung finden, die durch ihre „Objektivierung durch den Markt tendenziell verläßlicher und leichter zu bestimmen sind als die auf der dritten Stufe mit Hilfe der Bewertungsverfahren geschätzten beizulegenden Zeitwerte“[91]. Während die Verläßlichkeit i.S.d. Zwecksetzung der IFRS und die bilanztheoretische Objektivierbarkeit der ermittelten Werte von Stufe zu Stufe abnehmen, erhöhen sich der Ermittlungsaufwand sowie das Maß an zu treffenden Ermessensentscheidungen des Bilanzierenden.[92] Dies führt dazu, daß der beizulegende Zeitwert als Oberbegriff einer Bandbreite in unterschiedlicher Weise ermittelter Wertansätze zu verstehen ist, wobei der Marktpreis einerseits und der geschätzte Wert andererseits die Extrempunkte dieser Soll-Wertbandbreite darstellen.[93] An dieser Stelle werden die Besonderheiten, die mit der Prüfung beizulegender Zeitwerte verbunden sind, deutlich. Das im Rahmen der Ermittlungshierarchie sukzessiv zunehmende Schätzungserfordernis macht ein dem jeweiligen Sachverhalt entsprechendes prüferisches Vorgehen notwendig.[94] In Konsequenz ergibt sich aus dem in Rede stehenden Bewertungsmaßstab eine bedeutende Herausforderung für den Berufsstand der Wirtschaftsprüfer. Nicht zuletzt legen diese Aspekte die Notwendigkeit offen, die Prüfung beizulegender Zeitwerte einer umfänglichen Untersuchung zu unterziehen.

---

91 KÜMMEL, Barwertkalküle (2002), S. 61.

92 Vgl. hierzu eingehend die Ausführungen in Abschnitt IV.1.2. Vgl. ferner KÜNNEMANN, Fair Value Accounting (2007), S. 950.

93 Vgl. insbesondere MARTEN/QUICK/RUHNKE, Wirtschaftsprüfung (2011), S. 401. Ein beizulegender Zeitwert gleicht um so stärker einem geschätzten Wert, je weiter sich die Wertfindung von dem Ideal des vollkommenen und vollständigen Marktes entfernt. Vgl. RUHNKE/SCHMIDT, Fair Value (2005), S. 578 oder sinngemäß auch BALLWIESER/KÜTING/SCHILDBACH, Wertansatz (2004), S. 534.

94 Ähnlich hierzu äußern sich RUHNKE/SCHMIDT, Überlegungen (2003), S. 1037.

2. Die Abschlußprüfung

2.1 Der Zweck der Abschlußprüfung

Im Laufe der Zeit sind die Aufgaben des Wirtschaftsprüfers zu einem vielschichtigen Tätigkeitsspektrum herangewachsen.[95] Einen gewichtigen Teil der beruflichen Aufgaben stellt die Abschlußprüfung dar.[96] So haben Wirtschaftsprüfer gemäß § 2 Abs. 1 WPO betriebswirtschaftliche Prüfungen[97] durchzuführen – insbesondere solche von Jahresabschlüssen wirtschaftlicher Unternehmungen – und über die Vornahme sowie das Ergebnis dieser Prüfungen Bestätigungsvermerke zu erteilen.

Bevor auf den Zweck der Jahresabschlußprüfung eingegangen wird, ist zunächst zu klären, was aus betriebswirtschaftlicher Sicht im allgemeinen unter einer Prüfung zu verstehen ist. Nach LEFFSON ist eine betriebswirtschaftliche Prüfung definiert „als ein Prozeß zur Gewinnung eines vertrauenswürdigen Urteils über gegebene wirtschaftliche Sachverhalte durch Vergleich eines vom Prüfer nicht selbst herbeigeführten Istobjektes mit einem vorgegebenen oder zu ermittelnden Sollobjekt und anschließender Urteilsbildung“[98]. Da Prüfungen als Soll-Ist-Vergleiche mit anschließender Urteilsbildung zu verstehen sind, ist zu eruieren, wie Soll- und Ist-Objekte konstruiert werden.[99] Das Soll-Objekt ist grundsätzlich aus einer Norm abzuleiten, wobei es sich

95 Die im Zeitablauf gewachsenen Aufgaben des Wirtschaftsprüfers wurden von LOITLSBERGER in einer historischen Übersicht zusammengestellt. Vgl. LOITLSBERGER, Treuhandwesen (1966), S. 11 ff. Vgl. zudem HAX, Wirtschaftsprüfung (1965), S. 99 ff. Zu einem ebenfalls detaillierten chronologischen Überblick über die Entwicklung des betriebswirtschaftlichen Prüfungswesens vgl. LÜCK, Treuhandwesen (1991), S. 10 ff.

96 Vgl. BAUCH/PRECHT, Unabhängigkeit (2008), Rz. 2.

97 Terminologisch ist die Prüfung – wie auch die Kontrolle – dem Oberbegriff Überwachung zuzuordnen. Prüfung und Kontrolle sind dabei nach dem Kriterium der Prozeßabhängigkeit zu differenzieren. Demnach liegt eine Prüfung vor, wenn Überwachungsmaßnahmen zur Feststellung normgerechter Vorgänge von prozeßunabhängigen Personen durchgeführt werden. Von einer Kontrolle wird hingegen gesprochen, wenn Überwachungshandlungen durch Personen erfolgen, die direkt oder indirekt am Zustandekommen des zu beurteilenden Sachverhalts beteiligt sind. Vgl. hierzu BUCHNER, Wirtschaftsprüfer (1985), S. 31 sowie LÜCK, Prüfung (1998), S. 612. Anzumerken ist, daß im Schrifttum unterschiedliche Ansichten über eine zweckmäßige Differenzierung des Überwachungsbegriffs vorliegen. Vgl. hierzu insbesondere BRETZKE, Terminologie (1972), S. 253-265, VON WYSOCKI, Grundlagen (1988), S. 2 f. sowie STEINER, Prüfungsbericht (1991), S. 12 f.

98 LEFFSON, Wirtschaftsprüfung (1991), S. 13. Die notwendigen Voraussetzungen der Vertrauenswürdigkeit sind dabei die Urteilsfähigkeit und die Urteilsfreiheit des Urteilenden sowie die sachgerechte Urteilsbildung. Die Vertrauenswürdigkeit des Urteils wird im Schrifttum erschöpfend behandelt. Vgl. EBENDA, S. 66-120.

99 Zu den nachfolgenden Ausführungen zur Prüfung als Soll-Ist-Vergleich vgl. eingehend VON WYSOCKI, Grundlagen (1988), S. 121 ff., LEFFSON, Wirtschaftsprüfung (1991), S. 15-18, VON WYSOCKI, Prüfungswesen (2003), S. 1 ff.

dabei um eine gesetzliche Vorschrift oder um satzungsmäßige bzw. gesellschaftsrechtliche Vorgaben handeln kann. Demzufolge stellt das Soll-Objekt einen gedachten Zustand dar, der den zugrundeliegenden Normen entspricht und als Beurteilungsmaßstab des Prüfungsgegenstands fungiert. Das Ist-Objekt entspricht regelmäßig den tatsächlichen Merkmalsausprägungen des Prüfungsgegenstands.[100] Nach Festlegung von Soll- und Ist-Objekt, sind deren Merkmalsausprägungen schließlich miteinander zu vergleichen, um Übereinstimmungen oder eventuelle Abweichungen festzustellen.

Wird die Definition der betriebswirtschaftlichen Prüfung auf den Jahresabschluß als Prüfungsgegenstand übertragen, ist zu folgendem Schluß zu kommen: Zweck der Jahresabschlußprüfung ist die Abgabe eines vertrauenswürdigen Urteils über die Gesetz- und Ordnungsmäßigkeit der Rechnungslegung respektive des Jahresabschlusses.[101] Durch das vertrauensvolle Urteil über die Richtigkeit[102] des Abschlusses sollen die Verläßlichkeit und Glaubhaftigkeit der Abschlußinformationen gegenüber Kapitalmarktteilnehmern erhöht bzw. hergestellt werden (Kontrollfunktion der Abschlußprüfung).[103] Die Interessenten der Abschlußprüfung können die Ergebnisse der Prüfung schließlich bei ihren Entscheidungen berücksichtigen, wobei sie sich der Grenzen der Erkenntnismöglichkeiten einer Abschlußprüfung bewußt sein müssen (Informationsfunktion der Abschlußprüfung gegenüber internen Adressaten und Beglaubigungsfunktion gegenüber externen Adressaten).[104]

---

100 Die Ableitung des Soll-Objekts kann progressiv oder retrograd erfolgen. Bei der progressiven Vorgehensweise geht der Prüfer von vorhandenen Daten und Dokumenten aus, aus denen er das normenkonforme Soll-Objekt konstruiert und mit dem Ist-Objekt vergleicht. Bei der retrograden Prüfung hingegen bilden die tatsächlichen Merkmalsausprägungen des Prüfungsgegenstands die Basis der Prüfung. Davon ausgehend schließt der Prüfer auf die buchungspflichtigen Tatbestände, die sich bei einem normenkonformen Verhalten in den Belegen wieder finden müßten. Diese hypothetischen Soll-Daten werden mit den tatsächlichen verglichen. Vgl. zu diesen, den meßtheoretischen Ansatz betreffenden, Ausführungen sowie ergänzend zu dem Informationsverarbeitungsansatz ausführlich MARTEN/QUICK/RUHNKE, Wirtschaftsprüfung (2011), S. 49-55.

101 Vgl. insbesondere LEFFSON, Wirtschaftsprüfung (1991), S. 8, der in der Abgabe vertrauenswürdiger Urteile ein konstitutives Element des Aufgabenbereichs des Wirtschaftsprüfers sieht, i.V.m. LÜCK, Abschlußprüfung (1999), S. 2. Die Definition verdeutlicht zudem, weswegen die Abschlußprüfung auch als Gesetz- oder Ordnungsmäßigkeitsprüfung bezeichnet wird. Vgl. WIEDMANN, Prüfungstechnik (2006), Rz. 1. Zur Gesetz- und Ordnungsmäßigkeitsprüfung im allgemeinen vgl. LÜCK, Abschlußprüfung (1999), S. 16 ff. sowie ferner LÜCK Gesetzmäßigkeitsprüfung (1998), S. 322 und LÜCK Ordnungsmäßigkeitsprüfung (1998), S. 568.

102 Richtigkeit i.S.v. Gesetz- und Ordnungsmäßigkeit bedeutet, daß die in der externen Rechnungslegung enthaltenen Informationen den tatsächlichen rechtlichen und wirtschaftlichen Bedingungen entsprechen. Vgl. LÜCK, Abschlußprüfung (1999), S. 3.

103 Vgl. MÜLLER/MÜLLER, Wirtschaftsprüfer (2004), S. 335 sowie TESCH, Abschlussprüfung (2007), S. 741. Ähnlich hierzu vgl. auch BRÖSEL/ZWIRNER, Goodwill (2009), S. 190 und 197.

104 Vgl. insbesondere TESCH, Abschlussprüfung (2007), S. 741 f.

Das der Abschlußprüfung zugrunde liegende Soll-Objekt ist im Rahmen dieser Arbeit aus den Rechnungslegungsnormen der IFRS abzuleiten, während das Ist-Objekt durch den vom Rechnungslegenden vorgelegten Jahresabschluß festgelegt wird.[105] Problematisch ist freilich, wenn dem Prüfer der Rückschluß auf das Ist-Objekt nicht oder nur bedingt gelingt – beispielsweise weil er die Richtigkeit der ihm zur Verfügung gestellten Informationen über einen zukunftsbezogenen Wert prüfen muß, ohne die dazugehörige Realität beobachten zu können –, so daß ein verläßliches Prüfungsurteil nicht oder nur mit Vorbehalten abgegeben werden kann.[106] Dieses Problem gilt es im Verlauf der Untersuchung in bezug auf beizulegende Zeitwerte ausführlich zu diskutieren, die – wie dargestellt – häufig den Charakter von Schätzwerten annehmen und damit umfangreichen Prognose- und Ermessensspielräumen – also Manipulationsgefahren[107] von seiten des Abschlußerstellers – ausgesetzt sein können. Demzufolge ist die voranstehende Darstellung des Zwecks der Abschlußprüfung für das weitere Vorgehen dahingehend von Bedeutung, als es dezidiert zu untersuchen gilt, ob der Wirtschaftsprüfer bei Zugrundelegung der zeitwertspezifischen IFRS-Rechnungslegungsnormen im Rahmen der gewissenhaften Berufsausübung[108] dem Prüfungsziel uneingeschränkt gerecht werden kann.

2.2 Die gesetzlichen Regelungen

2.2.1 Die Prüfungspflicht

Die Notwendigkeit einer gesetzlichen Prüfungspflicht wird durch LÜCK wie folgt begründet: „Das Interesse der verschiedensten Personengruppen an einer objektiven Prüfung der Rechnungslegung bestimmter Unternehmen durch einen unabhängigen externen Prüfer ist der Anlaß für die Einführung gesetzlich vorgeschriebener Pflicht-

105 Auf Grundlage der Aufzeichnung von Geschäftsvorfällen ist der Soll-Bestand der Vermögens- und Schuldpositionen aus den Rechnungslegungsnormen zu bestimmen, der im Rahmen der Abschlußprüfung mit dem tatsächlichen Ist-Bestand verglichen wird. Vgl. MOXTER, Bilanzlehre (1984), S. 81. Eine Abschlußprüfung ist aufgrund ihrer Komplexität in eine Vielzahl koexistenter einfacher Soll-Ist-Vergleiche aufzuspalten. Letztendlich sind die dabei auftretenden Einzelurteile zu einem Gesamturteil zu verdichten. Vgl. hierzu Abschnitt III.2.5.2.

106 Vgl. VON WYSOCKI, Prüfungswesen (2003), S. 2.

107 Manipulationen gehen mit der Beeinträchtigung der Informationsvermittlung über die Vermögens-, Finanz- und Ertragslage einher. Vgl. LEFFSON, GoB (1987), S. 67 f.

108 Die gewissenhafte Berufsausübung ist in der Wirtschaftsprüferordnung (WPO) kodifiziert (§ 43 Abs. 1 Satz 1 WPO). Ferner ergibt sich aus den allgemeinen Berufspflichten, daß der Wirtschaftsprüfer seinen Beruf unabhängig, verschwiegen und eigenverantwortlich auszuüben hat (§ 43 Abs. 1 Satz 1) sowie daß er sich in seiner Tätigkeit unparteiisch zu verhalten hat (§ 43 Abs. 1 Satz 2 WPO).

prüfungen."[109] Bevor die gegenwärtige handelsrechtliche Norm zur Prüfungspflicht betrachtet wird, erfolgt ein historischer Abriß hinsichtlich der normenmäßigen Entwicklung von Pflicht- bzw. Abschlußprüfungen.

Die Relevanz von Abschlußprüfungen wurde vom Gesetzgeber früh erkannt. Die Aktiennovelle vom 19. September 1931 erweiterte nicht nur die Vorschriften über die Bilanz in wesentlichem Maße, sondern führte auch die Pflichtprüfung der Aktiengesellschaft (AG) durch unabhängige Prüfer in das deutsche Recht ein.[110] Die Aktienrechtsnovelle 1937[111] und das AktG von 1965[112] erweiterten schließlich die Anforderungen an Jahresabschlußprüfungen. Die Umsetzung der 4. EG-Richtlinie von 1978 (Bilanzrichtlinie) in deutsches Recht im Rahmen des BiRiLiG[113] von 1985, welche die Prüfungspflicht für Kapitalgesellschaften von der AG und Kommanditgesellschaft auf Aktien (KGaA) auf die GmbH ausgedehnt hat, ist für die Abschlußprüfung ebenfalls von Bedeutung.[114] Durch das im Jahre 1998 in Kraft getretene KonTraG erfolgte eine Ausweitung der Abschlußprüfung auf das Überwachungssystem, das eine AG gemäß § 91 Abs. 2 AktG einzurichten hat. Weitere Änderungen bzw. Auswirkungen auf die Abschlußprüfung ergaben sich in 2002 durch das TransPuG[115] sowie in 2005 durch das BilReG und das BilKoG[116]. Auch das BilMoG, das im Mai 2009 in

---

109 LÜCK, Abschlußprüfung (1999), S. 5.

110 Vgl. hierzu SCHMALENBACH, Beteiligungsfinanzierung (1949), S. 151 sowie 154. SCHMALENBACH kritisiert in diesem Zusammenhang, daß die Wahl des Prüfers der zu prüfenden Gesellschaft selbst überlassen wird. „Man überläßt es doch sonst im Leben nicht demjenigen, der geprüft werden soll, sich den Prüfer auszusuchen." SCHMALENBACH, Beteiligungsfinanzierung (1949), S. 155. Gegenwärtig wird der Abschlußprüfer gemäß § 318 Abs. 1 S. 1 HGB von den Gesellschaftern der prüfungspflichtigen Unternehmung, bei Konzernen durch die Gesellschafter der Mutterunternehmung, gewählt. Bei einer AG beschließt die Hauptversammlung – nach Vorschlag des Aufsichtsrats – über die Bestellung des Abschlußprüfers, während bei einer Gesellschaft mit beschränkter Haftung (GmbH) die Gesellschafterversammlung den Beschluß faßt. Auf diese Weise soll gewährleistet werden, daß die Geschäftsleitung keinen Einfluß auf die Wahl des Abschlußprüfers hat und eine von der Geschäftsleitung unabhängige Prüfung sichergestellt ist. Schließlich wird die Leistung der Geschäftsleitung, die sich in der Rechnungslegung niederschlägt, im Zuge der Abschlußprüfung überwacht.

111 Zu den strengeren Anforderungen der Aktienrechtsnovelle an die Jahresabschlußprüfung vgl. insbesondere BUCHHOLZ, Aktiengesetz (1937), S. 150.

112 So wurde die Prüfung z.B. auf die Prüfung des Lageberichts ausgeweitet und festgelegt, daß schriftlich über das Ergebnis der Prüfung zu berichten ist. Vgl. hierzu ausführlich LÜCK, Treuhandwesen (1991), S. 6.

113 Durch das BiRiLiG, das am 1. Januar 1986 in Kraft getreten ist, wurden ferner die 7. EG-Richtlinie (Konzernbilanzrichtlinie) und 8. EG-Richtlinie (Abschlußprüferrichtlinie) in deutsches Recht transformiert. Vgl. hierzu LÜCK, Treuhandwesen (1991), S. 6 f. sowie LÜCK, Abschlußprüferrichtlinie (1998), S. 7 f.

114 Vgl., wie auch im folgenden, LÜCK, Abschlußprüfung (1999), S. 3.

115 Vgl. eingehend WIELAND-BLÖSE, TransPuG (2002), S. R278 sowie RABENHORST, TransPuG (2003), S. 436 ff.

116 Vgl. hierzu ausführlich MARTEN/QUICK/RUHNKE, Wirtschaftsprüfung (2011), S. 19.

Kraft getreten ist, geht mit Änderungen der handelsrechtlichen Normen zur Jahresabschlußprüfung sowie der WPO einher. Diese resultieren im wesentlichen aus der neuen Fassung der EU-Richtlinie zur Abschlußprüfung (Abschlußprüferrichtlinie; vormals 8. EG-Richtlinie, vgl. Fn. 113) vom 15. Mai 2006.[117] Insbesondere werden „weitere Anforderungen an die Unabhängigkeit des Abschlussprüfers gestellt und [wird] die obligatorische Anwendung der internationalen Prüfungsstandards [...] in Deutschland geregelt“[118]. Auf diese Weise soll „die Annäherung der handelsrechtlichen Jahresabschlussprüfung an internationale Gepflogenheiten“[119] vorangetrieben werden.[120] Bezüglich des BilMoG bleibt abschließend festzuhalten, daß es keine Auswirkungen auf die im folgenden dargestellte Prüfungspflicht mit sich bringt.[121]

Die Vorschriften zur Abschlußprüfung sind in §§ 316-324a HGB geregelt. Die Prüfungspflicht ist in § 316 HGB kodifiziert. Demnach sind Jahresabschluß und Lagebericht mittelgroßer und großer Kapitalgesellschaften durch einen Abschlußprüfer zu prüfen (§ 316 Abs. 1 Satz 1 i.V.m. § 267 HGB).[122] Ein ungeprüfter Jahresabschluß von den in Rede stehenden Gesellschaften kann nicht festgestellt werden (§ 316 Abs. 1 Satz 2 HGB). Die Pflichtprüfung erstreckt sich gemäß § 316 Abs. 2 Satz 1 HGB auch auf Konzernabschlüsse und Konzernlageberichte, die ohne Prüfung gemäß § 316 Abs. 2 Satz 2 HGB nicht gebilligt werden können. Werden (Konzern-)Jahresabschluß oder (Konzern-)Lagebericht nach Vorlage des Prüfungsberichts geändert, sind die geänderten Versionen nach § 316 Abs. 3 Satz 1 HGB erneut zu prüfen, soweit die Änderung dies erfordert. Gemäß § 316 Abs. 3 Satz 2 HGB ist über das „neue“ Ergebnis zu berichten und der Bestätigungsvermerk entsprechend zu ergänzen. Darüber hinaus kann eine Offene Handelsgesellschaft (OHG) oder eine Kommanditgesellschaft (KG) prüfungspflichtig sein, wenn die Bedingungen des

117 Vgl. EUROPÄISCHES PARLAMENT/RAT DER EUROPÄISCHEN UNION, Abschlußprüferrichtlinie (2006), S. 87 ff. Es sei darauf hingewiesen, daß diverse Neuerungen der Abschlußprüferrichtlinie aufgrund der vorab veröffentlichten EU-Empfehlung und der Richtlinienentwürfe durch den deutschen Gesetzgeber antizipiert wurden und bereits im Rahmen des BilReG Einzug in das HGB erhalten haben. Vgl. hierzu weiterführend und m.w.N. BIEG/KUßMAUL/PETERSEN/WASCHBUSCH/ZWIRNER, Bilanzrechtsmodernisierungsgesetz (2009), S. 211.

118 MARTEN/QUICK/RUHNKE, Wirtschaftsprüfung (2011), S. 20.

119 PETERSEN/ZWIRNER, Bilanzrecht (2009), S. 41.

120 Die Anwendung internationaler Prüfungsstandards ist seit Inkrafttreten des BilMoG in § 317 Abs. 5 HGB unter der Bedingung geregelt, daß diese gemäß Artikel 26 Abs. 1 der Abschlußprüferrichtlinie von der EU angenommen werden. Vgl. hierzu Abschnitt II.2.3.2.

121 Änderungen im Zuge des BilMoG, die sich auf die Prüfung im allgemeinen auswirken und für die Untersuchung relevant sind, werden hingegen an entsprechender Stelle erläutert.

122 Gemäß § 267 Abs. 3 Satz 2 HGB gilt die Prüfungspflicht jedoch unabhängig von der Erfüllung der Schwellenwerte des § 267 HGB, wenn die betrachtete Gesellschaft eine Kapitalgesellschaft i.S.d. § 264d HGB ist, da diese stets als „groß“ gelten. Gemäß § 264d HGB ist eine Kapitalgesellschaft dann kapitalmarktorientiert, wenn sie einen organisierten Markt i.S.d. § 2 Abs. 5 WpHG in Anspruch nimmt oder die Zulassung zum Handel von Wertpapieren an einem organisierten Markt beantragt hat.

§ 264a Abs. 1 HGB erfüllt sind. Ferner bestehen für Unternehmungen bestimmter Wirtschaftszweige, wie beispielsweise Kreditinstitute, Versicherungsgesellschaften oder Genossenschaften, weitere Prüfungsvorschriften. Dies ist auf das besondere Überwachungsinteresse der Öffentlichkeit zurückzuführen, da diese Unternehmungen besondere Stellungen in der Gesamtwirtschaft einnehmen, insbesondere aufgrund der ihnen anvertrauten Finanzmittel.[123]

Nachdem die Aufmerksamkeit bislang den nationalen Normen zur Prüfungspflicht galt, ist im Anschluß der Frage nachzugehen, wonach sich die Prüfungspflicht von IFRS-Abschlüssen bemißt. *Im allgemeinen* ist zu konstatieren, daß die Prüfungspflicht nicht in den Standards geregelt ist. Vielmehr hat die Prüfung von IFRS-Abschlüssen hierzulande nach den deutschen Prüfungsgrundsätzen zu erfolgen.[124] *Im speziellen* ist hinsichtlich der Prüfungspflicht festzuhalten, daß Unternehmungen, die IFRS-Abschlüsse wahlweise oder verpflichtend erstellen, § 315a HGB anzuwenden haben, mit der Folge, daß die Regeln des dritten Unterabschnitts zur Prüfung (§§ 316-324a HGB) Gültigkeit besitzen.[125] In Konsequenz ergibt sich die Prüfungspflicht für IFRS-Abschlüsse aus § 316 HGB.[126]

Die voranstehenden Erläuterungen beziehen sich auf die Pflicht zur wiederkehrenden Prüfung von Jahresabschlüssen. Des weiteren existiert eine Reihe aperiodischer Pflichtprüfungen.[127] Exemplarisch sei die Bestellung von Sonderprüfern im Falle von Kapitalbeschaffungs- oder Kapitalherabsetzungsmaßnahmen gemäß § 142 Abs. 1 AktG oder die Prüfung bei Verschmelzungen gemäß den §§ 9-12 UmwG genannt. Aperiodische Prüfungen erfahren keine vertiefende Behandlung, da das Augenmerk der Arbeit auf der regelmäßig wiederkehrenden Jahresabschlußprüfung liegt.

---

123 Vgl. hierzu auch LÜCK, Abschlußprüfung (1999), S. 5. Beispielsweise gelten für Kreditinstitute die speziellen Prüfungspflichten gemäß § 340k HGB i.V.m. § 26 KWG sowie §§ 28 ff. KWG. Ergänzende prüfungspflichtspezifische Regelungen ergeben sich für Versicherungsgesellschaften ferner nach § 341k HGB i.V.m. §§ 57 ff. VAG und für Genossenschaften nach §§ 53 ff. GenG. Zu Pflichtprüfungen von Unternehmungen anderer Wirtschaftszweige im Bereich der privaten Wirtschaft sowie zu Pflichtprüfungen im Bereich der öffentlichen Wirtschaft vgl. weiterführend LÜCK, Abschlußprüfung (1999), S. 7 ff.

124 Vgl. HOFFMANN, IFRS-Rechnungslegung (2011), Rz. 23 i.V.m. IDW, PS 201 (2009), Rz. 20. Im folgenden wird bei den Verlautbarungen des IDW regelmäßig das Verabschiedungs- respektive Erlaßjahr und nicht das gegebenenfalls davon abweichende Publikationsjahr wiedergegeben.

125 Vgl., wie auch im folgenden, RUHNKE, Prüfung von IFRS-Abschlüssen (2007), S. 155.

126 Im Falle eines IFRS-Einzelabschlusses gemäß § 325 Abs. 2a HGB findet § 324a Abs. 1 HGB i.V.m. § 316 HGB Anwendung.

127 Vgl., auch im folgenden, LÜCK, Abschlußprüfung (1999), S. 8 f.

2.2.2 Der Gegenstand und Umfang der Abschlußprüfung

Eng mit der Prüfungspflicht sind Gegenstand und Umfang der Jahresabschlußprüfung verbunden. Nachfolgend werden zunächst die diesbezüglichen Vorgaben zur Prüfung handelsrechtlicher Abschlüsse, die in § 317 HGB normiert sind, vorgestellt. Aufbauend auf diesen Regelungen – die wie oben aufgezeigt auch für IFRS-Abschlüsse gelten – werden Gegenstand und Umfang einer IFRS-Abschlußprüfung betrachtet.

§ 317 Abs. 1 Satz 1 HGB besagt, daß die Buchführung[128] in die Jahresabschlußprüfung einzubeziehen ist. Der handelsrechtliche Jahresabschluß besteht gemäß § 242 Abs. 3 HGB aus Bilanz sowie Gewinn- und Verlustrechnung und ist bei Kapitalgesellschaften gemäß § 264 Abs. 1 Satz 1 HGB um einen Anhang zu erweitern, was – in Abhängigkeit von der Rechtsform – alle Teile zum Gegenstand der Jahresabschlußprüfung werden läßt. Die Prüfung hat sich gemäß § 317 Abs. 1 Satz 2 HGB darauf zu erstrecken, ob die für die Rechnungslegung geltenden gesetzlichen Vorschriften inklusive der Grundsätze ordnungsmäßiger Buchführung (GoB) und sie ergänzende Bestimmungen des Gesellschaftsvertrags oder der Satzung beachtet worden sind. Die Einhaltung der gesetzlichen Vorschriften ist insbesondere davon abhängig, ob erstens die Buchführung nachvollziehbar, unveränderlich, vollständig, richtig, zeitgerecht und geordnet durchgeführt wird, ob zweitens der Jahresabschluß klar, übersichtlich und vollständig in der vorgeschriebenen Form mit den entsprechend vorgeschriebenen Angaben aufgestellt wurde und ob drittens alle Posten korrekt ausgewiesen sowie Vermögens- und Schuldpositionen richtig bewertet wurden.[129] Bei Kapitalgesellschaften ist die Prüfung gemäß § 317 Abs. 1 Satz 3 HGB ferner so anzulegen, daß Unrichtigkeiten und Verstöße gegen die oben aufgeführten Bestimmungen, die sich wesentlich[130] auf die Darstellung des den tatsächlichen Verhältnissen entsprechenden Bildes der Vermögens-, Finanz- und Ertragslage aus-

---

128 In erster Linie bezieht sich die Buchführung auf die Finanzbuchführung, bestehend aus Grund-, Haupt- und Nebenbüchern. Vgl. LÜCK, Abschlußprüfung (1999), S. 14. Zur Ausweitung der Prüfung der Buchführung auf die rechnungslegungsbezogenen Teile der Nebenbuchhaltungen, wie z.B. die Lohn- und Gehaltsbuchhaltung oder die Lagerbuchhaltung, vgl. weiterführend WIEDMANN, Prüfungstechnik (2006), Rz. 6.

129 Vgl., auch im folgenden, IDW, PS 200 (2000), Rz. 12. In diesem Zusammenhang sei ferner auf die kritische Grundhaltung des Abschlußprüfers hingewiesen. Demnach muß sich der Prüfer stets im Klaren darüber sein, daß Umstände, wie z.B. Fehler, Täuschungen, Vermögensschädigungen oder sonstige Gesetzesverstöße vorliegen können, aufgrund derer ein Jahresabschluß wesentlich falsche Aussagen beinhalten kann. Vgl. IDW, PS 200 (2000), Rz. 17. Liegen Indizien für Verstöße der gesetzlichen Vertreter oder der Mitarbeiter der zu prüfenden Unternehmung vor, sind ergänzende Prüfungshandlungen durchzuführen. Zur Aufdeckung von Unregelmäßigkeiten vgl. eingehend IDW, Unregelmäßigkeiten (1998), S. 29 ff.

130 In der Bilanzlehre gilt eine Information dann als wesentlich, wenn sie für den Informationsadressaten aufgrund seiner Interessen oder Funktionen entscheidungsrelevant ist, er also geschädigt wäre, wenn ihm die Information vorenthalten werden würde. Vgl. hierzu ausführlich LEFFSON, Wesentlich (1986), S. 434 ff. Zur Wesentlichkeit im Rahmen der Abschlußprüfung vgl. ferner Abschnitt II.2.4.

wirken, bei gewissenhafter Berufsausübung erkannt werden. Durch diese gesetzliche Regelung wird zum einen bestimmt, daß bei der Prüfung nur Vorgänge von erheblicher Bedeutung zu berücksichtigen sind; zum anderen macht der Wortlaut des Gesetzes einschränkend deutlich, daß Prüfungshandlungen im Rahmen der Abschlußprüfung nicht automatisch den Umfang einer Sonderprüfung annehmen.[131]

Ferner ist der Lagebericht, den Kapitalgesellschaften gemäß § 264 Abs. 1 Satz 1 HGB[132] aufzustellen haben, nach § 317 Abs. 2 HGB Gegenstand der Abschlußprüfung. So ist gemäß § 317 Abs. 2 Satz 1 HGB zu prüfen, ob der Lagebericht mit dem Jahresabschluß, gegebenenfalls auch mit dem informatorischen IFRS-Einzelabschluß, sowie mit den im Zuge der Prüfung erlangten Erkenntnissen in Einklang steht und ob der Lagebericht als Ganzes ein authentisches Bild von der Unternehmungslage vermittelt. Zudem hat der Prüfer gemäß § 317 Abs. 2 Satz 2 HGB festzustellen, ob Chancen und Risiken der künftigen Unternehmungsentwicklung zutreffend dargestellt werden. Bei einer börsennotierten AG ist das nach § 91 Abs. 2 AktG zu implementierende Risikofrüherkennungssystem gemäß § 317 Abs. 4 HGB ebenfalls Gegenstand der Abschlußprüfung.[133] Ziel dieser Prüfungshandlung ist es, darüber Aufschluß zu erhalten, ob das Überwachungssystem zweckmäßig und während des gesamten Prüfungszeitraums eingehalten worden ist.[134] § 317 Abs. 5 und Abs. 6 HGB haben im Rahmen des BilMoG Einzug in das HGB erhalten und haben keinen unmittelbaren Einfluß auf den Gegenstand und Umfang der Abschlußprüfung, sondern determinieren vielmehr das prüferische Vorgehen.[135]

Die oben beschriebenen Ausführungen zum Prüfungsgegenstand im Rahmen des Einzelabschlusses gelten gemäß § 317 Abs. 1 und Abs. 2 HGB in gleichem Maße für den Konzernabschluß und Konzernlagebericht, wobei der Konzernabschluß nach § 297 Abs. 1 Satz 1 HGB um eine Kapitalflußrechnung und einen Eigenkapitalspiegel zu erweitern ist und gemäß § 297 Abs. 1 Satz 2 HGB optional um eine Segmentberichterstattung erweitert werden kann. Als Bestandteile des Konzernabschlusses sind diese ebenfalls Prüfungsgegenstand. Der Prüfungsumfang der Konzernabschluß-

---

131 Vgl. eingehend – m.w.N. – SCHINDLER/RABENHORST, Auswirkungen (1998), S. 1889 f.

132 Von dieser Pflicht sind lediglich kleine Kapitalgesellschaften befreit, wohingegen Personengesellschaften, bei denen keine natürliche Person mittelbar oder unmittelbar persönlich haftender Gesellschafter ist (§ 264a Abs. 1 HGB), wie Kapitalgesellschaften zu behandeln sind. Vgl. hierzu auch MARTEN/QUICK/RUHNKE, Wirtschaftsprüfung (2011), S. 4.

133 Allerdings ist zu konstatieren, daß bei den übrigen Gesellschaften die Teile des Überwachungssystems, die Risiken der zukünftigen Entwicklung der Unternehmung betreffen und im Rahmen der Lageberichtsprüfung zu untersuchen sind, auch ohne eine explizite gesetzliche Regelung gemäß § 91 Abs. 2 AktG geprüft werden. Vgl. SCHINDLER/RABENHORST, Auswirkungen (1998), S. 1891 f., WIEDMANN, Prüfungstechnik (2006), Rz. 9.

134 Vgl. umfassend zur Prüfung von Risikosteuerungssystemen NEUBECK, Risikomanagementsystem (2006), S. 693-698, insbesondere S. 696.

135 Zu den Inhalten der in Rede stehenden Paragraphen vgl. eingehend Abschnitt II.2.3.2.

prüfung wird gegenüber dem Einzelabschluß durch § 317 Abs. 3 HGB erweitert. § 317 Abs. 3 Satz 1 HGB regelt, daß der Konzernabschlußprüfer die in dem Abschluß zusammengefaßten Einzelabschlüsse, vor allem konsolidierungsbedingte Anpassungen, unter Anwendung des § 317 Abs. 1 HGB zu prüfen hat. Hinsichtlich der Tätigkeit des Konzernabschlußprüfers sah die Abschlußprüferrichtlinie Änderungen vor, die der Gesetzgeber im Zuge des BilMoG durch Ergänzung des § 317 Abs. 3 HGB würdigte. Artikel 27 der Richtlinie besagt, daß „der Konzernabschlussprüfer die volle Verantwortung für den Bestätigungsvermerk zu den konsolidierten Abschlüssen trägt"[136]. So regelt § 317 Abs. 3 Satz 2 HGB, daß der Konzernabschlußprüfer in den Fällen, in denen er nicht gleichzeitig auch die dem Abschluß zugrundeliegenden Einzelabschlüsse prüft, die Arbeit der anderen Prüfer zu überprüfen hat.[137]

Bezüglich des Gegenstands und Umfangs der Prüfung eines IFRS-Abschlusses ist zu konstatieren, daß die in Abschnitt II.1.1 genannten Abschlußbestandteile prüfungsrelevant sind. So erstreckt sich die Prüfung grundsätzlich auf die Bilanz, die Gesamtergebnisrechnung, die Eigenkapitalveränderungsrechnung, die Kapitalflußrechnung sowie den Anhang.[138] Besonders interessant ist in diesem Zusammenhang der Lagebericht, da in den IFRS (noch) keine mit dem HGB vergleichbaren Regeln zur Erstellung eines solchen Berichts bestehen.[139] Entscheidend ist, daß für deutsche IFRS-Anwender, die als börsennotierte Gesellschaft ihren Konzernabschluß pflichtmäßig oder als nicht-börsennotierte Gesellschaft wahlweise nach IFRS aufstellen, die Regelungen des § 315a Abs. 1 und 3 HGB gelten, wonach ein prüfungspflichtiger Konzernlagebericht gemäß § 315 HGB zu erstellen ist.[140] Zudem sei auf das im Dezember 2010 veröffentlichte „IFRS Practice Statement Management Commentary" hingewiesen.[141] Gemäß dieser Erklärung des IASB handelt es sich nicht um einen IFRS, weswegen in Konsequenz keine Anwendungsverpflichtung besteht (PS.IN2 sowie

136 EUROPÄISCHES PARLAMENT/RAT DER EUROPÄISCHEN UNION, Abschlußprüferrichtlinie (2006), S. 98.

137 Bis dato war die Übernahme von Prüfungsergebnissen anderer Abschlußprüfer zulässig, wenngleich der Konzernabschlußprüfer die Voraussetzungen einer Übernahme prüfen mußte. Allerdings wurde die oben genannte Vorgehensweise hierzulande schon vor dem Inkrafttreten des BilMoG gelebt, so daß die Ausstrahlungswirkung des § 317 Abs. 3 Satz 2 HGB auf die Berufspraxis als gering einzustufen ist. Vgl. BIEG/KUßMAUL/PETERSEN/WASCHBUSCH/ZWIRNER, Bilanzrechtsmodernisierungsgesetz (2009), S. 214 f. sowie die dort angeführte Literatur.

138 Vgl. IDW, PS 200 (2000), Rz. 14 i.V.m. IDW, PS 201 (2009), Rz. 20 sowie LÜDENBACH, Darstellung (2011), Rz. 4, HOFFMANN, IFRS-Rechnungslegung (2011), Rz. 23.

139 In IAS 1.13 erfolgt lediglich der Hinweis darauf, daß „[v]iele Unternehmen [...] neben dem Abschluss einen durch das Management erstellten Bericht über die Unternehmenslage" veröffentlichen.

140 Vgl. LÜDENBACH, Darstellung (2011), Rz. 5 i.V.m. HOFFMANN, IFRS-Rechnungslegung (2011), Rz. 15.

141 Vgl. IASB, Management Commentary (2010). Zu dieser Veröffentlichung des IASB vgl. zudem ausführlich HOFFMANN, IFRS-Rechnungslegung (2011), Rz. 17 f., MELCHER/MURER, IFRS Practice Statement (2011), FINK/KAJÜTER, Management Commentary (2011).

PS.4). Ein „management commentary" vermag einen IFRS-Abschluß zu ergänzen, ohne dabei dessen Bestandteil zu sein (PS.10). Aus diesen Gründen ist für deutsche IFRS-Anwender die Erstellung eines Lageberichts weiterhin von Relevanz.

Unabhängig davon, welches Rechnungslegungswerk den handelsrechtlichen Prüfungsgrundsätzen zugrunde liegt, ist hinsichtlich des Prüfungsumfangs an dieser Stelle zwingend auf die Prüfung der wirtschaftlichen Lage einzugehen. Vom Bundesgerichtshof wurde proklamiert, daß es ohne gesonderten Auftrag nicht die Aufgabe des Abschlußprüfers ist, die Lage der Gesellschaft zu prüfen, zu beurteilen und darzulegen.[142] Folglich besteht keine Pflicht, die wirtschaftliche Lage einer Unternehmung zu prüfen.[143] Allerdings wird im Schrifttum auch die Meinung vertreten, daß die Begutachtung der wirtschaftlichen Lage im Rahmen der Abschlußprüfung unvermeidbar ist, wenn der Prüfer seine „Bestätigungspflicht, Berichterstattungspflicht und Redepflicht"[144] erfüllen möchte. Die divergierenden Auffassungen über die Prüfung der wirtschaftlichen Lage spiegeln sich zudem in der häufig diskutierten Erwartungslücke, also dem Abweichen zwischen der Prüfungsrealität und den öffentlichen Erwartungen an eine Jahresabschlußprüfung, wider.[145] Abschließend ist ausdrücklich zu erwähnen, daß der gesetzlich fixierte Prüfungsumfang des § 317 HGB weder durch Entschluß des Abschlußprüfers noch durch vertragliche Regelungen mit der zu prüfenden Unternehmung eingeschränkt werden kann, wohingegen eine Ausweitung des Prüfungsauftrags – die z.B. auch die Prüfung der wirtschaftlichen Lage umfaßt – jederzeit möglich ist.[146]

142 Vgl. BGH-Urteil vom 15.12.1954, BGHZ 1955, Band 16, S. 22-23.

143 Vgl. WIEDMANN, Prüfungstechnik (2006), Rz. 5. § 317 Abs. 1 Satz 3 HGB folgend, ist die Prüfung lediglich so auszulegen, daß Unrichtigkeiten und Verstöße gemäß Satz 2, die wesentlichen Einfluß auf die Darstellung der Vermögens-, Finanz- und Ertragslage haben, im Rahmen der gewissenhaften Berufsausübung erkannt werden. Eine Ausnahme bildet dabei § 29 Abs. 1 Satz 1 KWG, der besagt, daß der Prüfer die wirtschaftlichen Verhältnisse eines Instituts zu prüfen hat.

144 LÜCK, Abschlußprüfung (1999), S. 16. Vgl. in diesem Zusammenhang ferner – m.w.N. – LÜCK/HUNECKE, Warnfunktion (1996), S. 3, LÜCK/HUNECKE, Krisenwarnfunktion (1997), S. 57 f.

145 Zur Erwartungslücke im allgemeinen vgl. MARTEN/QUICK/RUHNKE, Wirtschaftsprüfung (2011), S. 18 f. Die Erwartungslücke wird im Schrifttum erschöpfend behandelt. Ausführlich zu diesem Phänomen, insbesondere zu den Entstehungsursachen und Möglichkeiten zur Verringerung der Lücke, äußern sich STEINER, Prüfungsbericht (1991), S. 254-277, LINK, Abschlußprüfung (2006), S. 217-220 sowie RUHNKE/SCHMIELE/SCHWIND, Erwartungslücke (2010). Zur Erwartungslücke im Rahmen der Unternehmungsfortführungsprämisse vgl. zudem CAMPBELL/MUTCHLER, Expectations Gap (1988), S. 42 ff.

146 Vgl. WIEDMANN, Prüfungstechnik (2006), Rz. 13.

2.2.3 Der Prüfungsbericht und Bestätigungsvermerk

Der Prüfungsbericht und der Bestätigungsvermerk sind das physische Resultat der Abschlußprüfertätigkeit; sie bilden das Ende[147] des Prüfungsprozesses und sind Medium zur Mitteilung[148] des Prüfungsergebnisses.[149] Das „Prüfungsergebnis ist das abschließende und zusammenfassende Urteil, das sich ein Prüfungssubjekt über ein Prüfungsobjekt gebildet und an die jeweiligen Adressaten weiterzugeben hat“[150]. Während der *Prüfungsbericht* eine ausführliche Berichterstattung über den Verlauf und die Feststellungen der Prüfung umfaßt, gibt der *Bestätigungsvermerk* ein stark aggregiertes Prüfungsergebnis wieder.[151] So richtet sich der Prüfungsbericht insbesondere an interne Adressaten der geprüften Unternehmung, wohingegen der Bestätigungsvermerk im Gegensatz dazu zusätzlich an externe Interessenten gerichtet ist. In diesem Zusammenhang wird von einer gestaffelten Publizität der Berichterstattung des Abschlußprüfers gesprochen, die den unterschiedlichen Informationsinteressen der Urteilsempfänger Rechnung tragen soll.[152] Aufgrund ihrer Bedeutung sind die beiden Medien im deutschen Handelsrecht normiert (§§ 321 f. HGB). Eine ausführliche Betrachtung der gesetzlichen Vorgaben ist für die Untersuchung aus folgenden Gründen zweckmäßig. Zum einen sind in Deutschland Prüfungsberichte und Bestätigungsvermerke über die Prüfung von IFRS-Abschlüssen zu verfassen bzw. zu erteilen. Zum anderen stellen sie eine wesentliche Grundlage zur Entwicklung des zeitwertspezifischen Prüfungsprozeßmodells dar. Aus den allgemeinen gesetzlichen Vorschriften sind wichtige Erkenntnisse für eine zeitwertspezifische Urteilsmitteilung abzuleiten.

---

147 Die Prüfung ist solange nicht beendet, bis den gesetzlichen Vertretern bzw. dem Aufsichtsrat der Prüfungsbericht vorgelegt worden ist. Bis zu diesem Zeitpunkt hat die Prüfung im Rechtssinne noch nicht stattgefunden. Vgl. RG-Urteil vom 16.6.1944, WPg 1970, S. 423.

148 Weiteres Medium der Urteilsmitteilung, welches jedoch nicht gesetzlich normiert ist, ist die Schlußbesprechung. Diese findet nach Abschluß der Prüfungshandlungen, aber noch vor Ausfertigung und Übergabe des finalen Prüfungsberichts zwischen den gesetzlichen Vertretern der geprüften Gesellschaft und Vertretern der Prüfungsgesellschaft statt. Im Rahmen des Gesprächs werden den gesetzlichen Vertretern der geprüften Gesellschaft insbesondere die Prüfungsfeststellungen mitgeteilt sowie ein Bild von der Ordnungsmäßigkeit des Rechnungswesens vermittelt. Vgl. hierzu ausführlich SELCHERT, Kapitalgesellschaft (1996), S. 836 ff., WIEDMANN, Prüfungstechnik (2006), Rz. 794-797.

149 Im Rahmen der Urteilsmitteilung gelten die Grundsätze der Richtigkeit, im Sinne intersubjektiver Nachprüfbarkeit und Wahrhaftigkeit, der Klarheit und der Vollständigkeit. Vgl. LEFFSON, Wirtschaftsprüfung (1991), S. 315 f. LÜCK ergänzt den Grundsatz der Unparteilichkeit (§ 323 Abs. 1 Satz 1 HGB, § 43 Abs. 1 Satz 1 WPO), der verlangt, daß zu prüfende Sachverhalte mit Einbezug aller verfügbaren Informationen unabhängig gewertet werden. Vgl. LÜCK, Prüfungsbericht (1998), S. 626. Zu den in Rede stehenden Grundsätzen vgl. auch ausführlich GREWE, Prüfungsergebnis (2006), Rz. 43-63.

150 LÜCK, Prüfungsergebnis (1998), S. 629.

151 Vgl. GREWE, Prüfungsergebnis (2006), Rz. 2.

152 Vgl. VON WYSOCKI, Grundlagen (1988), S. 298.

Zunächst werden die gesetzlichen Vorschriften zum Prüfungsbericht betrachtet. § 321 Abs. 1 Satz 1 HGB verpflichtet den Abschlußprüfer schriftlich und in gebotener Klarheit über Art und Umfang der Prüfung sowie über das Prüfungsergebnis zu berichten. Der Bericht ist gemäß § 321 Abs. 5 HGB den gesetzlichen Vertretern (Satz 1) bzw. dem Aufsichtsrat (Satz 2 i.V.m. § 111 Abs. 2 Satz 3 AktG), sollte dieser den Prüfungsauftrag erteilt haben, unterschrieben vorzulegen.[153] Der Prüfungsbericht ist damit Mittel der Unternehmungsüberwachung, schließlich besitzen die Adressaten des Berichts, der aufgedeckte qualitative und quantitative Unregelmäßigkeiten ausführlich darzustellen hat, Leitungs- und/oder Kontrollkompetenzen und können folglich Einfluß auf die den Fehlern zugrundeliegenden Ursachen nehmen.[154]

Sofern der Prüfungsbericht den im Anschluß darzustellenden Mindestanforderungen des § 321 HGB nicht genügt, ist eine Feststellung des Jahresabschlusses nicht möglich.[155] Ein Prüfungsbericht wird den Anforderungen gerecht, sofern er Erläuterungen zu Gegenstand, Art und Umfang der Prüfung enthält und über das Ergebnis der Prüfung berichtet (§ 321 Abs. 1 Satz 1). Das Prüfungsergebnis setzt sich zum einen aus den grundsätzlichen Feststellungen – der so genannten *Vorweg-Berichterstattung* – nach § 321 Abs. 1 Satz 2 und 3 HGB und zum anderen aus den Pflichtfeststellungen und Pflichterläuterungen gemäß § 321 Abs. 2 und 3 HGB zusammen. Nach § 321 Abs. 1 Satz 2 HGB ist auf Grundlage der geprüften Unterlagen und des Lageberichts zunächst zu der Lagebeurteilung der gesetzlichen Vertreter der Unternehmung Stellung zu nehmen, wobei insbesondere auf die Beurteilung des Fortbestands und der künftigen Entwicklung der Unternehmung einzugehen ist. Zudem hat der Abschlußprüfer über festgestellte Unrichtigkeiten oder Verstöße gegen gesetzliche Vorschriften sowie über bestandsgefährdende oder entwicklungsbeeinträchtigende Tatsachen zu berichten, ebenso wie über Verstöße der gesetzlichen Vertreter oder der Arbeitnehmer gegen Gesetz, Gesellschaftsvertrag oder Satzung (§ 321 Abs. 1 Satz 3 HGB). § 321 Abs. 2 HGB regelt die Mindestbestandteile des *Hauptteils* des Prüfungsberichts. Nach Satz 1 ist darüber zu berichten, ob insbesondere Buchführung, (Konzern-)Abschluß sowie (Konzern-)Lagebericht den gesetzlichen Vorschriften sowie den ergänzenden Bestimmungen entsprechen. In diesem Zusammenhang ist gemäß Satz 2 auch über solche Beanstandungen zu berichten, die zwar nicht zur Einschränkung oder Versagung des Bestätigungsvermerks führen, für die Überwachung der Geschäftsführung des Mandanten allerdings von Relevanz sind. Satz 3 bestimmt, daß der Abschlußprüfer zu berichten hat, ob der Abschluß insgesamt unter Beachtung der GoB sowie anderer relevanter Rechnungslegungsgrundsätze ein den tatsächlichen Verhältnissen entsprechendes Bild der Vermögens-, Finanz- und Ertragslage vermit-

153 Schließlich wird der Prüfungsauftrag auch von den gesetzlichen Vertretern bzw. vom Aufsichtsrat erteilt (§ 318 Abs. 1 Satz 4 HGB). Bei einer GmbH sind ferner die Gesellschafter gesetzlich vorgesehene Empfänger des Prüfungsberichts (§ 42a Abs. 1 Satz 2 GmbHG).

154 Vgl. MARTEN/QUICK/RUHNKE, Wirtschaftsprüfung (2011), S. 532.

155 Vgl., auch im folgenden, GREWE, Prüfungsergebnis (2006), Rz. 12.

telt. Dazu sind Erläuterungen nach Satz 4 anzubringen, die wesentliche Bewertungsgrundlagen, die Ausübung von Bilanzierungs- und Bewertungswahlrechten, die Nutzung von Ermessensspielräumen sowie sachverhaltsgestaltende Maßnahmen thematisieren. Eine Aufgliederung der Posten des (Konzern-)Abschlusses ist nach Satz 5 nur unter bestimmten Bedingungen vorgeschrieben. Ferner ist nach Satz 6 im Hauptteil darüber zu berichten, ob die gesetzlichen Vertreter alle verlangten Aufklärungen und Nachweise erbracht haben. Gemäß § 321 Abs. 3 HGB hat der Prüfer in einem besonderen Abschnitt Gegenstand, Art und Umfang der Prüfung zu erläutern (Satz 1), wobei ebenso auf die angewandten Rechnungslegungs- und Prüfungsgrundsätze einzugehen ist (Satz 2). § 321 Abs. 4 HGB schreibt für börsennotierte Aktiengesellschaften zudem vor, daß in einem gesonderten Berichtsteil das Risikofrüherkennungssystem (§ 91 Abs. 2 AktG) beurteilt wird. Diese Beurteilung hat gegebenenfalls auch Vorschläge zu beinhalten, die sich auf die Verbesserung des Risikofrüherkennungssystems beziehen.

Neben den Pflichtbestandteilen des § 321 HGB ist aus Gründen der Vollständigkeit noch auf eine weitere gesetzliche Regelung einzugehen, die den Prüfungsbericht betrifft. Durch das BilMoG wurden die Pflichten zur Ausgestaltung des Prüfungsberichts um § 317 Abs. 4a HGB ergänzt, der auf Artikel 42 Abs. 1 lit. a der Abschlußprüferrichtlinie gründet.[156] Demnach hat der Abschlußprüfer seine Unabhängigkeit im Prüfungsbericht zu bestätigen. Durch diese ausdrückliche schriftliche Bestätigung soll gewährleistet werden, daß die Unabhängigkeit des Prüfers während des gesamten Prüfungszeitraums sichergestellt ist.[157] Darüber hinaus ist abschließend festzuhalten, daß neben der Mitteilung festgestellter Unregelmäßigkeiten sowie der Begründung des Prüfungsurteils eine weitere wichtige Aufgabe des Prüfungsberichts in der Rechenschaftsfunktion liegt, also dem Nachweis des Abschlußprüfers über die Erfüllung des Prüfungsauftrags; nicht zuletzt, um in Regreßfällen eine ordnungsgemäße Prüfungsdurchführung nachweisen zu können.[158]

Bevor im Anschluß der Inhalt des Bestätigungsvermerks[159] auf Grundlage der gesetzlichen Regelungen dargelegt wird, erfolgt zunächst eine Abgrenzung des Mediums gegenüber dem Prüfungsbericht. Durch das formelhafte und verkehrsfähige Testat erhalten die Adressaten keine Auflistung von Einzelfeststellungen, sondern ein aggregiertes Gesamturteil darüber, ob die Rechnungslegung den der Prüfung zugrundeliegenden Normen entspricht oder gegebenenfalls darüber, inwiefern dies nicht der

156 Vgl. BIEG/KUßMAUL/PETERSEN/WASCHBUSCH/ZWIRNER, Bilanzrechtsmodernisierungsgesetz (2009), S. 224.

157 Vgl. PETERSEN/ZWIRNER, Bilanzrecht (2009), S. 42.

158 Zu den Aufgaben des Prüfungsberichts vgl. im allgemeinen LÜCK, Prüfungsbericht (1998), S. 627. Zu dessen Rechenschaftsfunktion vgl. VON WYSOCKI, Grundlagen (1988), S. 305.

159 Der Bestätigungsvermerk wird in der Praxis häufig auch als Testat bezeichnet. Nachfolgend werden die Begriffe synonym verwendet.

Fall ist.[160] Die formelhafte Ausprägung ermöglicht den Adressaten Kontinuität in ihrer Interpretation der Aussagen des Bestätigungsvermerks im Zeitablauf, was wiederum Konsens über die Formulierung des Bestätigungsvermerks voraussetzt. Durch das deutsche Handelsrecht wird ein normierter Inhalt des Bestätigungsvermerks vorgegeben, ohne daß dessen expliziter Wortlaut diktiert wird.

Nach § 322 Abs. 1 Satz 1 HGB hat der Prüfer das Prüfungsergebnis in einem Bestätigungsvermerk zusammenzufassen. Durch Satz 2 wird diese Vorschrift dahingehend konkretisiert, daß der Vermerk Angaben über Gegenstand, Art und Umfang der Prüfung und der bei der Prüfung angewandten Rechnungslegungs- und Prüfungsgrundsätze sowie ferner eine Beurteilung des Prüfungsergebnisses enthalten muß. Diese Beurteilung muß nach § 322 Abs. 2 Satz 1 HGB unzweifelhaft darlegen, ob ein uneingeschränkter (Nr. 1) bzw. ein eingeschränkter Bestätigungsvermerk (Nr. 2) erteilt wird oder ob der Bestätigungsvermerk aufgrund von Einwendungen versagt wird (Nr. 3) oder nicht erteilt werden kann, weil der Abschlußprüfer nicht in der Lage ist, ein Prüfungsurteil abzugeben (Nr. 4). Darüber hinaus legt § 322 Abs. 2 Satz 2 HGB fest, daß die Beurteilung allgemeinverständlich und problemorientiert sein muß und den Umstand zu berücksichtigen hat, daß die gesetzlichen Vertreter den Abschluß verantworten. Gemäß Satz 3 ist gesondert auf bestandsgefährdende Risiken einzugehen, was sich nach Satz 4 bei der Prüfung von Konzernabschlüssen jedoch nicht auf Tochterunternehmungen bezieht, sofern diese für die wirtschaftliche Lage des Konzerns von untergeordneter Bedeutung sind. Der Inhalt eines uneingeschränkten Bestätigungsvermerks ergibt sich aus § 322 Abs. 3 HGB. Demnach hat der Prüfer nach Satz 1 anzugeben, daß die gemäß § 317 HGB durchgeführte Abschlußprüfung nicht zu Einwendungen geführt hat und daß der (Konzern-)Abschluß aufgrund der innerhalb der Prüfung gewonnenen Erkenntnisse den gesetzlichen Vorschriften entspricht, daß die GoB eingehalten sind und daß der Abschluß ein den tatsächlichen Verhältnissen entsprechendes Bild der wirtschaftlichen Lage vermittelt. Ferner wird dem Abschlußprüfer nach Satz 2 die Möglichkeit eingeräumt, auf bestimmte Umstände aufmerksam zu machen, die ihm erwähnenswert erscheinen, ohne dabei den Bestätigungsvermerk einzuschränken. Werden im Verlauf der Prüfung jedoch Einwendungen erhoben, ist der Vermerk gemäß § 322 Abs. 4 Satz 1 HGB einzuschränken oder zu versagen, wobei nach Satz 3 in beiden Fällen eine entsprechende Begründung abzugeben ist. Der Vermerk ist nach Satz 4 dann einzuschränken, wenn der Abschluß trotz Einwendungen auf Teilgebieten im wesentlichen noch ein den tatsächlichen Verhältnissen entsprechendes Bild der wirtschaftlichen Lage vermittelt und folglich ein Positivbefund noch zu vertreten ist.[161] Ist dies nicht der Fall, muß der Vermerk versagt werden. Eine Versagung ist nach § 322 Abs. 5 HGB zudem geboten, wenn der Abschlußprüfer nicht in der Lage ist, ein Prüfungsurteil abzugeben.

160 Vgl., wie auch im folgenden, BOLSENKÖTTER, Bestätigungsvermerk (1992), Sp. 210 ff.

161 Vgl. hierzu ebenfalls GREWE, Prüfungsergebnis (2006), Rz. 398.

Die Versagung ist in den Vermerk aufzunehmen, da er unter diesem Umstand nicht mehr als Bestätigungsvermerk zu bezeichnen ist (§ 322 Abs. 4 Satz 2 HGB).[162]

Bei der Beurteilung des Prüfungsergebnisses ist nach § 322 Abs. 6 Satz 1 HGB auch das Urteil des Prüfers mit einzubeziehen, ob der (Konzern-)Lagebericht mit dem (Konzern-)Abschluß in Einklang steht und ein zutreffendes Bild von der Unternehmungs-/Konzernlage vermittelt. Nach § 322 Abs. 7 HGB ist der Bestätigungs- oder Versagungsvermerk unter Angabe des Ortes und des Datums zu unterzeichnen (Satz 1) und in den Prüfungsbericht aufzunehmen (Satz 2). Der Wortlaut des Vermerks ist letztendlich so zu wählen, daß das getroffene Urteil einheitlich verstanden werden kann und außergewöhnliche Umstände verdeutlicht werden.[163]

2.3 Die berufsständischen Regelungen

2.3.1 Die nationale Ebene

Neben den im HGB kodifizierten Vorschriften zur Prüfung existieren weitere Regeln, die in Deutschland bei der Prüfung von IFRS-Abschlüssen zu beachten sind. So lassen sich Prüfungsnormen insbesondere nach den bereits betrachteten Rechtsnormen und den im Anschluß vorzustellenden berufsständischen Normen unterscheiden.[164]

Auf nationaler Ebene werden die handelsrechtlichen Normen durch die berufsständischen Normen des IDW und der Wirtschaftsprüferkammer (WPK) konkretisiert.[165] Der Berufsstand der Wirtschaftsprüfer ist in Deutschland durch das IDW privatrechtlich organisiert und wird durch das Institut auf freiwilliger Basis vereint. Es wurde 1930 unter dem Namen *Institut für das Revisions- und Treuhandwesen* gegründet, wobei 1932 die Umbenennung zum *Institut der Wirtschaftsprüfer* mit Sitz in Berlin erfolgte.[166] Im Jahre 1948 wird Düsseldorf der neue Sitz des Instituts, während

162 Zu den möglichen rechtlichen und wirtschaftlichen Konsequenzen eines eingeschränkten oder versagten Vermerks vgl. eingehend GREWE, Prüfungsergebnis (2006), Rz. 414-421 sowie MARTEN/QUICK/RUHNKE, Wirtschaftsprüfung (2011), S. 530 f.

163 Vgl. MARTEN/QUICK/RUHNKE, Wirtschaftsprüfung (2011), S. 521.

164 Aus Gründen der Vollständigkeit sei auf die betrieblichen Normen hingewiesen, die individuell auf Ebene einer Prüfungsgesellschaft gelten und das prüferische Verhalten der Beschäftigten steuern. Diese Normen sind im jeweiligen Prüfungshandbuch festgehalten und besitzen Anweisungs- und Leitliniencharakter und dienen der Konkretisierung der gesetzlichen und berufsständischen Normen. Vgl. MARTEN/QUICK/RUHNKE, Wirtschaftsprüfung (2011), S. 99 f.

165 Vgl. KRANTZ, Prüfungsnormen (2007), S. 1091.

166 Vgl., wie auch im folgenden, IDW, Geschichte (2009), S. 1 ff.

1954 eine erneute Namensänderung in den noch heute gültigen Namen *Institut der Wirtschaftsprüfer in Deutschland e.V* erfolgte. Im Jahre 1961 tritt die WPO in Kraft und die Wirtschaftsprüferkammer (WPK) nimmt ihre berufsrechtliche Tätigkeit auf.[167] Die Aufgaben des IDW ergeben sich aus § 2 der Satzung des IDW:[168] So hat das IDW nach Abs. 1 die Fachgebiete des Wirtschaftsprüfers zu fördern und für die Interessen des Berufstands einzutreten. Nach Abs. 2 hat das IDW insbesondere für die Aus- und Weiterbildung der Wirtschaftsprüfer zu sorgen, für einheitliche Grundsätze der unabhängigen, eigenverantwortlichen und gewissenhaften Berufsausübung einzutreten und deren Einhaltung durch die Mitglieder sicherzustellen. Bei Fach- und Berufsfragen, welche den gesamten Berufsstand angehen, nimmt das IDW gutachtlich Stellung, entwickelt „Arbeitshilfen für die Prüfung und füllt die vom Gesetzgeber belassenen Freiräume mittels fachgerechter Interpretationen des geschriebenen Rechts aus“[169], was für die vorliegende Untersuchung, vor dem Hintergrund der Prüfung beizulegender Zeitwerte, von besonderer Wichtigkeit ist.

Für die Normensetzung ist vor allen Dingen die Facharbeit des IDW, die sich nach § 12 der Satzung des IDW in Ausschüssen vollzieht, von Bedeutung.[170] Die Facharbeit umfaßt „die Behandlung von Grundsatzfragen im nationalen und internationalen Bereich aus allen Tätigkeitsgebieten des Wirtschaftsprüfers“[171]. Die eingangs erwähnte Konkretisierung der gesetzlichen Regelungen vollzieht sich insbesondere durch die von der WPK erlassene Berufssatzung, die ihrerseits die WPO konkretisiert[172], sowie die Verlautbarungen des IDW, als Ergebnis dessen Facharbeit.[173] Eine Verlautbarung ist dabei als Oberbegriff für sämtliche fachliche Äußerungen der IDW-Fachgremien zu verstehen und gibt die Berufsauffassung der Wirtschaftsprüfer zu den jeweils aufkommenden Fachfragen wieder oder trägt zu deren Entwicklung bei.[174] Im einzelnen umfassen die fachlichen Äußerungen nachfolgend dargestellte

---

167 Die Mitgliedschaft in der WPK ist anders als beim IDW verpflichtend. Sie vertritt Belange und Positionen des Berufsstands gegenüber der Öffentlichkeit und der Politik und übernimmt gleichzeitig Informationsfunktionen für ihre Mitglieder. Ferner werden der WPK per Gesetz (§ 57 WPO) Aufgaben übertragen. Hierbei sind neben der Berufsaufsicht, der Durchführung der Qualitätskontrolle und der bundeseinheitlichen Berufsexamen insbesondere der Erlaß der Berufssatzung der Wirtschaftsprüfer hervorzuheben. Vgl. hierzu und weiterführend VEIDT, WPK (2007), S. 1543 f. sowie MARTEN/QUICK/RUHNKE, Wirtschaftsprüfung (2011), S. 68 ff., die ferner auf die Organe und den Aufbau der WPK eingehen.

168 Vgl. IDW, Satzung (2005).

169 MARTEN/QUICK/RUHNKE, Wirtschaftsprüfung (2011), S. 70.

170 Vgl. hierzu sowie zu den diversen Ausschüssen, z.B. dem Hauptfachausschuß (HFA) oder zu den Arbeitskreisen des IDW, MARTEN/QUICK/RUHNKE, Wirtschaftsprüfung (2011), S. 70 f.

171 NAUMANN, IDW (2007), S. 671.

172 Vgl. hierzu auch weiterführend MARTEN/QUICK/RUHNKE, Wirtschaftsprüfung (2011), S. 91 f.

173 Vgl. beispielsweise KRANTZ, Prüfungsnormen (2007), S. 1091.

174 Vgl. NAUMANN, Verlautbarung (2002), Sp. 2492.

Verlautbarungen.[175] An erster Stelle sind die Prüfungsstandards (IDW PS) zu nennen, die, aufbauend auf den gesetzlichen Vorschriften der §§ 316 ff. HGB, neben den Grundsätzen ordnungsmäßiger Abschlußprüfung (GoA) vorzunehmende Prüfungshandlungen sowie Anforderungen an die Berichterstattung des Prüfers beinhalten. Rechnungslegungsfragen, zu denen keine allgemein anerkannten Rechnungslegungsstandards vorliegen, werden von den Stellungnahmen zur Rechnungslegung (IDW RS)[176] behandelt. Ausgewählte Themen, welche nicht unmittelbar die Rechnungslegung oder Prüfung tangieren, werden durch die Standards des IDW (IDW S) behandelt.[177] Um dem Berufsstand Fragen der Prüfung und Rechnungslegung zu erläutern oder eine Orientierungshilfe zur Auslegung gewisser Prüfungs- und Rechnungslegungsgrundsätze an die Hand zu geben, speziell in den Fällen, in denen noch keine Berufsübung besteht, werden vom IDW einerseits Prüfungshinweise (IDW PH) sowie andererseits Rechnungslegungshinweise (IDW RH) herausgegeben. Seit 1998 werden die Verlautbarungen des IDW neu strukturiert, wobei bestehende prüfungsspezifische Verlautbarungen solange ihre Gültigkeit besitzen, bis sie partiell oder vollständig durch entsprechend neue Verlautbarungen – insbesondere IDW PS oder IDW PH – ersetzt werden.[178] Für den weiteren Verlauf der Untersuchung sind vorwiegend die IDW PS von Relevanz.

Zweifellos haben die Verlautbarungen nicht den Status einer Rechtsnorm, weisen aber dennoch einen hohen Verbindlichkeitsgrad auf. Von den PS darf nach PS 201.29 nur in Ausnahmefällen abgewichen werden, was zudem im Prüfungsbericht anzugeben und adäquat zu begründen ist. Werden die PS hingegen ohne Vorlage gewichtiger Gründe von einem Prüfer nicht beachtet, kann das von der Berufsauffassung abweichende Vorgehen in Regreßfällen sowohl zivil- als auch berufsrechtliche[179] Konsequenzen nach sich ziehen.

175 Vgl., auch im folgenden, NAUMANN, Wirtschaftsprüfer (2007), S. 1464, der an dieser Stelle weiterführend auch auf die Verfahren eingeht, in denen die entsprechenden Verlautbarungen verabschiedet werden.

176 Beispielhaft sei IDW RS HFA 16 zu „Bewertungen bei der Abbildung von Unternehmenserwerben und bei Werthaltigkeitsprüfungen nach IFRS“ genannt. Vgl. IDW, RS HFA 16 (2005).

177 Beispielhaft sei auf IDW S 1 hingewiesen, der „Grundsätze zur Durchführung von Unternehmensbewertungen“ beinhaltet. Vgl. IDW, IDW S 1 (2008).

178 Vgl. hierzu MARTEN/QUICK/RUHNKE, Wirtschaftsprüfung (2011), S. 92. Insbesondere werden die vormaligen Fachgutachten (FG) und Stellungnahmen sukzessive ersetzt. Vgl. auch RÜCKLE, GoA (2002), Sp. 1033.

179 Vgl. NAUMANN, Beruf des Wirtschaftsprüfers (2006), Rz. 366.

2.3.2 Die internationale Ebene

Im Rahmen des BilMoG wurden § 317 Abs. 5 und Abs. 6 HGB neu in das deutsche Handelsrecht aufgenommen, die sich auf die Prüfungspraxis in Deutschland auswirken. So verpflichtet § 317 Abs. 5 HGB, der auf Art. 26 Abs. 1 Satz 1 der Abschlußprüferrichtlinie gründet, Prüfer dazu, die durch das Komitologieverfahren[180] nach Art. 48 Abs. 2 der Abschlußprüferrichtlinie in europäisches Recht zu erhebenden internationalen Prüfungsstandards anzuwenden. Die Inhalte von Art. 26 Abs. 3 der Abschlußprüferrichtlinie werden mit § 317 Abs. 6 HGB in nationales Recht übertragen.[181] Demgemäß wird dem Bundesministerium der Justiz im Einvernehmen mit dem Bundesministerium für Wirtschaft die Ermächtigung eingeräumt, durch Rechtsverordnung, auch ohne die Zustimmung des Bundesrats, zusätzliche Anforderungen an die Abschlußprüfung vorzuschreiben, die über die gemäß § 317 Abs. 5 HGB anzuwendenden internationalen Prüfungsstandards hinausgehen oder die Nichtanwendung von Teilen dieser Prüfungsstandards zu erlassen, sofern der Umfang der Abschlußprüfung dies erfordert und die Prüfungsziele des § 317 Abs. 1 bis 4 HGB nicht konterkariert werden. Nach Darlegung der geänderten Rechtslage ist zu klären, was gemeinhin unter internationalen berufsständischen Normen zu verstehen ist. Art. 2 Nr. 11 der Abschlußprüferrichtlinie bestimmt dabei die „international standards on auditing" (ISA) sowie damit zusammenhängende abschlußprüfungsrelevante Stellungnahmen und Standards als „internationale Prüfungsstandards".

Die ISA werden innerhalb der „international federation of accountants" (IFAC) von dem IAASB herausgegeben.[182] Ziel der IFAC ist eine weltweit einheitliche Koordinierung des Berufsstands, indem „harmonisierte Grundsätze auf fachlichem und berufsethischem Gebiet sowie zur Aus- und Fortbildung"[183] entwickelt und gefördert werden. Mittel zur Zweckerfüllung sind dabei u.a. die ISA, welche die Qualität und Einheitlichkeit der Prüfungstätigkeit weltweit verbessern sollen.[184] Neben der Harmonisierung der Rechnungslegung wird demnach auch eine Harmonisierung der Regeln zur Abschlußprüfung angestrebt. Dies impliziert, daß „die fachlichen Regeln, denen eine Abschlussprüfung folgt, gleich oder zumindest gleichwertig sind und dies als solches auch erkennbar ist"[185]. Eine derartige Harmonisierung bedingt in Konse-

---

180 Zum Komitologieverfahren der EU-Kommission vgl. ausführlich OLBRICH/WEIMANN, International Standards on Auditing (2011), S. 182 ff.

181 Vgl. BIEG/KUßMAUL/PETERSEN/WASCHBUSCH/ZWIRNER, Bilanzrechtsmodernisierungsgesetz (2009), S. 216 i.V.m. EUROPÄISCHES PARLAMENT/RAT DER EUROPÄISCHEN UNION, Abschlußprüferrichtlinie (2006), S. 98.

182 Vgl. IFAC, Handbook (2010), Scope.

183 LANFERMANN, ISA (2002), Sp. 1209. Allgemein zur IFAC sowie zu deren Organen vgl. NAUMANN, Berufsorganisation (2006), Rz. 58-69.

184 Vgl. LANFERMANN, ISA (2002), Sp. 1209.

185 HEININGER, ISA-Anwendung (2010), S. 16.

quenz, daß nicht länger nationale, sondern vielmehr internationale Prüfungsstandards – und zwar in Gestalt der ISA – Anwendung zu finden haben. Während über einen längeren Zeitraum ungewiß war, ob die ISA in Deutschland unmittelbar und für alle Prüfungen anzuwenden sein werden und welche Rolle den IDW PS dabei zukommen wird,[186] hat der Gesetzgeber durch § 317 Abs. 5 HGB diesbezüglich Gewißheit geschaffen, wenn diese aus nationaler Sicht auch unbefriedigend ist.[187]

Zur Übernahme der ISA sind drei wesentliche Aspekte festzuhalten. *Erstens* steht das Komitologieverfahren gegenwärtig noch aus. Solange die EU-Kommission die ISA nicht in europäisches Recht erhoben hat, als Voraussetzung für die Ausstrahlungswirkung des § 317 Abs. 5 HGB, sind die IDW PS unverändert anzuwenden.[188] Gerade weil der Zeitpunkt des Komitologieverfahrens noch offen ist, hat der HFA des IDW entschieden, die PS weiterzuentwickeln – anstatt das ISA-Regelwerk vorzeitig für den Berufsstand als verpflichtend anzuwendende Prüfungsstandards zu übernehmen – und damit der Tradition zu folgen, die Anforderungen der ISA in die PS zu implementieren.[189] Als Mitglied der IFAC ist das IDW nämlich verpflichtet, „die internationalen Verlautbarungen in nationale Grundsätze zu transformieren, soweit dies unter nationalen Gegebenheiten möglich ist“[190], weswegen die PS aus einer Transformation der ISA, unter Berücksichtigung der nationalen Besonderheiten, gewonnen werden.[191] Aus dieser Tradition ergibt sich *zweitens*, daß die PS bereits überwiegend mit den ISA „übereinstimmen […], so dass viele Inhalte der internationalen Prüfungsnormen in den privatrechtlichen deutschen Prüfungsstandards ohnehin schon

186 Vgl. hierzu RUHNKE, Prüfung von IFRS-Abschlüssen (2007), S. 155 f.

187 Zu begrüßen ist jedoch, daß der Gesetzgeber durch § 317 Abs. 6 HGB zumindest die Möglichkeit eröffnet, durch Rechtsverordnung weitere Prüfungsanforderungen bzw. die Nichtanwendung oder Abweichung von Teilen der internationalen Prüfungsstandards vorzuschreiben, wenn dies aus nationaler Sicht geboten ist. Vgl. OLBRICH/WEIMANN, International Standards on Auditing (2011), S. 186 f. Es ist darauf hinzuweisen, daß das IDW einer Übernahme der ISA prinzipiell positiv gegenüber steht. Vgl. IDW, Standpunkte (2009), S. 437, KÄMPFER/SCHMIDT, Auswirkungen (2009), S. 47, HEININGER, ISA-Anwendung (2010), S. 18 und 23. Allerdings äußert das IDW ebenfalls Bedenken. Vgl. hierzu statt vieler HEININGER, Besondere Fragen der ISA-Anwendung (2010), S. S37 ff. sowie HEININGER, ISA-Anwendung (2010), S. 22 f.

188 Vgl. MARTEN/QUICK/RUHNKE, Wirtschaftsprüfung (2011), S. 104. Dies ergibt sich auch aus Art. 26 Abs. 1 Satz 2 der Abschlußprüferrichtlinie.

189 Vgl. PLATH, Entwicklungen in der Abschlußprüfung (2010), S. 1139. In diesem Zusammenhang hat der HFA im September 2010 beschlossen, einen Großteil der neuen Anforderungen der ISA, die sich im Zuge des „clarity project“ des IAASB ergeben haben, durch Anpassung unterschiedlicher PS zu berücksichtigen. Vgl. ausführlich NOODT/KUNELLIS, Anpassung von IDW PS (2011). Zu dem in Rede stehenden „clarity project“ vgl. eingehend OLBRICH/WEIMANN, International Standards on Auditing (2011), S. 184 ff. sowie zudem IFAC, Clarity (2007).

190 IDW, PS 201 (2009), Rz. 32.

191 Vgl. NAUMANN, Wirtschaftsprüfer (2007), S. 1465.

enthalten sind"[192] und die ISA damit bereits implizit Anwendung finden.[193] *Drittens* berücksichtigen die PS – aufgrund ihres Entwicklungsprozesses – nationale Besonderheiten, die sich aus handels- und gesellschaftsrechtlichen Regelungen ergeben, in adäquatem Maße. Die ISA enthalten zur Würdigung jener nationalen Besonderheiten zwar „Öffnungsklauseln", die jedoch wiederum einen Rückgriff auf die nationalen Normen erfordern. Somit werden die IDW PS künftig – trotz faktischer Anwendungspflicht der ISA – aufgrund zu berücksichtigender nationaler Besonderheiten im Rahmen der Abschlußprüfung[194] nicht obsolet. Die Ergebnisse des zweiten und dritten Punktes *würdigend* ist zu dem Schluß zu kommen, daß aus nationaler Sicht keinerlei Notwendigkeit besteht, die IDW PS durch vermeintlich bessere internationale Prüfungsnormen zu ersetzen.[195] Aufgrund dessen sowie wegen der noch nicht erfolgten hoheitlichen Anerkennung der ISA durch die EU, wird im weiteren Verlauf der Untersuchung auf die nationalen berufsständischen Regelungen des IDW abgestellt.

2.4 Das Prüfungsrisiko und die Wesentlichkeit

Neben gesetzlichen und berufsständischen Regelungen sind weitere Grundlagen der Abschlußprüfung zu betrachten, die für die Entwicklung eines zeitwertspezifischen Prüfungsprozeßmodells von Bedeutung sind. Als maßgebliche Determinanten einer Abschlußprüfung werden das Prüfungsrisiko sowie der Grundsatz der Wesentlichkeit betrachtet.

Das Prüfungsrisiko ist für die Untersuchung deshalb bedeutsam, da es die entscheidende Größe zur Bestimmung der Art und des Umfangs der vorzunehmenden Prüfungshandlungen darstellt.[196] Auf nationaler Ebene wird das Prüfungsrisiko insbesondere durch EPS 261 n.F. geregelt.[197] Grundsätzlich wird unter dem Prüfungsrisiko

192 BIEG/KUßMAUL/PETERSEN/WASCHBUSCH/ZWIRNER, Bilanzrechtsmodernisierungsgesetz (2009), S. 216.

193 Vgl. OLBRICH/WEIMANN, International Standards on Auditing (2011), S. 182. Selbst KÖHLER/BÖHM kommen zu diesem Schluß. Vgl. KÖHLER/BÖHM, Stellungnahme (2012), S. 98.

194 Vgl. BIEG/KUßMAUL/PETERSEN/WASCHBUSCH/ZWIRNER, Bilanzrechtsmodernisierungsgesetz (2009), S. 216.

195 Vgl. hierzu ausführlich sowie mit Beispielen und alternativen Lösungsvorschlägen OLBRICH/WEIMANN, International Standards on Auditing (2011) sowie OLBRICH/WEIMANN, Zur Substitution der IDW PS (2012).

196 Vgl. WIEDMANN, Prüfungstechnik (2006), Rz. 60-70. Neben dem Prüfungsrisiko sieht sich der Prüfer bei der Ausübung seiner Tätigkeit zudem dem Geschäftsrisiko und dem Auftragsrisiko ausgesetzt. Vgl. hierzu ausführlich WOLZ, Wesentlichkeit (2003), S. 48 ff.

197 Vgl. IDW, EPS 261 n.F. (2011). Der Standard konkretisiert das Vorgehen bei der Feststellung und Beurteilung von Fehlerrisiken sowie die Reaktionen des Abschlußprüfers auf diese Risiken.

„die Gefahr verstanden, daß dem Abschlußprüfer ein Urteil über die Ordnungsmäßigkeit des Jahresabschlusses und über den Lagebericht sowie die Vermittlung des verlangten Bilds der Vermögens-, Finanz- und Ertragslage mißlingt“[198]. Das Prüfungsrisiko hat dabei zwei Ausprägungen. Zum einen wird darunter im Rahmen einer risikoorientierten Abschlußprüfung die Wahrscheinlichkeit verstanden, daß der Abschlußprüfer einen Bestätigungsvermerk erteilt, obwohl der geprüfte Jahresabschluß wesentliche Fehler enthält.[199] Dieser Fehler der irrtümlichen Annahme wird als *β-Fehler* bezeichnet. Zum anderen beschreibt der *α-Fehler* die Gefahr der irrtümlichen Ablehnung, also die Einschränkung, unangebrachte Ergänzung oder Versagung des Bestätigungsvermerks durch den Abschlußprüfer, obschon der Jahresabschluß tatsächlich ordnungsgemäß ist.[200] Im folgenden wird ausschließlich der β-Fehler betrachtet, da dieser für den Prüfer wesentlich schwerer wiegt.[201] Dies ist darauf zurückzuführen, daß bei positiver Beurteilung eines fehlerbehafteten Prüffeldes der Fehler im allgemeinen unentdeckt bleibt, da keine weiteren Prüfungshandlungen durchgeführt werden, was demnach zwangsläufig zu einem Fehlurteil führt. Weist der Prüfer dagegen ein ordnungsmäßiges Prüffeld zurück, wird dieses vom Mandanten i.d.R. erneut begutachtet, so daß der Irrtum des Prüfers ex post aufgezeigt und korrigiert werden kann.

Das Prüfungsrisiko (PR) setzt sich in seiner Ausprägung als β-Fehler aus dem Fehlerrisiko und dem Entdeckungsrisiko (ER) zusammen.[202] Das Fehlerrisiko unterteilt sich wiederum in zwei Teilrisiken (Inhärentes Risiko (IR) und Kontrollrisiko (KR)) und beschreibt das Risiko, daß im Jahresabschluß oder in einem Prüffeld ein wesentlicher Fehler vorliegt, wohingegen das Entdeckungsrisiko der Wahrscheinlichkeit entspricht, daß der Prüfer einen wesentlichen Fehler im Jahresabschluß oder in einem Prüffeld nicht entdeckt.[203] Die Komponenten der grundsätzlichen Struktur des Prüfungsrisikomodells sind in nachfolgender Gleichung dargestellt:

$$PR = IR \times KR \times ER$$ [204].

198 SELCHERT, Kapitalgesellschaft (1996), S. 146.

199 Vgl. DIEHL, Abschlußprüfung (1993), S. 1114 oder NAGEL, Audit Risk (1998), S. 45. Sowohl der β- als auch der nachfolgend darzustellende α-Fehler beziehen sich auch auf den Lagebericht. Aus Vereinfachungsgründen wird hingegen lediglich vom „Jahresabschluß“ gesprochen.

200 Zu detaillierten Ausführungen bezüglich α- und β-Fehlern, z.B. deren Herkunft aus der Statistik und Anwendung auf die Jahresabschlußprüfung, vgl. WIEDMANN, Prüfungsansatz (1993), S. 15.

201 Vgl., wie im folgenden, LEFFSON, Wirtschaftsprüfung (1991), S. 190.

202 Vgl. SELCHERT, Kapitalgesellschaft (1996), S. 148, IDW, EPS 261 n.F. (2011), Rz. 6.

203 Vgl. hierzu WIEDMANN, Prüfungsansatz (1993), S. 17.

204 Vgl. hierzu AICPA, Audit Risk (1984), S. 144 m.w.N. Zur historischen Entwicklung und konzeptionellen Erweiterung dieses Risikomodells sowie zu weiteren Modellen vgl. ZAEH, Prüfungsrisikomodelle (2000), S. 208 ff.

Die Komponenten des Fehlerrisikos liegen im Einflußbereich des Mandanten und können daher durch den Abschlußprüfer nicht beeinflußt werden.[205] Somit bestehen sie unabhängig von einer Prüfung. Das inhärente Risiko, als erste Komponente des Fehlerrisikos, beschreibt die Wahrscheinlichkeit, daß wesentliche Fehler unter der Annahme auftreten, daß keine internen Kontrollen existieren, welche solche Fehler normalerweise verhüten, entdecken oder korrigieren sollen, während das Kontrollrisiko, als zweite Komponente des Fehlerrisikos, der Wahrscheinlichkeit entspricht, daß wesentliche Fehler durch ein vorhandenes internes Kontrollsystem nicht rechtzeitig vermieden, aufgedeckt oder berichtigt werden.[206] Das Entdeckungsrisiko stellt hingegen eine vom Prüfer zu beeinflussende Variable dar, da das Risiko durch den Umfang von Prüfungshandlungen gesteuert werden kann.[207] Demgemäß beeinflußt die Einschätzung des Fehlerrisikos durch den Abschlußprüfer direkt dessen Entscheidung über Art und Umfang der erforderlichen Prüfungshandlungen, um das Entdeckungsrisiko auf ein vertretbares Niveau herabzusenken, wodurch eine inverse Beziehung zwischen Fehler- und Entdeckungsrisiko deutlich wird.[208] Nach Schätzung des Fehlerrisikos, Festlegung des maximal zu akzeptierenden Prüfungsrisikos[209] und Auflösung der Gleichung nach ER, kann das maximale Entdeckungsrisiko ermittelt und in dessen Abhängigkeit der Umfang der Prüfungshandlungen entsprechend ausgerichtet werden.

Das in Rede stehende Risikomodell ist beispielsweise aufgrund der ihm nachgesagten mangelnden Unabhängigkeit, mangelnden Objektivität oder mangelnden Vollständig-

205 Vgl. im folgenden SELCHERT, Kapitalgesellschaft (1996), S. 148.

206 Vgl. hierzu MARTEN/QUICK/RUHNKE, Wirtschaftsprüfung (2011), S. 208 ff. Zur ausführlichen Beschreibung und Beurteilung des inhärenten Risikos und des Kontrollrisikos vgl. auch WIEDMANN, Prüfungsansatz (1993), S. 17 f., SELCHERT, Kapitalgesellschaft (1996), S. 148-156, NAGEL, Inherent Risk (1998), S. 394, NAGEL, Control Risk, (1998), S. 165, WIEDMANN, Prüfungstechnik (2006), Rz. 61 ff.

207 Vgl. hierzu WIEDMANN, Prüfungsansatz (1993), S. 18, SELCHERT, Kapitalgesellschaft (1996), S. 156 f., MARTEN/QUICK/RUHNKE, Wirtschaftsprüfung (2011), S. 210 f.

208 Vgl., wie auch im folgenden, WIEDMANN, Prüfungstechnik (2006), Rz. 65 ff.

209 Der Prüfer muß sich entscheiden, welches Prüfungsrisiko maximal toleriert werden kann, um noch ein vertrauenswürdiges Urteil über die Ordnungsmäßigkeit des Jahresabschlusses fällen zu können. Vgl. BAETGE, Prüfungsansatz (1997), S. 443. In der Prüfungspraxis gilt ein Prüfungsrisiko von 5 % als angemessen, wobei Variationen bis zu maximal 10 % akzeptiert werden. Ferner werden z.T. Bandbreiten von 1-5 % für das Prüfungsrisiko vorgeschlagen. Vgl. hierzu MARTEN/QUICK/RUHNKE, Wirtschaftsprüfung (2011), S. 210. Wird beispielsweise ein Prüfungsrisiko von 5 % gewählt, wird ein Sicherheitsgrad von 95 % angestrebt. Kann diese hinreichende Sicherheit nicht erreicht werden, liegen also in einem Prüffeld höhere Risiken als die vertretbaren 5 % vor, sind entweder die Prüfungshandlungen ex post auszudehnen oder der Bestätigungsvermerk ist einzuschränken bzw. zu versagen. Schließlich wird das Ziel angestrebt, daß mit einer Sicherheit von 95 % kein wesentlicher Fehler im Abschluß vorliegt. Vgl. zu diesen Ausführungen statt vieler WIEDMANN, Prüfungsansatz (1993), S. 16.

keit umfänglicher Kritik ausgesetzt.[210] Allerdings sei daran erinnert, daß ein Modell lediglich versucht, bestehende Komplexitäten der Realität zu reduzieren und nicht den Anspruch erhebt, bedingungslose Lösungen zu liefern. Im Zuge einer Abschlußprüfung ist es weder realisierbar noch zweckmäßig, exakt quantifizierbare Risikoeinschätzungen vorzunehmen.[211] Vielmehr dient das vorgestellte Modell dazu, die Beziehungen zwischen den Teilkomponenten des Prüfungsrisikos offenzulegen sowie die hieraus resultierenden Konsequenzen für Art und Umfang der vorzunehmenden Prüfungshandlungen aufzuzeigen. Zur Gewährleistung einer ökonomischen Durchführung der Abschlußprüfung muß das Ziel verfolgt werden, das Risiko von Fehlurteilen möglichst gering zu halten, was zur Folge hat, daß der Prüfer bereits im Rahmen der Prüfungsplanung die prüfungsrelevanten Risiken zu identifizieren und analysieren hat, um zu einer an den Prüfungsrisiken orientierten Prüfungsstrategie zu gelangen.[212] Hierfür ist das vorgestellte Prüfungsrisikomodell durchaus zweckdienlich.

Nachfolgend ist darzustellen, daß das Prüfungsrisiko eng mit dem Grundsatz der Wesentlichkeit verknüpft ist. Das IDW befaßt sich insbesondere in PS 250 mit der prüfungsbezogenen Wesentlichkeit.[213] Nach der Berufsauffassung besagt die Wesentlichkeit in der Abschlußprüfung *im allgemeinen*, daß falsche Angaben mit hinreichender Sicherheit aufzudecken sind (PS 250.4). Die Wesentlichkeit ist für die Untersuchung deshalb von Bedeutung, da es unstreitig nicht das Ziel einer Jahresabschlußprüfung ist, ausnahmslos alle Fehler, auch nicht jene aus der Zeitwertbilanzierung, aufzudecken. Entscheidend ist jedoch, das Prüfungsrisiko auf ein akzeptables Maß zu reduzieren, so daß sichergestellt ist, daß der testierte Abschluß zumindest keine wesentlichen Fehler enthält.[214] „Der Grundsatz der Wesentlichkeit [...] verlangt deshalb, Art und Umfang der vorzunehmenden Prüfungshandlungen so festzulegen, dass falsche Angaben in der Rechnungslegung, die auf Unrichtigkeiten und Verstöße zurückzuführen sind und die alleine oder zusammen mit anderen falschen Angaben als wesentlich anzusehen sind, nicht unentdeckt bleiben."[215] Dies bedeutet im Umkehrschluß, daß die Ordnungsmäßigkeit von Prüfungsobjekten zu

210 Einen umfassenden Überblick – m.w.N. – liefern MARTEN/QUICK/RUHNKE, Wirtschaftsprüfung (2011), S. 212-215. Vgl. ferner QUICK/MONROE/NG/WOODLIFF, Inhärentes Risiko (1997), S. 211 ff. und die dort angeführte Literatur sowie QUICK, Prüfungsrisikomodelle (1998), S. 246 ff. Zu darüber hinausgehenden Schwächen vgl. MOCHTY, Prüfungsansatz (1997), S. 740 ff. BALLWIESER übt ebenfalls Kritik an dem Risikomodell, stellt den negativen Aspekten jedoch auch die Vorteile gegenüber. Vgl. BALLWIESER, Prüfungsansatz (1998), S. 370 f.

211 Vgl., wie auch im folgenden, WIEDMANN, Prüfungstechnik (2006), Rz. 68.

212 Vgl. SELCHERT, Kapitalgesellschaft (1996), S. 147 i.V.m. WIEDMANN, Prüfungsansatz (1993), S. 16. Vgl. zudem die diesbezüglichen zeitwertspezifischen Ausführungen in Abschnitt III.2.2.

213 Vgl. IDW, PS 250 (2010).

214 Vgl. auch SELCHERT, Kapitalgesellschaft (1996), S. 158 und IDW, EPS 261 n.F. (2011), Rz. 5.

215 WIEDMANN, Prüfungstechnik (2006), Rz. 71. Dabei sind risikoreiche oder kritische Prüfungsgebiete als solche zu identifizieren und mit besonderer Intensität zu prüfen. Vgl. hierzu HÖMBERG, Fachgutachten (1989), S. 1785.

verneinen ist, wenn Abweichungen zwischen Soll- und Ist-Objekten vorliegen, welche die wirtschaftlichen Entscheidungen der Urteilsempfänger beeinflussen.[216] *Im speziellen* wird unter „Wesentlichkeit" daher der Grenzwert verstanden, ab dem Unrichtigkeiten oder Verstöße Einfluß auf die wirtschaftlichen Entscheidungen der Abschlußadressaten nehmen.[217] Folglich hat der Prüfer Wesentlichkeitsgrenzen festzulegen, die ausdrücken, bis zu welchem Maße Fehler in Form von Unrichtigkeiten oder Verstößen, dargestellt in monetären Einheiten,[218] einzeln oder in Summe noch akzeptiert werden können, ohne den Bestätigungsvermerk einzuschränken oder zu versagen.[219] In diesem Zusammenhang ist zum einen darauf hinzuweisen, daß keine gesetzlichen Regelungen zur Ermittlung prüfungsbezogener Wesentlichkeitsgrenzen existieren. Zum anderen ist festzuhalten, daß die berufsständischen Regelungen lediglich vorschreiben, die Wesentlichkeit regelmäßig im Rahmen des beruflichen Ermessens und einzelfallbezogen zu beurteilen (PS 250.13),[220] wobei quantitative und qualitative Faktoren[221] zu berücksichtigen sind. Aufgrund seiner Bedeutung wird der Grundsatz der Wesentlichkeit als einer der bedeutendsten GoA angesehen.[222]

216 Vgl. LEFFSON, Wirtschaftsprüfung (1991), S. 160 sowie das dort angeführte Schrifttum.

217 Vgl. IDW, PS 250 (2010), Rz. 4, 8 und 10.

218 Vgl. HÖMBERG, Prüfungsplanung (2002), Sp. 1857.

219 Zur Bestimmung von Wesentlichkeitsgrenzen vgl. eingehend WIEDMANN, Prüfungsansatz (1993), S. 19 ff., WOLZ, Wesentlichkeit (2003), S. 207-288, WOLZ, Wesentlichkeitsgrenzen (2004), S. 125 ff.

220 In diesem Zusammenhang wird kritisiert, daß PS 250 keine konkreten Vorgaben zur Ermittlung von Wesentlichkeitsgrenzen beinhaltet. Vgl. WOLZ, Wesentlichkeitsgrenzen (2004), S. 124.

221 Vgl. hierzu LÜCK, Treuhandwesen (1991), S. 163.

222 Vgl. m.w.N. WOLZ, Wesentlichkeit (2003), S. 16. GoA sind einerseits in der deutschen Rechtsordnung zu finden, ohne dort jedoch als solche bezeichnet zu sein. Vgl. RÜCKLE, Grundsätze (1996), S. 115 sowie PLENDL/STANKE, GoA (2007), S. 582 f. Andererseits finden sich in den berufsständischen Regelungen Implementierungshinweise auf die GoA. Vgl. z.B. IDW, PS 201 (2009), Rz. 28. Die GoA geben dem Prüfer Handlungsanweisungen i.S.v. Mindest-Standards vor, die zu einer zweckgerechten und gewissenhaften Prüfung beitragen sollen (präskriptive Intention), um schließlich zu gewährleisten, daß das abgegebene Prüfungsurteil vertrauenswürdig ist (deskriptive Intention). Vgl. RÜCKLE/KLATTE, Diskussionsstand (1994), S. 139, RÜCKLE, Grundsätze (1996), S. 115 sowie EWERT, Prüfungsgrundsätze (1999), S. 95. Folglich handelt es sich bei den GoA um „ein *System überindividueller Normen*, die das *Verhalten* von Abschlussprüfern *steuern* sollen". RÜCKLE, GoA (2002), Sp. 1026. In der Rechtsordnung ist das Sachziel der Prüfung, nämlich die Abgabe vertrauenswürdiger Urteile, verankert, welche somit entweder explizit oder implizit auch das Normensystem der GoA enthält. Vgl. EBENDA, Sp. 1026. Wie die GoB sind gleichermaßen auch die GoA Auslegungsregeln unbestimmter Rechtsbegriffe. Vgl. LEFFSON, Wirtschaftsprüfung (1991), S. 101 f. So dienen die GoA zum einen als Deduktionsgrundlage für vorzunehmende Prüfungshandlungen und zum anderen als Beurteilungsmaßstab für die Qualität der Urteilsfindung. Vgl. GÄRTNER, Prüfungshandlungen (1994), S. 1. Der Normencharakter der GoA liegt neben den Systemanforderungen und dem Konsenserfordernis in ihrem Entwicklungsprozeß begründet. Vgl. RÜCKLE, GoA (2002), Sp. 1026 i.V.m. RUHNKE, Normierung (2000), S. 76. Die GoA als solche sind in ihrer Gesamtheit von der Interpretation durch das IDW streng zu unterscheiden, woraufhin auch die häufig vertretene Meinung, daß nur das IDW die Ermittlungskompetenz für GoA habe, abzulehnen ist. Vgl. RÜCKLE/

Prüfungsrisiko und Wesentlichkeit stehen folglich in einem engen Zusammenhang, da durch eine risikoorientierte Prüfung unter Beachtung des Wesentlichkeitsgrundsatzes der Umfang der Prüfungshandlungen gemindert werden kann, bei gleichzeitiger Abgabe eines hinreichend sicheren Urteils.[223] Auf diese Weise können zufriedenstellende Prüfungsergebnisse erzielt sowie zeit- und kostenintensive Vollprüfungen vermieden werden. Sofern das erwartete Prüfungsergebnis den Aufwand für die dafür notwendigen Prüfungshandlungen nicht rechtfertigt, ist eine Vollprüfung regelmäßig unwirtschaftlich.[224]

Zusammenfassend ist würdigend zu konstatieren, daß Prüfungsrisiko und Wesentlichkeit Grundpfeiler der Abschlußprüfung darstellen, da sie auf unterschiedlichen Stufen des Prüfungsprozesses das prüferische Vorgehen determinieren. Beispielsweise sind die in Rede stehenden Aspekte im Rahmen der Prüfungsplanung zur adäquaten Festlegung von Art und Umfang der Prüfungshandlungen in dem Maße, wie sie zur Aufdeckung wesentlicher Fehler notwendig erscheinen, von Bedeutung.[225] Im Rahmen der Durchführung der Systemprüfung und der aussagebezogenen Prüfungshandlungen ist sodann insbesondere der Grundsatz der Wesentlichkeit relevant, um ein abschließendes Prüfungsurteil darüber fällen zu können, ob ein einzelnes Prüffeld oder der Jahresabschluß im ganzen, trotz aufgedeckter Fehler, noch als ordnungsgemäß anzusehen ist.

KLATTE, Diskussionsstand (1994), S. 139, RUHNKE, Normierung (2000), S. 83 m.w.N. Bei der Ermittlung von GoA ist darauf zu achten, daß diese sachgerecht, hinreichend konkret und eindeutig sowie aus Gründen der Einheitlichkeit und Klarheit schriftlich zu fixieren sind. Vgl. POUGIN, GoA (1960), S. 8, RÜCKLE/KLATTE, Fortentwicklung (1994), S. 214. Die Ermittlungsmethoden der GoA folgen grundsätzlich der Methodendiskussion zu den GoB, womit zwischen der induktiven, deduktiven, hermeneutischen und der autoritären Methode zu unterscheiden ist. Vgl. hierzu RÜCKLE/KLATTE, Diskussionsstand (1994), S. 139 f., RÜCKLE, Grundsätze (1996), S. 121-124 i.V.m. SCHMALENBACH, GoB (1933), S. 231 ff., RUHNKE, Normierung (2000), S. 77-80, RÜCKLE, GoA (2002), Sp. 1029-1032, GEHRINGER, Abschlußprüfung, (2002), S. 75 ff., LINK, Abschlußprüfung (2006), S. 20 ff.

223 Vgl. BAETGE, Prüfungsansatz (1997), S.439.

224 Vgl. BAETGE, Prüfungsansatz (1997), S.439. Zum Grundsatz der Wirtschaftlichkeit im Rahmen der Urteilsgewinnung des Abschlußprüfers vgl. eingehend LEFFSON, Wirtschaftsprüfung (1991), S. 120-123, VON WYSOCKI, Wirtschaftlichkeit (1992), Sp. 2171 ff.

225 Vgl., wie im folgenden, Kapitel III sowie zudem WIEDMANN, Prüfungstechnik (2006), Rz. 72, THIERGARD, Wesentlichkeit (2007), S. 1529 f.

III. Die Prüfung beizulegender Zeitwerte

1. Die Prüfungsnormenwahl

In diesem Kapitel sind die Grundlagen der Zeitwertbilanzierung und der Abschlußprüfung zusammenzuführen. Es wird eingehend dargestellt, wie ein zeitwertspezifischer Prüfungsprozeß ausgestaltet werden kann, da das dezidierte Vorgehen bei der Prüfung von „fair values" im betriebswirtschaftlichen Schrifttum bislang nicht betrachtet wurde. Bevor ein eigenständiges Prüfungsprozeßmodell erläutert wird, das gleichzeitig die konzeptionelle Grundlage für Kapitel IV darstellt, ist zu klären, auf welche Prüfungsnorm zu rekurrieren ist, da diese die Basis der Prüfungsprozeßgestaltung bildet.

Aus noch darzulegenden Gründen wird der PS „Die Prüfung von geschätzten Werten in der Rechnungslegung einschließlich von Zeitwerten (IDW PS 314 n.F.)" für die vorliegende Untersuchung herangezogen. Der PS setzt die Anforderungen des ISA 540[1] in eine nationale Norm um und faßt die vorher für diesen Bereich geltenden PS 314 „Die Prüfung von geschätzten Werten in der Rechnungslegung" sowie PS 315 „Die Prüfung von Zeitwerten" zusammen.[2] Demnach haben sich beide PS in bezug auf die Prüfung geschätzter beizulegender Zeitwerte überschnitten. Als wesentliche Ergänzungen bzw. Konkretisierungen gegenüber den alten Anforderungen sind nachfolgende Aspekte hervorzuheben.[3] Der Prüfer hat nunmehr festzustellen, ob mit einem hohen Grad an Schätzunsicherheit versehene geschätzte Werte bedeutsame Risiken zur Folge haben, da in diesem Fall zu beurteilen ist, ob die Geschäftsleitung auch alternative Prämissen herangezogen hat, um die bestehende Schätzunsicherheit zu reduzieren. Ferner ist die Angemessenheit der Angaben zu Schätzunsicherheiten im Anhang zu prüfen. Neu ist auch die Vorgabe, daß der Abschlußprüfer untersuchen muß, ob die Geschäftsleitung bei der Ermittlung geschätzter Werte einseitig vorgegangen ist. In den Arbeitspapieren hat der Prüfer ferner die Grundlagen seiner Schlußfolgerungen zur Vertretbarkeit geschätzter Werte sowie zur Vertretbarkeit der damit im Zusammenhang stehenden Angaben im Anhang und Lagebericht festzuhalten, sofern damit bedeutsame Risiken verbunden sind.

Obschon sich diese Neuerungen auf „geschätzte Werte" und nicht explizit auf Zeitwerte beziehen, ist der in Rede stehende PS für diese Untersuchung dennoch von Relevanz. Diese ergibt sich insbesondere aus PS 314.2 n.F. *Erstens* stellt PS 314.2 n.F.

1 Zu ISA 540 „Auditing Accounting Estimates, Including Fair Value Accounting Estimates, and Related Disclosures" vgl. IFAC, Handbook (2010), S. 458-502.

2 Vgl. IDW, PS 314 n.F. (2009), Rz. 7 f. Vgl. zudem IDW, PS 314 (2001) und IDW, PS 315 (2005).

3 Vgl. im folgenden IDW, PS 314 n.F. (2009), S. 415, o. Rz.

fest, daß Zeitwerte i.d.R. geschätzte Werte sind, weswegen „an die Prüfung von Zeitwerten dieselben Anforderungen wie an die Prüfung von geschätzten Werten zu stellen" sind. Dieser Zusammenhang ergibt sich zudem aus den Ausführungen des Abschnitts II.1.3, in dem deutlich wird, daß der beizulegende Zeitwert um so stärker einem geschätzten Wert gleicht, je weiter sich die Wertfindung von dem Ideal des vollkommenen und vollständigen Marktes entfernt.[4] Folglich sind die oben angerissenen „neuen" Prüfungsanforderungen ohnehin für diejenigen Zeitwerte anzuwenden, denen Schätzelemente zugrunde liegen. *Zweitens* erfolgt in PS 314.2 n.F. der explizite Hinweis, daß sich der Standard nicht nur auf beizulegende (Zeit-)Werte nach HGB, sondern auch auf beizulegende Zeitwerte nach IFRS bezieht. Folglich ist die Prüfung – trotz inhaltlicher Unterschiede der Zeitwertbegriffe und unterschiedlicher Zeitwertkonzepte[5] – gemäß PS 314.2 n.F. den gleichen Grundsätzen folgend durchzuführen.

Im Rahmen der Erläuterungen zur Prüfungsnormenwahl ist es zudem zweckmäßig, den Aufbau und Inhalt des PS 314 n.F. anzuschneiden. In den *Vorbemerkungen* des Standards (Rz. 1-9) wird insbesondere darauf hingewiesen, daß geschätzte Werte und Zeitwerte den Prüfungsgegenstand des PS bilden, daß der PS die Berufsauffassung der Wirtschaftsprüfer darlegt und daß die durch PS 314 n.F. substituierten PS ihre Gültigkeit verlieren. Zudem wird proklamiert, daß der Standard „die mit der Ermittlung von geschätzten Werten verbundene Unsicherheit und die daraus resultierenden Besonderheiten bei der Prüfung dieser Werte" berücksichtigt (Rz. 4). Die *Grundlagen* des PS (Rz. 10-18) gehen zum einen auf geschätzte Werte und deren Ermittlung und zum anderen auf die Besonderheiten von Zeitwerten und deren Ermittlung ein. So wird beschrieben, daß bei Wertfindungen z.T. künftig erwartete Entwicklungen zu berücksichtigen sind, die Ermessensspielräume und Bewertungsunsicherheiten beinhalten, welche wiederum ein erhöhtes Risiko fehlerhafter oder unterlassener Angaben in der Rechnungslegung bergen (Rz. 10). So ist bei Schätzwerten zu berücksichtigen, daß die Höhe und der Zeitpunkt künftiger Zahlungsströme unsicher sind, was insbesondere dann der Fall ist, wenn Zahlungsströme vertraglich nicht fixiert oder Marktinformationen zum Schätzzeitpunkt entweder nicht verfügbar oder nicht verläßlich sind (Rz. 14). Die Unsicherheit resultiert schließlich aus der Länge des der Schätzung zugrundeliegenden Prognosezeitraums, der Anzahl und Komplexität der für die Bewertung notwendigen Prämissen sowie aus Ermessensspielräumen bei den jeweiligen Prämissen. In einem weiteren Abschnitt des PS erfolgt eine *Abgrenzung der Verantwortungsbereiche* (Rz. 19-25). Demnach verantworten die gesetzlichen Vertreter die Ermittlung und die Darstellung geschätzter

4 Vgl. auch BALLWIESER/KÜTING/SCHILDBACH, Wertansatz (2004), S. 534, RUHNKE/SCHMIDT, Fair Value (2005), S. 578.

5 Das HGB beinhaltet im Gegensatz zu den IFRS eine weitestgehend imparitätische „fair value"-Konzeption, bei der eine Bewertung zum Zeitwert also unterhalb der historischen Anschaffungs- und Herstellungskosten möglich ist. Vgl. BIEG/KUßMAUL/PETERSEN/WASCHBUSCH/ZWIRNER, Bilanzrechtsmodernisierungsgesetz (2009), S. 77 f. sowie ausführlich Abschnitt IV.3.4.

(Zeit-)Werte innerhalb der Rechnungslegung (Rz. 19). Abschlußprüfer hingegen haben, wie bei anderen Abschlußposten auch, ausreichende und angemessene Prüfungsnachweise einzuholen, um zu einem fundierten Prüfungsurteil zu gelangen (Rz. 20-25). Der nächste Abschnitt des PS beinhaltet vorzunehmende *Prüfungshandlungen bei geschätzten Werten einschließlich Zeitwerten* (Rz. 26-78). Dieser wird zum einen in *Prüfungshandlungen zur Beurteilung von Fehlerrisiken im Zusammenhang mit geschätzten Werten* (Rz. 29-56) und zum anderen in die *Durchführung von Prüfungshandlungen als Reaktion auf die beurteilten Fehlerrisiken im Zusammenhang mit geschätzten Werten* (Rz. 57-78) untergliedert. Daneben regelt der PS die *abschließende Beurteilung des Abschlußprüfers* (Rz. 79-82), ebenso wie die von diesem vorzunehmende *Berichterstattung* und *Dokumentation* (Rz. 83-86). Der PS endet mit dem Abschnitt *Übereinstimmung mit den ISA* (Rz. 87). Im folgenden Abschnitt II.2 werden die wesentlichen Inhalte des PS schließlich an den jeweiligen Stellen des Prüfungsprozesses aufgegriffen, dezidiert betrachtet und konkretisiert sowie um weitere notwendige zeitwertspezifische Besonderheiten ergänzt.

2. Das prüferische Vorgehen

2.1 Der Prüfungsprozeß im Überblick

Nachfolgend wird ein eigenständiges Prüfungsprozeßmodell entwickelt, das eine differenzierte Betrachtung des prüferischen Vorgehens im Zuge der Zeitwertprüfung vornimmt. Dabei werden die bestehenden Rechnungslegungsregelungen der IFRS sowie die bestehenden berufsständischen Normen zugrunde gelegt. Im Status quo zu beachtende Besonderheiten, die sich aus dem Charakter des beizulegenden Zeitwerts nach IFRS ergeben, werden in jedem Prüfungsschritt eruiert. Auf diese Weise wird dargelegt, welchen Eigenarten des Zeitwerts an welcher Stelle des Prüfungsprozesses besondere Aufmerksamkeit zu schenken ist. Bezüglich der Rechnungslegungsnormen ist festzuhalten, daß die Darstellung weitestgehend im allgemeinen und damit losgelöst von speziellen Standards erfolgt; schließlich sind die Besonderheiten der Zeitwertbilanzierung standardübergreifend. Da der PS nicht durchgehend konkrete Hinweise zum prüferischen Vorgehen bieten kann, um ein befriedigendes Prüfungsergebnis zu erreichen, sind in den folgenden Abschnitten jeweils an entsprechender Stelle des Prüfungsprozesses Ergänzungen, z.T. unter Rückgriff auf handelsrechtliche oder weitere berufsständische Prüfungsnormen, vorzunehmen, damit ein stringentes prüferisches Vorgehen gewährleistet ist.

Da nachfolgend nicht die Jahresabschlußprüfung im ganzen betrachtet wird, sondern ausschließlich die Prüfung des zeitwertbezogenen Teils der Rechnungslegung, ist der Zweck der Jahresabschlußprüfung auf die Prüfung der Zeitwertbilanzierung zu übertragen. Ziel ist demnach die Abgabe eines vertrauenswürdigen Urteils über die Ordnungsmäßigkeit der Zeitwertbilanzierung, um die Vertrauenswürdigkeit der entsprechenden Abschlußinformationen gegenüber den Adressaten der Abschlußprüfung herzustellen. Da der Fokus der Betrachtung lediglich auf einem Teil des zu prüfenden Abschlusses liegt, werden Interdependenzen zwischen dem zeitwertbezogenen Bereich und den weiteren Bereichen der Rechnungslegung nicht tiefergehend behandelt. Das nachfolgend dargestellte Prüfungsprozeßmodell umfaßt die Prüfungsplanung (Abschnitt II.2.2), die Systemprüfung (Abschnitt II.2.3), die aussagebezogenen Prüfungshandlungen (Abschnitt II.2.4) sowie die Urteilsbildung und -mitteilung (Abschnitt II.2.5), wobei jeweils zunächst eine grundlegende Skizzierung der Prüfungsschritte zweckmäßig ist, um daraus die Notwendigkeit jedes Prüfungsschritts für die Prüfung beizulegender Zeitwerte ableiten zu können. Im Anschluß daran wird die Durchführung des entsprechenden Prüfungsschritts unter Einbezug der Zeitwertspezifika erläutert. Letztendlich wird gezeigt, wie das Prüfungsurteil über die Zeitwertbilanzierung für sich betrachtet die Erteilung des Bestätigungsvermerks zu beeinflussen vermag.

2.2 Die Prüfungsplanung

2.2.1 Die Frage der Notwendigkeit

Nach erfolgter Auftragsannahme beginnt der eigentliche Prüfungsprozeß mit der Prüfungsplanung. Darunter wird im allgemeinen der Entwurf einer Ordnung verstanden, nach der eine Abschlußprüfung unter Berücksichtigung der Zielsetzung abzulaufen hat.[6] Diese „gedankliche Vorwegnahme der künftigen Prüfungshandlungen"[7] gilt als Voraussetzung für eine wirtschaftliche Prüfungsdurchführung.[8] Die Prüfungsplanung geht mit einer vorläufigen Risikobeurteilung einher; dafür benötigt der Abschlußprüfer insbesondere Informationen sowohl über die geschäftliche Tätigkeit und das wirtschaftliche und rechtliche Umfeld der zu prüfenden Unternehmung als auch über die angewandten Rechnungslegungsnormen, das Rechnungswesen sowie über das interne Kontrollsystem (IKS).[9] Die Prüfungsplanung liegt zeitlich zunächst vor der Durchführung konkreter Prüfungshandlungen, gestaltet sich während der Prüfungsdurchführung aber als ein sich stetig „wiederholender Prozess der Anpassung von Prüfungszielen, der Wahl von Prüfungshandlungen und der Kontrolle von Prüfungsplänen und -ergebnissen"[10]. Die Prüfungsplanung wird in drei Schritte unterteilt. Zunächst ist eine Risikoanalyse durchzuführen, auf deren Grundlage eine Prüfungsstrategie, welche die Grundsatzentscheidungen über die durchzuführende Prüfung umfaßt, entwickelt wird.[11] Darauf aufbauend wird ein Prüfungsprogramm erstellt.

Im Rahmen der *Risikoanalyse* hat der Wirtschaftsprüfer Risikofaktoren in Form von Fehlerrisiken zu identifizieren und zu beurteilen.[12] Auf diese Weise sollen Erkenntnisse darüber gewonnen werden, in welchen Prüfungsgebieten mit wesentlichen Fehlern oder mit Verstößen gegen die Rechnungslegungsnormen zu rechnen ist.[13] Die Identifikation und Beurteilung der Fehlerrisiken ermöglicht es dem Prüfer schließlich, zwischen kritischen und unkritischen Prüfungsgebieten zu differenzieren und für die einzelnen Prüfungsgebiete eine risikoorientierte Prüfungsstrategie festzulegen.

---

6 Vgl. BUCHNER, Prüfungswesen (1997) sowie LÜCK, Prüfungsplan (1998), S. 639.

7 BAETGE/MEYER ZU LÖSEBECK, Prüfungsplanung (1981), S. 122.

8 Vgl. MARTEN/QUICK/RUHNKE, Wirtschaftsprüfung (2011), S. 238.

9 Vgl. LÜCK, Prüfungsplan (1998), S. 639 sowie MARTEN/QUICK/RUHNKE, Wirtschaftsprüfung (2011), S. 118.

10 MARTEN/QUICK/RUHNKE, Wirtschaftsprüfung (2011), S. 238.

11 Vgl. im folgenden MARTEN/QUICK/RUHNKE, Wirtschaftsprüfung (2011), S. 115 und 239-244 sowie IDW, PS 240 (2010), Rz. 14.

12 Fehlerrisiken beinhalten – wie in Abschnitt II.2.4 dargelegt – inhärente Risiken sowie Kontrollrisiken. Die Vorgehensweise zur Ermittlung der Fehlerrisiken ergibt sich insbesondere aus IDW, PS 230 (2005) sowie IDW, EPS 261 n.F. (2011), Rz. 13 ff.

13 Vgl., wie im folgenden, IDW, PS 240 (2010), Rz. 15.

Demnach sind die Prüfungshandlungen auf die Risiken auszurichten, die zu einer wesentlichen Falschdarstellung in der Rechnungslegung führen könnten.[14] Das Vorgehen, die Prüfungshandlungen an den im Rahmen der Risikoanalyse identifizierten Risiken auszurichten, entspricht dem risikoorientierten Prüfungsansatz.[15] Vor der Entwicklung einer risikoorientierten Prüfungsstrategie müssen daher zunächst umfangreiche Informationen beschafft werden.[16] Beispielsweise hat sich der Abschlußprüfer Informationen über die Geschäftstätigkeit und das rechtliche und wirtschaftliche Umfeld der Unternehmung einzuholen. Auf diese Weise macht er sich mit den grundlegenden Verhältnissen des Mandanten vertraut und kann externe Einflußgrößen identifizieren, die sich auf die Unternehmungslage insgesamt oder auf einzelne Prüfungsgebiete, wie z.B. den Ansatz und die Bewertung von Vermögenswerten, auswirken können.[17] Außerdem sind die von dem Mandanten verfolgten Ziele und Strategien, inklusive der damit im Zusammenhang stehenden Geschäftsrisiken, in Erfahrung zu bringen. Entscheidend ist, daß der Abschlußprüfer das rechnungslegungsbezogene IKS der zu prüfenden Gesellschaft im Detail versteht. So hat der Prüfer bereits an dieser Stelle des Prüfungsprozesses im allgemeinen zu beurteilen, „ob und inwiefern bestimmte Kontrollmaßnahmen geeignet sind, wesentliche falsche Angaben in Arten von Geschäftsvorfällen, Kontensalden sowie Angaben in Abschlussposten und anderen Angaben und den damit zusammenhängenden Aussagen zu verhindern bzw. aufzudecken und zu korrigieren“[18]. Das zu erlangende Verständnis des rechnungslegungsbezogenen IKS umfaßt folglich Art, Zeitpunkt und Ausmaß der internen Kontrollen, um darauf aufbauend die Gewichtung zwischen Prüfungshandlungen zur Aufbau- und Funktionsprüfung einerseits und aussagebezogenen Prüfungshandlungen andererseits vornehmen zu können.[19] Diese Erkenntnisse der Risikoanalyse erlauben dem Prüfer das Vornehmen einer vorläufigen Risikoeinschätzung sowohl für die Prüfung im ganzen als auch für einzelne Prüfungsgebiete.[20] Durch die Risikoeinschätzung und die daraus abzuleitende Wesentlichkeitseinschätzung ist es im Rahmen der Festlegung der *Prüfungsstrategie* möglich, eine vorläufige Abschätzung des Fehlerrisikos, aufgeteilt in die Komponenten inhärentes Risiko und Kontrollrisiko, vorzunehmen.[21]

---

14 MARTEN/QUICK/RUHNKE, Wirtschaftsprüfung (2011), S. 118.

15 Vgl. die Ausführungen in Abschnitt II.2.4 sowie weiterführend hierzu NAGEL, Jahresabschlußprüfung, (1997).

16 Vgl. IDW, EPS 261 n.F. (2011), Rz. 17.

17 Vgl., wie im folgenden, WIEDMANN, Prüfungstechnik (2006), Rz. 47.

18 WIEDMANN, Prüfungstechnik (2006), Rz. 192.

19 Vgl. IDW, PS 240 (2010), Rz. 17.

20 Vgl. WIEDMANN, Prüfungstechnik (2006), Rz. 49.

21 So auch MARTEN/QUICK/RUHNKE, Grundlagen (2007), S. 243. Die vorläufige Abschätzung des Fehlerrisikos ist im Laufe des Prüfungsprozesses, insbesondere im Rahmen der Aufbau- und Funktionsprüfung, stetig an die gewonnenen Prüfungserkenntnisse anzupassen.

Darauf aufbauend ist das *Prüfungsprogramm* zu erstellen, wobei insbesondere das vorläufig abgeschätzte Fehlerrisiko zu berücksichtigen ist. Es beinhaltet Art, Umfang und Zeitpunkt der konkreten Prüfungshandlungen, inklusive des hierfür erforderlichen Personaleinsatzes.[22] Das Prüfungsprogramm muß geeignet sein, den Ablauf der Prüfung in sachlicher, personeller und zeitlicher Hinsicht zu gewährleisten.[23] Zur Erstellung des Prüfungsprogramms müssen jedoch zunächst die identifizierten Prüfungsgebiete in einheitlich zu prüfende Teilbereiche (Prüffelder) aufgeteilt werden. Ein Prüffeld besteht dabei aus zusammengefaßten Ist-Objekten.[24] Im Rahmen der sachlichen Planung hat der Prüfer im Anschluß für jedes Prüffeld Art, Umfang und zeitlichen Ablauf der geplanten Prüfungshandlungen festzulegen.[25] Dies hat unter Beachtung des vorläufig bestimmten Fehlerrisikos und des annehmbaren Entdeckungsrisikos zu erfolgen. Somit sollen die angestrebte Prüfungsgenauigkeit und der damit einhergehende maximal zulässige individuelle Fehlerbetrag für die einzelnen Prüffelder ermittelt werden.[26] Im Rahmen der zeitlichen Planung erfolgt die Festlegung, zu welchen Zeitpunkten die identifizierten Prüffelder zu prüfen sind, wobei die Verfügbarkeit der Mitarbeiter auf seiten der Prüfungsmannschaft und auf seiten des Mandanten zu berücksichtigen ist.[27] Im Zuge der personellen Planung werden den Prüfern einzelne Prüffelder zugeteilt. Dies erfolgt in Abhängigkeit von der zeitlichen Verfügbarkeit und der Qualifikation der Mitarbeiter.

Die Prüfungsplanung bildet den Grundstein der Abschlußprüfung. Eine zeitwertspezifische Prüfungsplanung ist demgemäß notwendig, um das vorläufige, aus der Zeitwertbilanzierung resultierende Fehlerrisiko abzuschätzen, eine zeitwertspezifische risikoorientierte Prüfungsstrategie zu entwickeln und den Prüfungsablauf in sachlicher, personeller und zeitlicher Hinsicht sicherzustellen. Dabei sind die situationsspezifischen Umstände ebenso zu beachten wie das Wirtschaftlichkeitsprinzip. Ferner ist die zeitwertspezifische Prüfungsplanung aus Effizienzgründen notwendig, da Versäumnisse im Rahmen der Prüfungsplanung im Nachgang wenn überhaupt nur durch einen hohen, unverhältnismäßigen zeitlichen und monetären Aufwand zu kompensieren sind.[28]

---

22 Vgl. MARTEN/QUICK/RUHNKE, Wirtschaftsprüfung (2011), S. 240.

23 Vgl., wie im folgenden, IDW, PS 240 (2010), Rz. 18 f.

24 Vgl. DREXL, Planung (1990), S. 48 f.

25 Vgl. im folgenden IDW, PS 240 (2010), Rz. 20.

26 Vgl. WOLZ, Wesentlichkeit (2003), S. 174.

27 Vgl., wie im folgenden, IDW, PS 240 (2010), Rz. 20.

28 Vgl. HEININGER, ISA-Anwendung (2010), S. 22.

2.2.2 Die Durchführung der Prüfungsplanung

Im Schrifttum wird postuliert, daß im Rahmen der zeitwertspezifischen Prüfungsplanung keine Besonderheiten bestehen.[29] Gleichzeitig wird jedoch darauf hingewiesen, daß das Fehlerrisiko zu beurteilen ist, um in Abhängigkeit der auf dieser Basis getroffenen Einschätzung des Prüfungsrisikos die Planung weiterer Prüfungshandlungen vorzunehmen. Zudem erfolgt ein Hinweis auf die außerordentliche Bedeutung beizulegender Zeitwerte, da diese für Fehler und Manipulationen besonders anfällig sind. Folglich überrascht es um so mehr, daß dieser für den zeitwertspezifischen Prüfungsprozeß notwendige Schritt – was im übrigen mit Einschränkungen für den Prüfungsprozeß im allgemeinen gilt – bislang weder im Schrifttum behandelt, noch durch die Prüfungsnorm konkret geregelt wird. Die nachfolgende Darstellung, als Beispiel für eine praktische Durchführung der zeitwertspezifischen Prüfungsplanung, holt dieses Versäumnis auf.[30]

PS 314 n.F. enthält keine *ausdrücklichen* Vorgaben zur Prüfungsplanung. Vielmehr erfolgen an unterschiedlichen Stellen des PS vereinzelte Hinweise auf Prüfungshandlungen, die sich nicht unstreitig einem speziellen Prüfungsschritt zuordnen lassen. Da diese Hinweise am ehesten der Beurteilung von Fehlerrisiken zu subsumieren sind, findet nachfolgend eine direkte Einbettung der Angaben des PS in die selbst entwickelte Vorgehensweise zur zeitwertspezifischen Prüfungsplanung statt.[31]

Entscheidend ist, daß sich der Prüfer im Rahmen der *Risikoanalyse* einen Überblick darüber verschafft, in welchem Umfang bei der zu prüfenden Gesellschaft zeitbewertete Vermögenswerte Einzug in die Bilanz erhalten. Hierzu ist es notwendig, sich eingehend mit der Geschäftstätigkeit des Mandanten vertraut zu machen. Hält eine Gesellschaft in umfangreichem Maße immaterielle Vermögenswerte, Finanzinstrumente oder Immobilien als Finanzinvestitionen, für die jeweils kein Preis auf einem aktiven Markt existiert, ist das Risiko, daß nicht verläßliche Werte bilanziert werden, höher als bei einer Gesellschaft, die diese zeitbewerteten Bilanzpositionen nicht oder nur vereinzelt hält. Schließlich ist in diesem Fall auf alternative Bewertungsmethoden gemäß der Ermittlungshierarchie zurückzugreifen, die typischerweise ein höheres potentielles Fehlerrisiko bergen als das Vorgehen, einen beizulegenden Zeitwert zum Prüfungsstichtag an einem aktiven Markt abzulesen. Aufgrund dessen muß sich der Abschlußprüfer auch ein grundlegendes Verständnis von den

29 Vgl., wie im folgenden, MARTEN/QUICK/RUHNKE, Wirtschaftsprüfung (2011), S. 403.

30 Die Ausführungen berücksichtigen im Gegensatz zum PS zudem eine klare Abgrenzung, inwieweit Fehlerrisiken bereits im Rahmen der Risikoanalyse bzw. erst im Zuge der Funktionsprüfung zu beurteilen sind.

31 Sofern es Inhalt und Struktur des PS 314 n.F. zulassen, werden in den folgenden Prüfungsschritten jeweils zunächst die Angaben des PS aufgezeigt, um die erforderlichen Ergänzungen darauf aufbauend darzustellen. Wegen des oben genannten Grundes ist an dieser Stelle eine „Durchmischung" der bestehenden und den notwendigen Regelungen jedoch unumgänglich.

vom Mandanten eingerichteten organisatorischen Vorkehrungen zur Zeitwertermittlung verschaffen.[32] Die implementierten Prozesse zur Zeitwertermittlung, die zugrundeliegenden Daten sowie relevanten Kontrollen müssen vom Abschlußprüfer in Erfahrung gebracht und verstanden werden, um eine vorläufige Abschätzung des Fehlerrisikos vornehmen zu können und um Art, Umfang und zeitliche Einteilung der sich anschließenden Prüfungshandlungen entsprechend planen zu können.[33] Nachfolgend werden daher Prüfungshandlungen zur Identifikation und Beurteilung von Fehlerrisiken beschrieben, die bereits im Rahmen der Prüfungsplanung durchzuführen sind und sich insbesondere auf das Verständnis der organisatorischen Ausgestaltung des Zeitwertermittlungsprozesses beziehen.[34] Dieser Schritt ist notwendig, um später eine risikoorientierte Prüfungsstrategie ableiten zu können. So ist es bei der Risikoanalyse unumgänglich, das vorläufige zeitwertspezifische Fehlerrisiko zu beurteilen. Bei der Bestimmung des *inhärenten Risikos*, als erste Komponente des Fehlerrisikos, hat der Prüfer zum einen mögliche Risiken auf der *Unternehmungs-* und zum anderen auf der *Prüffeldebene* zu untersuchen.[35]

Auf der *Unternehmungsebene* können sich inhärente Risiken aus der angesprochenen Geschäftstätigkeit und dem damit einhergehenden Umfang an zeitbewerteten Bilanzpositionen ergeben. Eine weitere potentielle Fehlerquelle stellt die Geschäftsleitung dar. Hier hat der Prüfer die Kompetenz der gesetzlichen Vertreter, also deren Fachkenntnisse und Erfahrungen hinsichtlich der Ermittlung beizulegender Zeitwerte, zu beurteilen. Schließlich tragen die gesetzlichen Vertreter die Verantwortung für die Ermittlung und Darstellung beizulegender Zeitwerte (PS 314.19 n.F.). Daher hat der Abschlußprüfer Gespräche mit der Geschäftsleitung (und der Leitung des Rechnungswesens) zu führen, um in Erfahrung zu bringen, welche Kenntnisse vorliegen, welche Bewertungsverfahren (Methoden bzw. Modelle)[36] zur Anwendung kommen und welche Arbeitsanweisungen zur Ermittlung von Zeitwerten implementiert sind, um ein tiefgreifendes Verständnis der organisatorischen Ausgestaltung des Ermittlungsprozesses von Zeitwerten zu erlangen. In diesem Zusammenhang ist auch zu beurteilen, wie die Geschäftsleitung Geschäftsvorfälle oder Umstände identifiziert, welche eine Bewertung von Bilanzposten zum Zeitwert erforderlich machen

32 In PS 314.29 n.F. ist in diesem Zusammenhang nur die Rede von „geschätzten Werten". Hier soll jedoch zum Ausdruck gebracht werden, daß sich die Prüfungsproblematik auf all jene „fair values" bezieht, die nicht über einen aktiven Markt bestimmt werden können.

33 Vgl. auch IDW, PS 314 n.F. (2009), Rz. 31.

34 Ferner sind Prüfungshandlungen zur Beurteilung von Fehlerrisiken auch im weiteren Verlauf des Prüfungsprozesses erforderlich, die an entsprechender Stelle angesprochen werden.

35 Diese Vorgehensweise ergibt sich aus EPS 261.13-18 n.F. und wird nachfolgend auf die Prüfung beizulegender Zeitwerte übertragen.

36 Es ist darauf hinzuweisen, daß der Abschlußprüfer auch in Erfahrung bringen muß, ob die Ermittlungsmethoden oder -modelle gegenüber dem Vorjahr geändert worden sind oder hätten geändert werden müssen. Vgl. auch IDW, PS 314 n.F. (2009), Rz. 33.

(PS 314.33 n.F.). Außerdem muß der Prüfer beurteilen, ob und in welcher Weise die Geschäftsleitung den Auswirkungen von Schätzunsicherheiten bei der Wertermittlung Rechnung trägt.[37] So muß der Abschlußprüfer bereits in diesem Prüfungsschritt eruieren, ob beizulegende Zeitwerte, die mit einem hohen Grad an Schätzunsicherheit verbunden sind, bedeutsame Risiken zur Folge haben,[38] z.B. aufgrund der absoluten oder relativen Größe einer zeitbewerteten Bilanzposition. Der Prüfer muß darüber hinaus feststellen, ob die Geschäftsleitung externe Sachverständige einsetzt, die Daten für die Zeitwertermittlung liefern,[39] und eine erste Einschätzung der Güte dieser Daten treffen. Sofern die der Zeitwertermittlung zugrundeliegenden Daten und Annahmen unternehmensintern ermittelt und getroffen werden, hat der Prüfer die Dokumentation, welche die Entwicklung der Daten und Annahmen belegt, ebenso zu beurteilen wie die Verfahren und Methoden, die zur Erlangung und Kontrolle dieser Informationen eingesetzt werden.[40] Verfügt die Geschäftsleitung nicht über die Expertise, die genannten organisatorischen Vorkehrungen zur Zeitwertermittlung zu treffen, liegt ein hohes inhärentes Risiko vor. Prinzipiell ist zu konstatieren, daß mit sinkendem Risiko- und Kontrollbewußtsein der Geschäftsleitung die Wahrscheinlichkeit von Fehleinschätzungen und daraus resultierenden Falschdarstellungen im Rechnungswesen steigt.[41] Inhärente Risiken auf der Unternehmungsebene ergeben sich ferner aus den Anforderungen der angewandten Rechnungslegungsgrundsätze. Den Einzelstandards der IFRS, welche die Zeitbewertung regeln, sind Bilanzierungs- und Bewertungsmethoden immanent, die mit Prognoseannahmen und Ermessensspielräumen einhergehen. Werden diese im Rahmen der Bewertungshierarchie regelmäßig zugunsten der bilanzierenden Unternehmung ausgenutzt, führt dies tendenziell zu einer Überbewertung zeitbewerteter Aktiva und einer Unterbewertung zeitbewerteter Passiva. Zwar ist es nicht die Aufgabe des Prüfers, die wirtschaftliche Lage des Mandanten zu prüfen. Allerdings ist darauf hinzuweisen, daß die wirtschaftliche Lage einer Gesellschaft Auswirkungen auf die Ausschöpfung bilanzpolitischer Spielräume haben kann. So besteht grundlegend die Gefahr, daß die Geschäftsleitung bei ungünstigen Unternehmungsentwicklungen fragwürdige bilanzpolitische Maßnahmen ergreift, die im Extremfall in betrügerischen Handlungen münden.[42] Insbesondere sei

---

37 Nach dieser grundlegenden Einschätzung im Rahmen der Prüfungsplanung sind die Auswirkungen von Schätzunsicherheiten auf zeitbewertete Bilanzposten zudem Gegenstand der aussagebezogenen Prüfungshandlungen. Vgl. Abschnitt III.2.4.

38 Vgl. IDW, PS 314 n.F. (2009), Rz. 34.

39 Vgl. IDW, PS 314 n.F. (2009), Rz. 33. Dezidiert werden die Auswirkungen des Einsatzes von externen Sachverständigen im Rahmen der aussagebezogenen Prüfungshandlungen betrachtet. Vgl. hierzu Abschnitt III.2.4.2.2.

40 Vgl. IDW, PS 314 n.F. (2009), Rz. 33. Die dezidierte Prüfung der Daten und Annahmen, die der Zeitbewertung zugrunde liegen, ist schließlich umfänglicher Gegenstand der aussagebezogenen Prüfungshandlungen. Vgl. diesbezüglich Abschnitt III.2.4.2.1.

41 Vgl. MARTEN/QUICK/RUHNKE, Wirtschaftsprüfung (2011), S. 262.

42 Vgl. IDW, EPS 261 n.F. (2011), Rz. 14. Zur wirtschaftlichen Lage des Mandanten im Rahmen risikomodellorientierter Prüfungsmethoden vgl. ausführlich MARTEN/QUICK/RUHNKE, Wirt-

angemerkt, daß das Führungspersonal häufig über die Möglichkeit verfügt, bestehende interne Kontrollen zu umgehen, um bewußte Falschdarstellungen im Rechnungswesen zu erreichen.[43] Dieses inhärente Risiko, in seiner Ausprägung als Manipulationsrisiko, ist bei beizulegenden Zeitwerten besonders hoch und bedarf der genauen Inaugenscheinnahme, da es maßgeblichen Einfluß auf den Umfang weiterführender Prüfungshandlungen hat. Bei der Einschätzung des inhärenten Risikos auf Unternehmungsebene ist zudem der Umstand zu berücksichtigen, ob es sich um eine Erst- oder Folgeprüfung handelt. Aufgrund einer schlechteren Informationsbasis ist das inhärente Risiko bei einer Erstprüfung tendenziell höher einzuschätzen,[44] zumal es an mandantenspezifischen Erfahrungswerten mangelt. Handelt es sich bei den zeitbewerteten Bilanzpositionen hingegen um wesentliche Prüffelder, bestehen im Rahmen der Planung einer Erstprüfung keine Besonderheiten, da wesentliche rechnungslegungsrelevante Sachverhalte ohnehin einer jährlichen Prüfung zu unterziehen sind.[45]

Als weitere Determinante des inhärenten Risikos ist die *Prüffeldebene* zu betrachten. Hier spielen insbesondere Art und Komplexität der Geschäftsvorfälle eine entscheidende Rolle. Je komplexer die Zeitwertbemessung ist und je seltener diese vollzogen wird, um so höher ist ceteris paribus das inhärente Risiko des entsprechenden Prüffelds. In diesem Zusammenhang sind Prognoseannahmen[46] und Ermessensspielräume[47] hinsichtlich der Bewertung sowie die Verwendung komplexer Berechnungen von Bedeutung, da deren Vorliegen die Fehleranfälligkeit der zeitbewerteten Abschlußposten und damit das inhärente Risiko erhöhen. Darüber hinaus sind zwei Effekte zu nennen, welche die Fehleranfälligkeit zeitbewerteter Bilanzpositionen ebenfalls maßgeblich beeinflussen. Dabei handelt es sich *erstens* um die Routinemäßigkeit von Zeitbewertungen. Das inhärente Risiko einer routinemäßig durchgeführten Zeitbewertung ist ceteris paribus geringer, als bei einem Geschäftsvorfall, der keiner Bewertungsroutine entspricht.[48] Da ein hohes inhärentes Risiko die Auswei-

---

schaftsprüfung (2011), S. 257 ff. So wird beispielsweise angemerkt, daß das inhärente Risiko um so höher einzuschätzen ist, je schlechter die wirtschaftliche Lage des Mandanten ist. Die Prüfung systematischer Über- bzw. Unterbewertungen zeitbewerteter Abschlußposten wird im Rahmen des Abschnitts III.2.4.3 behandelt.

43 So auch MARTEN/QUICK/RUHNKE, Wirtschaftsprüfung (2011), S. 261, die in diesem Zusammenhang auf die Schwierigkeit hinweisen, bewußte Täuschungen von unbeabsichtigten Beurteilungsfehlern zu unterscheiden.

44 Vgl. auch MARTEN/QUICK/RUHNKE, Wirtschaftsprüfung (2011), S. 263.

45 In ähnlicher Weise äußert sich hierzu WIEDMANN, Prüfungstechnik (2006), Rz. 107.

46 Zu Prognoseannahmen bei der Zeitwertermittlung nach IFRS vgl. dezidiert Abschnitt IV.1.2.3.

47 Das inhärente Risiko steigt mit zunehmender Anzahl, Größe und Signifikanz der Ermessensspielräume. Vgl. MARTEN/QUICK/RUHNKE, Wirtschaftsprüfung (2011), S. 265. Zu Ermessensspielräumen bei der Zeitwertermittlung nach IFRS vgl. dezidiert Abschnitt IV.1.2.4.

48 Bei Routineabläufen ist das Risiko des Auftretens wesentlicher Fehler geringer, da deren Ablauf i.d.R. standardisiert ist und durch eine Reihe manueller oder automatischer interner Kontrollen

tung von Prüfungshandlungen bedingt, muß der Abschlußprüfer die Existenz von Bewertungsroutinen feststellen und gegebenenfalls deren Funktionsweise beurteilen. *Zweitens* wird das inhärente Risiko eines zeitwertbezogenen Prüffelds durch die fachliche Kompetenz der Mitarbeiter, die mit der entsprechenden Zeitbewertung betraut sind, determiniert. Verfügen diese Mitarbeiter nicht über die notwendige Fachkompetenz oder Erfahrung, Bilanzpositionen gemäß der Bewertungshierarchie der IFRS zu bewerten, liegt ein hohes inhärentes Risiko vor. Die Fehlerwahrscheinlichkeit steigt, wenn ein Bewertungsproblem erstmalig in Erscheinung tritt oder wenn sich die Normen zur Zeitbewertung ändern.[49] So hat sich der Prüfer im Rahmen der Prüfungsplanung stets ein Bild davon zu machen, welche Mitarbeiter auf welcher Hierarchieebene die Zeitbewertung verantworten. Die IFRS sind ein schnellebiges Rechnungslegungswerk, das laufend Änderungen ausgesetzt ist. Daher besteht die Gefahr, daß die verantwortlichen Mitarbeiter den jeweils neuesten Normenstand nicht anwenden oder falsch auslegen. Ferner erfordern komplexe Bewertungsprozesse und spezielle Ermittlungsverfahren ein hohes Maß an Spezialkenntnissen (PS 314.30 n.F.), wobei z.B. auf die Bewertung von Immobilien[50] hingewiesen sei. Daher hat der Prüfer zu beurteilen, in welchem Maße die Mitarbeiter über entsprechende Fertigkeiten – beispielsweise aufgrund fachlicher Aus- und Weiterbildung – verfügen. In diesem Zusammenhang sind auch die Auszüge des Organisationshandbuchs sowie die Arbeitsanweisungen, die für die Zeitbewertung relevant sind, zu berücksichtigen. Schließlich besteht ebenfalls das Risiko, daß betriebliche Regelungen falsche oder nicht normenkonforme Wege zur Wertermittlung vorschreiben.

Auf Grundlage der genannten Prüfungshandlungen hat der Prüfer das inhärente Risiko vorläufig einzuschätzen. Daraufhin ist in einem nächsten Schritt das zeitwertspezifische *Kontrollrisiko*, als zweite Komponente des Fehlerrisikos, vorläufig zu beurteilen. Dies ist allerdings nur eingeschränkt möglich, da eine dezidierte Beurteilung der Angemessenheit der Kontrollen erst im Rahmen der Aufbauprüfung (vgl. Abschnitt III.2.3.2) erfolgen kann und die Wirksamkeit des IKS zudem durch eine Funktionsprüfung (vgl. Abschnitt III.2.3.3) beurteilt werden muß.[51] Nichtsdestotrotz ist bei der Prüfungsplanung bereits ein grundlegendes Verständnis über Art, Zeitpunkt und Ausmaß zeitwertbezogener interner Kontrollen des Mandanten zu gewinnen. Daher hat sich der Prüfer in diesem Prüfungsschritt einen Überblick über die bestehenden Kontrollmaßnahmen zu verschaffen, um festzustellen, welche dieser Maßnahmen für die Prüfung beizulegender Zeitwerte relevant sind. Zusammenfassend ist

überwacht wird, wohingegen nicht routinemäßige Abläufe i.d.R. weniger standardisiert und kontrolliert sind, was diese auch manipulationsanfälliger macht. Vgl. MARTEN/QUICK/RUHNKE, Wirtschaftsprüfung (2011), S. 265 f.

49 Vgl. MARTEN/QUICK/RUHNKE, Wirtschaftsprüfung (2011), S. 265.

50 Vgl. statt vieler HARES, Zur Immobilie (2011).

51 Vgl. IDW, EPS 261 n.F. (2011), Rz. 18 und 74 sowie ferner IDW, PS 314 n.F. (2009), Rz. 26.

zu konstatieren, daß der grundlegende Überblick über das IKS erforderlich ist, um die wesentlichen Fehlerarten festzustellen, welche in der zeitwertbezogenen Rechnungslegung auftreten können, und um verschiedene Determinanten des Fehlerrisikos bei zeitbewerteten Bilanzpositionen zu identifizieren, damit darauf aufbauend weitere zielgerichtete Prüfungshandlungen geplant werden können, um angemessen auf die erkannten Fehlerrisiken zu reagieren.[52]

Nach Abschluß dieser Prüfungshandlungen zur vorläufigen zeitwertspezifischen Risikoeinschätzung ist für das Prüfungsgebiet „Zeitbewertung" eine risikoorientierte *Prüfungsstrategie* festzulegen. Sie stellt das „Kernstück der risikoorientierten Abschlußprüfung"[53] dar und umfaßt alle „Grundsatzentscheidungen des Abschlussprüfers über die prinzipielle Richtung des bei der jeweiligen Abschlussprüfung einzuschlagenden Weges"[54]. Dabei ist unter Beachtung der gewonnenen Erkenntnisse zunächst zu entscheiden, ob das Prüfungsgebiet mit einem niedrigen, mittleren oder hohen Prüfungsrisiko verbunden ist und welche Wesentlichkeitsgrenze daraus abzuleiten ist. Diese ist danach zu bemessen, ob Fehler oder Verstöße in der Zeitwertbilanzierung dazu führen, daß der Jahresabschluß das nach IAS 1.15 geforderte, den tatsächlichen Verhältnissen entsprechende Bild der Vermögens-, Finanz- und Ertragslage nicht darstellt und demgemäß mit wirtschaftlichen Fehlentscheidungen der Abschlußadressaten einhergehen würde.[55] Daraufhin ist das Prüfungsgebiet „Zeitbewertung" einschließlich dessen Wesentlichkeitsgrenze[56] auf einzelne Prüffelder[57] aufzuteilen. Diese Verteilung gilt es bei der Aufstellung des zeitwertspezifischen *Prüfungsprogramms* zu beachten, um Art, Umfang und zeitliche Durchführung der konkreten zeitwertspezifischen Prüfungshandlungen, inklusive des Personaleinsatzes, in Abhängigkeit des identifizierten Risikos zu planen und zu dokumentieren. Die zeitwertbezogenen Prüfungshandlungen sind dabei auf jene Risiken auszurichten, die zu einer wesentlichen Falschdarstellung im zeitwertbezogenen Teil der Rechnungslegung führen können.

52 Vgl. im allgemeinen IDW, EPS 261 n.F. (2011), Rz. 39. Zum Begriff und den Aufgaben des IKS vgl. grundlegend LÜCK, IKS (1998), S. 405 ff., WIEDMANN, Prüfungstechnik (2006), Rz. 208-211, FREIDANK, IKS (2007), IDW, EPS 261 n.F. (2011), Rz. 19-25.

53 MARTEN/QUICK/RUHNKE, Wirtschaftsprüfung (2011), S. 240.

54 IDW, PS 240 (2010), Rz. 14.

55 Vgl. hierzu im allgemeinen THIERGARD, Wesentlichkeit (2007), S. 1529.

56 Zur Planung der Wesentlichkeitsgrenzen für einzelne Prüffelder vgl. statt vieler THIERGARD, Wesentlichkeit (2007), S. 1529.

57 Die Einteilung in Prüffelder kann sich beispielsweise – vermögenswertspezifisch – danach vollziehen, ob die Wertfindung über einen aktiven Markt möglich ist oder im Rahmen der Bewertungshierarchie auf alternative Wertbemessungsverfahren zurückzugreifen ist.

2.2.3 Die Prüfungsfeststellungen

Der Prüfer hat im Rahmen der Durchführung seiner Prüfungshandlungen adäquate Prüfungsnachweise zu erlangen, die Aussagen über die Ordnungsmäßigkeit der im Abschluß ausgewiesenen zeitbewerteten Posten zulassen. Aufgrund dieser Aussagen gelangt der Prüfer zu begründeten Schlußfolgerungen, den sogenannten Prüfungsfeststellungen.[58] Folglich ist zwischen Prüfungsfeststellungen zu unterscheiden, die sich positiv oder negativ auf die Urteilsbildung auswirken. „Positive“ Feststellungen bestätigen die Konformität eines Ist- und Soll-Zustandes, wenn keine oder tolerierbare Abweichungen vorliegen. „Negative“ Feststellungen liegen bei nicht zu tolerierenden Abweichungen vor und werden daher nachfolgend auch als Fehler, Beanstandungen oder Verstöße bezeichnet. Für die Prüfungsplanung ist diesbezüglich zusammenfassend festzuhalten, daß der Prüfer die implementierten Prozesse zur Zeitwertermittlung sowie die der Bewertung zugrunde gelegten Daten und Annahmen und relevanten Kontrollen verstehen muß. Somit werden auf dieser Ebene des Prüfungsprozesses weniger Prüfungsfeststellungen i.S.v. Abweichungsaussagen sondern vielmehr auf abstraktere Weise zur vorläufigen Beurteilung des zeitwertspezifischen Fehlerrisikos getroffen. Die vorläufige Abschätzung des Fehlerrisikos und die damit einhergehende Bestimmung der Wesentlichkeitsgrenze sind für den weiteren Prüfungsprozeß von entscheidender Bedeutung. In Abschnitt II.2.4 wurde gezeigt, daß das Fehlerrisiko eine vom Prüfer nicht zu beeinflussende Variable darstellt. Demnach hat die Einschätzung des Fehlerrisikos, bei festgelegtem Prüfungsrisiko, direkten Einfluß auf Art und Umfang zu planender Prüfungshandlungen, welche die Steuerungsgröße des Entdeckungsrisikos bilden. Je höher demzufolge das Fehlerrisiko bei zeitbewerteten Bilanzpositionen eingestuft wird, desto umfangreicher sind Prüfungshandlungen vorzunehmen, um das Entdeckungsrisiko auf das erforderliche Maß zu reduzieren. Konkret heißt dies, daß der Prüfer in Abhängigkeit seiner Risikoeinschätzung und unter Berücksichtigung der Wesentlichkeit einzelner zeitwertspezifischer Prüffelder im Rahmen der Entwicklung der Prüfungsstrategie festzulegen hat, „in welchen Bereichen [...] ein Abstützen auf das IKS möglich und sinnvoll ist, welche Prüfungshandlungen zur Gewinnung zusätzlicher urteilsrelevanter Informationen in den einzelnen Prüfungsbereichen durchgeführt werden sollen, in welchen Bereichen aufgrund einer erhöhten Risikoeinschätzung umfangreichere Prüfungshandlungen erforderlich sind bzw. in welchen Bereichen aufgrund eines geringen Risikos eine Prüfung in vermindertem Umfang möglich erscheint“[59].

Nachfolgend werden daher zwingend in ein zeitwertbezogenes Prüfungsprogramm aufzunehmende Prüfungshandlungen vorgestellt. Entscheidend ist dabei, daß sich diese eng an die zuvor identifizierten Risiken und die noch im Rahmen der Aufbauprüfung zu identifizierenden Risiken anlehnen. Dieses Vorgehen entspricht dem

58 Vgl. IDW, PS 300 (2006), Rz. 6 und 14.

59 WIEDMANN, Prüfungstechnik (2006), Rz. 49.

risikoorientierten Prüfungsansatz. Demnach hat der Prüfer auf Basis der Beurteilung der Fehlerrisiken schließlich ausreichende und angemessene Prüfungsnachweise zur Angemessenheit und Funktionalität der wesentlichen Teile des zeitwertbezogenen IKS (Aufbau- und Funktionsprüfungen, vgl. Abschnitt III.2.3) sowie zu einzelnen Aussagen der zeitwertbezogenen Rechnungslegung (aussagebezogene Prüfungshandlungen, vgl. Abschnitt III.2.4) einzuholen,[60] um mit hinreichender Sicherheit Feststellungen über die zeitwertspezifischen Prüffelder treffen zu können.

2.3 Die Systemprüfung

2.3.1 Die Frage der Notwendigkeit

Die Systemprüfung besteht aus der *Aufbau-* und der *Funktionsprüfung*.[61] Durch eine Systemprüfung soll der Abschlußprüfer aufbauend auf den Erkenntnissen der Prüfungsplanung zum einen Prüfungsnachweise über die angemessene Ausgestaltung und zum anderen über die Wirksamkeit des rechnungslegungsbezogenen Teils des IKS erlangen.[62] Die *Aufbauprüfung* bildet dabei den ersten Teil der Prüfung des IKS und verfolgt das Ziel, „die vorhandenen Prozesse aufzunehmen und festzustellen, ob die Prozesse so wie beschrieben funktionieren können"[63]. So erstreckt sich eine Aufbauprüfung auf die Prüfung der angemessenen Ausgestaltung des IKS, um beurteilen zu können, ob und inwiefern wesentlich falsche Angaben im Rechnungswesen durch das IKS verhindert, entdeckt und korrigiert werden. Dafür sind die rechnungslegungsrelevanten Prozesse inklusive der prozeßinhärenten Kontrollen zu dokumentieren. Entscheidend dabei ist, wie die Kontrollen konzipiert und ob sie

---

60 Vgl. hierzu ähnlich und in allgemeiner Form IDW, EPS 261 n.F. (2011), Rz. 10.

61 In der Systematik des aktuellen EPS 261 n.F. wird der Begriff „Systemprüfung" nicht mehr verwendet. Gleiches gilt für die internationalen Normen. Vielmehr erfolgt nun eine Differenzierung nach der Risikobeurteilung inklusive Aufbauprüfung einerseits sowie der Festlegung und Durchführung von Prüfungshandlungen als Reaktion auf die beurteilten Risiken inklusive Funktionsprüfung andererseits. Vgl. hierzu auch die Ausführungen von MARTEN/QUICK/RUHNKE, Wirtschaftsprüfung (2011), S. 267. Traditionsbewußt wird in dieser Untersuchung der „alte" Begriff beibehalten. So findet – wie in Abschnitt III.2.2 angesprochen – die Beurteilung des Fehlerrisikos sowohl auf Ebene der Prüfungsplanung als auch auf der darauf aufbauenden Ebene der Systemprüfung, und dabei insbesondere im Zuge der Aufbauprüfung (Abschnitt III.2.3.2), statt. Die zeitwertspezifische Funktionsprüfung wird in Abschnitt III.2.3.3 separat dargestellt. Insgesamt soll der Prüfungsprozeß durch die hier gewählte Vorgehensweise in klar voneinander abgegrenzte Prüfungsschritte unterteilt werden, weswegen die Orientierung an der „alten" Vorgehensweise auch aus didaktischen Gründen sinnvoll erscheint.

62 Vgl. IDW, PS 300 (2006), Rz. 16 f., FABRITIUS, Systemprüfung (2007), S. 1323 sowie SCHMIDT, Risikoorientierung (2008), S. 37.

63 ORTH, Aufbauorganisation (2007), S. 66.

adäquat in den jeweiligen Prozessen implementiert sind.[64] Die Prüfung des Aufbaus des IKS muß sich jedoch nicht auf alle Regelungsbereiche beziehen.[65] Für die Abschlußprüfung von übergeordneter Bedeutung sind sämtliche auf die Sicherung der Ordnungsmäßigkeit und Verläßlichkeit der Rechnungslegung bezogenen Teile des IKS, wobei sich der Prüfer nur insoweit mit dem IKS beschäftigen muß, als es für die Feststellung und Beurteilung von Fehlerrisiken sowie der prüferischen Reaktion auf die beurteilten Fehlerrisiken notwendig ist.[66] Insgesamt muß der Abschlußprüfer beurteilen, ob das vom Mandanten eingerichtete IKS geeignet ist, die Entstehung wesentlicher Fehler zu verhindern oder aufzudecken und zu korrigieren.[67] Bezüglich des Umfangs der Aufbauprüfung ist festzuhalten, daß sich der Abschlußprüfer an der konkreten Ausgestaltung des IKS des Mandanten orientieren sollte.[68]

Die Wirksamkeit des IKS ist für den Abschlußprüfer von hohem Interesse, da sie Rückschlüsse auf die Glaubwürdigkeit der rechnungslegungsbezogenen Daten zuläßt.[69] Die Überprüfung des IKS ermöglicht es dem Prüfer folglich, die Zuverlässigkeit der Zahlen des Rechnungswesens zu beurteilen und auf dieser Basis das Kontrollrisiko einzuschätzen[70] So ist die *Funktionsprüfung*, als zweiter Teil der Prüfung des IKS, zur abschließenden Einschätzung des Kontrollrisikos durchzuführen. Im Zuge dieses Prüfungsschritts hat der Abschlußprüfer Nachweise über die Wirksamkeit der rechnungslegungsrelevanten Teile des IKS einzuholen,[71] da das Vorliegen eines angemessen konzipierten IKS noch nicht die Zuverlässigkeit der Arbeitsabläufe sicherstellt. Wurde im Rahmen der Aufbauprüfung die Angemessenheit des IKS festgestellt, sind nach EPS 261.74 n.F. Funktionsprüfungen immer dann durchzuführen, wenn der Abschlußprüfer bei einer Aussage über die Rech-

---

64 Vgl. FABRITIUS, Systemprüfung (2007), S. 1323.

65 Zum Aufbau und den Regelungsbereichen des IKS vgl. das in Fn. 51 angeführte Schrifttum, wobei insbesondere EPS 261.20 n.F. hervorzuheben ist.

66 Vgl. IDW, EPS 261 n.F. (2011), Rz. 35 und 41. Diese Notwendigkeit kann zudem aus den in EPS 261.22 n.F. aufgeführten Zielen interner Kontrollmaßnahmen des Rechnungslegungssystems abgeleitet werden. Dazu zählen u.a. die vollständige und zeitnahe Erfassung von Geschäftsvorfällen mit dem richtigen Wert, in der zugehörigen Buchungsperiode und auf den richtigen Konten, um eine normenkonforme Darstellung der Geschäftsvorfälle und somit eine normenkonforme Abschlußerstellung zu gewährleisten, oder die Richtigkeit und Vollständigkeit der Buchführungsunterlagen oder die zeitnahe und vollständige Bereitstellung verläßlicher und relevanter Informationen. Diese Aspekte können als Anhaltspunkte genutzt werden, damit im Zuge der Prüfung der Angemessenheit des IKS keine relevanten Schritte übersehen werden.

67 Vgl. MARTEN/QUICK/RUHNKE, Wirtschaftsprüfung (2011), S. 268.

68 Vgl. hierzu ausführlich IDW, EPS 261 n.F. (2011), Rz. 40 ff.

69 Vgl. BAETGE, Prüfungsansatz (1997), S. 445, GEHRINGER, Abschlußprüfung (2002), S. 288.

70 Die Zuverlässigkeit entspricht der Wahrscheinlichkeit, daß die im Rechnungswesen bearbeiteten Daten fehlerfrei sind. Vgl. BAETGE, Prüfungsansatz (1997), S. 445.

71 Dabei ist insbesondere darauf zu achten, ob das IKS während des gesamten Prüfungszeitraums kontinuierlich und wirksam bestanden hat. Vgl. IDW, PS 300 (2006), Rz. 17.

nungslegung die Wirksamkeit einer Kontrollmaßnahme unterstellt und damit ein Teil der erforderlichen Prüfungssicherheit aus der Annahme eines wirksamen IKS resultiert oder wenn aussagebezogene Prüfungshandlungen zur Gewinnung einer hinreichenden Prüfungssicherheit alleine nicht ausreichen. Werden Funktionsprüfungen angesetzt, hat der Abschlußprüfer zu beurteilen, ob implementierte Kontrollen tatsächlich funktionieren.[72] Dabei werden stichprobenhaft ausgewählte Kontrollen[73] anhand sogenannter Funktionstests untersucht.[74] Funktionstests werden im Rahmen der Transformations- und der Funktionsfähigkeitsprüfung durchgeführt. Die *Transformationsprüfung* befaßt sich mit der Frage, ob das entwickelte IKS von den Mitarbeitern in seiner geplanten Form kontinuierlich umgesetzt wird.[75] Um Prüfungsnachweise zu erlangen, können gemäß EPS 261.73 n.F. Prüfungshandlungen wie z.B. Mitarbeiterbefragungen, die Durchsicht von Nachweisen über die Durchführung von Kontrollmaßnahmen, die aktive Beobachtung der Durchführung von Kontrollmaßnahmen oder der Nachvollzug der Kontrollaktivitäten Anwendung finden. Ziel ist es demnach, festzustellen, ob vorgesehene Kontrollaktivitäten anhand von Kontroll- und Bearbeitungsvermerken nachweislich vollzogen werden.[76] Da das Vorhandensein von Kontroll- und Bearbeitungsvermerken jedoch nicht garantiert, daß die implementierten Prozesse erfolgreich funktionieren, sind weitere Funktionstests im Rahmen der *Funktionsfähigkeitsprüfung* durchzuführen, welche zeigen soll, ob die implementierten Kontrollmaßnahmen – wenn diese von den Mitarbeitern beachtet werden – tatsächlich greifen. So ist anhand ausgewählter Geschäftsvorfälle zu untersuchen, ob implementierte und von den Mitarbeitern durchgeführte Kontrollen zu dem richtigen Ergebnis führen. Ist dies nicht der Fall und liegen keine zusätzlichen Kontrollen vor, welche die Wirksamkeit der Kontrolle zur Erreichung des Kontrollziels auf einer alternativen Ebene sicherstellen, ist die Funktionsfähigkeit des entsprechenden Teils des IKS zu bezweifeln.[77]

---

72 Implementierte Kontrollen tragen in rechnungslegungsrelevanten Prozessen i.d.R. einzeln oder in Gruppen zur Reduktion erkannter Risiken bei. Vgl. HERZIG, Funktionsprüfung (2007), S. 514 f.

73 Hierbei ist zu beachten, daß losgelöst von der Stichprobenziehung Prüfungsnachweise im Zusammenhang mit bedeutsamen Veränderungen im Hinblick auf Art und Umfang des IKS einzuholen sind, um deren Auswirkungen auf das Kontrollrisiko zu beurteilen. Findet im Laufe des Geschäftsjahres eine Änderung innerhalb des IKS statt, müssen sowohl die ursprünglichen als auch die geänderten Regelungen gewürdigt werden. Daneben ist zu beachten, daß bei bedeutsamen Fehlerrisiken eine Funktionsprüfung unabhängig von Änderungen der zugrundeliegenden Kontrollmaßnahmen jährlich durchzuführen ist, sofern sich der Prüfer auf die Wirksamkeit des IKS zu stützen beabsichtigt. Vgl. hierzu IDW, EPS 261 n.F. (2011), Rz. 77 f.

74 Funktionstests verfolgen den Zweck, Nachweise darüber zu erlangen, inwieweit implementierte Kontrollmaßnahmen Anwendung finden, ob die Kontrollen während des gesamten Prüfzeitraums wirksam sind und ob ihre Anwendung konsistent ist. Vgl. hierzu WIEDMANN, Prüfungstechnik (2006), Rz. 276 ff.

75 Vgl. MARTEN/QUICK/RUHNKE, Wirtschaftsprüfung (2011), S. 277 f.

76 Vgl., auch im folgenden, MARTEN/QUICK/RUHNKE, Wirtschaftsprüfung (2011), S. 277 f.

77 So auch HERZIG, Funktionsprüfung (2007), S. 516.

Die Systemprüfung ist unabdingbarer Bestandteil eines zeitwertspezifischen Prüfungsprozeßmodells. Denn spätestens im Rahmen der Systemprüfung muß der Prüfer soweit ein Verständnis von dem zeitwertbezogenen IKS erlangen, als es für das Feststellen und das Beurteilen zeitwertspezifischer Fehlerrisiken und die daraus abzuleitenden prüferischen Reaktionen erforderlich ist.[78] So ist zunächst der Aufbau der zeitbewertungsrelevanten Kontrollmaßnahmen zu beurteilen, um daraufhin deren tatsächliche Implementierung festzustellen,[79] damit in einem letzten Schritt deren Wirksamkeit gewürdigt werden kann. Damit ein aussagekräftiges Urteil über die Angemessenheit und Funktionsfähigkeit des zeitwertbezogenen Teils des IKS abgegeben werden kann, sind konkrete Prüfungshandlungen zu formulieren. Das notwendige prüferische Vorgehen wird nachfolgend in Abschnitt III.2.3.2 sowie III.2.3.3 dargestellt. Neben den Vorgaben des PS 314 n.F. werden dabei weiterführende Prüfungshandlungen vorgeschlagen, die im Zuge der Systemprüfung notwendig sind, um schließlich fundierte Aussagen über die Ordnungsmäßigkeit der Zeitwertbilanzierung treffen zu können. Im Rahmen der Systemprüfung zu treffende Feststellungen werden in Abschnitt III.2.3.4 aufgezeigt.

2.3.2 Die Durchführung der Aufbauprüfung

Im Rahmen der Aufbauprüfung sind Besonderheiten innerhalb des rechnungslegungsrelevanten IKS zu beachten, die sich aus der Zeitwertbilanzierung nach IFRS ergeben. Daher wird zunächst aufgezeigt, welche Anforderungen PS 314 n.F. an die Aufbauprüfung stellt. Anschließend wird losgelöst von dieser Betrachtung aufgezeigt, wie der in Rede stehende Prüfungsschritt dezidiert auszugestalten ist. Dabei werden insbesondere Aussagen zu zeitwertspezifischen Fehlerrisiken getroffen.

PS 314 n.F. behandelt die Aufbauprüfung in Abschnitt 4.1.2,[80] der den Titel „Beurteilung der Angemessenheit der Bewertungsverfahren im Rahmen der Aufbauprüfung" trägt. Der Titel zeigt, daß lediglich die Bewertungsverfahren thematisiert werden. So hat der Abschlußprüfer nach PS 314.35 n.F. die Eignung des eingesetzten Bewertungsverfahrens dahingehend zu beurteilen, ob Zeitwerte in Übereinstimmung mit den Rechnungslegungsgrundsätzen ermittelt werden können. Sofern die Verwendungsabsicht der Bewertungsobjekte sowie die hierfür gegebenen Gestaltungsmöglichkeiten der Geschäftsleitung die Höhe des zu ermittelnden Zeitwerts beeinflussen, hat der Prüfer nach Rz. 36 über diesen Sachverhalt ausreichende Prüfungsnachweise zu erlangen, „um die Angemessenheit der Anwendung der jeweiligen Bewertungs-

78 Vgl. hierzu insbesondere IDW, EPS 261 n.F. (2011), Rz. 35.

79 Losgelöst von der Zeitwertproblematik äußert sich hierzu im allgemeinen WIEDMANN, Prüfungstechnik (2006), Rz. 218.

80 Vgl. IDW, PS 314 n.F. (2009), Rz. 35-39.

methode zu dokumentieren". In Rz. 37 werden entsprechende Prüfungshandlungen, wie z.B. die Begründung der Geschäftsleitung für bestimmte Handlungen, genannt. Rz. 38 verlangt eine Beurteilung darüber, ob angewandte Bewertungsmethoden im Einzelfall angemessen sind und stetig angewendet werden, sofern die Rechnungslegungsnormen Bewertungswahlrechte enthalten oder keine bestimmten Bewertungsmethoden vorschreiben. Dieser Aspekt ist allerdings im Rahmen von Einzelfallprüfungen detailliert zu untersuchen (vgl. Abschnitt III.2.4.2). Ferner schreibt Rz. 38 vor, daß der Prüfer berücksichtigen muß, ob die Rechnungslegungsgrundsätze durch die Geschäftsleitung angemessen umgesetzt werden und ob die jeweilige Bewertungsmethode die Art des Vermögenswerts oder der Schuld angemessen berücksichtigt. Der Abschnitt zur Aufbauprüfung endet mit Rz. 39, die besagt, daß der Prüfer bei dem Vorliegen bedeutender Ermessensspielräume zu beurteilen hat, ob die Geschäftsleitung ihre Ermessensentscheidungen im Rahmen zulässiger Bandbreiten einseitig getroffen hat.

Diese Ausführungen sind um Prüfungshandlungen zu ergänzen, die es dem Prüfer ermöglichen, den Aufbau des zeitwertspezifischen IKS zu beurteilen sowie dessen tatsächliche Umsetzung festzustellen. Es wurde bereits konstatiert, daß sich die Risikobeurteilung nicht nur auf die Prüfungsplanung erstreckt. Diese ist im Rahmen der Aufbauprüfung vielmehr fortzusetzen. Während durch die Prüfungshandlungen im Zuge der Prüfungsplanung eine umfangreiche Einschätzung des zeitwertspezifischen inhärenten Risikos möglich ist, konnten bislang hingegen keine profunden Aussagen über das zeitwertspezifische Kontrollrisiko getroffen werden. Im Zuge der Aufbauprüfung ist das Kontrollrisiko nun zu konkretisieren. Die Analyse der Effektivität des IKS steht bei der Beurteilung des Kontrollrisikos im Vordergrund.[81]

Um ein Urteil über die Effektivität des IKS in bezug auf die Zeitbewertung zu treffen, sind fünf Komponenten des IKS zu untersuchen. So hat der Prüfer in einem ersten Schritt das zeitwertspezifische *Kontrollumfeld* zu beurteilen, um die Einstellung und das Problembewußtsein der Unternehmungsleitung im Hinblick auf die Zeitwertbilanzierung zu eruieren.[82] Diese Aspekte schlagen sich in den von der Geschäftsleitung erlassenen Verhaltensgrundsätzen und daraus abgeleiteten Kommunikations- und Überwachungsmaßnahmen nieder. Ein günstiges Kontrollumfeld ist die Voraussetzung, nicht aber die Garantie für die Wirksamkeit des IKS. Im Rahmen der Untersuchung des *Risikobeurteilungsprozesses* hat der Prüfer festzustellen, wie die Unternehmungsleitung mit der Zeitbewertung einhergehende rechnungslegungsrelevante Risiken erkennt, analysiert und darauf aufbauend organisatorische Regelungen zur Abwendung oder Begrenzung potentieller Auswirkungen dieser Risiken trifft. Auf diese Weise kann der Prüfer beispielsweise beurteilen, wie die Unternehmungsleitung

81 Vgl. BAETGE, Prüfungsansatz (1997), S. 442.

82 Vgl., auch im folgenden, WIEDMANN, Prüfungstechnik (2006), Rz. 219-223 und 230, IDW, EPS 261 n.F. (2011), Rz. 43-60.

die Bedeutung aus der Zeitwertbilanzierung resultierender Risiken einschätzt, die Wahrscheinlichkeit ihres Eintritts beurteilt und welche Gegenmaßnahmen implementiert sind. Ferner hat der Prüfer die für die Prüfung von Zeitwerten relevanten *Kontrollaktivitäten* des Mandanten zu beurteilen, um Aussagen über deren Eignung zu treffen, wesentliche Fehler in der Rechnungslegung zu verhindern oder aufzudecken und zu korrigieren. Daher sind insbesondere jene Kontrollaktivitäten zu beurteilen, die sich auf den Prozeß der Zeitbewertung erstrecken. In einem nächsten Schritt hat der Prüfer das *rechnungslegungsrelevante Informationssystem* zu würdigen. Da dieses auch das Buchführungssystem umfaßt, ist für den Prüfer von Bedeutung, ob alle zeitbewertungsrelevanten Informationen erfaßt und verarbeitet werden. Die vollständige wertmäßige Erfassung von Geschäftsvorfällen in der Rechnungslegung stellt schließlich eine wesentliche Voraussetzung für die Ordnungsmäßigkeit des Jahresabschlusses dar. Die Grundlage der vollständigen und normenkonformen Erfassung von zeitwertrelevanten Geschäftsvorfällen ist durch Rechnungslegungshandbücher sowie Richtlinien und Arbeitsanweisungen zu schaffen, welche verbindlich zu beachtende Vorgaben enthalten sollen. Daher ist zu prüfen, inwieweit solch ein schriftliches Rahmenwerk bezogen auf die Zeitwertbilanzierung existiert. Als letzte Komponente im Rahmen der Beurteilung des IKS hat der Prüfer die mandantenseitigen Maßnahmen zur *Überwachung des IKS* zu prüfen, die insbesondere durch die Interne Revision durchzuführen sind.

Maßgebliche Prüfungshandlungen im Rahmen der Aufbauprüfung des zeitwertbezogenen IKS sind dabei Befragungen der Geschäftsleitung sowie der Personen, die relevante Überwachungsfunktionen ausüben.[83] Auf diese Weise kann sich der Prüfer in einem angemessenen Zeitrahmen einen Überblick über die relevanten Prozesse des IKS verschaffen, um darauf aufbauend gezielte weiterführende Befragungen durchzuführen, z.B. unter Verwendung von Fragebögen,[84] und gezielt prüfungsrelevante Dokumente einzuholen. Dies sollten alle Dokumente sein, die Prozesse zur Zeitbewertung regeln, wie Rechnungslegungshandbücher, Stellen-, Verfahrens- und Prozeßbeschreibungen sowie Richtlinien und Arbeitsanweisungen und Berichte der Internen Revision, um Kenntnis über vorgesehene Funktionstrennungen sowie vorgenommene manuelle und maschinelle Kontrollen zu erlangen. Auf diese Weise können die relevanten Kontrollmaßnahmen i.S.e. Soll-Zustandes des IKS erfaßt und deren Angemessenheit beurteilt werden.[85] Anschließend ist die Prüfung der Implementierung der identifizierten Kontrollmaßnahmen durchzuführen, um festzustellen „ob die vorgesehenen Kontrollmaßnahmen tatsächlich im Unternehmen implementiert sind

83 Vgl. hierzu, losgelöst von der Prüfung von Zeitwerten, IDW, EPS 261 n.F. (2011), Rz. 61.

84 Zur Erlangung detaillierter Kenntnisse durch den Einsatz von Fragebögen vgl. weiterführend WIEDMANN, Prüfungstechnik (2006), Rz. 255-258 sowie MARTEN/QUICK/RUHNKE, Wirtschaftsprüfung (2011), S. 274 ff.

85 Vgl. WIEDMANN, Prüfungstechnik (2006), Rz. 266-273.

und genutzt werden“[86]. Zur Abgrenzung dieses Prüfungsschritts von der Funktionsprüfung ist hervorzuheben, daß bei der Implementierungsprüfung die Funktionsweise der Kontrollen einmalig und zeitpunktbezogen untersucht wird, wodurch zwar Rückschlüsse auf die Risikobeurteilung, nicht aber auf die Ordnungsmäßigkeit des Jahresabschlusses möglich sind.[87] Um die Implementierung zu testen, empfiehlt sich die Durchführung von Durchlaufprüfungen. Dabei sind ausgewählte Geschäftsvorfälle, denen eine Zeitbewertung zugrunde liegt, im Rechnungslegungssystem des Mandanten in ihren einzelnen Schritten von Anfang bis Ende zu simulieren, um Einblick in die angewandten Wertermittlungsmethoden zu erlangen und um festzustellen, ob vorgegebene Prozeßschritte und Kontrollmaßnahmen durchlaufen und eingehalten werden.[88]

Auf Basis der Einschätzung des inhärenten Risikos sowie der im Rahmen der Analyse des Aufbaus und der Implementierung des IKS gewonnenen Erkenntnisse über das Kontrollrisiko, nimmt der Prüfer eine vorläufige Systembeurteilung unter Berücksichtigung identifizierter Systemstärken und Systemschwächen vor.[89] Darauf aufbauend ist der zweite Teil der Systemprüfung durchzuführen, um die tatsächliche Wirksamkeit des IKS zu beurteilen.[90]

2.3.3 Die Durchführung der Funktionsprüfung

PS 314 n.F. enthält keine zeitwertspezifischen Regelungen zur Funktionsprüfung. Tatsächlich gibt es hinsichtlich dieses Prüfungsschritts keine wesentlichen Besonderheiten zu beachten. Entscheidend ist jedoch, daß die während der Aufbauprüfung festgestellten Kontrollmaßnahmen nun im Zuge der Transformations- und Funktionsfähigkeitsprüfung auf ihre Wirksamkeit untersucht werden. So ist zu eruieren, ob der Ablauf der Kontrollen, die den Zeitbewertungsprozessen inhärent sind, dem bei der Erfassung dieser Kontrollen gewonnenen Verständnis entspricht.[91] Anhand von Stichproben ist zu prüfen, ob die zeitbewertungsrelevanten Kontrollen wirksam sind

---

86 WIEDMANN, Prüfungstechnik (2006), Rz. 274.

87 Vgl. WIEDMANN, Prüfungstechnik (2006), Rz. 274.

88 Dies ist für die Einschätzung des Fehlerrisikos essentiell. Wird bereits auf dieser Stufe festgestellt, daß z.B. falsche Bewertungsverfahren unbemerkt zur Anwendung kommen, sind aussagebezogene Prüfungshandlungen in hohem Maße zu planen. Zur Durchlaufprüfung im allgemeinen vgl. ORTH, Aufbauorganisation (2007), S. 66, FABRITIUS, Systemprüfung (2007), S. 1323.

89 Vgl. WIEDMANN, Prüfungstechnik (2006), Rz. 275. Zu den Prüfungsfeststellungen im Rahmen der vorläufigen Systembeurteilung vgl. Abschnitt III.2.3.4.

90 Vgl. WIEDMANN, Prüfungstechnik (2006), Rz. 276.

91 Vgl., auch im folgenden und losgelöst von der Zeitwertbilanzierung, WIEDMANN, Prüfungstechnik (2006), Rz. 281, HERZIG, Funktionsprüfung (2007), S. 515.

und ob die Durchführung dieser Kontrollen vom Mandanten nachvollziehbar dokumentiert wird. Des weiteren muß sich der Prüfer vergewissern, ob im Anschluß an eine Fehleridentifikation, beispielsweise wenn durch das IKS festgestellt wird, daß einer Zeitbewertung falsche Daten zugrunde liegen, Maßnahmen zur Fehlerbehebung eingeleitet werden und ob eine kritische Überprüfung der Fehlerbehebung stattfindet. Die im Rahmen der Funktionsprüfung erlangten Erkenntnisse bilden letztlich „die Grundlage für die abschließende Beurteilung der Kontrollrisiken“[92]. Stellt sich bei der Durchführung dieser Prüfungshandlungen heraus, daß die zeitbewertungsrelevanten Kontrollen nicht funktionieren, besteht in den Prüffeldern, auf die sich die Kontrollen auswirken, ein hohes Kontrollrisiko. Im Rahmen der Prüfungsfeststellungen werden nachfolgend die Konsequenzen eines hohen Kontrollrisikos dargestellt.

2.3.4 Die Prüfungsfeststellungen

Sind für ein Prüffeld ausreichende Prüfungshandlungen durchgeführt und angemessene Prüfungsnachweise eingeholt, ist das Prüffeld abschließend zu beurteilen, indem Aussagen über dessen Qualität getroffen werden. Prinzipiell führen erlangte Prüfungsnachweise zu positiven oder negativen Prüfungsfeststellungen, auf die sich die Aussagen im Prüfungsbericht und im Bestätigungsvermerk stützen.[93] Anschließend werden Prüfungsfeststellungen aufgezeigt, die der Prüfer in Abhängigkeit der Qualität des IKS im Rahmen einer zeitwertbezogenen Systemprüfung treffen kann. Die folgende Abbildung 4 dient dabei der vereinfachten Darstellung des Prozesses zur Gewinnung von entsprechenden Prüfungsfeststellungen.

Zunächst gilt es, während der Aufbauprüfung bedeutsame Risiken zu identifizieren. Diesen Fehlerrisiken ist im weiteren Prüfungsverlauf besondere Beachtung zu schenken, da sie mit hoher Wahrscheinlichkeit zu falschen Angaben in der Rechnungslegung führen. Einstufungskriterien für bedeutsame Risiken sind gemäß EPS 261.65 n.F. z.B. die Komplexität von Geschäftsvorfällen sowie das Maß an Subjektivität bei der Ausübung von Ermessensspielräumen. Werden bei der Aufbauprüfung bedeutsame zeitwertbezogene Risiken festgestellt, sind unabhängig von implementierten Kontrollmaßnahmen aussagebezogene Prüfungshandlungen durchzuführen, um Prüfungsaussagen mit hinreichender Sicherheit treffen zu können.

92 MARTEN/QUICK/RUHNKE, Wirtschaftsprüfung (2011), S. 278.

93 Vgl. Abschnitt III.2.2.3 sowie RAMMERT, Prüfungsnachweise (2007), S. 1090.

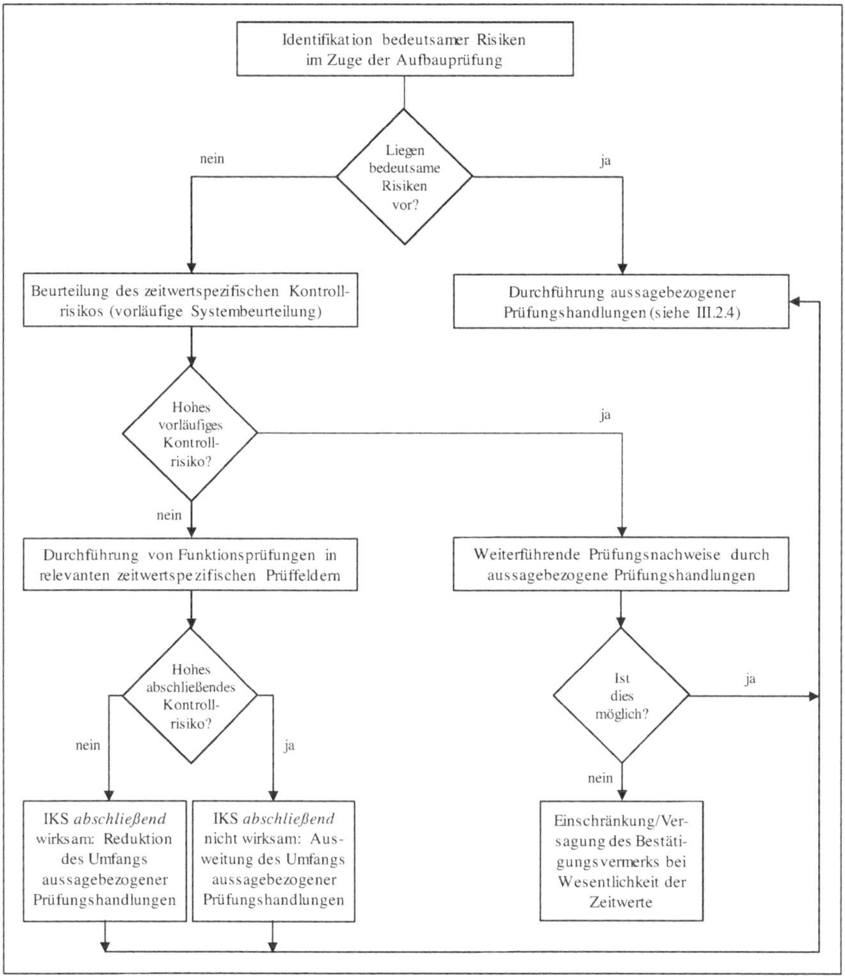

Abbildung 4: Prüfungsfeststellungen im Rahmen der Systemprüfung

Losgelöst von der Identifikation bedeutsamer Risiken ist durch die Systemprüfung das Kontrollrisiko zu beurteilen. Kommt der Prüfer im Rahmen der *vorläufigen Systembeurteilung* zu dem Schluß, daß das zeitwertbezogene IKS ganz oder teilweise unwirksam ist, das Kontrollrisiko in den betroffenen Prüffeldern demgemäß als hoch einzuschätzen ist, sind weiterführende Prüfungsnachweise ausschließlich durch aussagebezogene Prüfungshandlungen zu gewinnen.[94] Ist es nicht möglich, ausreichende und zweckdienliche Prüfungsnachweise einzuholen, um die notwendige Prüfungssicherheit zu erlangen, ist der Bestätigungsvermerk bei Wesentlichkeit der Zeitwertbilanzierung bereits an dieser Stelle des Prüfungsprozesses einzuschränken oder zu versagen. Wird das Kontrollrisiko aufgrund der Beurteilung des Aufbaus und der Implementierung des IKS hingegen vorläufig nicht als hoch eingeschätzt, sind in den relevanten Prüffeldern Funktionsprüfungen zur Beurteilung der Wirksamkeit bestehender Kontrollen durchzuführen.[95] Nach Beendigung der Funktionsprüfung ist die *abschließende Systembeurteilung* vorzunehmen, um das Kontrollrisiko final zu bewerten. Dabei ist zu berücksichtigen, daß sich das Kontrollrisiko sowohl aus einem mangelhaft entworfenen IKS (Erkenntnisse aus der Aufbauprüfung) als auch aus nicht wie geplant funktionierenden Kontrollen (Erkenntnisse aus der Funktionsprüfung) zusammensetzt.[96] So faßt die abschließende Systembeurteilung die Erkenntnisse der beiden Teilschritte der Systemprüfung zusammen, gleicht diese mit der vorläufigen Systembeurteilung ab und bildet schließlich die Informationsbasis für das weitere prüferische Vorgehen.[97] Werden im Rahmen der Systemprüfung Schwachstellen im IKS offengelegt, dienen diese als Anhaltspunkt für das Bilden von Prüfungsschwerpunkten im Rahmen der aussagebezogenen Prüfungshandlungen, damit die betreffenden Prüffelder ausreichend geprüft werden und somit abschließend beurteilt werden können.[98] Es ist darauf hinzuweisen, daß sich insbesondere der Umfang von Einzelfallprüfungen, als wesentlicher Bestandteil der aussagebezogenen Prüfungshandlungen, einschränken läßt, wenn das Kontrollrisiko abschließend als gering eingestuft wird.[99] Ist das zeitwertspezifische IKS also wirksam, sind aussagebezogene Prüfungshandlungen nur in dem Umfang durchzuführen, wie es zum Erreichen eines hinreichend sicheren Prüfungsurteils über das Prüffeld notwendig erscheint. Zeigt die abschließende Systembeurteilung hingegen, daß das Kontrollrisiko hoch ist, das IKS folglich nicht wirksam ist und vorgesehene Kontrollen nicht plangemäß ausgeführt werden, ohne dabei jedoch ein Prüfungshemmnis darzustellen, sind aussagebezogene Prüfungshandlungen auf ein Maß auszuweiten, das die er-

---

94 Vgl., auch im folgenden, WIEDMANN, Prüfungstechnik (2006), Rz. 275 sowie MARTEN/QUICK/RUHNKE, Wirtschaftsprüfung (2011), S. 277.

95 Verzichtet der Prüfer auf Funktionsprüfungen, ist in den betreffenden Prüffeldern bei der Durchführung aussagebezogener Prüfungshandlungen von einem hohen Kontrollrisiko auszugehen.

96 Vgl. BAETGE, Prüfungsansatz (1997), S. 442 sowie die dort angeführte Literatur.

97 Vgl. MARTEN/QUICK/RUHNKE, Wirtschaftsprüfung (2011), S. 278 f. Das Ergebnis der Systemprüfung ermöglicht es dem Prüfer, schließlich ein Urteil darüber zu fällen, inwieweit der Mandant Risiken, welche die Einhaltung der Rechnungslegungsnormen „gefährden, durch entsprechende organisatorische und Kontrollmaßnahmen eindämmt, um so wesentliche Fehler für die Rechnungslegung zu vermeiden bzw. zu erkennen und entsprechend zu beheben". FABRITIUS, Systemprüfung (2007), S. 1325.

98 Vgl. auch LÜCK, Abschlußprüfung (1999), S. 115, GEHRINGER, Abschlußprüfung (2002), S. 288.

99 So auch GIESE, Risikomanagementsystem (1998), S. 457 f. sowie LÜCK, Abschlußprüfung (1999), S. 115.

forderliche Prüfungssicherheit gewährleistet.[100] Demnach bleibt festzuhalten, daß der Umfang aussagebezogener Prüfungshandlungen unmittelbar von dem Ergebnis der Prüfung des IKS, also insbesondere der Einschätzung des Kontrollrisikos, abhängt.[101] Zeitwertspezifische aussagebezogene Prüfungshandlungen werden im nachfolgenden Abschnitt betrachtet.

2.4 Die aussagebezogenen Prüfungshandlungen

2.4.1 Die Frage der Notwendigkeit

Aussagebezogene Prüfungshandlungen sind nach Einzelfallprüfungen und analytischen Prüfungshandlungen zu differenzieren. Bei *Einzelfallprüfungen* werden Prüfungsnachweise durch einen unmittelbaren Soll-Ist-Vergleich von Geschäftsvorfällen und Beständen gewonnen, welche konkrete Aussagen in der Rechnungslegung stützen sollen.[102] Daher werden diese Prüfungshandlungen auch als direkte Prüfung bezeichnet, da der betreffende Prüfungsgegenstand unmittelbar geprüft wird, um zu einem Prüfungsurteil zu gelangen.[103] Um eine wirtschaftliche Durchführung der Abschlußprüfung zu gewährleisten, finden Einzelfallprüfungen i.d.R. als Auswahlprüfung Anwendung.[104] Bei der Auswahlprüfung werden nur Teilelemente eines Prüffelds geprüft.[105] Von dem Urteil über die Ordnungsmäßigkeit der geprüften Teilelemente wird auf die Grundgesamtheit geschlossen, um sich auf diese Weise ein Gesamturteil über die Ordnungsmäßigkeit eines Prüffelds zu bilden.[106] Neben den bereits im voranstehenden Abschnitt genannten Fällen sind Einzelfallprüfungen immer

100 Vgl. WIEDMANN, Prüfungstechnik (2006), Rz. 343.

101 Vgl. LÜCK, Abschlußprüfung (1999), S. 115. Auf diese Weise nutzt der Prüfer das IKS indirekt für die eigenen prüferischen Zwecke. Vgl. LÜCK, IKS (1998), S. 405, WIEDMANN, Prüfungstechnik (2006), Rz. 81.

102 Vgl. IDW, PS 300 (2006), Rz. 25.

103 Vgl. LÜCK, Direkte Prüfung (1998), S. 183. LEFFSON spricht in diesem Zusammenhang von „Kontenprüfungen". Vgl. LEFFSON, Wirtschaftsprüfung (1991), S. 263.

104 Eine Vollprüfung wird z.B. im Rahmen einer Unterschlagungsprüfung durchgeführt oder wenn ein Prüffeld aus einer kleinen überschaubaren Grundgesamtheit besteht. Zu lückenlosen Prüfungen vgl. BUCHNER, Prüfungswesen (1997), S. 171 sowie ORTH, Prüfung (2007), S. 920 f.

105 Zur Vorgehensweise bei stichprobenhaften Einzelfallprüfungen sowie zu den Verfahren der Stichprobenziehung vgl. ausführlich LÜCK, Abschlußprüfung (1999), S. 126-140, WIEDMANN, Prüfungstechnik (2006), Rz. 90-106, HINZ, Stichprobenprüfung (2007), S. 1305-1307, MARTEN/QUICK/RUHNKE, Wirtschaftsprüfung (2011), S. 313-320. Zur Repräsentativität einer Stichprobenprüfung vgl. treffend BUCHNER, Prüfungswesen (1997), S. 171 f.

106 Vgl. LÜCK, Abschlußprüfung (1999), S. 126.

dann notwendig, wenn einerseits analytische Prüfungshandlungen nicht durchgeführt werden können oder keine ausreichende Prüfungssicherheit erbringen und wenn andererseits wesentliche Posten vorliegen, da sich der Prüfer bei seinem Urteil hier nicht ausschließlich auf das Ergebnis analytischer Prüfungshandlungen stützen darf.[107] Sofern möglich, kommen *analytische Prüfungshandlungen* zeitlich vor Einzelfallprüfungen zum Einsatz.[108] Bei analytischen Prüfungen handelt es sich um Plausibilitätsbeurteilungen, insbesondere von Verhältniszahlen und Entwicklungen, durch die zum einen Beziehungen von prüfungsrelevanten Daten zu anderen Daten des Jahresabschlusses aufgezeigt sowie zum anderen auffällige Abweichungen zum Vorjahresabschluß festgestellt werden sollen.[109] Prüfungshandlungen wie Plausibilitätsrechnungen oder die Verprobung werden auch als indirekte Prüfung bezeichnet, da der jeweilige Prüfungsgegenstand nicht unmittelbar geprüft wird.[110] Der Soll-Ist-Vergleich soll bei der indirekten Prüfung lediglich eine sachlogische Übereinstimmung („Plausibilität") zwischen Soll- und Ist-Objekt feststellen.[111] Die Notwendigkeit analytischer Prüfungshandlungen liegt darin begründet, daß sie sowohl Hinweise auf kritische Prüfungsgebiete liefern als auch im Abschluß enthaltene Falschaussagen bzw. ungewöhnliche oder unerwartete Beträge identifizieren können, die potentielle Risikobereiche darstellen.[112] Auf diese Weise kann der Bedarf weiterführender Prüfungshandlungen offengelegt werden.

Aussagebezogene Prüfungshandlungen sind bei der Prüfung beizulegender Zeitwerte unverzichtbarer Bestandteil des Prüfungsprozesses. Im Rahmen der Prüfungsplanung und der Systemprüfung werden das zeitwertspezifische inhärente Risiko auf Unternehmungs- und Prüffeldebene sowie das zeitwertspezifische Kontrollrisiko abgeschätzt. Das auf diese Weise ermittelte Fehlerrisiko wirkt sich unmittelbar auf Art und Umfang aussagebezogener Prüfungshandlungen in den zeitwertspezifischen Prüffeldern aus.[113] Diese sind notwendig, damit sich der Prüfer eine hinreichende Prüfungssicherheit darüber verschaffen kann, „ob die Rechnungslegung nicht wesentliche falsche Aussagen enthält"[114]. Schließlich ist anzumerken, daß selbst ein wirk-

107 Vgl. IDW, PS 300 (2006), Rz. 25 i.V.m. IDW, PS 312 (2001), Rz. 11 f.

108 Vgl. GEHRINGER, Abschlußprüfung (2002), S. 297.

109 Vgl. IDW, PS 312 (2001), Rz. 5, SCHÖNWALD, Prüfungshandlungen (2007), S. 41.

110 Vgl. hierzu ausführlich LÜCK, Indirekte Prüfung (1998), S. 390.

111 Vgl. WIEDMANN, Prüfungstechnik (2006), Rz. 371.

112 Vgl. SCHÖNWALD, Prüfungshandlungen (2007), S. 42.

113 Vgl. exemplarisch IDW, PS 300 (2006), Rz. 16 und 20.

114 RAMMERT, Prüfungsnachweise (2007), S. 1090 f. In Abschnitt II.2.4 wurde gezeigt, daß das Entdeckungsrisiko die vom Prüfer zu beeinflussende Determinante des Prüfungsrisikos darstellt. Aussagebezogene Prüfungshandlungen sind dabei das maßgebliche Werkzeug zur Reduktion des Entdeckungsrisikos. Folglich teilt sich das Entdeckungsrisiko in das Risiko auf, daß wesentliche Fehler zum einen nicht durch analytische Prüfungshandlungen oder zum anderen nicht durch Einzelfallprüfungen aufgedeckt werden. Daneben kann das Entdeckungsrisiko eine Konkretisie-

sames IKS das Auftreten wesentlicher Fehler im Jahresabschluß, die aus der Zeitbewertung resultieren, nie vollständig verhindern wird, womit die Normenkonformität eines Jahresabschlusses allein auf Basis der Beurteilung des IKS nicht mit hinreichender Sicherheit beurteilt werden kann.[115] Daher sind insbesondere bei wesentlichen Bilanzpositionen, auch unabhängig von der Höhe des im Rahmen der Systemprüfung festgestellten Kontrollrisikos, angemessene und ausreichende Prüfungsnachweise durch aussagebezogene Prüfungshandlungen einzuholen.[116]

Für diese Untersuchung wird die Annahme getroffen, daß zeitbewertete Vermögenswerte aufgrund ihrer Fehleranfälligkeit, die auf die Komplexität der Zeitwertbemessung zurückzuführen ist, regelmäßig als wesentliche Bilanzpositionen einzustufen sind. Demnach sind Einzelfallprüfungen zum einen wegen der Wesentlichkeit zeitwertspezifischer Prüffelder und zum anderen wegen der Tatsache, daß analytische Prüfungshandlungen alleine nicht die erforderliche Prüfungssicherheit erbringen können, zwingend vorzunehmen. Aufgrund dessen werden im folgenden Abschnitt zunächst jene Einzelfallprüfungen vorgestellt, die bei der Prüfung von Zeitwerten relevant sind. Analytische Prüfungshandlungen kommen erst im Anschluß zum Einsatz, um beizulegende Zeitwerte in ihrer Gesamtheit zu plausibilisieren.[117] Bei den nachfolgenden Prüfungsschritten werden jeweils die Vorgaben des PS 314 n.F. betrachtet und – sofern notwendig – an entsprechender Stelle um weiterführende Erläuterungen ergänzt und konkretisiert respektive um zusätzliche Prüfungshandlungen erweitert.

---

rung in das Stichprobenrisiko und das Nicht-Stichprobenrisiko erfahren. Einen Überblick über die Ansätze zur Konkretisierung des Entdeckungsrisikos liefert NAGEL, Jahresabschlußprüfung (1997), S. 45-48.

115 Vgl. MARTEN/QUICK/RUHNKE, Wirtschaftsprüfung (2011), S. 270 f.

116 Vgl. IDW, PS 300 (2006), Rz. 22.

117 Eine ähnliche Vorgehensweise schlagen RUHNKE/SCHMIDT vor, wobei keine Aufteilung der Prüfungshandlungen auf die einzelnen Prüfungsschritte erfolgt, sondern der Prüfungsprozeß vielmehr global betrachtet wird. Vgl. im folgenden RUHNKE/SCHMIDT, Fair Value (2005), S. 581. Angabegemäß ist in einem ersten Schritt festzustellen, ob sich der vom Mandanten angesetzte Wert innerhalb der vom Prüfer ermittelten Soll-Bandbreite befindet. Dieser Punkt wird hier im Rahmen der Einzelfallprüfungen untersucht. Im zweiten Schritt ist nach RUHNKE/SCHMIDT zu beurteilen, ob die Gesamtheit der beizulegenden Zeitwerte den Abschluß verzerrt. In der vorliegenden Schrift ist dieser Aspekt Gegenstand der analytischen Prüfungshandlungen. BRÖSEL/ZWIRNER ergänzen dieses Vorgehen um einen dritten Schritt. Dabei handelt es sich um die Überprüfung vorhandener bzw. notwendiger Anhangangaben. Vgl. BRÖSEL/ZWIRNER, Goodwill (2009), S. 202. Diese Prüfungshandlung ist in der vorliegenden Untersuchung integraler Bestandteil der Einzelfallprüfungen.

2.4.2 Die Durchführung von Einzelfallprüfungen

2.4.2.1 Die Beurteilung der Daten und Annahmen

Mit Hilfe von Einzelfallprüfungen hat der Prüfer die vom Mandanten ermittelten Ist-Zustände der zeitbewerteten Prüfungsobjekte stichprobenartig zu beurteilen. Dabei sind die Geschäftsvorfälle auf allen Etappen des Verarbeitungsprozesses von der Entstehung bis hin zum Bilanzausweis zu überprüfen.[118] Den Ansatzpunkt der Einzelfallprüfung bildet die Beurteilung der Daten und Annahmen eines zum beizulegenden Zeitwert zu erfassenden Geschäftsvorfalls. Die Ermittlung eines „fair value", dem Schätzelemente zugrunde liegen, stützt sich auf Informationen, genau genommen auf Daten und Annahmen, die der Prüfer dahingehend zu beurteilen hat, ob sie eine verläßliche Grundlage für die Bewertung darstellen und ob ihre Normenkonformität gewährleistet ist. Daher sind ausreichende und angemessene Prüfungsnachweise über die entsprechenden Daten und Annahmen einzuholen, damit hinreichend sichere Prüfungsfeststellungen getroffen werden können. PS 314 n.F. sucht diesen Prüfungsschritt in den Rz. 40-51 zu regeln, ohne dabei den Unterschied zwischen Daten und Annahmen zu eruieren. RUHNKE/SCHMIDT beschreiben den Unterschied zwischen Daten und Annahmen anhand des Aufbaus und der Eigenschaft einer Prognose.[119] So werden unter Daten empirisch gestützte Informationen über die Gegenwart verstanden. Annahmen sind hingegen Informationen über zukünftige Bedingungen oder Entwicklungen. Somit wird auf Grundlage der gegenwärtigen (Ausgangs-)Daten und der Annahmen über die Zukunft eine Prognoseaussage abgeleitet. Diese bildet die Basis des daraufhin zu berechnenden Zeitwerts.

Nachdem der Unterschied zwischen Daten und Annahmen geklärt ist, stellt sich die Frage nach geeigneten Beurteilungskriterien für die Informationsarten. *Daten* haben nach PS 314.47 n.F. – die dort jedoch als „(vergangenheitsbezogene) Informationen" bezeichnet werden – richtig, vollständig und relevant zu sein. Die Beurteilung wird in den Rz. 48-51 geregelt. Werden Daten des Rechnungswesens verwendet, müssen diese gemäß Rz. 48 mit den Daten, die durch das Rechnungslegungssystem verarbeitet wurden, übereinstimmen. Gemäß den Rz. 49 und 50 können als Prüfungsnachweis auch Daten aus unternehmensexternen Quellen herangezogen werden. Nach Rz. 51 muß der Prüfer beurteilen, ob die der Zeitbewertung zugrundeliegenden Daten angemessen dargestellt und analysiert wurden und ob diese eine plausible Basis für die darauf aufbauenden Schätzungen bilden.

Die Beurteilung der *Annahmen* hat gemäß PS 314.40 n.F. anhand der Kriterien Relevanz, Zuverlässigkeit, Neutralität, Verständlichkeit und Vollständigkeit zu erfolgen. Die Beurteilung der Annahmen wird in den Rz. 40-46 geregelt. In Rz. 40 erfolgt der

---

118 Vgl. BUCHNER, Prüfungswesen (1997), S. 227.

119 Vgl., wie im folgenden, RUHNKE/SCHMIDT, Überlegungen (2003), S. 1045 f., ferner RUHNKE/SCHMIDT, Fair Value (2005), S. 582 ff.

Hinweis, daß Annahmen entweder unternehmensintern oder auf Basis von Branchenstatistiken oder amtlichen Statistiken getroffen werden können. Rz. 41 und 45 beziehen sich auf die Beurteilung der Vertretbarkeit der wesentlichen Annahmen. Diese müssen nicht nur einzeln, sondern auch in ihrer Gesamtheit vertretbar sein, da Annahmen des öfteren voneinander abhängig sind und sich nicht widersprechen dürfen. Die Vertretbarkeit knüpft PS 314.41 n.F. daran, ob die Annahmen „im Hinblick auf tatsächliche Ergebnisse vorhergehender Geschäftsjahre vertretbar erscheinen“ oder „mit den Annahmen anderer Schätzungen bzw. mit plausiblen Planungen des Managements vereinbar sind“. Daneben muß der Prüfer nach Rz. 41 besonders diejenigen Annahmen beurteilen, die für Schwankungen und wesentliche Falschdarstellungen anfällig oder in hohem Umfang abhängig von Ermessensspielräumen sind. PS 314.42 n.F. regelt darauf aufbauend, daß Annahmen in Abhängigkeit des Bewertungsmaßstabs und der Bewertungsmethode variieren, weshalb der Prüfer die vom Mandanten im Zuge finanzierungstheoretischer Bewertungsverfahren getroffenen Annahmen über die Höhe und den zeitlichen Anfall von Zahlungsströmen, den Prognosezeitraum sowie den Kapitalisierungszinssatz zu beurteilen hat. In Rz. 43 erfolgt ein Hinweis auf das Vollständigkeits- und Relevanzkriterium der Annahmen, da der Prüfer zu beurteilen hat, ob die Geschäftsleitung „die relevanten Annahmen“ bei der Wertermittlung berücksichtigt hat. Rz. 44 beinhaltet Vorgaben zu Sensitivitätsanalysen, die im nachfolgenden Abschnitt gesondert betrachtet werden. Da die getroffenen Annahmen nach Rz. 46 die Erwartungen der Geschäftsführung „zum Teil“ widerspiegeln, hat der Prüfer die Annahmen dahingehend zu beurteilen, ob diese realistisch sind und mit der Unternehmungslage, den Planungen und Annahmen vergangener Geschäftsjahre, mit vergangenheitsbezogenen Erfahrungen, mit in anderen Zusammenhängen getroffenen Annahmen oder mit der Schwankungsbreite des Zahlungsstroms im Einklang stehen. An dieser Stelle ist zudem auf Rz. 67 hinzuweisen, die ebenfalls auf die Beurteilung der Annahmen eingeht. Demgemäß muß der Prüfer bei mit bedeutsamen Risiken behafteten „fair values“ beurteilen, in welchem Maße die Unternehmungsleitung alternative Annahmen zur Wertermittlung berücksichtigt hat bzw. aus welchen Gründen bestimmte Annahmen nicht in die Wertermittlung eingeflossen sind und in welcher Weise mit bestehenden Schätzunsicherheiten verfahren wird. Ferner ist nach Rz. 67 (erneut) zu beurteilen, ob die getroffenen bedeutsamen Annahmen vertretbar erscheinen.

Losgelöst von den Angaben des PS ist darauf hinzuweisen, daß bei der Beurteilung der Annahmen jene Zeitwerte eine Besonderheit darstellen, die im Zuge von Bewertungsmodellen ermittelt werden. Diesen Modellen liegen Prämissen zugrunde, die im Widerspruch zur Rechnungslegungs- und Prüfungsrealität stehen.[120] Darüber hinaus hat der Prüfer die Konsistenz der aktuellen Annahmen zu denen der Vergangenheit

120 So finden in der IFRS-Rechnungslegung finanzierungstheoretische Verfahren Anwendung, denen die Prämissen des „capital assest pricig model“ (CAPM) sowie der MODIGLIANI/MILLER-Modellierung zugrunde liegen. Zu den Problemen dieser Bewertungsverfahren vgl. eingehend Abschnitt IV.1.2.2.

zu überprüfen und hat Begründungen vom Mandanten einzuholen, sofern sich die Annahmen ex post geändert haben.[121] Auf Grundlage der Daten und Annahmen berechnet der Mandant den beizulegenden Zeitwert, der für die Prüfung den Ist-Wert darstellt. Nach der Beurteilung der Informationen hat der Prüfer folglich die mathematische „Richtigkeit" der Ergebnisse zu würdigen. So ist zu prüfen, ob der beizulegende Zeitwert i.S.e. „Prognoseaussage"[122], basierend auf den in Rede stehenden Informationen, korrekt ermittelt wurde. Es ist darauf hinzuweisen, daß sich diese Prüfung nicht darauf bezieht, ob *der* richtige beizulegende Zeitwert ermittelt worden ist. Schließlich handelt es sich bei einem „fair value" in der Praxis regelmäßig um einen Bandbreitenwert. Vielmehr geht es um die prüferische Beurteilung, ob die vom Mandanten ermittelten Daten und Annahmen mathematisch korrekt verwendet werden und ob die Ermittlung frei von Rechenfehlern ist. Daraufhin bestimmt der Prüfer, basierend auf seiner Einschätzung der Daten und Annahmen, die mögliche Soll-Bandbreite[123] des zu prüfenden beizulegenden Zeitwerts, um festzustellen, ob sich der Ist-Wert des Mandanten darin befindet. Um die eigene Werteinschätzung zu konkretisieren, sind allerdings weiterführende Prüfungshandlungen notwendig, die nachfolgend betrachtet werden.

2.4.2.2 Die Hilfsmittel zur Konkretisierung von Werteinschätzungen

Die Ermittlung eines beizulegenden Zeitwerts ist aufgrund der ihm zugrundeliegenden Prognoseelemente mit einem hohen Maß an Unsicherheit verbunden. Der Grad der Unsicherheit wird dabei durch Art und Umfang der Prognoseelemente determiniert. Somit kann der Prüfer den „richtigen" beizulegenden Zeitwert in Ermangelung eines exakten Soll-Werts nicht ermitteln. Die bestehende Unsicherheit kann nicht überwunden,[124] aber durch ein unsicherheitsaufdeckendes Verfahren offengelegt werden, um deren Konsequenzen zu eruieren.[125] Nur wenn der Prüfer seine eigene Soll-Werteinschätzung hinreichend konkretisiert, kann darauf aufbauend der

---

121 Vgl. RUHNKE/SCHMIDT, Überlegungen (2003), S. 1049. Eine ähnliche Prüfungshandlung wird in PS 314.55 n.F. – allerdings losgelöst von dem Abschnitt zur Beurteilung der Daten und Annahmen – erwähnt.

122 RUHNKE/SCHMIDT, Fair Value (2005), S. 588.

123 Nach PS 314.68 n.F. ist eine Zeitwertbandbreite hingegen nur dann zu entwickeln, sofern der Prüfer dies bei Schätzunsicherheiten, aus denen bedeutende Risiken für die geschätzten Werte hervorgehen, auch tatsächlich für notwendig erachtet.

124 Schließlich ist dem Sterblichen die Zukunft nicht ersichtlich. Vgl. MÜNSTERMANN, Wert und Bewertung (1970), Vorwort. Vgl. auch SIEBEN/DIEDRICH, Wertfindung (1990), S. 807.

125 Zu unsicherheitsaufdeckenden Verfahren, welche den unsicherheitsverdichtenden Verfahren überlegen sind, vgl. ausführlich OLBRICH, Unternehmungsverkauf (2005), S. 170 ff. sowie das dort angeführte Schrifttum.

bilanzierte Ist-Wert beurteilt werden.[126] Als unsicherheitsaufdeckendes Verfahren kommt bei der Zeitwertprüfung insbesondere die Sensitivitätsanalyse in Frage.

Nach PS 314.44 n.F. hat der Prüfer bei geschätzten Zeitwerten „die Sensitivität der Zeitwerte gegenüber der Veränderung bedeutsamer Annahmen" zu beurteilen. Allerdings sind nur dann eigenständige Sensitivitätsanalysen durchzuführen, sofern diese nicht von der Geschäftsleitung vorgenommen werden. Diese rudimentären Angaben gilt es zu konkretisieren und zu erweitern. Mit Hilfe von Sensitivitätsanalysen wird die Empfindlichkeit einer Zielgröße (i.S.e. Planungsergebnisses) auf die Veränderung der Planungseingangsgrößen untersucht.[127] So ist zunächst generell festzuhalten, daß eine verständliche Entwicklung der Annahmen die Grundlage für Sensitivitätsanalysen bildet,[128] womit deutlich wird, daß Annahmen die besagten Planungseingangsgrößen darstellen. Da eine Bewertung gemäß RK.86 bzw. CF.4.41 verläßlich sein muß, die ihr zugrundeliegenden Schätzungen demnach hinreichend genau zu sein haben, damit die bewertete Position in der Bilanz angesetzt werden kann, ist die verläßliche Ermittelbarkeit beizulegender Zeitwerte zu beurteilen. Dazu sind die Annahmen innerhalb einer potentiellen und plausiblen Bandbreite zu variieren. Die verläßliche Ermittelbarkeit eines Zeitwerts ist dann zu bezweifeln, wenn die Zielgröße stark auf die Variation der Eingangsgrößen reagiert.[129] Zudem ist zu beachten, daß die Verläßlichkeit eines beizulegenden Zeitwerts nicht gegeben ist, wenn sich alternative Annahmen entwickeln lassen, die zwar im gleichen Maße plausibel sind wie die ursprünglichen Annahmen, jedoch zu wesentlich anderen Wertansätzen führen. In Konsequenz wird hier die Meinung vertreten, daß der Prüfer bei wesentlichen Zeitwerten – unabhängig von Analysen des Mandanten – regelmäßig anhand eigenständig durchgeführter Analysen zu prüfen hat, „wie sich die Variation von Annahmen auf den beizulegenden Zeitwert auswirkt"[130]. Daneben ist ein weiterer Punkt zu beachten, der über die Regelungen des PS hinausgeht. Die in Rz. 44 genannten bedeutenden Annahmen sind dringend zu spezifizieren. Denn um eine Sensitivitätsanalyse zweckadäquat durchzuführen, muß der Abhängigkeitsgrad eines „fair value" von den zugrundeliegenden Annahmen berücksichtigt werden, weswegen insbesondere fehler- und schwankungsanfällige sowie ermessensabhängige Annahmen als „bedeutsam" anzusehen sind und daher in die Analyse einfließen sollten.

---

126 Vgl. hierzu auch BRÖSEL/ZWIRNER, Goodwill (2009), S. 201.

127 Zur Sensitivitätsanalyse vgl. DINKELBACH, Programmierung (1969), DINKELBACH, Sensitivitätsanalysen (1979), ALTROGGE, Investition (1996), S. 385-389, BITZ, Investition (1998), S. 138-142, ADAM, Investitionscontrolling (2000), S. 354-356, HERING, Investition (2000), S. 484-486, ROLLBERG, Unternehmensplanung (2001), S. 192 f., BITZ/EWERT/TERSTEGE, Investition (2002), S. 217-226, HERING, Investition und Unternehmensbewertung (2002), S. 50-52, MATSCHKE/BRÖSEL, Bewertung (2007), S. 227 f., BRÜHL, Sensitivitätsanalysen (2007), S. 1236 f., HERING, Investitionstheorie (2008), S. 308-320.

128 Vgl. RUHNKE/SCHMIDT, Fair Value (2005), S. 587.

129 Vgl. ähnlich hierzu, wie auch im folgenden, RUHNKE/SCHMIDT, Überlegungen (2003), S. 1049.

130 RUHNKE/SCHMIDT, Überlegungen (2003), S. 1049.

Neben Sensitivitätsanalysen stellt die Verwendung *unternehmungsunabhängiger Schätzungen* ein weiteres, die Werteinschätzung konkretisierendes Hilfsmittel dar. PS 314 n.F. benennt zwei Wahlrechte zur Verwendung solcher Schätzungen.[131] Demnach kann der Abschlußprüfer zur Verprobung eines Werts nach Rz. 61 erstens eigenständige Schätzungen vornehmen, indem er eigene Annahmen trifft. Das zweite Wahlrecht besteht gemäß Rz. 62 darin, daß sich der Prüfer den Schätzwert von einem unabhängigen Dritten beschaffen kann, indem z.B. ein Bewertungsgutachten in Auftrag gegeben wird. In diesem Fall hat der Prüfer analog jene Prüfungshandlungen durchzuführen, die er auch auf die Schätzverfahren des Mandanten anwendet. So sind die der externen Schätzung zugrundeliegenden Daten und Annahmen zu würdigen und die Berechnungsverfahren zu prüfen. Werden bei der unternehmungsunabhängigen Schätzung vom Mandanten abweichende Annahmen und Methoden verwendet, müssen die bedeutsamen Unterschiede beurteilt werden (PS 314.63 n.F.). Mit diesem Vorgehen sollen aussagekräftige Prüfungsnachweise erlangt werden. Über die im PS beschriebenen Regelungen hinaus ist folgendes festzuhalten. Macht der Prüfer aufgrund mangelnder besonderer Sachkenntnis von dem zweiten Wahlrecht Gebrauch, ist ferner PS 322 „Verwertung der Arbeit von Sachverständigen" zu beachten.[132] Das Einholen von Gutachten oder Bewertungen von externen Sachverständigen stellt gemäß PS 322.8 keinen Widerspruch zur Pflicht der Bildung eines eigenverantwortlichen Prüfungsurteils dar. Während für den in PS 314.62 n.F. geregelten Sachverhalt aufgrund der anfallenden zusätzlichen Kosten ein Wahlrecht zweckmäßig erscheint, ist das Vorgehen nach Rz. 61 zur Ermittlung von Soll-Bandbreiten möglicher Wertausprägungen hingegen unumgänglich. Folglich ist diese Prüfungshandlung verpflichtend und hat nicht ermessensabhängig zu erfolgen. Gestützt wird diese Auffassung zudem durch die oben geäußerte Notwendigkeit, daß der Prüfer bei wesentlichen Zeitwerten Sensitivitätsanalysen durchzuführen hat. Schließlich sind bei der Variation der Annahmen des Mandanten zwangsläufig eigenständige Annahmen zu treffen.

2.4.2.3 Die weiteren Prüfungshandlungen

Neben den bereits angesprochenen Prüfungshandlungen sind weitere Aktivitäten zur Einholung angemessener Prüfungsnachweise erforderlich, damit Prüfungsfeststellungen mit hinreichender Sicherheit getroffen werden können. Dazu zählen die Prü-

131 Im Schrifttum wird eine weitere Möglichkeit genannt, wonach der Prüfer ähnliche Bewertungsmaßstäbe anderer Mandanten mit gleichem Sitz oder gleicher Branche als Vergleichsmaßstab der Schätzung heranziehen kann. Vgl. RUHNKE/SCHMIDT, Fair Value (2005), S. 589.

132 „Sachverständige [...] sind Personen, Unternehmen oder sonstige Einrichtungen, soweit sie in Bereichen außerhalb der Rechnungslegung oder Abschlussprüfung über spezielle Fähigkeiten, Kenntnisse und Erfahrungen verfügen und in dieser Eigenschaft tätig werden." IDW, PS 322 (2010), Rz. 2.

fung der Anwendungsstetigkeit normgerechter Verfahren zur Zeitwertermittlung, die Berücksichtigung von Ereignissen nach dem Abschlußstichtag sowie die Prüfung zeitwertspezifischer Anhangangaben.

Erstens wird die Prüfung der Anwendungsstetigkeit normgerechter Verfahren zur Zeitwertermittlung betrachtet. Diese ist in PS 314.64-66 n.F. geregelt, wobei zunächst auf Rz. 53 zu rekurrieren ist. Grundlage für die Beurteilung der Stetigkeit sind nämlich die im Rahmen der Aufbauprüfung erlangten Kenntnisse über die organisatorischen Vorkehrungen des Mandanten zur Ermittlung beizulegender Zeitwerte. Aufgrund dessen hat zunächst eine Beurteilung zu erfolgen, ob die von der Unternehmungsleitung implementierten „Berechnungsverfahren auch weiterhin als Grundlage für eine Schätzung dienen können“[133]. Wenn diese Voraussetzung erfüllt ist, kann auf die für die Stetigkeitsprüfung relevanten Abschnitte des PS zurückgegriffen werden. Nach PS 314.64 n.F. hat der Prüfer zu beurteilen, ob die zum Stichtag angewandten Ermittlungsmethoden für geschätzte Zeitwerte dem Grundsatz der Stetigkeit entsprechen. Umgekehrt gehört dazu auch die Beurteilung, ob die Anwendung desselben Verfahrens nach wie vor angemessen ist. So können beispielsweise Änderungen der wirtschaftlichen Gegebenheiten oder der Rechnungslegungserfordernisse die Anwendung anderer Verfahren verlangen. Wurde im Berichtsjahr ein Bewertungsverfahren geändert, muß der Prüfer nach Rz. 65 einschätzen, ob die Unternehmungsleitung adäquat belegen kann, daß das neue Verfahren eine angemessenere Bewertungsbasis bietet oder daß das neue Verfahren auf geänderte wirtschaftliche Gegebenheiten oder geänderte Rechnungslegungserfordernisse zurückzuführen ist und damit nicht als Durchbrechung des Stetigkeitsgrundsatzes zu werten ist. Als Beispiel wird in Rz. 65 die Entstehung eines funktionierenden Marktes und damit die Existenz von Marktpreisen für bestimmte Vermögenswerte genannt. Dadurch würde die erste Stufe der Ermittlungshierarchie zu Lasten vorher angewandter Bewertungsverfahren relevant werden. Sollte der Mandant von dem Grundsatz der Stetigkeit abweichen, muß der Prüfer nach Rz. 66 beurteilen, ob dies begründet ist, und hat zu prüfen, ob daraus resultierende Pflichtanhangangaben erfolgt sind. Da sich der PS diesbezüglich nur auf die Vorschriften des § 284 Abs. 2 Nr. 3 HGB bezieht, sei weiterführend auf die entsprechenden IFRS-Regelungen nach IAS 1.117 ff. i.V.m. IAS 8.28 f. hingewiesen. Der PS vernachlässigt grundsätzlich die Spezifika der IFRS-Rechnungslegung, weswegen in diesem Prüfungsschritt Ergänzungen der Vorgaben notwendig sind. Während sich Rz. 64 lediglich auf die Stetigkeit der Bewertungsmethoden nach § 252 Abs. 1 Nr. 6 HGB beruft, wird der Stetigkeitsgrundsatz in den IFRS in Form der Periodenstetigkeit präzisiert (IAS 1.45). Allgemein leitet er sich aus der qualitativen Anforderung nach Vergleichbarkeit,[134] konkret aus F.39 f. bzw. CF.QC20 ff. (i.V.m. CF.BC3.33), ab. Abschlüsse einer Unternehmung sollen über die

133 IDW, PS 314 n.F. (2009), Rz. 53.

134 Vgl. SCHRUFF, Rechnungslegung (2006), Rz. 86.

Zeit hinweg vergleichbar sein.[135] Voraussetzung hierfür ist die stetige Anwendung der Bilanzierungs- und Bewertungsmethoden (F.39, CF.QC22 und IAS 8.13). Das Kriterium der Bilanzidentität gilt nach IFRS jedoch nicht uneingeschränkt. So sind nach IAS 8.13 Rechnungslegungsmethoden für ähnliche Geschäftsvorfälle zwar stetig anzuwenden, das Vorgehen gilt aber nur solange, sofern nicht eines der Kriterien nach IAS 8.14 oder IAS 1.45 erfüllt ist. Demnach darf eine Unternehmung die zuvor angewandte Rechnungslegungsmethode ändern, wenn dies aufgrund eines IFRS erforderlich ist (IAS 8.14(a) sowie IAS 1.45(b)) oder wenn die Änderung dazu führt, daß der Abschluß zuverlässigere und relevantere Informationen über die wirtschaftliche Lage der Unternehmung vermittelt (IAS 8.14(b) sowie IAS 1.45(a)). Der aufgeführte Prüfungsschritt ist daher aus zwei Gründen erforderlich. Erstens muß die stetige Anwendung der Ermittlungsverfahren im allgemeinen geprüft werden und zweitens ist festzustellen, ob andere Bewertungsverfahren aus Gründen einer zuverlässigeren und relevanteren Darstellung der Unternehmungslage dem bisherigen Vorgehen vorzuziehen sind.[136]

Zweitens sind bei der Prüfung Ereignisse nach dem Abschlußstichtag zu berücksichtigen. Dieser Prüfungsschritt ist in PS 314.70-72 n.F. geregelt.[137] Nach PS 314.70 n.F. sind die in Rede stehenden Ereignisse dahingehend zu beurteilen, ob diese retrograd Auswirkungen auf die zum Stichtag erfolgte Zeitbewertung haben. Nach Rz. 71 können Geschäftsvorfälle und Ereignisse, die sich in dem Zeitraum zwischen Abschlußstichtag und Beendigung der Prüfung ereignet haben, als Prüfungsnachweis für die vom Mandanten ermittelten beizulegenden Zeitwerte genutzt werden.[138] Bei-

135 Ebenso sollen Abschlüsse verschiedener Unternehmungen miteinander vergleichbar sein. Da die IFRS dem Bilanzierenden jedoch eine Vielzahl an Ermessensspielräumen eröffnen und gleiche Sachverhalte demnach unterschiedlich bilanziert werden können, ist diese Forderung kaum zu erfüllen. Vgl. auch WAWRZINEK, Bewertung und Ausweis (2009), Rz. 38.

136 Allerdings ist anzunehmen, daß der Fall der verbesserten Darstellung der Lage nur selten eintreten wird, setzt dieser schließlich ein Wahlrecht zur Methodenänderung voraus, wie z.B. nach IAS 40.30 ff. Vgl. DRIESCH, Änderungen der Bewertungsmethoden (2009), Rz. 16 f. Die Illustration des IASB zur Verbesserung der Darstellung der wirtschaftlichen Lage setzt folglich im Einzelfall eine Ermessensausübung voraus und muß vielmehr behauptet als belegt werden. Vgl. LÜDENBACH, Stetigkeitsgebot (2011), Rz. 22 f.

137 Überdies sind die Vorgaben des PS 203 n.F., der den bilanziellen und prüferischen Umgang mit Ereignissen nach dem Abschlußstichtag regelt, zu beachten. Vgl. IDW, PS 203 n.F. (2009).

138 Prinzipiell ist zwischen wertaufhellenden und wertbegründenden Ereignissen zu unterscheiden. Während wertaufhellende Ereignisse bei der Aufstellung und Prüfung des Abschlusses zu berücksichtigen sind, da sie nachträglich bessere Erkenntnisse über die Verhältnisse am Stichtag liefern, sind wertbegründende Ereignisse nicht im Abschluß zu berücksichtigen, da sie neue, wertverändernde Verhältnisse nach dem Abschlußstichtag begründen (PS 203.9 n.F.). Im Rahmen der IFRS ist dieser Sachverhalt in IAS 10 geregelt, wobei dort auf andere Begriffe zurückgegriffen wird. Wertaufhellende Ereignisse werden als „berücksichtigungspflichtige Ereignisse nach dem Abschlußstichtag" und wertbegründende Ereignisse als „nicht zu berücksichtigende Ereignisse" bezeichnet (IAS 10.3). Von diesen Regelungen sind Ereignisse nach dem Datum des

spielsweise kann der tatsächlich realisierte Verkaufspreis zeitbewerteter biologischer Vermögenswerte nach dem Bilanzstichtag einen Nachweis über die Güte der Zeitwertermittlung des Mandanten liefern. Entspricht der realisierte Verkaufspreis dem zum Stichtag ermittelten beizulegenden Zeitwert oder ist die Abweichung marginal, ist von einer verläßlichen Wertermittlung auszugehen. Nach Rz. 72 können derart ausgerichtete Prüfungshandlungen das Erfordernis verringern oder gänzlich aufheben, die von der Geschäftsleitung zur Ermittlung der geschätzten Zeitwerte eingesetzten Verfahren zu prüfen oder unternehmungsunabhängige Beurteilungen zur Wertermittlung heranzuziehen. In Ergänzung zu PS 314 n.F. ist dabei folgendes festzuhalten. Das Wahlrecht, Prüfungshandlungen gänzlich zu unterlassen, ist nach der hier vertretenen Auffassung zwingend zu relativieren und an die Bedingung der Anzahl wesentlicher Prüffelder zu knüpfen. Findet die Zeitwertbilanzierung in hohem und – aufgrund der Vorgaben verschiedener Standards – unterschiedlichem Maße Anwendung, liegen verschiedene Prüffelder vor. Daß wiederum Ereignisse nach dem Stichtag eintreten, welche Rückschlüsse auf die Normenkonformität aller zeitwertspezifischen Prüffelder zulassen, ist unwahrscheinlich. In diesem Fall auf die oben beschriebenen Prüfungshandlungen zu verzichten, wäre falsch und widerspräche dem Ethos des gewissenhaften Prüfers. Daher wird das Wahlrecht bei Vorlage unterschiedlicher zeitwertspezifischer Prüffelder kategorisch abgelehnt. Nur wenn wenige und gleichartige Prüffelder vorliegen, ist in Abhängigkeit der Tatsache, ob Ereignisse nach dem Stichtag tatsächlich Rückschlüsse auf die Normenkonformität dieser Prüffelder zulassen, eine Einschränkung der Prüfungshandlungen in Betracht zu ziehen. Zudem setzen Prüfungshandlungen nach PS 314.70-72 n.F. voraus, daß entsprechende Ereignisse auch stattgefunden haben. Ist dies nicht der Fall, sind Prüfungsnachweise ohnehin entsprechend dem in den voranstehenden Abschnitten erläuterten Vorgehen einzuholen, um Prüfungsfeststellungen mit hinreichender Sicherheit zu treffen.

Drittens sind die zeitwertrelevanten Angaben im Anhang zu prüfen. Dieser Prüfungsschritt ist in PS 314.73-76 n.F. geregelt.[139] Gemäß Rz. 73 sind die Anhangangaben zu den geschätzten Zeitwerten im Hinblick auf deren Konformität mit dem IFRS-Regelwerk zu beurteilen. Nach Rz. 74 haben sich die Prüfungshandlungen auch auf freiwillige Anhangangaben zur Zeitbewertung zu erstrecken. Dabei ist zu berücksichtigen, daß freiwillige Angaben für die Adressaten nicht irreführend sind. Besteht hinsichtlich des Inhalts einer Angabe Unsicherheit, muß der Prüfer nach Rz. 75 beurteilen, ob der Mandant adäquat über die Unsicherheit informiert und ob anstelle eines Punktwerts die Angabe eines Bandbreitenwerts vorzuziehen ist. Kann ein „fair value“ nicht ermittelt und angesetzt werden, schreibt Rz. 75 weiter vor, die Angemessenheit der sich daraus ergebenden Angabe zu beurteilen. Nach Rz. 76 ist bei

Bestätigungsvermerks abzugrenzen. Vgl. diesbezüglich WIEDMANN, Prüfungstechnik (2006), Rz. 681 f., ferner IDW, PS 203 n.F. (2009), Rz. 18-30.

139 Die Regelungen beziehen sich in gleichem Maße auf zeitwertspezifische Angaben im Lagebericht. Zur Prüfungspflicht des Lageberichts vgl. Abschnitt II.2.2.2.

Zeitwerten, die mit bedeutenden Risiken verbunden sind, die Angemessenheit der Angaben zu bestehenden Schätzunsicherheiten zu würdigen.

2.4.2.4 Die Prüfungsfeststellungen

Im Rahmen von Einzelfallprüfungen wird insbesondere der Ermittlungsprozeß von Zeitwerten anhand von Soll-Ist-Vergleichen stichprobenhaft geprüft. Indem der Prüfer den im Abschluß angesetzten Ist-Wert mit der aus den IFRS abgeleiteten Soll-Wertbandbreite vergleicht, soll die Normenkonformität des Werts beurteilt werden. Wird die Soll-Ist-Abweichung als Kriterium zur Bestimmung der Normenkonformität herangezogen, ergeben sich – wie in Abschnitt III.2.2.3 angesprochen – zwei Arten von Prüfungsfeststellungen. Die nachfolgende Abbildung 5 stellt im allgemeinen dar, inwiefern bei Einzelfallprüfungen zwischen „positiven" und „negativen" Prüfungsfeststellungen zu unterscheiden ist. Werden bei der Stichprobenprüfung innerhalb eines Prüffelds keine Abweichungen aufgedeckt, ist die Prüfungsfeststellung positiv und das Prüffeld kann auf der ersten Stufe als normenkonform bezeichnet werden (Fall 1). Weitere Prüfungshandlungen sind nicht erforderlich. Decken die Stichproben hingegen Abweichungen zwischen Soll- und Ist-Werten auf (Fall 2), kann die Feststellung entweder positiv oder negativ sein. Die Feststellung ist positiv, wenn die Abweichung aufgrund normenspezifischer Ermessensspielräume tolerierbar erscheint (Fall 2.1). Auf diese Weise kann die Normenkonformität auf zweiter Stufe festgestellt werden. Ist die Abweichung jedoch nicht tolerabel, handelt es sich um eine negative Feststellung (Fall 2.2). Demnach liegt ein normennonkonformer Zeitwert vor. Besteht in einem Prüffeld eine negative Feststellung, ist darüber hinaus zu beurteilen, ob diese wesentlich ist. Hat ein Prüfer in einem zeitbewerteten Prüffeld mehrere Feststellungen negativer Art, ist anhand der Wesentlichkeitsgrenze zu eruieren, ob diese kumuliert wesentlich sind. Sind Abweichungen in einem Prüffeld unwesentlich (Fall 2.2.1), ist der Mandant auf die Feststellungen aufmerksam zu machen und aufzufordern, die Fehler zu beheben. Aufgrund dessen sind im Rahmen des prüferischen Ermessens – wie in den Fällen 1 und 2.1 – keine weiteren einzelfallbezogenen Prüfungshandlungen erforderlich. Sind die Abweichungen hingegen wesentlich (Fall 2.2.2), sind zum einen die gesetzlichen Vertreter aufzufordern, die Fehler zu korrigieren. Zum anderen sind die Prüfungshandlungen auszuweiten, um festzustellen, ob das gesamte Prüffeld falsch ist oder ob sich die Fehler auf die gezogene Stichprobe beschränken.

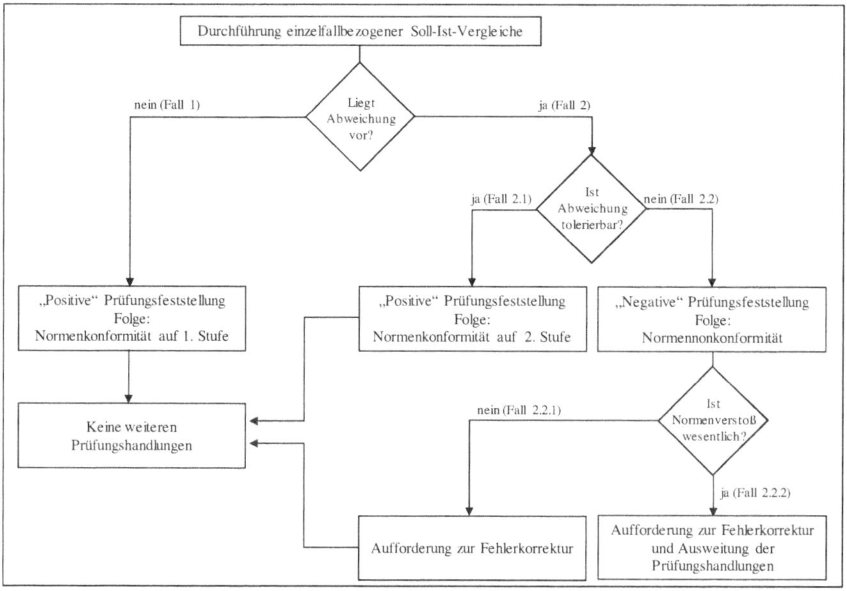

Abbildung 5: Prüfungsfeststellungen im Rahmen von Einzelfallprüfungen

Bei der Durchführung von Einzelfallprüfungen sind für jedes Prüffeld Feststellungen auf Grundlage der im Rahmen der aufgeführten Prüfungshandlungen erlangten Prüfungsnachweise zu formulieren. Dies wird nachfolgend exemplarisch aufgezeigt. Stellt der Prüfer z.B. fest, daß ein Zeitwert aufgrund der Verwendung nicht vertretbarer oder inkonsistenter *Daten und Annahmen* nicht korrekt bemessen ist und damit entweder am Rand oder außerhalb der ermittelten Wertbandbreite liegt, und bekräftigen *Sensitivitätsanalysen* und/oder *externe Schätzungen* den Eindruck des Prüfers, ist eine Abweichungsanalyse gemäß Abbildung 5 durchzuführen. Auf diese Weise ist zu eruieren, ob aus der Feststellung eine positive oder negative Auswirkung auf die Urteilsbildung resultiert. Wenn der Prüfer eine unbegründete *Durchbrechung der Anwendungsstetigkeit* normgerechter Verfahren feststellt, ist ebenfalls zu ergründen, ob die damit einhergehende Wertabweichung tolerierbar ist. Dabei sind Ausstrahlungswirkungen der Durchbrechung auf Prüffelder außerhalb der Zeitwertbilanzierung zu berücksichtigen. Liegen für ein zeitwertspezifisches Prüffeld *Ereignisse nach dem Abschlußstichtag* vor, welche einen prüffeldbezogenen Wertansatz stützen, ist im Einzelfall zu entscheiden, ob für das Prüffeld der Umfang ursprünglich geplanter Prüfungshandlungen einzuschränken ist. Zudem ist festzuhalten, daß PS 314 n.F. den in Rede stehenden Sachverhalt nur einseitig regelt, weswegen an dieser Stelle eine weitere Ergänzung notwendig ist. Widersprechen Ereignisse nach dem Abschlußstichtag den Wertansätzen eines Prüffelds ist vice versa zu entscheiden, die Prüfungshandlungen nachträglich auszuweiten, insbesondere wenn offenbarte Abweichungen zwischen bilanzierten Stichtagswerten und realisierten Preisen nicht tolerierbar sind. Abschließend zu den Prüfungsfeststellungen im Rahmen der Einzelfallprüfungen ist auf die Prüfung *zeitwertspezifischer Anhangangaben* einzugehen. Gelangt der Prüfer zu der Erkenntnis, daß die Vollständigkeit und Angemessenheit der Anhangangaben im Hinblick auf die Konformität mit den IFRS nicht gewährleistet ist oder die freiwilligen zeitwertspezifischen Angaben inadäquat sind, liegt eine an den Mandanten zu kommunizierende Prüfungsfeststellung vor.

Unabhängig von der Wesentlichkeit negativer Prüfungsfeststellungen ist den Ursachen der Abweichung nachzugehen. BUCHNER nennt vier verschiedene Arten von Abweichungsursachen, die auf die Prüfung beizulegender Zeitwerte übertragen werden:[140] Erstens besteht die Möglichkeit, daß ein Übertragungsfehler vorliegt, ein buchungspflichtiger Tatbestand aus den Aufzeichnungen des Mandanten also falsch in den Abschluß übernommen wird. Zweitens kann das Ist-Objekt falsch oder fehlerhaft abgeleitet sein, wenn z.B. falsche Daten oder Annahmen für die Zeitbewertung herangezogen werden. Drittens kann die Anwendung einer falschen Norm ursächlich für eine Abweichung sein. Die vierte Fehlerursache besteht in der Problematik, daß eine Norm nicht eindeutig ist, also zeitwertspezifische Ermessensspielräume und Prognoseelemente enthält. Als diese Punkte ergänzende Ursache ist die bewußte Falschdarstellung von beizulegenden Zeitwerten zu nennen. Werden bewußt falsche Angaben (Täuschungen) in der Rechnungslegung festgestellt, sind nach PS 210.15 gezielte Prüfungshandlungen zur Aufdeckung von Vermögensschädigungen durchzuführen.[141]

2.4.3 Die Durchführung von analytischen Prüfungshandlungen

2.4.3.1 Die Plausibilisierung beizulegender Zeitwerte in ihrer Gesamtheit

Nach Beendigung der Einzelfallprüfungen ist ein Prüfungsnachweis über die angesetzten Zeitwerte im ganzen zu erlangen. Durch analytische Prüfungshandlungen sind potentielle, aus der Zeitwertbilanzierung resultierende, globale Falschaussagen im Jahresabschluß aufzudecken. Werden auffällige Schwankungen im Zeitablauf oder Zusammenhänge, welche nicht mit den anderen dem Prüfer vorliegenden Informationen vereinbar sind oder von den vorhergesehenen Zahlen abweichen, festgestellt,

140 Vgl., wie im folgenden, BUCHNER, Prüfungswesen (1997), S. 235.

141 Diese von dem risikoorientierten Prüfungsansatz abweichende Vorgehensweise umfaßt i.d.R. eine vollständige Prüfung der Geschäftsvorfälle und Bestände des verdächtigen Prüffelds sowie eine detektivische Prüfung der vorliegenden Prüfungsunterlagen. Vgl. IDW, PS 210 (2010), Rz. 15 sowie zur Betrugs- bzw. Unterschlagungsprüfung im allgemeinen MARTEN/QUICK/RUHNKE, Wirtschaftsprüfung (2011), S. 424-439 sowie BOECKER/PETERSEN/ZWIRNER, Accounting Fraud (2011). Zu den Besonderheiten der Prüfung nach PS 210 vgl. ferner die Ausführungen in Abschnitt III.2.4.3.2.

muß der Prüfer diesen nachgehen und versuchen, sachgerechte Erklärungen und angemessene Nachweise zu finden.[142] PS 314.82 n.F. schreibt vor, daß der Prüfer beurteilen muß, ob die beizulegenden Zeitwerte, die einzeln für sich betrachtet innerhalb der zu akzeptierenden Bandbreite liegen, den Jahresabschluß in Summe wesentlich in eine bestimmte Richtung verzerren. Da der PS diese Vorgabe nicht konkretisiert, wird nachfolgend dargestellt, was bei zeitwertspezifischen analytischen Prüfungshandlungen zu beachten ist.

Für die Prüfung von Zeitwerten wird an dieser Stelle auf Plausibilitätsprüfungen[143] zurückgegriffen. Diese haben eine pauschale Beurteilung aggregierter Bestandsgrößen zum Inhalt, ohne dabei die einzelnen Bestandselemente zu prüfen.[144] Die jeweiligen Bestandselemente werden bereits durch Einzelfallprüfungen stichprobenartig geprüft. Die aggregierte Bestandsgröße wird von allen beizulegenden Zeitwerten eines Prüffelds und der diesem zugrundeliegenden Annahmen gebildet. Da analytische Prüfungshandlungen regelmäßig mit der Entwicklung von Erwartungen beginnen,[145] muß der Prüfer seine Vorstellungen hinsichtlich verzerrender, aus der Zeitbewertung resultierender Einflüsse in seiner Erwartungshaltung konkretisieren. Geht der Prüfer davon aus, daß keine verzerrenden Einflüsse vorliegen, besteht die Erwartungshaltung darin, daß alle Zeitwerte des Prüffelds im mittleren Spektrum der jeweiligen Zeitwertbandbreite liegen. Belegt die im Vorfeld durchgeführte Stichprobenprüfung jedoch, daß die in die Bewertung eingeflossenen Annahmen zwar konsistent sind und daß der vom Mandanten ermittelte Ist-Wert innerhalb der normenkonformen Soll-Bandbreite liegt, dabei aber regelmäßig auf Extremwerte innerhalb der Bandbreite zurückgegriffen wird, ist zu vermuten, daß der Rechnungslegende prinzipiell auf diese Weise agiert. In diesem Fall wird von der Erwartungshaltung des Prüfers abgewichen. Es muß untersucht werden, ob diese Abweichung den Jahresabschluß systematisch in eine Richtung verzerrt und dadurch die Aussagekraft des Abschlusses wesentlich beeinflußt und ob eine generelle Überbewertung von zeitbewerteten Vermögenswerten (bzw. eine Unterbewertung von zeitbewerteten Schuldpositionen) vorliegt. Wird bei Vermögenswerten regelmäßig ein Wert am oberen Ende der Bandbreite (sowie bei Schuldpositionen regelmäßig ein Wert am unteren Ende der Bandbreite) angesetzt, ist der Jahresabschluß systematisch verzerrt. Dieses Vorgehen führt zu einer Überbewertung der Aktiva (und Unterbewertung der Passiva), wodurch die Aktivseite (bei gleichzeitiger Reduktion des absoluten Aus-

---

142 Vgl. IDW, PS 312 (2001), Rz. 26.

143 Die Begriffe Plausibilitätsprüfung, Plausibilitätsbeurteilung und Verprobung werden synonym verwendet, wobei der Terminus „Verprobung" vorzugsweise im Rahmen steuerlicher Betriebsprüfungen verwendet wird. Vgl. LÜCK, Treuhandwesen (1991), S. 143, GÄRTNER, Prüfungshandlungen (1994), S. 11 f., ferner auch BECKER, Verprobung (1998), S. 861.

144 Vgl. SIEBERT, Plausibilitätsbeurteilung (1998), S. 596.

145 Vgl. BIGGS/MOCK/QUICK, Prüfungsurteil (2000), S. 171.

weises der Fremdkapitalposten) künstlich erhöht wird, was ceteris paribus in einem erhöhten Ausweis des Eigenkapitals mündet.

Die Durchführung dieser Prüfungshandlung setzt voraus, daß sich der Prüfer im Vorfeld eine ausreichende Informationsbasis bezüglich der zeitwertrelevanten Prüffelder geschaffen hat.[146] Um durch analytische Prüfungshandlungen aussagekräftige Prüfungsnachweise zu erlangen, muß folglich auf die im Rahmen der Systemprüfung und der Einzelfallprüfungen gewonnenen Erkenntnisse zurückgegriffen werden. Z.B. ist eine stetige Bilanzierung vorauszusetzen, da die der analytischen Prüfung zugrundeliegenden Zusammenhänge durch bilanzpolitische Maßnahmen beeinflußt werden können.[147] Wird im Rahmen der Einzelfallprüfungen eine stetige Bilanzierung festgestellt, sind durch Bilanzpolitik verursachte Ausreißerwerte leichter zu identifizieren. Dabei ist wiederum zu beachten, daß die Stetigkeit auch durch Änderungen in den Rechnungslegungsvorschriften durchbrochen werden kann. Abschließend ist zu dem Ergebnis zu kommen, daß bei der Prüfung beizulegender Zeitwerte analytische Prüfungshandlungen der globalen Überprüfung der während des Prüfungsprozesses gewonnenen Erkenntnisse dienen und infolgedessen erst nach Abschluß der zuvor beschriebenen Prüfungsschritte zweckmäßig sind.

2.4.3.2 Die Prüfungsfeststellungen

Die im Vorfeld erlangten Erkenntnisse sind durch analytische Prüfungshandlungen zu bestätigen bzw. zu revidieren, um schließlich ein Gesamturteil über die zeitwertspezifische Rechnungslegung des Mandanten treffen zu können.[148] Werden keine systematischen Verzerrungen festgestellt, besteht auf dieser Stufe des Prüfungsprozesses kein weiterer Handlungsbedarf. Es besteht keine Notwendigkeit, das Prüfungsprogramm anzupassen. Werden hingegen verzerrende Einflüsse identifiziert, liegt eine negative Prüfungsfeststellung vor. Es ist zu beurteilen, ob die Aussagekraft des Jahresabschlusses dadurch wesentlich beeinflußt wird. Bei Unwesentlichkeit ist der Mandant auf die Verzerrung hinzuweisen und die Ursachen sind in Erfahrung zu bringen und zu dokumentieren, es bedarf aber keiner Ausweitung der Prüfungshandlungen.

Überschreitet die Verzerrung die Wesentlichkeitsgrenze des Prüffeldes, wird die Aussagekraft des Jahresabschlusses dergestalt beeinträchtigt, daß dieser nicht mehr den tatsächlichen Verhältnissen entspricht. Es besteht die Gefahr, daß die Fehler „Einfluß auf wirtschaftliche Entscheidungen [...] der Empfänger des Prüfungsurteils

146 Zu den Anwendungsvoraussetzungen von analytischen Prüfungshandlungen vgl. im allgemeinen GÄRTNER, Prüfungshandlungen (1994), S. 31-36.

147 Vgl. IDW, PS 312 (2001), Rz. 14.

148 Vgl. ähnlich hierzu IDW, PS 312 (2001), Rz. 23.

haben können"[149]. Eine Mitteilung an den Mandanten hat zwingend zu erfolgen. Darüber hinaus sind die Ursachen zu analysieren. Eine wesentliche Abweichung kann zahlreiche Gründe haben.[150] Es können bewußte oder unbeabsichtigte Fehler vorliegen. Verzerrungen können auch aus der Erstanwendung eines Standards resultieren. Eine weitere Ursache könnte in der Änderung von Bewertungsmethoden im zu prüfenden Geschäftsjahr liegen. Daher sind zunächst gezielte Anfragen an die Unternehmungsleitung zu richten, um Hinweise auf die Ursachen der Verzerrung zu erhalten. Kann die Geschäftsleitung keine plausiblen Erklärungen liefern oder werden die Erklärungen als nicht ausreichend eingestuft, und läßt sich die Verzerrung unter Berücksichtigung aller im Zuge der Prüfung erlangten Erkenntnisse nicht erklären, ist es erforderlich, das Prüfungsprogramm anzupassen und die Prüfungshandlungen auszuweiten. Der Stichprobenumfang der Einzelfallprüfungen ist zu erweitern, um zu eruieren, ob das im Vorfeld erlangte Prüfungsurteil auf Ebene der Einzelfallprüfungen zu revidieren ist. Bestätigt die Ausweitung der Einzelfallprüfungen das Ergebnis der analytischen Prüfung, daß regelmäßig die Extrempunkte der Soll-Bandbreite gewählt werden oder daß sogar Werte außerhalb der Bandbreite angesetzt werden, hat sich der Prüfer die Frage zu stellen, ob von seiten der Unternehmungsleitung ein Interesse an der Darstellung einer unzutreffenden wirtschaftlichen Lage besteht und ob es sich bei den falschen Angaben um bewußte Falschdarstellungen handelt.[151] In diesem Fall ist PS 210 „Zur Aufdeckung von Unregelmäßigkeiten im Rahmen der Abschlussprüfung" anzuwenden, der gesonderte Prüfungshandlungen zur Aufdeckung falscher Angaben in der Rechnungslegung vorschreibt.[152] Gelangt der Prüfer zu dem Schluß, daß es sich bei den falschen Angaben um unbeabsichtigte Unrichtigkeiten handelt, ist der Mandant nach PS 210.60 entsprechend zu informieren.[153] Freilich geschieht dies unter der Aufforderung, die Fehler zu beheben. Unrichtigkeiten sind z.B. auf Schreib- oder Rechenfehler, die unbewußt falsche Anwendung von Rechnungslegungsgrundsätzen oder das falsche Einschätzen oder Übersehen von Sachverhalten zurückzuführen (PS 210.7). Deckt der Prüfer durch die gesonderten Prüfungshandlungen bewußte Täuschungen[154] in der Zeitwertbilanzierung auf, sind die gesetzlichen Vertreter eben-

---

149 LÜCK, Treuhandwesen (1991), S. 162.

150 Vgl. BIGGS/MOCK/QUICK, Prüfungsurteil (2000), S. 171.

151 Als Motivation der Geschäftsleitung für bewußt falsche Angaben in der Rechnungslegung können ergebnisabhängige Entlohnungssysteme oder der Druck zur Zielerreichung genannt werden. Vgl. RUHNKE/SCHMIDT, Fair Value (2005), S. 581 f. Zu den Gründen bewußter Falschdarstellungen vgl. auch BOECKER/PETERSEN/ZWIRNER, Accounting Fraud (2011), S. 891 f.

152 Vgl. IDW, PS 210 (2010).

153 Grundsätzlich ist innerhalb der Führungshierarchie immer die Ebene zu informieren, die über derjenigen Ebene liegt, der die falschen Angaben oder Verstöße zugeordnet werden (PS 210.60). Liegt keine nächsthöhere Hierarchieebene vor oder bestehen Zweifel darüber, wem zu berichten ist, muß der Prüfer abwägen, rechtlichen Rat einzuholen (PS 210.60a).

154 Täuschungen umfassen bewußt falsche Angaben im Abschluß oder im Lagebericht sowie Fälschungen in der Buchführung sowie deren unerlaubte Änderung, Manipulation oder das bewußte Anwenden falscher Rechnungslegungsgrundsätze. Vgl., wie im folgenden, IDW, PS 210 (2010),

falls in Kenntnis zu setzen. Allerdings muß der Abschlußprüfer berücksichtigen, daß die Unternehmungsleitung gegebenenfalls zeitwertspezifische Kontrollmaßnahmen umgehen oder außer Kraft setzen kann. Besteht der begründete Verdacht, daß die gesetzlichen Vertreter in die Täuschung verwickelt sind, ist das Aufsichtsorgan nach PS 210.62 zu informieren.

Ob im Rahmen aussagebezogener Prüfungshandlungen aufgedeckte Fehler in der zeitwertbezogenen Rechnungslegung schließlich berichtigt wurden, ist innerhalb des Urteilsbildungsprozesses zu prüfen.

2.5 Die Bildung und Mitteilung des Prüfungsurteils

2.5.1 Die Frage der Notwendigkeit

Während die gesetzlichen Normen keine konkreten Prüfungshandlungen vorschreiben, beinhalten sie hingegen das Prüfungsurteil betreffende Vorgaben. § 321 Abs. 1 Satz 1 HGB sowie § 322 Abs. 1 Satz 1 HGB verlangen, daß der Prüfer über das Prüfungsergebnis Bericht erstattet. Demnach ergibt sich die Notwendigkeit der Urteilsmitteilung aus den handelsrechtlichen Regelungen. Aus dieser Pflicht ist wiederum die Notwendigkeit abzuleiten, die Vielzahl der gewonnenen zeitwertspezifischen Prüfungsnachweise zu einem Gesamturteil[155] zusammenzufassen. Sind die in den voranstehenden Abschnitten genannten Prüfungsschritte abgeschlossen, sollten die zeitwertspezifischen Probleme in der Rechnungslegung identifiziert sein. Die eruierten Einzelprobleme, konkretisiert in den jeweiligen Prüfungsfeststellungen auf Prüffeldebene, sind daher zu aggregieren. Die Urteilsbildung ist folglich unabdingbar, um zunächst den zeitwertbezogenen Teil der Rechnungslegung abschließend zu würdigen und im Anschluß darüber Bericht erstatten zu können. Die Medien der Urteilsmitteilung wurden in Abschnitt II.2.2.3 behandelt. Nachfolgend wird aufbauend auf PS 314 n.F. aufgezeigt, welche Auswirkungen das Urteil über das „fair value accounting" auf den Prüfungsbericht und den Bestätigungsvermerk haben kann.

Rz. 7. Täuschungen sind zusammen mit Vermögensschädigungen den beabsichtigten Verstößen („fraud") gegen gesetzliche Vorschriften oder Rechnungslegungsgrundsätze zu subsumieren. Die Wahrscheinlichkeit von Verstößen ist insbesondere in wirtschaftlich schwierigen Zeiten besonders hoch. Vgl. BOECKER/PETERSEN/ZWIRNER, Accounting Fraud (2011), S. 890.

155 Vgl. WIEDMANN, Prüfungsansatz (1993), S. 14.

2.5.2 Die Urteilsbildung durch Aggregation der Prüfungsfeststellungen

Bevor die Aggregation der Prüfungsfeststellungen – aufbauend auf der hier gewählten Darstellungsweise des Prüfungsprozesses – ausführlich aufgezeigt wird, ist zunächst auf die diesbezüglichen Inhalte des PS 314 n.F. einzugehen. Der PS thematisiert in den Rz. 79-82 weniger die konkrete Zusammenfassung der Prüfungsfeststellungen, als vielmehr die abschließende Beurteilung des Prüfers in globaler Form. Gemäß Rz. 79 ist auf Basis der erlangten Prüfungsnachweise einzuschätzen, ob die beizulegenden Zeitwerte vertretbar und normenkonform ermittelt sowie angegeben sind. Da geschätzte Werte immer unsicher sind, hat der Prüfer nach Rz. 80 zu entscheiden, ob Abweichungen zwischen den Ist-Werten des Mandanten und den ermittelten Soll-Werten des Prüfers eine Änderung des Abschlusses erforderlich machen. Eine Änderung ist nach Rz. 81 nicht notwendig, sofern der im Abschluß angesetzte Wert innerhalb einer Bandbreite von zu akzeptierenden Werten liegt. Ist dies nicht der Fall, ist die Geschäftsleitung dazu aufzufordern, den Wert anzupassen. Erfolgt keine Anpassung, muß der Prüfer gemäß Rz. 81 außerdem beurteilen, ob der Fehler alleine oder gemeinsam mit anderen Fehlern wesentlich ist und sich auf das Prüfungsurteil auswirkt. Gemäß Rz. 82 ist zu beurteilen, ob die geschätzten Werte, die innerhalb der normenkonformen Bandbreite liegen, jeweils in dieselbe Richtung von den ermittelten Soll-Werten abweichen und den Abschluß damit in Summe wesentlich verzerren (vgl. Abschnitt III.2.4.3).

Die Handlungsanweisungen des PS 314 n.F. sind um Ausführungen zur abschließenden Urteilsbildung zu ergänzen, möchte man den Prüfungsprozeß vollständig darstellen. Zur theoretischen Fundierung wird dabei auf die Voraussetzungen für eine sachgerechte Urteilsbildung zurückgegriffen. Nach LEFFSON sind bei der sachgerechten Urteilsbildung die Postulate der Vollständigkeit, Wesentlichkeit und Objektivität zu beachten.[156] *Vollständigkeit* meint, daß der Prüfer alle erforderlichen Informationen und alle relevanten Sachverhalte in der Art erfaßt, bis eine hinreichende Sicherheit für das Fällen eines sachgerechten Urteils erreicht ist. Beinhaltet ein Prüfungsurteil nicht alle erforderlichen Informationen und relevanten Sachverhalte, wird das Informationsbedürfnis der Urteilsadressaten nur unvollständig befriedigt, womit dieses Postulat eine notwendige Voraussetzung für die Vertrauenswürdigkeit von Prüfungsurteilen darstellt. Der Grundsatz der Vollständigkeit wird durch das Postulat der *Wesentlichkeit* dahingehend eingeschränkt, daß unwesentliche Sachverhalte nicht in die abschließende Urteilsbildung einzubeziehen sind.[157] Es wird deutlich, daß der Grundsatz der Wesentlichkeit damit auf allen Stufen des Prüfungs-

156 Vgl., wie im folgenden, LEFFSON, Wirtschaftsprüfung (1991), S. 86 f.

157 Es sei daran erinnert, daß die Bestimmung der Wesentlichkeit überwiegend durch subjektive Kriterien bestimmt wird. Vgl. hierzu insbesondere LEFFSON, Wesentlich (1986), S. 443 ff. Zur kontroversen Diskussion bezüglich dieses subjektiven Ermessens des Abschlußprüfers vgl. statt vieler BUCHNER, Prüfungswesen (1997), S. 244 ff.

prozesses von Bedeutung ist.[158] Das Postulat der *Objektivität*, als weitere Determinante einer sachgerechten Urteilsbildung, erhebt nicht den Anspruch, daß das getroffene Urteil der reinen Wahrheit entspricht.[159] Vielmehr verlangt die Objektivität logische und intersubjektiv nachprüfbare Urteilsbildungsprozesse und Urteile. Somit ist ein Prüfungsurteil für einen „Außenstehenden, der von den gleichen sachlichen und theoretischen Prämissen wie der Urteilende ausgeht, gültig, wenn es logisch folgerichtig abgeleitet ist“[160]. Diese Auslegung setzt voraus, daß alle Feststellungen, Prämissen und relevanten logischen Zwischenschritte, welche für die Aggregation zur Bildung des Gesamturteils herangezogen werden, offenzulegen sind.[161] Es liegt auf der Hand, daß sich dies im Detail nur auf den Prüfungsbericht und nicht auf den Bestätigungsvermerk beziehen kann. Ferner sei nachdrücklich darauf hingewiesen, daß eine intersubjektive Nachprüfbarkeit nicht bedeutet, daß zwei verschiedene Prüfer zwingend zu dem gleichen Prüfungsergebnis kommen müssen. Dennoch ermöglicht sie es, unterschiedliche „Ergebnisse miteinander zu vergleichen und wiederum zu beurteilen“[162].

Die allgemeinen Voraussetzungen für eine sachgerechte Urteilsbildung nach LEFFSON werden auf die Aggregation zeitwertspezifischer Prüfungsfeststellungen übertragen. Die Aggregation stützt sich dabei auf die Ergebnisse der einzelnen Phasen des Prüfungsprozeßmodells. Schließlich werden aussagefähige Prüfungsnachweise, anhand derer einzelne Prüfungsfeststellungen getroffen werden, auf unterschiedliche Art und auf unterschiedlichen Prüfungsebenen gewonnen, damit im Hinblick auf das Erreichen des Prüfungsziels ein hoher Wirkungsgrad[163] erzielt wird. Um zu gewährleisten, daß alle für ein hinreichend sicheres Prüfungsurteil erforderlichen Informationen und relevanten Sachverhalte im Prüfungsurteil berücksichtigt werden, sind die einzelnen Prüfungsfeststellungen (vgl. Abschnitt III.2.2.3, III.2.3.4, III.2.4.2.4 und III.2.4.3.2), wie nachfolgend dargestellt, abschließend zu betrachten und zusammenzufassen. Auf diese Weise wird dem Postulat der Vollständigkeit Rechnung getragen.

Bei der *Prüfungsplanung* werden richtungsweisende Feststellungen getroffen, auf denen die gesamte Zeitwertprüfung fußt. Dazu zählen hauptsächlich die primäre – im Zuge der Systemprüfung zu konkretisierende – Abschätzung des Fehlerrisikos, insbesondere des inhärenten Risikos, sowie die Wesentlichkeitseinschätzung. Entscheidende zeitwertbezogene Prüfungsfeststellungen bei der *Systemprüfung* sind das Auf-

158 Vgl. auch LÜCK, Treuhandwesen (1991), S. 166.

159 Vgl., auch im weiteren, LEFFSON, Wirtschaftsprüfung (1991), S. 87.

160 GRÜNEFELD, Gutachten (1972), S. 30.

161 Vgl. LEFFSON, Wirtschaftsprüfung (1991), S. 87. Zur intersubjektiven Nachprüfbarkeit von gewählten Vorgehensweisen und entsprechenden Ergebnissen vgl. insbesondere MATSCHKE/ BRÖSEL, Bewertung (2007), S. 23 und 83 sowie das dort angeführte Schrifttum.

162 LEFFSON, Wirtschaftsprüfung (1991), S. 88.

163 Vgl. auch WIEDMANN, Prüfungstechnik (2006), Rz. 403.

decken bedeutsamer Risiken sowie insbesondere die vorläufige und abschließende Beurteilung des Kontrollrisikos. Die Feststellungen sind in den Prüfungsunterlagen zu dokumentieren und bei der Urteilsmitteilung zu berücksichtigen. Aus nachfolgend darzulegenden Gründen fließen die zeitwertspezifischen Prüfungsfeststellungen der in Rede stehenden Prüfungsphasen nicht unmittelbar in die Aggregation ein, sondern sind vielmehr auf einer vorgelagerten Stufe von Relevanz. Wird z.B. festgestellt, daß das Kontrollrisiko aufgrund des Aufbaus und der Implementierung des zeitwertspezifischen IKS hoch ist, liegt eine wesentliche Prüfungsfeststellung vor. Diese führt dazu, daß weiterführende Prüfungsnachweise ausschließlich durch aussagebezogene Prüfungshandlungen zu gewinnen sind. Wird dagegen ein geringes Fehlerrisiko identifiziert und geht der Prüfer von einem wirksamen IKS aus, sind weiterführende Prüfungshandlungen nur in geringem Umfang erforderlich. Somit bauen die aussagebezogenen Prüfungshandlungen stets auf den Prüfungsfeststellungen der Prüfungsplanung und Systemprüfung auf. Da die Risikoabschätzung der Prüfungsplanung und Systemprüfung folglich die Grundlage für weiterführende Prüfungshandlungen bildet, ist eine weitere Aggregation der Feststellungen an dieser Stelle nicht notwendig. Angesichts dessen wird deutlich, daß vielmehr genaues Augenmerk auf die jeweiligen Feststellungen der *aussagebezogenen Prüfungshandlungen* zu legen ist: Eine Urteilsbildung ist zum einen dann unproblematisch, wenn der Prüfer bei der Durchführung zeitwertspezifischer aussagebezogener Prüfungshandlungen ausschließlich „positive" Feststellungen trifft. In diesem Fall kann ein positives Gesamturteil über die Prüfung formuliert werden (Möglichkeit 1)[164], das die Normenkonformität der Zeitwertbilanzierung bestätigt. Zum anderen ist die Urteilsbildung unproblematisch, wenn die Einzelfeststellungen für sich betrachtet bereits die Wesentlichkeitsgrenze überschreiten.[165] Sind die Einzelfeststellungen hingegen unwesentlich, hat der Prüfer diese zusammenzufassen[166] und zu beurteilen, ob die Fehler in Summe wesentlich sind. Um auch dem Postulat der Wesentlichkeit Rechnung zu tragen, werden diese Fälle nachfolgend differenziert betrachtet.

Werden während der Prüfung der zeitbewerteten Positionen Abweichungen zwischen Soll- und Ist-Werten oder Verstöße gegen Gesetz, Satzung oder Gesellschaftsvertrag aufgedeckt, sind die einzelnen Feststellungen unter Berücksichtigung der Postulate der Vollständigkeit und der Wesentlichkeit zu einem Gesamturteil zusammenzuführen. Auf Ebene der *Einzelfallprüfungen* sind demnach zunächst alle „negativen" Feststellungen[167] zu aggregieren. Es wurde dargestellt, daß der Mandant während der

164 Die in diesem Abschnitt aufgeführten Möglichkeiten zur Bildung eines Gesamturteils über die Zeitwertbilanzierung, in Abhängigkeit der festgestellten Fehler, sind in Abbildung 6 (Abschnitt III.2.5.3) zusammenfassend dargestellt.

165 Vgl. WOLZ, Wesentlichkeit (2003), S. 174.

166 Zur Problematik der Zusammenfassung von Prüffeldern auf Jahresabschlußebene, insbesondere zum Problem der Wesentlichkeitsallokation, vgl. ausführlich BUCHNER, Prüfungswesen (1997), S. 243 sowie WOLZ, Wesentlichkeit (2003), S. 177-190.

167 Vgl. Fall 2.2 in Abbildung 5 (Abschnitt III.2.4.2.4).

Prüfung auf entdeckte Fehler aufmerksam zu machen ist, mit der Aufforderung, diese zu beheben.[168] Dies gilt sowohl für wesentliche Fehler als auch für einzeln unwesentliche Fehler. In dieser Phase des Prüfungsprozesses ist nun zu prüfen, ob die zeitbewerteten Positionen korrigiert wurden. Erfolgte die Korrektur der festgestellten Fehler unmittelbar nach der ersten Aufforderung, kann ein positives Gesamturteil über die Zeitwertbilanzierung abgegeben werden (Möglichkeit 2).[169] Erfolgte bislang keine Behebung der Fehler (Möglichkeit 3), muß der Prüfer die gesetzlichen Vertreter nach PS 250.22a an dieser Stelle des Prüfungsprozesses auffordern, eine grundlegende Entscheidung über die Korrektur der festgestellten und nicht bereinigten Unrichtigkeiten und Verstöße zu treffen. Entscheiden sich die gesetzlichen Vertreter gegen eine Korrektur, hat der Prüfer nach PS 250.22b das Aufsichtsorgan über die nicht behobenen Fehler in Kenntnis zu setzen. Dabei sind dem Aufsichtsorgan die Auswirkungen mitzuteilen, welche die nicht korrigierten Fehler einzeln oder insgesamt auf das Prüfungsurteil haben, um der Aufsichtsinstanz die Möglichkeit einzuräumen, die Unternehmungsführung zur Fehlerkorrektur aufzufordern. Außerdem sind die wesentlichen nicht bereinigten Fehler gemäß PS 250.22b einzeln zu benennen. Zudem hat der Prüfer zu beurteilen, ob die festgestellten und nicht korrigierten Fehler zusammen mit den vermuteten unentdeckten Fehlern für das Prüfungsurteil insgesamt wesentlich sind (PS 250.22). Demnach müssen zwei Möglichkeiten differenziert werden. *Zum einen* besteht die Möglichkeit, daß die für die Prüffelder der Zeitwertbilanzierung festgesetzte Wesentlichkeitsgrenze von der Summe der festgestellten und vermuteten nicht aufgedeckten Fehler weder überschritten noch annähernd erreicht wird (Möglichkeit 3.1). In diesem Fall kann ein positives Gesamturteil über die Prüfung der Zeitwertbilanzierung abgegeben werden. Nichtsdestotrotz ist das Aufsichtsorgan – wie oben beschrieben – auf die weiterbestehenden Fehler hinzuweisen.[170] *Zum anderen* kann sich die Summe der in Rede stehenden Fehler der

168 Daher können die einzelnen Prüfungsfeststellungen auch als Voraburteile bezeichnet werden, die nach Beendigung der Vergleichsprozesse abgegeben und dem Mandanten kommuniziert werden. Vgl. hierzu auch BUCHNER, Prüfungswesen (1997), S. 242.

169 Zur Klassifizierung exakt bestimmbarer Fehler und dabei zu berücksichtigenden Schätzabweichungen vgl. WOLZ, Wesentlichkeit (2003), S. 175 sowie die dort angeführte Literatur. PS 250.22 fordert die Berücksichtigung vermuteter unentdeckter Fehler nur für den Fall, wenn die festgestellten Fehler vom Mandanten nicht behoben werden (vgl. Möglichkeit 3). Als denkbare Ursache der inkonsistenten Berücksichtigung der in Rede stehenden Fehler kann angeführt werden, daß es das Ziel der geplanten Prüfungshandlungen ist, alle wesentlichen Fehler aufzudecken. Werden diese im Anschluß korrigiert, sollte die Gefahr, daß die vermuteten unentdeckten Fehler einzeln oder in Summe wesentlich sind, ausgeschlossen sein.

170 Auch wenn Fehler in der Zeitwertbilanzierung einzeln oder gesamt nicht wesentlich sind, können sich diese bei unterlassener Korrektur in den Folgejahren wesentlich auf die Rechnungslegung auswirken. Folglich sind alle negativen Prüfungsfeststellungen, unabhängig von ihrer Wesentlichkeit, in den Arbeitspapieren zu dokumentieren. Vgl. IDW, PS 250 (2010), Rz. 24. Eine Berücksichtigung des Wesentlichkeitsgrundsatzes nur im Hinblick auf die Erteilung des Bestätigungsvermerks wäre nicht sachgerecht. Schließlich hat der Prüfer auch Beurteilungen für den Prüfungsbericht herzuleiten, in dem gerade auch solche Beanstandungen darzulegen sind, die sich nicht unmittelbar auf den Bestätigungsvermerk auswirken. Vgl. BUCHNER, Prüfungs-

Wesentlichkeitsgrenze nähern oder diese überschreiten (Möglichkeit 3.2). In diesem Fall ist die Gefahr für den Mandanten groß, daß aufgrund der Fehler in der Zeitwertbilanzierung ein uneingeschränkter Bestätigungsvermerk nicht erteilt werden kann. Zudem ist zu berücksichtigen, daß aus der Prüfung der anderen Teile der Rechnungslegung weitere Fehler hinzukommen können. Deshalb ist davon auszugehen, daß der Aufsichtsrat nach Kenntnisnahme dieser Gefahr Druck auf die Geschäftsleitung ausübt, damit diese schnellstmöglich für eine Korrektur der Fehler sorgt. So gilt es, zwei weitere Fälle zu unterscheiden. Kann das ursprüngliche Urteil aufgrund der Fehlerkorrektur bis zum Abschluß der Prüfung entkräftet werden, kann ein positives Gesamturteil über die Prüfung der Zeitwertbilanzierung gefällt werden (Möglichkeit 3.2.1). Ist die Geschäftsleitung trotz Aufforderung des Aufsichtsorgans nicht bereit bzw. nicht in der Lage, die wesentlichen Feststellungen vor Abschluß der Prüfung zu korrigieren, bleibt das Urteil, daß die in Rede stehenden Prüffelder nicht normenkonform sind, bestehen. Dies hat zur Folge, daß in Abhängigkeit der Auswirkungen der zeitwertspezifischen Fehler auf die Ordnungsmäßigkeit des Jahresabschlusses insgesamt entweder ein eingeschränkt positives oder ein negatives Gesamturteil über die Zeitwertbilanzierung zu verhängen ist (Möglichkeit 3.2.2).

In die dargestellte Betrachtung sind außerdem die Feststellungen der *analytischen Prüfungshandlungen* einzubeziehen. Dies ist insbesondere notwendig, wenn wesentliche verzerrende Einflüsse in der Zeitwertbilanzierung identifiziert werden. Besonderheiten für die Urteilsbildung liegen dann vor, wenn die Prüfung gemäß PS 210 ausgeweitet wurde. Grundsätzlich ist zwischen unbeabsichtigten Unrichtigkeiten und bewußten Verstößen zu unterscheiden. Wurden *unbeabsichtigte Unrichtigkeiten* oder *Verstöße* im zeitwertspezifischen Teil der Rechnungslegung identifiziert, gelten die obigen Ausführungen zur Urteilsbildung analog (vgl. Möglichkeit 2, 3.1, 3.2.1 oder 3.2.2). Darüber hinaus sind dem Aufsichtsorgan gemäß PS 210.63 f. alle nicht korrigierten falschen Angaben zu kommunizieren, auch wenn diese möglicherweise keinen wesentlichen Einfluß auf die Ordnungsmäßigkeit des Abschlusses haben, aber für die Überwachung der gesetzlichen Vertreter bedeutsam sind. Bei Wesentlichkeit der in Rede stehenden Fehler sind die Mitteilungspflichten nach PS 210.66 jedoch unverzüglich zu erfüllen. Daneben ist es in Ausnahmefällen notwendig, zuständige Behörden oder Institutionen über entsprechende Fehler im Abschluß zu informieren. So sind nach § 29 Abs. 3 Satz 1 KWG beispielsweise die Bundesanstalt für Finanzdienstleistungsaufsicht (BaFin) und die Deutsche Bundesbank in Kenntnis zu setzen, wenn Unrichtigkeiten oder Verstöße der gesetzlichen Vertreter gegen das Gesetz, die Satzung oder den Gesellschaftsvertrag aufgedeckt werden.[171]

---

wesen (1997), S. 244. Beanstandungen dieser Art sind für die Adressaten des Prüfungsberichts – nicht zuletzt im Hinblick auf die Objektivität des Urteils – durchaus von Interesse.

171 Der Abschlußprüfer kann demnach bei Verstößen der gesetzlichen Vertreter von der Verschwiegenheitspflicht nach § 43 Abs. 1 WPO aufgrund gesetzlicher Regelungen entbunden werden. Vgl. IDW, PS 210 (2010), Rz. 66. Zur Durchbrechung der Verschwiegenheitspflicht vgl. im allgemeinen KELLER, Verschwiegenheit (2008), Rz. 90 ff.

Eine weitere Besonderheit im Rahmen der Urteilsbildung stellen Prüfungshemmnisse dar (Möglichkeit 4). Ein Prüfungshemmnis liegt vor, wenn der Prüfer „aufgrund unzulänglicher oder fehlender Auskünfte, Nachweise oder sonstiger Hindernisse, die für die abschließende Urteilsbildung wesentlich sind, nicht in der Lage ist, ein hinreichend sicheres positives Prüfungsurteil abzugeben“[172]. Es kann auf jeder Ebene der Prüfung festgestellt werden. Voraussetzung ist, daß sich der Prüfer durch alternative Prüfungshandlungen keine erforderlichen Nachweise verschaffen kann, um ein hinreichend sicheres Prüfungsurteil zu fällen.[173] Nach PS 314.84 ist zu beurteilen, ob aufgrund bestehender Unsicherheiten bei der Wertermittlung oder aufgrund fehlender objektiver Informationen ein zeitwertbezogenes Prüfungshemmnis vorliegt. Dies ist angabegemäß der Fall, wenn eine angemessene Schätzung – und damit eine verläßliche Wertermittlung innerhalb eines Prüffelds – nicht möglich ist.[174] Wird ein Prüfungshemmnis in der Zeitwertbilanzierung festgestellt, führt dies in Abhängigkeit seiner Auswirkungen auf die Ordnungsmäßigkeit des Jahresabschlusses zu einem eingeschränkt positiven oder einem negativen Gesamturteil über die Prüfung.

Es wurde gezeigt, daß auf Grundlage der Zusammenführung der Prüfungsfeststellungen ein vertrauenswürdiges Gesamturteil über die Prüfung des „fair value accounting“ zu formulieren ist. Freilich haben positive, eingeschränkt positive sowie negative Gesamturteile über die Zeitwertbilanzierung bei der Urteilsmitteilung adäquat Berücksichtigung zu finden, was nicht zuletzt vor dem Hintergrund des Postulats der Objektivität von Bedeutung ist. Nachfolgend wird betrachtet, wie sich die Zeitwertbilanzierung auf die Urteilsmitteilung auswirken kann. Dieser Schritt stellt zugleich das Ende des Prüfungsprozeßmodells dar.

2.5.3 Die Urteilsmitteilung

Die Aggregation der Prüfungsfeststellungen zu einem Gesamturteil ist die Voraussetzung für die Urteilsmitteilung. Bei der Urteilsmitteilung ist nach den Adressaten des Prüfungsurteils zu unterscheiden. Die gestaffelte Publizität[175] bedingt, daß sich der Grundsatz der Objektivität nicht für alle Adressaten gleichermaßen erfüllen läßt. Während sich der dezidierte Prüfungsbericht primär an interne Adressaten richtet, erhalten externe Adressaten mit dem Bestätigungsvermerk nur ein stark aggregiertes Prüfungsurteil. Folglich ist es zweckmäßig, abschließend die zeitwertspezifische Urteilsmitteilung sowohl durch den Prüfungsbericht als auch durch den Bestätigungsvermerk aufzuzeigen. Die Vorgaben des PS 314 n.F. sind dabei jeweils um weitere

172 HOFMEISTER, Prüfungshemmnisse (2007), S. 1084.

173 Vgl. IDW, PS 400 (2010), Rz. 56.

174 Vgl., wie im folgenden, IDW PS 314 n.F. (2009), Rz. 84.

175 Vgl. hierzu ausführlich Abschnitt II.2.2.3.

zeitwertspezifische Besonderheiten zu ergänzen, die sich aus dem prüferischen Vorgehen im Rahmen des Prüfungsprozeßmodells ergeben. Die in Abschnitt II.2.2.3 vorgestellten gesetzlichen Regelungen werden dabei am speziellen Beispiel der Zeitwertbilanzierung konkretisiert.

Hinsichtlich der Urteilsmitteilung durch den *Prüfungsbericht* verweist PS 314 n.F. auf eine andere Prüfungsnorm. Sofern bei der Ermittlung und Darstellung geschätzter Werte Unsicherheiten bestehen, die für die Aufsichtsorgane der geprüften Unternehmung von besonderer Bedeutung sind, ist nach PS 450 im Prüfungsbericht darüber zu informieren.[176] Allerdings ist zu betonen, daß der Prüfungsbericht *alle* wesentlichen Schritte beinhalten muß, die zu dem zeitwertspezifischen Prüfungsurteil führen, damit die Adressaten das Urteil intersubjektiv nachvollziehen können. Nur durch eine ausführliche Berichterstattung kann dem Postulat der Objektivität in adäquatem Maße Rechnung getragen werden. Um sicherzustellen, daß keine wesentlichen Aspekte der Berichterstattung übersehen werden, orientiert sich die folgende Darstellung notwendiger Ergänzungen an der Reihenfolge der handelsrechtlichen Vorgaben.

Um dem Informationsbedürfnis der Berichtsadressaten gerecht zu werden, sind nachfolgende Besonderheiten der Zeitwertbilanzierung herauszugreifen, über die im Prüfungsbericht zu informieren ist. Im Rahmen der *Vorweg-Berichterstattung* nach § 321 Abs. 1 Satz 2 f. HGB, welche in der Praxis als grundsätzliche Feststellungen[177] bezeichnet wird, ergeben sich erstens Besonderheiten, wenn die Zeitwertbilanzierung den Fortbestand oder die künftige Entwicklung der geprüften Gesellschaft gefährdet. Zweitens ist über festgestellte zeitwertspezifische Unrichtigkeiten und Verstöße zu berichten, wenn dies für die Wahrnehmung der Überwachungsfunktion der Aufsichtsgremien relevant ist.[178] Dies ist auch für im Verlauf der Prüfung bereits behobene Unregelmäßigkeiten geboten, obschon diese grundsätzlich nicht berichtspflichtig sind. Die Angaben im Prüfungsbericht ersetzen dabei nicht die im voranstehenden Abschnitt angeführte Mitteilung der Fehler an das Aufsichtsorgan. Die Vorweg-Berichterstattung endet mit dem Hinweis, ob aufgrund von Einwendungen oder Prüfungshemmnissen in der Zeitwertbilanzierung der Bestätigungsvermerk einzuschränken oder zu versagen ist.

Im *Hauptteil* ist zunächst über Feststellungen und Erläuterungen zur Rechnungslegung zu berichten (§ 321 Abs. 2 HGB). Dabei ist insbesondere auf den Einfluß der Zeitbewertung auf die Ordnungsmäßigkeit der Rechnungslegung sowie auf die Gesamtaussage des Jahresabschlusses einzugehen. Zunächst ist zur *Ordnungsmäßigkeit der zeitwertspezifischen Rechnungslegung* Stellung zu nehmen (PS 450.61-71).

176 Vgl. IDW, PS 314 n.F. (2009), Rz. 85. Ferner erfolgt der Hinweis, daß für die mündliche Berichterstattung an den Aufsichtsrat PS 470 anzuwenden ist. Vgl. hierzu IDW, PS 470 (2010).

177 Die grundsätzlichen Feststellungen sind im allgemeinen in PS 450.26-50 geregelt.

178 Vgl. im folgenden IDW, PS 450 (2009), Rz. 47.

Um darzustellen, ob die Vorgaben der IFRS ordnungsgemäß eingehalten sind (§ 321 Abs. 2 Satz 1 HGB), ist das jeweilige in III.2.5.2 gebildete Gesamturteil über die Zeitwertbilanzierung anzugeben und zu erläutern. In Abhängigkeit des Urteils sind die Konsequenzen für den Bestätigungsvermerk aufzuzeigen. Wird ein negatives Prüfungsurteil formuliert, sind im Prüfungsbericht stets die expliziten Normenverstöße anzugeben. In diesem Zusammenhang ist gemäß § 321 Abs. 2 Satz 2 HGB auch auf jene zeitwertspezifischen Beanstandungen einzugehen, die nicht zur Einschränkung oder Versagung des Bestätigungsvermerks geführt haben, für die Überwachung der Unternehmungsleitung aber von Bedeutung sind. So ist beispielsweise auch auf wesentliche, bis zum Abschluß der Prüfung jedoch behobene Mängel in der Buchführung einzugehen (PS 450.65). Zur Darstellung der *Gesamtaussage des Jahresabschlusses* sind im Hauptteil weitere Erläuterungen notwendig. „Den Adressaten des Prüfungsberichts sollen eine eigene Beurteilung [...] ermöglicht sowie Hinweise gegeben werden, worauf sie ggf. ihre Prüfungs- und Überwachungstätigkeit ausrichten sollen.“[179] Dazu sind insbesondere die gesetzlichen Vorschriften des § 321 Abs. 2 Satz 4 HGB zu beachten, wonach der Prüfer im Bericht zum einen auf die wesentlichen zeitwertspezifischen Bewertungsgrundlagen einzugehen hat. Dabei ist zu den vom Mandanten eingesetzten Bewertungsverfahren, insbesondere zu deren Eignung, Zeitwerte in Übereinstimmung mit den Vorgaben der IFRS zu ermitteln, Stellung zu nehmen. Werden bei der Ermittlung von Zeitwerten externe Gutachten herangezogen, ist gemäß PS 322.23 im Bericht darüber zu informieren. Zum anderen ist darüber zu berichten, welchen Einfluß Änderungen in den Bewertungsgrundlagen oder die Ausübung zeitwertspezifischer Bewertungswahlrechte auf die Gesamtaussage des Abschlusses haben. So hat der Prüfer zu dokumentieren, ob die aus entsprechenden Wahlrechten resultierenden angewandten Bewertungsmethoden angemessen sind und stetig angewendet werden. Dabei ist auf die Erkenntnisse der aussagebezogenen Prüfungshandlungen zurückzugreifen (vgl. III.2.4.2.3). Sofern es für das Verständnis der Berichtsadressaten notwendig ist und wenn entsprechende Informationen nicht im Anhang enthalten sind, sind zeitbewertete Posten zudem nach § 321 Abs. 2 Satz 5 HGB aufzugliedern und ausreichend zu erläutern. Wird ein Versagungsvermerk erteilt, ist eine positive Beurteilung der Gesamtaussage des Abschlusses nach PS 450.77 zu verneinen und über die Versagungsgründe hinausgehende Erläuterungen zur Beurteilung der Gesamtaussage nach § 321 Abs. 2 Satz 4 und 5 HGB sind nicht vorzunehmen. § 321 Abs. 2 Satz 6 HGB verlangt, daß der Prüfer angibt, ob die gesetzlichen Vertreter alle mit der Zeitwertbilanzierung einhergehenden verlangten Aufklärungen und Nachweise erbracht haben.[180]

179 IDW, PS 450 (2009), Rz. 74.

180 Im Bericht sollte auf die Einholung einer von den gesetzlichen Vertretern unterschriebenen Vollständigkeitserklärung hingewiesen werden. Vgl. auch IDW, PS 450 (2009), Rz. 59. Werden Auskünfte hingegen verweigert, ist dies im Bericht zwingend zu vermerken.

Nach § 321 Abs. 3 HGB sind *Gegenstand, Art und Umfang der Prüfung* zu erläutern, wobei sich folgende zeitwertrelevante Besonderheiten ergeben. Stellt die Zeitwertbilanzierung einen Prüfungsschwerpunkt dar, hat die Beschreibung des Prüfungsumfangs so dezidiert zu sein, daß das Aufsichtsgremium darauf aufbauend Konsequenzen für seine Überwachungsaufgabe ziehen kann.[181] Folglich sind auch die Grundzüge des prüferischen Vorgehens aufzuführen. Dabei ist auf die Vorgehensweise zur Erlangung der jeweiligen Prüfungsnachweise einzugehen. So sind die durchgeführten Prüfungshandlungen, die für die Beurteilung des zeitwertbezogenen Teils der Rechnungslegung notwendig sind, analog dem oben dargestellten Vorgehen zu benennen und zu beschreiben. Dies ist die Voraussetzung, um dem Grundsatz der Objektivität gerecht zu werden. Beispielsweise ist darüber zu berichten, daß der zeitwertbezogene Teil des IKS untersucht wird, soweit es für eine ordnungsmäßige Rechnungslegung von Bedeutung ist. Über die Feststellungen bezogen auf das Vorhandensein sowie die Funktionsfähigkeit, Wirksamkeit und Angemessenheit des zeitwertspezifischen IKS ist demnach Bericht zu erstatten. Werden Mängel aufgedeckt, die ein hohes Kontrollrisiko bedingen und sich auf die Buchführung auswirken, ist dies im Prüfungsbericht zu vermerken. Generell ist zu erläutern, welche Auswirkungen die Prüfung des IKS auf Art und Umfang der aussagebezogenen Prüfungshandlungen hat, z.B. wenn ein hinreichend sicheres Urteil nur durch umfängliche Einzelfallprüfungen erreicht werden kann. Ferner sind im Zusammenhang mit den Einzelfallprüfungen auch die Zielsetzung und Verwendung stichprobengestützter Prüfungsverfahren zu nennen. Werden die Prüfungshandlungen gemäß PS 210 ausgeweitet, um wesentliche Unrichtigkeiten und Verstöße in der Zeitwertbilanzierung festzustellen, sind die Gründe hierfür, die zu ergreifenden Maßnahmen sowie die Ergebnisse ebenfalls in diesen Berichtsteil aufzunehmen. Folglich ist an dieser Stelle auch dezidiert über jene Unrichtigkeiten und Verstöße zu berichten, die zwar nicht zur Einschränkung oder Versagung des Bestätigungsvermerks führen, aber für die Überwachung der Unternehmungsführung bedeutend sind.[182] Weisen behobene zeitwertspezifische Unrichtigkeiten und Verstöße auf Schwächen im IKS hin, ist dies ebenfalls festzuhalten. Abschließend sind die Konsequenzen wesentlicher und nicht behobener zeitwertbezogener Unrichtigkeiten und Verstöße für den Bestätigungsvermerk gesondert zu erläutern. Aus § 321 Abs. 4 ff. HGB ergeben sich neben den bereits an anderer Stelle festgehaltenen Aussagen zum IKS keine zeitwertspezifischen Besonderheiten.

Der *Bestätigungsvermerk* ist als aggregierte Beurteilung des Prüfungsergebnisses[183] integraler Bestandteil des Prüfungsberichts (§ 322 Abs. 7 Satz 2 HGB) und dient

181 Vgl., wie im folgenden, IDW, PS 450 (2009), Rz. 56 f.

182 Vgl., wie im folgenden, IDW, PS 210 (2010), Rz. 69 f.

183 Ferner sind nach § 322 Abs. 1 Satz 2 HGB im Bestätigungsvermerk auch Gegenstand, Art und Umfang der Prüfung zu beschreiben sowie die angewandten Rechnungslegungs- und Prüfungsgrundsätze anzugeben.

gleichwohl auch der Befriedigung der Informationsbedürfnisse externer Interessenten. Obschon es sich um eine schlanke Urteilsmitteilung handelt, ist die Auffassung des Prüfers deutlich zum Ausdruck zu bringen.[184] PS 314 n.F. enthält in den Rz. 83 f. zeitwertspezifische Vorgaben zur diesbezüglichen Urteilsmitteilung. Bei geschätzten Werten, welche nicht angesetzt werden, soll das „Hauptaugenmerk des Abschlussprüfers auf der Frage [liegen], ob die Ansatzkriterien der maßgebenden Rechnungslegungsgrundsätze tatsächlich nicht erfüllt waren"[185]. Daneben „kann der Abschlussprüfer feststellen, dass die Notwendigkeit besteht, die Aufmerksamkeit des Lesers auf eine [...] bedeutsame Unsicherheit zu lenken, indem er einen Hinweis in den Bestätigungsvermerk aufnimmt"[186]. Gemäß PS 314.84 hat der Prüfer darüber hinaus zu beurteilen, ob wegen Schätzungsunsicherheiten oder des Fehlens objektiver Informationen ein Prüfungshemmnis vorliegt und ob der Bestätigungsvermerk aufgrund dessen einzuschränken oder zu versagen ist.

Allerdings gilt es, auch diese Regelungen aufgrund der gesetzlichen Vorschriften sowie der im Voranstehenden eruierten Besonderheiten der Zeitwertbilanzierung zu konkretisieren respektive zu ergänzen. Unabhängig von anderen Prüfungsgebieten ist im folgenden aufzuzeigen, wann der Bestätigungsvermerk *aus Sicht des zeitwertbezogenen Teils der Rechnungslegung* zu erteilen, einzuschränken oder zu versagen ist.

Neben den Regelungen des PS 314 n.F. sind insbesondere Vorgaben des § 322 HGB sowie des PS 400 zu beachten. Um der Erklärungspflicht des § 322 Abs. 3 Satz 1 HGB im Falle eines uneingeschränkten Vermerks nachzukommen, hat der Prüfer auf das Ergebnis der Urteilsbildung zurückzugreifen. Wird ein positives Gesamturteil über die Prüfung der Zeitwertbilanzierung gefällt (Möglichkeit 1, 2, 3.1 oder 3.2.1), ist aus Sicht dieses Teils der Rechnungslegung ein uneingeschränkter Bestätigungsvermerk zu erteilen.[187] Nach § 322 Abs. 3 Satz 2 HGB kann – wie auch in PS 314.83 n.F. geregelt – ein ergänzender Hinweis erfolgen, um auf bestimmte „Umstände" der Zeitwertbilanzierung aufmerksam zu machen. Nach PS 400.75 kann solch ein Hinweis eine notwendige Einschränkung oder Versagung nicht substituieren. Der Hinweis hat in einem gesonderten Abschnitt im Anschluß an das Prüfungsurteil mit der expliziten Aussage, daß die Beurteilung nicht zur Einschränkung des Bestätigungsvermerks führt, zu erfolgen. Nach § 322 Abs. 4 Satz 1 HGB ist der Vermerk bei Einwendungen einzuschränken oder zu versagen. Allgemein gesprochen ist eine Einschränkung oder Versagung in Abhängigkeit der Wesentlichkeit aufgedeckter und bis zum Abschluß der Prüfung nicht behobener Fehler oder Prüfungs-

---

184 Vgl. IDW, PS 400 (2010), Rz. 39.

185 IDW, PS 314 n.F. (2009), Rz. 83.

186 IDW, PS 314 n.F. (2009), Rz. 83.

187 Zu den Auswirkungen der Zeitwertbilanzierung auf den Bestätigungsvermerk vgl. zusammenfassend, auch im folgenden, Abbildung 6.

hemmnisse[188] in der Zeitwertbilanzierung vorzunehmen (Möglichkeit 3.2.2 oder 4). Abschließend müssen daher im speziellen die Gründe aufgezeigt werden, die aus Sicht der Zeitwertbilanzierung *entweder* zu einer Einschränkung *oder* zu einer Versagung führen. Zunächst wird dargelegt, welche expliziten Gründe eine Einschränkung des Vermerks nach sich ziehen. Dabei wird erstens Möglichkeit 3.2.2 betrachtet, die *wesentliche Beanstandungen* (denen hier auch Unrichtigkeiten gemäß PS 210 subsumiert werden) sowie *Verstöße* umfaßt, sowie zweitens Möglichkeit 4, die *Prüfungshemmnisse* betrifft:

1. Gelangt der Prüfer mit hinreichender Sicherheit zu dem Ergebnis, daß zum Zeitpunkt des Abschlusses der Prüfung in einem abgrenzbaren Teil der zeitwertspezifischen Rechnungslegung noch wesentliche *Beanstandungen* zu erheben sind, ist eine Einschränkung nach § 322 Abs. 2 Satz 1 Nr. 2 HGB vorzunehmen.[189] Wurden festgestellte wesentliche *Verstöße* in der Zeitwertbilanzierung bis zum Abschluß der Prüfung nicht behoben, ist der Vermerk ebenfalls einzuschränken, sofern über die wesentlichen Teile der zeitwertspezifischen Rechnungslegung noch ein Positivbefund möglich ist.[190]

2. Liegt ein *Prüfungshemmnis* vor, womit ein abgrenzbarer Teil der zeitwertspezifischen Rechnungslegung nicht mit hinreichender Sicherheit beurteilt werden kann, ist aber gleichwohl zu den wesentlichen Teilen der zeitwertspezifischen Rechnungslegung noch ein Positivbefund möglich, hat der Prüfer seine Einwendung durch eine eingeschränkt positive Gesamtaussage nach § 322 Abs. 2 Satz 1 Nr. 2 HGB über den zeitwertbezogenen Teil der Rechnungslegung auszudrücken.[191]

Insgesamt sind Einschränkungen im Vermerk nach § 322 Abs. 4 Satz 3 und 4 HGB i.V.m. PS 400.58 derart zu begründen und darzustellen, daß deren Tragweite für die Adressaten erkennbar ist. Der zur Einschränkung führende Grund hat nicht zuletzt wegen des Postulats der Objektivität eindeutig aus der Formulierung hervorzugehen, wobei nach PS 400.58 insbesondere die relative Bedeutung des Mangels bzw. des nicht beurteilbaren Bereichs darzustellen ist.

Zuletzt wird aufgezeigt, welche zeitwertspezifischen Gründe zu einer Versagung des Bestätigungsvermerks führen. Dabei ist erneut nach Einwendungen gemäß Möglichkeit 3.2.2, also wesentlichen *Beanstandungen* und *Verstößen*, sowie Prüfungshemmnissen nach Möglichkeit 4 zu unterscheiden:

---

188 Vgl. IDW, PS 400 (2010), Rz. 50 und 68a.

189 Vgl. auch IDW, PS 400 (2010), Rz. 50-53.

190 Vgl. auch IDW, PS 400 (2010), Rz. 50 und 54 f. sowie i.V.m. IDW, PS 210 (2010), Rz. 71 f.

191 Vgl. auch IDW, PS 400 (2010), Rz. 50 sowie 56 f.

1. Hat der Prüfer ein negatives Gesamturteil gefällt, da sich *Beanstandungen* und/ oder *Verstöße* in der Zeitwertbilanzierung auf den Jahresabschluß im ganzen auswirken und dabei so gravierend und zahlreich sind, daß eine Einschränkung den Einwendungen nicht adäquat Rechnung trägt, ist ein Versagungsvermerk nach § 322 Abs. 2 Satz 1 Nr. 3 HGB zu erteilen.[192]

2. Sind zum Zeitpunkt der Beendigung der Prüfung die Auswirkungen eines zeitwertspezifischen *Prüfungshemmnisses*[193] so wesentlich, daß der Prüfer nicht in der Lage ist, ein Prüfungsurteil (mit eingeschränkt positiver Gesamtaussage über den Jahresabschluß) abzugeben, obschon bereits alle angemessenen Möglichkeiten zur Klärung des Sachverhalts ausgeschöpft wurden, ist nach § 322 Abs. 2 Satz 1 Nr. 4 HGB i.V.m. § 322 Abs. 5 HGB ein Versagungsvermerk zu erteilen.

Durch die Erteilung eines Versagungsvermerks, der nach § 322 Abs. 4 Satz 2 HGB als solcher zu benennen ist, kann der Prüfer bedeutende Mängel in der Zeitwertbilanzierung unmißverständlich zum Ausdruck bringen. Um dem Grundsatz der Objektivität gerecht zu werden, sind alle wesentlichen Versagungsgründe nach § 322 Abs. 4 Satz 3 HGB i.V.m. PS 400.67 zu begründen.

Die eruierten Möglichkeiten zur Bildung eines Gesamturteils über die Prüfung der Zeitwertbilanzierung sowie die damit einhergehenden Auswirkungen auf den Bestätigungsvermerk als Ergebnis des in diesem Kapitel dargestellten Prüfungsprozeßmodells sind in der nachfolgenden Abbildung 6 zusammengefaßt.

192 Vgl. auch IDW, PS 400 (2010), Rz. 65 i.V.m. IDW, PS 210 (2010), Rz. 71 f.

193 Beispielhaft sind ein nicht behebbarer Mangel in der zeitwertspezifischen Buchführung oder eine wesentliche Mißachtung der Vorlage- und Auskunftspflicht nach § 320 HGB zu nennen. Vgl. hierzu auch IDW, PS 400 (2010), Rz. 68a.

Durch Prüfungshandlungen festgestellte Fehler in der Zeitwertbilanzierung und deren Wesentlichkeit	**Gesamturteil über die Prüfung der Zeitwert-bilanzierung**	**Auswirkungen der Zeitwertbilanzierung auf den Bestätigungsvermerk**
1. Keine Feststellung von Fehlern	positiv	keine einschränkende Wirkung
2. Feststellung von Fehlern: Korrektur nach der ersten Aufforderung	positiv	keine einschränkende Wirkung
3. Feststellung von Fehlern: keine Korrektur nach der ersten Aufforderung		
3.1 Summe der festgestellten und vermuteten nicht aufgedeckten Fehler liegt unter Wesentlichkeitsgrenze	positiv	keine einschränkende Wirkung
3.2 Summe der festgestellten und vermuteten nicht aufgedeckten Fehler liegt bei/über Wesentlichkeitsgrenze		
3.2.1 Ursprüngliches Urteil wird durch Fehlerkorrektur vor Abschluß der Prüfung entkräftet	positiv	keine einschränkende Wirkung
3.2.2 Ursprüngliches Urteil bleibt wegen unterlassener/nicht möglicher Fehlerkorrektur vor Abschluß der Prüfung bestehen	eingeschränkt positiv / negativ	einschränkende Wirkung / versagende Wirkung
4. Feststellung von Prüfungshemmnissen	eingeschränkt positiv / negativ	einschränkende Wirkung / versagende Wirkung

Abbildung 6: Die Urteilsbildung über die Zeitwertbilanzierung und deren Auswirkung auf den Bestätigungsvermerk[194]

194 In den Fällen 3.2.2 und 4 ist regelmäßig im Einzelfall, in Abhängigkeit der entsprechenden Wesentlichkeitsgrenze, zu entscheiden, ob das Gesamturteil über die Prüfung der Zeitwertbilanzierung letztendlich zu einer Einschränkung oder Versagung des Bestätigungsvermerks führt. Aufgrund dessen erfolgt keine separate Darstellung der beiden Möglichkeiten.

IV. Der Zeitwert als besondere Herausforderung der Wirtschaftsprüfertätigkeit

1. Die maßgeblichen Problemstellungen

1.1 Die Beschreibung und Abgrenzung der Problemstellungen

Im voranstehenden Kapitel wurde aufgezeigt, wie Abschlußprüfer unter Berücksichtigung der IFRS und der nationalen Prüfungsnormen bei der Prüfung von beizulegenden Zeitwerten vorzugehen haben. Die Darstellung erfolgte unter der Prämisse, daß der Status quo akzeptiert wird. Freilich kann behauptet werden, daß die bestehenden Regelungen der IFRS und der Prüfungsnormen als vorgegeben anzusehen und somit anzuwenden und einzuhalten sind und daß eine Kritik an den bestehenden Regelungen daher ebenso müßig ist wie deren Ablehnung. Daß Normen – mögen sie auch nicht zweckmäßig sein – in der Praxis akzeptiert werden, ist eine Sache; die wirtschaftswissenschaftliche Auseinandersetzung mit der Zweckmäßigkeit der Normen ist eine andere. Schließlich ist es nicht die Aufgabe der Wissenschaft, beobachtbare Sachverhalte aus der Praxis stillschweigend hinzunehmen und lediglich eine reine „Wiedergabe einer verbreiteten Übung"[1] an den Tag zu legen.[2] Aufgrund dessen setzt sich dieses Kapitel kritisch mit der Herausforderung auseinander, der sich der Wirtschaftsprüfer bei der Prüfung beizulegender Zeitwerte gegenüber sieht.

Der Prüfer steht vor der Herausforderung, ein vertrauenswürdiges Prüfungsurteil über die Zeitwertbilanzierung abzugeben. Dies ist aufgrund der den bestehenden Rechnungslegungsregelungen inhärenten Probleme, die nachfolgend geschildert werden, ein schwieriges Unterfangen. So gilt es zu klären, ob „fair values" „prüfbar" sind. Das dieser Untersuchung zugrundeliegende Begriffsverständnis der „Prüfbarkeit" geht mit dem Zweck der Jahresabschlußprüfung einher. Bezüglich des Prüfungszwecks wurde in Kapitel II dargestellt, daß der Prüfer ein hinreichend vertrauenswürdiges Urteil über die Ordnungsmäßigkeit des Jahresabschlusses – unter Berücksichtigung des Wesentlichkeitsgrundsatzes – abzugeben hat. Als Würdigungsmaßstab der Prüfbarkeit wird nachfolgend auf das Verläßlichkeitskriterium abgestellt. Zum einen müssen Zeitwerte verläßlich ermittelbar sein, damit sie durch Dritte objektivierbar, also intersubjektiv nachprüfbar sind.[3] Zum anderen ist die Verläßlichkeit eine maßgebliche qualitative Voraussetzung dafür, daß Zeitwerte der Zwecksetzung der IFRS-Rechnungslegung gerecht werden. Ein beizulegender Zeitwert nach IFRS liegt jedoch

---

1 MOXTER, Probleme (1998), S. 475.

2 Vgl. OLBRICH, Fragwürdigkeit (2006), S. 687.

3 Zum bilanztheoretischen Objektivierungserfordernis bilanzierter Werte vgl. Abschnitt II.1.1.

i.d.R. innerhalb einer durch die Rechnungslegungsnormen tolerierten Bandbreite.[4] Führen die Bilanznormen nicht zu verläßlichen Zeitwerten, kann im Umkehrschluß über sie kein vertrauenswürdiges Prüfungsurteil abgegeben werden; die Prüfbarkeit ist zu verneinen. Neben den Rechnungslegungsregelungen stellen die bestehenden berufsständischen Regelungen[5] die zweite maßgebliche Determinante der Prüfbarkeit beizulegender Zeitwerte dar. Fraglich ist daher, ob diese dem Prüfer eine Hilfestellung bieten, um die Probleme der Rechnungslegungsregelungen zu überwinden. Wie zu zeigen sein wird, erzeugen die berufsständischen Regelungen allerdings ebenfalls Unsicherheit hinsichtlich der Abgabe eines vertrauenswürdigen Urteils. Die Herausforderung der Beurteilung der Prüfbarkeit beizulegender Zeitwerte stellt sich demzufolge als ein Konglomerat von Teilproblemen dar. Durch folgendes Vorgehen sollen die Teilproblemstellungen sukzessive gelöst werden, um das Ausgangsproblem in einer befriedigenden Weise zu bewältigen.[6]

In Abschnitt IV.2 werden zunächst Lösungsansätze aufgezeigt, die der Prüfer im Rahmen der Gestaltung des Prüfungsprozesses verfolgen kann. Ziel ist es, die Prüfbarkeit beizulegender Zeitwerte zu verbessern, wenn die zeitwertspezifischen Rechnungslegungsnormen akzeptiert und die bestehenden berufsständischen Normen abgelehnt werden. In einem nächsten Schritt sind schließlich die bestehenden Rechnungslegungsnormen abzulehnen. So werden in Abschnitt IV.3 Lösungsansätze dargestellt, die den Prüfer in seiner Tätigkeit fordern, Einfluß auf die Rechnungslegungsregelungen der IFRS zu nehmen. Dabei wird untersucht, inwieweit auf diese Weise zur Bewältigung der in Rede stehenden Herausforderung beigetragen werden kann.

Bevor Lösungsansätze im Detail vorgestellt werden, sind die beiden maßgeblichen Teilproblemstellungen, die ihrerseits von Unterproblemen bestimmt werden, dezidiert aufzuzeigen. Der in Abschnitt IV.1.2 darzustellende erste Problemkreis wird von vier Unterproblemen determiniert. Es ist zwischen den Inkonsistenzen der Zeitwertbilanzierung (IV.1.2.1), den bewertungstheoretischen Mängeln des Zeitwertkonzepts (IV.1.2.2), der Prognoseproblematik (IV.1.2.3) sowie der Existenz von Ermessensspielräumen (IV.1.2.4) zu unterscheiden. Der in Abschnitt IV.1.3 zu behandelnde zweite Problemkreis wird durch verfahrenstechnische (IV. 1.3.1) sowie prüfungsnormenbedingte Mängel (IV.1.3.2) bestimmt.

---

4 Entspricht ein bilanzierter Zeitwert einem quasi willkürlich aus einer Bandbreite gewählten Wert, läßt sich die Tatsache nicht leugnen, daß dieser Wert nicht oder lediglich beschränkt verläßliche Informationen vermittelt. Vgl. hierzu RUHNKE/SCHMIDT, Fair Value (2005), S. 580.

5 Ferner spielen die Ausbildung sowie die Kenntnisse des Abschlußprüfers eine Rolle bei der Erreichung des Prüfungsziels. Diese dem Titel „Fertigkeiten des Abschlußprüfers" zu subsumierenden Determinanten der Prüfbarkeit werden hier jedoch als gegeben vorausgesetzt. Es wird unterstellt, daß der gewissenhafte und sorgfältige Abschlußprüfer sowohl die Rechnungslegungsnormen als auch die Prüfungsnormen dergestalt verinnerlicht hat, daß die Prüfung beizulegender Zeitwerte durchgeführt werden kann.

6 Vgl. OLBRICH, Unternehmungsverkauf (2005), S. 141.

1.2 Die bestehenden Rechnungslegungsregelungen

1.2.1 Die Inkonsistenzen der Zeitwertbilanzierung

In Abschnitt II.1.1 wurde dargestellt, daß die Rechnungslegung nach IFRS entscheidungsnützliche Informationen liefern soll. Ein Großteil der Bilanzpositionen wird deswegen zum beizulegenden Zeitwert angesetzt, da diesem nachgesagt wird, gegenüber einer Bewertung zu fortgeführten historischen Kosten, sowohl zeitnähere als auch entscheidungsrelevantere Informationen zu liefern, weil sich alle Wertänderungen unmittelbar auf den Bilanzansatz auswirken.[7] Der Informationszweck wird durch die den Rechnungslegungsregelungen inhärenten Probleme jedoch beeinträchtigt. In den nachfolgenden Abschnitten werden Problemstellungen betrachtet, welche die Verläßlichkeit und damit die Prüfbarkeit beizulegender Zeitwerte untergraben.

Zunächst werden die Inkonsistenzen der Zeitwertbilanzierung aufgezeigt, welche den Informationszweck der IFRS beeinträchtigen und den Wirtschaftsprüfer herausfordern. Die Inkonsistenzen ergeben sich aus den unterschiedlichen Vorgehensweisen der Einzelstandards zur Ermittlung des beizulegenden Zeitwerts.[8] Das heterogene Vorgehen der Einzelstandards ist bei der Ermittlung beizulegender Zeitwerte aus folgenden Gründen von Nachteil.[9] *Zum einen* führt diese Vorgehensweise dazu, daß die beizulegenden Zeitwerte unterschiedlicher Vermögenswerte eine unterschiedliche Aussagekraft aufweisen, was aus Sicht der Abschlußadressaten die Verständlichkeit der Abschlußinformationen deutlich beeinträchtigt, da sie schließlich unterschiedlich ermittelte Zeitwerte auch unterschiedlich zu interpretieren haben. *Zum anderen* tangieren diese Regelungen den Rechnungslegenden selbst, da die Vielfalt der Ermittlungsmethoden dessen Rechnungslegungsaufwand gegenüber der einheitlichen handelsrechtlichen Vorgehensweise der fortgeführten Anschaffungs- oder Herstellungskosten erhöht. Damit geht freilich auch eine erschwerte Abschlußprüfung einher. Statt einheitlicher Bewertungsmethoden wird der Prüfer mit einer Vielzahl unterschiedlicher Bewertungsansätze konfrontiert, die es zu beurteilen gilt. Die auftretenden Inkonsistenzen werden von OLBRICH/BRÖSEL in fünf Problemkreise gefaßt: „Die Wahl der Bewertungsmethode zur Herleitung des ‚fair value', die Berücksichtigung von Transaktionskosten und von steuerlichen Gegebenheiten, die Behandlung bestehender vertraglicher Bindungen des Unternehmens sowie die Beach-

---

7 Vgl. OLBRICH/BRÖSEL, Inkonsistenzen (2007), S. 1543 sowie das dort angeführte Schrifttum.

8 IFRS 13 wird am 1. Januar 2013 in Kraft treten und ist demnach erst für Prüfungen von Abschlüssen relevant, deren Stichtage nach dem 1. Januar 2013 liegen. Daher dienen die derzeit gültigen IFRS als Ausgangspunkt der Kritik.

9 Vgl. im folgenden OLBRICH/BRÖSEL, Inkonsistenzen (2007), S. 1544.

tung von Synergien zwischen den Bilanzpositionen, die den Wert zu beeinflussen vermögen."[10] Diese Problemkreise werden nachfolgend im einzelnen vorgestellt.

Da es in der Realität nicht möglich ist, den beizulegenden Zeitwert als Gleichgewichtspreis am Markt abzulesen,[11] gibt das IASB dem Bilanzierenden die in II.1.3.2 dargestellte und sukzessive abzuarbeitende Ermittlungshierarchie vor, die aber von Standard zu Standard abweicht. Gemeinsam ist den wesentlichen, den beizulegenden Zeitwert als *Bewertungsmaßstab* heranziehenden Standards nur, daß der Zeitwert im ersten Schritt als Preis auf einem aktiven Markt abzulesen ist.[12] Liegt im ersten Bewertungsschritt kein Marktpreis vor, sind die dann zu betrachtenden Bewertungsschritte von der Bilanzposition, also vom jeweiligen Einzelstandard, abhängig.[13] Während nach IAS 16 der Zeitwert unter Anwendung eines Ertragswertverfahrens oder einer Wiederbeschaffungsmethode zu schätzen ist, verlangen IAS 36, 38, 39, 40 und 41, sich auf Vergleichspreise zu stützen. Dies mögen Preise früherer Transaktionen sein (zeitliche Vergleichspreise) oder solche, die am Markt für ähnliche Vermögenswerte gelten (sachliche Vergleichspreise). Sollten sich tatsächlich Vergleichspreise finden, erschweren zu berücksichtigende Zu- oder Abschläge eine objektive Nachprüfbarkeit des zustandekommenden Wertes zusätzlich, da diese weitgehend der Willkür unterliegen.[14] Nach IAS 41 können auch „Branchen-Benchmarks"[15] als Vergleich herangezogen werden. Sind Vergleichspreise nicht zu beobachten, kann der „fair value" nach IAS 38, 39[16] und 40 mittels DCF-Verfahren ermittelt werden. Nach IAS 39.48A ist auch eine Bewertung unter Anwendung von Optionspreismodellen erlaubt. IAS 41.20 nutzt für die Zeitwertermittlung hingegen „den Barwert der

10 OLBRICH/BRÖSEL, Inkonsistenzen (2007), S. 1544 f. Zu den Inkonsistenzen der Zeitwertbilanzierung vgl. des weiteren OLBRICH/BRÖSEL, Fair value accounting (2006), OLBRICH, Zeitwertbilanzierung (2008), S. 215.

11 Vgl. hierzu insbesondere die Ausführungen der Abschnitte IV.1.2.2 ff.

12 Lediglich IAS 16 spricht von „marktbasierte[n] Nachweise[n]" für den beizulegenden Zeitwert anstatt von einem aktiven Markt, IAS 16.32.

13 Vgl. im weiteren OLBRICH/BRÖSEL, Inkonsistenzen (2007), S. 1545.

14 Diese Kritik bezieht sich auf zeitliche und sachliche Vergleichspreise in gleichem Maße. So auch OLBRICH, IAS 40 (2003), S. 348. Es ist ohnehin fraglich, ob sachliche Vergleichspreise, z.B. bei einer Immobilie (IAS 40.46(a)) aufgrund ihres Charakters – hinsichtlich Lage, Alter, Größe oder Bauqualität –, überhaupt gefunden werden können. Vgl. EBENDA, S. 348 sowie HARES, Zur Immobilie (2011), S. 111 f. i.V.m. BAETGE/ZÜLCH, Fair Value-Accounting (2001), S. 556. Vgl. ferner die Ausführungen in Abschnitt IV.1.2.4. Zu den den Vergleichspreisen anhaftenden Problemen der Multiplikatorverfahren vgl. zudem OLBRICH, Bedeutung des Börsenkurses (2000).

15 IAS 41.18(c).

16 Durch IFRS 9 haben sich bezüglich der Ermittlung des beizulegenden Zeitwerts bislang keine Änderungen ergeben. Die Regelungen des IAS 39.A74 zu Bewertungsverfahren finden sich analog in IFRS 9.B5.4.6. Vgl. IASB, IFRS 9 (2010). Da das IASB beschlossen hat, die verpflichtende Erstanwendung von IFRS 9 auf den 1. Januar 2015 zu verschieben, wird nachfolgend weiterhin auf IAS 39 rekurriert. Vgl. IASB, Financial Instruments (2011).

erwarteten Netto-Cashflows eines Vermögenswerts abgezinst mit einem aktuellen marktbestimmten Zinssatz". Die aus der Vielzahl möglicher Bewertungsmethoden resultierende Verwirrung des Bilanzierenden, des Abschlußprüfers und des Bilanzadressaten, wird durch folgenden Sachverhalt komplettiert: IAS 16 und 41 lassen mit der Ertrags- bzw. Barwertberechnung überraschenderweise eine Ermittlungsmethode zu, die in IAS 36 zur Ermittlung des „value in use" genutzt wird, der dem Zeitwert im Niederstwerttest wiederum vergleichend gegenübergestellt wird.[17] Unabhängig von der detaillierten Ausgestaltung der Ermittlungshierarchie ist festzuhalten, daß die Unsicherheit bei der Wertermittlung von Stufe zu Stufe zu- sowie die Verläßlichkeit und damit einhergehend die Prüfbarkeit des zu ermittelnden Werts abnimmt.

In einem nächsten Schritt sind die *Transaktionskosten* zu betrachten. Ihr Auftreten in der Realität führt verständlicherweise zu Irritationen, sind Transaktionskosten doch in der für beizulegende Zeitwerte relevanten Idealwelt vollkommener und vollständiger Märkte nicht existent.[18] Entweder verkennt das IASB diesen Sachverhalt oder versucht, ihn bewußt zu ignorieren. Jedenfalls werden Transaktionskosten bei der Zeitwertermittlung in den Standards sehr unterschiedlich behandelt.[19] Während bei der Bewertung nach IAS 36 und 41 ein Abzugsgebot für Transaktionskosten besteht, liegt in IAS 39 und 40 – vermutlich aufgrund der Zeitwert-Ausprägung als Veräußerungspreis – ein Abzugsverbot vor. In IAS 16 und 38 sucht man hingegen vergeblich nach Angaben zur (Nicht-)Berücksichtigung von Transaktionskosten bei der Zeitwertermittlung. Die heterogene Vorgehensweise stiftet nicht nur Verwirrung, sondern birgt auch ein nicht zu unterschätzendes Konfliktpotential hinsichtlich der Bewertung der in Rede stehenden Vermögenswerte. OLBRICH/BRÖSEL verweisen auf folgendes Beispiel:[20] Ermittelt der Bilanzierende den Buchwert einer Sachanlage im Zuge des Neubewertungsmodells nach IAS 16.31-42 als Zeitwert ohne Abzug von Transaktionskosten und wird durch einen Niederstwerttest gleichzeitig festgestellt, daß der Zeitwert unter Abzug der Veräußerungskosten den erzielbaren Betrag darstellt, ist „unklar, ob der nach IAS 36 ermittelte Zeitwert abzüglich der Verkaufskosten oder der sich bei Anwendung des Neubewertungsmodells ergebende höhere (weil die Transaktionskosten berücksichtigende) Zeitwert nach IAS 16 die relevante Größe darstellt"[21].

Auf vollkommenen und vollständigen Märkten existieren keine *Steuern*, wohingegen diese in der Realität unstreitig von Relevanz sind. Erneut findet sich in den Standards ein Portefeuille unterschiedlicher Vorgehensweisen. Während IAS 41 vorgibt, Steu-

17 Vgl. OLBRICH/BRÖSEL, Inkonsistenzen (2007), S. 1545.

18 Vgl. hierzu auch BALLWIESER/KÜTING/SCHILDBACH, Wertansatz (2004), S. 538. Zu den realitätsfernen Prämissen des Zeitwertkonzepts vgl. insbesondere Abschnitt IV.1.2.2.

19 Vgl., wie auch im folgenden, OLBRICH/BRÖSEL, Inkonsistenzen (2007), S. 1545.

20 Vgl. im weiteren OLBRICH/BRÖSEL, Inkonsistenzen (2007), S. 1545 sowie das dort angeführte Schrifttum.

21 OLBRICH/BRÖSEL, Inkonsistenzen (2007), S. 1545.

ern bei der Ermittlung des beizulegenden Zeitwerts nicht zu berücksichtigen, besteht nach IAS 40 bei der Wertermittlung lediglich für diejenigen Steuereffekte ein Berücksichtigungsverbot, „die nur für den gegenwärtigen Eigentümer bestehen“[22].[23] In IAS 16, 38 und 39 verzichtet das IASB darauf, Angaben zur (Nicht-)Berücksichtigung von Steuereffekten zu tätigen. IAS 36 macht zwar in bezug auf die Zeitwertermittlung keine steuerspezifischen Angaben, verbietet zugleich aber im Zusammenhang mit der Bestimmung des erzielbaren Betrags eine Berücksichtigung von Steuern bei der Bemessung des Nutzungswerts.

Auch das Bestehen *bindender Kaufverträge*, die mit festgeschriebenen Preisen einhergehen, ist in den Standards nicht einheitlich geregelt. Demnach stellt sich die Frage, welche Größe für den Bilanzansatz herangezogen werden soll, wenn der Marktpreis von dem vertraglich festgeschriebenen Preis abweicht.[24] Das IASB äußert sich in IAS 16, 38, 39 und 40 nicht dazu, ob bzw. wie sich bindende Kaufverträge auf den Zeitwert auswirken. Hingegen schreibt IAS 36 vor, den vertraglich festgeschriebenen Preis als Zeitwert anzusetzen, während IAS 41 dieses Vorgehen verbietet, gleichzeitig aber die Bildung einer Drohverlustrückstellung anordnet, sollte der vertraglich festgeschriebene Preis am Stichtag unterhalb des Marktpreises liegen.

Nicht zuletzt ergeben sich Inkonsistenzen aus dem fünften Problemkreis. In der Realität darf nicht vernachlässigt werden, daß sich aus Vermögenswerten *Synergien* ergeben können, die es bei der Wertermittlung zu berücksichtigen gilt. Die Erkenntnis, daß der Wert eines Guts durch dessen Kombination mit weiteren gleich- oder andersartigen Gütern beeinflußt wird, ist nicht neu,[25] wird aber vom IASB nicht beachtet. Synergien können sich beispielsweise ergeben, wenn der Bilanzierende über ein Aktienpaket einer Unternehmung verfügt, das ihm größere Kontrollmöglichkeiten verschafft als einem Aktionär, der nur über wenige Aktien der entsprechenden Unternehmung verfügt.[26] Berechtigterweise stellt sich die Frage, ob Verbundeffekte im Zeitwertkonzept beachtet werden, da sich diese schließlich auf die zukünftigen Zahlungsüberschüsse des Vermögenswerts auswirken.[27] Während IAS 39, 40 und 41 die Berücksichtigung von Synergien bei der Wertermittlung verbieten, besteht nach

---

22 IAS 40.49(d).

23 Vgl. im weiteren OLBRICH/BRÖSEL, Inkonsistenzen (2007), S. 1545.

24 Vgl., wie auch im folgenden, OLBRICH/BRÖSEL, Inkonsistenzen (2007), S. 1545.

25 Vgl. beispielsweise AULER, Wirtschaftseinheit (1926), S. 41. Zur Realisierung positiver Synergieeffekte bei Unternehmungsakquisitionen vgl. OLBRICH, Unternehmungswert (1999), S. 41-51.

26 Vgl. hierzu OLBRICH, Bedeutung des Börsenkurses (2000), S. 460. Ebenfalls hierzu sowie zur Bewertung von Anteilspaketen, auf deren beizulegenden Zeitwert häufig nicht durch einfache Multiplikation des Börsenkurses für einen Anteil mit der Anzahl der zu bilanzierenden Aktien geschlossen werden kann, vgl. eingehend HERING/OLBRICH, Zeitwertbilanzierung von Beteiligungen (2009), S. 366 f. Vgl. ferner AULER, Wirtschaftseinheit (1926), S. 42.

27 Vgl. im weiteren OLBRICH/BRÖSEL, Inkonsistenzen (2007), S. 1545.

IAS 36 ein Gebot, Synergien bei der Bildung zahlungsmittelgenerierender Einheiten zu berücksichtigen, womit diese Einzug in die Bewertung erlangen. In IAS 16 und 38 hat das IASB auf Angaben über das Einfließen von Synergien in die Zeitwertermittlung verzichtet.

Den genannten fünf Problemkreisen ist ein weiterer hinzuzufügen. Es handelt sich um die heterogene Vorgehensweise bei der *Erfassung von Änderungen des beizulegenden Zeitwerts.* Beizulegende Zeitwerte kommen für eine Vielzahl, wenngleich nicht für alle Vermögenspositionen in Betracht. Daraus folgt eine doppelte Inkonsistenz, welche die Vermögenslage einerseits und die Ertragslage andererseits beeinflußt: *Zum einen* führt diese selektive Zeitbewertung – z.T. darf zu historischen Kosten bewertet werden[28] – zu Bewertungsinkongruenzen, mit erheblichen Auswirkungen auf den Vermögensausweis, welche sowohl einen zweckgerichteten Vergleich von Bilanzen einer Unternehmung im Zeitablauf als auch den Vergleich von Bilanzen verschiedener Unternehmungen erschweren.[29] *Zum anderen* ergibt sich daraus eine Inkonsistenz auf nachgelagerter Stufe: Erfolgt die Erstbewertung zum „fair value", sollte davon ausgegangen werden, daß sich im Zuge der Folgebewertung grundsätzlich jede Wertänderung, sei diese positiv oder negativ, entweder direkt im Erfolgsausweis widerspiegelt oder erfolgsneutral behandelt wird. Wider Erwarten hat sich das IASB auch hier gegen eine homogene Konzeption entschlossen. Demzufolge ist zwischen erfolgsneutralen und erfolgswirksamen Änderungen des Zeitwerts zu unterscheiden.[30] Erstaunlich und in gleichem Maße erschreckend ist die dabei auftretende und die Ertragslage beeinflussende Bandbreite: Diese erstreckt sich „von einer wahlrechtlichen erfolgsneutralen Verrechnung [...] bis zu einer verpflichtenden sofortigen [erfolgswirksamen] Verrechnung aller Fair Value-Änderungen"[31].

Eine *erfolgsneutrale Verrechnung* wirkt sich regelmäßig auf die Neubewertungsrücklage, die nach IFRS Bestandteil des Eigenkapitals ist, aus.[32] Sie zeigt, welcher tatsächliche Gewinn entstanden wäre, wenn durch einen Verkauf der entsprechenden

---

28 Vgl. beispielsweise BALLWIESER/KÜTING/SCHILDBACH, Wertansatz (2004), S. 542 f., KESSLER, Fair Value (2005), S. 70.

29 Vgl. sinngemäß BALLWIESER/KÜTING/SCHILDBACH, Wertansatz (2004), S. 543. Allgemein zur Gewinnkonzeption der IFRS, auch im Vergleich zum HGB, vgl. KÜTING, Suche nach dem richtigen Gewinn (2006).

30 Vgl. STREIM/BIEKER/ESSER, Entscheidungsnützlichkeit (2003), S. 469, KESSLER, Fair Value (2005), S. 67, SCHILDBACH, Wunsch und Wirklichkeit (2006), S. 24, KÜNNEMANN, Fair Value Accounting (2007), S. 948, SCHRUFF, Rechenschaft (2011), S. 859.

31 STREIM/BIEKER/ESSER, Entscheidungsnützlichkeit (2003), S. 469.

32 Bei Neubewertungsrücklagen handelt es sich um dem Eigenkapital zugeordnete Aufwendungen und Erträge, welche zunächst nicht die GuV durchlaufen und aus den teilweise von dem Zeitwertkonzept verlangten erfolgsneutralen Wertveränderungen resultieren. Vgl. KÜTING/REUTER, Neubewertungsrücklagen (2009), S. 172. Vgl. auch Abschnitt IV.3.3.

Vermögenspositionen stille Reserven realisiert worden wären.[33] Beispielhaft sei die Möglichkeit zur erfolgsneutralen Neubewertung immaterieller Vermögenswerte nach IAS 38.72 genannt.[34]

Verpflichtende und sofort in der GuV zu erfassende Schwankungen des Zeitwerts ergeben sich beispielsweise nach IAS 39.9(a) und (b) i.V.m. 39.45 f. für Finanzinstrumente, die zu Handelszwecken gehalten werden (darunter fallen auch alle Derivate) oder die beim erstmaligen Ansatz als erfolgswirksam zum „fair value" bewertet eingestuft werden („Zeitwertoption") sowie für Immobilien nach IAS 40.35. Diese *erfolgswirksame Zeitwertänderung* führt zu folgendem Problem.[35] Der Periodenerfolg wird nicht mehr nur aus dem nachhaltig erzielbaren operativen Erfolg bestimmt, sondern wird uneingeschränkt und sich dem Auge des Abschlußadressaten entziehend mit reinen Buchgewinnen aus marktbedingten Aufwertungen des Zeitwerts durchmischt.[36] Auf diese Weise erhalten konjunkturelle Wertsteigerungen Einzug in die Bilanzierung. Dies macht den beizulegenden Zeitwert unstreitig zum „Krisenverstärker"[37]; jüngstes Beispiel ist die globale Finanzkrise.[38] Infolgedessen hat das IASB die Regelungen zur Zeitbewertung von Finanzinstrumenten kurzfristig geändert und z.T. außer Kraft gesetzt, wobei bemerkenswert ist, daß die in Rede stehenden Änderungen von der Europäischen Kommission überraschend schnell und

33 Vgl. BIEG/BOFINGER/KÜTING/KUßMAUL/WASCHBUSCH/WEBER, Saarbrücker Initiative (2008), S. 2550.

34 Wird für die Folgebewertung auf das Neubewertungsmodell zurückgegriffen, erfolgt der Ansatz nicht mehr zu den fortgeführten Anschaffungs- und Herstellungskosten, sondern nach IAS 38.75 i.V.m. 38.77 zum beizulegenden Zeitwert am Tag der Neubewertung. Liegt der Zeitwert über dem Buchwert, ist die Werterhöhung nach IAS 38.85 im Eigenkapital unter der Neubewertungsrücklage zu erfassen. Vgl. hierzu sowie zur Verrechnung von entsprechenden Abwertungen eingehend KÜTING/REUTER, Neubewertungsrücklagen (2009), S. 172 f. Ferner ist eine erfolgsneutrale Bewertung zum Zeitwert beispielsweise auch bei Finanzinstrumenten möglich, die zur Veräußerung verfügbar sind (IAS 39.55(b)). Vgl. EBENDA, S. 173 f. sowie GILGENBERG/WEISS, Zeitwertfalle (2009), S. 185.

35 Es sei darauf hingewiesen, daß sich eine über die historischen Kosten hinausgehende Zeitwertveränderung immer auf das Eigenkapital auswirkt, sei es direkt über die erfolgsneutrale Erfassung oder indirekt über die erfolgswirksame Erfassung über die GuV. Vgl. hierzu KÜTING/REUTER, Neubewertungsrücklagen (2009), S. 172. Daher wird im Schrifttum zu Recht darauf hingewiesen, daß nach den Vorstellungen des IASB die Eigenkapitalveränderung des Geschäftsjahres als Gewinn zu verstehen ist, der sich erstens aus einem erfolgswirksamen Teil und zweitens aus einem erfolgsneutralen Teil („Als-ob-Gewinn") zusammensetzt. Vgl. diesbezüglich BIEG/BOFINGER/KÜTING/KUßMAUL/WASCHBUSCH/WEBER, Saarbrücker Initiative (2008), S. 2550.

36 Vgl. BIEG/BOFINGER/KÜTING/KUßMAUL/WASCHBUSCH/WEBER, Saarbrücker Initiative (2008), S. 2551.

37 HERING/OLBRICH/ROLLBERG, Finanzkrise (2010), S. 36.

38 Zur Rolle des „fair value" im Rahmen der Finanzkrise vgl. BIEG/BOFINGER/KÜTING/KUßMAUL/WASCHBUSCH/WEBER, Saarbrücker Initiative (2008), S. 2551, KÜTING/LAUER, Krise (2009), S. 556 ff., HERING/OLBRICH/ROLLBERG, Finanzkrise (2010).

nicht mit der sonst üblichen Lethargie übernommen wurden.[39] Gleichwohl sind die Änderungen besorgniserregend. Konjunkturbedingt dürfen eigentlich zum „fair value“ zu bewertende Finanzinstrumente umgewidmet und nach dem Anschaffungskostenprinzip bewertet werden, was einer anarchischen Bilanzierung gleichkommt.[40] Paßt es dem Bilanzierenden, dürfen Schönwetter-Gewinne freilich verbucht werden; paßt es ihm in Zeiten des wirtschaftlichen Abschwungs hingegen nicht, werden die Regeln durch das krisenabhängige Wahlrecht ausgesetzt.[41]

Zu der letztgenannten Inkonsistenz sowie den damit einhergehenden Problemen ist würdigend festzuhalten, daß der Gewinn einer Unternehmung als Bemessungsgrundlage künftiger Einzahlungsüberschüsse und zukünftiger Dividendenzahlungen dient.[42] Der Jahreserfolg kann aber nur dann als Prognosebasis dienen, wenn er sich maßgeblich aus der nachhaltigen operativen Geschäftstätigkeit ergibt. Hingegen verzerren Zeitwertänderungen, die auf einmaligen oder vereinzelt auftretenden Ereignissen beruhen, den Gewinnausweis. In Konsequenz sind darauf aufbauende Erfolgsprognosen zwecklos. Demgemäß ist es zu begrüßen, daß nicht alle Vermögenswerte zum beizulegenden Zeitwert zu bewerten sind. Dennoch kommt alleine die partielle Akzeptanz von Zeitwerterhöhungen über die Anschaffungskosten hinaus bereits einer „Aushöhlung und Aufgabe traditioneller Rechnungslegungsgrundsätze“[43] gleich. Die Ergebnisse dieses Abschnitts würdigend ist zu dem Schluß zu kommen, daß die Inkonsistenzen der Zeitwertbilanzierung zu einer verwirrenden Vielfalt an Wertermittlungsmöglichkeiten führen und damit die Verläßlichkeit und folglich die Prüfbarkeit bilanzierter Zeitwerte negativ beeinflussen.

1.2.2 Die bewertungstheoretischen Mängel des Zeitwertkonzepts

Die Idealwelt, auf der das Zeitwertkonzept des IASB fußt, wurde bereits mehrfach angeschnitten. Nachfolgend werden die damit einhergehenden Problemstellungen eingehend betrachtet. Obschon diese umfänglicher Gegenstand des betriebswirt-

---

39 Vgl. hierzu ebenfalls HERING/OLBRICH/ROLLBERG, Finanzkrise (2010), S. 37. Vgl. ferner EUROPÄISCHE KOMMISSION, Verordnung (2008), S. 37 ff. und IASB, Reclassification (2008).

40 Zu den Änderungen vgl. ausführlich GILGENBERG/WEISS, Zeitwertfalle (2009) sowie ZWIRNER, Finanzkrise (2009), S. 354. Zu den Änderungen sowie zu einer empirischen Untersuchung der Auswirkungen der Reform der Umklassifizierung finanzieller Vermögenswerte nach IAS 39 und IFRS 7 vgl. außerdem HECKER/KLEIN-WIELE, Nacht-und-Nebel-Aktion des IASB (2011).

41 Vgl. BIEG/BOFINGER/KÜTING/KUßMAUL/WASCHBUSCH/WEBER, Saarbrücker Initiative (2008), S. 2551, die folgerichtig von einer „Bankrotterklärung dieser Bewertungskonzeption“ sprechen, sowie HERING/OLBRICH/ROLLBERG, Finanzkrise (2010), S. 37.

42 Vgl., wie im folgenden, BALLWIESER/KÜTING/SCHILDBACH, Wertansatz (2004), S. 543 f., KUßMAUL/WEILER, Fair Value-Bewertung Teil 2 (2009), S. 210 und 216.

43 BALLWIESER/KÜTING/SCHILDBACH, Fair Value (2009), S. I.

schaftlichen Schrifttums sind, erscheint an dieser Stelle eine zusammenfassende Darstellung zweckmäßig. Schließlich beziehen sich Probleme, die Auswirkungen auf die Rechnungslegung haben, in einem nachgelagerten Schritt auf die Abschlußprüfung. So werden die der bestehenden Zeitwertkonzeption entspringenden bewertungstheoretischen Mängel vorgestellt, die maßgeblich dazu beitragen, daß die von den IFRS verfolgte Verläßlichkeit bilanzierter Werte beeinträchtigt wird und den Prüfer daran hindern, ein vertrauenswürdiges Prüfungsurteil abgeben zu können. Dazu ist zunächst das theoretische Ideal zu beschreiben, das das IASB der Zeitwertbilanzierung zugrunde legt, um darauf aufbauend die bewertungstheoretische Kritik, insbesondere an den durch die IFRS vorgeschriebenen Bewertungsmethoden, zu eruieren.

Das finanzierungstheoretische Ideal des beizulegenden Zeitwerts zeichnet sich durch vollkommene und vollständige Märkte im Gleichgewicht, unter dem Vorliegen vollständiger Konkurrenz, aus.[44] Diese Modellwelt wird charakterisiert durch homogene Erwartungen der Marktteilnehmer bei Sicherheit und Unsicherheit,[45] eine beliebige Teilbarkeit der Güter und fehlende Informationsasymmetrien, Transaktionskosten und Steuern sowie durch die Möglichkeit einer unbegrenzten Aufnahme und Anlage von Kapital zu einem einheitlichen Zinssatz.[46] Als Konsequenz entspricht der beizulegende Zeitwert eines Gutes seinem objektiven Marktwert i.S.d. idealtypischen Marktgleichgewichtspreises. Folglich können Bilanzwerte unmittelbar am Markt in Form von Preisen beobachtet werden. Individuelle Umstände der rechnungslegenden Unternehmung sind dabei irrelevant. Sofern für den zu bilanzierenden Vermögenswert hingegen kein Marktgleichgewichtspreis vorliegt und sich der Zeitwert auch nicht als sachlicher oder zeitlicher Vergleichspreis schätzen läßt, gibt das IASB folgerichtig vor, den Zeitwert unter Beachtung finanzierungstheoretischer Prämissen zu errechnen. So greifen die Standards grundsätzlich auf finanzierungstheoretische Bewertungstechniken wie die DCF-Verfahren[47], oder IAS 39 zusätzlich auf Optionspreisverfahren[48], zurück.

---

44 Vgl. BARTH/LANDSMAN, Fair Value Accounting (1995), S. 97 ff., HITZ, IFRS-Rechnungslegung (2005), S. 1014 f., OLBRICH/BRÖSEL, Fair value accounting (2006), S. 4, OLBRICH/BRÖSEL, Inkonsistenzen (2007), S. 1544, OLBRICH, Zeitwertbilanzierung (2008), S. 215.

45 Demgemäß verfügen alle Marktteilnehmer über einen identischen Planungshorizont, und es wird mit identischen Umweltzuständen und Eintrittswahrscheinlichkeiten dieser Umweltzustände gerechnet. Vgl. BALLWIESER/KÜTING/SCHILDBACH, Wertansatz (2004), S. 530.

46 Vgl. im folgenden OLBRICH, Zeitwertbilanzierung (2008), S. 216.

47 Vgl. hierzu z.B. RAPPAPORT, Shareholder Value (1998), KOLLER/GOEDHART/WESSELS, Value of Companies (2010). Hinsichtlich der Anwendungsprobleme bei DCF-Verfahren für Bewertungszwecke vgl. weiterführend SCHNEIDER, Unternehmensrechnung (1998), HERING, Konzeption der Unternehmensbewertung (2000), KRAG/KASPERZAK, Grundzüge (2000), S. 112 ff.

48 Vgl. HOMMEL, Standardverfahren (1999), HOMMEL/MÜLLER, Investitionsbewertung (1999), KROLLE/OßWALD, Wertorientierte Strategieberatung (2001). Vgl. ferner zu Optionspreismodellen KIESEL/KLEINOW, Optionspreisbewertung (2005), S. 771-776 und KIRNBERGER, Aktienoptionsprogramme (2009), Rz. 39 sowie das dort angeführte Schrifttum.

In bezug auf die vom IASB tolerierten Verfahren ist dabei zunächst folgende, allgemeine Kritik anzubringen. Ähnlich wie die Vorgehensweise zur Zeitwertermittlung präsentiert sich auch die Methodik der DCF-Verfahren nicht als einheitliches Konzept. Vielmehr zerfällt diese in „miteinander konkurrierende Varianten“[49]. Jene finanzierungstheoretischen Bewertungsverfahren gründen auf der Kombination „verschiedenartiger Modellbausteine, die aufgrund untereinander unvereinbarer Prämissen bedenklich erscheint“[50]. So vermengen die DCF-Verfahren die Annahmen von MODIGLIANI/MILLER[51] mit denen des CAPM[52], denen jeweils andere Prämissen zugrunde liegen als den nach IAS 39 ebenfalls zulässigen Optionsmodellen. Den Sachverhalt untereinander unverträglicher Prämissen spiegelt Abbildung 7 wider.

	Modigliani/ Miller	CAPM	Options-modelle
Präferenzfreiheit	ja	nein	ja
Planungshorizont	∞	1	n
Steuern	ja	nein	nein

Abbildung 7: Die inkompatiblen Prämissen der finanzierungstheoretischen Modellbausteine[53]

Eine derartige heuristische Vermengung partiell inkompatibler Gleichgewichtsmodelle[54] zeigt, daß die DCF-Verfahren kein geschlossenes Konzept bilden, sondern vielmehr in verschiedene miteinander wetteifernde Varianten zerfallen. Folglich ergeben sich in Abhängigkeit von der gewählten Variante „unterschiedliche Bewertungsergebnisse“[55]. Wendet der Bilanzierende beispielsweise das DCF-Verfahren „adjusted present value“ (APV) an, kommt es gegenüber den alternativ anwendbaren Verfahren „weighted average cost of capital“ (WACC) oder „equity“ zu divergierenden beizulegenden Zeitwerten.[56] Aus bilanztheoretischer Sicht ist es nicht tragbar, daß ein entsprechendes Methodenwahlrecht über den bilanziellen Ansatz der Höhe nach entscheidet, wenn die Normen doch insgesamt verläßliche Werte fordern. Der

---

49 HERING, Konzeption der Unternehmensbewertung (2000), S. 445.

50 OLBRICH, Unternehmungsverkauf (2005), S. 156.

51 Vgl. MODIGLIANI/MILLER, Cost of Capital (1958) und MODIGLIANI/MILLER, Correction (1963).

52 Vgl. MARKOWITZ, Portfolio Selection (1952), SHARPE, Capital Asset Prices (1964), LINTNER, Valuation of Risky Assets (1965) sowie MOSSIN, Capital Asset Market (1966).

53 Quelle: HERING, Konzeption der Unternehmensbewertung (2000), S. 445.

54 Vgl. HERING, Konzeption der Unternehmensbewertung (2000), S. 445 ff., HERING, Unternehmensbewertung (2006), S. 206-231.

55 HERING, Konzeption der Unternehmensbewertung (2000), S. 445.

56 Zu der Tatsache, daß die Methodenwahl das Bewertungsergebnis beeinflußt, vgl. HERING, DCF-Verfahren (2004), S. 511 f.

Prüfer hat, wie in Kapitel III aufgezeigt, lediglich die Angemessenheit der Bewertungsmethode und die mathematische Richtigkeit der Ergebnisse zu beurteilen. So mag es sein, daß weder das eine noch das andere DCF-Verfahren – es werden schließlich keine konkreten Verfahren bestimmt – den Einzelnormen widerspricht, doch ist sich der Prüfer bewußt, daß ein anderes als das vom Bilanzierenden angewandte Berechnungsverfahren zu einem alternativen Wertansatz führt.

Neben den allgemeinen Mängeln der finanzierungstheoretischen Verfahren ist zudem kritisch auf das Spannungsfeld zwischen der idealisierten finanzierungstheoretischen Bewertungsmethodik und den tatsächlichen Gegebenheiten hinzuweisen. Wie oben dargestellt, ruhen die vom Zeitwertkonzept vorgesehenen Bewertungsmethoden auf finanzierungstheoretischen Prämissen. Dabei ist auf folgendes bewertungs- und bilanzierungstheoretische Dilemma hinzuweisen: Wird *einerseits* unterstellt, daß die in Rede stehenden Prämissen in der Realität zutreffen, wären die Bewertungsverfahren realitätskonform, weswegen kein Bewertungsproblem bestünde. Unter diesen Umständen wäre die Bewertung zum beizulegenden Zeitwert zwar denkbar einfach, wenngleich jedoch obsolet.[57] Aufgrund einer symmetrischen Informationsverteilung vermag es jeder Interessent, den entscheidungsnützlichen „fair value" eines Vermögenswerts als Preis im Marktgleichgewicht abzulesen. Verfügen alle Wirtschaftssubjekte über identische Informationen, ist eine den Informationszweck – gleichwohl auch den Rechenschaftszweck – verfolgende Rechnungslegung sowie eine die Verläßlichkeit des Zahlenwerks bestätigende Prüfung des IFRS-Abschlusses nicht notwendig, da aktuelle und potentielle Kapitalgeber sowie andere Anspruchsgruppen ohnehin mit entscheidungsnützlichen Marktinformationen versorgt sind.[58] Wird *andererseits* davon ausgegangen, daß die in Rede stehenden Prämissen in der Realität nicht zutreffen, bestünde in Konsequenz ein Bewertungsproblem. Schließlich wären die vom IASB vorgehaltenen und auf diesen Annahmen fußenden Bewertungsmethoden aufgrund ihrer Realitätsnonkonformität nicht anwendbar. Daher ist es zweckmäßig, diesen Fall genauer zu betrachten.

In der Realität wirtschaftet die bilanzierende Unternehmung auf einem unvollkommenen und unvollständigen Markt,[59] womit „die Errechnung fiktiver, von ihrem Zielsystem und Entscheidungsfeld losgelöster „objektiver" Gleichgewichtswerte [...]

---

57 Vgl. OLBRICH, Zeitwertbilanzierung (2008), S. 216.

58 Vgl. insbesondere OLBRICH, Zeitwertbilanzierung (2008), S. 216 sowie auch RYAN, Equity Risk (1997), S. 86, HARING, impairment of assets (2004), S. 211, OLBRICH, Fragwürdigkeit (2006), S. 686, KÜNNEMANN, Fair Value Accounting (2007), S. 946, SCHILDBACH, Unternehmensbewertung (2008), S. 193 f., HAßLINGER, IFRS-Rechnungslegung (2011) sowie OLBRICH, IFRS 13 (2011), S. 393 f.

59 Vgl. auch BREZTKE, Prognoseproblem (1975), S. 56 f., SIEBEN/SCHILDBACH, Bewertung (1979), S. 460, LEUTHIER, Unternehmensbewertung (1988), S. 176-181, COENENBERG, Unternehmensbewertung (1992), S. 100 f., SIEBEN, Unternehmensbewertung (1993), Sp. 4323 f., OLBRICH, Zeitwertbilanzierung (2008), S. 216 f.

für die „fair value"-Ermittlung ohne Bedeutung [im Original hervorgehoben, d. Verf.]"[60] ist. So existiert unter den realen Bedingungen kein Marktgleichgewicht und folglich auch kein objektiver Marktwert eines Gutes, der das Privileg intersubjektiver Gültigkeit genießt und als „fair value" eines Vermögenswerts in der Bilanz angesetzt und vom Prüfer als „richtig" beurteilt werden kann. In der Wirklichkeit bildet sich der Marktpreis entsprechend der Gesetzmäßigkeit von Angebot und Nachfrage aus den jeweils subjektiven Wertvorstellungen der an den Güterübereignungen beteiligten Marktteilnehmer.[61] Demzufolge ist der beizulegende Zeitwert kein Wert in einem modellierten Marktgleichgewicht, sondern ein auf einem unvollkommenen Markt erzielbarer Verkaufspreis. Es wird deutlich, daß das theoretische Ideal des beizulegenden Zeitwerts „in der Realität [tatsächlich] nicht anzutreffen"[62] ist. Diese Erkenntnis würdigend ist festzustellen, daß die der Zeitwertermittlung zugrundeliegenden Annahmen unter den wirklichen Gegebenheiten regelmäßig keine Gültigkeit besitzen können. Für eine den Informationszweck verfolgende Rechnungslegung sind die finanzierungstheoretischen Modellierungen zur Bemessung des beizulegenden Zeitwerts infolgedessen ungeeignet.[63]

Man kommt mithin zu der Schlußfolgerung, daß ein finanzierungstheoretisches Vorgehen zur Zeitwertermittlung betriebswirtschaftlich bedenklich[64] und somit für die Praxis abzulehnen ist. Statt dessen sollte das IASB – sofern für einen Vermögenswert kein Preis auf einem aktiven Markt vorliegt – zur Bemessung des Zeitwerts investitionstheoretische Methoden vorgeben, da deren Prämissen zum einen im Einklang mit der in der Rechnungslegung nach IFRS vorherrschenden Realität stehen und zum anderen an individuelle Gegebenheiten der Praxis angepaßt werden können.[65]

---

60 HERING/OLBRICH, Zeitwertbilanzierung von Beteiligungen (2009), S. 367.

61 So auch HERING/OLBRICH, Mehrstimmrechte (2003), S. 1519.

62 OLBRICH/BRÖSEL, Inkonsistenzen (2007), S. 1544.

63 Vgl. auch OLBRICH, IFRS 13 (2011), S. 394.

64 Vgl. OLBRICH, IFRS 13 (2011), S. 394.

65 Zum investitionstheoretischen Vorgehen bei der Zeitwertermittlung vgl. ausführlich OLBRICH, IAS 40 (2003), OLBRICH/BRÖSEL, Inkonsistenzen (2007), S. 1547, BRÖSEL, Impairment Only Approach (2008), S. 241-247, OLBRICH, Zeitwertbilanzierung (2008), S. 216 ff. und 221 ff., HERING/OLBRICH, Zeitwertbilanzierung von Beteiligungen (2009), HARES, Zur Immobilie (2011), S. 177-192, OLBRICH, IFRS 13 (2011), S. 394. Zu den auch im Rahmen dieser Methodik verbleibenden Defiziten, wie z.B. der Frage, ob Entscheidungs- oder Arbitriumwerte heranzuziehen sind oder der Eingrenzung bilanzpolitischer Spielräume infolge der Prinzipien des Subjekt- und Zukunftsbezugs, vgl. OLBRICH/BRÖSEL, Inkonsistenzen (2007), S. 1547, BRÖSEL, Impairment Only Approach (2008), S. 243, OLBRICH, Zeitwertbilanzierung (2008), S. 219 f., BAETGE, DCF-Kalkül (2009), S. 21 f., HARES, Zur Immobilie (2011), S. 192-198 sowie OLBRICH, IFRS 13 (2011), S. 394. Diese verbleibenden Defizite „stellen allerdings nicht die investitionstheoretischen Bewertungsmodelle, sondern vielmehr die Zweckmäßigkeit des vom IASB derzeit vertretenen Zeitwertkonzepts in Frage". OLBRICH, IFRS 13 (2011), S. 394. So ist folgerichtig zu dem Schluß zu kommen, daß die vom IASB tolerierten „Diskrepanzen zwischen idealer

Grundsätzlich folgen die vom IASB verwendeten Bewertungsmaßstäbe einem anderen Begriffsverständnis, als die investitionstheoretisch geprägte Wertlehre. Beispielsweise unterscheiden die IFRS nicht konsequent zwischen den Begriffen „Wert" und „Preis". Bei einer Bewertung wird einem Gegenstand (Bewertungsobjekt) durch das Bewertungssubjekt ein „Wert", zumeist in Form einer Geldgröße, zugeordnet.[66] Demgemäß erfordert die Übertragung eines jeden Gutes regelmäßig eine Bewertung. Aus Sicht der funktionalen Wertlehre[67] bedeutet dies, den subjektbezogenen Entscheidungswert[68], sowohl auf seiten des Käufers als auch des Verkäufers, zu ermitteln.[69] Der Preis als Marktergebnis einer Transaktion hat unter realen Gegebenheiten den Charakter eines Arbitriumwerts[70], auf den sich Käufer und Verkäufer im Hinblick auf

---

und realer Welt [...] zu theoretisch wie auch praktisch unvollkommenen Lösungen" zwingen. BALLWIESER/KÜTING/SCHILDBACH, Wertansatz (2004), S. 530.

66 Vgl. SIEBEN/LÖCHERBACH/MATSCHKE, Bewertungstheorie (1974), Sp. 840. Da eine Bewertung stets einen Vergleich des zu bewertenden Gegenstandes mit einer denkbaren Alternative darstellt, versteht man unter dem Begriff „Wert eines Gutes" eine Objekt-Subjekt-Objekt-Beziehung, die ausdrückt, welchen Nutzen das Bewertungsobjekt dem Bewertungssubjekt bezogen auf das Vergleichsobjekt zu stiften vermag. Vgl. BUSSE VON COLBE, Zukunftserfolg (1957), S. 17 f., ENGELS, Bewertungslehre (1962), S. 1, 12 und 17 f., MATSCHKE, Kompromiß als betriebswirtschaftliches Problem (1969), S. 57 f., MATSCHKE, Gesamtwert (1972), S. 147, MOXTER, Unternehmensbewertung (1983), S. 23 f., MATSCHKE, Mehrdimensionale Entscheidungswerte (1993), S. 3 sowie OLBRICH, Unternehmungsverkauf (2005), S. 147.

67 Vgl. OLBRICH, Unternehmungswert (1999), OLBRICH, Unternehmungsverkauf (2005), HERING, Unternehmensbewertung (2006), MATSCHKE/BRÖSEL, Bewertung (2007). Die auf investitionstheoretischen Prinzipien fußende sowie die bereits von SCHMALENBACH betonte Zweck- und Zukunftsbezogenheit einer jeden Bewertung berücksichtigende funktionale Wertlehre versteht eine Wertfindung als subjektbezogenen Prozeß, der die individuelle Zielsetzung und das Entscheidungsfeld des Bewertungssubjekts einbezieht. Vgl. MATSCHKE, Gesamtwert (1972), S. 147, MATSCHKE, Mehrdimensionale Entscheidungswerte (1993), S. 3. In diesem Zusammenhang unterscheidet die funktionale Wertlehre – neben diversen Nebenfunktionen – zwischen drei Hauptfunktionen einer Bewertung, und zwar der Entscheidungs-, Arbitrium- und Argumentationsfunktion, aus denen sich entsprechend ein Entscheidungs-, Schieds- bzw. Argumentationswert bestimmen läßt. Vgl. MATSCHKE, Arbitriumwert (1979), S. 16 f. Vgl. darüber hinaus im Überblick HERING/OLBRICH, Bewertungsproblem (2002), OLBRICH, Unternehmungsverkauf (2005), S. 147-151 sowie die dort jeweils angeführte Literatur.

68 Der Entscheidungswert zeigt dem Bewertungssubjekt bei einem gegebenen Zielsystem und einem gegebenen Entscheidungsfeld an, unter welcher Bedingungskonstellation die Durchführung einer bestimmten Handlung das bei Unterlassen dieser Handlung zu erreichende Zielerfüllungsniveau gerade noch nicht mindert. Vgl. MATSCHKE, Gesamtwert (1972), S. 147. Zum Entscheidungswert, dessen Ermittlung und der ihm zugrundeliegenden Entscheidungsfunktion im allgemeinen vgl. ausführlich MATSCHKE, Entscheidungswert (1975).

69 Vgl. OLBRICH, Unternehmungsverkauf (2005), S. 150.

70 Vgl. ausführlich zum Arbitriumwert, dessen Ermittlung sowie der ihm zugrundeliegenden Vermittlungsfunktion MATSCHKE, Arbitriumwert (1979). Insgesamt soll der Arbitriumwert „einen gerechten Kompromiß darstellen, der für alle Konfliktparteien zumutbar ist und ihre jeweiligen unterschiedlichen Interessenlagen angemessen wahrt". OLBRICH, Unternehmungsverkauf (2005), S. 149.

den Eigentumsübergang einigen.[71] Folglich ist der beizulegende Zeitwert nach IFRS ein, beispielsweise durch Kursnotierung oder Vertragswortlaut, feststellbarer Einigungswert, aus dessen Höhe nicht vollkommen auf den investitionstheoretischen Entscheidungswert der Parteien geschlossen werden kann.[72] Demnach darf ein am Markt gezahlter Preis nicht wie in den IFRS mit dem entscheidungsrelevanten Wert, den Käufer oder Verkäufer dem Bewertungsobjekt beimessen, verwechselt werden.[73] Dieser Zusammenhang illustriert, daß der beizulegende Zeitwert nach IFRS, als entrichteter Geldbetrag für eine fiktive Markttransaktion, einem Preis und gerade keinem Wert im dargestellten Sinne gleicht.[74] Unterstrichen wird diese Aussage durch den Wortlaut des IAS 40.38 f. nach dem der beizulegende Zeitwert die Marktbedingungen widerspiegelt und sich auf einen ganz bestimmten Zeitpunkt bezieht, womit der Subjektbezug, der für einen Wert obligatorisch ist, untergraben wird. Wird also für die Zeitbewertung einer Aktie der Jahresendkurs an der Frankfurter Börse, bei dem es sich unstreitig um einen Marktpreis handelt, herangezogen, stellt dieser Kurs eben keinen „Wert“ sondern einen „Preis“ dar, „angesiedelt zwischen den jeweiligen Entscheidungswerten von Aktienkäufern und -verkäufern“[75], weswegen konsequenterweise auch von einem beizulegenden (Zeit-)Preis gesprochen werden müßte. Folglich liegt der Zeitwert als fiktiver Preis, den der Eigentümer eines Vermögenswerts bei dessen Verkauf ohne Zwang erzielen würde, nicht als Datum vor, sondern ist unter Beachtung der Gesetzmäßigkeiten der Bewertungstheorie herzuleiten.[76] Das IASB ignoriert diese Erkenntnisse (noch), indem es den IFRS – wie oben dargelegt – die angelsächsisch geprägte Finanzierungstheorie zugrunde legt, die die Abhängigkeit des Wertes von dem Bewertungssubjekt vernachlässigt,[77] und hält damit an seinem Wunschdenken, der „fair value“ entspräche dem „objektiven Marktwert“ im Gleichgewichtszustand, fest.

Die Ausführungen dieses Abschnitts veranschaulichen, daß das fragwürdige Procedere der Zeitwertermittlung nicht nur aufgrund seiner Inkonsistenzen sondern zudem

---

71 Vgl. OLBRICH, Unternehmungsverkauf (2005), S. 150.

72 Vgl. HERING/OLBRICH, Mehrstimmrechte (2003), S. 1519.

73 Vgl. HERING/OLBRICH, Bemessung (2001), S. 815. HERING verdeutlicht die Wesensverschiedenheit von Wert und Preis sehr anschaulich anhand eines gesetzten Limits im Rahmen des Aktienhandels, welches den subjektiven Wert des präsumtiven Käufers bzw. Verkäufers wiedergibt, wohingegen der Preis der tatsächlich realisierten monetären Größe entspricht, zu der die Aktientransaktion schließlich vollzogen wird. Vgl. HERING, Konzeption der Unternehmensbewertung (2000), S. 442.

74 Vgl. beispielsweise auch RUHNKE/SCHMIDT, Fair Value (2005), S. 577, Fn. 2.

75 OLBRICH, Bedeutung des Börsenkurses (2000), S. 469.

76 So auch OLBRICH, Zeitwertbilanzierung (2008), S. 217.

77 In den deutschen Strömen der Wirtschaftswissenschaften stellt diese Erkenntnis der subjektiven Wertlehre seit GOSSEN und MENGER eine Selbstverständlichkeit dar. Vgl. GOSSEN, Gesetze des Verkehrs (1854) sowie MENGER, Volkswirthschaftslehre (1871).

angesichts seiner bewertungstheoretischen Mängel, denen die Bewertungsmethoden zu subsumieren sind, im Widerspruch zu der von den IFRS geforderten Verläßlichkeit bilanzierter Werte steht.[78] Ob diese Widersprüchlichkeit mit einem vertrauenswürdigen Urteil über die Zeitwertbilanzierung in Einklang gebracht werden kann, ist zu bezweifeln: Schließlich verkommt der „fair value“ unter den realen Marktunvollkommenheiten zu einem bloßen Schätzwert.[79] Mit den besagten bewertungstheoretischen Mängeln gehen zudem – wie nachfolgend eingehend aufgezeigt wird – umfangreiche Prognose- sowie Ermessensentscheidungen einher, welche einer zuverlässigen Zeitwertermittlung konträr gegenüberstehen. *Würdigend* ist daher festzuhalten, daß die aus den bewertungstheoretischen Mängeln resultierende „lediglich näherungsweise“[80] mögliche Abschätzung des Zeitwerts maßgeblich dazu beiträgt, die Prüfbarkeit beizulegender Zeitwerte zu konterkarieren.

1.2.3 Die Prognoseproblematik

Nachfolgend werden Probleme offengelegt, die aus dem Betrachtungshorizont des Zeitwertkonzepts resultieren. Da auf Prognosen basierende Zeitwerte Unsicherheiten hinsichtlich der Bewertung erst in Zukunft eintretender Ereignisse enthalten, besteht ein erhöhtes Risiko fehlerhafter Angaben in der zeitwertbezogenen Rechnungslegung. Dieses Risiko trägt maßgeblich zu der in Rede stehenden Herausforderung des Abschlußprüfers bei. Bevor jedoch dezidiert auf die Probleme eingegangen wird, ist im Vorfeld die Frage zu klären, bei welchen zum Zeitwert anzusetzenden Sachverhalten es zu Prognoseproblemen kommt. Für die Betrachtung wird das aus Kapitel II bekannte Stufenkonzept der Zeitwertbilanzierung herangezogen. Das Prognoseproblem besteht freilich nicht auf jeder Stufe der Ermittlungshierarchie: Liegen Preise auf aktiven Märkten vor, handelt es sich um ablesbare gegenwärtige Informationen. Bei sachlichen oder zeitlichen Vergleichspreisen wird auf Preise vergangener oder gegenwärtiger Transaktionen zurückgegriffen. Auf beiden Stufen kommt es demnach nicht zu bemerkenswerten Prognoseproblemen, da der Wertermittlung i.S.e. Preisablesens keine Annahmen über die Zukunft zugrunde liegen. Modellorientierte Zeitwertermittlungen gründen indes stets auf Zukunftsprognosen.[81] Folglich kommt es

78 Die Bewertung zum beizulegenden Zeitwert mit ihren bewertungstheoretischen Mängeln kann unter den realen Gegebenheiten „nicht dazu beitragen, den Investoren entscheidungsnützliche und zukunftsorientierte Informationen bereitzustellen“. BALLWIESER/KÜTING/SCHILDBACH, Fair Value (2009), S. I. Zugleich wird die ebenfalls von den IFRS geforderte Darstellung eines den tatsächlichen Verhältnissen entsprechenden Bilds der Vermögenslage konterkariert. Vgl. hierzu IAS 1.15 sowie Abschnitt II.1.1.

79 Vgl. OLBRICH/BRÖSEL, Inkonsistenzen (2007), S. 1544 und das dort angeführte Schrifttum. Vgl. ferner BÖCKING, Wertmaßstab im Rahmen der IAS (2004), S. 38.

80 OLBRICH/BRÖSEL, Inkonsistenzen (2007), S. 1544.

81 So auch LÜDENBACH/HOFFMANN, Zukunftswerte (2003), S. 9.

auf der dritten Stufe zu beunruhigenden Prognoseproblemen, wenn es darum geht, prospektive Annahmen über die Höhe und den zeitlichen Anfall künftiger Zahlungsströme sowie den Prognosehorizont und den Diskontsatz zu treffen.[82] Freilich ist die Ermittlung der Zahlungsströme und des Diskontsatzes stark ermessensbehaftet.[83] Dennoch erfolgt die Darstellung der damit einhergehenden Probleme in diesem Abschnitt, da auf den Zukunftsbezug und damit den Prognoseaspekt rekurriert wird.[84]

Prognoseprobleme, die generell bei der Schätzung künftiger Zahlungsströme und des Diskontsatzes bestehen, sind bereits umfänglicher Gegenstand des betriebswirtschaftlichen Schrifttums.[85] Da eine reine Wiedergabe hinsichtlich des Untersuchungsziels nicht zweckmäßig ist, geht es nachfolgend ausschließlich darum, jene Angaben der IFRS herauszustellen, die hinsichtlich der Prüfung problembehaftet erscheinen.

Auch wenn die Vorgehensweise in den Standards unterschiedlich benannt wird,[86] gibt es eine Gemeinsamkeit: Zeitwerte sollen zum Bilanzstichtag geschätzt werden, indem sich aus den jeweiligen Bilanzpositionen in Zukunft ergebende und somit unsichere Zahlungsströme prognostiziert und diskontiert werden. Jedoch ist festzuhalten, daß sich die für die Zeitbewertung relevanten Einzelstandards nicht zu den notwendigen Prognosen über künftige Zahlungsströme, den Prognosehorizont und den Diskontsatz äußern. Fehlen in einem Standard Regelungen zu einem bestimmten Sachverhalt, ist es IAS 8.11 folgend gängiges Verhalten, auf einen anderen Standard zurückzugreifen, der ähnliche oder verwandte Fragen behandelt. Zur Ermittlung des beizulegenden Zeitwerts wird infolge dessen als „Ersatzregel" auf die diesbezüglichen Ausführungen des IAS 36 zur Ermittlung des Nutzungswerts[87] rekurriert.[88] Es wird unter-

82 Dies erkennen auch die Prüfungsstandards. Vgl. IDW, PS 314 n.F. (2009), Rz. 42.

83 Vgl. OLBRICH, Zeitwertbilanzierung (2008), S. 223, BAETGE, DCF-Kalkül (2009), S. 18 oder HAẞLINGER, IFRS-Rechnungslegung (2011), S. 152.

84 Zu weiteren Ermessensspielräumen im Rahmen der Zeitwertbilanzierung nach IFRS vgl. eingehend Abschnitt IV.1.2.4.

85 Vgl. SCHILDBACH, DCF-Verfahren (1998), S. 308 ff., SEBASTIAN/OLBRICH, Due Diligence (2001), KÜMMEL, Barwertkalküle (2002), S. 168-190, HITZ, IFRS-Rechnungslegung (2005), S. 185-191, KIRSCH, Künftige Zahlungsströme (2007), BAETGE, DCF-Kalkül (2009), OBERMAIER, Barwertkalküle (2009) oder sogar BARTHEL, Subprime-Krise (2009), S. 1029.

86 IAS 36 spricht bei der Ermittlung des „fair value less costs to sell" von „diskontierte[n] Cashflow-Prognosen" (IAS 36.134(e)). IAS 38 spricht bei der Ermittlung des Zeitwerts von der „Diskontierung künftiger Netto-Cashflows" (IAS 38.41(b)). IAS 39 nennt hingegen explizit „DCF-Verfahren sowie Optionspreismodelle" (IAS 39.48A), wohingegen IAS 40 wieder auf die Methodik „diskontierter Cashflow-Prognosen" (IAS 40.46(c)) anspielt.

87 Der Nutzungswert ist der Barwert der künftigen Mittelzuflüsse, der nach subjektiver Einschätzung der Unternehmungsführung aus der Nutzung eines Vermögenswerts und dessen anschließenden Verkaufs voraussichtlich abgeleitet werden kann. Vgl. IAS 36.6 sowie 30 ff.

88 Vgl. POERSCHKE, Zur Veräußerung gehaltenes Vermögen (2006), S. 100 sowie HAẞLINGER, IFRS-Rechnungslegung (2011), S. 146 f.

stellt, daß das IASB bei der Ermittlung des „fair value" mittels Prognosen grundsätzlich die gleichen Anforderungen stellt, wie bei der Ermittlung des Nutzungswerts. Zwar proklamiert das IASB, daß sich der beizulegende Zeitwert von dem in IAS 36 definierten Nutzungswert unterscheidet[89], doch ist der Nutzungswert freilich nichts anderes als eine Ausprägung des beizulegenden Zeitwerts[90]. Daß für beide Werte die gleichen Anforderungen gelten, wird ferner durch folgenden Sachverhalt bekräftigt (vgl. auch Fn. 86): IAS 36 sieht in dem beizulegenden Zeitwert abzüglich der Verkaufskosten ebenso wie in dem Nutzungswert einen Barwert.[91] Erfolgt die Zeitwertermittlung durch die Diskontierung prognostizierter Zahlungsströme, sind nach IAS 36.134(e), (iii)-(v) Angaben notwendig, die auch bei der Schätzung des Nutzungswerts nach IAS 36.30 f. herangezogen werden. So macht der Standardsetzer hinsichtlich der Ermittlung der einzelnen Komponenten des Bewertungskalküls[92] umfangreiche Angaben. Dies bezieht sich zum einen auf die Prognose der Zahlungsströme (IAS 36.33-54) und zum anderen auf die Prognose des Diskontsatzes (IAS 36.55-57), um den Zeitwert i.S.e. Barwerts zu ermitteln. Für die vorliegende Untersuchung ist diese Konzeption von Bedeutung, da die Prüfbarkeit derart ermittelter Zeitwerte aufgrund der zahlreichen Prognoseelemente zu hinterfragen ist.

Das vom IASB tolerierte Bewertungskalkül generiert, über die im voranstehenden Abschnitt genannten bewertungstheoretischen Probleme hinaus, indessen sowohl bei der *Ermittlung der Zahlungsströme*, welche im Zähler des Kalküls darzustellen sind, als auch bei der *Ermittlung des Diskontierungssatzes*, welcher den Nenner des Kalküls bestimmt, beträchtliche Prognoseprobleme.

Bei der Bewertung von Vermögenswerten sind Verkäufer und Käufer in der Realität regelmäßig dem Problem der Unsicherheit[93] ausgesetzt.[94] Dieses Problem resultiert

---

89 Vgl. hierzu die dezidierten Ausführungen des IAS 40.49.

90 Vgl. eingehend OLBRICH, Zeitwertbilanzierung (2008), S. 220 sowie 223 und Abschnitt II.1.3.1.

91 Hinweise auf die Möglichkeit, den „fair value less costs to sell" als Barwert zu bestimmen, finden sich in IAS 36.134. Kurioserweise ergibt sich diese Bemessungsart des Zeitwerts nicht aus der Bewertungshierarchie des IAS 36.25-29. Zur Ermittlung des beizulegenden Zeitwerts abzüglich der Veräußerungskosten als Barwert im Zuge von DCF-Verfahren vgl. auch FREIBERG/HOFFMANN, Außerplanmäßige Abschreibung (2011), Rz. 39.

92 Vgl. hierzu auch HAßLINGER, IFRS-Rechnungslegung (2011), S. 147. Zu den Komponenten des Bewertungskalküls zählen zum einen die künftigen Zahlungsströme sowie zum anderen der risikolose Zinssatz und die Marktrisikoprämie.

93 Unsicherheit im entscheidungstheoretischen Sinne liegt vor, wenn die Zahlungsströme eines Bewertungsobjekts durch alternative Umweltzustände oder Datensituationen determiniert werden und Ungewißheit darüber herrscht, welche der potentiellen Möglichkeiten oder Situationen schließlich eintreten wird. Vgl. HERING, Investitionstheorie (2008), S. 11.

94 Vgl., Bezug nehmend auf die Grenzpreisbestimmung im Rahmen der Unternehmungsbewertung, OLBRICH, Unternehmungsverkauf (2005), S. 169.

aus der Situation eines offenen Entscheidungsfeldes.[95] *Erstens* sind die dem Vermögenswert zurechenbaren Zahlungsströme mehrwertig, da sie gerade wegen des Zukunftsbezugs ausschließlich als Bandbreitenwerte geschätzt werden können. *Zweitens* ist der Planungshorizont des Rechnungslegenden i.d.R. offen, da eine klare Definition des Planungszeitraums regelmäßig nicht willkürfrei erfolgen kann. Beide Probleme beziehen sich auf die *Zählergröße des Bewertungskalküls* und werden nachfolgend mit Bezug auf die Rechnungslegungsregelungen eingehend dargestellt.

Bei *Zahlungsströmen* besteht hinsichtlich ihrer Höhe sowie ihres zeitlichen Anfalls Unsicherheit.[96] Nicht vertraglich vereinbarte Zahlungsströme müssen daher aus Prognosen, die auf subjektiven Annahmen gründen, abgeleitet werden. Zahlungsstromprognosen müssen dabei auf vernünftigen und vertretbaren Annahmen der Unternehmungsleitung gründen (IAS 36.33(a)) und sind aus den jüngsten Finanzplänen abzuleiten (IAS 36.33(b)). Geschätzte, restrukturierungsbedingte Mittelzu- und -abflüsse sind gemäß IAS 36.33(b) und 36.44(a) und (b) jedoch ebenso wenig zu berücksichtigen wie entsprechende Mittelzu- und -abflüsse, die aus der Verbesserung der Ertragskraft des Vermögenswerts zu erwarten sind. In bezug auf die Schätzung künftiger Zahlungsströme legt IAS 36.44 weiter fest, daß diese „für einen Vermögenswert in seinem gegenwärtigen Zustand" vorzunehmen ist. Demgemäß sind in die Schätzung Prognosen über die Mittelzu- und -abflüsse aus der fortgesetzten Nutzung des Vermögenswerts (IAS 36.39(a) und (b)) einzubeziehen. Es liegt auf der Hand, daß eine Schätzung, die ihrerseits von weiteren Prognoseelementen determiniert wird, nicht zu einem verläßlichen bzw. prüfbaren Wert führen kann. Das dadurch geschaffene Gestaltungspotential im Zuge der Wertermittlung ist hoch, genauso wie die Wahrscheinlichkeit, daß Prognoseannahmen i.S.d. Rechnungslegenden getroffen werden. Die Rechnungslegungsregelungen der IFRS schaffen einen Anreiz, den Jahresabschluß durch Prognosen über Zahlungsströme systematisch zu verzerren. Verstärkt wird dieses Problem durch die Forderung des IAS 36, den potentiellen Verkaufserlös eines zeitbewerteten Aktivpostens zu prognostizieren. So muß nach IAS 36.52 die Schätzung der Zahlungsströme, „die für den Abgang eines Vermögenswerts am Ende seiner Nutzungsdauer eingehen (oder gezahlt werden), […] dem Betrag entsprechen, den ein Unternehmen aus dem Verkauf des Vermögenswerts zwischen sachverständigen, vertragswilligen und voneinander unabhängigen Geschäftspartnern nach Abzug der geschätzten Veräußerungskosten erzielen könnte". Indes muß die Frage berechtigt sein, ob diesbezüglich eine Schätzung überhaupt möglich ist. Das IASB macht es sich denkbar einfach, indem es in IAS 36.53 festlegt, daß die Schätzung des Verkaufserlöses grundsätzlich in Übereinstimmung mit den Regelungen erfolgt, die für die Ermittlung des beizulegenden Zeitwerts gelten. Gleichwohl wird bei der Bestimmung des Zahlungsstroms

95 Vgl., auch im folgenden, ADAM, Planung und Entscheidung (1996), S. 16-25, ADAM, Investitionscontrolling (2000), S. 336-340 und 353 f., HERING, Investition (2000), S. 484 f., BRÖSEL, Medienrechtsbewertung (2002), S. 77-80, HERING/OLBRICH, Unsicherheitsproblem (2003), OLBRICH, Unternehmungsverkauf (2005), S. 169 f.

96 Vgl. statt vieler KÜMMEL, Barwertkalküle (2002), S. 169.

für den Verkaufserlös dahingehend von den höchst subjektiven modellbasierten Verfahren abgewichen, daß ausschließlich auf *marktbasierte Daten* rekurriert werden darf.[97] Dabei hat die bilanzierende Unternehmung gemäß IAS 36.53(a) Preise als Wertmaßstab heranzuziehen, „die zum Zeitpunkt der Schätzung für ähnliche Vermögenswerte gelten, die das Ende ihrer Nutzungsdauer erreicht haben". Einfache kaufmännische Überlegungen werden durch das IASB an dieser Stelle ausgeblendet. Für eine spezialgefertigte Maschine mag am Ende der Nutzungsdauer kein Abnehmer gefunden werden oder der technische Fortschritt oder ein Schaden mögen außerplanmäßige Abschreibungen erfordern, so daß zukünftig ein wirtschaftlicher Restwert nicht vorhanden sein wird. Bei der gegenwärtigen Bewertung wird dieser aber im Kalkül berücksichtigt. In dem beschriebenen Fall dürfte lediglich der Schrottwert angesetzt werden. Wenn der Rechnungslegende einen hypothetischen Mondpreis in der Zählergröße berücksichtigt, sollte zumindest der gewissenhaft agierende Abschlußprüfer einen prospektiven Verkaufserlös nur in dem Kalkül berücksichtigen, wenn dieser durch einen Verkaufsvertrag bereits festgeschrieben ist. Selbst in diesem Fall besteht noch das Risiko des Untergangs des Vermögenswerts, so daß die künftige Lieferung nicht erfüllt und ein etwaiger Verkaufserlös nicht erzielt werden kann. Darüber hinaus ist folgendes zu berücksichtigen: Wenn bereits gegenwärtig für einen Vermögenswert ein Marktpreis nicht vorliegt und der Bilanzansatz daher iterativ durch Bewertungsmodelle ermittelt werden muß, um einen „Marktpreis" zu fingieren, entbehrt es jeglicher Logik, daß ein zukünftiger „cash flow" aus dem Abgang des Vermögenswerts durch marktbasierte Daten ermittelt werden kann.

Im Anschluß an das Prognoseproblem der Zahlungsströme ist auf die damit eng verbundene Problematik des *Prognosehorizonts* einzugehen. IAS 36.33(b) folgend dürfen sich diese Prognosen lediglich „auf einen Zeitraum von maximal fünf Jahren erstrecken, es sei denn, dass ein längerer Zeitraum gerechtfertigt werden kann". Eine Schilderung, wie solch eine Rechtfertigung auszusehen hat, bleibt IAS 36 indes schuldig. Demgemäß ist es dem Prüfer auch nicht möglich, eine korrekte Soll-Situation zu kreieren, womit eine Rechtfertigung der Geschäftsleitung (Ist-Situation) ohnehin nicht abschließend beurteilt werden kann. Des weiteren legt IAS 36.35 fest, daß „verlässliche Finanzpläne/Vorhersagen für künftige Cashflows für längere Perioden als fünf Jahre [...] in der Regel nicht verfügbar" sind. Es stellt sich die Frage, warum Zahlungsströme auf vier oder fünf Jahre, nicht aber auf sechs Jahre verläßlich prognostiziert werden können. Freilich nimmt die Ungewißheit im Laufe der Zeit zu, da neue Prognosen auf alten aufbauen. Warum die Grenze aber bei fünf Jahren liegt, ist weder aus dem Standard ersichtlich, noch rational nachzuvollziehen. Kurioserweise wird bei der Ermittlung des Diskontsatzes nach IAS 36.A17(a) schließlich auf das CAPM rekurriert, was – wie in Abschnitt IV.1.2.2 dargestellt – einen einperiodigen Planungshorizont zugrunde legt. Die Vermengung unterschiedlicher Zeithorizonte zur Ermittlung eines Werts wird vom Standardsetzer nicht begründet und offen-

97 Vgl. sinngemäß HAßLINGER, IFRS-Rechnungslegung (2011), S. 148.

sichtlich noch nicht einmal erkannt. Den Verlautbarungen des IDW folgend, richtet sich der Prognosezeitraum bei der Ermittlung der Zahlungsströme im Rahmen der Bestimmung des Nutzungswerts „nach der wirtschaftlichen Nutzungsdauer des einzelnen Vermögenswerts“[98].[99] Die Aussagen der Rechnungslegungsregelungen und der berufsständischen Regelungen sind demnach widersprüchlich. Unter Rückgriff auf die Verlautbarungen bei der Bewertung von Vermögenswerten mit einer Restnutzungsdauer von über fünf Jahren (zum Bewertungsstichtag) kommt der Prüfer bei der Soll-Wertermittlung zwangsläufig zu einem anderen Wert, als der Rechnungslegende, der gemäß den IFRS einen Prognosehorizont von fünf Jahren nicht überschreiten sollte. Um erneut auf die oben angesprochene Problematik der Berücksichtigung künftiger Verkaufserlöse im Rahmen der Zahlungsstromprognose zurückzukommen, ist außerdem folgendes festzuhalten: Nach der in Rede stehenden Regelung der IFRS dürfte bei Vermögenswerten ein Zahlungsstrom regelmäßig nicht angesetzt werden, wenn der Verkauf für einen Zeitpunkt außerhalb des proklamierten fünfjährigen Prognosehorizonts avisiert ist.

Die Zählergröße abschließend würdigend ist festzuhalten, daß weniger der Zahlungsmittelbezug das eigentliche Problem darstellt, welches die Prüfbarkeit derart ermittelter Zeitwerte erschwert, als vielmehr der Zukunftsbezug. Dabei sei zunächst an die handelsrechtlichen Regelungen erinnert. Dort werden ebenfalls Zahlungsströme abgebildet, welche allerdings dem Grundsatz der Pagatorik folgen.[100] Demnach erfolgt eine Bewertung zu Anschaffungs- und Herstellungskosten ebenfalls auf Basis von Zahlungsströmen, wobei auf vergangene und nicht auf möglicherweise in der Zukunft anfallende Größen abgestellt wird.[101] KIRSCH stellt in diesem Zusammenhang treffend fest, „dass ein rational handelnder Kaufmann für einen Sachverhalt höchstens soviel investiert wie er als Rückfluss erwartet oder umgekehrt formuliert, dass er aus einem Sachverhalt als Rückfluss mindestens soviel erwartet wie er investiert hat“[102].[103] Schlußendlich liegt der Unterschied zwischen den Regelwerken des HGB und der IFRS im Betrachtungshorizont,[104] der gleichzeitig das maßgebliche Problem

---

98 IDW, RS HFA 16 (2005), Rz. 102.

99 Diese Auffassung teilt auch die einschlägige Kommentarmeinung. Vgl. BARTELS/JONAS, Wertminderung (2009), Rz. 65. Für Gewinnprognosen rät das IDW hingegen zu einem Prognosehorizont von maximal zwei Jahren. Vgl. IDW, RH HFA 2.003 (2008), Rz. 14.

100 Zu dem Grundsatz der Pagatorik vgl. insbesondere BAETGE/KIRSCH/THIELE, Bilanzen (2011), S. 124 f.

101 Vgl. KIRSCH, Künftige Zahlungsströme (2007), S. 364 sowie das dort angeführte Schrifttum.

102 KIRSCH, Künftige Zahlungsströme (2007), S. 364, bezugnehmend auf die Mindesteinzahlungserwartung gemäß ORDELHEIDE. Vgl. ORDELHEIDE, Kapital und Gewinn (1989), S. 27.

103 Geschäfte mit einem Kapitalwert von null sind für den Kaufmann weder vorteilhaft noch nachteilig. Vgl. auch HITZ, IFRS-Rechnungslegung (2005), S. 187. Vgl. sinngemäß in bezug auf das Realisationsprinzip auch BAETGE/KIRSCH/THIELE, Bilanzen (2011), S. 129.

104 Vgl. KIRSCH, Künftige Zahlungsströme (2007), S. 364.

darstellt. Folglich ist zu konstatieren, daß die Verläßlichkeit und damit einhergehend die Prüfbarkeit von beizulegenden Zeitwerten mit zunehmendem Zukunftsbezug abnehmen.[105] Weder die Geschäftsführung noch der Prüfer vermögen es, treffende Aussagen über zukünftige Entwicklungen abzugeben. Ein Bezug auf tatsächlich stattgefundene Geschäftsvorfälle zur Soll-Wertermittlung ist daher nicht möglich.[106]

Verstärkt wird dieser Effekt dadurch, daß die Nennergröße des Bewertungskalküls aufgrund der fehlenden bewertungstheoretischen Fundierung nicht zu verläßlichen[107] und damit auch nicht zu prüfbaren Werten führen kann. Der *Diskontierungssatz* besteht grundsätzlich aus dem risikolosen Basiszinssatz sowie dem Risikozuschlag.[108] Zunächst wird auf den *risikolosen Basiszinssatz* eingegangen. Der Standardsetzer legt in IAS 36.55 in bezug auf den zu verwendenden Diskontierungssatz fest, daß dieser den Zinseffekt sowie die speziellen Risiken des Vermögenswerts widerzuspiegeln hat. Nach IAS 36.56 ist der Zinssatz „auf Basis des Zinssatzes zu schätzen, der bei gegenwärtigen Markttransaktionen für vergleichbare Vermögenswerte verwendet wird, oder [ist] auf der Basis der durchschnittlich gewichteten Kapitalkosten eines börsennotierten Unternehmens [zu schätzen], das einen einzelnen Vermögenswert (oder einen Bestand an Vermögenswerten) besitzt, der mit dem zu prüfenden Vermögenswert im Hinblick auf das Nutzungspotenzial und die Risiken vergleichbar ist“. Kann der Zinssatz nicht direkt über den Markt ermittelt werden, ist auf Ersatzfaktoren zur Schätzung des Zinssatzes zurückzugreifen (IAS 36.57). Dies wird regelmäßig der Fall sein, denn würde es einen vergleichbaren Vermögenswert geben, müßte erst gar nicht auf die dritte Stufe der Ermittlungshierarchie abgestellt werden. Ein Prognoseproblem würde bei der Wertermittlung folglich nicht bestehen. Leitlinien zur Schätzung des Zinssatzes unter diesen kuriosen Umständen ergeben sich aus dem Anhang A des Standards. IAS 36.A17 verweist diesbezüglich auf „die durchschnittlich gewichteten Kapitalkosten des Unternehmens, die mithilfe von Verfahren wie dem Capital Asset Pricing Model bestimmt werden können“, den „Zinssatz für Neukredite des Unternehmens“ oder „andere marktübliche Fremdkapitalzinssätze“. Es liegt auf der Hand, daß die Auswahl, wie der Basiszinssatz zu ermitteln ist, zu einer großen Bandbreite potentieller Zinssätze führt.[109] Es besteht jedoch nicht nur Ermessen hinsichtlich der Auswahl der Ermittlungsmethode. Auch die einzelnen

---

105 Vgl. KIRSCH, Künftige Zahlungsströme (2007), S. 365.

106 Vgl. auch BIEG/BOFINGER/KÜTING/KUßMAUL/WASCHBUSCH/WEBER, Saarbrücker Initiative (2008), S. 2550.

107 Vgl. HAßLINGER, IFRS-Rechnungslegung (2011), S. 152.

108 Vgl. statt vieler BAETGE, DCF-Kalkül (2009), S. 19.

109 Vgl. BAETGE, DCF-Kalkül (2009), S. 19. Zu Ermessensspielräumen in diesem Zusammenhang vgl. auch KÜTING/DAWO, Anwendungsfälle (2003), S. 240. IAS 39.A82 verweist zur Bestimmung des Basiszinssatzes beispielsweise auf den LIBOR, der aber – da es sich gerade nicht um einen risikolosen Zinssatz handelt – auf Basis von Prognosen entsprechend anzupassen ist, wodurch sich weitere Ermessensspielräume ergeben.

Methoden beinhalten ihrerseits Prognoseentscheidungen, die stark ermessensbehaftet sind. Wird bei der Ermittlung des Zinssatzes das CAPM zugrunde gelegt, sind neben der in Abschnitt IV.1.2.2 dargestellten Kritik hinsichtlich der mit der Realität nicht zu vereinbarenden Annahmen, die weitreichenden Ermessensspielräume bei der Ermittlung der Komponenten des Diskontierungssatzes zu kritisieren.[110] Diese tragen maßgeblich dazu bei, derart ermittelten Werten die Verläßlichkeit und die Prüfbarkeit abzusprechen. Den Basiszinssatz aus marktüblichen Fremdkapitalzinssätzen abzuleiten, ist indessen ebenfalls nicht zweckgerecht. Eine Ableitung setzt eine Anleihe voraus, welche exakt die gleiche Laufzeit aufweisen muß wie der zu bewertende Vermögenswert und gleichwohl am Markt mit hinreichender Liquidität gehandelt wird.[111] In der Realität wird in den seltensten Fällen solch eine Anleihe existieren. Daher sind Anpassungen der vermeintlichen Marktverhältnisse erforderlich, welche die Prüfbarkeit negativ beeinflussen.

Die Angaben des IAS 36 zum Abzinsungssatz enthalten keine expliziten Vorgaben zur Berücksichtigung von Risiken bei der Verwendung von DCF-Verfahren.[112] Prinzipiell ist festzuhalten, daß sich die Ermittlung des *Risikozuschlags*, sprich der *Marktrisikoprämie*, nicht willkürfrei vollziehen läßt und eine Objektivierung demnach nicht möglich ist.[113] Folglich muß die Risikoprämie für jeden einzelnen auf diese Weise zu ermittelnden Vermögenswert subjektiv geschätzt werden.[114]

---

110 Vgl. hierzu ausführlich HAßLINGER, IFRS-Rechnungslegung (2011), S. 152-156 sowie das dort angeführte Schrifttum.

111 Vgl. statt vieler BAETGE, DCF-Kalkül (2009), S. 19.

112 Vgl. auch BAETGE, DCF-Kalkül (2009), S. 20.

113 Dieses Problem ist aus der Unternehmungsbewertung bekannt und ist bereits umfänglicher Gegenstand des Schrifttums. Folglich wird es nachfolgend lediglich kurz umrissen. Eine Marktrisikoprämie ist aufgrund der fehlenden Möglichkeit der Prognose ihrer zukünftigen Entwicklung als Differenz aus historischer Marktrendite und risikoloser Verzinsung zu bestimmen. Vgl. HAßLINGER, IFRS-Rechnungslegung (2011), S. 154 f. sowie das dort angeführte Schrifttum. Folglich ist auf die Ergebnisse empirischer Studien zurückzugreifen, wobei gegen den Grundsatz der Zukunftsbezogenheit verstoßen wird, da eine Trendexploration vergangenheitsbezogener Daten fälschlicherweise unterstellt, daß diese Daten auch in Zukunft Gültigkeit haben. Vgl. JAECKEL, Basiszinsfuß (1988), S. 561, BÖCKING/NOWAK, Discounted Cash Flow-Verfahren (1998), S. 688, MATSCHKE/BRÖSEL, Bewertung (2007), S. 20, HERING, Investitionstheorie (2008), S. 294. Außerdem wird die Marktrisikoprämie wesentlich von dem zugrundeliegenden Auswertungszeitraum beeinflußt, während weitere beträchtliche Ermessensspielräume von der Art und Weise der Mittelwertberechnung für die Renditen ausgehen. Vgl., wie auch im folgenden, HAßLINGER, IFRS-Rechnungslegung (2011), S. 155 f. sowie die dort angegebene Literatur. Indes bestehen weitere Ermessensentscheidungen bei der Festlegung des Betafaktors, der durch Variation des zugrundeliegenden Index und des jeweiligen Betrachtungszeitraums erheblichen Schwankungen ausgesetzt ist. Da der Betafaktor nur das systematische Risiko repräsentiert, bleibt das spezielle Risiko des zu bewertenden Vermögenswerts hingegen unberücksichtigt. Vgl. BAETGE, DCF-Kalkül (2009), S. 21. Zu den möglichen Bandbreiten von Risikoprämien, die im Zeitablauf starken Schwankungen ausgesetzt sind, vgl. SCHILDBACH, Wunsch und Wirklichkeit (2006), S. 20 f. sowie die dort aufgeführten empirischen Studien.

114 Vgl. BAETGE, DCF-Kalkül (2009), S. 21.

Zusammenfassend ist würdigend festzuhalten, daß für beizulegende Zeitwerte, die auf die beschriebene Weise ermittelt werden, aufgrund des Prognosebedarfs und der damit einhergehenden Ermessensspielräume beachtliche Bandbreiten bestehen. Minimale Veränderungen der zugrundeliegenden Prämissen führen zu großen Schwankungen im berechneten Ergebnis,[115] weswegen eine Vielzahl potentieller Werte für einen Bilanzansatz in Frage kommt. In Konsequenz ist dem Argument zuzustimmen, daß eine Ist-Situation aufgrund des Zukunftsbezugs von Prognosen faktisch nicht vorliegen kann.[116] Folglich kann auch der Prüfer keinen „richtigen" bzw. verläßlichen Soll-Wert ermitteln, um diesen dem Ist-Wert gegenüberzustellen. Es wird deutlich, daß die vom IASB proklamierte Verläßlichkeit bei Bandbreitenwerten wegen des hohen Maßes an Unsicherheit nicht gewährleistet sein kann. Darüber hinaus kann die Wertkonzeption deshalb nicht zu verläßlichen Werten führen, da auf der dritten Stufe der Ermittlungshierarchie auf Marktdaten zurückgegriffen werden soll, obschon auf den voranstehenden Stufen eine Vergleichbarkeit mit anderen am Markt gehandelten Vermögenswerten gerade nicht möglich war.[117] Der Versuch des IASB, über Prognosen einen verläßlichen Wert zu „kreieren", ist insbesondere im Hinblick auf die Prüfbarkeit beizulegender Zeitwerte als gescheitert anzusehen und daher abzulehnen.

1.2.4 Die Existenz von Ermessensspielräumen

Der beizulegende Zeitwert muß bei fehlenden Marktpreisen approximativ geschätzt werden. Die Ermittlungsmethoden des Zeitwertkonzepts bieten dem Bilanzierenden im Wertfindungsprozeß dabei ein breites Spektrum an Ermessensspielräumen[118], die in unsicheren und nicht verläßlichen Werten münden.[119]

---

115 Vgl. LÜDENBACH, Finanzinstrumente (2011), Rz. 114.

116 Vgl. ARBEITSKREIS „EXTERNE UND INTERNE ÜBERWACHUNG DER UNTERNEHMUNG" DER SCHMALENBACH-GESELLSCHAFT FÜR BETRIEBSWIRTSCHAFT E.V., Prognoseprüfung, (2003), S. 108 i.V.m. BRETZKE, Überprüfbarkeit von Prognosen (1974), S. 292 f.

117 Vgl. sinngemäß BAETGE, DCF-Kalkül (2009), S. 21.

118 Ein Ermessensspielraum liegt vor, wenn der Standardsetzer Ansatz und Bewertung sowie eine konkrete Wertart vorschreibt, insbesondere die Voraussetzungen oder die jeweiligen Methoden zur Bestimmung von Ansatz oder Bewertung aber dem Ermessen des Bilanzierenden überläßt. Vgl. KÜTING/WEBER, Bilanzanalyse (2009), S. 220. In den IFRS bilden – im Unterschied zum HGB – mehr die Ermessensspielräume und weniger die expliziten Wahlrechte die Grundlage der Bilanzpolitik. Vgl. KÜTING, Bilanzpolitik (2005), S. 506 sowie RAMMERT, Bilanzpolitik (2009), Rz. 24. Insgesamt ist festzuhalten, daß die Zeitbewertung nach IFRS dem Bilanzierenden viel größere bilanzpolitische Spielräume eröffnet als die im HGB kodifizierte Bewertung. Vgl. BIEG/BOFINGER/KÜTING/KUßMAUL/WASCHBUSCH/WEBER, Saarbrücker Initiative (2008), S. 2550.

119 Vgl. auch KESSLER, Fair Value (2005), S. 69, BÖCKING/LOPATTA/RAUSCH, Rechnungslegung (2005), S. 101, THIELE, Zeitbewertung (2007), S. 640, BIEG/BOFINGER/KÜTING/KUßMAUL/WASCHBUSCH/WEBER, Saarbrücker Initiative (2008), S. 2552.

Die Beurteilung, wie der beizulegende Zeitwert im Einzelfall zu ermitteln ist, ist nach den bestehenden Rechnungslegungsregelungen grundsätzlich stark von dem Ermessen des Bilanzierenden geprägt.[120] Daher werden nachfolgend Ermessensspielräume dargestellt, die sich dem Bilanzierenden im Rahmen der Bewertungshierarchie eröffnen und gleichzeitig die Prüfbarkeit beizulegender Zeitwerte untergraben. Wer sich nicht von der Idealwelt der IFRS blenden läßt, erkennt, daß sich bereits auf der ersten Stufe der Bewertungshierarchie Ermessensspielräume offenbaren. So ist *erstens* der Frage nachzugehen, ob es einen aktiven Markt gibt, an dem die Bilanzposition gehandelt wird. Ob (noch) ein aktiver Markt vorliegt und ob dieser repräsentativ für den entsprechenden Einzelfall ist, hängt von der Beurteilung des Bilanzierenden ab.[121] Da die Bedingungen des aktiven Markts „allenfalls auf dem organisierten Kapitalmarkt oder auf vergleichbaren Handelsplattformen"[122] erfüllt sein werden,[123] wird der Bilanzierende nicht häufig mit diesem Ermessensspielraum konfrontiert.[124] Ist der Rechnungslegende der Auffassung, daß für die zu bewertende Bilanzposition die Voraussetzungen des aktiven Marktes erfüllt sind, ist indes *zweitens* festzuhalten, daß in Form von Börsen zeitgleich unterschiedliche Handelsplätze und somit mehrere aktive Märkte zur Auswahl vorliegen können. Die Existenz von Arbitragegeschäften unterstreicht die Tatsache, daß für ein Wirtschaftsgut auf unterschiedlichen Marktplätzen zum gleichen Zeitpunkt divergierende Preise existieren können. Demgemäß kann der Bilanzierende entscheiden, welchem der möglichen Marktpreise zur Bestimmung des beizulegenden Zeitwerts der Vorzug eingeräumt wird.[125] Die Auswahl des aktiven Marktes beeinflußt also direkt den anzusetzenden Wert. Entscheidet sich der Bilanzierende für einen Markt, den Dritte aufgrund geringer Handelsvolumina nicht

---

120 Vgl. auch BALLWIESER/KÜTING/SCHILDBACH, Wertansatz (2004), S. 534. Ähnlich äußern sich JÄGER/HIMMEL, die im Rahmen der Bewertung zum Zeitwert nicht nur auf die Abhängigkeit von der Qualität des Bewertungssubjekts hinweisen, sondern ferner auch die Abhängigkeit der Bewertung von der Qualität der der Bewertung zugrundeliegenden Informationen betonen. Vgl. JÄGER/HIMMEL, Rechnungslegungsstandards (2003), S. 437.

121 Vgl. insbesondere BALLWIESER/KÜTING/SCHILDBACH, Wertansatz (2004), S. 534. An dieser Stelle sei zudem angemerkt, daß das Vorliegen eines aktiven Marktes sowie das Ablesen des „fair value" an eben diesem Markt noch lange nicht die von den IFRS proklamierte Entscheidungsnützlichkeit des Marktpreises begründet. Vgl. KIRSCH, quo vadis (2009), S. I.

122 KÜTING/HAYN, Anwendungsgrenzen (2006), S. 1212.

123 Dies wird fast ausschließlich für börsennotierte Finanzinstrumente zutreffen. Zur Existenz öffentlich notierter Marktpreise, welche nicht nur Börsennotierungen, sondern z.B. auch Preise des außerbörslichen Handels umfassen, vgl. weiterführend SCHARPF/KUHN, Finanzinstrumente (2005), S. 209. Schätzungsweise existiert für mehr als 95 % aller Vermögenswerte, sogar selbst für einen Großteil der Finanzinstrumente, kein öffentlich notierter „objektiv" feststellbarer Marktpreis. Vgl. BALLWIESER/KÜTING/SCHILDBACH, Fair Value (2009), S. I. Vgl. auch KESSLER, Fair Value (2005), S. 65.

124 Vgl. KUßMAUL/WEILER, Fair Value-Bewertung Teil 1 (2009), S. 170. Dennoch ist der Ermessensspielraum nicht zu leugnen. Vgl. GOLDSCHMIDT/WEIGEL, Bewertung von Finanzinstrumenten (2009), S. 202.

125 Vgl. hierzu auch KUßMAUL/WEILER, Fair Value-Bewertung Teil 1 (2009), S. 170.

als aktiv bezeichnen würden, besteht darüber hinaus die Gefahr, daß nichtrepräsentative Preise als beizulegender Zeitwert Einzug in die Bilanz erhalten.[126]

Ist der Bilanzierende hingegen der Auffassung, daß kein aktiver Markt (mehr) vorliegt und aktuelle Preise nicht ermittelbar sind, muß auf eine alternative Wertfindung abgestellt werden, die vermeintlich verläßliche Informationen über das Bewertungsobjekt liefert. Indes muß entschieden werden, ob die nachfolgende Hierarchieebene als Deduktionsgrundlage der Wertermittlung herangezogen werden kann.[127] Wird der beizulegende Zeitwert als Vergleichspreis[128] abgeleitet, ergeben sich ebenfalls Ermessensspielräume, welche eine verläßliche Zeitwertermittlung[129] negativ beeinflussen.

Rekurriert der Bilanzierende bei der Wertfindung auf *zeitliche Vergleichspreise*, unterliegt es der Einzelfallbeurteilung, wie weit eine Vergleichstransaktion in der Vergangenheit liegt[130] bzw. welche die „passendste" jüngste Transaktion darstellt. Daher besteht die Gefahr, daß in der Vergangenheit ein Vergleichspreis gefunden und als jüngste Transaktion deklariert wird, der ganz i.S.d. Bilanzierenden ist. Im Falle *sachlicher Vergleichspreise* liegen Ermessensspielräume dahingehend vor, welcher „ähnliche" Vermögenswert als Referenzgröße herangezogen wird. Allerdings ist davon auszugehen, daß es in vielen Fällen schwierig sein wird, überhaupt einen Vergleichspreis zu finden. *Erstens* sind viele Vermögenswerte Unikate,[131] womit eine vollständige Homogenität in den meisten Fällen nicht vorliegen wird. *Zweitens* wer-

---

126 Es ist dringend darauf hinzuweisen, daß Börsenpreise nicht regelmäßig repräsentativ sind und somit nicht blind als verläßlicher Wertindikator betrachtet werden dürfen. Beispielhaft sei auf die Möglichkeit von Blasen hingewiesen, die Kurse sowohl positiv als auch negativ verzerren können. Ferner besteht die Möglichkeit, daß durch den Mißbrauch von Marktmacht Kurse manipuliert werden können, was z.B. im „Enron-Fall" eindrucksvoll unter Beweis gestellt wurde. Vgl. hierzu BALLWIESER/KÜTING/SCHILDBACH, Wertansatz (2004), S. 535, KUẞMAUL/WEILER, Fair Value-Bewertung Teil 1 (2009), S. 170. Zur Mitschuld des Rechnungslegungssystems im Enron-Fall vgl. ausführlich LÜDENBACH/HOFFMANN, Kausalität der Rechnungslegung (2002). Ein weiteres Problem der Verwendung von Börsenkursen ist, daß Paketzuschläge bei der Bewertung einer einheitlichen Gruppe von Finanzinstrumenten unberücksichtigt bleiben. Paketzuschläge sind in „der Möglichkeit der Einflußnahme auf die Unternehmenspolitik" begründet. OLBRICH, Bedeutung des Börsenkurses (2000), S. 455. Im Schrifttum wird darauf hingewiesen, daß zur Erlangung der Mehrheit der Anteile einer Unternehmung Paketzuschläge von 20-50 % fällig werden. Vgl. BORN, Unternehmensanalyse (2003), S. 164. Vgl. ferner SCHARPF/KUHN, Finanzinstrumente (2005), S. 209.

127 Vgl. ähnlich hierzu BALLWIESER/KÜTING/SCHILDBACH, Wertansatz (2004), S. 534.

128 Eine Ausnahme bildet hierbei IAS 16. Vgl. diesbezüglich Abschnitt II.1.3.2. Zu Ermessensspielräumen und damit einhergehenden Wahlrechten im Rahmen von IAS 16 vgl. auch KÜTING, Bilanzpolitik (2005), S. 509.

129 Vgl. BALLWIESER/KÜTING/SCHILDBACH, Wertansatz (2004), S. 539.

130 So auch BRINKMANN/LEIBFRIED/ZIMMERMANN, Subprime-Kreditkrise (2008), S. 338.

131 Vgl. die Ausführungen in Abschnitt IV.1.2.1. Vgl. zu bilanzpolitischen Spielräumen bei Vergleichspreisen auch OLBRICH, Zeitwertbilanzierung (2008), S. 219.

den Preise von Einzeltransaktionen i.d.R. nicht offen liegen, insbesondere dann nicht, wenn sie für Verkäufer oder Käufer besonders vorteilhaft waren.[132] Demgemäß ist die Möglichkeit beschränkt, den beizulegenden Zeitwert als Vergleichspreis zu bestimmen. Sollten Vergleichspreise aber tatsächlich zugänglich sein, erfordern diese Zu- bzw. Abschläge in Form von Schätzungen, um den Preis auf den zu bewertenden Sachverhalt anzupassen. Für diese mit starkem Ermessen einhergehende Aufgabe können auch Gutachter herangezogen werden. Doch auch deren Wertermittlung beruht auf Ermessen, bleibt ihnen ebenfalls nichts anderes übrig als eine subjektive und mit Unsicherheit behaftete Schätzung auszusprechen.[133] Zudem unterliegt die Auswahl eines Gutachters dem Ermessen des Rechnungslegenden. Es kann davon ausgegangen werden, daß die Wahl auf einen „wohlgesonnenen" Gutachter fällt, der einen Wert eher entsprechend den Wünschen des Auftraggebers bestimmen wird als von diesen abzuweichen. Festzuhalten bleibt, daß ein gutachterlicher Wert zugunsten des Bilanzierenden bewußt manipuliert werden kann.[134] Die Wertermittlung durch einen Gutachter ist demnach kein Gütesiegel für unterbliebene Manipulationen. Vielmehr lassen sich Manipulationsabsichten auf dieser Stufe der Bewertungshierarchie wirkungsvoll hinter dem Schätzungserfordernis verstecken.[135]

Generell ist festzustellen, daß die Ermessensspielräume der IFRS Manipulationsabsichten Tür und Tor öffnen. Obschon Abschlußmanipulationen in der Rechnungslegungspraxis nicht den Regelfall darstellen, finden sich in der jüngeren Vergangenheit bisweilen einige Negativbeispiele in Form von Bilanzskandalen.[136] Zu Recht wird im Schrifttum darauf hingewiesen, daß es naiv sei, „anzunehmen, ein Rechnungslegungspflichtiger würde die [...] Ermessensspielräume nicht systematisch zu seinem Vorteil ausnutzen"[137]. Folglich hieße das, daß Abschlüsse, in denen Bilanzpositionen zeitbewertet werden, mit hoher Wahrscheinlichkeit systematischen Verzerrungen[138] ausgesetzt sind. Vom Wirtschaftsprüfer wird indes erwartet, eben solche systematischen Verzerrungen aufzudecken, damit ein vertrauenswürdiges Urteil über die Prüfung des zeitwertbezogenen Teils der Rechnungslegung abgegeben werden kann. Daß die „zulässigen" Freiräume der IFRS diese Aufgabe des Prüfers konterkarieren, zeigt darüber hinaus auch der nachstehende Abschnitt.

---

132 Vgl. SCHILDBACH, Wunsch und Wirklichkeit (2006), S. 18.

133 Vgl. insbesondere HARES, Zur Immobilie (2011), S. 126 sowie die dort angeführte Literatur.

134 Vgl. BALLWIESER/KÜTING/SCHILDBACH, Wertansatz (2004), S. 537, DPR, Comments to IASB (2011), S. 5 sowie GIERSBERG, IFRS-Bilanzen (2011), S. 14.

135 Zu dieser Auffassung vgl. auch SCHILDBACH, Wunsch und Wirklichkeit (2006), S. 18.

136 Vgl. HAßLINGER, IFRS-Rechnungslegung (2011), S. 151 sowie das dort angeführte Schrifttum.

137 STREIM/BIEKER/ESSER, Entscheidungsnützlichkeit (2003), S. 474. Vgl. hierzu in ähnlicher Weise auch KÜTING, Bilanzpolitik (2005), S. 512.

138 Vgl. auch STREIM/BIEKER/ESSER, Entscheidungsnützlichkeit (2003), S. 474.

Es wurde dargelegt, daß nur für einen verschwindend kleinen Kreis von Vermögenswerten ein Preis auf einem aktiven Markt vorliegt und daß sachliche oder zeitliche Vergleichspreise selten zu finden sind. Demgemäß muß in der Praxis, der Ermittlungshierarchie des Zeitwertkonzepts folgend, umfangreich auf die Zeitwertbemessung mittels DCF-Verfahren zurückgegriffen werden. Dies überrascht, denn aufgrund ihrer nachrangigen Nennung in der Bewertungshierarchie ist zunächst zu vermuten, daß die finanzierungstheoretischen Bewertungsverfahren eher unerwünschte Methoden zur Wertermittlung darstellen. An dieser Stelle ist dem IASB jedoch vielmehr eine strategische Absicht zu unterstellen. „Indem das IASB [...] auf eine Vielzahl von Bewertungstechniken verweist, bringt es zum Ausdruck, dass es eine ermessensbehaftete Schätzung als entscheidungsnützlicher erachtet als den Rückgriff auf einen alternativen, stärker objektivierten Wertmaßstab."[139, 140] Nach SCHRUFF können bilanzierte Werte, die nicht objektiviert und damit nicht prüfbar sind, hingegen regelmäßig nicht entscheidungsnützlich sein.[141] Daher ist auf die Gefahr hinzuweisen, daß das Bestreben des IASB, die Relevanz zu erhöhen, schließlich dazu führen kann, daß die Rechnungslegung irrelevant wird. Demzufolge ist es um so erschreckender, daß die dritte Hierarchiestufe in der Praxis am häufigsten Anwendung findet, womit die in IV.1.2.2 und IV.1.2.3 dargestellten Probleme in vollem Umfang zum Tragen kommen. Der Rückgriff auf finanzierungstheoretische Bewertungsmodelle eröffnet dem Rechnungslegenden beachtliche Ermessensspielräume.[142] Wie in IV.1.2.2 dargelegt, beeinflußt die Wahl des DCF-Verfahrens den zu ermittelnden Wert. Zudem bestehen, wie in IV.1.2.3 umfänglich aufgeführt, Ermessensentscheidungen im Rahmen der Schätzung der zukünftigen Zahlungsströme sowie bei der Bestimmung des Diskontierungssatzes. In Konsequenz ergeben sich in Abhängigkeit der Bewertungsparameter unterschiedliche Schätzwerte für den beizulegenden Zeitwert. Angesichts dieser Probleme ist zu dem Schluß zu kommen, daß die Ermessensspielräume auf der *dritten Stufe* der Ermittlungshierarchie den Abschlußprüfer daran hindern, ein vertrauenswürdiges Urteil über entsprechend ermittelte Zeitwerte abzugeben. Spätestens an dieser Stelle muß selbst dem IASB bewußt werden, daß diese „zukunftsorientierten" Bewertungsmethoden zu keiner Zeit in einem entscheidungsnützlichen Punktwert[143] münden, sondern zu Wertbandbreiten führen, die regelmäßig kein zufriedenstellendes Resultat hinsichtlich der Verläßlichkeit und Prüfbarkeit eines Zeitwerts darstellen.

---

139 KESSLER, Fair Value (2005), S. 70.

140 Das Mehr an vermeintlich relevanteren *zukunftsorientierten* Informationen geht unstreitig mit einem Velust an Verläßlichkeit einher. Vgl. KÜTING/DAWO, Anwendungsfälle (2003), S. 241. Daß das IASB der Relevanz einen höheren Stellenwert beimißt, zeigt sich auch in der vollzogenen Änderung des „framework". Vgl. hierzu Abschnitt II.1.1.

141 Vgl., wie im folgenden, SCHRUFF, Rechenschaft (2011), S. 860 sowie Abschnitt II.1.1.

142 Vgl. insbesondere HERING/OLBRICH/ROLLBERG, Finanzkrise (2010), S. 37. Vgl. ferner KÜTING/DAWO, Anwendungsfälle (2003), S. 239, OLBRICH, Zeitwertbilanzierung (2008), S. 223.

143 Vgl. auch BALLWIESER/KÜTING/SCHILDBACH, Wertansatz (2004), S. 547.

Die Probleme der Rechnungslegungsnormen *würdigend* ist zu dem Ergebnis zu kommen, daß sich Bestandteile des Zeitwertermittlungsprozesses einer Überprüfung durch den Abschlußprüfer entziehen.[144] Dürfen Zeitwerte für unterschiedliche Vermögenswerte in unterschiedlicher Weise bemessen werden und fließen in die mit bewertungstheoretischen Mängeln behaftete Zeitwertermittlung umfängliche Prognose- und Ermessensentscheidungen ein, ist die Prüfbarkeit derart ermittelter Zeitwerte wegen ihres Verläßlichkeitsdefizits nicht gewährleistet.

1.3 Die bestehenden berufsständischen Regelungen

1.3.1 Die verfahrenstechnischen Mängel

Das zweite Teilproblem, das maßgeblich zu der Herausforderung beiträgt, unter den gegebenen Umständen ein vertrauenswürdiges Urteil über die Zeitwertbilanzierung abzugeben, liegt in den bestehenden berufsständischen Regelungen. Während sich die verfahrenstechnischen Mängel auf die Verlautbarungen des IDW im allgemeinen beziehen, richten sich die prüfungsnormenbedingten Mängel im speziellen auf PS 314 n.F. Dabei erfahren zunächst die verfahrenstechnischen Mängel eine genaue Betrachtung.

Kritisch anzumerken ist, daß die oben angesprochenen finanzierungstheoretischen Bewertungsverfahren in den Verlautbarungen stillschweigend akzeptiert werden. Es ist unverständlich, daß den US-amerikanischen Gepflogenheiten und Begrifflichkeiten gegenüber den bewährten Gütestandards der deutschen Betriebswirtschaftslehre und deren Fachtermini der Vorzug eingeräumt wird.[145] Wie gezeigt wurde, geht die Akzeptanz der bewertungstheoretischen Unzulänglichkeiten in der Rechnungslegung mit erheblichen Prognoseproblemen und Ermessensentscheidungen einher. Wenn sich der Berufsstand nicht gegen diese Konzepte ausspricht, sondern die Methoden in seinen Verlautbarungen statt dessen implementiert und dadurch deren Anwendung in der Praxis empfiehlt, gilt demgemäß die diesbezüglich in IV.1.2 geäußerte Kritik in gleichem Maße für die berufsständischen Regelungen.

Aufgabe der berufsständischen Regelungen ist es u.a., die Rechnungslegungsregelungen zu interpretieren und für den Berufsstand auszulegen. Es ist nicht nachvollziehbar, daß DCF-Verfahren unkritisch in den Verlautbarungen akzeptiert und vorgegeben werden. Beispielhaft sei *IDW S 1* genannt, der bei der Ermittlung des Un-

144 Vgl. auch BIEG/BOFINGER/KÜTING/KUßMAUL/WASCHBUSCH/WEBER, Saarbrücker Initiative (2008), S. 2550.

145 Vgl. auch HERING, DCF-Verfahren (2004), S. 510.

ternehmungswerts insbesondere auf drei DCF-Verfahren zurückgreift.[146] Es stellt sich erstens die Frage, warum drei DCF-Verfahren notwendig sind und zweitens warum diese Verfahren dem Ertragswert[147] zur Seite gestellt werden, führen doch nach Auffassung des IDW alle Verfahren bei gleichen Bewertungsannahmen zu gleichen Werten.[148] Daß die Methodenwahl das Bewertungsergebnis entgegen den Aussagen des IDW S 1 freilich beeinflußt, wurde in IV.1.2.2 dargelegt. HERING kommt zu dem Schluß, daß es um „eine kurze Phase „paralleler Preisauszeichnung“ gehen soll, an deren Ende nur noch die „neuen“ DCF-Verfahren als die vermeintlich überlegenen empfohlen werden“[149]. Diese Entwicklung würde für die Facharbeit des IDW gleichwohl „einen bedeutenden theoretischen Rückschritt und praktischen Mißgriff darstellen“[150]. Gerade weil es sich bei IDW S 1 um eine Zusammenstellung des aktuellen theoretischen Stands der Wertlehre[151] handelt, darf es aus wirtschaftswissenschaftlicher Sicht nicht sein, daß primär auf die finanzierungstheoretische Wertlehre zurückgegriffen wird und die Erkenntnisse der investitionstheoretischen Wertlehre gänzlich außer acht gelassen werden.[152]

Das gleiche Bild ergibt sich nach *IDW S 5*, da bei der Bewertung immaterieller Vermögenswerte offensichtlich barwertorientierte Verfahren präferiert werden.[153] Wür-

---

146 Bei den drei möglichen Verfahren handelt es sich um den WACC-Ansatz, den APV-Ansatz sowie den „equity“-Ansatz. Vgl. IDW, IDW S 1 (2008), Rz. 124-139. Die beiden erstgenannten Verfahren ermitteln einen Unternehmungsgesamtwert, von dem schließlich der Marktwert des Fremdkapitals abzuziehen ist, um den Eigentümerwert („shareholder value“) zu erhalten, während das letztgenannte Verfahren direkt einen „Eigenkapitalwert“ zu ermitteln versucht. Vgl. hierzu HERING/BRÖSEL, Blinder Passagier (2004), S. 937. Zwar wird dort auf die alte Fassung des IDW S 1 Bezug genommen, doch wurde in der Neufassung bedauerlicherweise die Gelegenheit verpasst, mitunter die Unzulänglichkeit und Unzweckmäßigkeit des vorherrschenden Methodenpluralismus zu beheben. Daher sind die kritischen Äußerungen von HERING/BRÖSEL nach wie vor aktuell. Gleichwohl erscheint es paradox, daß die geäußerte Kritik bei der Neufassung des Standards vehement vernachlässigt worden ist. Zu der Kritik am IDW S 1 vgl. ausführlich HERING/BRÖSEL, Blinder Passagier (2004).

147 Vgl. IDW, IDW S 1 (2008), Rz. 102-123.

148 Vgl. IDW, IDW S 1 (2008), Rz. 101.

149 HERING, DCF-Verfahren (2004), S. 510.

150 HERING, DCF-Verfahren (2004), S. 510.

151 Vgl. RUTHARDT/HACHMEISTER, Anwendung von Bewertungsstandards (2011), S. 353.

152 Dies gilt in ähnlicher Weise auch für die Bewertung von Beteiligungen und sonstigen Unternehmensanteilen für die Zwecke der handelsrechtlichen Rechnungslegung. Vgl. IDW, RS HFA 10 (2005), insbesondere Rz. 3.

153 Das IDW spricht in S 5 anstatt von barwertorientierten Verfahren fälschlicherweise von „kapitalwertorientierten“ Verfahren. Auch wenn in IDW S 5 zwischen vier Methoden unterschieden wird, ist diesen gemein, daß sich der „Wert“ des immateriellen Vermögenswerts aus der Summe der Barwerte künftig erzielbarer Zahlungsströme ergibt, die während der erwarteten Nutzungsdauer aus der Nutzung und ferner aus dem Abgang des Vermögenswerts generiert werden. Bei der Diskontierung wird auf die fragwürdigen Konzepte des WACC und des CAPM

digend anzuerkennen ist, daß das IDW in S 5.21 zu dem Schluß kommt, daß immaterielle Vermögenswerte nicht auf aktiven Märkten gehandelt werden und daß für sie i.d.R. eine Vergleichstransaktion nicht gefunden werden kann. Kostenorientierte Verfahren wie die Reproduktionskostenmethode und die Wiederbeschaffungskostenmethode werden hingegen wegen ihrer konzeptionellen Schwächen lediglich für Plausibilitätsüberlegungen in Betracht gezogen oder wenn die barwertorientierten Verfahren nicht hinreichend sicher angewendet werden können.[154] Diese Aussagen haben zur Folge, daß bei der Wertfindung i.d.R. auf finanzierungstheoretische Verfahren rekurriert wird, obschon diese freilich regelmäßig nicht zu hinreichend verläßlichen und somit auch nicht zu prüfbaren Werten führen können.

Auch in weiteren Verlautbarungen finden sich die Auswüchse der finanzierungstheoretischen Wertlehre wieder. Das IDW befürwortet in der *RS HFA 16* zu „Bewertungen bei der Abbildung von Unternehmenserwerben und bei Werthaltigkeitsprüfungen nach IFRS“ die Methode, daß Risikoabschläge[155] als Renditeforderung über den Kapitalmarkt abzuleiten sind und daß grundsätzlich alle DCF-Verfahren zur Barwertbestimmung zur Anwendung kommen können.[156] Dabei „empfiehlt“ das IDW „das Konzept der gewichteten durchschnittlichen Kapitalkosten [...] auf Basis eines Kapitalmarktpreisbildungsmodells“[157] heranzuziehen. Ferner ist bei der Ermittlung der Zahlungsströme die wirtschaftliche Nutzungsdauer bzw. die verbleibende Restnutzungsdauer als Planungshorizont zugrunde zu legen. Abschnitt 3.3.2 der in Rede stehenden Norm bezieht sich auf die Besonderheiten bei der Bestimmung des beizulegenden Zeitwerts. Auch hier wird auf das WACC-Konzept zurückgegriffen und bezüglich der Bestimmung des Betafaktors auf IDW S 1 verwiesen.[158]

Daß sich das IDW den „internationalen Gepflogenheiten“ widerstandslos unterwirft, wird auch in IDW *RS HFA 24* deutlich. Gegenstand dieser Stellungnahme zur Rechnungslegung sind Angabepflichten zu Finanzinstrumenten nach IFRS 7, die deutsche Unternehmungen bei der Aufstellung eines IFRS-Abschlusses zu beachten haben. Gleichwohl stehen diese Ausführungen „unter dem Vorbehalt, dass durch das IASB und das IFRIC keine abweichende Auffassung geäußert wird“[159]. Angesichts dieser Aussage stellt sich die Frage, wieso überhaupt Zeit in die Verfassung einer RS investiert wird, die sich auf nationale Gegebenheiten bezieht, wenn diese am Ende des Tages ohnehin weniger wert ist als die Aussagen eines internationalen Gremiums.

---

abgestellt sowie weiterführend auf die Überlegungen des IDW S 1 verwiesen. Vgl. hierzu ausführlich IDW, IDW S 5 (2011), Rz. 22-44.

154 Vgl. hierzu IDW, IDW S 5 (2011), Rz. 48 ff.

155 Zu Risikoabschlägen vgl. die Ausführungen in Abschnitt IV.1.2.3.

156 Vgl. IDW, RS HFA 16 (2005), Rz. 28 und 29.

157 IDW, RS HFA 16 (2005), Rz. 30.

158 Vgl. IDW, RS HFA 16 (2005), Rz. 35.

159 IDW, RS HFA 24 (2009), Rz. 1.

Nicht zuletzt wird in IDW *RS BFA 2* proklamiert, daß bei der Ermittlung des beizulegenden Zeitwerts eines Finanzinstruments durch ein Bewertungsmodell „ein Modell angewandt wird, das üblicherweise von Marktteilnehmern genutzt wird"[160].[161] Warum das IDW zur Anwendung von Bewertungsmodellen nicht selbst Stellung bezieht, ist unverständlich. Offenbar wird versucht, die Kritik totzuschweigen, indem auf das „übliche" Verhalten der Marktteilnehmer abgestellt wird. Ein denkbarer Grund für die unterlassene kritische Würdigung der Bewertungsmodelle liegt in § 255 Abs. 4 Satz 2 HGB, wonach der beizulegende Zeitwert bei inaktiven Märkten „mit Hilfe allgemein anerkannter Bewertungsmethoden zu bestimmen" ist. Jedoch sollte von einer vermeintlich fundierten RS erwartet werden, daß eine klare Position bezogen wird oder daß auf eine alternative Vorgehensweise verwiesen wird, sofern die durch die Rechnungslegung oder die „üblichen Marktteilnehmer" offerierten Lösungen ungeeignet sind. Auch an dieser Stelle hätte das IDW auf die Probleme der „üblicherweise angewandten" Bewertungsverfahren hinweisen müssen.

Zusammenfassend ist festzuhalten, daß die berufsständischen Regelungen durch die Akzeptanz der finanzierungstheoretischen Bewertungsmodelle im allgemeinen umfängliche verfahrenstechnische Mängel aufweisen. Aufgrund der Allgemeingültigkeit der Verlautbarungen für den Berufsstand fließen diese Mängel in der Praxis, auch außerhalb der Rechnungslegung, in Wertfindungen ein.

1.3.2 Die prüfungsnormenbedingten Mängel

Die nachfolgenden Ausführungen zu den prüfungsnormenbedingten Mängeln beziehen sich auf PS 314 n.F., der in Kapitel III ausführlich dargestellt wurde. Zunächst werden allgemeine Kritikpunkte an der Prüfungsnorm geäußert, die durch spezielle Kritikpunkte ergänzt werden.

Bei der in Rede stehenden Prüfungsnorm handelt es sich zwar um einen vergleichsweise umfangreichen PS, der aber sehr allgemein gehalten ist und dem Prüfer kaum konkrete Hinweise zum prüferischen Vorgehen bietet. Es sei darauf hingewiesen, daß die Verlautbarungen des IDW bewußt allgemein gefaßt sind. Schließlich sind die PS keine uneingeschränkt vorgegebenen, die Eigenverantwortlichkeit „und das pflicht-

160 IDW, RS BFA 2 (2010), Rz. 44.

161 Die Stellungnahme bezieht sich auf die Bilanzierung von Finanzinstrumenten des Handelsbestands bei Kredit- und Finanzdienstleistungsinstituten nach § 340e HGB. Gleichwohl wird hinsichtlich der Definition des „fair value" das gleiche Zeitwertverständnis bzw. hinsichtlich der Ermittlungshierarchie ein ähnliches Zeitwertverständnis zugrunde gelegt, wie in den IFRS. Vgl. IDW, RS BFA 2 (2010), Rz. 33 und 36. Daher kann auch diese Verlautbarung unstreitig als Beispiel herangezogen werden, wie die berufsständischen Verlautbarungen die Mängel der Zeitwertbilanzierung tolerieren.

gemäße Ermessen des Abschlußprüfers [...] in unvertretbarem Maße einschränkende Normen der Prüfungsdurchführung“[162]. Das prüferische Ermessen bei der Beurteilung von Einzelfällen spielt dabei eine entscheidende Rolle. So kann behauptet werden, daß es dem prüferischen Ermessen zugute kommt, daß die Prüfungsnorm die Prüfung von Zeitwerten ex ante nicht im Detail regelt.[163] Dennoch ist ein klar strukturierter Handlungsrahmen[164] erforderlich, innerhalb dessen ein Abschlußprüfer sein Ermessen ausüben kann. Besteht kein einheitlicher Rahmen für die Prüfung beizulegender Zeitwerte, wird dem Prüfer kein adäquates Regelwerk zur Verfügung gestellt, um mit den aus den bestehenden Rechnungslegungsregelungen resultierenden Problemen zielgerichtet zu verfahren. Das sich aus den IFRS ergebende Problem der Prüfbarkeit beizulegender Zeitwerte wird durch diesen Mangel verstärkt. *Außerdem* ist anzumerken, daß PS 314 n.F. das Ergebnis der Zusammenfassung von PS 314 und PS 315 ist. Auf den ersten Blick mag der Eindruck entstehen, daß die Zusammenlegung mit einer Erleichterung für den Abschlußprüfer einhergeht, da für ähnliche, wenngleich nicht deckungsgleiche Sachverhalte nur noch ein PS anzuwenden ist.[165] Entgegen dieser Erwartung ergibt sich daraus vielmehr ein weiterer, wesentlicher, allgemeiner Kritikpunkt. Aus der Zusammenfassung ist ein Konglomerat von prüferischen Sachverhalten entstanden, das beschämend versucht, sich in irgendeiner Weise zu der Thematik zu äußern. So kann es sich bei PS 314 n.F. nicht um eine eigenständige und abschließende Norm handeln, die für die Prüfung beizulegender Zeitwerte heranzuziehen ist. Die z.T. nicht nachvollziehbare Aneinanderreihung diverser Aspekte, die nicht dem chronologischen Prüfungsablauf entspricht, stiftet dem Prüfer nur eingeschränkt Nutzen. Es handelt sich nicht um einen stringenten Leitfaden, der aufzeigt, wie der Prüfungsprozeß beizulegender Zeitwerte Schritt für Schritt zu gestalten ist. Eher bleibt der Prüfer auf sich gestellt und muß sich die Mindestvoraussetzungen, um annähernd zu einem vertrauenswürdigen Urteil kommen zu können, selbst zusammensetzen. Dabei ist zwingend auf andere PS zurückzugreifen. Ohne die entsprechende Erfahrung wird ein Prüfer kaum einschätzen können, wie detailliert das bilanzielle Vorgehen des Mandanten zu hinterfragen ist und welche Prüfungshandlungen in welcher Reihenfolge notwendig sind. Folglich ist bereits nach Darstellung der allgemeinen Kritikpunkte zu bezweifeln, daß die Prüfungsnorm den Anforderungen der Zeitwertbilanzierung im Hinblick auf das Erreichen des Prüfungszwecks gerecht werden kann.

---

162 STESKAL, Richtlinien (1992), Sp. 1527.

163 Zu den Auswirkungen von Strukturvorgaben i.S.e. Regelungsdichte bei Prüfungsnormen vgl. ausführlich RUHNKE, Normierung (2000), S. 385-388 sowie 501-504.

164 Vgl. hierzu in ähnlicher Weise STESKAL, Richtlinien (1992), Sp. 1527 f.

165 Freilich ist dabei der Titel des Standards irreführend. Es wird der Anschein vermittelt, daß jeder Zeitwert ein geschätzter Wert sei. Dabei ist der Zeitwert vielmehr als Oberbegriff zu verstehen, der sich in Marktwerten, Vergleichswerten oder aber in Schätzwerten äußern kann. Der PS berücksichtigt nur den entgegengesetzten Fall, also daß es Schätzwerte gibt, die aber nicht zwangsläufig einen Zeitwert darstellen.

Nach der allgemeinen Kritik werden im Anschluß spezielle Kritikpunkte dargelegt. Insbesondere gilt es, die strukturellen Mängel, die sich im wesentlichen in der Durchbrechung der Chronologie des Prüfungsprozesses niederschlagen, sowie die inhaltlichen Lücken anhand ausgewählter Beispiele zu konkretisieren. Um die Mängel und Lücken des PS 314 n.F. an entsprechender Stelle des Prüfungsprozesses offenzulegen, erfolgt die Darstellung anhand der in Kapitel III gewählten Prüfungsschritte.

Obschon ihrer Wichtigkeit wird die *Prüfungsplanung* in PS 314 n.F. nicht ausdrücklich thematisiert. Daraus schließt der Leser, daß das IDW hier keine Besonderheiten sieht. Der Prüfer hat sich einzelne Aspekte, die in den Rz. 26 ff. angeführt sind, mühselig zusammenzusuchen, um an dieser Stelle des Prüfungsprozesses vorzunehmende Prüfungshandlungen zu identifizieren. Konkrete Handlungsanweisungen, wie sie von einer Norm dieser Tragweite zu erwarten wären, werden vergebens gesucht. Der PS schreibt in den Rz. 31 und 33 zwar vor, daß die organisatorische Ausgestaltung des Prozesses zur Ermittlung der in Rede stehenden Werte zu würdigen ist. Auf welche Art und Weise die in den Rz. 31 ff. aufgezählten Punkte gewürdigt werden sollen, wird indes verschwiegen. Methoden zur prüferischen Vorgehensweise vermißt der Prüfer in den genannten Randziffern ebenso wie eine zweckgerechte Differenzierung zwischen der Aufdeckung inhärenter Risiken einerseits und Kontrollrisiken andererseits. Vielmehr erfolgt eine doppelte Durchmischung risikospezifischer Sachverhalte: *Zum einen* werden inhärente Risikofaktoren mit das Kontrollrisiko betreffenden Faktoren vermengt und im Gleichklang nebeneinander genannt, als würden diese inhaltlich zusammengehören. *Zum anderen* werden die jeweils auf Unternehmungs- bzw. Prüffeldebene zu analysierenden inhärenten Risiken durchmischt. In bezug auf die Prüfungsplanung bietet der PS keine klare Ordnung und der Prüfer ist auf sich gestellt, keine wesentlichen Prüfungshandlungen auszulassen.

Auch hinsichtlich der Systemprüfung weist der PS eklatante Schwachstellen auf. Es sei daran erinnert, daß die *Aufbauprüfung* dazu dient, ein System- und Prozeßverständnis des IKS zu erlangen, um ein Urteil darüber abgeben zu können, ob das vom Mandanten vorgehaltene und implementierte IKS angemessen ist[166] und um konkrete Aussagen über Fehlerrisiken treffen zu können. PS 314 n.F. ist diesbezüglich keine Hilfestellung. Die Prüfung des zeitwertbezogenen IKS wird nur im Ansatz thematisiert. Die rudimentären Ausführungen beschränken sich auf die Notwendigkeit der Prüfung der Angemessenheit der Bewertungsverfahren. Wie das nach PS 314.36 n.F. geforderte Vorgehen aber konkret auszugestalten ist, scheint das IDW gänzlich dem prüferischen Ermessen überlassen zu wollen. So müssten der geforderten Dokumentation der Angemessenheit der Ermittlungsverfahren doch konkrete Prüfungshandlungen vorangestellt werden. In Rz. 37 werden zwar Prüfungshandlungen genannt, doch beziehen sich diese nicht auf die in Rede stehende Angemessenheit der Bewertungsverfahren. Es wird lediglich darauf hingewiesen, daß die Prüfungshand-

166 Vgl. BRÖSEL/ZWIRNER, Goodwill (2009), S. 199.

lungen „bspw."[167] Befragungen der Unternehmungsleitung beinhalten sollen. Dabei sind die Umsetzung in der Vergangenheit geplanter Maßnahmen, die Durchsicht von Planungsunterlagen und Sitzungsprotokollen sowie Begründungen der Unternehmungsleitung für bestimmte Handlungen zu berücksichtigen. Tiefgreifende Erkenntnisse über den angemessenen Aufbau des IKS sowie ein dezidiertes Verständnis vorliegender Kontrollen i.S.e. Soll-Zustandes können durch diese Prüfungshandlung definitiv nicht gewonnen werden. Nur weil die Geschäftsleitung erklärt, daß Kontrollen bestehen, heißt das nicht, daß diese tatsächlich implementiert oder wirksam sind. Um ein aussagekräftiges Urteil über die Angemessenheit des IKS zu treffen, sind konkrete Prüfungshandlungen zu bestimmen. PS 314 n.F. verzichtet hingegen auf entsprechende Angaben. Darüber hinaus geht die Prüfungsnorm nicht auf die in Kapitel III genannten Aspekte der *Funktionsprüfung* ein. In Rz. 59 wird lediglich PS 261.74 zitiert, um darzustellen, unter welchen Umständen eine Funktionsprüfung durchzuführen ist. Zeitwertspezifische Aspekte bleiben dabei unberücksichtigt.

Bei *aussagebezogenen Prüfungshandlungen* weist PS 314 n.F. ebenfalls Mängel in bezug auf den strukturellen Aufbau sowie die Vollständigkeit der Angaben auf. Zunächst werden die *Einzelfallprüfungen* betrachtet. Dabei fällt auf, daß Prüfungshandlungen falschen Prüfungsschritten zugeordnet werden und demnach zusammengehörende Sachverhalte an unterschiedlichen Stellen des PS genannt und losgelöst voneinander betrachtet werden. Ein chronologisches prüferisches Vorgehen ist nicht erkennbar. So wird die Beurteilung der den Zeitwerten zugrundeliegenden wesentlichen Annahmen und Informationen in Abschnitt 4.1.3 des PS in den Rz. 40-51 geregelt und wird damit der Beurteilung von Fehlerrisiken (Systemprüfung) subsumiert. Die dort beschriebenen Prüfungshandlungen zählen jedoch zu den Einzelfallprüfungen im Rahmen der aussagebezogenen Prüfungshandlungen, die – ohne als solche benannt zu werden – in Abschnitt 4.2.2 des PS in den Rz. 60-76 geregelt werden. Ebenso liegen strukturelle Inkonsistenzen bei den Regelungen zur Prüfung der Berechnungsverfahren (Abschnitt 4.1.4, Rz. 52-54) und zum Vergleich von geschätzten Werten mit tatsächlichen Ergebnissen (Abschnitt 4.1.5, Rz. 55 f.) vor. Auch diese Punkte sind streng genommen den Einzelfallprüfungen zuzuordnen. Überraschend ist zudem, daß zunächst Prüfungshandlungen für die zukunftsbezogenen Annahmen (Rz. 40-46) geregelt werden, bevor Handlungsanweisungen zu den gegenwartsbezogenen Daten (Rz. 47-51) erfolgen, auf denen die Annahmen doch aufbauen. Neben der Zuordnung von Prüfungshandlungen zu einem falschen Prüfungsschritt wird demnach auch die erforderliche Prüfungschronologie innerhalb eines Prüfungsschritts durchbrochen. Festzuhalten bleibt, daß der Prüfer gezwungen ist, sich die für einen Prüfungsschritt notwendigen Prüfungshandlungen im gesamten PS zusammenzusuchen. Um einen effizienten Prüfungsablauf zu gewährleisten, wären zusammengehörige Prüfungshandlungen an einer Stelle der Norm – entsprechend ihrer Reihenfolge – festzuhalten. Folglich stellt sich die Frage, ob bei der Strukturierung des PS

167 IDW, PS 314 n.F. (2009), Rz. 37.

Willkür hinsichtlich der Reihenfolge der notwendigen Prüfungshandlungen herrschte. Sollte das IDW die Intention verfolgt haben, den PS in zweckadäquater Weise, gemäß des prüferischen Vorgehens, zu gliedern, ist diese als gescheitert zu werten.

Die dezidierte Betrachtung der Regelungen zu den Einzelfallprüfungen offenbart außerdem Lücken im PS. Wie nachfolgend exemplarisch aufgezeigt wird, enthält der PS nicht alle zur Zeitwertprüfung erforderlichen Angaben. Beispielsweise konkretisiert der PS nicht die Beurteilungskriterien, die Daten und Annahmen zu erfüllen haben. Um ein Verständnis von diesen Kriterien zu erlangen, muß der Prüfer auf das betriebswirtschaftliche Schrifttum[168] zurückgreifen.[169] Unvollständig sind auch die Angaben zu Sensitivitätsanalysen in Rz. 44. Es erfolgt kein Hinweis auf die Feststellung des Abhängigkeitsgrads eines beizulegenden Zeitwerts von den zugrundeliegenden Annahmen. Außerdem gibt der PS keine Handlungsanweisung vor, wie zu agieren ist, wenn Sensitivitätsanalysen belegen, daß kein verläßlicher Wert ermittelt werden kann. Unvollständigkeiten liegen außerdem in den Rz. 61-63 vor (Abschnitt 4.2.2.1 „Vornahme unternehmensunabhängiger Schätzungen"). So unterbleibt der Hinweis auf die Anwendung des PS 322, sofern die Zeitwertschätzung von einem unabhängigen Dritten vorgenommen wird. Überdies wird dem Prüfer nicht vermittelt, welche Maßnahmen zu ergreifen sind, wenn Abweichungen zwischen dem externen Urteil und dem Wert des Mandanten vorliegen. Ohnehin kann bei einem „fair value" zunächst nur die mathematische Richtigkeit des Ist-Werts, ausgehend von den zugrundeliegenden Daten und Annahmen, geprüft werden.[170] Enthält ein beizulegender Zeitwert Prognoseelemente, so kann vor dem Hintergrund der Unsicherheit der Zukunft ex ante kein richtiger, sondern nur ein realistischer Wert festgestellt werden.[171] In PS 314 n.F. wird diese grundlegende Erkenntnis, die sich ein Prüfer vor Augen führen muß, verschwiegen. Erst in Rz. 75 wird erwähnt, daß die Möglichkeit besteht, daß ein beizulegender Zeitwert nicht ermittelt und angegeben werden kann. Jedoch erfolgt kein Hinweis darauf, wann diese „bestimmten Umstände"[172] vorliegen. Von einer Prüfungsnorm ist zu erwarten, daß Handlungsempfehlungen ausgesprochen werden, wie in diesem Fall vorzugehen wäre. So ist beispielsweise an Hinweise auf bestimmte Berichtspflichten zu denken oder an Vorgaben, unter welchen „Umständen" ein Prüfungshemmnis vorliegt. Die Unvollständigkeit des PS spiegelt sich außerdem in Rz. 69 wider: Ist ein geschätzter Wert mit bedeutsamen Risiken ver-

---

168 Vgl. hierzu ausführlich Abschnitt IV.2.2.1.1.

169 Bei dieser Gelegenheit kann sich der Prüfer zugleich den in III.2.4.2.1 erläuterten Unterschied zwischen Daten und Annahmen anlesen, da dieser von PS 314 n.F. nicht trennscharf geregelt wird.

170 Vgl. BRÖSEL/ZWIRNER, Goodwill (2009), S. 201.

171 Vgl. MANDL/JUNG, Schätzprüfung (2002), Sp. 1704 sowie ARBEITSKREIS „EXTERNE UND INTERNE ÜBERWACHUNG DER UNTERNEHMUNG" DER SCHMALENBACH-GESELLSCHAFT FÜR BETRIEBSWIRTSCHAFT E.V., Prognoseprüfung (2003), S. 109.

172 IDW, PS 314 n.F. (2009), Rz. 75.

bunden, muß der Prüfer angemessene Prüfungsnachweise darüber erlangen, ob der Wertansatz mit den Rechnungslegungsregelungen konform ist. Wie dies en détail geschehen soll und welche Nachweise angemessen wären, wird allerdings verschwiegen. Abschließend ist zu den unvollständigen Angaben des PS festzuhalten, daß die Prüfung der Bewertungsstetigkeit nicht zweckgerecht geregelt ist. Die Prüfungsnorm enthält in den Rz. 64 und 66 lediglich Hinweise auf handelsrechtliche Erfordernisse und vernachlässigt diesbezügliche Spezifika der IFRS-Rechnungslegung. Die Notwendigkeit der IFRS-spezifischen Prüfung der Anwendungsstetigkeit wurde in Abschnitt III.2.4.2.3 dargestellt. Wird dieser Prüfungsschritt nicht entsprechend berücksichtigt, besteht die Gefahr, daß notwendige Prüfungshandlungen nicht beachtet werden und Verstöße gegen das Stetigkeitsgebot unentdeckt bleiben.

Zu den *analytischen Prüfungshandlungen* ist festzuhalten, daß sie in PS 314 n.F. im Rahmen der aussagebezogenen Prüfungshandlungen keine Berücksichtigung finden. Unter den abschließenden Beurteilungen erfolgt in Rz. 82 lediglich ein Hinweis darauf, daß zu beurteilen ist, ob der Jahresabschluß durch die Zeitwerte insgesamt wesentlich beeinflußt wird. Folglich weist der PS hinsichtlich des notwendigen analytischen Vorgehens ebenfalls eine Lücke auf. Zudem unterbleibt ein Hinweis – wie in Abschnitt III.2.4.3.1 aufgezeigt –, daß analytische Prüfungen erst nach Abschluß der anderen Prüfungsschritte zweckmäßig sind, da sie auf deren Erkenntnissen aufbauen.

Bevor die Mängel in bezug auf den letzten Schritt des Prüfungsprozesses aufgezeigt werden, ist darauf hinzuweisen, daß PS 314 n.F. weitgehend darauf verzichtet, *Prüfungsfeststellungen* zu thematisieren und zu regeln, wie im Falle von Abweichungen zwischen Ist- und Soll-Werten zu verfahren ist. Daß bei der Prüfung beizulegender Zeitwerte diesbezüglich erwähnenswerte Besonderheiten existieren und sich daraus, wie beispielsweise bei dem Vorliegen von Prüfungshemmnissen, elementare Erkenntnisse für die Urteilsbildung und -mitteilung ableiten lassen, zeigen die ausführlichen Darstellungen in Kapitel III. Rudimentär werden Prüfungsfeststellungen in Abschnitt 5 („Abschließende Beurteilung des Abschlußprüfers") des PS angeschnitten. Die Angaben in den Rz. 79-82 werden den Erfordernissen jedoch nicht annähernd gerecht. Vielmehr handelt es sich um Prüfungshandlungen, die anderen Prüfungsschritten zuzuordnen sind.[173] Um so weniger überrascht es letztendlich, daß der PS auch die Aggregation von Prüfungsfeststellungen zur abschließenden Urteilsbildung nicht angemessen behandelt. Aufgrund dessen wurden bereits die Ausführungen in III.2.5.2 um die theoretischen Voraussetzungen zur *Urteilsbildung* ergänzt. Bei der *Urteilsmitteilung* ist kritisch auf den strukturellen Aufbau hinzuweisen. Erstaunlicherweise wird in den Rz. 83 f. zunächst der Bestätigungsvermerk geregelt, und erst im Anschluß daran der Prüfungsbericht (Rz. 85). Wie noch zu zeigen sein wird, kann der Bestätigungsvermerk jedoch erst nach Erstellung des Prüfungsberichts erteilt werden. Folglich wäre es zweckmäßig, wenn dieser – wie im HGB – nach dem Prüfungs-

173 Exemplarisch sei an die Regelungen der oben genannten Rz. 82 erinnert.

bericht normiert wird. Prinzipiell wird die Urteilsmitteilung in PS 314 n.F. sehr stiefmütterlich behandelt. Die Angaben in Rz. 85 zum Prüfungsbericht enthalten keine wesentlichen zeitwertspezifischen Vorgaben. Es erfolgt lediglich ein Verweis auf PS 450. Doch dieser enthält bekanntermaßen ebenfalls keine zeitwertspezifischen Besonderheiten. Daß die Regelungen des PS zum Bestätigungsvermerk ebenfalls längst nicht ausreichend sind, zeigen die Ausführungen in Abschnitt III.2.5.3.

Diese Erkenntnisse würdigend ist zu dem Schluß zu kommen, daß mit PS 314 n.F. kein Standard vorliegt, der bezüglich der Prüfung von Zeitwerten alles Notwendige berücksichtigt, obschon sein Titel diese Vermutung aufkommen läßt. Der PS wird seinem selbstgesetzten Ziel, „die mit der Ermittlung von geschätzten Werten verbundene Unsicherheit und die daraus resultierenden Besonderheiten bei der Prüfung dieser Werte“[174] zu verdeutlichen, aus nachfolgenden Gründen nicht gerecht. Der Standard weist beträchtliche inhaltliche Lücken auf, die in Kapitel III bereits weitgehend berücksichtigt worden sind. Darüber hinaus werden jedoch sowohl in PS 314 n.F. als auch in den weiteren bestehenden berufsständischen Normen – auf die in Kapitel III zurückgegriffen wurde – die in Abschnitt IV.1.2 aufgeführten Probleme der Rechnungslegungsregelungen fast gänzlich ausgeblendet. Letztendlich können auch die in Kapitel III vorgenommenen Ergänzungen zu PS 314 n.F. diesen weitreichenden Problemstellungen nicht gerecht werden. In Konsequenz liegt in bezug auf die hier untersuchte Problemstellung eine bedeutende praktische Regelungslücke vor. Angesichts der aufgeführten Schwachstellen ist der Standard für die Prüfung beizulegender Zeitwerte nach IFRS nicht zweckgerecht.

---

174 IDW, PS 314 n.F. (2009), Rz. 4.

2. Lösungen durch die Gestaltung des Prüfungsprozesses

2.1 Die Beschreibung und Abgrenzung der Lösungsansätze

Nachdem die zu der Herausforderung für den Wirtschaftsprüfer führenden Problemstellungen des Status quo ausführlich beschrieben wurden, ist nach Lösungsansätzen zu suchen, die dazu beitragen, die im Rahmen der Prüfung von Zeitwerten auftretende Unsicherheit hinsichtlich des Prüfungsurteils zu beheben. Zur Lösung der dargestellten Probleme ist es zunächst notwendig, das Aufgabenspektrum eines Wirtschaftsprüfers zu betrachten. In einem ersten Schritt ist auf dessen Tätigkeit als Abschlußprüfer einzugehen. Demnach gilt es zu untersuchen, ob und inwieweit durch die Gestaltung des Prüfungsprozesses zur Lösung der Problemstellungen beigetragen werden kann. Ziel ist die Beantwortung der Frage, ob der Prüfungszweck durch die Verbesserung der Prüfungsgestaltung erreicht werden kann. Diesem Vorgehen wird zugrunde gelegt, daß die Regelungen des Status quo nicht ausnahmslos akzeptiert werden. Die in Kapitel III geltende Prämisse wird dahingehend verändert, daß die berufsständischen Regelungen in ihrer bestehenden Form abgelehnt werden, während die bestehenden Rechnungslegungsnormen weiterhin akzeptiert werden. Schließlich hat der Wirtschaftsprüfer in dem in Rede stehenden Tätigkeitsbereich keine Möglichkeit, das Zeitwertkonzept der IFRS zu beeinflussen.

Im Rahmen des Prüfungsprozesses ist es *zum einen* die Aufgabe des Abschlußprüfers, die der Prüfung zugrundeliegenden Rechnungslegungsregelungen zu interpretieren und auszulegen. Angesichts dieser Aufgabe muß der Prüfer Möglichkeiten finden, die aus diesen Regelungen resultierenden Probleme im Hinblick auf die Erreichung des Prüfungszwecks abzumildern. Wie in den unterschiedlichen Prüfungsphasen zu agieren ist und welche Forderungen als Konsequenz abzuleiten sind, wird in Abschnitt IV.2.2 betrachtet. Es werden mögliche Handlungsmaßnahmen dargelegt, die im Rahmen der Phase der Prüfungsdurchführung (IV.2.2.1) sowie in der Phase der Urteilsmitteilung (IV.2.2.2) zu ergreifen sind. Zu den Aufgaben der Gestaltung des Prüfungsprozesses zählt *zum anderen* die Identifikation und Beseitigung von Mängeln oder Lücken in den berufsständischen Regelungen. So werden während der laufenden Prüfungstätigkeit Erkenntnisse gewonnen, die dazu beitragen, die berufsständischen Normen zu verbessern. Ziel muß es sein, die im Rahmen des zeitwertbezogenen Prüfungsprozesses aufgedeckten Schwachstellen zu beheben. Zur Korrektur der Mängel müssen die bestehenden berufsständischen Regelungen zwingend geändert werden. Diese Betrachtung ist Gegenstand von Abschnitt IV.2.3. Dabei wird zuerst auf die Beseitigung der verfahrenstechnischen Mängel Bezug genommen (IV.2.3.1). Im Anschluß wird die Beseitigung der prüfungsnormenbedingten Mängel beschrieben (IV.2.3.2).

2.2 Zu den Rechnungslegungsregelungen

2.2.1 Die Phase der Prüfungsdurchführung

2.2.1.1 Die Prognoseproblematik

Nachfolgend wird aufgezeigt, wie der Wirtschaftsprüfer während der Prüfungsdurchführung auf die rechnungslegungsbezogenen Probleme zu reagieren hat. Sowohl die Inkonsistenzen der Zeitwertbilanzierung als auch die bewertungstheoretischen Mängel des Zeitwertkonzepts bleiben dabei unberührt. Sie sind den Rechnungslegungsnormen inhärent und lassen sich durch prüferische Handlungen nicht beeinflussen. Daher werden sie an dieser Stelle nicht weiterführend betrachtet. Zunächst wird der prüferische Umgang mit der Prognoseproblematik eingehend untersucht.

Sobald Vermutungen über künftige Bedingungen oder Entwicklungen in die Ermittlung beizulegender Zeitwerte einfließen, ist die Bestimmung des Zeitwerts mit Unsicherheit verbunden. Das Vorhaben des IASB, einen entscheidungsnützlichen Zeitwert prognosebasiert ermitteln zu wollen, muß daher nicht nur als optimistisch, sondern vor allen Dingen als gescheitert gewertet werden. Gemäß der Definition des „framework" müssen entscheidungsnützliche Informationen insbesondere verläßlich und relevant sein. Sie sind dann verläßlich, wenn sie frei von verzerrenden Einflüssen sind bzw. wenn sie neutral, also wertfrei und objektiv, sind. Beides kann freilich nicht der Fall sein, wenn Annahmen über die Zukunft in die Wertermittlung einfließen, da die Zukunft naturgemäß unsicher ist.[175] Allerdings wird Prognosewerten gerade wegen ihrer Berücksichtigung der Zukunft eine höhere Relevanz zugesprochen als vergangenheitsorientierten Informationen.[176] Wie durch die Tätigkeit des Prüfers im Rahmen des Prüfungsprozesses jedoch ein Mindestmaß an Verläßlichkeit erreicht und gewährleistet werden kann, ist Gegenstand dieses Abschnitts. Allerdings ist zu konstatieren, daß das Prognoseproblem auf diese Weise nicht gelöst, wenngleich im Hinblick auf das Prüfungsziel aber abgemildert werden kann.

Prinzipiell ist das Prognoseproblem in der *Rechnungslegungs- und Prüfungspraxis* nicht neu, und Abschlußprüfer verfügen durchaus über die Kompetenz, Prognoseprüfungen durchzuführen, doch verlangen die IFRS eine prognosegestützte Wertermittlung in einem Umfang, der z.B. weit über das bekannte handelsrechtliche Maß

175 Das IASB definiert diese Erkenntnis hingegen weg, indem es in IAS 8.33 vorgibt, daß die „Verwendung vernünftiger Schätzungen [...] bei der Aufstellung von Abschlüssen unumgänglich [ist] und [...] deren Verlässlichkeit nicht (sic!)" beeinträchtigt.

176 Zur Entscheidungsrelevanz von Prognosen vgl. ARBEITSKREIS „EXTERNE UND INTERNE ÜBERWACHUNG DER UNTERNEHMUNG" DER SCHMALENBACH-GESELLSCHAFT FÜR BETRIEBSWIRTSCHAFT E.V., Prognoseprüfung (2003), S. 106. Vgl. hierzu ebenfalls die Ausführungen zur Diskrepanz zwischen der Relevanz und der Verläßlichkeit in Abschnitt IV.1.2.4.

hinausgeht.[177] Die in Rede stehende Problematik ist zudem umfänglicher Gegenstand des *betriebswirtschaftlichen Schrifttums*.[178] Seit den Ausführungen von RÜCKLE, der die Weiterentwicklung der Prognoseprüfung forderte,[179] haben sich auf diesem Feld allerdings keine wesentlichen Neuerungen[180] ergeben. Nachfolgend wird indes nicht darauf abgezielt, die Prognoseprüfung zu revolutionieren. Vielmehr wird dargestellt, wie der Gestalter des Prüfungsprozesses mit von den Rechnungslegungsregelungen geforderten Prognosewerten während der Prüfungsdurchführung zu verfahren hat. Es wird nicht gezeigt, wie die Zukunft zu prüfen sein könnte, denn schließlich sind auch Wirtschaftsprüfer nicht mit hellseherischen Fähigkeiten[181] ausgestattet, um die Glaubwürdigkeit zukunftsbezogener Informationen ex ante sicherzustellen. Vielmehr rücken die Herleitung der Prognosen und diesbezüglich zu ergreifende prüferische Maßnahmen in den Fokus der Betrachtung, um dem Prüfungsziel näher zu kommen.

Das prüferische Vorgehen bei Daten und Annahmen im Status quo, als maßgebliche Bestandteile eines Prognosewerts, ist Gegenstand des Abschnitts III.2.4.2.1. Vor dem Hintergrund der Prognoseprobleme ist dieses Vorgehen allerdings nicht ausreichend. Da der abzulehnende Prüfungsstandard Beurteilungskriterien von Daten und Annahmen zwar nennt, diese aber nicht konkretisiert, ist auf die Erkenntnisse des be-

177 Zwar besteht das Argument der Unmöglichkeit der Prüfung und Testierung von Prognosen, was jedoch lediglich vordergründig gilt. Obschon das punktuelle Eintreten einer Prognose nicht beurteilt werden kann, vermag der Prüfer dennoch über künftige Ereignisse zu urteilen. Es sei an die Prüfung von Finanzplänen oder auch Kreditwürdigkeitsprüfungen, die den Charakter von Prognoseprüfungen aufweisen, sowie die Prüfung der Gültigkeit der Fortführungsprämisse erinnert. Vgl. hierzu ausführlich RÜCKLE, Prognoseprüfung (1984), S. 67 f. sowie das dort angeführte Schrifttum. Zur Beurteilung der Fortführungsprämisse gemäß § 252 Abs. 1 Nr. 2 HGB vgl. weiterführend GROß/AMEN, Fortbestehensprognose (2003). Ferner sei an die Prognoseprüfung im Rahmen der Prüfung des Lageberichts erinnert, der nach § 289 Abs. 1 Satz 4 HGB die voraussichtliche Entwicklung der Gesellschaft beurteilen und erläutern soll. Angaben zur Darstellung der Risiken der künftigen Entwicklung sind vom Wirtschaftsprüfer zu prüfen. Zu den Anforderungen an die Prognoseberichterstattung, als Bestandteil des Lageberichts, vgl. im allgemeinen BAETGE/HIPPEL/SOMMERHOFF, Praxis der Prognoseberichterstattung (2011) sowie KLEIN/HARTMANN/SCHERR, Prognoseberichtspublizität (2011). Für weitere Beispiele der Prognoseprüfung nach deutschem Handelsrecht vgl. ARBEITSKREIS „EXTERNE UND INTERNE ÜBERWACHUNG DER UNTERNEHMUNG“ DER SCHMALENBACH-GESELLSCHAFT FÜR BETRIEBSWIRTSCHAFT E.V., Prognoseprüfung (2003), S. 109.

178 Vgl. insbesondere BRETZKE, Überprüfbarkeit von Prognosen (1974), BRETZKE, Prognosepublizität (1979), RÜCKLE, Prognoseprüfung (1984), BRETZKE, Prognoseprüfung (1992). Vgl. ferner auch HAGEST/KELLINGHUSEN, Problematik der Prognoseprüfung (1977).

179 Vgl. RÜCKLE, Prognoseprüfung (1984), S. 69.

180 Vgl. beispielsweise HANSMANN, Prognosemethoden (1993), MANDL/JUNG, Schätzprüfung (2002), ARBEITSKREIS „EXTERNE UND INTERNE ÜBERWACHUNG DER UNTERNEHMUNG“ DER SCHMALENBACH-GESELLSCHAFT FÜR BETRIEBSWIRTSCHAFT E.V., Prognoseprüfung (2003), COELEN/SCHLECHT, Anforderungen an Prognoseprüfungen (2004) oder WAGENHOFER/EWERT, Unternehmensrechnung (2007), S. 370 ff.

181 Vgl. auch DÖRNER, Anforderungen (1998), S. 1 f., LÜCK, Abschlußprüfung (1999), S. 19.

triebswirtschaftlichen Schrifttums zurückzugreifen.[182] Die Kriterien der Vollständigkeit und Relevanz sind von beiden Informationsarten gleichermaßen zu erfüllen. Damit ein geschätzter beizulegender Zeitwert i.S.d. *Vollständigkeit* korrekt ermittelt werden kann, sind alle den Wert voraussichtlich wesentlich beeinflussenden Daten und Annahmen zu berücksichtigen. Ferner sind Daten und Annahmen *relevant*, wenn diese Informationen den Zeitwert beeinflussen und die getroffenen Prämissen sich wesentlich auf das Prüfungsurteil auswirken. Das Kriterium der *Richtigkeit* bezieht sich lediglich auf die Daten. Für Annahmen kann das Kriterium nicht gelten, da sich ex ante nicht feststellen läßt, ob sich eine Mutmaßung über die Zukunft als richtig erweisen wird. Allenfalls läßt sich die Plausibilität einer Annahme feststellen. Da Daten Informationen über gegenwärtige Zustände darstellen, die idealerweise empirisch gewonnen werden, sollte die Beurteilung der „Richtigkeit" keine Probleme verursachen. Demnach sind Daten richtig, wenn diese der empirischen Realität entsprechen, und falsch, wenn dies nicht zutrifft. Annahmen müssen darüber hinaus den Kriterien der Zuverlässigkeit, Verständlichkeit und Neutralität genügen. Im Hinblick auf das Erfordernis der *Neutralität* ist zu prüfen, ob der Mandant tatsächlich auf die plausibelste bzw. wahrscheinlichste Annahme zurückgreift. Annahmen sind nicht neutral, wenn die darauf aufbauenden Prognoseaussagen die Informationsadressaten täuschen. Liegen der Bewertung unterschiedliche Annahmen zugrunde, die im Rahmen des prüferischen Ermessens jedoch gleich plausibel erscheinen, ist im Zweifel immer dem Prinzip der Vorsicht zu folgen.[183] Die angesprochenen Überlegungen zur Plausibilität von Annahmen gelten gleichermaßen auch für das Kriterium der *Zuverlässigkeit.*[184] Darüber hinaus gilt für die Zuverlässigkeit – wie auch für das Kriterium der *Verständlichkeit* – Transparenz hinsichtlich der Art und Weise, wie der Mandant die der Zeitbewertung zugrundeliegenden Annahmen entwickelt. Die transparente und damit verständliche Entwicklung der Annahmen kann bereits einen prüferischen Nachweis dafür liefern, daß sich der Mandant systematisch und umfassend mit der Thematik befaßt.

---

182 Vgl. im folgenden RUHNKE/SCHMIDT, Überlegungen (2003), S. 1046 f., RUHNKE/SCHMIDT, Fair Value (2005), S. 584 f., BRÖSEL/ZWIRNER, Goodwill (2009), S. 200 f., MARTEN/QUICK/RUHNKE, Wirtschaftsprüfung (2011), S. 404 ff.

183 Während das Vorsichtsprinzip im alten RK noch verankert war, wurde es im neuen CF gestrichen, da es nach Ansicht des IASB im Widerspruch zur Neutralität steht. Vgl. hierzu die Ausführungen in Abschnitt II.1.1. Ein Konflikt zur Neutralität besteht aber nur bedingt. Offenbar wurde händeringend nach einem Grund gesucht, folgenden essentiellen Punkt wegzudefinieren: Nach RK.37 bedeutete Verläßlichkeit, „dass ein gewisses Maß an Sorgfalt bei der Ermessensausübung, die für die erforderlichen Schätzungen unter ungewissen Umständen erforderlich ist, einbezogen wird, so dass Vermögenswerte […] nicht zu hoch […] angesetzt werden". Für die Bewertung eines Vermögenswerts zum beizulegenden Zeitwert bedeutete dies, daß die ungewissen Annahmen über künftige Ereignisse in der Weise zu treffen sind, daß beizulegende Zeitwerte nicht systematisch überbewertet werden. Auf die Vermeidung von Überbewertungen von Vermögenswerten scheint das IASB nun kein gesteigertes Augenmerk mehr zu legen.

184 Vgl. im folgenden RUHNKE/SCHMIDT, Überlegungen (2003), S. 1048, RUHNKE/SCHMIDT, Fair Value (2005), S. 587, MARTEN/QUICK/RUHNKE, Wirtschaftsprüfung (2011), S. 406.

Um diese Kriterien zu prüfen, muß der Abschlußprüfer zunächst auf die Ergebnisse der Systemprüfung zurückgreifen. Dabei ist insbesondere die Erkenntnis zu erlangen, ob Annahmen in transparenter Weise entwickelt werden, also den Kriterien der Zuverlässigkeit und Verständlichkeit genügen. Gegenstand der Systemprüfung muß außerdem die Feststellung sein, ob das Kriterium der Relevanz aufgrund der vorgehaltenen Prozesse erfüllt ist. Insbesondere sind jedoch im Rahmen von Einzelfallprüfungen Informationen vom Mandanten als Prüfungsnachweise einzuholen, um zudem Aufschluß über die Vollständigkeit und Neutralität der Informationen zu erlangen. Hinsichtlich der *Daten* gelten in bezug auf die Prüfung keine Besonderheiten, da sie sich auf gegenwärtige Ereignisse beziehen und daher leicht durch plausible Prüfungsnachweise bestätigt werden können. Diese sind vom Prüfer einzufordern. Angesichts der Tatsache, daß an einen Zeitwert, der auf Prognosen basiert, hinsichtlich dessen Nachvollziehbarkeit nicht die gleichen Ansprüche gestellt werden können wie an einen pagatorischen Wert,[185] sind die Prüfungshandlungen in bezug auf die *Annahmen* auszuweiten. Die Möglichkeit des objektiven Nachvollziehens beizulegender Zeitwerte, und damit einhergehend deren Verläßlichkeit, nimmt mit zunehmender Entfernung vom Marktpreis ab. Wenn demnach ein Zeitwert auf der dritten Hierarchiestufe durch eine Vielzahl von Prognoseannahmen nicht nachvollziehbar ermittelt worden ist oder die Annahmen zu verzerrenden Einflüssen führen, sind bei der Prüfungsdurchführung zwingend Prüfungsnachweise über die Entwicklung der Annahmen einzuholen. Ziel muß es sein, durch Zusatzinformationen die Erfüllung der oben genannten Kriterien zu beurteilen. Auf diese Weise wird die Wertermittlung transparenter und somit nachvollziehbarer, ohne die Prognoseprüfung, die wegen des Zukunftsbezugs solange nicht verbessert werden kann, bis der Mensch über hellseherische Fähigkeiten verfügt, zu reformieren. Kann der Mandant keine entsprechenden Informationen liefern, welche die Einhaltung der Kriterien belegen, liegt de facto ein Prüfungshemmnis vor, das zwingend bei der Urteilsbildung zu berücksichtigen ist.

Selbst wenn dem Prüfer eine „logisch einwandfreie Ableitung des Prognoseergebnisses aus den zugrundeliegenden Annahmen“[186] gelingt, da angeforderte Zusatzinformationen die Einhaltung der Beurteilungskriterien belegen, und der Ist-Wert innerhalb der tolerierten Soll-Bandbreite liegt, ist im Hinblick auf das Erreichen des Prüfungsziels sowie die von den Jahresabschlußadressaten erwartete „Bereitstellung richtiger Unternehmensdaten“[187] eine elementare Forderung zu äußern: Auch die Adressaten des Abschlusses sind umfänglich über den Wertfindungsprozeß zu informieren. Je geringer die Verläßlichkeit eines angesetzten Werts ist, desto größer ist der Bedarf an Informationen über die der Wertfindung zugrundeliegenden Annahmen

185 Vgl. RUHNKE/SCHMIDT, Fair Value (2005), S. 580.

186 RÜCKLE, Prognoseprüfung (1984), S. 69.

187 MÜLLER/SUTTNER, Pflichtrotation (2011), S. 12.

und über die Gründe, warum diese Annahmen ausgewählt wurden.[188] Der Bedarf an umfänglichen Informationen über den Wertfindungsprozeß ist insbesondere in Form von weiterführenden Anhangangaben zu decken. *Zum einen* wollen die IFRS entscheidungsnützliche Informationen bereitstellen. *Zum anderen* wird vom Prüfer verlangt, ein vertrauenswürdiges Urteil über die Gesamtaussage des Jahresabschlusses und die Normenkonformität der zeitwertspezifischen Einzelstandards und deren Prognosewerte abzugeben. Ohne die Veröffentlichung von Zusatzinformationen durch den Mandanten kann der Prüfer diesem Anspruch nicht gerecht werden, da Adressaten des Jahresabschlusses, und damit auch des Bestätigungsvermerks, das Zustandekommen (un)testierter Prognosewerte nicht nachvollziehen können. Daher ist es notwendig, daß die Adressaten über die vom Status quo *explizit* geforderten Anhangangaben hinausgehend, über getroffene Prognoseannahmen informiert werden. Schließlich soll der Anhang nach IAS 1.112(c) „Informationen liefern, die nicht in anderen Abschlussbestandteilen ausgewiesen werden, für das Verständnis derselben jedoch relevant sind". Insbesondere auf diese Aussage stützend, hat der Prüfer als Gestalter des Prüfungsprozesses nachfolgend dargestellte Anhangangaben zu fordern, welche die Prognoseproblematik hinsichtlich der Erfüllung des Prüfungsziels abmildern. Somit sind die Adressaten zu sensibilisieren, daß Prognosewerte vom Prüfer regelmäßig nicht als „richtig" oder „falsch" gewertet werden können.[189]

Nachfolgend werden daher an erster Stelle allgemeine Anhangangaben vorgestellt, welche die Bewertungshierarchie sowie das angewandte Bewertungsmodell betreffen. Diese Angaben bilden die Voraussetzung für die an zweiter und dritter Stelle genannten speziellen Anhangangaben, welche Prognoseannahmen in bezug auf die Zähler- und Nennergröße des Bewertungskalküls betreffen. Umfangreiche Prognoseprobleme bestehen schließlich lediglich auf der dritten Stufe der Bewertungshierarchie. Demgemäß gelten die dargestellten Anhangangaben unter Beachtung des Wesentlichkeitsgrundsatzes für *jede Klasse von Vermögenswerten*[190], die auf der

188 Vgl. ERNST&YOUNG, Fair Value (2005), S. 3.

189 Diesen Ausführungen liegt das Prognosebegriffsverständnis von BRETZKE zugrunde. Danach ist eine Prognose „eine Aussage über eine noch nicht existente Realität und kann als solche im Zeitpunkt ihrer Herleitung weder bestätigt noch widerlegt (d.h. weder als ‚wahr' noch als ‚falsch' bezeichnet) werden". BRETZKE, Überprüfbarkeit von Prognosen (1974), S. 293. Zum Prognosebegriff vgl. ferner auch ausführlich BRETZKE, Prognoseproblem (1975), S. 116 ff.

190 Unter „Klasse" werden nachfolgend ähnliche Vermögenswerte verstanden, die für die Darstellung im Jahresabschluß in Bilanzpositionen zusammengefaßt werden. Dabei liegt die Annahme zugrunde, daß ähnliche Vermögenswerte – in Abhängigkeit der Zugehörigkeit zum Anlage- bzw. Umlaufvermögen – auf gleiche Weise bilanziert werden. Darauf aufbauend wird vereinfachend angenommen, daß auf der dritten Hierarchiestufe zu treffende Ermessensentscheidungen oder Prognoseannahmen für eine Klasse von Vermögenswerten in gleicher Weise getroffen werden. Wäre dies nicht der Fall, wären für jeden Vermögenswert, der entsprechend zeitbewertet wird, eigenständige Anhangangaben erforderlich.

dritten Stufe der Bewertungshierarchie zeitbewertet wird.[191] An vierter Stelle werden weiterführende Anhangangaben gefordert, die ebenfalls einen Beitrag zur Abmilderung des Prognoseproblems leisten. Sofern IFRS 13 zukünftig ähnliche Anhangangaben vorsieht, wird dies nachfolgend an der entsprechenden Stelle vermerkt.

Als Ausgangspunkt prognosespezifischer Anhangangaben sind *erstens* folgende erläuternde Angaben unerläßlich:

1. Es ist eine Anhangangabe erforderlich, die für jede Klasse von Vermögenswerten zeigt, unter Bezugnahme *welcher Hierarchiestufe* der beizulegende Zeitwert ermittelt wird. Bislang ist diese Forderung nur explizit in IFRS 7 geregelt und somit ausschließlich von Finanzinstrumenten zu erfüllen.[192] Eine ähnliche Forderung, wenngleich auch abgemildert, ergibt sich aus IAS 16.77(d), bezogen auf die Neubewertung von Sachanlagen. Demgemäß ist der Umfang anzugeben, in dem die beizulegenden Zeitwerte auf der ersten, zweiten oder dritten Hierarchiestufe ermittelt werden. Diese Angabe ist unter Rückgriff auf IAS 1.112(c) aber zwingend für *alle* zum Zeitwert bewerteten Vermögenspositionen vorzunehmen und nicht auf Finanzinstrumente und die Neubewertung von Sachanlagen zu beschränken. Aus dieser Information wird schließlich ersichtlich, ob weiterführende Anhangangaben – wie in den nachfolgenden Punkten aufgezeigt – zu der zeitbewerteten Bilanzposition notwendig sind. Erfolgt die „Preisfindung" beispielsweise über einen aktiven Markt, sind folglich keine Angaben über getroffene Prognoseannahmen erforderlich, da diese auf gegenwärtigen Daten basiert.

2. Das von der Unternehmung *angewandte Bewertungsmodell* ist im Anhang offenzulegen.[193] Diese notwendige Anhangangabe darf nicht nur auf die Ausnahmefälle des Status quo beschränkt sein.[194] Die Forderung wird gestützt durch IAS 1.117(a), wonach „die bei der Aufstellung des Abschlusses herangezogene(n) Bewertungsgrundlage(n)" anzugeben ist/sind. Allerdings ergibt sich aus IAS 1.118, daß darunter nur die generellen Bewertungskonzeptionen, wie „z.B. historische An-

191 Diese Aussage gilt mit Ausnahme des erstgenannten Punktes uneingeschränkt für die nachfolgend dargestellten Anhangangaben.

192 Vgl. IFRS 7.27A i.V.m. IFRS 7.27B(a). Zukünftig ist die Hierarchiestufe, auf der die Wertermittlung erfolgt, auch gemäß IFRS 13.93(b) anzugeben.

193 Zukünftig ist das Bewertungsverfahren gemäß IFRS 13.93(d) für Bewertungen auf Stufe 2 und 3 (zusätzlich i.V.m. IFRS 13.93(g)) zu beschreiben.

194 Beispielsweise ist nach IAS 16.77(d) – allerdings nur im Fall der Neubewertung einer Sachanlage – die Bewertungstechnik anzugeben, sofern der Preis nicht am aktiven Markt ablesbar oder durch eine Vergleichstransaktion ermittelbar ist. Als weiteres Beispiel ist IAS 38.124(c) zu nennen. Demgemäß sind ausschließlich bei der Folgebewertung von immateriellen Vermögenswerten nach dem Neubewertungsmodell die Methoden anzugeben, die zur Schätzung des beizulegenden Zeitwerts geführt haben. Nach IFRS 7.27 sind für Finanzinstrumente die Methoden anzugeben, nach welchen der beizulegende Zeitwert bestimmt wird.

schaffungs- oder Herstellungskosten, Tageswert, Nettoveräußerungswert, beizulegender Zeitwert oder erzielbarer Betrag" verstanden werden. Hinsichtlich der Informationsvermittlung ist diese Angabe jedoch nicht ausreichend. Daher muß dem Abschlußadressaten zwingend dargelegt werden, mit welchem Bewertungsmodell innerhalb der Bewertungsgrundlage „beizulegender Zeitwert" auf der dritten Bewertungsstufe hantiert wird. Wie aufgezeigt, hat die Wahl des Bewertungsmodells regelmäßig Einfluß auf das Ergebnis. Warum das IASB in IAS 1.119 die Entscheidung dem „Management" überläßt, die Bewertungsgrundlage, sofern nicht von einem anderen Standard explizit gefordert, anzugeben, bleibt ein Rätsel.[195] Die finale Entscheidung, ob die entsprechende Information dem Verständnis des Abschlußadressaten dient, sollte dem Wirtschaftsprüfer obliegen. Schließlich hat dieser im Rahmen der Prüfungsdurchführung einen fundierten Einblick in die Wertfindung gewonnen und vermag das Verständnis der Adressaten unter diesen Umständen besser zu beurteilen als das „Management".

Zweitens werden darauf aufbauend spezielle Anhangangaben in bezug auf die *Zählergröße* des Bewertungskalküls gefordert:[196]

1. Die von der Unternehmungsleitung *getroffenen Prognoseannahmen* in bezug auf die Höhe und den zeitlichen Anfall von Zahlungsströmen sind im Anhang offenzulegen. *Zum einen* äußern sich diverse Einzelstandards zu dieser Forderung – jedoch nur in unbefriedigender Weise. Beispielsweise sind nach IAS 36.134(e)(i) die wesentlichen Annahmen zu beschreiben, die die Geschäftsleitung zur Wertermittlung heranzieht.[197] Allerdings werden erstens die anzugebenden Annahmen nicht konkret benannt. Es kann also nur die Vermutung geäußert werden, daß es sich um Annahmen in bezug auf das Bewertungskalkül handelt.[198] Zweitens bezieht sich diese Anhangangabe nach IAS 36.134(e) ausschließlich auf die Ausnahme, wenn „der erzielbare Betrag der [zahlungsmittelgenierenden] Einheit [...] auf dem beizulegenden Zeitwert abzüglich der Veräußerungskosten basiert". Ferner sind gemäß IAS 38.124(c) im Rahmen der Folgebewertung nach dem Neubewertungsmo-

195 Dieser Mangel wird durch IFRS 13 nicht behoben. Gemäß IFRS 13.92(d) entscheidet die bilanzierende Unternehmung darüber, ob zusätzliche Angaben notwendig sind, damit die Adressaten quantitative Informationen (besser) beurteilen können.

196 Gemäß IFRS 13.91(a) i.V.m. IFRS 13.93(d) sind neben den Bewertungstechniken auch die Eingangsparameter anzugeben, die der Bewertung zugrunde liegen. Eine Unterteilung in Parameter der Zähler- und Nennergröße ist nicht vorgesehen. Gemäß IFRS 13.93(d) i.V.m. IFRS 13.IE63 sind bei Bewertungen auf Stufe 3 quantitative Informationen über signifikante nicht-beobachtbare Eingangsfaktoren anzugeben. Zu diesen Faktoren vgl. zudem Abschnitt IV.3.2.1.

197 Durch die Ausstrahlungswirkung des IFRS 13 wird sich der Wortlaut dahingehend ändern, daß die Annahmen zukünftig nur noch anzugeben, aber nicht zu beschreiben sind.

198 Das gleiche Problem stellt sich nach IAS 41.47: Zwar sind die wesentlichen Annahmen anzugeben, die zur Ermittlung des beizulegenden Zeitwerts herangezogen werden, doch erfolgen keine konkreten Hinweise auf die Art der offenzulegenden Angaben.

dell die wesentlichen Annahmen, die zur Schätzung des beizulegenden Zeitwerts geführt haben, anzugeben. Daß sich diese auf die Höhe und den zeitlichen Anfall der Zahlungsströme zu beziehen haben, wird auch hier verschwiegen. Notwendige Mindestangaben, welche Annahmen explizit offenzulegen sind, liegen nicht vor. In bezug auf Finanzinstrumente fordert IFRS 7.27 Angaben, unter welchen Annahmen der „fair value" bei der Verwendung von Bewertungstechniken ermittelt wird. Hinsichtlich der Angabe von Abzinsungssätzen besteht aber überraschenderweise ein explizites Wahlrecht.[199] Immerhin schreibt der Standard vor, die Änderung von Bewertungstechniken zu nennen und zu begründen. Die voranstehenden Fälle beziehen sich lediglich auf spezielle Vermögenswerte. Die hier geforderten Angaben müssen jedoch für alle Vermögenswerte gelten, die über die dritte Stufe der Bewertungshierarchie bewertet werden. Da die speziellen Vorschriften nicht ausreichend sind und nicht für alle zeitbewerteten Positionen gelten, sind daher *zum anderen* die allgemeinen Vorschriften zu betrachten und auf ihre Eignung hin zu untersuchen, als Deduktionsgrundlage für die geforderten Angaben zu dienen. Zwar besteht nach IAS 1 bereits eine Vorschrift, die auf die in Rede stehende Forderung abzielt, doch ist diese mangelbehaftet und unvollständig. IAS 1.125 fordert, daß eine Gesellschaft „im Anhang die wichtigsten zukunftsbezogenen Annahmen anzugeben [hat] [...], durch die ein beträchtliches Risiko entstehen kann, dass innerhalb des nächsten Geschäftsjahres eine wesentliche Anpassung der Buchwerte der ausgewiesenen Vermögenswerte [...] erforderlich wird". Eine Anhangangabe an die „allgemeine" Voraussetzung des Wesentlichkeitsgrundsatzes zu knüpfen, mag noch einleuchten. Die Wesentlichkeit sollte sich allerdings an der absoluten oder relativen (in bezug auf die Bilanzsumme) Größe der zu bewertenden Bilanzposition orientieren und nicht an einer eventuellen Wertanpassung. Die „spezielle" Einschränkung in zeitlicher Hinsicht kann allerdings nicht überzeugen.[200] *Erstens* geht es nicht darum, ob sich im nächsten Geschäftsjahr wesentliche Änderungen ergeben. Der Abschluß dient dazu, über das vergangene Geschäftsjahr sowie die Verhältnisse am Abschlußstichtag Rechnung zu legen.[201] Daher sind auch die Prognoseannahmen offenzulegen, die zu dem jeweils angesetzten Wert führen (Stichtagsbetrachtung), und es ist zu erläutern, warum gerade diese und keine anderen Annahmen zugrunde gelegt werden. *Zweitens* sollte aufgrund der Ungewißheit der Zukunft ohnehin klar sein, daß sich die Annahmen, sowohl im nächsten Geschäftsjahr als auch in den darauf folgenden Jahren, nicht als absolut wahr erweisen werden. Gerade wenn im nächsten Geschäftsjahr ein wesentliches Anpassungsrisiko droht, der Bilanzierende also bereits bei der Abschlußerstellung von dem Eintritt des Risikos ausgeht, ist dies zum Bilanzstichtag im Rahmen der Annahmen über die Zukunft bereits zu berücksichtigen. Die Offenlegungspflicht des IAS 1.125 an diese zeitliche Restriktion zu knüpfen, ist daher irrational, da sie dem Grundge-

199 Vgl. hierzu die Ausführungen zu den Anhangangaben zur Nennergröße des Bewertungskalküls.

200 Diese Ansicht teilt auch LÜDENBACH. Vgl. LÜDENBACH, Anhang (2011), Rz. 52 f.

201 Vgl. BAETGE/KIRSCH/THIELE, Bilanzen (2011), S. 143.

danken einer Prognose widerspricht. Weshalb nur auf einen Zeithorizont von zwölf Monaten abgestellt wird, ist ebenfalls nicht nachvollziehbar. Wird mit wesentlichen Anpassungen der Buchwerte aufgrund eines signifikanten Risikos gerechnet, muß dies – über das Zwölf-Monats-Kriterium hinaus – bereits in der Prognose berücksichtigt werden.[202] Die Forderung des IASB, daß nur die Angabe jener Annahmen erforderlich ist, durch die ein beträchtliches Risiko entstehen kann, ist im Hinblick auf die Erreichung des Prüfungsziels nicht ausreichend. Um den in Rede stehenden Unklarheiten und Verwirrungen Einhalt zu gebieten, sind folglich klare Anhangangaben erforderlich. Der Prüfer muß dafür sorgen, daß der Mandant entsprechende Informationen im Anhang offenlegt. Dabei muß auf IAS 1.112(c) i.V.m. 1.129 rekurriert werden, wonach die von IAS 1.125 geforderten Anhangangaben in einer Weise zu tätigen sind, die es den Abschlußadressaten erleichtert, Entscheidungen „des Managements bezüglich der Zukunft und anderer wesentlicher Quellen von Schätzunsicherheiten zu verstehen" (IAS 1.129). Durch Anwendung dieser Paragraphenkette kann der Prüfer die Offenlegung von Angaben fordern, welche die getroffenen Prognoseannahmen über die Höhe und den zeitlichen Anfall von Zahlungsströmen unmißverständlich darlegen.

2. Die von der Geschäftsleitung ermittelten und zugrunde gelegten *Eintrittswahrscheinlichkeiten* der getroffenen und alternativen Prognoseannahmen sind im Anhang offenzulegen. Diese Zusatzinformationen sind notwendig, um aufzuzeigen, daß der Wertermittlung auch tatsächlich die wahrscheinlichsten Annahmen zugrunde liegen. Ferner wäre eine Begründung sinnvoll, wie die in Rede stehenden Eintrittswahrscheinlichkeiten ermittelt werden. Die aktuellen Standards verlangen entsprechende Angaben nicht explizit. Dennoch kann der Prüfer die Angabe fordern. Schließlich kann auf IAS 1.112(c) abgestellt werden, da die Eintrittswahrscheinlichkeiten wesentlicher getroffener Annahmen in keinem anderen Bestandteil des Abschlusses offengelegt werden, gleichwohl aber das Verständnis der im Abschluß dargestellten Werte fördern. Diese Vorgabe ist ebenfalls, wie auch im Rahmen der Annahmen über die Höhe und den zeitlichen Anfall von Zahlungsströmen, in Verbindung mit den Vorgaben des IAS 1.129 zu sehen. Schließlich hängen nach IAS 1.129 „Art und Umfang der gemachten Angaben [...] von der Art der Annahmen sowie anderen Umständen ab". Dieser Aspekt wird zwar nicht präziser erläutert, allerdings kann es sich bei den in dem Paragraphen genannten

202 Weswegen das IASB in IAS 1.130 ergänzt, daß der Standard „einem Unternehmen nicht die Angabe von Budgets oder Prognosen im Rahmen des Paragraphen 125" vorschreibt, bleibt ebenfalls ein Mysterium, da dem IASB geläufig sein sollte, daß Annahmen den wesentlichen Bestandteil einer Prognose bilden. LÜDENBACH spricht in diesem Zusammenhang von einer impliziten Schutzklausel, welche den Regelungszweck des IAS 1.125 konterkariert, wobei sich diese insbesondere auf Angaben über den Nutzungswert des derivativen Geschäfts- und Firmenwerts bezieht, da dieser i.d.R. auf der internen Unternehmungsplanung gründet, welche nicht offengelegt werden soll. Vgl., wie im folgenden, LÜDENBACH, Anhang (2011), Rz. 58. Daraus folgt, daß anstatt konkretisierender Angaben über den bilanzierten Wert pauschalierte Aussagen mit eingeschränktem Informationsgehalt erfolgen können.

Beispielen (a) bis (d) nicht um eine abschließende Aufzählung handeln.[203] Daher ist der Wortlaut dergestalt auszulegen, daß die „Umstände" die Angabe der Eintrittswahrscheinlichkeiten von Annahmen erfordern.

3. Sofern *potentielle Verkaufserlöse* in die Wertermittlung von Vermögenswerten einfließen, ist deren auf Prognosen basierende Ermittlung offenzulegen. Ist bei bestimmten Vermögenswerten hingegen ein Verkauf nicht vorgesehen, ist im Anhang darauf hinzuweisen, daß ein Verkaufserlös in der Wertermittlung nicht berücksichtigt wird. Auch diesbezüglich finden sich keinerlei Angaben in den Einzelstandards. Daher ist, wie auch in den voranstehenden Punkten, auf die impliziten Ausführungen des IAS 1.112(c) i.V.m. 1.129 zurückzugreifen.

4. Außerdem ist zwingend der der Bewertung zugrunde gelegte *Prognosehorizont* offenzulegen. Wie bereits dargestellt, äußern sich die Standards, mit Ausnahme von IAS 36, nicht zu dem Prognosezeitraum für Zahlungsströme. Das gleiche Bild zeigt sich auch in den Vorgaben zu den notwendigen Anhangangaben. So wird lediglich in IAS 36.134(d)(iii) gefordert, daß Angaben zu dem „Zeitraum, für den das Management die Cashflows geplant hat", notwendig sind. Diese Angabe bezieht sich konkret auf die Bewertung des erzielbaren Betrags von zahlungsmittelgenerierenden Einheiten, die einen Geschäfts- oder Firmenwert oder immaterielle Vermögenswerte mit unbegrenzter Nutzungsdauer enthalten, und ist daher nur bedingt als Richtwert brauchbar. Für den Prognosehorizont der Zahlungsströme ist hauptsächlich die geplante Restnutzungsdauer des Vermögenswerts maßgeblich.[204] Da zu unterstellen ist, daß den einzelnen Posten einer Gruppe von Vermögenswerten, beispielsweise innerhalb des Sachanlagevermögens, jeweils eine unterschiedliche Restnutzungsdauer zugrunde liegt, empfiehlt sich eine einfache verbale Angabe, daß bei der Prognose der Zahlungsströme jeweils die geplante Restnutzungsdauer der Posten als Prognosehorizont dient. Als Argumentationsgrundlage des Prüfers gegenüber dem Mandanten, daß diesbezüglich eine Anhangangabe erforderlich ist, ist auf IAS 1.112(c) i.V.m. 1.129 abzustellen.

Drittens sind spezielle Anhangangaben in bezug auf die *Nennergröße* des Bewertungskalküls notwendig:

1. Es sind zwingend Angaben über die zur *Ermittlung des Basiszinssatzes* getroffenen Annahmen offenzulegen, wie beispielsweise das Abstellen auf das CAPM. Angaben über die auf die Zahlungsstromprognosen angewandten Abzinsungssätze fin-

---

203 Vgl. auch LÜDENBACH, Anhang (2011), Rz. 57.

204 Dabei sind insbesondere die Vorgaben des IAS 1.60-76 zu beachten, die Unterscheidungskriterien für die Kurz- und Langfristigkeit von Bilanzpositionen regeln. Zur Objektivierung der wirtschaftlichen Nutzungsdauer i.S.d. Prognosezeitraums im speziellen Fall der Zeitbewertung immaterieller Vermögenswerte vgl. eingehend KASPERZAK/KALANTARY, Objektivierung Teil 1 (2011) sowie KASPERZAK/KALANTARY, Objektivierung Teil 2 (2011).

den sich in IAS 36.134(e)(v), der sich, wie oben erwähnt, auf den beizulegenden Zeitwert abzüglich der Verkaufskosten einer zahlungsmittelgenerierenden Einheit bezieht. Ferner wird in IAS 39.A82(a) umfänglich auf Möglichkeiten eingegangen, wie der Basiszinssatz zu ermitteln ist. Kurioserweise knüpft IFRS 7.27 die Offenlegung der Annahmen zu Zinssätzen – und somit die Offenlegung der gewählten Vorgehensweise – an das Ermessen des Rechnungslegenden. Diese Ermessensentscheidung überrascht aufgrund einer weiteren Forderung des Standards. Nach IFRS 7.27B(e) sind bei Bewertungen auf der dritten Hierarchiestufe Angaben zu tätigen, wenn die plausible Variation von Annahmen über die Einflußfaktoren zu einer wesentlichen Änderung des Zeitwerts führt. Da davon auszugehen ist, daß die ermessensbehaftete Variation der Annahmen über den Basiszinssatz in der Realität in erheblichen Zeitwertschwankungen mündet, wird der Rechnungslegende regelmäßig entsprechende Anhangangaben tätigen müssen. Folglich sollte in der Rechnungslegungspraxis diesbezüglich die Regelung des IFRS 7.27 keine Anwendung finden, da im Normalfall IFRS 7.27B(e) zum Tragen kommen wird. Davon abgesehen, soll diese Angabe nicht nur für Finanzinstrumente gelten, sondern muß vermögenswertübergreifend getätigt werden. Folglich hat der Prüfer grundsätzlich Sorge dafür zu tragen, daß die Annahmen, die zur Ermittlung des Basiszinssatzes getroffen werden, in den Anhang einfließen. Beispielsweise muß angegeben werden, welcher Referenzzinssatz als Grundlage herangezogen wird und wie daraus schließlich der Basiszinssatz abgeleitet wird.[205] Diese Information ist von großer Wichtigkeit, da sich die Ermittlungsart wesentlich auf die Höhe des Basiszinssatzes und letztendlich auf den Zeitwert auswirkt.[206] Im Schrifttum wird vorgeschlagen, den Basiszinssatz über periodenspezifische Zinssätze („spot rates“) zu ermitteln, die von der Deutschen Bundesbank und der Europäischen Zentralbank mit Hilfe des SVENSSON-Verfahrens berechnet und regelmäßig veröffentlicht werden.[207] Unter dem Gesichtspunkt der Verläßlichkeit ist dieses Verfahren bei Rückgriff auf die Daten der genannten Institutionen vergleichsweise unproblematisch.[208] Dies bezieht sich gleichwohl auf die Prüfbarkeit. Aufgrund der nicht existenten expliziten Regelungen in den zeitwertrelevanten Standards ist auch an dieser Stelle auf die allgemeinen Regelungen des IAS 1 zurückzugreifen. Um die Offenlegung entsprechender Angaben zu forcieren, hat der Abschlußprüfer auf IAS 1.126 abzustellen, wonach „[z]ur Bestimmung der Buchwerte bestimmter Vermögenswerte […] eine Schätzung der Auswirkungen ungewisser künftiger Ereignisse auf solche Vermögenswerte […] am Abschlussstichtag erforderlich“ ist.[209] Dem Wortlaut des Paragraphen folgend, umfaßt diese Schätzung auch

205 Vgl. auch BAETGE, DCF-Kalkül (2009), S. 19.

206 Vgl. die Ausführungen in Abschnitt IV.1.2.3.

207 Vgl. insbesondere BAETGE, DCF-Kalkül (2009), S. 19 f. sowie das dort angeführte Schrifttum.

208 Vgl. HAßLINGER, IFRS-Rechnungslegung (2011), S. 154 und die dort angeführte Literatur.

209 Zwar wird in IAS 1.126 nur von der Ermittlung des „erzielbaren Betrag[s] bestimmter Gruppen von Sachanlagen“ gesprochen, doch handelt es sich zweifelsohne nicht um eine abschließende

Abzinsungssätze. Entscheidend ist, daß die angewandte Methode zur Zinssatzermittlung sowie damit einhergehende Annahmen im Anhang transparent dargelegt werden.

2. Ferner sind Angaben über die getroffenen Annahmen zur Bestimmung der *Marktrisikoprämie* zu tätigen. Auch hier muß der Abschlußprüfer seine Forderung nach transparenten Anhangangaben auf die Regelungen des IAS 1 abstellen. IAS 1.126 bezieht sich im Rahmen der Schätzung der Auswirkungen unsicherer Ereignisse auch auf die Angabe von „Annahmen über Faktoren wie Risikoanpassungen von Cashflows". Da die Risikoprämie – wie in IV.1.2.3 dargelegt – stets subjektiv zu schätzen ist, sind die im Rahmen der Schätzung getroffenen Annahmen offenzulegen, damit die subjektiven Determinanten nachzuvollziehen sind. Entscheidend ist, daß der Mandant die Annahmen bei gleichartigen Vermögenswerten in gleicher Weise trifft. Dies ist im Rahmen der Prüfung festzustellen. Ist dieser Punkt gewährleistet, erscheint die Erklärung im Anhang ausreichend, wie die Annahmen für jede Klasse von Vermögenswerten getroffen werden und warum keine anderen Annahmen zur Ermittlung der Marktrisikoprämie herangezogen werden.

Viertens sind durch den Abschlußprüfer, losgelöst von der Unterscheidung zwischen zähler- und nennerabhängigen Anhangangaben, weitere Angaben zu fordern, welche zur Abmilderung der Prognoseproblematik beitragen:

1. Die Erwartungen der Adressaten hinsichtlich einer „richtigen" Bilanzierung müssen gedämpft werden: Das Zeitwertkonzept der IFRS kann auf der dritten Stufe der Bewertungshierarchie nicht zu exakten Werten führen. Demnach muß im Anhang auf diese Unzulänglichkeit hingewiesen werden. Es ist anzudeuten, „dass viele Ansätze und Werte das Ergebnis von Interpretationen und Schätzungen sind, die auch deutlich anders hätten ausfallen können"[210]. Entscheidend ist, daß die von den Rechnungslegungsregelungen tolerierten *Wertbandbreiten* für Vermögenswerte offengelegt werden, um aufzuzeigen, welchen Wert der beizulegende Zeitwert jeweils einnehmen könnte.[211] Es existiert eine ähnliche Forderung in IAS 40.78(c), wonach „die Schätzungsbandbreite, innerhalb derer der beizulegende Zeitwert höchstwahrscheinlich liegt", anzugeben ist. Allerdings bezieht sich diese Angabe auf den Ausnahmefall, daß eine als Finanzinvestition gehaltene Immobilie nach dem Anschaffungskostenmodell gemäß IAS 16 bewertet wird und der beizulegende Zeitwert gemäß IAS 40.53 nicht verläßlich bestimmbar ist. IAS 41.54(c) verlangt ebenfalls die Angabe von Schätzungsbandbreiten, innerhalb welcher der

Betrachtung, da der erzielbare Betrag nur „beispielsweise" genannt wird. Somit ist IAS 1.126 auslegungsbedingt auf alle Ausprägungsformen des beizulegenden Zeitwerts anwendbar.

210 LÜDENBACH, Anhang (2011), Rz. 63.

211 Auch BRÜGGEMANN empfiehlt die Angabe von Wertbandbreiten im Anhang, wenn Bewertungsunsicherheiten vorliegen. Vgl. BRÜGGEMANN, Berichterstattung im Anhang (2007), S. 98 f. sowie das dort angeführte Schrifttum.

beizulegende Zeitwert höchstwahrscheinlich liegt, sofern dies bei biologischen Vermögenswerten möglich ist. Auch hier gilt es aufgrund der Wichtigkeit der Information, losgelöst von Ausnahmefällen, eine allgemeine Angabepflicht für alle auf der dritten Stufe ermittelten beizulegenden Zeitwerte zu fordern, sofern diese wesentlich sind. Auf diese Weise wird erkenntlich, welche Bilanzpositionen wegen zu treffender Prognoseannahmen besonders anfällig für Schätzungen sind. In diesem Zusammenhang ist folgendem Vorschlag von BRÖSEL/ZWIRNER uneingeschränkt zuzustimmen. Wird im Rahmen der Wertfindung oder bei der anschließenden Prüfung festgestellt, „daß ein anderer Punkt innerhalb der Bandbreite mindestens genauso akzeptabel ist, sollte im Anhang auch hierüber berichtet werden“[212]. Aufgrund der nicht existenten expliziten Regelungen in den Standards ist erneut auslegungsbedingt auf IAS 1.112(c) i.V.m. 1.129[213] abzustellen, um die Offenlegung dieser Anhangangaben durchzusetzen. Mit Hilfe der Wertbandbreite und den weiteren Informationen wird dem Adressaten letztendlich die Beurteilung, ob ein angesetzter Zeitwert tatsächlich plausibel ist, ermöglicht.

2. Des weiteren sind *Sensitivitätsangaben* zu den Schätzwerten offenzulegen.[214] Von den speziellen Standards werden Sensitivitätsangaben – auch wenn sie dort nicht auf diese Weise benannt sind – von IFRS 7.27B(e) gefordert: Wenn sich bei der Bewertung auf der dritten Hierarchieebene durch plausible Änderungen der Einflußgrößen erhebliche Änderungen im Zeitwert ergeben, ist dies im Anhang anzugeben, wobei auch auf die Auswirkungen der Änderungen einzugehen ist.[215] Ferner sind nach IFRS 7.40 f. Anhangangaben zu Sensitivitätsanalysen im Rahmen der quantitativen Berichterstattung über Marktpreisrisiken erforderlich.[216] Nach IFRS 7.40(b) sind insbesondere „die bei der Erstellung der Sensitivitätsanalyse verwendeten Methoden und Annahmen“ anzugeben. Abgesehen von dem Spezifikum für Finanzinstrumente liegt in den allgemeinen Regelungen des IAS 1 eine

212 BRÖSEL/ZWIRNER, Goodwill (2009), S. 202.

213 Zwar wird in IAS 1.129(c) explizit auf die Angabe von Bandbreiten eingegangen, doch bezieht sich diese Angabe lediglich auf „die Bandbreite der vernünftigerweise für möglich gehaltenen Gewinn[e] und Verlust[e] innerhalb des nächsten Geschäftsjahres“, die sich aus den Buchwerten der Vermögenswerte ergeben. Vielmehr ist an dieser Stelle jedoch erneut auf die Zeitpunktbetrachtung der Bilanz hinzuweisen. Demnach ist dem Abschlußadressaten zunächst aufzuzeigen, welche potentiellen Werte der beizulegende Zeitwert zum Stichtag einnehmen könnte. Daß in einem nachgelagerten Schritt aus unterschiedlichen Buchwerten zukünftig unterschiedliche Aufwendungen oder Erträge resultieren, liegt auf der Hand. Da es sich, wie bereits erwähnt, bei den in IAS 1.129 genannten Beispielen nicht um eine abschließende Aufzählung handeln kann und Bandbreiten – wenn auch zweckentfremdet – exemplarisch genannt werden, kann die geforderte Anhangangabe problemlos aus diesem IAS abgeleitet werden.

214 Gemäß IFRS 13.93(h)(i) haben für wiederkehrende Zeitwertermittlungen auf Stufe 3 Sensitivitätsangaben zu erfolgen.

215 Diese Forderung ergibt sich zukünftig auch aus IFRS 13.93(h)(ii).

216 Zu den Besonderheiten nach IFRS 7 vgl. SCHÖN, Sensitivitätsanalysen nach IFRS 7 (2011).

explizite Forderung nach Sensitivitätsangaben vor. Nach IAS 1.129(b) sind Angaben in bezug auf „die Sensitivität der Buchwerte hinsichtlich der Methoden, der Annahmen und der Schätzungen, die der Berechnung der Buchwerte zugrunde liegen[,] unter Angabe der Gründe für die Sensitivität" erforderlich. Allerdings wird diese Forderung durch IAS 1.131 relativiert, da auf Sensitivitätsangaben verzichtet werden kann, wenn der Umfang der Auswirkungen einer geänderten Annahme auf den Buchwert nicht ermittelbar ist. Allerdings ist dieser Fall sehr unrealistisch: Wie dargestellt, beziehen sich die zu treffenden Annahmen letztendlich auf Rechengrößen, die entweder den Zähler oder den Nenner des Bewertungskalküls betreffen. Ändert sich gegenüber der originären Rechnung eine Annahme, ändert sich auch mindestens eine Rechengröße. Die Wertermittlung mit der neuen Rechengröße wird ceteris paribus in einem gegenüber der ersten Rechnung abweichenden beizulegenden Zeitwert münden. Losgelöst von dieser kuriosen Angabe sind Sensitivitätsangaben im Anhang immer dann notwendig, wenn die normengerechte Variation von Prognoseannahmen zu einer großen Wertstreuung führt. Resultieren aus einer Variation wesentliche Wertschwankungen, ist eine verläßliche Wertermittlung zu bezweifeln. Wird auf die allgemeine Forderung des IAS 1.129(b) abgestellt, hat der Prüfer stets Sorge dafür zu tragen, daß entsprechende Sensitivitätsangaben vom Mandanten getätigt werden, damit die Adressaten des Jahresabschlusses adäquat über Schätzunsicherheiten informiert werden.[217] Auf diese Weise kann belegt werden, daß für die Wertfindung die plausibelsten oder wahrscheinlichsten Annahmen herangezogen werden. Gleichwohl wird dem Adressaten offenbart, daß der „fair value" einen anderen Wert annehmen kann, wenn der Wertfindung andere, wenngleich aber weniger plausible oder wahrscheinliche Annahmen zugrunde gelegt werden.

Vor dem Hintergrund der obigen Ausführungen kann damit im Ergebnis festgehalten werden, daß die prognosespezifischen Anhangangaben, wenn nicht aufgrund einer expliziten Nennung, spätestens aufgrund der Auslegung der allgemeinen Vorschriften vom Prüfer gefordert werden müssen. Daher hat der Wirtschaftsprüfer als Gestalter des Prüfungsprozesses in einem *ersten Schritt* zu prüfen, ob die entsprechenden Angaben getätigt werden und den tatsächlichen Verhältnissen entsprechen. Im Falle negativer Feststellungen ist der Mandant in einem *zweiten Schritt* auf fehlende bzw. falsche Anhangangaben hinzuweisen und dazu aufzufordern, fehlende Angaben nachzuholen bzw. falsche Angaben zu korrigieren. Auf diese Weise wird gewährleistet, daß alle wesentlichen Angaben, auch jene, die eigentlich von dem Ermessen der Geschäftsführung abhängen, im Anhang offengelegt sind. Bei einem stringenten Vorgehen des Prüfers werden keine zeitwertrelevanten Informationen vernachlässigt, was zu einer adäquaten Unterrichtung der Adressaten über Prognosewerte führt. Die berechtigten Bedenken von BRÜGGEMEMAN, daß die Adressaten aufgrund der bestehenden Regelungen nicht ausreichend über Schätzunsicherheiten informiert werden, kön-

217 Zur Angabe von Schätzunsicherheiten vgl. auch ERNST&YOUNG, Fair Value (2005), S. 3.

nen durch das dargelegte prüferische Vorgehen ausgeräumt werden.[218] Das eingangs erwähnte Mindestmaß an Verläßlichkeit wird somit erreicht. Zunächst ist jedoch zu diskutieren, ob der Prüfer – da eine vermögenswertspezifische explizite Nennung in den allgemeinen Vorschriften fehlt – die auslegungsbedürftigen Anhangangaben überhaupt „durchsetzen" kann. Faktisch besteht die Möglichkeit, daß der Prüfer es nicht vermag, den Mandanten von implizit geforderten Anhangangaben zu überzeugen. Erstens kann der Rechnungslegende hinsichtlich der Interpretation der Standards eine andere Auffassung vertreten. Zweitens wird durch die geforderten Anhangangaben ein tiefer Einblick in die Bilanzpolitik gewährt. Prinzipiell haben bilanzierende Unternehmungen redlich kein Interesse, ihre Bilanzpolitik „preiszugeben"[219].[220] Um die Mängel der Rechnungslegungsnormen abzumildern, darf der Prüfer auf derartige Bedenken hingegen keine Rücksicht nehmen. Schließlich ist es sein Interesse und sein Auftrag, dem Prüfungszweck nachzukommen. Dies bedarf sowohl der Auslegung von Rechnungslegungsregelungen als auch der Diskussion mit dem Mandanten bei Zweifelsfragen. Wird die Konfrontation hingegen gescheut,[221] auslegungsbedürftige Anhangangaben einzufordern, beispielsweise wenn ein „Konsens" nur über die Drohung der Einschränkung oder Versagung des Bestätigungsvermerks erzielt werden könnte, muß der Berufsstand alternative Maßnahmen ergreifen, sofern das Prüfungsziel erreicht werden soll. Alternativ müßten vom Standardsetzer in bezug auf Prognosewerte neue einheitliche und explizite Anhangangaben gefordert werden, die nicht dem Ermessen der Geschäftsleitung unterliegen.[222] Durch die Aufnahme der in Rede stehenden Angaben in die IFRS könnte die Diskussion vermieden werden, welche Informationen verpflichtend offenzulegen sind und welche nicht.[223] Allerdings wird es zum einen schwieriger sein, vom IASB neue Pflichtangaben zu verlangen, als eine zweckgerichtete Diskussion mit dem Mandanten zu suchen, entsprechende Angaben zu tätigen. Ohnehin werden sich die geforderten Angaben häufig auf Einzelfälle beschränken. Gleichwohl ist der Umfang der geforderten An-

---

218 Vgl. BRÜGGEMANN, Berichterstattung im Anhang (2007), S. 98.

219 MÜLLER/SUTTNER, Pflichtrotation (2011), S. 12.

220 Es ist zu berücksichtigen, daß die bilanzierende Unternehmung die Absicht verfolgen mag, Zeitwerte bewußt auf die gewählte Weise anzusetzen und keinerlei Nutzen darin sieht, Informationen zur Verfügung zu stellen, die über das von den IFRS explizit geforderte Maß hinausgehen. So kann die Befürchtung bestehen, daß ausschließlich die Konkurrenz Adressat derartiger Anhangangaben ist. Vgl. HAAKER/FREIBERG, Aufblähung des Anhangs (2011), S. 79.

221 Freilich spielt dabei die Befürchtung, einen Mandanten zu verlieren, eine entscheidende Rolle.

222 IFRS 13.92(d) mißachtet diese Forderung hingegen.

223 Durch die Verankerung entstünde überdies ein stärkeres prüferisches Druckmittel: Der Rechnungslegende kann sich der Veröffentlichung der notwendigen Informationen spätestens dann nicht mehr entziehen, wenn explizite Vorgaben entsprechende Anhangangaben fordern. Denn fehlen im Abschluß durch die Rechnungslegungsnormen geforderte Anhangangaben, liegt unstreitig ein Verstoß vor, der zwingend und nicht nur auslegungsbedingt im Prüfungsurteil zu würdigen ist. Schließlich ist davon auszugehen, daß der Prüfer bei Auslegungsspielräumen das Fehlen von Angaben eher akzeptieren wird.

gaben freilich von dem Umfang abhängig, in dem auf der dritten Hierarchieebene zeitbewertet wird.[224] Zum anderen sind neue Anhangangaben in den Standards nicht zwingend erforderlich, da die geforderten Punkte durch die bestehenden Regelungen – wenn auch nur implizit – bereits abgedeckt werden. Es ist die Aufgabe des pflichtbewußten Prüfers, deren Einhaltung mit Nachdruck sicherzustellen.

Nachdem festgestellt wurde, daß der Prüfer die Angaben durchsetzen kann, sind die sich daraus ergebenden *Vorteile* aufzuführen. Indem aufgrund der Erkenntnisse des laufenden Prüfungsprozesses die genannten Anhangangaben gefordert werden, kann der Prüfer maßgeblich dazu beitragen, daß durch die Rechnungslegungsnormen tolerierte entobjektivierte Bandbreitenwerte objektiver ausgestaltet werden, da notwendige Hintergrundinformationen über die Bildung von Prognoseannahmen geliefert werden. Ein weiterer Vorteil ist, daß den Jahresabschlußadressaten plausibel dargelegt wird, warum der angesetzte und nicht ein anderer Wert aus der möglichen Bandbreite gewählt wurde. Positiv im Hinblick auf die Problemlösung ist ferner, daß der Anhang nach IFRS gemäß IAS 1.10 ein Pflichtbestandteil des Abschlusses ist. Demnach sind die geforderten zeitwertspezifischen Zusatzangaben „unabhängig von der Rechtsform und der Unternehmensgröße“[225] von allen IFRS-Anwendern gleichermaßen zu erfüllen, so daß sich diesen niemand entziehen kann.[226]

Diesen Vorteilen stehen jedoch auch *Nachteile* gegenüber. Zunächst ist festzuhalten, daß die von den IFRS im Anhang geforderten Angabe- und Erläuterungspflichten wesentlich detaillierter und umfangreicher sind als im deutschen Handelsrecht.[227] Dies führt regelmäßig dazu, daß der Anhang eines IFRS-Abschlusses immense Ausmaße annimmt, was mit dem Erreichen des Informationszwecks begründet wird.[228] Je

---

224 Ferner wird nicht jede prognoseabhängige Wertfindung für den Jahresabschluß wesentlich sein. Ist eine Bilanzposition jedoch wesentlich und liegen dieser die angeführten Prognoseannahmen zugrunde, muß der Prüfer für eine entsprechende Anhangangabe sorgen.

225 BAETGE/KIRSCH/THIELE, Bilanzen (2011), S. 722.

226 Durch diesen – aus Sicht der Prüfbarkeit vermeintlichen – Vorteil sollen keineswegs die Bestrebungen des IASB (und z.T. der EU) zur Einführung der IFRS für KMU gutgeheißen werden. Vielmehr ist sich der Meinung von SCHILDBACH/GROTTKE anzuschließen, welche die gegenwärtigen Bestrebungen kritisieren, vgl. SCHILDBACH/GROTTKE, Gefahr für den Mittelstand (2011). Zur Vorgehensweise der Konsultation der EU-Kommission in bezug auf die Übernahme der IFRS für KMU vgl. kritisch SCHILDBACH, IFRS (2011). Unkritisch über tagesaktuelle Informationen zu den IFRS für KMU unterrichten die Netzseiten der IFRS FOUNDATION. Vgl. IFRS FOUNDATION, IFRS for SMEs (2011).

227 Vgl. BOECKER/REUTER/ZWIRNER, Umstellung der Rechnungslegung (2009), S. 81 sowie BIEG/HOSSFELD/KUßMAUL/WASCHBUSCH, IFRS (2009), S. 136 und 567.

228 Vgl. BOECKER/REUTER/ZWIRNER, Umstellung der Rechnungslegung (2009), S. 81. Zu einer allgemeinen Übersicht über den IFRS-Anhang und dessen Inhalte vgl. ausführlich DRIESCH, Anhang (2009). Zu der Tatsache, daß IFRS-Anhänge inhaltlich überladen sind sowie zu den nachteiligen Wirkungen zu großer Informationsmengen vgl. LÜDENBACH, Anhang (2011), Rz. 66-69. Im Schrifttum ist aber auch die Auffassung zu finden, daß umfangreiche Anhangangaben nicht

mehr Angaben erforderlich sind, desto größer ist die Informationsflut und freilich auch der Prüfungsaufwand. Durch die geforderten Zusatzangaben zur Zeitwertbilanzierung wird diese Situation selbstredend verschärft. Zudem legt der Rechnungslegende einen Teil seiner Bilanzpolitik offen. Daher mag die in Rede stehende Forderung auf den ersten Blick abstrus erscheinen. Doch ein noch umfangreicherer Anhang sowie ein damit einhergehender höherer Prüfungsaufwand sind der zu zahlende Preis dafür, wenn das Zeitwertkonzept der bestehenden Rechnungslegungsregelungen akzeptiert wird, gleichzeitig aber dem Erreichen des Prüfungszwecks näher zu kommen ist. Demnach ist würdigend festzuhalten, daß die genannten Vorteile im Hinblick auf die Erreichung des Prüfungszwecks die Nachteile überwiegen.

Da Angaben in bezug auf Schätzunsicherheiten entweder häufig fehlen oder unkonkret und damit kaum von Nutzen sind,[229] sei der Berufsstand dazu aufgefordert, künftig sicherzustellen, daß die angeführten Anhangangaben getätigt werden. Ferner muß jeder wesentliche zeitbewertete Bilanzposten nach IAS 1.113 „mit einem Querverweis auf sämtliche zugehörigen Informationen im Anhang versehen“ werden, damit die in der Bilanz ausgewiesenen Zeitwerte durch die Detailinformationen im Anhang „entschlüsselt“ werden können. Indem auf diese Weise bessere Einblicke in die potentiellen Bandbreitenwerte sowie das Zustandekommen eines Punktwerts gewährt werden, kann das Urteil des Prüfers über die Zeitwerte besser nachvollzogen und daher auch eher als vertrauensvoll empfunden werden. Folglich kann somit ein Beitrag zur Verbesserung der Prüfbarkeit beizulegender Zeitwerte geleistet werden.

2.2.1.2 Die Existenz von Ermessensspielräumen

In Abschnitt IV.1.2.4 wurde dargelegt, daß die Bewertungshierarchie zur Ermittlung eines beizulegenden Zeitwerts auf jeder Stufe Ermessensentscheidungen zuläßt. Die Fülle dieser Ermessensentscheidungen verändert das Bilanzbild[230] und konterkariert die Prüfbarkeit beizulegender Zeitwerte. Demnach ist zu untersuchen, inwieweit dieses Problem im Rahmen der Prüfungsdurchführung abgemildert werden kann. Wie auch die Prognoseproblematik kann das Problem der Existenz von Ermessensspielräumen durch prüferische Handlungen nicht gänzlich ausgeräumt werden. Nachfolgend werden jedoch Möglichkeiten aufgezeigt, die im Rahmen des Prüfungsprozesses zu ergreifen sind, um zumindest die Transparenz ermessensbehafteter Werte zu erhöhen. Dies ist primär in Form weiterführender Anhangangaben zu gewährleisten.

---

zwangsläufig von Nachteil sind. Vgl. HAAKER/FREIBERG, Aufblähung des Anhangs (2011), S. 80.

229 Vgl. insbesondere BRÜGGEMANN, Berichterstattung im Anhang (2007), S. 99.

230 Vgl. KÜTING, Bilanzpolitik (2005), S. 505.

Zunächst sind die vom Mandanten getroffenen Ermessensentscheidungen, insbesondere im Hinblick auf das Prüfungsurteil, zu dokumentieren. In einem nächsten Schritt ist der Mandant dahingehend zu sensibilisieren, daß bei Wesentlichkeit der ermessensbehafteten Werte Hintergrundinformationen in Form von Zusatzangaben im Anhang erforderlich sind, um die Wertfindung beizulegender Zeitwerte objektiver darzustellen. Während die Anhangangaben zu Prognosen vor allem die dritte Stufe der Bewertungshierarchie betreffen, können sich Anhangangaben zu Ermessensspielräumen aus allen Hierarchiestufen ergeben. Dies wird im Anschluß, den Schritten der Ermittlungshierarchie sukzessive folgend, aufgeführt.

Auf jeder Stufe der Bewertungshierarchie ist es dem Rechnungslegenden möglich, wertbeeinflussende Ermessensentscheidungen zu treffen. Erfolgt die Ermittlung eines beizulegenden Zeitwerts für einen Vermögenswert auf der *ersten Hierarchiestufe*, muß der Prüfer feststellen, von welchem Handelsplatz der der Wertfindung zugrundeliegende Preis stammt, um beurteilen zu können, ob es sich tatsächlich um einen aktiven Markt i.S.d. IFRS handelt. In bezug auf das an dieser Stelle vorliegende Ermessen ist eine allgemeine Anhangangabe zu empfehlen, welche die Kriterien umfaßt, mit Hilfe derer der Rechnungslegende die Vorlage eines aktiven Marktes innerhalb der Vorgaben der IFRS eingrenzt. Schließlich sind die Bedingungen für das Vorliegen eines aktiven Marktes sehr weit gefaßt.[231] Liegt ein aktiver Markt vor, können durchaus verschiedene Handelsplätze zur Preisfindung in Frage kommen. Die Auswahl des Handelsplatzes ist ebenfalls mit Ermessen behaftet und kann den beizulegenden Zeitwert unmittelbar beeinflussen. Daher ist eine Angabe empfehlenswert, ob bei der Wertfindung regelmäßig, beispielsweise aus Vereinfachungsgründen, auf denselben Handelsplatz zurückgegriffen oder stets fallindividuell auf denjenigen Handelsplatz abgestellt wird, bei dem zum Stichtag die „höchsten“ Preise für den Vermögenswert zustande kommen.[232]

Die vermögenswertspezifischen Standards fordern keine der genannten Angaben. Allerdings enthalten die allgemeinen Regelungen des IAS 1 Vorschriften zur Offenlegung von Ermessensentscheidungen. Nach IAS 1.122 hat eine Unternehmung im Anhang „anzugeben, welche Ermessensentscheidungen [...] das Management bei der

231 Vgl. beispielsweise IAS 36.6. Die Abgrenzung eines aktiven Marktes von einem illiquiden Markt ist weder in den IFRS noch im deutschen Handelsrecht klar geregelt. Sie ist stets produktabhängig, also insbesondere unter Beachtung der Laufzeit des entsprechenden Vermögenswerts vorzunehmen. Vgl. hierzu IDW, RS BFA 2 (2010), Rz. 41. In bezug auf Finanzinstrumente nennt das IDW folgende Kriterien, die für einen nicht (mehr) aktiven Markt sprechen: eine signifikante Ausweitung der Geld-Brief-Spanne, einen erheblichen Rückgang der Handelsvolumina, insbesondere im Verhältnis zu den in der Vergangenheit gehandelten Volumina, bedeutsame Preisschwankungen im Zeitablauf oder zwischen Marktteilnehmern sowie die Tatsache, daß Preise nicht laufend zur Verfügung stehen. Vgl. EBENDA, Rz. 41.

232 Dies führt tendenziell zu einem höheren Ansatz der Aktiva. Werden zeitzubewertende Passiva vice versa parallel mit dem „niedrigsten“ Preis angesetzt, führt dies ceteris paribus zu einer Ausweitung der Bilanzsumme bei gleichzeitigem Anstieg des Eigenkapitals.

Anwendung der Rechnungslegungsmethoden getroffen hat und welche Ermessensentscheidungen die Beträge im Abschluss am wesentlichsten beeinflussen". Das IASB stellt in IAS 1.123 fest, daß die „Anwendung der Rechnungslegungsmethoden [...] verschiedenen Ermessensausübungen des Managements [unterliegt] [...], die die Beträge im Abschluss erheblich beeinflussen können" und nennt in IAS 1.123(a)-(d) Beispiele für solche Ermessensentscheidungen. Da es sich nicht um eine abschließende Aufzählung handelt, hat der Prüfer bei der Forderung nach den genannten Zusatzangaben auf IAS 1.112(c) i.V.m. 1.122 und 1.123 abzustellen.

Ermittelt der Rechnungslegende den Zeitwert eines Vermögenswerts nicht über die erste Hierarchiestufe, muß der Prüfer entsprechende Nachweise einholen, daß zum Bewertungsstichtag kein aktiver Markt i.S.d. IFRS vorliegt. Diesbezüglich ist unter Rückgriff auf die oben genannte Paragraphenkette eine Anhangangabe zu tätigen.[233] Außerdem sei an die erstgenannte Anhangangabe in IV.2.2.1.1 erinnert. Es empfiehlt sich, diese beiden Aspekte zu kombinieren: So ist nicht nur die Hierarchiestufe, in der der beizulegende Zeitwert ermittelt wird, anzugeben, sondern es sind auch die Gründe dafür zu nennen, warum in dem Subordinationsverhältnis auf die zweite oder dritte Stufe zurückgegriffen wird. Liegen für die Bewertung einer Klasse von Vermögenswerten keine Preise auf einem aktiven Markt vor, könnte aufgrund der Vorschriften der IAS 1.112(c) i.V.m. 1.122 und 1.123 beispielsweise folgende Formulierung für eine Anhangangabe gewählt werden: Da für die Klasse von Vermögenswerten Preise auf einem aktiven Markt nicht existieren, werden die beizulegenden Zeitwerte mit Hilfe sachlicher (oder zeitlicher) Vergleichspreise bestimmt.

Erfolgt die Wertermittlung über die *zweite Hierarchiestufe*, sind zudem weitere Anhangangaben erforderlich. Im Falle *zeitlicher Vergleichspreise* hat der Prüfer zunächst Nachweise darüber einzuholen, wie alt die Referenzpreise sind, um sicherzustellen, daß tatsächlich die jüngsten Transaktionen als Vergleich herangezogen werden. Im Anschluß ist rekurrierend auf IAS 1.112(c) i.V.m. 1.122 und 1.123 für eine Anhangangabe zu sorgen, welche die in Rede stehende Referenztransaktion unter Angabe des Transaktionsdatums nennt. Außerdem ist anzugeben, welche Beurteilungskriterien zur Feststellung des jüngsten Markttransaktionspreises herangezogen werden, da die Auswahl des „passenden" Transaktionspreises schließlich im Ermessen des Bilanzierenden liegt.[234] Beispielsweise ist entscheidend, ob sich die Suche nach einem Vergleichspreis auf den deutschen Markt beschränkt. Ferner ist entscheidend, wie die rechnungslegende Unternehmung sicherstellt, daß sich zwischen dem Referenzzeitpunkt und dem Abschlußstichtag die wirtschaftlichen Rahmenbe-

233 Gemäß IFRS 13.91(a) i.V.m. IFRS 13.93(d) sind bei Bewertungen auf Stufe 2 und 3 die Bewertungstechniken und die Eingangsparameter, die der Bewertung zugrunde liegen, sowie Änderungen der Bewertungsverfahren anzugeben. Welche Eingangsparameter anzugeben sind, wird jedoch nicht erwähnt. Die nachfolgenden Darstellungen zeigen die notwendigen Angaben zu Bewertungsparametern indes auf.

234 Vgl. diesbezüglich die Ausführungen in Abschnitt IV.1.2.4.

dingungen nicht wesentlich geändert haben.[235] Entsprechend ist im Falle *sachlicher Vergleichspreise* zu verfahren. Es ist ebenfalls auf die genannte Paragraphenkette zurückzugreifen, um erstens die Tatsache darzulegen, daß der beizulegende Zeitwert mittels eines sachlichen Vergleichspreises bestimmt wird und um zweitens Angaben zu der Referenztransaktion zu tätigen. Dem Jahresabschlußadressaten muß im Anhang aufgezeigt werden, warum sich der Rechnungslegende für die gewählte Vergleichstransaktion entschieden hat. Schließlich können unterschiedliche sachliche Vergleichstransaktionen in Frage kommen.

Für den seltenen Fall, daß Vergleichspreise vorliegen, sind außerdem Angaben zu vorgenommenen Preiszu- bzw. Preisabschlägen notwendig, da diese wegen unternehmungsindividueller Anpassungen regelmäßig mit Ermessen behaftet sind. Da die speziellen Vorgaben der IFRS keine entsprechenden Angaben regeln, ist erneut auf die allgemeinen Regelungen des IAS 1 abzustellen. Unter Rückgriff auf IAS 1.112(c) i.V.m. 1.122 und 1.123 hat der Prüfer demnach dafür zu sorgen, daß bei Wesentlichkeit des Werts die Art und Weise der Wertermittlung, unter Angabe der zugrunde gelegten Prämissen, im Anhang veröffentlicht werden. Durch die Angaben muß ersichtlich sein, wie sich ein Zu- bzw. Abschlag konkret zusammensetzt. Durch entsprechende Angaben wird die Wertfindung für den Abschlußadressaten transparenter. Wird ein Gutachter für die Wertermittlung herangezogen, ist auch über diese Tatsache zu berichten. IAS 16.77(b) sowie 40.75(e) verlangen diese Angabe bereits explizit. Derart ermittelte Werte sind jedoch nur scheinbar objektiv.[236] Hinzu kommt das Problem, daß die Rechtsprechung selbst in stark voneinander abweichenden Bewertungsergebnissen zweier Gutachter keinen Anlaß sieht, entweder den einen oder den anderen Wert zu bezweifeln.[237] Mißtraut der Prüfer demnach einem gutachterlichen Wert, würde die Einholung eines anderen Gutachtens, in bezug auf das Erreichen des Prüfungsziels, im Zweifel keinen Mehrwert bringen. Die Ermessensproblematik bei gutachterlichen Schätzwerten kann durch prüferische Handlungen, auch durch eine entsprechende Anhangangabe, nicht abgemildert werden.

Bei der Wertermittlung auf der *dritten Hierarchiestufe* hat der Rechnungslegende umfangreiche wertbeeinflussende Ermessensentscheidungen zu treffen. Da die Ermessensentscheidungen mit Annahmen über die Zukunft einhergehen, wurden entsprechend notwendige Anhangangaben bereits im voranstehenden Abschnitt angeführt, der sich im Zuge der Abmilderung der Prognoseproblematik maßgeblich auf die dritte Hierarchiestufe bezieht. Die Angabe des angewandten Bewertungsmodells,

---

235 Dies ist schließlich die Voraussetzung dafür, daß zur Wertfindung überhaupt auf zeitliche Vergleichspreise abgestellt werden darf. Vgl. z.B. IAS 41.18(a).

236 Vgl. hierzu BALLWIESER/KÜTING/SCHILDBACH, Wertansatz (2004), S. 537. Zu den verbleibenden Ermessensproblemen bei der Ermittlung beizulegender Zeitwerte durch Gutachter vgl. außerdem die Ausführungen in Abschnitt IV.1.2.4 sowie das dort angeführte Schrifttum.

237 Bezug nehmend auf Grundstücke vgl. hierzu ausführlich BALLWIESER/KÜTING/SCHILDBACH, Wertansatz (2004), S. 540 sowie die dort angefügte Literatur.

also die Auswahl des Schätzverfahrens, kann auch über die Regelungen des IAS 1.122 gefordert werden.[238] Entscheidend ist, daß im Anhang angegeben wird, bei welchen Vermögenswerten welches DCF-Verfahren Anwendung findet. Wird vermögenswertübergreifend stets auf dieselbe Methode zurückgegriffen, ist eine allgemeine Anhangangabe ausreichend. Wird vermögenswertabhängig auf unterschiedliche Methoden zurückgegriffen, ist dies an entsprechender Stelle, unter Nennung der jeweiligen Methode, anzugeben. Ferner wäre denkbar, auch die geforderten Anhangangaben bezüglich der Zähler- und Nennergröße des Bewertungskalküls aus IAS 1.122 und 1.123 abzuleiten. Schließlich handelt es sich bei Prognoseannahmen um reine Ermessensentscheidungen. Da es sich gleichwohl um Annahmen über die Zukunft handelt, ist die Ableitung der Anhangangaben über IAS 1.125 ff., welche sich explizit auf Schätzunsicherheiten beziehen, jedoch zu präferieren.[239] Aus welchen Regelungen der Prüfer die Notwendigkeit der entsprechenden Angaben letztendlich ableitet, spielt im Hinblick auf das Erreichen des Prüfungsziels eine untergeordnete Rolle. Entscheidend ist, daß die aufgeführten Angaben in bezug auf die Bewertungsmodelle offengelegt werden, so daß unmißverständlich zum Ausdruck kommt, daß der beizulegende Zeitwert regelmäßig ermessensbehaftet und folglich subjektiv ist.[240] Je intransparenter die den Rechnungslegungsregelungen inhärenten Bewertungsmethoden sind, desto notwendiger ist die Offenlegung der Ermessensspielräume im Anhang. Prinzipiell ist in diesem Zusammenhang darauf hinzuweisen, daß das IASB diesbezüglich keine praktische Hilfestellung bietet.[241] Vielmehr überläßt das Gremium die Angabe entsprechender Informationen – wie nachfolgend dargestellt – dem Ermessen des Rechnungslegenden.

Abschließend ist zu konstatieren, daß IAS 1, auf den für die geforderten Angaben zu Ermessensspielräumen zurückgegriffen wird, auf das Signifikanzkriterium[242] abstellt: Der Rechnungslegende hat zu entscheiden, ob eine Ermessensausübung wesentlichen Einfluß auf das Zahlenwerk nimmt. Die IFRS tolerieren demgemäß ein doppeltes Ermessen.[243] Zum einen besteht Ermessen im Rahmen der Wertfindung auf Ebene der

238 So auch LÜDENBACH, Anhang (2011), Rz. 43. Auch in diesem Fall würde die Angabe jedoch dem Ermessen der Unternehmungsleitung obliegen.

239 Für diese Vorgehensweise spricht auch, daß „IAS 1.125ff. (sic!) eher eine quantifizierte Form der Offenlegung des Ermessens verlangt, während nach IAS 1.122ff. (sic!) [...] allgemeine Beschreibungen ausreichen“. LÜDENBACH, Anhang (2011), Rz. 43. So empfiehlt es sich gerade bei den Komponenten des Bewertungskalküls, verbale Angaben durch quantitative Angaben, beispielsweise über die Eintrittswahrscheinlichkeiten getroffener Annahmen oder über die ermittelte Marktrisikoprämie, zu ergänzen. Dies erhöht die Anschaulichkeit und damit die Transparenz der entsprechenden Werte.

240 Vgl. auch LÜDENBACH, Anhang (2011), Rz. 48.

241 Vgl. sinngemäß LÜDENBACH, Anhang (2011), Rz. 54.

242 Vgl. LÜDENBACH, Anhang (2011), Rz. 47.

243 Vgl. hierzu auch LÜDENBACH, Anhang (2011), Rz. 47 f.

Bewertungshierarchie und zum anderen im Rahmen der zu veröffentlichenden Informationen auf Ebene der Anhangangaben. Somit ist die Offenlegung von Ermessensentscheidungen gemäß IFRS selbst mit Ermessen behaftet.[244] Daher ist es um so wichtiger, daß der Prüfer regulierend in diesen Prozeß eingreift, um das Ermessen zumindest im zweiten Schritt nicht dem Rechnungslegenden zu überlassen. Nicht der Mandant soll entscheiden, welche Ermessensentscheidungen wesentliche Auswirkungen haben. Vielmehr sollte diese Entscheidung der Abschlußprüfer, unter Beachtung der für die Prüfung festgesetzten Wesentlichkeitsgrenze, treffen. Sind Ermessensentscheidungen im Rahmen der Ermittlungshierarchie im Hinblick auf Wertänderungen wesentlich, hat der Prüfer erstens dafür zu sorgen, daß diese in Form von Anhangangaben veröffentlicht werden. Zweitens muß der Prüfer sicherstellen, daß es sich bei den getätigten Angaben nicht um inhaltsleere Beschreibungen der Unternehmungsleitung handelt, sondern deutlich wird, „welche Posten des Abschlusses in besonderem Maße ermessensbehaftet sind“[245]. Wenn der Prüfer diese Punkte stringent umsetzt, trägt er maßgeblich dazu bei, daß der Anhang die Tatsache offenlegt, daß die Zeitwertbilanzierung stark ermessensbehaftet und subjektiv ist. Der Adressat des Jahresabschlusses erlangt dadurch einen Einblick, welche Ermessensentscheidungen getroffen werden und wird explizit darauf aufmerksam gemacht, daß alternative Entscheidungen mit alternativen Wertansätzen einhergehen.[246] Dies ist insbesondere dahingehend von Bedeutung, da in der Praxis häufig auf ermessensbehaftete Bewertungsverfahren zurückgegriffen werden muß. Indes ist auch in bezug auf die Angaben zu den Ermessensspielräumen *würdigend* festzuhalten, daß diese zur Aufblähung des Anhangs beitragen. Gleichwohl ist im Hinblick auf deren Notwendigkeit zu betonen, daß dieser Nachteil in Kauf zu nehmen ist, wenn unter Akzeptanz der bestehenden Rechnungslegungsregelungen im Rahmen der Prüfungsdurchführung ein Beitrag zur besseren Nachvollziehbarkeit beizulegender Werte und zur Verbesserung der Prüfbarkeit geleistet werden kann.

2.2.2 Die Phase der Urteilsmitteilung

2.2.2.1 Die Zusatzinformationen durch den Abschlußprüfer

Nachfolgend wird aufgezeigt, welche Maßnahmen der Wirtschaftsprüfer in der Phase der Urteilsmitteilung zu ergreifen hat. Der Ansatz leistet einen Beitrag zur Abmilderung der Prognose- und Ermessensproblematik. Die Inkonsistenzen und die bewertungstheoretischen Mängel des Zeitwertkonzepts bleiben aufgrund der Unmöglichkeit

244 Vgl. LÜDENBACH, Anhang (2011), Rz. 47. Vgl. z.B. IAS 1.122, wonach Ermessensentscheidungen zur Ermittlung des beizulegenden Zeitwerts im Anhang anzugeben sind, sofern diese *aus Sicht des Rechnungslegenden* wesentlich sind.

245 LÜDENBACH, Anhang (2011), Rz. 65.

246 Vgl. auch BRÜGGEMANN, Berichterstattung im Anhang (2007), S. 98.

der prüferischen Einflußnahme hingegen unberührt. Je mehr Prognoseelemente und/ oder Ermessensentscheidungen einer normgerechten Wertfindung zugrunde liegen, um so geringer ist die Verläßlichkeit eines derart ermittelten Werts und um so schwieriger gestaltet sich das Erreichen des Prüfungszwecks.[247] Auf diese positive Korrelation zwischen Verläßlichkeit und Prüfbarkeit beizulegender Zeitwerte muß so deutlich wie möglich hingewiesen werden. Aus der Akzeptanz der bestehenden Rechnungslegungsregelungen resultiert indes nicht nur die Forderung nach weiterführenden Anhangangaben durch den Mandanten. Ferner muß die in Rede stehende Unzulänglichkeit zwingend im Prüfungsurteil berücksichtigt werden. Im Anschluß werden Zusatzinformationen dargelegt, die der Wirtschaftsprüfer im Rahmen der Urteilsmitteilung offenzulegen hat, die den Adressaten die Mängel des Zeitwertkonzepts aufzeigen. Auf diese Weise ist das Verständnis der Adressaten des Prüfungsurteils zu fördern, „was der fair value zu leisten vermag und was nicht"[248]. Hinsichtlich der Urteilsmitteilung ist zwischen Zusatzinformationen im Prüfungsbericht und im Bestätigungsvermerk zu unterscheiden.

Zunächst wird aufgezeigt, welche Zusatzinformationen bezüglich der Prognose- und Ermessensproblematik in den *Prüfungsbericht* aufzunehmen sind. In III.2.5.3 wurde dargestellt, wie ausführlich der Abschlußprüfer im Idealfall im Prüfungsbericht über die Zeitwertbilanzierung berichten sollte. Dabei handelt es sich um allgemeine Angaben, die mangels zeitwertspezifischer Ausführungen des PS 314 n.F. auslegungsbedingt aus den weiteren berufsständischen sowie den handelsrechtlichen Regelungen abgeleitet und auf die Berichterstattung über die Zeitwertbilanzierung übertragen wurden. Diese allgemeinen Angaben sind zwingend um spezielle Ausführungen zu Prognoseannahmen und Ermessensentscheidungen zu ergänzen. Freilich sind hierfür die im Zuge des Prüfungsprozesses gewonnenen Erkenntnisse zu nutzen. Zunächst ist darauf hinzuweisen, daß die Wertfindung über das Zeitwertkonzept prinzipiell stark ermessensbehaftet ist. In Abhängigkeit von dem Umfang und der Art, wie zeitbewertet wird, sind die vom Mandanten im Rahmen der Bewertungshierarchie getroffenen Ermessensentscheidungen für jede zeitbewertete Bilanzposition darzulegen. Werden diese Entscheidungen innerhalb einer Bilanzposition nicht einheitlich getroffen, ist unter Angabe der Gründe darüber zu berichten. Werden Zeitwerte umfänglich auf der dritten Hierarchieebene ermittelt, ist zudem zu erläutern, daß tolerierte Ermessensentscheidungen und damit einhergehende Prognoseannahmen regelmäßig zu einer eingeschränkten Verläßlichkeit und folglich zu einer eingeschränkten Prüfungssicherheit führen. Außerdem ist zum Ausdruck zu bringen, daß die Möglichkeit der Prognoseprüfung wegen des Zukunftsbezugs grundsätzlich stark eingeschränkt ist. Gleichwohl ist deutlich zu kommunizieren, daß die Ermittlung der Zeitwerte im Einklang mit den Rechnungslegungsnormen erfolgt.[249] Somit wird explizit aufgezeigt, daß die normen-

247 Vgl. auch BRÖSEL/ZWIRNER, Goodwill (2009), S. 202 f.

248 BALLWIESER/KÜTING/SCHILDBACH, Wertansatz (2004), S. 547 f.

249 Vgl. sinngemäß auch BRÖSEL/ZWIRNER, Goodwill (2009), S. 203.

konforme Wertermittlung zwar sichergestellt ist, dennoch wird im gleichen Zuge darauf hingewiesen, daß die Zeitwerte nur eingeschränkt verläßliche Informationen liefern. Losgelöst von den bereits angeführten Berichtsangaben können darüber hinaus bei den Erläuterungen zu den jeweiligen Einzelposten detaillierte Angaben zu den getroffenen und alternativ möglichen Prognoseannahmen und Ermessensentscheidungen folgen. So kann die Wertfindung, unter gleichzeitiger Angabe der möglichen Wertbandbreiten, dezidiert erläutert werden.[250] Ohne an dieser Stelle den Anspruch auf Musterformulierungen erheben zu wollen, sei an die Ausführungen der Abschnitte IV.1.2.3 f. erinnert. Die dort in Abhängigkeit der jeweiligen Bewertungsstufe geschilderten Probleme sind für die Darstellung im Prüfungsbericht heranzuziehen und für die jeweilige Erläuterung individuell anzupassen. Auf die beschriebene Weise ist den Adressaten des Prüfungsberichts *erstens* aufzuzeigen, daß die Geschäftsleitung maßgeblichen Einfluß auf die Wertfindung hat. *Zweitens* wird explizit offengelegt, daß die Zeitwertbilanzierung nach IFRS lediglich zu Bandbreitenwerten und nicht zu centgenauen Beträgen führt und daß auch die Abschlußprüfung die Genauigkeit und damit die Verläßlichkeit beizulegender Zeitwerte entgegen den Erwartungen[251] nicht herstellen kann.

Auf den ersten Blick mag die Forderung nach Zusatzangaben im Prüfungsbericht, die über die Vorgehensweise des Status quo hinausgehen, abwegig erscheinen, da das HGB den geforderten Sachverhalt in Theorie bereits abdecken mag. Nach § 321 Abs. 2 Satz 4 HGB ist im Prüfungsbericht nämlich darauf einzugehen, „welchen Einfluss Änderungen in den Bewertungsgrundlagen einschließlich [...] der Ausnutzung von Ermessensspielräumen sowie sachverhaltsgestaltende Maßnahmen insgesamt auf die Darstellung“ der wirtschaftlichen Lage haben. Diese Vorschrift ist für die handelsrechtliche Rechnungslegung durchaus sachgerecht und ausreichend. Schließlich sind auch in der HGB-Rechnungslegung unterschiedliche Ermessensentscheidungen und Prognoseannahmen zu treffen.[252] Allerdings erfordert die Rechnungslegung nach IFRS – wie dargelegt – Ermessens- und Prognoseentscheidungen in einem Ausmaß, das die Regelungen des HGB weit übersteigt. Daher ist darauf hinzuweisen, daß die handelsrechtlichen Vorschriften zur Prüfung, in bezug auf die

---

250 Entsprechende erläuternde Angaben zu den einzelnen zeitbewerteten Bilanzpositionen sind nach § 321 Abs. 2 Satz 5 HGB jedoch nur dann erforderlich, „soweit diese Angaben nicht im Anhang enthalten sind“. Doch selbst wenn die Anhangangaben, wie in IV.2.2.1 gefordert, getätigt werden, obliegt es schlußendlich der Entscheidung des Wirtschaftsprüfers, auch im Prüfungsbericht detailliert über die in Rede stehenden Aspekte zu berichten.

251 Zu dieser Erwartungshaltung vgl. TESCH, Abschlussprüfung (2007), S. 741.

252 Beispielsweise sei an die Ermittlung der Abschreibungen für abnutzbares Anlagevermögen oder an die Bewertung von Rückstellungen erinnert, bei denen eine intersubjektive Nachprüfbarkeit ebenfalls nicht gewährleistet ist. Vgl. BAETGE/KIRSCH/THIELE, Bilanzen (2011), S. 116. Dezidiert zu den bilanziellen Ermessensspielräumen im Rahmen der handelsrechtlichen Bestimmung der wirtschaftlichen Nutzungsdauer von abnutzbaren Anlagegütern sowie zu der zukunftsgerichteten Ermittlung des Erfüllungsbetrags von Rückstellungen nach HGB vgl. EBENDA S. 253 sowie 418 ff.

Urteilsmitteilung bei IFRS-Abschlüssen, nicht ausreichend sind. Da die §§ 316 ff. HGB – historisch bedingt – auf die deutsche Rechnungslegung ausgelegt sind, war es auch nicht deren originäre Aufgabe, den Anforderungen der Zeitwertbilanzierung der IFRS-Rechnungslegung gerecht zu werden. Maßgebliche Änderungen in der Rechnungslegung, wozu die Einführung der IFRS zweifelsohne zählt, erfordern jedoch auch Änderungen in den gesetzlichen Regelungen zur Abschlußprüfung. Um den Berufsstand, schließlich liefern auch die berufsständischen Regelungen keine zweckadäquate Vorgabe, einheitlich dazu zu bewegen, in Prüfungsberichten zu IFRS-Abschlüssen ausführlich über die im Rahmen der Zeitwertbilanzierung getroffenen Prognoseannahmen und Ermessensentscheidungen zu berichten, ist als Konsequenz eine gesetzliche Normierung vorzuschlagen. Den bestehenden Regelungen der IFRS geschuldet, wird empfohlen, das deutsche Handelsrecht in § 321 Abs. 2 HGB durch Aufnahme des Satzes 7 wie folgt zu ergänzen: „Im Falle eines Jahres- oder Konzernabschlusses, der nach den in § 315a Abs. 1 bezeichneten internationalen Rechnungslegungsstandards aufgestellt wird, ist über Prognoseannahmen und Ermessensentscheidungen aus der Zeitwertbilanzierung gesondert zu berichten."

Indes ist zu konstatieren, daß nicht nur die Adressaten des Prüfungsberichts Nutznießer entsprechender Zusatzinformationen sein sollen. Auch der Bestätigungsvermerk als Gesamturteil über die Prüfung muß die Probleme der Zeitwertprüfung indizieren. Diese Forderung wird gestützt durch PS 400.39, wonach die Auffassung des Prüfers im Bestätigungsvermerk *deutlich* zum Ausdruck zu bringen ist.[253] Das explizite Wahlrecht nach § 322 Abs. 3 Satz 2 HGB bzw. PS 314.83 n.F. i.V.m. PS 400.75, wonach der Prüfer im uneingeschränkten Bestätigungsvermerk auf bedeutsame Umstände hinweisen „kann", ist hingegen abzulehnen. Das Wahlrecht ist inkonsequent und trägt der aus dem Zeitwertkonzept resultierenden Unsicherheit in bezug auf die angesetzten Zeitwerte und das Prüfungsurteil nicht adäquat Rechnung, weswegen es im Hinblick auf die Erreichung des Prüfungsziels keinen Nutzen stiftet.[254] Daher *muß* der Prüfer von Gesetzes wegen im Gesamturteil über die Prüfung auf eine eingeschränkte Prüfungssicherheit hinweisen, wenn sich aus der Zeitwertbilanzierung wesentliche Unsicherheiten in bezug auf die Wertfindung ergeben. Insbesondere bei der Erteilung eines *uneingeschränkten Bestätigungsvermerks* ist eine Zusatzangabe für die Adressaten von durchschlagendem Nutzen: Das Testat bringt zum Ausdruck, daß keine wesentlichen Normenverstöße bekannt geworden sind und der Jahresabschluß somit insgesamt den Vorschriften der IFRS entspricht. Zugleich erfolgt indes der Hinweis, daß die Rechnungslegungsnormen die Prüfungssicherheit und damit die Abgabe eines vertrauenswürdigen Urteils beeinflussen. Nichtsdestotrotz ist auch im Falle eines *eingeschränkten Bestätigungsvermerks* oder eines *Versa-*

253 Vgl. diesbezüglich die Ausführungen in III.2.5.3.

254 Wie die handelsrechtlichen Vorschriften zum Prüfungsbericht sind auch die Regelungen zum Bestätigungsvermerk nicht zweckgerecht und folglich nicht ausreichend, da sie nicht originär für die Rechnungslegung nach IFRS und insbesondere nicht für das Zeitwertkonzept konzipiert sind.

gungsvermerks auf die Unzulänglichkeiten des Zeitwertkonzepts hinzuweisen, sofern diese nicht selbst Ursache der Einschränkung oder Versagung des Vermerks sind und damit ohnehin erläuterungspflichtig wären.[255] Demgemäß wird empfohlen, die handelsrechtlichen Vorschriften in bezug auf den Bestätigungsvermerk zu ergänzen. Es wird vorgeschlagen § 322 Abs. 2 HGB um Satz 5[256] wie folgt zu erweitern: „Im Falle eines Jahres- oder Konzernabschlusses, der nach den in § 315a Abs. 1 bezeichneten internationalen Rechnungslegungsstandards aufgestellt wird, ist gesondert auf zeitwertspezifische Prognoseannahmen und Ermessensentscheidungen einzugehen, sofern diese zu einer eingeschränkten Prüfungssicherheit führen."

Zunächst mag es paradox erscheinen, daß aufgrund des Zeitwertkonzepts, obschon es in den IFRS eine zentrale Stellung[257] einnimmt, oben eine Anpassung des deutschen Handelsrechts gefordert wird. Paradox erscheint die Forderung deshalb, da gerade im Handelsrecht weitgehend eindeutige Regelungen zur bilanziellen Wertfindung existieren, die nicht in Wertbandbreiten münden und den Prüfer nicht vor die hier beschriebene Herausforderung stellen. Indes genügen die handelsrechtlichen Normen zur Abschlußprüfung nicht den fragwürdigen Ansprüchen der IFRS-Rechnungslegung. Die Grenzen der Zeitwertbilanzierung sind im Prüfungsurteil jedoch offenzulegen: Es ist darauf hinzuweisen, daß die Möglichkeit des Zeitwerts, entscheidungsnützliche Informationen zu liefern, stark eingeschränkt ist. Nur auf diese Weise können die „geprüften" Jahresabschlußinformationen annähernd einen Nutzen entfalten.[258] Folgegemäß muß der Berufsstand aus Selbstschutz kraft Gesetzes dazu verpflichtet werden, im Prüfungsurteil entsprechend Stellung zur Zeitwertbilanzierung zu nehmen. Vom Prüfer wird erwartet, ein bestmögliches, also vertrauensvolles Prüfungsergebnis zu erzielen. Wird dieses Ziel durch die Rechnungslegungsregelungen konterkariert, dient es der Absicherung nach außen[259], explizit auf die Problemursachen hinzuweisen, um nicht spätestens bei dem nächsten Bilanzskandal oder der nächsten Wirtschaftskrise dem Vorwurf ausgesetzt zu sein, daß nicht erwartungsgemäß und gewissenhaft geprüft worden sei. Es ist von äußerster Wichtigkeit, in Form gesetzlich legitimierter Zusatzinformationen klarzustellen, daß der Prüfer im Rahmen des Prüfungsprozesses alles in seiner Macht stehende getan hat, auf die Probleme der Rechnungslegungsregelungen zu reagieren. Unter diesem Blickwinkel

255 Vgl. hierzu Abschnitt III.2.5.3 sowie IV.2.2.2.2. Auch in der Praxis wird mittlerweile die Auffassung vertreten, daß das Testat aus Informationsgründen flexibler zu gestalten ist und genauere Abstufungen erfordert. Vgl. GIERSBERG, Wirtschaftsprüfer mit Ehrgeiz (2011), S. 18.

256 Erfolgt die Plazierung an dieser Stelle, ist aufgrund der Struktur des § 322 HGB gewährleistet, daß sich die Forderung auf alle drei Varianten des Vermerks bezieht. Zum inhaltlichen Aufbau des § 322 HGB vgl. Abschnitt II.2.2.3.

257 Vgl. OLBRICH, Zeitwertbilanzierung (2008), S. 213, HERING/OLBRICH/ROLLBERG, Finanzkrise (2010), S. 34 f.

258 Vgl. BALLWIESER/KÜTING/SCHILDBACH, Wertansatz (2004), S. 548.

259 Vgl. hierzu treffend BRÖSEL/ZWIRNER, Goodwill (2009), S. 203.

erscheint die Forderung der Aufnahme neuer prüferischer Sachverhalte in das HGB weniger paradox als vielmehr im Hinblick auf das Erreichen des Prüfungsziels geboten.

Vor dem Hintergrund der obigen Ausführungen ist im Ergebnis festzuhalten, daß gesetzlich vorgeschriebene Zusatzinformationen einen Beitrag zur Abmilderung der in Rede stehenden Probleme leisten können. Zwar werden die Prognose- und Ermessensproblematik nicht beseitigt, doch sichert sich der Abschlußprüfer als Gestalter des Prüfungsprozesses im Außenverhältnis ab. Es erfolgt ein Votum über die Einhaltung der Rechnungslegungsregelungen, wie es vom Prüfer erwartet wird. Gleichwohl werden die Adressaten des Prüfungsurteils explizit auf die „Ohnmacht des [...] Abschlußprüfers“[260] in bezug auf die Abgabe eines vertrauenswürdigen Urteils über beizulegende Zeitwerte aufmerksam gemacht.

2.2.2.2 Die Einschränkung oder Versagung des Bestätigungsvermerks

In der Phase der Urteilsmitteilung gilt es, eine weitere Alternative zu untersuchen, wie aus prüferischer Sicht auf die Unzulänglichkeiten des Zeitwertkonzepts reagiert werden kann. Unter welchen zeitwertspezifischen Umständen der Bestätigungsvermerk aufgrund der Regelungen des Status quo einzuschränken oder zu versagen ist, ist umfänglicher Gegenstand des Abschnitts III.2.5.3. An dieser Stelle ist indes der Frage nachzugehen, ob die mangelnde Verläßlichkeit wesentlicher beizulegender Zeitwerte und die damit einhergehende Ohnmacht des Abschlußprüfers, ein vertrauenswürdiges Prüfungsurteil abzugeben, grundsätzlich dazu führen sollte, den Bestätigungsvermerk einzuschränken oder zu versagen.

Zunächst sind die Gründe aufzuzeigen, die für eine strikte Einschränkung oder Versagung des Bestätigungsvermerks sprechen, wenn die Abgabe eines vertrauensvollen Urteils fragwürdig ist. PS 314 n.F. läßt (auch) hier die notwendige Vehemenz vermissen. Der Prüfer hat in Abhängigkeit der Wesentlichkeit nach PS 314.84 n.F. zu entscheiden, ob der Bestätigungsvermerk einzuschränken oder zu versagen ist, wenn „eine angemessene Schätzung unmöglich“ ist.[261] Um diese Vorgabe jedoch stringent umzusetzen, bedarf es der nachfolgenden Konkretisierung. Rekurrierend auf die bislang im Rahmen der Gestaltung des Prüfungsprozesses gewonnenen Erkenntnisse, müßte der Bestätigungsvermerk aus Sicht der Zeitwertbilanzierung konsequent eingeschränkt bzw. versagt werden, wenn folgende Punkte kumulativ erfüllt sind:

---

260 BRÖSEL/ZWIRNER, Goodwill (2009), S. 203 f.

261 Zur Einschränkung oder Versagung des Bestätigungsvermerks aufgrund zeitwertbezogener Prüfungshemmnisse vgl. RUHNKE/SCHMIDT, Fair Value (2005), S. 595 und das dort angeführte Schrifttum sowie BRÖSEL/ZWIRNER, Goodwill (2009), S. 203. Die Autoren stützen ihre Ausführungen auf Rz. 30 der alten Fassung des PS 314, die deckungsgleich ist mit der Regelung der Rz. 84 des PS 314 n.F. Vgl. IDW, PS 314 (2001), Rz. 30 und IDW, PS 314 n.F. (2009), Rz. 84.

1. Die Zeitbewertung erfolgt auf der zweiten bzw. dritten Hierarchieebene,
2. die dort ermittelten Zeitwerte sind einzeln bzw. in Summe wesentlich,
3. die Verläßlichkeit dieser Zeitwerte ist aufgrund von Ermessensentscheidungen und Prognoseannahmen nicht gewährleistet, weswegen die Abgabe eines vertrauenswürdigen Urteils über die Zeitwertbilanzierung nicht möglich ist, und
4. die ergänzenden Anhangangaben werden nicht getätigt.

Darüber hinaus ist ein weiterer Einschränkungs- oder Versagungsgrund zu untersuchen, der über das von PS 314 n.F. berücksichtigte Maß hinausgeht. Der PS stellt das Zeitwertkonzept nicht grundlegend in Frage. Vielmehr werden nachfolgende Spezifika der IFRS-Rechnungslegung kategorisch vernachlässigt, aus denen sich fundamentale Einschränkungs- oder Versagungsgründe ergeben können. Es ist der Auffassung LORSONS zu folgen, der die Bewertungshierarchie treffend als „Bemühen um Objektivierung“[262] bezeichnet. Das IASB beläßt es bei dieser bloßen Bemühung und leugnet nicht einmal, daß bei der iterativen Zeitwertermittlung durch Schätzungen Bewertungsunsicherheiten vorliegen.[263] Es liegt auf der Hand, daß auf diese Weise keine verläßlichen Werte ermittelt werden können. Folgt man den Ausführungen des „framework“, hieße das im Umkehrschluß, daß jene Sachverhalte nicht in der Bilanz anzusetzen sind, deren Werte nicht hinreichend verläßlich ermittelt werden können.[264] Eine tatsächlich verläßliche Zeitwertermittlung ist aber nur bei notierten Marktpreisen[265] gegeben. Setzt eine Unternehmung demnach einen beizulegenden Zeitwert an, der nicht am Markt abgelesen werden kann, und ist der Prüfer zudem der Auffassung, daß die Ermittlung zwar richtig i.S.d. Konformität einer Einzelnorm ist, der ausgewiesene Wert aufgrund offensichtlicher Mängel, wie beispielsweise umfänglich getroffener Prognoseannahmen und Ermessensentscheidungen, aber nicht verläßlich

262 LORSON, Wertbegriffe nach IAS/IFRS (2005), S. 24.

263 Vgl. z.B. IAS 38.35. Schätzunsicherheiten werden auch gemäß F.86 billigend in Kauf genommen, da Schätzungen als „wesentlicher Teil der Aufstellung des Abschlusses“ erachtet werden. Im neuen CF findet sich diese Angabe analog in CF.4.41. Nach IAS 1.131 und 40.47 werden Schätzunsicherheiten bei zu treffenden Prognoseannahmen explizit toleriert. Weitere Hinweise auf die Vornahme von Schätzungen finden sich z.B. in IFRS 1.16. Anerkennend ist daher auf folgende Exzeption hinzuweisen. Nach IAS 39.A81 ist bei der Bewertung eines Eigenkapitalinstruments der Ansatz zum beizulegenden Zeitwert auszuschließen, „[w]enn [...] die Schwankungsbreite der vernünftigen Schätzungen des beizulegenden Zeitwertes signifikant ist und die Eintrittswahrscheinlichkeiten der verschiedenen Schätzungen nicht auf angemessene Weise beurteilt werden können“. Ferner erkennt das IASB in IAS 40.53, daß die Bewertung zu Anschaffungs- und Herstellungskosten vorzuziehen ist, sofern der beizulegende Zeitwert nicht verläßlich ermittelt werden kann. Erstaunlicherweise geht der Standardsetzer gemäß IAS 40.54 dabei allerdings von „Ausnahmefällen“ aus.

264 Vgl. RK.83(b) i.V.m. RK.86 bzw. CF.4.38(b) i.V.m. CF.4.41.

265 Vgl. hierzu Abschnitt IV.1.2 sowie LÜDENBACH, Finanzinstrumente (2011), Rz. 108.

i.S.d. „framework“ ist, müßte der Prüfer dafür Sorge tragen, daß der entsprechende Vermögenswert nicht in der Bilanz angesetzt wird. Erfolgt dennoch ein Ansatz, liegt ein Verstoß gegen die qualitativen Anforderungskriterien an den Abschluß vor. Entsprechend des Umfangs, in dem derartige Zeitwerte angesetzt werden, wäre bei Erreichen der Wesentlichkeitsgrenze eine Einschränkung oder Versagung des Bestätigungsvermerks in Betracht zu ziehen, da nach Auffassung der IFRS kein den tatsächlichen Verhältnissen entsprechendes Bild der Vermögens-, Finanz- und Ertragslage vermittelt wird. Gemäß IAS 1.15 erfordert eine den tatsächlichen Verhältnissen entsprechende Darstellung, „dass die Auswirkungen der Geschäftsvorfälle sowie der sonstigen Ereignisse und Bedingungen übereinstimmend mit den im *Rahmenkonzept* enthaltenen Definitionen und Erfassungskriterien für Vermögenswerte [...] glaubwürdig dargestellt werden“.[266] Diese grundlegende Sachverhaltsprüfung, obschon vom PS ignoriert, ist i.S.d. Prüfung der Normenkonformität des Abschlusses nicht zu vernachlässigen. Streng genommen stellt das Zeitwertkonzept somit selbst ein Prüfungshemmnis dar, da die Verläßlichkeit, als qualitatives Anforderungskriterium an den IFRS-Abschluß, augenscheinlich nicht mit der Bewertungshierarchie des Zeitwertkonzepts in Einklang zu bringen ist, weswegen die Verläßlichkeit und das Zeitwertkonzept „in einem geradezu grotesk anmutenden Widerspruch zueinander“[267] stehen.

Es wäre allerdings verfehlt, in der beschriebenen Vorgehensweise den Königsweg zu sehen, um auf die Probleme der Rechnungslegungsregelungen zu reagieren. Dem Argument der kategorischen Einschränkung oder Versagung des Bestätigungsvermerks sind folgende Aspekte entgegenzuhalten: *Erstens* läßt sich nicht bestreiten, daß der Rechnungslegende der Leidtragende ist, wenn der Bestätigungsvermerk regelmäßig aus den genannten Gründen eingeschränkt oder versagt wird.[268] Ist eine Unternehmung dazu verpflichtet, den Abschluß nach IFRS aufzustellen, sind die Regelungen anzuwenden, unabhängig davon ob diese für gut oder schlecht empfunden werden. Es

266 Ferner stützen die weiteren Ausführungen des IAS 1.15, nämlich daß die „Anwendung der IFRS, gegebenenfalls um zusätzliche Angaben ergänzt, [...] zu Abschlüssen [führt], die ein den tatsächlichen Verhältnissen entsprechendes Bild vermitteln“, die in IV.2.2.1 geäußerten Forderungen nach weiterführenden Anhangangaben.

267 OLBRICH, Zeitwertbilanzierung (2008), S. 220.

268 Neben Rechtsfolgen eines eingeschränkten oder versagten Bestätigungsvermerks ist vor allem auf die wirtschaftlichen Folgen hinzuweisen. Banken oder Investoren sehen in einem uneingeschränkten Bestätigungsvermerk ein Gütesiegel für die durch den Abschluß vermittelten Informationen oder die wirtschaftliche Lage einer Unternehmung. Die Einschränkung oder Versagung geht daher mit einem Reputationsverlust einher, weshalb Gesellschaftsorgane bestrebt sind, einen uneingeschränkten Vermerk zu erhalten. Vgl. hierzu sowie zu Beispielen für Rechtsfolgen einer Einschränkung oder Versagung MARTEN/QUICK/RUHNKE, Wirtschaftsprüfung (2011), S. 530 f. Zu den Erwartungen, die Anspruchsgruppen einer Unternehmung an den Bestätigungsvermerk stellen, und der u.a. daraus resultierenden Erwartungslücke vgl. auch STEINER, Prüfungsbericht (1991), S. 254 ff., LINK, Abschlußprüfung (2006), S. 216 ff. sowie das dort angeführte Schrifttum.

ist nicht das Verschulden der Rechnungslegenden, daß das Zeitwertkonzept zum einen umfangreiche Ermessensentscheidungen und Prognoseannahmen zuläßt und zum anderen damit nicht mit dem qualitativen Grundsatz der Verläßlichkeit zu vereinbaren ist. Werden zur Wertfindung vom Standardsetzer bilanzpolitische Spielräume gewährt, führt dies zwangsläufig dazu, daß Rechnungslegende diese im eigenen Sinne nutzen. Eine rigide Vergabepolitik in bezug auf den Bestätigungsvermerk kann daran nichts ändern. Aufgrund dessen ist *zweitens* zu beachten, daß die in Rede stehende Maßnahme nicht die Problemursachen ausräumt.[269] Die Quelle der maßgeblichen Probleme liegt in den bestehenden Rechnungslegungsregelungen und versiegt auch nicht durch eine fortwährende Einschränkung oder Versagung des Vermerks. Vielmehr breitet sich auf diese Weise die Ohnmacht des Abschlußprüfers zusätzlich auf den Rechnungslegenden[270] aus. Aufgrund dessen ist würdigend zu konstatieren, daß die Einschränkung bzw. Versagung des Vermerks in den genannten Fällen zwar eine Option darstellt, den Mängeln des Zeitwertkonzepts prüferisch zu begegnen, aber regelmäßig kein die Problemursachen lösendes Allheilmittel repräsentiert.

2.3 Zu den berufsständischen Regelungen

2.3.1 Die Beseitigung der verfahrenstechnischen Mängel

Spätestens im Rahmen der Prüfung beizulegender Zeitwerte muß anerkannt werden, daß das Festhalten an finanzierungstheoretischen Verfahren zur Wertfindung abwegig ist. Die Akzeptanz dieser Verfahren kommt einer Mißachtung der in der Realität vorherrschenden Verhältnisse gleich. Es läßt sich nicht von der Hand weisen, daß sich der Berufsstand durch Rückgriff auf Regelungen des IDW und deren Einhaltung in seiner Tätigkeit „absichert". Ferner möchte nicht unterstellt werden, daß sich das IDW der konzeptionellen Probleme nicht bewußt ist. So wird immerhin in RS HFA 9 kritisch festgestellt, daß zum einen aufgrund der freien Wahl zwischen verschiedenen DCF-Verfahren und Optionspreismodellen und zum anderen aufgrund der Variation der jeweiligen Einflußgrößen durch verschiedene Anwender regelmäßig unterschiedliche Schätzwerte ermittelt werden.[271] Diese Mängel müssen von den Verlautbarungen aber generell und nicht nur partiell gewürdigt werden. Einem tolerierten

269 Diese Auffassung teilen auch RUHNKE/SCHMIDT, Fair Value (2005), S. 595.

270 Im Schrifttum wird hingegen dargestellt, daß die Ohnmacht beider Parteien zeitgleich auftritt und zwar im Zusammenhang der Unmöglichkeit der Ermittlung des „richtigen" Geschäfts- oder Firmenwerts und damit einhergehenden zusätzlichen Aussagen im Prüfungsurteil. Vgl. hierzu BRÖSEL/ZWIRNER, Goodwill (2009), S. 203 f.

271 Vgl. IDW, RS HFA 9 (2007), Rz. 72.

Portefeuille an möglichen Wertansätzen ist Einhalt zu gebieten. Der vorliegende „Methodenpluralismus“[272] in den berufsständischen Regelungen ist abzuschaffen.

Anzufügen ist, daß eine Änderung der Verlautbarungen alleine aus Sicht der Prüfung beizulegender Zeitwerte nicht zwingend erforderlich ist. *Erstens* wird im nachstehenden Abschnitt dargestellt, wie eine neue Prüfungsnorm die aus den Rechnungslegungsnormen resultierenden Probleme der Bewertungsverfahren zu würdigen hat, um zur Verbesserung der Prüfung beizulegender Zeitwerte beizutragen. Wenn *zweitens* in einem darauf folgenden Schritt das Zeitwertkonzept mit seinen fragwürdigen Bewertungsverfahren abgelehnt wird, ist die Verbannung finanzierungstheoretischer Verfahren aus der Prüfungsnorm wiederum nicht notwendig. Schreiben die Rechnungslegungsnormen diese Verfahren zur bilanziellen Wertermittlung nicht vor, können sie freilich auch in der entsprechenden Prüfungsnorm unberücksichtigt bleiben. Die Norm hat sich auf die Auslegung der dann geltenden Bewertungsmethoden zu beschränken. Nichtsdestotrotz wird aufgrund der gewonnenen Erkenntnisse eine Änderung der Verlautbarungen im allgemeinen – losgelöst von der Zeitwertprüfung – empfohlen.

Dazu muß das IDW eine klare Position beziehen. Entscheidend ist, daß eine unabhängige Meinung vertreten wird, anstatt sich weiterhin dem Zeitgeist und dem Druck der US-amerikanischen Standardsetzung[273] zu beugen. Die uneingeschränkte Akzeptanz der bewertungstheoretischen Mängel der kapitalmarktorientierten Bewertungsverfahren ist die Voraussetzung, um den bestehenden „Mißgriff“[274] zu korrigieren. In einem ersten Schritt müßte das IDW offen auf die verfahrenstechnischen Mängel hinweisen. Selbst wenn es bisweilen zur gängigen Praxis gehören mag, auf „übliche Verfahren“ zurückzugreifen, darf es freilich nicht zu viel verlangt sein, daß die methodischen Fehler von „offizieller Stelle“ bestätigt werden. Dieser Schritt dient als Basis für die Begründung, warum die üblichen Verfahren abzulehnen sind. Nach dieser Sensibilisierungsphase sind in einem zweiten Schritt jene Verlautbarungen anzupassen, welche auf die in Rede stehenden Verfahren zurückgreifen. Demnach ist die neoklassische Modellwelt aus den Verlautbarungen zu verbannen und durch die Aufnahme der Anwendungsempfehlung einer praxistauglicheren Bewertungsmethode zu ersetzen. Unter Rückbesinnung auf die funktionale Wertlehre[275], wie auch bereits

272 HERING/BRÖSEL, Blinder Passagier (2004), S. 942.

273 Vgl. HERING/BRÖSEL, Blinder Passagier (2004), S. 942.

274 HERING, DCF-Verfahren (2004), S. 513.

275 Zur funktionsorientierten Betrachtungsweise der Bewertung vgl. insbesondere MATSCHKE, Kompromiß als betriebswirtschaftliches Problem (1969), MATSCHKE, Schiedsspruchwert (1971), MATSCHKE, Gesamtwert (1972), MATSCHKE, Entscheidungswert (1975), MATSCHKE, Argumentationswert (1976), MATSCHKE, Argumentationsfunktion (1977), MATSCHKE, Arbitriumwert (1979), MATSCHKE/MUCHEYER, Argumentation in der Preisverhandlung (1977). Zur funktionalen Wertlehre vgl. außerdem OLBRICH, Unternehmungswert (1999), OLBRICH, Unternehmungsverkauf (2005), HERING, Unternehmensbewertung (2006), MATSCHKE/BRÖSEL,

in bezug auf die Disziplin der Unternehmungsbewertung insbesondere von HERING bzw. HERING/BRÖSEL eingehend gefordert,[276] sollen die unzähligen üblichen Verfahren zur Bewertung *einem* zweckgerechten Verfahren weichen. Auf diese Weise wird der „weithin verbreitete, theoretisch rückschrittliche Spuk einer alle begrifflichen Unterscheidungen und verschiedenen Bewertungszwecke nivellierenden ‚Marktbewertung'"[277] in den berufsständischen Verlautbarungen beendet: Der Methodenpluralismus sowie die damit einhergehenden verfahrenstechnischen Mängel können behoben werden.

Abschließend ist festzuhalten, daß bei der Anpassung der berufsständischen Regelungen zwischen rechnungslegungsunabhängigen und -abhängigen Verlautbarungen zu unterscheiden ist. Bei rechnungslegungsunabhängigen Verlautbarungen sind die Anpassungen, wie oben angeführt, vorzunehmen. Dies gilt insbesondere für IDW S 1. Solange die IFRS aber die in Rede stehenden Bewertungsverfahren vorschreiben, können auch die Verlautbarungen des IDW die Rechnungslegenden nicht von dieser Anwendungspflicht entbinden. Nichtsdestotrotz ist freilich auch in den rechnungslegungsabhängigen berufsständischen Regelungen eine Anpassung erforderlich. Dies ist aus zwei Gründen zweckmäßig: *Erstens* muß innerhalb der Verlautbarungen Stringenz gewahrt werden. So können die Verfahren nicht an einer Stelle abgelehnt und an anderer Stelle kritiklos toleriert werden. *Zweitens* muß das IDW dem Berufsstand adäquate Handlungsanweisungen bereitstellen, wie mit den exogen bedingten Mängeln zu verfahren ist, um ein zufriedenstellendes Arbeitsergebnis zu erreichen. Dieser Sachverhalt wird nachfolgend am Beispiel der Verlautbarung zur Prüfung beizulegender Zeitwerte dargestellt.

2.3.2 Die Beseitigung der prüfungsnormenbedingten Mängel

2.3.2.1 Notwendigkeit der Neufassung einer zeitwertbezogenen Prüfungsnorm

Da die Rechnungslegungsnormen die Prüfbarkeit beizulegender Zeitwerte untergraben, sind dem Wirtschaftsprüfer zweckadäquate berufsständische Regelungen zur Hand zu reichen. Diese müssen ihm erstens den Umgang mit den Rechnungslegungsregelungen erleichtern und zweitens die Möglichkeit eröffnen, auf die Mängel der Zeitwertbilanzierung hinzuweisen. Wie in IV.1.3.2 aufgeführt, vermag es PS 314 n.F. nicht, diese Anforderungen zu erfüllen.

Bewertung (2007). Eine anschauliche literarische Zusammenfassung zu der Tatsache, daß die funktionale Bewertung den Konflikt zwischen der objektiven und subjektiven Theorie der Unternehmungsbewertung überwindet, liefert HARES, Zur Immobilie (2011), S. 76 f.

276 Vgl. HERING, DCF-Verfahren (2004) sowie HERING/BRÖSEL, Blinder Passagier (2004).

277 HERING, Laudatio (2008), S. 466.

Zur Gestaltung des Prüfungsprozesses zählt die unumgängliche Aufgabe, Mängel in den Prüfungsnormen zu beseitigen. Zwingend ist der Erkenntnisgewinn der laufenden Prüfungstätigkeit zu nutzen, um Schwachstellen in einem ersten Schritt aufzudecken und in einem zweiten Schritt zu korrigieren. Der Großteil der aufgeführten „Übelstände"[278] ist derart eklatant, daß sich die Schwachstellen wie ein roter Faden durch die gesamte Prüfungsnorm ziehen. Eine bloße Korrektur ist daher nicht ausreichend und würde mehr einer kosmetischen Behandlung i.S.e. faulen Kompromisses als einer annehmbaren Lösung gleichen. Aus dieser Betrachtung ergibt sich die Notwendigkeit, die bestehende Prüfungsnorm für die IFRS-Rechnungslegung abzulehnen und durch einen neuen Standard zur Prüfung beizulegender Zeitwerte zu ersetzen. Folglich ist eine Prüfungsnorm zu entwickeln, die sich ausschließlich auf die Zeitwertbilanzierung nach IFRS bezieht. Durch die Neufassung soll den Problemen im Hinblick auf die Verbesserung der Prüfbarkeit beizulegender Zeitwerte unter Akzeptanz der bestehenden Rechnungslegungsnormen zweckadäquat Rechnung getragen werden. Es soll die Grundlage geschaffen werden, den speziell aus dem Zeitwertkonzept der IFRS resultierenden Problemen angemessen zu begegnen. Wie die in IV.1.3.2 aufgeführten allgemeinen und speziellen Kritikpunkte durch diese Vorgehensweise sukzessive gelöst werden, ist Gegenstand des nachfolgenden Abschnitts.

2.3.2.2 Aufbau und Inhalt einer zeitwertbezogenen Prüfungsnorm

In bezug auf die allgemeine Kritik, wird durch die Neufassung das durch die Zusammenlegung der PS 314 und 315 entstandene begriffliche Abgrenzungsproblem von geschätzten Werten und Zeitwerten gelöst. Liegt eine separate Prüfungsnorm für Zeitwerte nach IFRS vor, ist darin klarzustellen, daß der Schätzwert im Rahmen des Zeitwertkonzepts eine Ausprägung des Zeitwerts darstellt und nicht anders herum. Der Zeitwert wird dadurch in den Vordergrund der prüferischen Betrachtung gerückt, was aufgrund seiner Bedeutung innerhalb der IFRS sachgerecht und unerläßlich ist, und verkommt nicht wie in der bestehenden Prüfungsnorm als mögliche Randerscheinung des Schätzwerts zu einem Außenseiter des Prüfungsprozesses. Das ist ein großer Vorzug, der zudem das durch die Zusammenlegung resultierende Problem der irreführenden Betitelung löst. Aus dieser Betrachtung ergibt sich nämlich der Vorschlag, den Prüfungsstandard unabhängig von dessen möglicher Numerierung und Plazierung innerhalb des bestehenden Gefüges der PS wie folgt zu benennen: „Die Prüfung von beizulegenden Zeitwerten in der Rechnungslegung nach IFRS". Alleine durch das Vorhandensein einer separaten und entsprechend benannten Prüfungsnorm wird die Besonderheit der Prüfung beizulegender Zeitwerte betont. Die Existenz einer eigenständigen Norm bringt unmißverständlich zum Ausdruck, daß ein Sonderfall der Rechnungslegung besteht, der prüferisch auch speziell zu würdigen ist. Die allgemeine Kritik in bezug auf das Vorhandensein eines undifferenzierten Konglomerats

278 SCHMALENBACH, Finanzierungen (1915), S. 265.

anerkennend ist festzuhalten, daß es sich bei der Neufassung um eine stringente, vollständige und die Chronologie des prüferischen Vorgehens wahrende Prüfungsnorm handeln muß. Es ist ein Leitfaden erforderlich, der aufzeigt, wie der Prüfungsprozeß beizulegender Zeitwerte detailliert zu gestalten ist. Nachfolgend wird dargelegt, wie die neue zeitwertbezogene Prüfungsnorm aufzubauen und mit Inhalt zu versehen ist, um die genannten Anforderungen zu erfüllen. Durch die gewählte Vorgehensweise werden zudem die speziellen Kritikpunkte an der bestehenden Prüfungsnorm gelöst.[279]

Kapitel III weist bereits Ergänzungen zu PS 314 n.F. auf, die notwendig sind, um im Status quo ein Mindestmaß an Prüfungsqualität zu erreichen. Die dezidierte Darstellung des Prüfungsprozesses war nicht zuletzt deswegen notwendig, um die Lücken des PS offenzulegen. Jedoch läßt sich nicht bestreiten, daß im Rahmen der Neufassung der Prüfungsnorm inhaltliche Änderungen notwendig sind, die über die in Kapitel III dargestellten Maßnahmen hinausgehen. Dabei ist auf die Ergebnisse des Abschnitts IV.2.2 zurückzugreifen. Auf diese Weise werden die Eckpfeiler einer neuen Prüfungsnorm geschaffen, die den Prüfer maßgeblich dabei unterstützen soll, ein vertrauenswürdiges Prüfungsurteil über beizulegende Zeitwerte abzugeben.

Hinsichtlich der in Kapitel III und Abschnitt IV.2.2 gewonnenen Erkenntnisse lassen sich zunächst folgende Aussagen bezüglich des *Aufbaus der neuen Prüfungsnorm* treffen: Um eine stringente und vollständige Prüfungsnorm zu entwickeln, die den Problemen der Zeitwertbilanzierung gerecht wird, ist es zweckmäßig, diese analog des prüferischen Vorgehens aufzubauen. Auf diese Weise ist gewährleistet, daß jeder notwendige Prüfungsschritt implementiert ist. Allerdings wäre es verfehlt, nicht auch grundsätzliche Aspekte zu erfassen. Die Berücksichtigung von allgemeinen Gliederungspunkten ist für den Aufbau von Wichtigkeit, da sie den strukturellen Rahmen bilden, innerhalb dessen die einzelnen Prüfungsschritte zu implementieren sind. Vor dem Hintergrund dieser Ausführungen wird für die neue Prüfungsnorm folgender Aufbau vorgeschlagen:

1. Vorbemerkungen
2. Grundlagen
3. Prüfungsplanung
4. Systemprüfung
5. Aussagebezogene Prüfungshandlungen
6. Urteilsbildung und Urteilsmitteilung
7. Übereinstimmung mit den ISA

279 Außerdem wird das in PS 314.4 n.F. proklamierte Ziel, die Unsicherheit bei der Zeitwertermittlung und die sich daraus ergebenden Besonderheiten bei der Prüfung zu verdeutlichen, mit der folgenden Darstellung erreicht.

Hinsichtlich der in Kapitel III und Abschnitt IV.2.2 gewonnenen Erkenntnisse lassen sich zudem folgende Aussagen bezüglich des *Inhalts der neuen Prüfungsnorm* treffen, die gesondert für jeden Gliederungspunkt dargestellt werden. Grundsätzlich bedeutsam ist, daß in jedem Abschnitt der Prüfungsnorm Besonderheiten der Zeitwertbilanzierung und/oder der Prüfung von Zeitwerten zum Ausdruck kommen.[280]

1. In den *Vorbemerkungen* ist zunächst festzuhalten, daß PS 314 n.F. für die Prüfung beizulegender Zeitwerte nach IFRS seine Gültigkeit verliert. Daraufhin ist der Prüfungsgegenstand explizit einzugrenzen. So ist festzulegen, daß die Prüfungsnorm ausschließlich auf die Prüfung beizulegender Zeitwerte, die der IFRS-Rechnungslegung entstammen, anzuwenden ist. Dabei ist zu betonen, daß der Standard für die Prüfung von IFRS-Konzernabschlüssen, IFRS-Einzelabschlüssen, IFRS-Zwischenabschlüssen und IFRS-Abschlußbestandteilen anzuwenden ist. Außerdem ist darauf hinzuweisen, daß die Berufsauffassung dargelegt wird.

2. In den *Grundlagen* ist auf die Besonderheiten von beizulegenden Zeitwerten einzugehen. Dies umfaßt zum einen die Wertermittlung und zum anderen die damit einhergehenden Probleme. Eine Definition des Zeitwerts ist nicht notwendig; ein Verweis auf die entsprechenden Standards erscheint ausreichend.[281] Im Hinblick auf die Wertermittlung ist jedoch die Bewertungshierarchie darzustellen, da hieraus die Probleme abzuleiten sind, die sich auf den einzelnen Stufen, wie in den Abschnitten IV.1.2.3 f. dargelegt, ergeben. Die maßgeblichen Probleme sind in der Norm festzuhalten.[282] Der Hinweis, daß die verläßliche Ermittelbarkeit mit zunehmender Stufe der Ermittlungshierarchie abnimmt, ist unerläßlich. So wird bereits eingangs verdeutlicht, daß beizulegenden Zeitwerten besondere prüferische Aufmerksamkeit zu widmen ist. Ferner empfiehlt es sich, Beispiele für Wertermittlungen zu nennen, die in besonderem Maße prognose- oder ermessensbehaftet sind. Zur exemplarischen Nennung bieten sich insbesondere jene Fälle an, die auf der dritten Stufe zeitbewertet werden und umfängliche Schätzungen der Zähler- und Nennergröße des Bewertungskalküls erfordern. Gleichwohl erscheint die Nennung von Beispielen sinnvoll, welche die Problematik sachlicher oder zeitlicher Vergleichspreise darlegen.[283] Die erste Ermittlungsstufe würdigend ist zu konsta-

280 Hinsichtlich des grundlegenden Inhalts einer Prüfungsnorm wird nicht der Anspruch auf Vollständigkeit erhoben. Die nachfolgenden Ausführungen betreffen vielmehr die *Mindestinhalte* einer neuen Prüfungsnorm, die sich ausschließlich auf die Besonderheiten der Zeitwertbilanzierung und die Prüfung von Zeitwerten beziehen. Diese Mindestinhalte stellen einen ausreichenden Leitfaden zur Prüfung dar.

281 Gilt die neue Prüfungsnorm erst für Prüfungen von Jahresabschlüssen, deren Bilanzstichtage nach dem 1. Januar 2013 liegen, ist diesbezüglich auf IFRS 13 zu verweisen.

282 Es empfiehlt sich zudem, auf die Unmöglichkeit der prüferischen Einflußnahme hinsichtlich der Inkonsistenzen und bewertungstheoretischen Mängel des Zeitwertkonzepts hinzuweisen.

283 Werden für eine neue Prüfungsnorm Beispiele gesucht, kann auf die Ausführungen der Abschnitte II.1.3.2 sowie IV.1.2 zurückgegriffen werden.

tieren, daß anstatt von Beispielen ein Verweis auf RS BFA 2.39-42 erfolgen sollte, die Kriterien für das Vorliegen eines aktiven bzw. illiquiden Marktes vorgibt.

3. In bezug auf die zeitwertspezifische *Prüfungsplanung* ist in der Prüfungsnorm insbesondere folgendes zum Ausdruck zu bringen. Entsprechend den Ausführungen des Abschnitts III.2.2 sind drei unerläßliche Prüfungsschritte zu thematisieren. Zunächst muß auf die zeitwertspezifische *Risikoanalyse* eingegangen werden. Dabei ist festzuhalten, daß diese zur Abschätzung des vorläufigen zeitwertspezifischen Fehlerrisikos dient. Daneben sind explizite Prüfungshandlungen zur Identifikation des inhärenten Risikos und des Kontrollrisikos, wie in III.2.2.2 beschrieben, aufzunehmen. Im Anschluß ist darauf einzugehen, daß eine *risikoorientierte Prüfungsstrategie* zu entwickeln ist, die sich auf die Prüfung des zeitwertbezogenen Teils der Rechnungslegung bezieht und die Bestimmung der Wesentlichkeitsgrenze für das Prüfungsgebiet regelt. Zuletzt ist auf das *Prüfungsprogramm* einzugehen, das aus der Prüfungsstrategie abzuleiten ist und Art, Umfang und zeitliche Durchführung der zeitwertspezifischen Prüfungshandlungen in Abhängigkeit des zuvor identifizierten Risikos regelt. Werden für die in Rede stehenden Prüfungsschritte klare Handlungsanweisungen – analog der Darstellung in Abschnitt III.2.2.2 – benannt, sind die speziell die Prüfungsplanung betreffenden Mängel des PS 314 n.F. behoben.

4. Die *Systemprüfung* würdigend, muß in der Prüfungsnorm dezidiert auf die Aufbau- und Funktionsprüfung eingegangen werden. Eine klare inhaltliche Trennung der Prüfungsschritte ist obligatorisch. Hinsichtlich der *Aufbauprüfung* ist entscheidend, daß durch die Vorgaben der Prüfungsnorm aufgezeigt wird, wie der Prüfer Erkenntnisse über den Aufbau des zeitwertbezogenen IKS sowie ein umfängliches Verständnis von den relevanten Kontrollen erlangt. In den Standard sind konkrete Prüfungshandlungen, wie in III.2.3.2 dargelegt, aufzunehmen, die dazu beitragen, den Aufbau zeitwertspezifischer Kontrollen sowie deren tatsächliche Implementierung zu beurteilen. Die Norm muß aufzeigen, wie relevante Kontrollmaßnahmen i.S.e. Soll-Zustandes des IKS zu erfassen und in bezug auf deren Angemessenheit zu werten sind. Im unmittelbaren Anschluß müssen Ausführungen zur zeitwertspezifischen *Funktionsprüfung* folgen. Diese haben sich darauf zu erstrecken, daß zeitwertspezifische Kontrollmaßnahmen im Zuge von Transformations- und Funktionsfähigkeitsprüfungen, wie in III.2.3.3 aufgezeigt, auf ihre Effektivität hin zu testen sind. Abschließend hat die Prüfungsnorm die auf dieser Stufe der Prüfung zu treffenden Prüfungsfeststellungen zu würdigen. In bezug auf die Identifikation bedeutsamer Risiken und die abschließende Beurteilung des Kontrollrisikos und daraus resultierenden Einschränkungs- oder Versagungsgründen ist auf die Ausführungen in III.2.3.4 zu rekurrieren. Es empfiehlt sich, die dort aufgeführte Abbildung 4 in die Prüfungsnorm aufzunehmen. Diese stellt den Zusammenhang zwischen Aufbau- und Funktionsprüfung sowie deren Einfluß auf

den Bestätigungsvermerk bzw. auf die sich anschließenden aussagebezogenen Prüfungshandlungen zusammenfassend dar.

5. Hinsichtlich der *aussagebezogenen Prüfungshandlungen* ist eine klare Differenzierung von Einzelfall- und analytischen Prüfungshandlungen vorzunehmen. Auf diese Weise wird die Grundlage dafür geschaffen, daß Prüfungshandlungen den richtigen Prüfungsschritten zugeordnet werden. Die Einhaltung der Prüfungschronologie ist für eine effiziente Prüfungsdurchführung unerläßlich. Für die Binnenstruktur bezüglich der *Einzelfallprüfungen* ist die aus III.2.4.2 bekannte Untergliederung zu empfehlen. Zunächst sind in der Prüfungsnorm die dargestellten Prüfungshandlungen zur Beurteilung der Daten und Annahmen festzuhalten. Analog der beschriebenen Vorgehensweise ist zudem auf Hilfsmittel zur Konkretisierung von Werteinschätzungen sowie auf weitere Prüfungshandlungen einzugehen.

Um die Vollständigkeit zu gewährleisten, sind in der Prüfungsnorm auch Ergänzungen zu berücksichtigen, die über die Ausführungen von III.2.4.2 hinausgehen. Diese resultieren aus den Erkenntnissen des Abschnitts IV.2.2. Prinzipiell muß innerhalb des Prüfungsschritts der *Beurteilung der Daten und Annahmen*, wie nachfolgend aufgezeigt, ein bestimmtes chronologisches Vorgehen sichergestellt sein, das alle notwendigen Schritte berücksichtigt. Daher ist zunächst zu definieren, was unter Daten und Annahmen verstanden wird und wie diese voneinander abzugrenzen sind. Im Anschluß sind, wie in IV.2.2.1.1 ausführlich aufgezeigt, die Erläuterungen zu den Beurteilungskriterien für Daten und Annahmen aufzunehmen. Im Rahmen der Erlangung von Prüfungsnachweisen über die der Bewertung zugrundeliegenden Daten und Annahmen sind der in III.2.4.2.1 dargelegte Umfang sowie die gewählte Reihenfolge der Prüfungshandlungen einzuhalten. Zudem ist die in IV.2.2.1.1 genannte Ausweitung der Prüfungshandlungen bei Prognoseannahmen zu berücksichtigen, die zu einer transparenteren Wertfindung beitragen. In bezug auf die Prüfung von Annahmen hat darüber hinaus ein Verweis auf die Einzelfallprüfungen von Anhangangaben zu erfolgen. Abschließend hat die Norm Ausführungen zur Prüfung der mathematischen Richtigkeit der Werte, wie in III.2.4.2.1 dargestellt, aufzunehmen. Bei Einhaltung dieser Struktur werden die bestehenden Kritikpunkte bezüglich der Prüfung der Daten und Annahmen beseitigt.

Bei den *Hilfsmitteln zur Konkretisierung von Werteinschätzungen* sind gegenüber den Ausführungen von Abschnitt III.2.4.2.2 keine Ergänzungen notwendig. Durch Beachtung dieser Handlungen werden die in bezug auf PS 314 n.F. geäußerten speziellen Kritikpunkte zu den inhaltlichen Lücken bei der Durchführung von Sensitivitätsanalysen oder bei der Durchführung unternehmungsunabhängiger Schätzungen ausgeräumt. Zu den *weiteren Prüfungshandlungen* ist in der neuen Prüfungsnorm zunächst auf die Prüfung der Anwendungsstetigkeit normgerechter Wertermittlungsverfahren einzugehen. Enthalten die Angaben die Aussagen entsprechend der Darstellung in III.2.4.2.3, werden die bestehenden Kritikpunkte behoben. In bezug auf die Aufnahme von Prüfungshandlungen, welche auf Ereignisse nach dem Abschlußstichtag abzielen, ist ebenfalls auf die Angaben des in Rede stehenden Abschnitts zu rekurrieren. Ergänzungen sind nicht erforderlich. Anders verhält es sich hingegen bei der *Prüfung der Anhangangaben*. Für den Inhalt der neuen Norm ist zunächst auf die entsprechenden Angaben in III.2.4.2.3 zu verweisen. Darüber hinaus sind die in IV.2.2.1 aufgeführten Anhangangaben zu Prognoseannahmen und Ermessensentscheidungen zwingend zu berücksichtigen, um die Spezifika der IFRS-Rechnungslegung angemessen zu würdigen. In der Norm muß zum Ausdruck kommen, daß der Prüfer dafür Sorge zu tragen hat, daß die von den IFRS größtenteils nur implizit geforderten Anhangangaben getätigt werden. Nur auf diese Weise werden die Abschlußadressaten zweckgerecht über den mangelbehafteten Wertfindungsprozeß informiert. Zusammenfassend muß die Norm festhalten, daß der Prüfer zunächst sicherstellen muß, daß Anhangangaben erfolgen, die darlegen, auf welcher Hierarchiestufe jede (Sub-)Klasse an Vermögenswerten zeitbewertet wird und aus welchen Gründen auf die jeweilige Hierarchiestufe rekurriert wird, um die getroffenen Ermessensentscheidungen offenzulegen. Darüber hinaus müssen Anhangangaben verdeutlichen, auf welches Bewertungsmodell jeweils zurückgegriffen wird. Zudem haben Anhangangaben zu erfolgen, welche die in bezug auf die Zähler- und Nennergröße des Bewertungskalküls getroffenen Prognoseannahmen darlegen.[284] Gerade weil es sich bei den geforderten Anhangangaben größtenteils nicht um explizite Regelungen handelt, ist eine dezidierte Implementierung dieser Prüfungshandlungen in der berufsständischen Norm notwendig. Auf diese Weise wird die Grundlage geschaffen, daß die Neuerung vom Berufsstand einheitlich befolgt wird und jeder Anhang sachgerecht über getroffene Prognoseannahmen und Ermessensentscheidungen informiert.[285]

Abschließend hat die Prüfungsnorm die auf dieser Ebene der Prüfung zu treffenden Prüfungsfeststellungen, wie in III.2.4.2.4 aufgeführt, zu berücksichtigen. Zudem empfiehlt es sich, die dort dargestellte Abbildung 5 in die Prüfungsnorm aufzunehmen, da sie im allgemeinen die Erlangung von Prüfungsfeststellungen schildert und das weitere Vorgehen bei positiven bzw. negativen Feststellungen in Abhängigkeit der Wesentlichkeit darlegt. Insgesamt werden durch das hier gewählte Vorgehen klare Strukturen und Handlungsanweisungen zu Einzelfallprüfungen definiert, die für die Prüfung beizulegender Zeitwerte unerläßlich sind.

---

284 Außerdem ist in der Norm festzuhalten, daß die geforderten Angaben zu Prognoseannahmen gleichzeitig als Prüfungsnachweis für die Einhaltung der Beurteilungskriterien von Annahmen fungieren können.

285 Da die Prüfung der Richtigkeit und Vollständigkeit der dargestellten Anhangangaben im Hinblick auf das Erreichen des Prüfungsziels von außerordentlicher Wichtigkeit ist, kann bei der Neufassung der Prüfungsnorm auch in Erwägung gezogen werden, den Prüfungsschritt in einem eigenen Abschnitt innerhalb der Einzelfallprüfungen, und nicht als Bestandteil der „weiteren Prüfungshandlungen", zu würdigen.

Werden diese Vorschläge in der neuen Prüfungsnorm beachtet, kann der Norm die Kritik, die diesbezüglich an PS 314 n.F. zu äußern ist, nicht vorgehalten werden.

In die Prüfungsnorm sind außerdem Vorgaben zu *analytischen Prüfungshandlungen* aufzunehmen. Inhaltlich ist auf die Ausführungen des Abschnitts III.2.4.3.1 zu rekurrieren. Zur Aufdeckung verzerrender Einflüsse sind Plausibilitätsprüfungen durchzuführen. Der Hinweis, daß bei der analytischen Prüfung zwingend auf die Erkenntnisse der vorangegangenen Prüfungsschritte abzustellen ist, ist dabei von herausragender Bedeutung. In der Norm muß daher festgehalten werden, daß ohne die erforderlichen Vorkenntnisse der jeweiligen Ausgestaltung der Zeitwertbilanzierung kein aussagekräftiger Prüfungsnachweis zu erlangen ist. Praktisch beliebt ist dennoch die Durchführung analytischer Prüfungshandlungen vor der Durchführung anderer Prüfungshandlungen. Auf diese Weise wird versucht, den Umfang zeitintensiver Einzelfallprüfungen[286] ex ante zu reduzieren, gegebenenfalls soweit, daß die Durchführung von Stichprobenprüfungen obsolet erscheint. Werden Zeitwerte lediglich im Rahmen analytischer Prüfungshandlungen in ihrer Gesamtheit pro Prüffeld verprobt, ist die Abgabe eines vertrauenswürdigen Urteils von vornherein ausgeschlossen. Mit einer Erwartungswertbildung in bezug auf den Soll-Wert kann nicht das durch Einzelfallprüfungen erzielbare Sicherheitsniveau erreicht werden. Ein bereits bestehendes Prüfungsurteil kann durch Verprobungen gestützt bzw. widerlegt werden. Es kann aber nicht ausschließlich darauf gebildet werden. Die Prüfungsnorm hat explizit darauf hinzuweisen, daß es bei wesentlichen Zeitwerten untersagt ist, das Prüfungsurteil ausschließlich anhand der Ergebnisse analytischer Prüfungshandlungen zu bilden. Die Prüfung von beizulegenden Zeitwerten erfordert aufgrund der erhöhten Gefahr wesentlicher Falschdarstellungen freilich die Durchführung von Einzelfallprüfungen. So gilt es bei der Prüfung zu beachten, daß analytische Prüfungshandlungen als Ergänzung zu zeitwertbezogenen Einzelfallprüfungen zu sehen sind und niemals als Substitut dieser. Die Ergänzungsrolle der in Rede stehenden Prüfungshandlungen schmälert indes nicht ihre Bedeutung und ändert nichts an der Notwendigkeit ihrer Durchführung. Im Hinblick auf die Aufnahme der Prüfungsfeststellungen aus analytischen Prüfungshandlungen ist vollumfänglich auf die Ausführungen des Abschnitts III.2.4.3.2 zurückzugreifen. So hat die neue Prüfungsnorm deutliche Handlungsanweisungen für den Fall zu formulieren, wenn durch analytische Prüfungshandlungen verzerrende Einflüsse, Unregelmäßigkeiten oder bewußte Täuschungen aufgedeckt werden.

286 Es sei an die Ermittlung des Stichprobenumfangs, die Auswahl von Einzelfällen, die Platzierung der Stichprobe beim Mandanten und die anschließende Prüfung erinnert. Jeder einzelne Schritt veranschlagt ein Zeitpensum, das kumuliert mit der Prüfungsdauer anderer Prüfungsgebiete unter Umständen durch das Prüfungsbudget nicht abgedeckt ist. Der Rückgriff auf vermeintlich schnellere analytische Prüfungshandlungen ist in der Praxis daher ein willkommenes Mittel zur Zeitersparnis.

6. Um den bestehenden strukturellen Mangel sowie die Lücken in bezug auf den letzten Schritt des Prüfungsprozesses zu beheben und Besonderheiten der IFRS-Rechnungslegung zu würdigen, ist im Rahmen der *Urteilsbildung und Urteilsmitteilung*[287] in der neuen Prüfungsnorm wie folgt vorzugehen.

Hinsichtlich der abschließenden *Urteilsbildung* hat die neue Norm angemessene Vorgaben zur Aggregation von Prüfungsfeststellungen zu enthalten. Dabei ist auf die dezidierten Ausführungen des Abschnitts III.2.5.2 zurückzugreifen. Erstens muß die Norm festhalten, daß die gewonnenen Erkenntnisse auf die beschriebene Weise zu verdichten sind. Zweitens ist festzulegen, daß der Prüfer eine Aussage zu treffen hat, ob aus Sicht der Zeitwertbilanzierung ein positives, eingeschränktes oder negatives Prüfungsurteil zu fällen ist. Bei Berücksichtigung der geschilderten Handlungsanweisungen ist gewährleistet, daß die Prüfungsnorm die Voraussetzungen einer sachgerechten Urteilsbildung umsetzt. Den Postulaten der Vollständigkeit, Wesentlichkeit und Objektivität wird auf diese Weise Rechnung getragen. Es wird empfohlen, Abbildung 6 als zusammenfassendes Tableau in die Norm aufzunehmen. Die Abbildung verdichtet die möglichen Ergebnisse der Urteilsbildung unter Berücksichtigung der Wesentlichkeit. Zudem zeigt sie die Auswirkungen der zeitwertspezifischen Urteilsbildung auf den Bestätigungsvermerk.

Nachfolgend wird gezeigt, welche Vorgaben zur *Urteilsmitteilung* in der neuen Prüfungsnorm enthalten sein müssen. Zunächst ist der strukturelle Mangel der bestehenden Prüfungsnorm in bezug auf die Reihenfolge der Vorgaben zum Prüfungsbericht und Bestätigungsvermerk zu beheben. Bei dem Aufbau ist die Vorgehensweise zu präferieren, wie sie in III.2.5.3 und im HGB zu finden ist. Zuerst haben Angaben über den Prüfungsbericht zu erfolgen. Im Anschluß ist der Bestätigungsvermerk zu regeln. *Erstens* kann der Bestätigungsvermerk erst erteilt, eingeschränkt oder versagt werden, wenn hierfür im Prüfungsverlauf alle notwendigen Erkenntnisse erlangt wurden. Diese sind sukzessive im Prüfungsbericht zu dokumentieren. *Zweitens* ist der Bestätigungsvermerk Bestandteil des Prüfungsberichts und nicht vice versa.[288] Aus diesen Gründen kann der Bestätigungsvermerk nicht vor dem Prüfungsbericht erstellt werden und ist in der neuen Norm folglich erst nach dem Prüfungsbericht zu regeln.

Durch die neue Prüfungsnorm muß zum Ausdruck kommen, daß es die Pflicht des Prüfers ist, die Adressaten des Prüfungsurteils auf die Mängel des Zeitwertkonzepts und die damit einhergehend eingeschränkte Möglichkeit, ein vertrauenswürdiges Prüfungsurteil abzugeben, hinzuweisen. Um den Spezifika des Zeitwertkon-

287 Freilich gibt es sowohl zum Prüfungsbericht als auch zum Bestätigungsvermerk eigenständige PS. Da diese die Medien der Urteilsmitteilung in allgemeiner Form regeln, Besonderheiten der Zeitwertbilanzierung jedoch nicht berücksichtigen, ist es zweckmäßig, die speziellen Vorschriften zur Urteilsmitteilung in der zeitwertspezifischen Prüfungsnorm zu verankern.

288 Dies ergibt sich nicht zuletzt und unmißverständlich aus § 322 Abs. 7 Satz 2 HGB.

zepts gerecht zu werden, hat die Norm zahlreiche Besonderheiten bezüglich des *Prüfungsberichts* zu beachten. Damit gewährleistet ist, daß das Prüfungsurteil für die Adressaten intersubjektiv nachvollziehbar ist, muß idealerweise, rekurrierend auf die Erkenntnisse der Abschnitte III.2.5.3 und IV.2.2.2.1, folgender Inhalt in der dargestellten Abfolge in die Norm aufgenommen werden: In der Norm ist *erstens* festzuhalten, daß im Rahmen der Vorweg-Berichterstattung, wie in III.2.5.3 dargelegt, über grundsätzliche Feststellungen aus der Zeitwertbilanzierung zu berichten ist.[289] *Zweitens* hat die Norm Regelungen zu Feststellungen und Erläuterungen zur Rechnungslegung sowie zur Erläuterung des Gegenstands, der Art und des Umfangs der Prüfung aufzunehmen, damit die Zeitwertbilanzierung im Hauptteil des Berichts angemessen gewürdigt wird.[290] An dieser Stelle hat die Norm außerdem vorzugeben, daß über die Zeitwertbilanzierung innerhalb des Hauptteils ein eigenständiger Berichtsabschnitt mit den angesprochenen Passagen zu erstellen ist, sofern die Prüfung beizulegender Zeitwerte einen Prüfungsschwerpunkt darstellt. Ein separater Berichtsabschnitt erscheint aus zwei Gründen erforderlich. Zum einen, um in zusammenhängender Weise über die Zeitwertbilanzierung zu berichten. Zum anderen entfaltet ein eigenständiger Abschnitt die gewünschte Ausstrahlungswirkung. Indem der Prüfer gesondert und umfänglich über die Zeitwertbilanzierung berichtet, wird auf die Wichtigkeit hingewiesen, die er diesem Rechnungslegungsgebiet beimißt. In die Vorgaben zu dem gesonderten Berichtsteil sind auch die in Abschnitt IV.2.2.2.1 gewonnenen Erkenntnisse zu den Zusatzangaben im Prüfungsbericht zu implementieren.[291] In Konsequenz bleibt festzuhalten, daß die neue Norm mindestens folgende Pflichtbestandteile für den zeitwertbezogenen Berichtsabschnitt vorschreiben und regeln sollte:[292]

- Erläuterung des Einflusses der Zeitwertbilanzierung auf die Ordnungsmäßigkeit der Rechnungslegung und die Gesamtaussage des Jahresabschlusses;
- Erläuterung des Gegenstands, der Art und des Umfangs der Zeitwertprüfung sowie der Vorgehensweise zur Erlangung von Prüfungsnachweisen;
- Erläuterung des zeitwertbezogenen IKS und aufgedeckter Schwächen;

289 Damit wird den Anforderungen des § 321 Abs. 1 Satz 2 und 3 HGB Rechnung getragen.

290 Dadurch werden die Anforderungen des § 321 Abs. 2 und 3 HGB in bezug auf die Zeitwertbilanzierung berücksichtigt.

291 Die Aufnahme an dieser Stelle der Prüfungsnorm hat unabhängig von der Tatsache zu erfolgen, ob der geforderte Sachverhalt schließlich durch § 321 Abs. 2 Satz 7 HGB normiert wird. Freilich entfaltet eine gesetzliche Vorgabe eine stärkere Bindungswirkung als eine berufsständische Norm. Dennoch sind die Vorgaben der PS in Deutschland vom Berufsstand einzuhalten. Solange eine gesetzliche Implementierung, wie in IV.2.2.2.1 empfohlen, noch aussteht, ist die Aufnahme in die neue Prüfungsnorm daher um so wichtiger.

292 Hinsichtlich der ausführlichen Beschreibung der einzelnen Punkte sei auf die Abschnitte III.2.5.3 und IV.2.2.2.1 verwiesen.

- Erläuterung der Auswirkungen der Prüfung des IKS auf Art und Umfang aussagebezogener Prüfungshandlungen;
- Erläuterung der getroffenen und alternativen Prognoseannahmen und Ermessensentscheidungen, um über Wertfindung und Wertbandbreiten zu berichten;
- Erläuterung von Hinweisen auf eingeschränkte Verläßlichkeit und damit einhergehende eingeschränkte Prüfungssicherheit;
- Erläuterung wesentlicher Beanstandungen und/oder Prüfungshemmnisse;
- Angaben über wesentliche Unrichtigkeiten und Verstöße gemäß PS 210;
- Erläuterung der Auswirkungen der Zeitwertbilanzierung auf das Prüfungsurteil und den Bestätigungsvermerk.

Die Aufnahme der angeführten Schritte in die Prüfungsnorm ist aus zwei Gründen notwendig: *Zum einen* werden die Anforderungen des § 321 HGB in bezug auf die Zeitwertbilanzierung durch konkrete Vorgaben in einer chronologischen Reihenfolge umgesetzt. *Zum anderen* wird durch die Normierung gewährleistet, daß der Berufsstand einheitlich über die Zeitwertbilanzierung Bericht erstattet. Die normierte Berichterstattung ist für die Adressaten von Vorteil, da „es sich bei der Prüfung von Fair Values um ein Massenphänomen und nicht um unternehmensbezogene Singularitäten handelt"[293].[294]

Damit auch der *Bestätigungsvermerk* die Besonderheiten und Unsicherheiten der Zeitwertbilanzierung adäquat würdigt, sind in der neuen Prüfungsnorm nachstehende Punkte zu berücksichtigen. Zunächst sind die in III.2.5.3 dargelegten zeitwertspezifischen Gründe, die eine Einschränkung oder Versagung des Bestätigungsvermerks zur Folge haben, in die Norm aufzunehmen. Demnach können zeitwertspezifische Beanstandungen und Verstöße sowie Prüfungshemmnisse zu einer Einschränkung bzw. Versagung führen.[295] Diese „allgemeinen" Einschränkungs- und Versagungsgründe des Status quo berücksichtigen die Spezifika der Zeitwertbilanzierung indes nicht in ausreichendem Maße. Um im Prüfungsurteil bei Bedarf auch angemessen und einheitlich auf spezielle Probleme der Zeitwertbilanzierung hinzuweisen, hat die neue Prüfungsnorm darüber hinaus die Erkennt-

293 KÜNNEMANN, Fair Value Accounting (2007), S. 952.

294 Indem ein Mindest-Detaillierungsgrad vorgegeben wird, ist gewährleistet, daß beispielsweise Kreditinstitute oder mehrere Mandate betreuende Aufsichtsräte bei der Vorlage von Prüfungsberichten unterschiedlicher Unternehmungen in gleicher Weise und in gleichem Umfang über die Zeitwertbilanzierung und deren Risiken informiert werden.

295 Zudem sei erneut auf die in die Norm aufzunehmende Abbildung 6 verwiesen.

nisse des IV.2.2.2.1 einzubeziehen. Demgemäß sind folgende Sachverhalte zu normieren: *Erstens* muß der Prüfer im Bestätigungsvermerk einen Hinweis aufnehmen, wenn aus dem Zeitwertkonzept wesentliche Unsicherheiten in bezug auf die Wertermittlung resultieren.[296] Die Norm muß definieren, daß wesentliche Unsicherheiten dann vorliegen, wenn der Wertermittlung umfängliche Prognoseannahmen und Ermessensentscheidungen zugrunde liegen. Ist dieser Tatbestand erfüllt, sollte der Bestätigungsvermerk folgenden Satz enthalten: „Zeitwertspezifische Prognosen und Ermessensspielräume führen zu einer eingeschränkten Prüfungssicherheit." *Zweitens* sind neben den bereits genannten Einschränkungs- und Versagungsgründen „spezielle" Musterformulierungen zur Erteilung von Bestätigungsvermerken in die Prüfungsnorm aufzunehmen. Sie geben dem Prüfer vor, wann der Bestätigungsvermerk aufgrund der Zeitwertbilanzierung, unter Berücksichtigung der in Rede stehenden Prognose- und Ermessensproblematik, zu erteilen, einzuschränken oder zu versagen ist:

- „Wenn zeitwertspezifische Prognosen und Ermessensspielräume zu einer eingeschränkten Prüfungssicherheit führen, im Rahmen der Prüfung jedoch keine Umstände bekannt werden, daß die beizulegenden Zeitwerte den Jahresabschluß systematisch verzerren, ist ein *uneingeschränkter Bestätigungsvermerk* zu erteilen."

- „Werden im Rahmen der Prüfung Umstände bekannt, daß zeitwertspezifische Prognosen und Ermessensspielräume mit einer eingeschränkten Prüfungssicherheit einhergehen und in einem abgrenzbaren Teil der zeitwertbezogenen Rechnungslegung zu wesentlichen Verzerrungen führen, über die weiteren Teile der Rechnungslegung gleichwohl noch ein Positivbefund möglich ist, ist der *Bestätigungsvermerk einzuschränken*. Der zeitwertspezifische Einschränkungsgrund ist darzustellen, so daß dessen Tragweite für die Adressaten erkennbar ist."

- „Sind die getroffenen zeitwertspezifischen Prognoseannahmen und Ermessensentscheidungen so zahlreich, daß sie sich dergestalt auf den Jahresabschluß im ganzen auswirken, daß die Prüfungssicherheit nicht gewährleistet ist und daß eine Einschränkung diesen Einwendungen nicht adäquat Rechnung trägt, ist ein *Versagungsvermerk* zu erteilen. Der zeitwertspezifische Versagungsgrund ist zu beschreiben und zu erläutern."

---

296 Die Implementierung in der Prüfungsnorm hat unabhängig von der Aufnahme des in Rede stehenden Sachverhalts in § 322 Abs. 2 Satz 5 HGB zu erfolgen. Eine Implementierung in die neue Prüfungsnorm ist unerläßlich, insbesondere da die geforderte Angabe noch nicht im HGB verankert ist. Entscheidend ist, daß das in Abschnitt IV.2.2.2.1 angeführte explizite Wahlrecht zur Aufnahme eines Hinweises durch die geforderte Pflichtangabe ersetzt wird.

Wie in IV.2.2.2.2 dargelegt, stellt die kategorische Einschränkung oder Versagung des Bestätigungsvermerks durchaus eine Alternative dar, um auf die Mängel der Zeitwertbilanzierung zu reagieren und auf diese aufmerksam zu machen. Da das eigentliche Problem jedoch in den Rechnungslegungsregelungen liegt, zu deren Anwendung der Rechnungslegende verpflichtet ist, stellt diese Methode vielmehr die Ultima ratio als eine zweckadäquate Lösung dar. Eine Aufnahme in die Prüfungsnorm ist daher nicht zwingend erforderlich. Zudem decken die obigen Ausführungen den Extremfall einer konsequenten Einschränkung oder Versagung des Bestätigungsvermerks bei strenger Auslegung ohnehin ab.

Indem die Forderungen zur Urteilsmitteilung in der Prüfungsnorm verankert werden, erfolgt eine maßgebliche Verbesserung gegenüber der gegenwärtigen Prüfungssituation. Es wird sichergestellt, daß der Prüfer in der Urteilsmitteilung deutlich zum Ausdruck bringt, daß er alle erforderlichen Handlungen ergriffen hat, um angemessen auf die Probleme der Rechnungslegung zu reagieren. Den Adressaten des Prüfungsurteils wird aufgezeigt, daß die Zeitwertbilanzierung i.d.R. nicht zu verläßlichen und damit zu nicht prüfbaren Werten führt. Durch die Ausweitung der Urteilsmitteilung wird eine Absicherung des Prüfers im Außenverhältnis erreicht.

7. In bezug auf die *Übereinstimmung mit den ISA* hat der neue Prüfungsstandard darauf einzugehen, daß die Anforderungen des ISA 540 „Auditing Accounting Estimates, Including Fair Value Accounting Estimates, and Related Disclosures" umgesetzt werden.[297] Zudem hat ein Hinweis zu erfolgen, daß der Standard ergänzende Anforderungen beinhaltet, die sich aus nationalen Besonderheiten ergeben. Dabei sei insbesondere auf die geforderten Änderungen hinsichtlich des Prüfungsberichts und des Bestätigungsvermerks verwiesen. Daher empfiehlt sich ein grundsätzlicher Hinweis, daß der Standard den Problemen der Prüfung beizulegender Zeitwerte in einem Maße Rechnung trägt, das über die Anforderungen des ISA 540 hinausgeht.

Schlußendlich wird empfohlen, daß die in diesem Abschnitt angeführten Verbesserungsvorschläge in bezug auf die Prüfung beizulegender Zeitwerte auch von den ISA berücksichtigt werden. Dies ist insbesondere vor dem Hintergrund entscheidend, da die PS inhaltlich nur bei nationalen Besonderheiten von den ISA abweichen sollen. Unstreitig handelt es sich bei dem Zeitwertkonzept nach IFRS nicht um eine nationale, sondern vielmehr um eine internationale Besonderheit, die folglich auch von den ISA angemessen zu würdigen ist.

---

297 Üblicherweise erfolgt diese Angabe bereits in den Vorbemerkungen. Vgl. exemplarisch IDW, PS 314 n.F. (2009), Rz. 7 oder IDW, EPS 261 n.F. (2011), Rz. 3. Da die PS jeweils über einen eigenen Abschnitt verfügen, der auf die (Nicht-)Übereinstimmung mit entsprechenden ISA-Pendants eingeht, sollte diese Angabe aus Gründen der Konsistenz auch tatsächlich hier und nicht an anderer Stelle erfolgen. Auf diese Weise wird nicht nur eine inhaltliche, sondern auch eine strukturelle Verbesserung der Prüfungsnorm erzielt.

Im Ergebnis ist zu konstatieren, daß durch die Neufassung einer zeitwertspezifischen Prüfungsnorm, welche die dargestellten Verbesserungsvorschläge berücksichtigt, nicht nur die prüfungsnormenbedingten Probleme behoben werden, sondern gleichzeitig auch die bestehende praktische Regelungslücke geschlossen wird. *Insgesamt* läßt sich festhalten, daß ein wesentlicher Beitrag zur Verbesserung der Prüfbarkeit beizulegender Zeitwerte geleistet werden kann. Diese Aussage gilt es, gemeinsam mit den weiteren bislang gewonnenen Erkenntnissen, im nachstehenden Abschnitt abschließend zu würdigen.

2.4 Zwischenergebnis und verbleibende Defizite

Die Probleme der bestehenden Rechnungslegungsregelungen zur Zeitwertermittlung stehen der verläßlichen Bestimmung von „fair values" entgegen[298] und konterkarieren die Prüfbarkeit dieser Werte. Durch die Mängel der bestehenden Prüfungsnorm wird das Problem verschärft. In den voranstehenden Abschnitten wurde dargelegt, welche Möglichkeiten der Prüfer in seiner Tätigkeit als Gestalter des Prüfungsprozesses auszuschöpfen hat, um zur Lösung der beiden Problemkreise beizutragen. Nur durch die sukzessive Lösung der Probleme kann dem Ziel der Prüfbarkeit beizulegender Zeitwerte näher gekommen werden. Nachfolgend wird zunächst zusammenfassend dargestellt, inwieweit durch die Gestaltung des Prüfungsprozesses eine Verbesserung im Hinblick auf die Prüfbarkeit erzielt werden kann. Daraufhin werden die verbleibenden Defizite und die daraus zu ziehende Konsequenz aufgeführt.

1. Abschnitt IV.2.2 zeigt auf, wie der Prüfer im Rahmen der Gestaltung des Prüfungsprozesses auf die Probleme der Rechnungslegungsregelungen zu reagieren hat (Problemkreis 1). In bezug auf die *Prüfungsdurchführung* ist im Ergebnis würdigend festzuhalten, daß der Prüfer dafür Sorge tragen muß, daß der Mandant weiterführende Anhangangaben zu Prognoseannahmen und Ermessensentscheidungen tätigt. Indem die Jahresabschlußadressaten Zusatzinformationen über den Wertfindungsprozess erhalten, erlangen sie ein besseres Verständnis von den entobjektivierten Bandbreitenwerten. Dadurch wird offenbart, daß die Zeitwertermittlung problembehaftet sein kann. Die Adressaten werden sensibilisiert, daß die Abgabe eines vertrauenswürdigen Urteils unter diesen Umständen erschwert ist. In bezug auf die *Urteilsmitteilung* ist entscheidend, daß der Prüfer zudem in seinem Prüfungsurteil auf die Grenzen der Zeitwertbilanzierung hinzuweisen hat. Diesen Punkt würdigend ist zu konstatieren, daß Zusatzinformationen im Prüfungsurteil einen wesentlichen Beitrag zur Abmilderung der Rechnungslegungsprobleme leisten, obschon die Prognose- und Ermessensproblematik dadurch nicht ausgeräumt

298 Vgl. OLBRICH, IAS 40 (2003), S. 349.

wird. Der Prüfer beurteilt wie gewohnt die Einhaltung der Rechnungslegungsregelungen, weist darüber hinaus aber im gleichen Zuge explizit auf die daraus resultierende eingeschränkte Prüfungssicherheit hin.

Auf die im Rahmen des Abschnitts IV.2.2 getroffenen Aussagen rekurrierend, ist abschließend zu der Erkenntnis zu kommen, daß ein Teil der maßgeblichen Problemstellungen der Zeitwertbilanzierung abgemildert werden kann. Dennoch erreicht der Prüfer am Ende des Prüfungsprozesses einen Zustand der Ohnmacht. Schließlich lassen sich die Probleme des Zeitwertkonzepts alleine durch prüferische Tätigkeiten nicht ausräumen.

2. Abschnitt IV.2.3 zeigt auf, wie die Probleme der berufsständischen Regelungen im Rahmen der Gestaltung des Prüfungsprozesses zu lösen sind (Problemkreis 2). Vor dem Hintergrund dieser Ausführungen ist im Ergebnis festzuhalten, daß durch die strukturelle und inhaltliche Neugestaltung einer zeitwertspezifischen Prüfungsnorm die prüfungsnormenbedingten Mängel gänzlich gelöst werden können. Außerdem wird die Voraussetzung geschaffen, mit den bestehenden Rechnungslegungsregelungen prüferisch zweckgerecht zu verfahren. Auf diese Weise wird die bestehende praktische Regelungslücke geschlossen. Damit einhergehend wird ein maßgeblicher Beitrag zur Verbesserung der Prüfbarkeit beizulegender Zeitwerte geleistet. Die Prüfung jener Werte wird dadurch zwar nicht weniger herausfordernd; durch eine stringente, vollständige und das chronologisch richtige Vorgehen berücksichtigende Verhaltensregel wird die Prüfung allerdings deutlich erleichtert.

Ungeachtet dessen offenbart sich aber die Tatsache, daß es sich bei den Lösungen durch die Gestaltung des Prüfungsprozesses nicht um ein optimales Ergebnis handeln kann: Während der zweite Problemkreis gelöst wird, besteht der erste Problemkreis in seinen Grundfesten fort. Die Inkonsistenzen und die bewertungstheoretischen Mängel des Zeitwertkonzepts bleiben durch die gewählte Darstellung unberührt. Die Prognoseprobleme sowie die Problematik der Existenz von Ermessensspielräumen können nicht gelöst, sondern lediglich abgemildert werden. Die verbleibenden Teilprobleme auf Ebene der Rechnungslegung wirken sich folglich weiterhin auf die Ebene der Prüfung aus. Letztendlich ist zu dem Schluß zu kommen, daß die Prüfbarkeit nur bei Zeitbewertungen gewährleistet ist, wenn ein Preis auf einem aktiven Markt existiert, da sich hier „aktuelle Werte vergleichsweise verläßlich entnehmen“[299] lassen. Mit den „Verläßlichkeits-Determinanten“ unvereinbar sind jedoch die dem aktiven Markt als Bewertungsmaßstab folgenden Stufen der Bewertungshierarchie. Der „fair value“ verkommt von Stufe zu Stufe mehr zu einem Schätzwert, wobei er den richtigen Punktwert i.S.e. verläßlichen Werts aufgrund des Heranziehens vermeintlicher Vergleichspreise oder prämissenbehafteter Bewertungsmodelle und damit einhergehenden Ermessensentscheidungen und Spekulationen über

299 SCHILDBACH, Zeitwertbilanzierung (1998), S. 587.

künftige Zustände nicht einnehmen kann.[300] In Abhängigkeit der Bewertungsparameter muß die Verläßlichkeit iterativ ermittelter Zeitwerte verneint werden. Selbst wenn sich der Prüfer bei Akzeptanz der bestehenden IFRS-Normen an die verbesserten berufsständischen Regelungen hält, ist das Erreichen des Prüfungsziels demgemäß nicht gewährleistet. Die in Abschnitt IV.2.1 gestellte Frage, ob der Prüfungszweck durch die Gestaltung des Prüfungsprozesses prinzipiell erreicht werden kann, ist demnach zu verneinen. Infolgedessen kann es sich bei dem dargestellten Lösungsansatz lediglich um ein bedingt befriedigendes Ergebnis handeln.

Aus der Ohnmacht des Prüfers ergibt sich indes folgendes Dilemma: Die einzelnormenkonforme Wertermittlung kann zwar bestätigt werden, da die Standards die besagten Bewertungsmethoden schließlich vorgeben. Dennoch liefern derart ermittelte beizulegende Zeitwerte zumeist nur eingeschränkt verläßliche Informationen, woraus sich nicht nur ein Verstoß gegen das bilanztheoretische Objektivierungserfordernis ergibt. Vielmehr ist die Erkenntnis entscheidend, daß die IFRS ihren Ansprüchen an sich selbst nicht gerecht werden. Das als lex specialis den Einzelstandards entspringende Zeitwertkonzept ist nicht mit den qualitativen Anforderungskriterien des „framework“ kompatibel und konterkariert damit den Bilanzzweck der IFRS, entscheidungsnützliche Informationen zu liefern.[301] Sind die Bilanznormen nicht der Erfüllung des Bilanzzwecks dienlich und sind die den Normen entspringenden Zeitwerte wesentlich, ist die Abgabe eines vertrauenswürdigen Urteils über die Ordnungsmäßigkeit der Rechnungslegung grundsätzlich nicht möglich, obschon die Werte „normenkonform“ aus den Einzelstandards abgeleitet werden. Daraus ist der folgenreiche Schluß zu ziehen, daß der Prüfungszweck nicht erreicht werden kann, wenn der Bilanzzweck nicht erfüllt ist.

Aus dem genannten Dilemma folgt, daß der Prüfer die an ihn gestellten Anforderungen unter den vorliegenden Bedingungen nicht erfüllen kann. Wenn die Rechnungslegungsregelungen mangelbehaftet sind und die Verläßlichkeit beizulegender Zeitwerte respektive den Bilanzzweck untergraben, kann die Abschlußprüfung diese rechnungslegungsinhärenten Mängel nicht beseitigen. Schließlich kann die Abschlußprüfung „nicht besser sein als die der Prüfung zugrundeliegenden Rechnungslegungsregeln“[302]. Vor dem Hintergrund der bisherigen Ergebnisse ist zu dem Schluß zu kommen, daß das Problem der Prüfung beizulegender Zeitwerte nicht in der Ab-

300 Vielmehr führt das Zeitwertkonzept bei fehlenden Marktpreisen dazu, daß die Kosten der Rechnungslegung wegen der komplizierten Wertermittlung sowie dem Einbezug externer Gutachten steigen. Vgl. LORSON, Wertbegriffe nach IAS/IFRS (2005), S. 30 f. Ferner verteuert sich die Abschlußprüfung, da die notwendige Prüfungszeit mit zunehmender Komplexität der Prüfungsgebiete steigt. Doch selbst eine umfängliche Prüfung ist kein Garant für ein vertrauenswürdiges Urteil.

301 Vgl. auch OLBRICH, IAS 40 (2003), S. 349, OLBRICH, Zeitwertbilanzierung (2008), S. 220, HAßLINGER, IFRS-Rechnungslegung (2011), S. 145.

302 BAETGE/THIELE/MATENA, Sicherung der Prüfungsqualität (2004), S. 216.

schlußprüfung liegt, sondern in den Bilanznormen der IFRS begründet ist. In Konsequenz läßt sich dieses Problem ausschließlich durch eine Änderung der Rechnungslegungsregelungen lösen. Es sind Bilanznormen erforderlich, die dem Zweck der IFRS Rechnung tragen.[303] Dafür ist die Ebene der Prüfung allerdings zu verlassen. Um auf der Ebene der Rechnungslegung anzusetzen, muß auf ein weiteres Tätigkeitsfeld des Wirtschaftsprüfers abgestellt werden.

303 Wie in Abschnitt IV.1.2.4 angemerkt, sind nicht objektivierte Werte regelmäßig nicht entscheidungsnützlich. Führen Bilanznormen hingegen zu entscheidungsnützlichen und damit bilanzzweckadäquaten Werten, erfüllen diese im Umkehrschluß auch das Kriterium der intersubjektiven Nachprüfbarkeit. Daher wird im folgenden unterstellt, daß die Erfüllung des Bilanzzwecks unweigerlich mit der Erfüllung sowohl der qualitativen als auch der bilanztheoretischen „Verläßlichkeits-Determinante" einhergeht. Sofern es an der jeweiligen Stelle dem grundlegenden Verständnis dienlich ist, wird zudem gesondert auf das Objektivierungserfordernis eingegangen.

3. Lösungen durch die Einflußnahme auf die Rechnungslegung

3.1 Die Beschreibung und Abgrenzung der Lösungsansätze

Die bisherigen Ergebnisse zeigen, daß die Probleme der Rechnungslegung durch die Gestaltung des Prüfungsprozesses nicht an ihrer Wurzel zu lösen sind. Zur Beantwortung der Frage, ob die Probleme durch die Gestaltung der Rechnungslegung überwunden werden können, damit der Prüfungszweck erreicht wird, ist in einem zweiten Schritt auf die Möglichkeit des Berufsstands abzustellen, Einfluß auf den Standardsetzer zu nehmen, um Verbesserungen in den Rechnungslegungsregelungen herbeizuführen.

Nachfolgend ist zu klären, welche Rückschlüsse in bezug auf die zeitwertspezifischen Rechnungslegungsvorgaben des IASB aus den bisherigen Ergebnissen zu ziehen sind. Wenn der Bilanzzweck der IFRS durch die Einzelnormen nicht erreicht werden kann, ist es dem Prüfer nicht möglich, ein vertrauenswürdiges Urteil über die in den Einzelnormen geregelte Zeitwertbilanzierung respektive die Ordnungsmäßigkeit der Rechnungslegung abzugeben. Nach MOXTER läßt sich eine Bilanztheorie stets nach zwei Aspekten beurteilen:[304] Zum einen ist zu ergründen, ob der Bilanzzweck sinnvoll erscheint; zum anderen gilt es zu durchleuchten, ob die zugrundeliegenden Bilanznormen überzeugen. Nachfolgend wird der Bilanzzweck der IFRS akzeptiert. Erstens erscheint es nicht als sachgerecht, den Zweck der IFRS an das mangelbehaftete Zeitwertkonzept anzupassen. In diesem Fall wäre der Bilanzzweck auf die Vermittlung nicht verläßlicher Informationen ausgerichtet, was abzulehnen ist. Zweitens ist die Zeitwertbilanzierung integraler Bestandteil der Bilanznormen. Daher wird ausschließlich das zweitgenannte Gütemaß der Bilanztheorie untersucht. Bilanznormen sind dann überzeugend, wenn sie zweckadäquat sind.[305] Bezogen auf die Zeitwertbilanzierung bedeutet dies, daß die Bilanznormen entscheidungsnützliche Werte liefern müssen. Stellt der Wirtschaftsprüfer fest, daß die Einzelnormen nicht zu zweckadäquaten Werten führen, widersprechen sie dem Bilanzzweck und stellen nicht nur ein Prüfungshemmnis, sondern zudem ein Rechnungslegungshemmnis dar. Der Berufsstand der Wirtschaftsprüfer muß seinen Einfluß[306] auf den Standardsetzer dahingehend geltend machen, daß das Zeitwertkonzept mit den qualitativen Vorgaben des „framework“, insbesondere mit dem Verläßlichkeitskriterium, in Einklang gebracht wird. Denn nur wenn die Bilanznormen zu verläßlichen Zeitwerten führen, kann die intersubjektive Nachprüfbarkeit gewährleistet und der Bilanzzweck erfüllt werden. Vor dem Hintergrund dieser Ausführungen ist die aus Kapitel III bekannte Prämisse

---

304 Vgl., wie im folgenden, MOXTER, Bilanzlehre (1984), S. 24.

305 Vgl. MOXTER, Bilanzlehre (1984), S. 24.

306 Die fachliche Meinungsbildung des Berufsstands wird im IDW betrieben. Vgl. NAUMANN, Prüfbarkeit der Standards (2010), S. 780.

der Akzeptanz des Status quo über das in Abschnitt IV.2.1 genannte Maß hinaus zu verändern: Da das Zeitwertkonzept der IFRS nicht überzeugen kann, ist es in seiner bestehenden Form abzulehnen.

Im Hinblick auf die Einflußnahme des Berufsstands auf den Standardsetzer ist würdigend zu konstatieren, daß das IDW die Arbeit des IASB nicht ausschließlich gutheißt. Hervorzuheben ist die durch das IDW geäußerte Kritik, daß die Rechenschaftslegung über die abgelaufene Periode gegenüber der Bereitstellung zukunftsorientierter Informationen wieder in den Vordergrund rücken muß.[307] Daß der Jahresabschluß primär auf die Vermittlung von Informationen über die abgelaufene Berichtsperiode ausgerichtet sein soll, wird durch folgende Aussage unterstrichen: „Wenig Sinn hat es, den Jahresabschluß an unerfüllbaren Ansprüchen zu messen, statt an den denkbaren Informationsalternativen."[308] Lobenswert ist daher die Forderung des IDW, daß die durch Abschlüsse bereitgestellten Informationen dringend verläßlich und nicht ausschließlich relevant zu sein haben.[309] Die Kritik darf sich jedoch nicht auf die Äußerung von „Ansatzpunkte[n] zur Verbesserung"[310] beschränken. Vielmehr sind konkrete Verbesserungsvorschläge zu entwickeln und dem IASB unter Forderung der entsprechenden Umsetzung zu unterbreiten. Ziel ist es daher, das bestehende Zeitwertkonzept zu verbessern und in Einklang mit dem „framework" zu bringen. Auf diese Weise ist die Voraussetzung für die Prüfbarkeit von Zeitwerten zu schaffen.

Nachfolgend werden Vorschläge zur Gestaltung der Rechnungslegungsvorschriften dargelegt und im Hinblick auf deren Eignung zur Erreichung des Bilanz- und Prüfungszwecks untersucht. Diese können dem Berufsstand als Grundlage dienen, Einfluß auf den Standardsetzer zu nehmen. Zunächst wird in IV.3.2 der Vorschlag der Vereinheitlichung der Zeitwertbilanzierung geprüft. Dabei wird zuerst IFRS 13 vorgestellt, der die Vereinheitlichung der Vorschriften zur Ermittlung des beizulegenden Zeitwerts zu regeln versucht (IV.3.2.1). Da IFRS 13 die Inkonsistenzen nicht zu lösen vermag, werden im Anschluß notwendige Vereinheitlichungsmaßnahmen aufgezeigt (IV.3.2.2) und dennoch verbleibende Defizite des Vorschlags dargelegt (IV.3.2.3). Da die Rechnungslegungsprobleme durch eine Vereinheitlichung nicht vollständig beseitigt werden können, ist in IV.3.3 die Ablehnung der Zeitwertbilanzierung in der IFRS-Rechnungslegung zu untersuchen. Da es sich hierbei aufgrund verbleibender Defizite ebenfalls um eine suboptimale Lösung handelt, ist ein weiterer Vorschlag hinsichtlich der Gestaltung der Rechnungslegung zu prüfen. In Konsequenz wird in IV.3.4 abschließend die teilweise Akzeptanz beizulegender Zeitwerte untersucht.

---

307 Vgl. IDW, Presseinformation (2011), S. 1 sowie IDW, Künftige Ausrichtung (2011), S. 294. Im allgemeinen zu Bedenken des IDW in bezug auf die Arbeit des IASB vgl. zudem NAUMANN, Prüfbarkeit der Standards (2010), S. 782.

308 LEFFSON, Grundsätze (1982), S. 61.

309 Vgl. IDW, Künftige Ausrichtung (2011), S. 294.

310 IDW, Künftige Ausrichtung (2011), S. 293.

3.2 Vereinheitlichung der Zeitwertbilanzierung

3.2.1 Änderungen im Rahmen des IFRS 13

Das heterogene Zeitwertkonzept der Einzelstandards ist abzulehnen. So ist zu untersuchen, inwieweit die Vereinheitlichung der Zeitwertbilanzierung zur Lösung der Rechnungslegungsprobleme des Status quo beiträgt. Die Vereinheitlichung dient speziell dazu, die aus den einzelnen Standards hervorgehenden Inkonsistenzen und Widersprüche zu beseitigen. Nachfolgend werden zunächst die Änderungen des Zeitwertkonzepts vorgestellt, die aus IFRS 13 resultieren.

IFRS 13 ist das Resultat eines gemeinsamen Projekts des IASB und FASB zur Vereinheitlichung der Bemessung des beizulegenden Zeitwerts. Dieses wurde im September 2005 in die Agenda des IASB aufgenommen.[311] Hintergrund ist die Vorgabe konkreter Leitlinien zur Bestimmung des beizulegenden Zeitwerts von Vermögenswerten und Schuldpositionen, sofern andere Standards diese Wertfindung verlangen, ohne dabei den Umfang der Zeitbewertung einzuschränken oder auszuweiten.[312] Dem Diskussionspapier aus 2006 folgte im Mai 2009 der Entwurf ED/2009/5 *Bemessung des beizulegenden Zeitwerts*[313].[314] Im Juni 2010 erschien der ergänzende Entwurf ED/2010/7[315] zur Angabe einer Unsicherheitsanalyse für Bewertungen zum beizulegenden Zeitwert. Daraufhin wurde im August 2010 vom IASB ein Stabentwurf[316] freigegeben, der die bis dahin vorläufig getroffenen Entscheidungen des IASB und FASB widerspiegelt. Am 12. Mai 2011 wurde der endgültige Stand zur Bemessung des beizulegenden Zeitwerts in Form des IFRS 13[317] vom IASB veröffentlicht, der auf Geschäftsjahre Anwendung findet, die am oder nach dem 1. Januar 2013 beginnen. Würdigend anzuerkennen ist, daß sich das IASB dem Druck aus Wissen-

---

311 Vgl. DELOITTE, IFRS 13 (2011).

312 Vgl. hierzu sowie eingehend zur Projekthistorie des IFRS 13 DELOITTE, Bewertung (2011).

313 Vgl. IASB, Exposure Draft (2009). Zum Standardentwurf vgl. auch eingehend CASTEDELLO, Fair Value Measurement (2009).

314 Vgl., wie auch im folgenden, DELOITTE, IFRS 13 (2011) sowie DELOITTE, Bewertung (2011). An diesem Punkt zeigt sich eine deutliche Annäherung an die US-GAAP: Als Ausgangspunkt für den Entwurf diente der US-amerikanische Standard SFAS 157 *Fair Value Measurements*. Die Definition des beizulegenden Zeitwerts entspricht der des SFAS 157 und die unterstützenden Leitlinien sind größtenteils konsistent mit denen der US-GAAP. Vgl. hierzu IASB, Guidance on fair value measurement (2009) sowie DELOITTE, Bewertung (2011). Zu SFAS 157 vgl. FASB, Statement No. 157 (2006).

315 Vgl. IASB, Measurement Uncertainty (2010) sowie IASB, Improvements to disclosure requirements (2010).

316 Vgl. IASB, Staff draft (2010).

317 Vgl. IASB, IFRS 13 (2011) sowie IASB, Common fair value measurement (2011). Neben dem Standard wurden ergänzend Schlußfolgerungen sowie Anschauungsbeispiele veröffentlicht. Vgl. IASB, Basis for Conclusions (2011) sowie IASB, Illustrative Examples (2011).

schaft und Praxis gebeugt hat, um Verbesserungen in der Zeitwertbilanzierung herbeizuführen. Das IASB bestätigt in IFRS 13.IN5 bzw. IFRS 13.BC4, daß es sich bei dem in den Standards implementierten Zeitwertkonzept um ein Gemisch handelt, das über die Jahre entstanden ist und keine klare Bewertungszielsetzung aufweist. In IFRS 13.IN6 bzw. IFRS 13.BC5 wird zudem festgestellt, daß einige Standards nur beschränkte Regelungen zur Wertfindung enthalten, während andere Standards umfangreiche Anweisungen beinhalten, die indessen untereinander nicht einheitlich ausgestaltet sind. Daher sollen nach IFRS 13.BC6(a) einheitliche Bewertungsanforderungen an den „fair value" gestellt werden, um die Komplexität zu reduzieren und die Anwendungskonsistenz zu verbessern, damit die Vergleichbarkeit von Jahresabschlußinformationen schließlich gestärkt wird.[318]

Nachdem die Entwicklung sowie die verfolgten Absichten des IFRS 13 aufgezeigt wurden, ist auf dessen Inhalt einzugehen. Nachfolgend werden jene Punkte erläutert, die im Hinblick auf die Untersuchung der Problembeseitigung relevant sind. Es ist zu konstatieren, daß der Standard für alle Erst- und Folgebewertungen zum „fair value" anzuwenden ist, wenn dies nach den Vorgaben anderer Standards erforderlich oder gestattet ist und der *Anwendungsbereich* (IFRS 13.5-8) spezielle Sachverhalte nicht ausgrenzt. Nach IFRS 13.6 sind aktienbasierte Vergütungstransaktionen gemäß IFRS 2, Leasingtransaktionen gemäß IAS 17 sowie Bewertungen, die Ähnlichkeiten zum „fair value" aufweisen, aber nicht der Zeitwertdefinition des IFRS 13 entsprechen,[319] von den Bewertungsregeln ausgeschlossen. IFRS 13.7 folgend, sind die geforderten Anhangangaben nicht auf IAS 19, 26 und 36 anzuwenden.[320] Insgesamt regelt der Standard, wie, nicht aber was oder unter welchen Umständen zeitzubewerten ist.[321] Folglich sind für die Rechnungslegung und Prüfung nicht mehr ausschließlich die Einzelstandards relevant, welche die Zeitwertbilanzierung vorschreiben, sondern auch der die Bewertungsregeln umfassende IFRS 13.

Der Standard gibt für seinen Anwendungsbereich eine einheitliche *Definition* des beizulegenden Zeitwerts vor. Gemäß IFRS 13.9 ist der beizulegende Zeitwert der Preis, der im Rahmen eines gewöhnlichen Geschäftsvorfalls unter Marktteilnehmern zum

318 Außerdem sollen genormte Anhangangaben den Adressaten helfen, den Bewertungsvorgang besser zu verstehen (IFRS 13.BC6(c)), wobei gleichzeitig die Konvergenz zwischen IFRS und US-GAAP verbessert werden soll (IFRS 13.BC6(d)). Zu einem Vergleich der Zeitwertkonzepte zwischen IFRS und US-GAAP vgl. ECKES/FLICK, Gegenüberstellung der Vorschriften (2008).

319 Z.B. sei der Nutzungswert nach IAS 36 genannt. Demgemäß hat das IASB noch immer nicht akzeptiert, daß es sich bei dem Nutzungswert um eine Ausprägung des Zeitwerts handelt. Vgl. hierzu IV.1.2.3. Das IASB erklärt in IFRS 13.D85 in bezug auf die Änderungen in IAS 36, daß der Nutzungswert deshalb kein Zeitwert ist, da er unternehmungsspezifische Faktoren beinhaltet und daher aufgrund der Marktferne nicht auf andere Unternehmungen übertragbar ist.

320 Es sei jedoch an die Ausstrahlungswirkung des IFRS 13, insbesondere auf IAS 36, erinnert. Zu den durch IFRS 13 geänderten Vorschriften zu Anhangangaben des IAS 36 vgl. IFRS 13.D86.

321 Vgl. auch DELOITTE, Vereinheitlichung (2011), S. 2.

Zeitpunkt der Bewertung beim Verkauf eines Vermögenswerts erzielt werden würde oder bei der Übertragung einer Schuld zu zahlen wäre. Aus IFRS 13.D1 folgt, daß die bisherige Definition in den IFRS 1, 3-5 und 9 sowie in den IAS 2, 16, 18-21, 32 und 40 durch die neue ersetzt wird.[322] Der beizulegende Zeitwert liegt folglich nunmehr einheitlich als Veräußerungspreis („exit price") einer hypothetischen Transaktion und nicht notwendigerweise als tatsächlich beobachtbarer Transaktionspreis vor.[323] Zwar postuliert das IASB in IFRS 13.57 f., daß Transaktionspreis (i.S.e. Kaufpreises) und Zeitwert (i.S.e. Verkaufspreises) bei der Erstbewertung trotz konzeptioneller Unterschiede i.d.R. identisch sein werden, widerlegt diese Vermutung allerdings durch die in IFRS 13.B4 genannten Ausnahmen: die Transaktionspartner sind nahestehende Unternehmungen oder Personen, die Transaktion findet unter Druck bzw. Zwang statt, der Bilanzierungsgegenstand der Transaktion unterscheidet sich von dem Bilanzierungsgegenstand der Zeitbewertung – dies ist z.B. bei einem Unternehmungskauf der Fall, wenn „mit dem Transaktionspreis noch weitere Bestandteile entgolten werden"[324], oder wenn ein Preis Transaktionskosten enthält – oder der Transaktionsmarkt stellt nicht den vorrangigen Markt dar. Dabei auftretende Preisdivergenzen sind unmittelbar erfolgswirksam als Erstbewertungsgewinn oder -verlust zu erfassen.[325] Außerdem ist festzuhalten, daß die Freiwilligkeitsprämisse, als maßgeblicher Bestandteil der bisherigen Definition, in der neuen Definition des beizulegenden Zeitwerts gestrichen wurde[326] und daß für den Bilanzansatz nunmehr Zeitwertbemessungen toleriert werden, die unter Zwang stattfinden.[327]

Generell verlangt eine *Bewertung* zum beizulegenden Zeitwert gemäß IFRS 13.B2 zunächst den Bewertungsgegenstand (IFRS 13.11-14), bei nicht-finanziellen Vermögenswerten die bestmögliche Verwendung (IFRS 13.27-30), den vorrangigen oder

---

322 Daß auch die Definitionen in IAS 38 oder IAS 41 ersetzt werden, bleibt unkommentiert. Unstreitig tangiert IFRS 13 jedoch sowohl IAS 38 (vgl. IFRS 13.D88 ff.) als auch IAS 41 (vgl. IFRS 13.D124 ff.). In IFRS 13.D88 und D126 sind die Definitionsänderungen schlußendlich vermerkt. Das gleiche gilt für die Zeitwert-Definition in IAS 36. Vgl. IFRS 13.D81.

323 Vgl. DELOITTE, Vereinheitlichung (2011), S. 4. Bislang kann der beizulegende Zeitwert aus Sicht des Absatz- oder Beschaffungsmarktes bzw. als unternehmungsindividueller Wert abgeleitet werden, vgl. hierzu II.1.3.1. KÜMMEL stellte bei der Untersuchung von Veröffentlichungen des FASB sowie der JOINT WORKING GROUP OF STANDARD SETTERS bereits in der Vergangenheit eine Tendenz zur Verwendung des „exit price" als Ausprägungsform des beizulegenden Zeitwerts fest. Vgl. KÜMMEL, Barwertkalküle (2002), S. 51 sowie die dort angegebene Literatur. Das IASB hat diese Meinung, insbesondere des FASB, schlußendlich übernommen.

324 DELOITTE, Vereinheitlichung (2011), S. 6.

325 Vgl. hierzu DELOITTE, Vereinheitlichung (2011), S. 6 sowie GROßE, IFRS 13 (2011), S. 287. Die englische Fassung des IFRS 13 spricht dabei von einem „day one profit or loss".

326 In Abschnitt II.1.2 wurde in bezug auf die Freiwilligkeitsprämisse beispielhaft auf die Ausführungen des IAS 40.43 rekurriert. Dieser Absatz fällt, ebenso wie weitere Absätze, der Ausstrahlungswirkung des IFRS 13 zum Opfer. Vgl. hierzu IFRS 13.D117.

327 Dies überrascht, denn schließlich waren unter Zwang stattfindende Transaktionen laut ED/2009/5 § 7 von Zeitbewertungen ausgeschlossen. Vgl. IASB, Exposure Draft (2009), S. 14.

vorteilhaftesten Markt der Transaktion (IFRS 13.15-21 und 24) sowie die Bewertungsverfahren (IFRS 13.61-66) festzulegen.[328] IFRS 13.62 folgend, liegt das Ziel der Verwendung von Bewertungsverfahren darin, den hypothetischen Transaktionspreis zu *schätzen*, wenn keine Preisnotierung auf dem vorrangigen bzw. vorteilhaftesten Markt vorliegt.[329] IFRS 13.62 verweist dabei auf drei gleichgestellte Bewertungsverfahren, nämlich den Marktansatz, den Kostenansatz und den Ertragswertansatz, die in IFRS 13.B5-B11 konkretisiert werden. Nach IFRS 13.63 kann in manchen Fällen die Anwendung eines einzigen Verfahrens angemessen sein, während in anderen Fällen die gleichzeitige Anwendung mehrerer Verfahren sachgerecht ist. Abbildung 8 stellt die Bewertungsverfahren einander gegenüber.

Marktansatz	**Kostenansatz**	**Ertragswertansatz**
– Preise und andere Informationen von Markttransaktionen *identischer* oder *vergleichbarer* Vermögenswerte – z.B. Marktmultiplikatoren vergleichbarer Objekte	– aktuelle *Wiederbeschaffungskosten* – v.a. zur Bewertung materieller Vermögenswerte – Berücksichtigung der Abnutzung – irrelevant bei Finanzinstrumenten	– *Barwertberechnung* durch Diskontierung künftiger Zahlungsströme – „discount rate adjustment-" versus „expected present value-" Ansatz[330] – z.B. DCF- oder BLACK-SCHOLES-Verfahren

Abbildung 8: Die Bewertungsverfahren nach IFRS 13[331]

Zur postulierten einheitlichen Zeitwertermittlung verwendet IFRS 13 nunmehr den bereits in IFRS 7 genannten Begriff der „fair value"-Hierarchie. Die Ermittlungshierarchie ist in IFRS 13.72-90 i.V.m. 13.BC166-BC175 geregelt. Es existieren drei in einem Subordinationsverhältnis angeordnete Stufen, die von den relevanten Bewertungsparametern determiniert werden. Sofern die bedeutenden Parameter in unterschiedliche Stufen fallen, wird die Zeitwertermittlung nach IFRS 13.73 in jener Bewertungsstufe durchgeführt, der der „schlechteste", wenngleich noch relevante, Parameter angehört. Nach IFRS 13.74 beeinflußt die Verfügbarkeit relevanter Parameter zudem die Auswahl des angemessenen Bewertungsverfahrens. Demzufolge bilden die Bewertungsparameter und nicht die Bewertungsverfahren den Schwerpunkt der Ermittlungshierarchie (IFRS 13.74).[332] Abbildung 9 zeigt exemplarisch Bewertungsparameter der unterschiedlichen Stufen auf.

---

328 Zu den ersten drei Punkten vgl. eingehend DELOITTE, Vereinheitlichung (2011), S. 4-6. Speziell zur Prämisse der bestmöglichen Verwendung vgl. zudem FISCHER, IFRS 13 (2011), S. 236.

329 Nach IFRS 13.61 sind dazu Verfahren anzuwenden, die den Umständen angemessen sind und für die eine ausreichende Datengrundlage vorliegt.

330 Vgl. hierzu ausführlich IFRS 13.B17-B.30 sowie erläuternd dazu DELOITTE, Vereinheitlichung (2011), S. 8 ff.

331 Modifiziert entnommen aus DELOITTE, Vereinheitlichung (2011), S. 8.

332 Die künstliche Trennung von Bewertungsverfahren und Bewertungsparametern wird wegen ihrer Intransparenz verständlicherweise kritisiert. Vgl. HITZ/ZACHOW, IFRS 13 (2011), S. 971.

Parameter Stufe 1	Parameter Stufe 2	Parameter Stufe 3
– notierte (unangepaßte) Kurse auf *aktiven Märkten* für *identische* Bewertungsobjekte, als verläßlichste Form der Wertermittlung (IFRS 13.76 f. sowie 79) – Maßgeblichkeit der Handelbarkeit im vorrangigen bzw. vorteilhaftesten Markt (IFRS 13.78)	– *direkt* oder *indirekt beobachtbare* Bewertungsparameter (IFRS 13.81) – z.B. notierte Kurse aktiver Märkte für ähnliche Bewertungsobjekte, Preise identischer oder ähnlicher Bewertungsobjekte in inaktiven Märkten, notierte Renditekurven oder angepasste Parameter der Stufe 1 (IFRS 13.82 f.)	– *nicht beobachtbare* Bewertungsparameter, welche die Erwartungen der Marktteilnehmer widerspiegeln (IFRS 13.86 f.) – interne Berechnungen/Modelle (IFRS 13.89) sowie angepasste Parameter der Stufe 2 (IFRS 13.75)
Marktpreis	**Bewertungsverfahren**	
⟶	abnehmende Marktnähe	⟶

Abbildung 9: Die Parameter der Ermittlungshierarchie nach IFRS 13[333]

Gemäß IFRS 13.67 sollen die Bewertungsverfahren die Verwendung beobachtbarer Bewertungsparameter maximieren und jene von nicht beobachtbaren minimieren. Eine Unterscheidung zwischen Bewertungsparametern der Stufe 2 und 3 ist dabei wie folgt zu treffen. Als *beobachtbare* Parameter werden z.B. LIBOR- bzw. EURIBOR-Zinssätze zur Bewertung finanzwirtschaftlicher Tauschgeschäfte, implizite Aktienkursvolatilitäten zur Bewertung von Optionen, prognostizierte Zinssätze auf Grundlage gegenwärtig beobachtbarer Zinskurven oder Bewertungsmultiplikatoren angesehen.[334] *Nicht beobachtbare* Parameter sind hingegen mit Hilfe von Zinsmodellen berechnete Zinssätze, historische Aktienkursvolatilitäten zur Optionsbewertung – schließlich repräsentieren diese keine gegenwärtigen Erwartungen über künftige Entwicklungen –, unternehmungsindividuelle Schätzungen künftiger Zahlungsströme oder interne Finanzplanungen.

Außerdem sind weitere Aspekte hervorzuheben, die im Hinblick auf die Beurteilung der Beseitigung von Inkonsistenzen relevant sind. Dabei wird jeweils auf die konkreten Änderungen des IFRS 13 sowie auf dessen Ausstrahlungswirkung auf die bestehenden Regelungen Bezug genommen. IFRS 13.25 schreibt vor, daß *Transaktionskosten* bei der Preisermittlung über den vorrangigen oder vorteilhaftesten Markt nicht berücksichtigt werden sollen, da sie kein Wesensmerkmal eines Vermögenswerts darstellen. Dagegen ist der in Rede stehende Preis nach IFRS 13.26 um die Transportkosten anzupassen, da diese nach Auffassung des IASB die Wesensmerkmale eines Vermögenswerts verändern.[335] IFRS 13.D84 folgend, wird in IAS 36 das Abzugsgebot von Transaktionskosten nach wie vor Bestand haben. Das gleiche gilt für die Regelungen des IAS 41. Das Abzugsverbot nach IAS 40.20 wird durch die

333 Modifiziert entnommen aus DELOITTE, Vereinheitlichung (2011), S. 10.

334 Vgl. im folgenden IFRS 13.B35 f., ferner DELOITTE, Vereinheitlichung (2011), S. 11.

335 Zur Begründung der unterschiedlichen Behandlung vgl. IFRS 13.BC61 f. Kritisch hierzu OLBRICH/NIKOLIS, IFRS-Rechnungslegung (2012).

Ausstrahlungswirkung des IFRS 13 hingegen nicht aufgehoben. Ebenso verhält es sich mit den Regelungen nach IAS 39.43, wonach Transaktionskosten unter den dort genannten Bedingungen beim erstmaligen Ansatz einzubeziehen sind. Hinsichtlich des Ansatzes erfolgt jedoch eine indirekte Relativierung, die aus IFRS 13.D99, der den neuen IAS 39.43A wiedergibt, und IFRS 13.D107, der Änderungen in IAS 39.A76 regelt, resultiert. Danach ist das Finanzinstrument zum „fair value" i.S.d. Verkaufspreises anzusetzen, und die Differenz zum Transaktionspreis ist als Gewinn oder Verlust zu erfassen. Die Höhe der Transaktionskosten beeinflußt demnach nicht die Höhe des Bilanzansatzes, sondern wirkt sich unmittelbar auf den Erfolg aus.

Bezüglich der Berücksichtigung von *Steuern* besagt IFRS 13.B14(d), daß bei Barwertberechnungen die Annahmen über Zahlungsströme und Diskontsätze innerhalb einer Berechnung konsistent sein sollten. Werden der Berechnung Zahlungsströme nach Steuern zugrunde gelegt, sollte auch ein Diskontsatz nach Steuern verwendet werden et vice versa. Allerdings postuliert IFRS 13.D85, der eine Anpassung des IAS 36 regelt, daß der beizulegende Zeitwert eines Vermögenswerts – im Gegensatz zum Nutzungswert – keine gegenwärtigen eignerspezifischen Steuereffekte widerspiegelt. Gleichzeitig wird IAS 40.49 aber durch IFRS 13.D117 gestrichen, womit das in IV.1.2.1 genannte Berücksichtigungsverbot eigentümerspezifischer Steuereffekte entfällt. Aufgrund von IFRS 13.D85 ist zu vermuten, daß Steuereffekte bei der Zeitwertbemessung zu vernachlässigen sind, im IASB hinsichtlich der (Nicht-)Berücksichtigung steuerlicher Effekte jedoch keine Einigkeit besteht.

IFRS 13 äußert sich für seinen Dunstkreis nicht zu *bindenden Kaufverträgen*. Lediglich in IFRS 13.D126, der den Wortlaut von IAS 41.16 marginal abwandelt, werden bindende Kaufverträge thematisiert. Vertraglich festgelegte Preise rechtfertigen demnach nicht die Anpassung des beizulegenden Zeitwerts eines biologischen Vermögenswerts oder landwirtschaftlichen Erzeugnisses. Es wird vermutet, daß vertraglich fixierte, *zukünftig* zu zahlende Preise aufgrund der Prämisse des hypothetischen Verkaufs zum (gegenwärtigen) Bewertungsstichtag vom IASB als nicht gewünscht und daher als nicht relevant anzusehen sind.[336] Dies ist auch eine Erklärung für die Streichung des IAS 36.25 durch IFRS 13.D83. Demnach entfällt die Verwendung bindender Kaufverträge bei der Ermittlung des beizulegenden Zeitwerts abzüglich der Verkaufskosten nach IAS 36.

Ferner erkennt IFRS 13.31(a) an, daß aus der Kombination unterschiedlicher Vermögenswerte *Synergieeffekte* resultieren, womit sich für einen einzelnen Vermögenswert aus der Kombination mit anderen Gütern die bestmögliche Verwendung ergeben kann. Gleichwohl ist gemäß IFRS 13.31(a)(i) weiterhin von einer Einzelveräußerung auszugehen, unter der Annahme, daß dem potentiellen Käufer die Vermögenswerte

336 Dieser Vermutung liegt folgender Satz zugrunde: „The objective of a fair value measurement is to measure the asset that exists at the measurement date." IFRS 13.BC63(a).

zugänglich sind, die in Kombination zu dem positiven Verbundeffekt führen. Demnach ist für den Bilanzansatz i.V.m. IFRS 13.BC77 der potentielle Einzelveräußerungspreis ohne Berücksichtigung von Synergien relevant, da anzunehmen ist, daß ein potentieller Käufer bereits über die Komplementärgüter verfügt und beim Kauf ebenfalls in den Genuß der Synergieeffekte kommen wird. Diese Angaben beziehen sich ausschließlich auf nicht-finanzielle Vermögenswerte. Daß sich Synergien aus der Bündelung von Wertpapieren ergeben können, wird in IFRS 13.69 implizit berücksichtigt. Demnach sind – allerdings i.V.m. IFRS 13.79 nur, wenn kein notierter Marktpreis verfügbar ist – Wertanpassungen für Pakete z.B. von Finanzinstrumenten zulässig, wenn dadurch zusätzliche Kontrollmöglichkeiten berücksichtigt werden.[337] Ferner wird in IFRS 13.D85, der die Aufnahme des IAS 36.53A regelt, explizit festgehalten, daß der beizulegende Zeitwert – im Gegensatz zum Nutzungswert – keine Synergien zwischen den bewerteten Vermögenswerten wiedergibt. Obschon in IFRS 13 nicht einheitlich für alle Zeitbewertungen festgehalten, ist daher davon auszugehen, daß Synergien bei der Zeitbewertung i.d.R. unbeachtet bleiben sollen.

Zudem ist auf die Erfassung von *„fair value"-Änderungen* einzugehen. Da IFRS 13 nur die Erstbewertung explizit regelt[338] und sich nicht auf die Behandlung künftiger Änderungen des beizulegenden Zeitwerts bezieht, sind offenbar die entsprechenden Regelungen jener Standards heranzuziehen, die eine Zeitbewertung fordern. Damit bleibt das inkonsistente Vorgehen der erfolgswirksamen Erfassung von Zeitwertänderungen einerseits und der erfolgsneutralen Erfassung andererseits bestehen.

Losgelöst von der Betrachtung möglicher Inkonsistenzen ist abschließend hervorzuheben, daß IFRS 13 im umfänglichen Maße zeitwertspezifische *Anhangangaben* fordert (IFRS 13.91-99). Die untersuchungsrelevanten Angaben wurden bereits in IV.2.2.1 genannt, weswegen die anderen Pflichtangaben an dieser Stelle nicht weiterführend betrachtet werden.[339] Darüber hinaus ist lediglich zu erwähnen, daß IFRS 13 die Mindestangabepflichten regelt,[340] die bei Zeitwertbemessungen zu beachten sind.[341]

---

337 Vgl. hierzu HITZ/ZACHOW, IFRS 13 (2011), S. 970, die sich jedoch nicht auf den genannten Ausnahmefall beziehen, sowie OLBRICH/NIKOLIS, IFRS-Rechnungslegung (2012).

338 Es ist lediglich festgehalten, daß die Bewertungsverfahren im Zeitablauf konsistent anzuwenden sind, der Zeitwert bei Erst- und Folgebewertung also auf die gleiche Weise zu bestimmen ist, sofern keine der in IFRS 13.65 genannten Bedingungen eintritt.

339 Vgl. hierzu insbesondere DELOITTE, Vereinheitlichung (2011), S. 11 ff.

340 Vgl. hierzu auch GROßE, IFRS 13 (2011), S. 291.

341 IFRS 13.99 fordert zudem, daß die quantitativen Angaben in tabellarischer Form darzustellen sind, soweit eine andere Darstellung nicht angemessener ist. Zu Beispielen der tabellarischen Darstellung quantitativer Informationen nach IFRS 13.92, 93(a) und (b) sowie (d)-(h) und 99 vgl. IASB, Illustrative Examples (2011), IE59-IE66. Zu quantitativen Informationen über Zeitbewertungen auf der dritten Hierarchiestufe vgl. DELOITTE, Vereinheitlichung (2011), S. 13.

3.2.2 Notwendige Änderungen

Bevor dargestellt wird, wie die Vereinheitlichung der Zeitwertbilanzierung zweckadäquat auszugestalten ist, wird IFRS 13 in bezug auf seine Fähigkeit gewürdigt, die bestehenden Inkonsistenzen zu beseitigen. Unter dem Gesichtspunkt des beabsichtigten Abbaus des Regelungspluralismus ist IFRS 13 zunächst als positiver Schritt zu sehen. Die nachfolgende Synopsis (Abbildung 10) zeigt indes, daß die Inkonsistenzen nur in einem stark eingeschränkten Maße behoben werden.

Inkonsistenzen[342]	**Behandlung des Sachverhalts in IFRS 13**	**Inkonsistenz beseitigt:**
Bewertungsmethode	Vereinheitlichter Bewertungsmaßstab für den Anwendungsbereich: – „fair value" als Veräußerungspreis (IFRS 13.9) – dreistufige Bewertungshierarchie (IFRS 13.72-90)	ja
Transaktionskosten	Vereinheitlichtes Ansatzverbot für den Anwendungsbereich (IFRS 13.25); *Aber*: Ausnahme gemäß IAS 39.43 und 40.20	teilweise, da explizite Ausnahmen
Steuern	*Vermutung*, daß Steuern bei der Zeitbewertung nicht zu berücksichtigen sind (IFRS 13.D85); *Aber*: Möglichkeit der konsistenten Berücksichtigung von Steuern bei Barwertberechnungen (IFRS 13.B14(d))	nein, da nicht einheitlich und nicht explizit geregelt
Bindende Verkaufsverträge	*Vermutung*, daß vertraglich fixierte Preise bei der Zeitwertermittlung wegen der Prämisse des hypothetischen Verkaufs nicht zu berücksichtigen sind (IFRS 13.9 i.V.m. BC63(a)); *Aber*: explizites Verbot lediglich gemäß IAS 41.16	nein, da nicht einheitlich und nicht explizit geregelt
Kombinationseffekte	*Vermutung*, daß Kombinationseffekte bei der Zeitbewertung i.d.R. nicht zu berücksichtigen sind (IFRS 13.D85); *Aber*: – explizites Verbot lediglich für nicht-finanzielle Vermögenswerte (IFRS 13.31(a)) – Wahlrecht z.B. für Aktien, wenn dadurch Kontrollmöglichkeit berücksichtigt wird (IFRS 13.69 i.V.m. 79) – für den Nutzungswert nach wie vor relevant, der jedoch außerhalb des Anwendungsbereichs liegt (IFRS 13.6(c))	nein, da nicht einheitlich und nicht explizit geregelt
Änderungen des beizulegenden Zeitwerts	Keine Regelungen zur Behandlung von „fair value"-Änderungen für den Anwendungsbereich; nach wie vor sind inkonsistente Vorgaben jener Standards relevant, die eine Zeitbewertung fordern.	nein

Abbildung 10: Die Synopsis der Inkonsistenzen und ihrer Behandlung in IFRS 13

Trotz der vereinheitlichenden Maßnahmen *verbleiben* unterschiedliche Probleme. Die Inkonsistenzen bezogen auf die Transaktionskosten können nur teilweise behoben

342 Vgl. OLBRICH/BRÖSEL, Inkonsistenzen (2007) und Abschnitt IV.1.2.1 sowie das dort angeführte Schrifttum.

werden. Die Inkonsistenzen hinsichtlich der Steuern, bindender Kaufverträge, Kombinationseffekte und Zeitwertänderungen werden indes nicht gelöst. Zwar werden die bestehenden Inkonsistenzen bezüglich der Bewertungsmethode ausgeräumt, doch zeigt sich die Bewertungshierarchie lediglich in einem neuen Gewand. Nach wie vor sind Bilanzwerte auf der ersten Stufe als Preis unmittelbar am Markt abzulesen, wobei individuelle Gegebenheiten des Rechnungslegenden außer acht gelassen werden. Auf der zweiten Stufe ist der beizulegende Zeitwert als Vergleichspreis, nunmehr unter dem Deckmantel (in)direkt beobachtbarer Parameter, zu bestimmen. Auf der dritten Stufe soll der Zeitwert wie gehabt über theoretisch fragwürdige Bewertungsverfahren geschätzt werden.[343] Die Verläßlichkeit von Zeitwerten nimmt weiterhin von Stufe zu Stufe ab, was das IASB ohne ein Quantum Selbstkritik akzeptiert.[344]

Neben den nicht ausgeräumten „alten" Inkonsistenzen ergibt sich aus IFRS 13 zudem ein Spektrum *neuer* Mißstände. Hinsichtlich der Definition des beizulegenden Zeitwerts ist *erstens* anzumerken, daß durch den Ausschluß von IFRS 2 und IAS 17 aus dem Anwendungsbereich des IFRS 13 in dem Regelwerk unterschiedliche Zeitwertdefinitionen koexistieren.[345] *Zweitens* wird in IFRS 13 nur das Bewertungsvorgehen, nicht aber das Bewertungsobjekt geregelt. Die bloße Aussage des IASB, daß die Möglichkeiten der Anwendung der Zeitwertbilanzierung kontrovers diskutiert werden und Uneinigkeit darüber besteht, welche Bilanzpositionen wann zeitzubewerten sind und wie „fair value"-Änderungen zu berücksichtigen sind (IFRS 13.BC37), ist nicht zielführend. Eine befriedigende Lösung erfordert eine klare Entscheidung und keine Ausrede. Wenn die Vereinheitlichung der Zeitwertbilanzierung angestrebt wird, ist konsequenterweise davon auszugehen, daß auch der Umfang Gegenstand dieser Reform ist. Die Frage, wie bewertet wird, geht freilich zwangsläufig mit der Frage einher, was bewertet wird.[346] Wider Erwarten steigt daher die Regelungsdichte, da neben den Standards, die das Bewertungsobjekt regeln, zusätzlich IFRS 13 anzuwenden ist. *Drittens* werden dem Bilanzierenden durch IFRS 13 weitere, über das bisherige Maß hinausgehende Ermessensspielräume eröffnet. Während z.B. das Ermessen hinsichtlich der Auswahl des vorrangigen Marktes (IFRS 13.18) sowie hinsichtlich der Beurteilung, welche Parameter zur Wertfindung (noch) relevant sind (IFRS 13.73), bereits im alten Konzept in ähnlicher Form bestand, ist im speziellen folgender neuer Aspekt hervorzuheben. Nach IFRS 13.92 obliegt es dem Ermessen des Rechnungslegenden, mit welchem Detailierungsgrad (lit. a) und mit welchem Schwerpunkt (lit. b) die Vorschriften zu den geforderten Anhangangaben umgesetzt werden, welche (Dis-)Aggregation der Informationen dabei vorgenommen wird (lit. c) und ob für

343 Zudem kommen Barwertverfahren in Abhängigkeit von der Signifikanz der Bewertungsparameter bereits auf der zweiten Hierarchieebene zum Einsatz (IFRS 13.74).

344 IFRS 13.76 postuliert, daß der Marktpreis der verläßlichste Wertindikator ist.

345 Vgl. hierzu, auch in bezug auf die Ausnahmeregelung des IFRS 3, GROßE, IFRS 13 (2011), S. 287.

346 Zu dieser Korrelation vgl. auch GROßE, IFRS 13 (2011), S. 296.

die Adressaten zusätzliche verbale Angaben hilfreich wären, um die quantitativen Pflichtangaben zu beurteilen (lit. d). Aus diesen neuen Ermessensentscheidungen, welche die geplante Verbesserung der zeitwertspezifischen Anhangangaben (IFRS 13.BC6(c)) betreffen, resultieren zwangsweise inkonsistente Vorgehensweisen bei den Rechnungslegenden. Daher können Anhangangaben weder unternehmungsintern im Zeitablauf, noch stichtagsbezogen mit Angaben anderer Unternehmungen sinnvoll miteinander verglichen werden. *Viertens* resultieren aus der Abschaffung der Freiwilligkeitsprämisse zwar keine Schwierigkeiten für die Prüfung,[347] jedoch ergeben sich generell schwerwiegende Konsequenzen für die Rechnungslegung. Durch den Käufer dominierte Konfliktsituationen beeinflussen den Erstbewertungsgewinn, da es zu einer Differenz zwischen Transaktionspreis und Zeitwert kommt. In diesem Fall veräußert der Eigentümer den Wertgegenstand zu einem Entgelt, dessen Höhe seinen Grenzpreis unterschreitet.[348] Der Käufer bezahlt hingegen den Transaktionspreis und erfreut sich daran, den Vermögenswert zum höheren „fair value" anzusetzen und in Höhe der Differenz einen Erstbewertungsgewinn zu verbuchen. Ein nicht am Markt realisierter Gewinn erhält unter der Prämisse Einzug in den Jahresabschluß, daß der Käufer den Gegenstand zu eben diesem „fair value" unmittelbar weiter veräußern könnte. Erfolgt kein Weiterverkauf, wird der Käufer mit einem buchungstechnischen Gewinn und einem Vermögensausweis, der über die pagatorischen Anschaffungskosten hinausgeht, belohnt.[349]

Letztendlich führt die verpaßte Beseitigung alter sowie die Entstehung neuer Mißstände dazu, daß trotz der Bemühungen zur Vereinheitlichung der Zeitwertbilanzierung eine Reihe nicht gelöster Probleme fortbesteht. IFRS 13 verfehlt das sich selbst gesetzte Ziel gemäß IFRS 13.BC6(a). Eine *Komplexitätsreduktion* in der Zeitwertbilanzierung wird nicht erreicht. Die gewünschte *Anwendungskonsistenz* kann aufgrund der vereinheitlichten Bewertungshierarchie zwar bedingt verbessert, wegen der oben genannten Gründe aber nicht vollständig erzielt werden. Das angestrebte Ziel der *besseren Vergleichbarkeit* von Jahresabschlußinformationen wird ebenfalls nicht erreicht, sondern aufgrund neuer Ermessensspielräume konterkariert. Der erhoffte Abbau der Regelungsdichte entpuppt sich als Trugschluß. Demzufolge handelt es sich bei IFRS 13 mehr um einen faulen Kompromiß als um eine adäquate Lösung zur Vereinheitlichung des Zeitwertkonzepts.

---

347 Schließlich lassen sich Transaktionspreis und Zeitwert zum Bewertungszeitpunkt problemlos abgleichen, um den entsprechenden Erstbewertungsgewinn oder -verlust einer unter Zwang stattgefundenen Transaktion zu überprüfen.

348 Vgl. OLBRICH, Unternehmungsverkauf (2005), S. 226 f.

349 Als weitere, jedoch nebensächliche Probleme sind folgende Punkte zu nennen. Die Angaben des IFRS 13.D1, der die Änderung der Zeitwertdefinition in den anderen Standards regelt, sind unvollständig. Außerdem ist festzuhalten, daß in dem Regelwerk z.T. redundante Informationen vorliegen, wie beispielsweise in IFRS 13.61 und 67, in IFRS 13.IN5 und BC4 sowie in IFRS 13.IN6 und BC5.

Nachfolgend wird eine Möglichkeit aufgezeigt, wie eine standardübergreifende Vereinheitlichung der Zeitwertbilanzierung die in Rede stehenden Inkonsistenzen und Probleme behebt und dabei ein in sich geschlossenes Konzept bildet. Zunächst wird auf die Beseitigung der *neu entstandenen* Mißstände eingegangen. Unstreitig ist ein kompromißlos einheitliches und zusammenhängendes Zeitwertkonzept in *einem* Standard einzubetten. Dieser beinhaltet neben Vorschriften zu dem Bewertungsvorgehen auch zwingend Regelungen zu den Bewertungsobjekten. Alle Bilanzpositionen, für die eine Erst- und Folgebewertung zum beizulegenden Zeitwert vorgesehen ist, sind in den Standard aufzunehmen und einer einheitlichen Zeitwertdefinition zu unterwerfen. Die Koexistenz unterschiedlicher Zeitwertdefinitionen wird auf diese Weise vermieden. Außerdem ist bei dieser Vorgehensweise ausschließlich ein Standard für die Zeitwertbilanzierung relevant, was dem Abbau der Regelungsdichte der IFRS zugute kommt. Durch die Umsetzung dieser Forderungen werden der erste und zweite Kritikpunkt beseitigt. Um den dritten Kritikpunkt auszuräumen, dürfen in bezug auf zeitwertspezifische Anhangangaben keine Ermessensspielräume existieren. Es wird empfohlen, Angabevorschriften zur Bewertungshierarchie, wie unter IV.2.3.2.2 zusammenfassend – und rekurrierend auf die in IV.2.2.1 geforderten Anhangangaben – für die Prüfungsnorm dargestellt, analog in die Bilanznorm aufzunehmen. Hinsichtlich des vierten Kritikpunkts ist bei der Vereinheitlichung darauf zu achten, daß der Zeitwert den Transaktionspreis nicht überschreiten darf, nur weil der Käufer die Konfliktsituation dominiert. Findet der Kauf eines Vermögenswerts unter Verletzung der Konzessionsgrenze des Verkäufers statt, empfiehlt es sich, den tatsächlich geflossenen Kaufpreis, i.S.d. pagatorisch nachvollziehbaren Anschaffungskosten, für den Bilanzansatz beim Käufer heranzuziehen, anstatt einen Zeitwert anzusetzen, der einen hypothetischen Verkaufspreis widerzuspiegeln versucht. Am Markt nicht realisierte Gewinne sind in der Bilanzierung abzulehnen.

Des weiteren sind freilich die *nicht gelösten* „alten“ Inkonsistenzen zu beseitigen. Die Ergebnisse der aufgeführten Synopsis überraschen, denn schließlich wurden durch OLBRICH/BRÖSEL bereits in 2007 zweckgerechte Vereinheitlichungsmaßnahmen für die Zeitwertbilanzierung präsentiert.[350] Die Mißachtung der Erkenntnisse der Wissenschaft offenbart einmal mehr die Beratungsresistenz des Standardsetzers. Die primäre Zielsetzung der Vereinheitlichung der Zeitwertbilanzierung wird in der Ausräumung der Informationsmängel auf seiten der Jahresabschlußadressaten gesehen.[351] Der Auffassung von OLBRICH/BRÖSEL, die Inkonsistenzen im Hinblick auf die Verbesserung des Informationszwecks – und damit des Verläßlichkeitskriteriums – der IFRS auszuräumen, ist uneingeschränkt zu folgen. *Transaktionskosten* sind bei der Zeitwertbemessung einheitlich in Abzug zu bringen, da Vermögenswerte ansonsten mit hypothetischen Verkaufspreisen angesetzt werden würden, die bei tatsächlichen

350 Vgl. OLBRICH/BRÖSEL, Inkonsistenzen (2007).

351 Vgl. OLBRICH/BRÖSEL, Inkonsistenzen (2007), S. 1546.

Verkäufen nicht erzielt werden könnten.[352] *Steuern* sind hingegen einheitlich nicht abzuziehen, da die Bilanzpositionen erst einer erfolgsabhängigen Besteuerung unterliegen, wenn die sich daraus ergebenden Erträge tatsächlich realisiert wurden. Ein teilweise bereits bei der Bewertung stattfindender Abzug fiktiver Steuerlasten führt bei Abschlußadressaten zu Fehlinterpretationen und konterkariert somit den Informationszweck des Abschlusses. Falls *bindende Kaufverträge* vorliegen, sind diese beim Bilanzansatz einheitlich zu berücksichtigen, da deren Mißachtung zugunsten eines beobachtbaren Marktpreises einen Ansatz zur Folge hätte, der eine rein fiktive und nicht tatsächlich realisierbare Größe wiedergibt. *Kombinationseffekte* sind zwischen gleichen Vermögenswerten, wie z.B. bei einem Paket gleicher Anteilsscheine, zu berücksichtigen, während sie zwischen unterschiedlichen Vermögenswerten keine Beachtung finden sollen. Die exemplarischen Ausführungen von OLBRICH/BRÖSEL ergänzend ist zu konstatieren, daß *Änderungen des beizulegenden Zeitwerts* einheitlich über die Neubewertungsrücklage zu erfassen sind. Auf diese Weise wird gezeigt, welche Gewinne bei dem Verkauf entsprechender Vermögenswerte, durch Realisierung stiller Reserven, am Markt erzielt werden könnten. Eine unmittelbare erfolgswirksame Verrechnung von Zeitwertsteigerungen, insbesondere über die Anschaffungs- oder Herstellungskosten hinaus, kann aus Sicht des Informationszwecks hingegen nicht überzeugen und ist daher strikt abzulehnen. Um den Bilanzleser nicht zu verunsichern, soll der Jahreserfolg keine nicht am Markt realisierten Gewinnbestandteile beinhalten. Vielmehr soll der Periodenerfolg den nachhaltig erzielbaren operativen Erfolg aufzeigen, ohne durch konjunkturabhängige buchungstechnische Ab- oder Aufwertungen des beizulegenden Zeitwerts verzerrt zu werden. Dies ist nicht zuletzt deshalb wichtig, damit der Periodenerfolg als adäquate Prognosebasis für künftige Dividendenzahlungen oder künftige Einzahlungsüberschüsse fungieren kann.[353] Aufgrund dessen ist das Modell der Neubewertungsrücklage mit seinen im Eigenkapital ausgewiesenen „als-ob-Gewinnen" vorzuziehen.

Unter Beachtung der bisherigen Ergebnisse ist festzuhalten, daß IFRS 13 den Ansprüchen an eine Vereinheitlichung der Zeitwertbilanzierung nicht gerecht wird, sondern vielmehr neue Inkonsistenzen und Probleme mit sich bringt. Das IASB muß akzeptieren, daß sich sowohl die bereits bestehenden Inkonsistenzen des Zeitwertkonzepts als auch die aus IFRS 13 aufkeimenden Mißstände wie beschrieben durchaus beheben lassen. Ein neuer zeitwertspezifischer Standard wäre folglich unter Beachtung dieser Ergebnisse anzupassen.[354] Durch die Berücksichtigung der angeführten modifizierten Regelungen zur Vereinheitlichung der Zeitwertbilanzierung werden inkonsistente und redundante Rechnungslegungsregelungen vermieden. Auf diese

352 Vgl. im folgenden OLBRICH/BRÖSEL, Inkonsistenzen (2007), S. 1546 ff.

353 Vgl. hierzu die Ausführungen in Abschnitt IV.1.2.1.

354 Um kongruente Regelungen innerhalb der IFRS zu schaffen, ist zudem zu berücksichtigen, daß damit auch die Anpassung jener Standards einhergehen muß, welche bislang eine Bewertung zum beizulegenden Zeitwert vorschreiben.

Weise wird die Anwendungspraktikabilität der IFRS verbessert, da für die Zeitwertbilanzierung tatsächlich nur noch ein Standard maßgeblich ist, der neben der Bewertungstechnik auch die Bewertungsobjekte sowie einheitliche und ermessensfreie Anhangangaben vorschreibt. Dadurch würde nicht nur die Anwendungsfreundlichkeit der Standards erhöht, sondern es ergäbe sich gleichzeitig auch eine Verbesserung der Prüfungsbedingungen gegenüber dem Status quo.[355]

3.2.3 Verbleibende Defizite

Mit Blick auf den voranstehenden Abschnitt ist zu konstatieren, daß die gewonnenen Erkenntnisse dem Berufsstand im Zuge der Einflußnahme auf den Standardsetzer unmittelbar als Argumentationsbasis dienen können, um die Notwendigkeit einer erneuten Reform der Vereinheitlichung des Zeitwertkonzepts plausibel zu begründen. Neben den Argumenten für eine Reform wurden gleichzeitig die notwendigen zu ergreifenden Maßnahmen herausgestellt, um die Regelungsdichte der Standards zu mindern, unter gleichzeitiger Verbesserung der Informationsfunktion und Anwendungspraktikabilität der IFRS sowie der Prüfungsbedingungen. Gleichwohl wäre es verfehlt, hieraus ableiten zu wollen, daß sich dem Lösungsansatz keine untersuchungsrelevanten Probleme entziehen. Als verbleibende Defizite sind nachfolgende Punkte zu nennen:

1. die bewertungstheoretischen Mängel des Zeitwertkonzepts,

2. die Prognoseproblematik sowie

3. die Existenz von Ermessensspielräumen.

Solange diese Defizite dem hierarchisch strukturierten Bewertungskonzept inhärent sind, wird das Problem der von Stufe zu Stufe abnehmenden Verläßlichkeit beizulegender Zeitwerte nicht gelöst. Selbst bei Berücksichtigung der geäußerten Vorschläge zur Vereinheitlichung der Zeitwertbilanzierung würde die reformierte Bilanznorm nicht per se zu entscheidungsnützlichen Werten führen. Folglich tragen die vereinheitlichenden Maßnahmen nicht dazu bei, die Zeitwertbilanzierung mit den qualitativen Vorgaben des „framework" in Einklang zu bringen. Unter Berücksichtigung dieser Erkenntnis liefert der Lösungsansatz im Hinblick auf den Bilanzzweck und die Prüfbarkeit keine „besseren" beizulegenden Zeitwerte.[356] Demgemäß kann weder der

355 Auf den Umstand, daß vereinfachte Rechnungslegungsregelungen mit einer vereinfachten Abschlußprüfung einhergehen, wird zudem in Abschnitt IV.3.4 eingegangen.

356 Zu dieser Aussage, allerdings ausschließlich bezogen auf den Vereinheitlichungsstand nach IFRS 13, vgl. auch GROßE, IFRS 13 (2011), S. 296.

Bilanzzweck abschließend erfüllt noch das Prüfungsziel grundsätzlich erreicht werden, weswegen nach weiteren Gestaltungsmaßnahmen der Rechnungslegung zu suchen ist. Diese werden im folgenden in IV.3.3 und IV.3.4 behandelt.

3.3 Ablehnung der Zeitwertbilanzierung und verbleibende Defizite

Um zum einen den Bilanzzweck zu erreichen und zum anderen dem Prüfungszweck nachzukommen, ist vor dem Hintergrund der obigen Ausführungen zu dem Ergebnis zu kommen, daß die Zeitwertbilanzierung grundlegend in Frage zu stellen ist.[357] In diesem Zusammenhang wird nachfolgend zunächst die Ablehnung beizulegender Zeitwerte in der IFRS-Rechnungslegung untersucht.

Wenn das Zeitwertkonzept nicht nur als zentraler Wertmaßstab, sondern gänzlich zugunsten einer Bilanzierung zu Anschaffungs- und Herstellungskosten abgelehnt wird, können die folgenden Defizite behoben werden. Indem auf das „fair value accounting" verzichtet wird, werden die aus der Bewertungshierarchie resultierenden Probleme vermieden. Die bewertungstheoretischen Mängel des Zeitwertkonzepts bestehen nicht: Das die erste Stufe der Bewertungshierarchie dominierende theoretische Ideal des aktiven Marktes wird aus der Rechnungslegung verbannt. Das gleiche Schicksal teilen die fragwürdige Vorgehensweise zur Ermittlung sachlicher oder zeitlicher Vergleichspreise bzw. direkt oder indirekt beobachtbarer Bewertungsparameter und der damit verbundene Glaube, daß Vermögenswerte weitgehend homogene Güter seien. Auch der Verwendung der theoretisch fragwürdigen finanzierungstheoretischen Bewertungsverfahren, welche die dritte Stufe des hierarchischen Zeitwertkonzepts bestimmen,[358] wird ein Ende gesetzt. Des weiteren entfallen die mit der modellorientierten Zeitwertermittlung einhergehenden Prognoseprobleme, die maßgeblich dazu beitragen, daß die Prüfbarkeit derart ermittelter Zeitwerte verneint werden muß. Auch die mit den umfänglichen Ermessensentscheidungen einhergehenden Mängel, welche die Bewertungshierarchie zuläßt, ergeben sich bei dem Verzicht auf Zeitwerte nicht bzw. in abgeschwächtem Umfang.

Vor dem Hintergrund dieser Ausführungen ist festzuhalten, daß das Problem der Prüfbarkeit der angesetzten Bilanzwerte nicht aufkommt. Durch Rückgriff des IASB

---

357 Die Zweckmäßigkeit des „fair value accounting" wird auch von OLBRICH/BRÖSEL in Frage gestellt. Vgl. OLBRICH/BRÖSEL, Inkonsistenzen (2007), S. 1548. Sinngemäß hierzu vgl. auch SCHILDBACH, der sich für eine grundlegende Überprüfung der Zeitbewertung ausspricht. Vgl. SCHILDBACH, Wunsch und Wirklichkeit (2006), S. 29. Beide Aussagen sind gegenwärtig noch uneingeschränkt gültig. Vgl. dazu auch OLBRICH, IFRS 13 (2011), S. 394.

358 In bezug auf IFRS 13 vgl. eingehend OLBRICH, IFRS 13 (2011).

auf angelsächsische Methoden der Betriebswirtschaftslehre, unter Mißachtung entsprechender kontinentaleuropäischer Erkenntnisse, sind die in Rede stehenden Probleme der Zeitwertbilanzierung entstanden.[359] Dem Wertmaßstab „historische Kosten“ liegen weniger Prognose- und Schätzelemente als vielmehr pagatorische Größen zugrunde, die durch die bilanzierende Unternehmung verläßlich bestimmbar und durch den Prüfer objektiv nachvollziehbar sind.[360] Die besondere Herausforderung für den Wirtschaftsprüfer bestünde demnach nicht. Ferner würde dem IFRS-Bilanzzweck dahingehend Rechnung getragen, daß verläßliche Werte in der Bilanz angesetzt werden.[361] Gleichwohl gilt diese Aussage nur vordergründig und damit eingeschränkt, da sich die beschriebene verläßliche Bewertung ausschließlich zu Anschaffungs- und Herstellungskosten nur auf die Erstbewertung bezieht. Obschon die mit dem „fair value accounting“ einhergehenden Probleme in bezug auf die hier verfolgte Zielsetzung auf den ersten Blick gelöst werden können, ist der Lösungsansatz defizitär. Trotz der generellen Kritik muß konstatiert werden, daß die Zeitwertbilanzierung aus der Rechnungslegung nicht vollumfänglich wegzudenken ist. Bei einer kategorischen Ablehnung stellt sich insbesondere das Problem der Folgebewertung für Vermögenswerte. Anschließend wird daher die Folgebewertung am Beispiel der untersuchungsrelevanten IAS 16, 36, 38, 39, 40 und 41 aufgezeigt, um deutlich zu machen, daß Zeitwerte den Buchwerten als Referenzgröße gegenübergestellt werden müssen, um zu untersuchen, ob zum Bilanzstichtag Wertanpassungen erforderlich sind.[362]

Bezüglich der Folgebewertung nimmt der Wertminderungstest nach IAS 36 „innerhalb der IFRS eine Sonderrolle ein“[363]. Bevor jedoch auf den Wertminderungstest eingegangen wird, werden zunächst jene Vorgaben zur Folgebewertung betrachtet, die außerhalb des Regelungsbereichs des IAS 36 liegen. Gemäß IAS 36.2 f. und 36.5 sind folgende zeitwertspezifische und untersuchungsrelevante Sachverhalte vom Wertminderungstest ausgeschlossen: finanzielle Vermögenswerte nach IAS 39, als Finanzinvestitionen gehaltene Immobilien, die gemäß IAS 40 zeitbewertet werden, sowie Ver-

---

359 Zur Aufgabe der traditionellen deutschen Bilanzierungsprinzipien zugunsten der IFRS-Rechnungslegung vgl. statt vieler KÜTING, Entobjektivierung (2006), S. 2 ff.

360 Vgl. sinngemäß RUHNKE/SCHMIDT, Fair Value (2005), S. 580.

361 Abstriche sind hingegen bei der Relevanz hinzunehmen, da vergangenheits- und gegenwartsbezogenen Werten eine geringere Relevanz zugesprochen wird als zukunftsbezogenen Werten. Vgl. hierzu IV.2.2.1.1. Unter Berücksichtigung der in IV.1.2.4 getätigten Aussage, daß Werte verläßlich, also objektivierbar und prüfbar sein müssen, um Entscheidungsnützlichkeit zu entfalten, sind diese Abstriche jedoch akzeptabel. Vgl. insbesondere SCHRUFF, Rechenschaft (2011), S. 860. Zudem bedarf es keiner Rechnungslegung, wenn die bilanzierten Werte nicht verläßlich sind. Vgl. sinngemäß MOXTER, Bilanzlehre (1984), S. 165, HOOGERVORST, Ausrichtung der IFRS (2011), S. 254. Zur Erfüllung des Verläßlichkeits- und Relevanzkriteriums im Rahmen eines imparitätischen Zeitwertkonzepts vgl. Abschnitt IV.3.4.

362 Änderungen aus IFRS 13 werden sich diesbezüglich nicht ergeben, da die Folgebewertung nach wie vor Bestandteil der zeitwertspezifischen Einzelstandards sein wird.

363 FREIBERG/HOFFMANN, Außerplanmäßige Abschreibung (2011), Rz. 10.

mögenswerte, die nach IAS 41 zum beizulegenden Zeitwert anzusetzen sind. Für diese Vermögenswerte gelten die Bewertungsvorschriften des jeweiligen Standards.

So ist die Folgebewertung, insbesondere die Tatsache, ob eine Änderung des beizulegenden Zeitwerts erfolgswirksam zu erfassen ist, für *finanzielle Vermögenswerte* in IAS 39.45 f. i.V.m. 39.55 ff. geregelt.[364] Zudem ist, unabhängig von der Art des finanziellen Vermögenswerts, an jedem Abschlußstichtag festzustellen, ob der Tatbestand einer Wertminderung erfüllt und somit eine außerplanmäßige Abschreibung erforderlich ist (IAS 39.58-70). Die Folgebewertung für als *Finanzinvestitionen gehaltene Immobilien* ergibt sich aus IAS 40.30-56, wobei Änderungen des Zeitwerts gemäß IAS 40.35 unmittelbar erfolgswirksam zu erfassen sind.[365] IAS 41 stellt innerhalb des IFRS-Regelwerks den größten Bruch mit dem Anschaffungskostenprinzip dar, da demgemäß fast ausnahmslos zum beizulegenden Zeitwert zu bilanzieren ist.[366] Damit ist eine Differenzierung zwischen Erst- und Folgebewertung obsolet. *Biologische Vermögenswerte und landwirtschaftliche Erzeugnisse* (IAS 41.12 f.) sind zum beizulegenden Zeitwert abzüglich Verkaufskosten anzusetzen, wobei Zeitwertänderungen unmittelbar erfolgswirksam zu erfassen sind (IAS 41.26 und 41.28). Die fortlaufende Bewertung zum beizulegenden Zeitwert macht dabei, ebenso wie bei der in Rede stehenden Immobilienbewertung, die Durchführung planmäßiger und außerplanmäßiger Abschreibungen überflüssig.[367]

Anders verhält es sich in den Fällen, die dem Einflußbereich des IAS 36 unterliegen. Gemäß IAS 16.63 sind alle Sachanlagen einem zeitwertbasierten Wertminderungstest, der nach IAS 36.9 jährlich durchzuführen ist, zu unterwerfen.[368] Nach IAS 36.60

---

364 Beispielsweise sind Änderungen des Zeitwerts von zum Zeitwert angesetzten Finanzinstrumenten nach IAS 39.55(a) unmittelbar in beide Richtungen ergebniswirksam zu berücksichtigen, wohingegen Wertänderungen bei zur Veräußerung verfügbaren Finanzinstrumenten erfolgsneutral behandelt werden (IAS 39.55(b)). Zur Erst- und Folgebewertung aktiver originärer Finanzinstrumente vgl. eingehend LÜDENBACH, Finanzinstrumente (2011), Rz. 90-180.

365 Zur Folgebewertung von zum beizulegenden Zeitwert angesetzten Immobilien vgl. ferner FREIBERG, Immobilien (2011), Rz. 52-57. Zur bilanziellen Abbildung und Bewertung von Immobilien vgl. grundsätzlich HARES, Zur Immobilie (2011).

366 Vgl., wie im folgenden, JANZE, Landwirtschaft (2011), Rz. 2, 17 ff. sowie 40 ff. Ausnahmen ergeben sich aus IAS 41.30 ff., wenn der Zeitwert bei der Erstbewertung nicht verläßlich bestimmbar ist. Vgl. hierzu eingehend JANZE, Landwirtschaft (2011), Rz. 20 ff.

367 Vgl. FREIBERG, Immobilien (2011), Rz. 55 sowie JANZE, Landwirtschaft (2011), Rz. 41. Auch Wertaufholungen sind nicht separat geregelt. Diese werden ebenfalls durch die buchungstechnische Erfassung von Wertschwankungen „automatisch" berücksichtigt.

368 Gemäß IAS 36.8 und 36.59 ist ein Vermögenswert wertgemindert und folglich außerplanmäßig abzuschreiben, wenn sein Buchwert größer ist als sein erzielbarer Betrag, wobei der erzielbare Betrag gemäß IAS 36.6 „der höhere der beiden Beträge aus beizulegendem Zeitwert abzüglich der Verkaufskosten und Nutzungswert" ist. Zu außerplanmäßigen Abschreibungen und anschließenden Wertaufholungen gemäß IAS 36 vgl. eingehend FREIBERG/HOFFMANN, Außerplanmäßige Abschreibung (2011). Vgl. auch POTTGIEßER/VELTE/WEBER, Impairment (2005), SIENER/GRÖNER, goodwill (2005), BRÖSEL, Impairment Only Approach (2008).

ist die außerplanmäßige Abschreibung unmittelbar im Ergebnis zu berücksichtigen. Eine Ausnahme besteht, wenn ein Neubewertungsbetrag nach einem anderen Standard zu erfassen ist. Beispielhaft sei auf das Neubewertungsmodell gemäß IAS 16.31-42 und 38.75-87 hingewiesen.[369] Während sich IAS 36.5, der den Wertminderungstest unabhängig von der Durchführung der zeitwertabhängigen Neubewertungsmethode vorschreibt, explizit auf IAS 16 bezieht, ergibt sich das Anwendungserfordernis des zusätzlichen Wertminderungstests für IAS 38[370] aus 38.111.

Da die IFRS auf eine deutliche Abgrenzung zwischen einer Wertabnahme im Zuge einer Neubewertung gemäß IAS 16 oder 38 und eines Wertminderungstests gemäß IAS 36 verzichten, erfolgt an dieser Stelle eine entsprechende Differenzierung. Die Angaben der IAS 16.40 und 38.86 sind irreführend. So ist explizit vermerkt, daß eine Verringerung des Buchwerts infolge einer Zeitwertabnahme erfolgswirksam zu erfassen ist. Dem Wortlaut allerdings weiter folgend, ist eine Verminderung solange im sonstigen Ergebnis zu erfassen, soweit sie die Neubewertungsrücklage nicht übersteigt. Ist eine Neubewertungsrücklage aufgezehrt oder nicht existent, kann eine erforderliche Buchwertanpassung „nach unten" nur über eine außerplanmäßige Abschreibung nach IAS 36[371] erfolgen und nicht wie in IAS 16.40 und 38.86 postuliert über die Neubewertungsmethode. Der Fall, wenn die Neubewertungsrücklage eine erforderliche Wertminderung nicht kompensieren kann, ist somit nicht explizit geregelt. Daher ist festzuhalten, daß eine Neubewertung i.S.d. IAS 16 und 38 „nach unten" nur durchgeführt werden kann, wenn eine Neubewertungsrücklage durch eine vorausgegangene gegenläufige Neubewertung gebildet wurde.[372] Somit ist der Buchwert bei einer Neubewertung i.S.d. IAS 16 und 38 stets durch die fortgeführten Anschaffungs- und Herstellungskosten nach unten beschränkt und kann nur reduziert werden, wenn die Voraussetzungen für eine außerplanmäßige Abschreibung nach

---

369 IAS 16.39 bzw. 38.85 regeln dabei die Neubewertung im Falle einer Buchwerterhöhung und damit die Bildung bzw. Erhöhung der Neubewertungsrücklage, während IAS 16.40 bzw. 38.86 die Verringerung des Buchwerts und somit die erfolgswirksame Wertminderung bzw. die Abnahme einer bestehenden Neubewertungsrücklage regeln. Zur Neubewertungsrücklage vgl. Abschnitt IV.1.2.1 und das dort angeführte Schrifttum. Zum Neubewertungsmodell gemäß IAS 16 bzw. 38 vgl. zudem KÜTING/DAWO, Anwendungsfälle (2003), S. 233 ff., BIEKER, Fair Value Accounting (2006), S. 135-141 sowie 143 ff.

370 Zur Folgebewertung des immateriellen Anlagevermögens, insbesondere zu dem Wahlrecht bezüglich der Anwendung des Anschaffungskostenmodells oder der Neubewertungsmethode, vgl. MINDERMANN/HARTMANN, Immaterielles Anlagevermögen (2009), S. 89 ff. Im Hinblick auf das Sachanlagevermögen vgl. diesbezüglich DUTZI, Sachanlagevermögen (2009), S. 104-108.

371 Auch gemäß IAS 36.60 belastet ein Wertminderungsaufwand zunächst eine vorhandene Neubewertungsrücklage.

372 Vgl. im folgenden HOFFMANN, Neubewertung (2011), Rz. 75 und 85 f. Vgl. sinngemäß auch DUTZI, Sachanlagevermögen (2009), S. 107 f.

IAS 36 erfüllt sind.[373] Vor dem Hintergrund dieser Ausführungen ist zu konstatieren, daß eine außerplanmäßige Abschreibung i.S.d. IAS 36 infolge einer Wertänderung zwingend zu erfolgen hat und daher gegenüber dem optionalen Neubewertungsverfahren als vorrangig anzusehen ist.[374]

Die aufgeführten Sachverhalte machen deutlich, daß Zeitwerte für die Folgebewertung unentbehrlich sind.[375] Nach SCHMALENBACH wird die Bewertung vom Rechnungszweck determiniert: „Der ‚richtige' oder ‚wahre' Wert ist keine absolute, sondern nur eine relative Größe, die durch die Wertungsrichtung bestimmt wird. Für ein und dasselbe Gut können verschiedene Wertansätze in Frage kommen. Davon ist derjenige Wert der ‚richtige', der dem jeweiligen Rechnungsziel am dienlichsten ist."[376] Ohne das Heranziehen von Zeitwerten läge bei dem genannten Lösungsvorschlag indes keine Referenzgröße vor, um das Vermögen am Bilanzstichtag dem Bilanzzweck nach „richtig" zu bewerten. Während bei der Erstbewertung mit Hilfe pagatorischer Größen noch verläßliche Werte ermittelt werden können, ist dies bei der Folgebewertung nicht gewährleistet. Demnach wird der Bilanzzweck paradoxerweise weder bei Verwendung des bestehenden Zeitwertkonzepts noch bei dessen Ablehnung und dem Verzicht auf Zeitwerte erreicht, da beide Vorgehensweisen spätestens bei der Folgebewertung zu unverläßlichen und damit nicht zu i.S.d. Bilanzzwecks „richtigen" Werten führen. Ein gänzlicher Verzicht auf Zeitwerte in der Rechnungslegung ist demnach aus bilanztheoretischer Sicht abzulehnen. Es muß nach einer weiteren Lösung gesucht werden, welche die bestehenden Probleme des Zeitwertkonzepts in bezug auf die Erreichung des Bilanzzwecks und des Prüfungsziels zu lösen vermag.

---

373 Gleichzeitig dienen die fortgeführten Kosten auch als Deckelungsbetrag nach oben. Erfolgt nach einer außerplanmäßigen Abschreibung eine diesen Abschreibungsbetrag überschreitende Wertaufholung infolge einer Zeitwertsteigerung, ist zunächst der Wertminderungsaufwand erfolgswirksam rückgängig zu machen, bevor der Differenzbetrag erfolgsneutral in die Neubewertungsrücklage eingestellt wird. Vgl. DUTZI, Sachanlagevermögen (2009), S. 107.

374 Vgl. auch HOFFMANN, Neubewertung (2011), Rz. 75 und 85.

375 Dies gilt auch für die Rechnungslegung nach HGB, in der die fortgeführten Anschaffungs- und Herstellungskosten unstreitig den zentralen Wertmaßstab für Vermögensgegenstände darstellen. Zu diesem bereits von SCHMALENBACH geforderten Wertmaßstab vgl. statt vieler BAETGE/KIRSCH/THIELE, Bilanzen (2011), S. 15, 20-23, 97 ff., 129 ff. und 185-210. Obschon die historischen Kosten stets die Obergrenze für Zuschreibungen bilden, sind Zeitwerte für die Folgebewertung notwendig. So eruiert LEFFSON die Relevanz der Absatzmarktpreise für Abschreibungen auf den niedrigeren beizulegenden Wert nach § 253 Abs. 3 Satz 3 und Abs. 4 Satz 2 HGB. Vgl. LEFFSON, GoB (1987), S. 362-378 i.V.m. KÜMMEL, Barwertkalküle (2002), S. 51. Vgl. außerdem eingehend zur Zugangs- und Folgebewertung nach § 253 HGB sowie zur diesbezüglichen Funktion des Zeitwerts als Korrekturwert BRÖSEL/OLBRICH, § 253 (2010).

376 SCHMALENBACH, Kostenrechnung (1956), S. 138.

3.4 Teilweise Akzeptanz der Zeitwertbilanzierung als Schlußfolgerung

Die bisherigen Ergebnisse zeigen, daß die Anwendung sowohl des bestehenden als auch des vorgeschlagenen vereinheitlichten Zeitwertkonzepts aufgrund der theoretisch fragwürdigen Ermittlungshierarchie im Hinblick auf die verfolgte Zielsetzung ebenso abzulehnen ist wie der gänzliche Verzicht auf Zeitwerte. Folglich ist ein Kompromiß zu finden, welcher die bestehenden Probleme in bezug auf die Erreichung des Bilanzzwecks und des Prüfungsziels in befriedigender Weise zu lösen vermag. Dabei steht die Verläßlichkeit von Zeitwerten im Vordergrund. Die aus den Schwierigkeiten der stufenweisen Wertermittlung sowie der Unsicherheit, welcher geschätzte Wert einer Bandbreite anzusetzen ist, resultierende mangelnde Verläßlichkeit[377] der Rechnungslegungsinformationen beeinträchtigt deren Zweckadäquanz.[378] Infolgedessen sind Bilanznormen notwendig, welche die Zeitwertbilanzierung dann akzeptieren, wenn diese zu verläßlichen und damit prüfbaren Zeitwerten führt. So ist die Zweckmäßigkeit folgender, z.T. im Schrifttum angesprochener Vorschläge zu diskutieren:[379, 380]

Erstens wird der im Schrifttum befürwortete Vorschlag betrachtet, die Zeitwertbilanzierung für zur Veräußerung bestimmte Vermögenswerte zuzulassen, sofern diese zum Bewertungszeitpunkt auf aktiven Märkten gehandelt werden.[381] Die Einschränkung erscheint vor dem Hintergrund einleuchtend, daß Objekten des Umlaufvermögens wegen ihrer Nähe zum Absatzmarkt nachgesagt wird, daß ihnen künftige Einzahlungen unmittelbar zugerechnet werden können.[382] Es wird vorgeschlagen, den potentiellen Veräußerungspreis jener Vermögenswerte – wobei sich der Anwen-

---

377 Vgl. BAETGE/LIENAU, Fair Value (2005), S. 326.

378 Vgl. statt vieler OLBRICH, Zeitwertbilanzierung (2008), S. 220.

379 Bei der Bezugnahme auf die im Schrifttum angesprochenen Ansätze handelt es sich nicht um eine abschließende Darstellung. Z.B. wird auf die Diskussion des Vorschlags von Mehrspaltenbilanzen verzichtet, die neben den historischen Kosten in einer separaten Spalte den jeweiligen Zeitwert der Bilanzposition ausweisen. U.a. aufgrund der erforderlichen Parallelbuchhaltung resultiert daraus ein sehr hoher Erstellungs- und Prüfungsaufwand, weswegen der Vorschlag unmittelbar als unzweckmäßig abgelehnt und nicht weiter verfolgt wird. Vgl. hierzu BAETGE/LIENAU, Gläubigerschutzgedanke (2005), S. 83, BIEKER, Fair Value Accounting (2006), S. 120 und 225 f. sowie die dort jeweils angegebene Literatur, HAAKER, Vermögenswerte nach IAS 38 (2007), S. 332, SIEGEL, Relevanz (2007), S. 597-600.

380 Die nachfolgenden Ausführungen gründen auf der Idee des bestehenden Mischmodells der IFRS, das sowohl eine Bewertung zum Zeitwert als auch eine Bewertung zu Anschaffungskosten vorsieht. Zu dem Mischmodell sowie zu dem Ideal des „full fair value“-Modells vgl. BAETGE/LIENAU, Gläubigerschutzgedanke (2005), S. 71 ff.

381 Vgl. BIEKER, Fair Value Accounting (2006), S. 192 ff., 217 und 233, KÜNNEMANN, Fair Value Accounting (2007), S. 947.

382 Vgl. diesbezüglich KÜNNEMANN, Fair Value Accounting (2007), S. 947.

dungsfall insbesondere auf Finanzinstrumente des Umlaufvermögens sowie auf börsengängige Vorräte beschränken wird –[383] ungeachtet der Tatsache anzusetzen, ob dieser „die historischen Kosten über- oder unterschreitet"[384]. Im Gegensatz dazu würde sich bei Gegenständen des Anlagevermögens die Frage stellen, wozu Zeitwertschwankungen insbesondere über die historischen Kosten hinaus aufgezeigt werden sollen, wenn eine Realisierung am Markt ohnehin nicht angestrebt wird.[385] Daher ist an dieser Stelle anzumerken, daß der ebenfalls im Schrifttum geäußerte Vorschlag, Zeitwerte prinzipiell für Vermögenswerte zuzulassen, wenn „Marktpreise auf einem aktiven Markt abgelesen werden können"[386], von vornherein abzulehnen ist, da dieser die notwendige Differenzierung zwischen Gegenständen des Anlage- und Umlaufvermögens vernachlässigt. Der *Vorteil* der Akzeptanz von Zeitwerten für zur Veräußerung bestimmte Vermögenswerte, für die ein Preis auf einem aktiven Markt existiert, liegt darin, daß der Wertmaßstab auf jene Vermögenswerte des Umlaufvermögens beschränkt wird, bei denen der Wert verläßlich „ablesbar" ist und von den Abschlußadressaten als entscheidungsrelevant[387] angesehen wird. Denn wie bereits erwähnt, sind Zeitwerte nur dann objektivierbar, wenn ein beobachtbarer Marktpreis existiert.[388] Allerdings birgt der Vorschlag auch *Nachteile*. Die Prämisse des aktiven Marktes sowie die damit eingehergehenden theoretischen Mängel bleiben bestehen.[389] Außerdem verbleiben wertbeeinflussende Ermessensspielräume hinsichtlich der Auswahl des Handelsplatzes. Zudem hat die gehandelte Menge Einfluß auf den Preis und damit auf den Bilanzansatz. Hinzu kommt die Tatsache, daß es bezüglich der Stichtagsbewertung „so gut wie keine [...] manipulationsfreien Marktwerte"[390] gibt. Diese Parameter beeinflussen die anzusetzenden Werte, wobei die Mängel gegenüber einer Zeitwertermittlung mittels Vergleichswerten oder DCF-Verfahren im Schrifttum als vertretbar angesehen werden.[391] Schwerwiegender sind hingegen die folgenden Punkte. Zum einen führt die marktbasierte Zeitwertbilanzierung zu paritätischen Ergebnisschwankungen, welche in verfälschten Erfolgseinschätzungen und -prognosen münden.[392] Zum anderen läßt der Vorschlag bindende Kaufverträge, die in der Praxis

383 Vgl. BALLWIESER, Umbruch (2002), S. 299.

384 BIEKER, Fair Value Accounting (2006), S. 193.

385 Vgl. auch BALLWIESER/KÜTING/SCHILDBACH, Wertansatz (2004), S. 548.

386 KÜNNEMANN, Fair Value Accounting (2007), S. 947. Vgl. ähnlich hierzu auch SCHRUFF, Rechenschaft (2011), S. 860.

387 Vgl. auch KESSLER, Fair Value (2005), S. 65.

388 So auch SCHILDBACH, Zeitwertbilanzierung (1998), S. 587, STREIM/BIEKER/ESSER, Entscheidungsnützlichkeit (2003), S. 473. Auch das IASB sieht in unangepaßten Preisen auf aktiven Märkten den verläßlichsten Indikator für einen Zeitwert, vgl. IFRS 13.77.

389 Vgl. insbesondere die Ausführungen in Abschnitt IV.1.2.2 sowie ferner BALLWIESER/KÜTING/SCHILDBACH, Wertansatz (2004), S. 535 und 547, KESSLER, Fair Value (2005), S. 65.

390 KUßMAUL/WEILER, Fair Value-Bewertung Teil 1 (2009), S. 171.

391 Vgl. BIEKER, Fair Value Accounting (2006), S. 194.

392 Vgl. hierzu ausführlich Abschnitt IV.1.2.1.

bei den in Rede stehenden Vermögenswerten häufig vorliegen, außer acht. Diese liefern zum Bilanzstichtag gegenüber Marktpreisen aber unstreitig verläßlichere und relevantere Werte. Ferner muß ein umfassendes Bewertungskonzept vorliegen. Dies beinhaltet auch die Bestimmung einer Bewertungsmethode für Vermögenswerte des Anlagevermögens sowie eine alternative Bewertungsmethode für das Umlaufvermögen, sofern Preise auf aktiven Märkten nicht vorliegen. Aufgrund der bestehenden Mängel ist dieser Vorschlag der teilweisen Akzeptanz von Zeitwerten in bezug auf die hier verfolgte Zielsetzung als unzweckmäßig abzulehnen. Folglich ist nach einem Lösungsansatz zu suchen, der diese Probleme ausräumt oder begrenzt.

Zweitens findet sich im Schrifttum der Vorschlag, den Hauptanwendungsfall der Zeitwertbilanzierung auf das nicht betriebsnotwendige Vermögen zu beschränken, sofern ein Marktpreis existiert.[393] Diese Vermögenswerte absatzmarktorientiert zum Zeitwert anzusetzen, wird damit begründet, daß sich deren Erfolgspotential „ausschließlich im Wege einer direkten marktmäßigen Verwendung verwirklichen [läßt], weil nicht betriebsnotwendige Faktoren [...] weder direkt noch indirekt zur Erwirtschaftung der betriebszweckbezogenen Zahlungsüberschüsse beitragen“[394]. Dieses Argument verkennt jedoch ebenso wie der erstgenannte Vorschlag folgendes Problem. Erfolgswirksam zu erfassende Wertschwankungen des nicht betriebsnotwendigen Vermögens führen dazu, daß der operative Erfolg durch marktbedingte Auf- und Abwertungen des Zeitwerts verzerrt wird. Zudem werden in der Realität Marktpreise ohnehin nur in den seltensten Fällen vorliegen, wie z.B. bei nicht betriebsnotwendigen Finanzanlagen.[395] In Konsequenz stellt sich die Frage, wie bei nicht vorhandenen Marktpreisen zu bewerten ist und auf welche Weise die Bewertung des betriebsnotwendigen Vermögens erfolgen soll. Im Falle *nicht existenter Preise* schlägt BIEKER vor, den Zeitwert als Ertragswert auf Basis von Marktdaten zu schätzen.[396] Die umfänglich beschriebenen Verläßlichkeitsprobleme bleiben demnach bestehen.

393 Vgl. insbesondere KESSLER, Fair Value (2005), S. 77 f. BIEKER berücksichtigt hingegen die Schnittmenge zwischen zur Veräußerung vorgesehenen und nicht betriebsnotwendigen Vermögenswerten – was insbesondere hinsichtlich IFRS 5 zweckmäßig erscheint – und vertritt die Auffassung, die Zeitwertbilanzierung für beide „Bereiche“ nebeneinander zuzulassen. Vgl. BIEKER, Fair Value Accounting (2006), S. 192 ff., 217 und 233. Es soll jedoch aufgezeigt werden, daß die beiden Ansätze im Schrifttum durchaus losgelöst voneinander betrachtet werden, weswegen an dieser Stelle ebenfalls eine getrennte Darstellung erfolgt. Der Aussage BIEKERS, daß für das betriebsnotwendige Vermögen eine Bewertung zu marktorientierten Zeitwerten nicht sinnvoll erscheint, da eine marktmäßige Verwertung vorerst nicht beabsichtigt ist, wird dabei uneingeschränkt beigepflichtet. Vgl. EBENDA, S. 193 und 233.

394 BIEKER, Fair Value Accounting (2006), S. 192.

395 Z.B. wird für nicht betriebsnotwendige, als Finanzinvestitionen gehaltene Immobilien bezweifelt, daß ein idealisierter Preis im Marktgleichgewicht existent sein kann, weisen diese aufgrund ihrer Lage und ihres Zustandes regelmäßig Unikats-Charakter auf. Zum Wirkungs- und Bewertungsdefekt bei der Immobilienbewertung vgl. HARES, Zur Immobilie (2011), S. 142.

396 Vgl. BIEKER, Fair Value Accounting (2006), S. 197. Zur Ermittlung dieses „Ertragswerts“ verweist BIEKER dabei auf die theoretisch fragwürdigen Barwertverfahren der IFRS.

Für das *betriebsnotwendige Vermögen* stellt BIEKER fest, daß eine postenindividuelle Ertragsbewertung nicht möglich ist.[397] Um entscheidungsrelevante Werte zu erhalten, wird im Schrifttum daher vorgeschlagen, vermögenswertübergreifende zahlungsmittelgenerierende Einheiten zu bestimmen und deren Nutzungswert in der Bilanz anzusetzen.[398] Dieser Bewertungsvorschlag ist aus zwei Gründen zu bemängeln. Erstens widerspricht er dem in der Rechnungslegung vorherrschenden Einzelbewertungsgrundsatz.[399] Zweitens ginge das dabei „unterstellte" hohe Maß an Relevanz zwangsläufig mit einem weitgehenden Verzicht auf Verläßlichkeit einher.[400] Diese Bewertungsalternative kann demnach weder aus Sicht der Bilanztheorie noch aus Sicht der Prüfbarkeit von Zeitwerten überzeugen. Insgesamt stellt der in Rede stehende Vorschlag folglich keine zufriedenstellende Lösung dar und ist deswegen im Hinblick auf die verfolgte Zielsetzung abzulehnen.

Drittens ist die Zweckmäßigkeit des Vorschlags zu eruieren, Zeitwerte zuzulassen, die mittels „objektivierter" Bewertungsparameter im Rahmen modellgestützter Berechnungen ermittelt werden. So wird im Schrifttum der Vorschlag geäußert, DCF-Verfahren zur Zeitwertermittlung zuzulassen, wenn eine Marktbewertung nicht möglich ist, allerdings nur unter der Voraussetzung, daß die einzelnen Bewertungsparameter objektivierbar sind.[401] Ein erster Schritt wäre es, periodenspezifische Zinssätze, die nach der SVENSSON-Methode ermittelt werden, verpflichtend in den IFRS vorzuschreiben.[402] Gleichwohl müßten die Risikozuschläge für zeitzubewertende Vermögenswerte einheitlich diktiert werden.[403] Das bilanzpolitische Potential der Nennergröße des Bewertungskalküls könnte dadurch begrenzt werden. Dennoch verbleiben nicht zu vernachlässigende Probleme in bezug auf die Objektivierung der Zählergröße.[404] Geringe Änderungen der Einflußparameter des Zählers gehen unweigerlich mit erheblichen Wertänderungen einher. Werden Zeitwerte mittels DCF-Ver-

---

397 Vgl. BIEKER, Fair Value Accounting (2006), S. 197.

398 Vgl. STREIM/BIEKER/ESSER, Zweckmäßigkeitsanalyse (2005), S. 100 ff. und 106 f., BIEKER, Fair Value Accounting (2006), S. 219-225 und 233 f.

399 Vgl. hierzu ausführlich KÜTING/EICHENLAUB, Einzelbewertungsgrundsatz (2011).

400 Dies wird selbst von den Befürwortern des Konzepts akzeptiert. Vgl. STREIM/BIEKER/ESSER, Zweckmäßigkeitsanalyse (2005), S. 107.

401 Vgl. BAETGE, DCF-Kalkül (2009), S. 22 f.

402 Vgl. diesbezüglich auch Abschnitt IV.2.2.1.1 sowie das dort angeführte Schrifttum.

403 Vgl. BAETGE, DCF-Kalkül (2009), S. 23. Das Aufzwingen solcher Risikozuschläge mißachtet individuelle Gegebenheiten des Bewertungssubjekts und widerspricht damit dem Grundsatz der Subjektivität der Bewertung und ist infolgedessen aus bewertungstheoretischer Sicht abzulehnen. Der angelsächsischen bzw. marktwertorientierten Bewertungslehre ist der Subjektbezug weitgehend fremd. Vgl. OLBRICH, Unternehmungsnachfolge (2002), S. 682 f. Zum Grundsatz der Subjektivität vgl. im allgemeinen und statt vieler HARES, Zur Immobilie (2011), S. 92 f. sowie das dort angeführte Schrifttum.

404 Vgl. hierzu insbesondere die Ausführungen in Abschnitt IV.2.2.1.1.

fahren bemessen, ist das Verläßlichkeitsziel – trotz „objektivierter" Nennergrößen – folglich nicht zu erreichen, da sie dem Bilanzierenden zum einen im Rahmen der Zahlungsstromprognose umfängliche Ermessensspielräume eröffnen und sich zum anderen auf das theoretische Ideal des vollkommenen und vollständigen Marktes stützen.[405] Demnach kann auch eine vermeintlich „verbesserte" modellgestützte Zeitwertbilanzierung im Hinblick auf die verfolgte Zielsetzung nicht überzeugen.

Viertens ist die Zweckmäßigkeit der ausschließlichen Akzeptanz von Zeitwerten im Rahmen eines imparitätischen Zeitwertkonzepts zu untersuchen. Dabei bilden die historischen Kosten den zentralen Wertmaßstab. Zeitwerte sind auf der Aktivseite indes dann zu akzeptieren, wenn sie die fortgeführten Anschaffungs- und Herstellungskosten eines Vermögenswerts unterschreiten.[406] Dieses Konzept liegt dem deutschen Handelsrecht zugrunde[407, 408] und kommt partiell auch in den IFRS zur Anwendung[409], die dessen Durchbrechung[410] jedoch zugunsten einer paritätischen Zeitwertbilanzierung, z.B. bei Finanzinstrumenten nach IAS 39, bei als Finanzinvestitionen gehaltenen Immobilien nach IAS 40 sowie bei Vermögenswerten nach IAS 41[411] zulassen.

Im Anschluß wird im Überblick auf eine denkbare Ausgestaltung der imparitätischen Zeitwertbilanzierung in der IFRS-Rechnungslegung eingegangen, die sich an der Vorgehensweise des deutschen Handelsrechts orientiert.[412] Während bei der Zugangs-

405 Vgl. hierzu ausführlich OLBRICH/BRÖSEL, Inkonsistenzen (2007), S. 1547, BAETGE, DCF-Kalkül (2009), S. 22, OLBRICH, IFRS 13 (2011).

406 Zu diesem vorsichtigen und verlustantizipierenden Zeitwertkonzept, das asymmetrisch auch für Schulden Anwendung findet, vgl. ausführlich BAETGE/ZÜLCH, Fair Value-Accounting (2001), S. 546, BAETGE/LIENAU, Fair Value (2005), S. 320.

407 Vgl. BAETGE/ZÜLCH, Fair Value-Accounting (2001), S. 550. Der Grundgedanke der dynamischen Bilanz nach SCHMALENBACH wird in der Literatur wegen der vorsichtigen Bewertungskonzeption auch als imparitätisches Zeitwertprinzip bezeichnet. Vgl. SPINDLER, Zeitwertbilanzierung (2005), S. 79 f. i.V.m. SCHMALENBACH, Dynamik (1948). Ein „full fair value"-Konzept erfaßt dagegen – i.S.e. Gewinnantizipation – auch alle buchungstechnischen Gewinne, die nicht am Markt realisiert wurden. Vgl. BAETGE/ZÜLCH, Fair Value-Accounting (2001), S. 546.

408 Vor dem Inkrafttreten des BilMoG war der Zeitwert im HGB ausschließlich Referenzgröße für die Niederstwertbemessung bzw. Informationsgröße im Anhang. Vgl. SCHARPF/SCHABER/MÄRKL, § 255 (2010), Rz. 418. Nunmehr ist in speziellen Fällen auch eine Bewertung zum beizulegenden Zeitwert oberhalb der historischen Kosten möglich. Vgl. EBENDA Rz. 419 ff.

409 Dabei ist vor allem auf außerplanmäßige Abschreibungen gemäß IAS 36 i.V.m. IAS 16 und 38 hinzuweisen. Vgl. auch THIELE, Zeitbewertung (2007), S. 631 sowie Abschnitt IV.3.3.

410 Vgl. LORSON, Wertbegriffe nach IAS/IFRS (2005), S. 22.

411 Freilich ist auch auf IAS 16 und 38 hinzuweisen, obschon Zeitwertänderungen, die über die historischen Kosten hinausgehen, erfolgsneutral zu erfassen sind. Vgl. hierzu ebenfalls Abschnitt IV.3.3 sowie HAßLINGER, IFRS-Rechnungslegung (2011), S. 158.

412 Von darüber hinaus gehenden Überlegungen hinsichtlich einer detaillierteren Ausgestaltung wird an dieser Stelle abgesehen. Ziel ist es vielmehr, einen möglichen grundlegenden Rahmen

bewertung die pagatorisch nachvollziehbaren Anschaffungs- und Herstellungskosten[413] relevant sind, ist bei der Folgebewertung insbesondere zur Bestimmung einer potentiellen außerplanmäßigen Abschreibung in bezug auf Gegenstände des Anlage- und Umlaufvermögens eine Differenzierung notwendig. Für Gegenstände des *Anlagevermögens* sind Zeitwerte primär über den Beschaffungsmarkt zu ermitteln. Da sie langfristig dem Geschäftsbetrieb dienen sollen und eine Veräußerung folglich nicht vorgesehen ist, wäre eine absatzmarktorientierte Ermittlung nicht sachgerecht. Folglich ist das Korrektiv als beschaffungsmarktrelevanter Börsen- oder Marktpreis, Wiederbeschaffungszeitwert oder korrigierter Wiederbeschaffungsneuwert respektive als investitionstheoretischer Erfolgswert zu ermitteln.[414] Bei Gegenständen des *Umlaufvermögens* ist eine weitere Differenzierung vorzunehmen, wenn ein Börsen- oder Marktpreis[415] vorliegt. Für Roh-, Hilfs- und Betriebsstoffe ist der stichtagsbezogene Zeitwert i.d.R. beschaffungsmarktorientiert zu ermitteln;[416] für den Bilanzansatz sind folglich die Wiederbeschaffungskosten maßgeblich.[417] Im Gegensatz dazu befinden sich zur Veräußerung bestimmte fertige und unfertige Erzeugnisse am Ende des Wertschöpfungsprozesses. Sofern ein Fremdbezug nicht möglich ist, erscheint eine absatzmarktorientierte Bewertung zweckmäßig. Somit ist der voraussichtliche Veräußerungserlös abzüglich noch anfallender Aufwendungen für den Wertminderungstest maßgeblich. Ebenso ist mit Überbeständen an Roh-, Hilfs- und Betriebsstoffen zu verfahren. Für Handelswaren, Überbestände an fertigen und unfertigen Erzeugnissen sowie Wertpapiere kommt hingegen eine beschaffungs- und absatzmarktorientierte Bewertung in Frage.[418] Liegt ein Marktpreis hingegen nicht vor, wäre das Korrektiv insbesondere mit den zum Stichtag ermittelten Wiederherstellungskosten oder dem

---

für eine Schwerpunktverlagerung innerhalb des Bewertungskonzepts der IFRS zu schaffen. Zeitwerte werden dabei nachfolgend als korrigierte Stichtagswerte betrachtet.

413 Zu den Komponenten der Anschaffungskosten sowie zu der Ermittlung der Herstellungskosten nach HGB vgl. eingehend BAETGE/KIRSCH/THIELE, Bilanzen (2011), S. 189-204. Zu entsprechenden Regelungen nach IFRS, inklusive eines Vergleichs zum handelsrechtlichen Vorgehen, vgl. HOFFMANN, Neubewertung (2011), Rz. 11-67.

414 Zu den einzelnen Möglichkeiten vgl. eingehend BRÖSEL/OLBRICH, § 253 (2010), Rz. 577-583. Für Objekte des Anlagevermögens, bei denen keine Wiederbeschaffung sondern eine mittelfristige Veräußerung vorgesehen ist, kann der Zeitwert ausnahmsweise als Einzelveräußerungswert abgeleitet werden. Vgl. EBENDA, Rz. 580. Zur Bemessung des Zeitwerts i.S.e. auf Basis der Investitionstheorie ermittelten Erfolgswerts vgl. darüber hinaus OLBRICH, IAS 40 (2003), S. 350-354, OLBRICH, Zeitwertbilanzierung (2008), S. 217 f., OLBRICH, IFRS und Unternehmungsbewertung (2009).

415 Zur Unterscheidung der Begriffe „Börsen-" und „Marktpreis" vgl. BRÖSEL/OLBRICH, § 253 (2010), Rz. 626 und 628.

416 Grundsätzlich zu Regelungen der Erst- und Folgebewertung von Vorräten nach IFRS, welche weitestgehend mit den Vorgaben des HGB übereinstimmen, vgl. HOFFMANN, Vorräte (2011), Rz. 15-34.

417 Vgl., wie im folgenden, BRÖSEL/OLBRICH, § 253 (2010), Rz. 638-641.

418 In bezug auf die Wertpapiere des Umlaufvermögens vgl. zusätzlich BRÖSEL/OLBRICH, § 253 (2010), Rz. 669.

investitionstheoretischen Erfolgswert des Gegenstandes zu bestimmen.[419] Zu ergänzen ist, daß vertraglich festgelegten Veräußerungspreisen im Hinblick auf den Wertminderungstest respektive den Bilanzansatz gegenüber den oben genannten Werten der Vorzug einzuräumen ist. Die Verläßlichkeit – gleichwohl auch die Relevanz – eines vertraglich fixierten Veräußerungspreises ist aufgrund des vereinbarten Zahlungsflusses regelmäßig höher. Vertraglich festgelegte Preise sind nach dem Bilanzstichtag im Gegensatz zu Marktpreisen z.B. keinen Schwankungen ausgesetzt.[420] Zur Folgebewertung ist zudem anzumerken, daß bei steigenden Zeitwerten stets eine Wertaufholung bis zur Wertobergrenze im Hinblick auf die Vermittlung entscheidungsnützlicher Werte erfolgen soll, unabhängig davon, ob es sich um Gegenstände des Anlage- oder Umlaufvermögens handelt. Liegen die aktuellen Zeitwerte von Vermögenswerten zum Bilanzstichtag über der Bilanzwertobergrenze der historischen Kosten, sind diese im Anhang anzugeben, um über stille Reserven zu informieren und der Informationsfunktion in bezug auf das Relevanzkriterium Rechnung zu tragen.[421]

Das den Zeitwert ausschließlich als sekundären Wertmaßstab i.S.e. Korrekturwerts heranziehende Konzept birgt gegenüber den bestehenden IFRS-Regelungen folgende *Vorteile*. Es handelt sich im Gegensatz zu dem Zeitwertkonzept der IFRS um ein erprobtes, theoretisch fundiertes Konzept, das durch (nationale) Rechtsprechung und Literatur konkretisiert und akzeptiert ist.[422] Stellen die historischen Kosten den primären Wertmaßstab dar, können die IFRS durch eine Orientierung an der Vorgehensweise des deutschen Handelsrechts von dem theoretisch fragwürdigen Ballast der „fair value"-Ermittlungshierarchie befreit werden. So führt das Vorgehen zum einen wegen der Tatsache, daß pagatorische Werte durch vergangene Markttransaktionen objektiviert wurden[423] und zum anderen aufgrund einer geringeren Anzahl an Ermessensspielräumen und Prognoseentscheidungen zu verläßlicheren Bilanzwerten.[424] Folglich bilden historische Kosten im Gegensatz zu „fair values" einen „regelmäßig

---

419 Dies wird hauptsächlich bei Spezialanfertigungen der Fall sein, für die ein organisierter Markt nicht existiert. Handelsrechtlich wird dabei von dem beizulegenden Wert gesprochen. Vgl. hierzu BRÖSEL/OLBRICH, § 253 (2010), Rz. 629.

420 Erst nach Lieferung und Einbuchung einer Forderung hat die verkaufende Unternehmung z.B. Bonitätsverschlechterungen des Käufers bei der Forderung zu berücksichtigen.

421 Diese Meinung wird auch von HARES vertreten. Vgl. HARES, Zur Immobilie (2011), S. 198 sowie das dort angeführte Schrifttum. Vgl. ferner BAETGE/LIENAU, Gläubigerschutzgedanke (2005), S. 83, KÜTING/REUTER, Neubewertungsrücklagen (2009), S. 181.

422 Vgl. sinngemäß KÜTING, Entobjektivierung (2006), S. 2 f.

423 Vgl. BAETGE/LIENAU, Fair Value (2005), S. 320. Schließlich haben die Unternehmungen bei dem vergangenen Kauf „die Anschaffungspreise und nicht die Zeitwerte für die zugehörigen Transaktionen akzeptiert". HERING/OLBRICH/ROLLBERG, Finanzkrise (2010), S. 40.

424 So auch BAETGE/LIENAU, Fair Value (2005), S. 320, KESSLER, Fair Value (2005), S. 65, KÜTING, Entobjektivierung (2006), S. 3 f. Zu Zweifeln hieran, jedoch ohne diese zu begründen, vgl. BÖCKING/LOPATTA/RAUSCH, Rechnungslegung (2005), S. 101.

objektiv nachprüfbare[n] Wertmaßstab"[425]. Zudem wird der entscheidende Nachteil der paritätischen Zeitwertbilanzierung ausgeräumt, daß positive unrealisierte Erfolgsbeiträge aufgrund von Wertschwankungen, ungeachtet der Höhe der historischen Kosten, erfaßt werden. Zeitwertbedingte Eigenkapital- und Ergebnisvolatilitäten sind auf Wertschwankungen unterhalb der historischen Kosten beschränkt. Wird der Zeitwert lediglich als „Verlustantizipator" akzeptiert, werden Erfolgseinschätzungen und -prognosen demgemäß weniger stark von marktabhängigen Zeitwertschwankungen beeinträchtigt und nicht durch unrealisierte, konjunkturabhängige Schönwetter-Gewinne verfälscht.[426]

Das Konzept birgt indes auch *Nachteile. Erstens* liegen einer Bewertung zu fortgeführten Anschaffungs- und Herstellungskosten ebenfalls Ermessensspielräume und Prognoseentscheidungen zugrunde. Insbesondere sei an die Bestimmung der endlichen Nutzungsdauer des abnutzbaren Vermögens und die Bemessung der davon abhängigen planmäßigen Abschreibung erinnert.[427] Die damit einhergehenden verzerrenden Einflüsse insbesondere in der Vermögenslage konterkarieren die Verläßlichkeit von Bilanzwerten, weswegen aus Sicht des Rechnungslegungszwecks der IFRS ein Verläßlichkeitsdefizit verbleiben würde.[428] Durch die herausragende Stellung des Vorsichtsprinzips werden im HGB gewisse Einschränkungen in bezug auf die Verläßlichkeit von Werten hingegen bewußt toleriert.[429] In diesem Zusammenhang könnte *zweitens* das Bedenken geäußert werden, daß eine konsequente Übertragung des handelsrechtlichen imparitätischen Zeitwertkonzepts auf die IFRS nicht problemlos realisierbar sei. Schließlich verfolgt das HGB mit seiner imparitätischen, der Kapitalerhaltung dienenden Bilanzierung eine andere Zielsetzung als die IFRS-Rechnungslegung.[430] „Die gegenwärtige Bilanzierung in Deutschland gibt nicht vor, entscheidungsnützliche und zuverlässige Informationen im Sinne einer Basis zur Einschätzung künftiger Zahlungen bezüglich Höhe, Zeitpunkt und Wahrscheinlichkeit zu

425 BALLWIESER/KÜTING/SCHILDBACH, Wertansatz (2004), S. 546.

426 Vgl. HERING/OLBRICH/ROLLBERG, Finanzkrise (2010), S. 37 sowie Abschnitt IV.1.2.1.

427 Vgl. eingehend BRÖSEL/OLBRICH, § 253 (2010), Rz. 440 f.

428 Ferner ist darauf hinzuweisen, daß die Entscheidungsrelevanz imparitätischer Zeitwerte wegen der unvollständigen Informationsvermittlung in bezug auf Werterhöhungen, die über die ursprünglichen Anschaffungs- und Herstellungskosten hinausgehen, im Schrifttum tendenziell niedriger eingeschätzt wird als bei Zeitwerten des gegenwärtigen Konzepts. Vgl. BAETGE/LIENAU, Fair Value (2005), S. 320, KESSLER, Fair Value (2005), S. 65.

429 Vgl. BALLWIESER/KÜTING/SCHILDBACH, Wertansatz (2004), S. 546. Dies hängt damit zusammen, daß das Vorsichtsprinzip ausschließlich bei Bewertungen benötigt wird, die von zukünftigen Entwicklungen abhängen. Vgl. LEFFSON, GoB (1987), S. 469 f. Diese Bewertungen sind zum Bilanzstichtag naturgemäß mit Unsicherheit verbunden und machen eine die Verläßlichkeit einschränkende Antizipation (eines möglichen zukünftigen Verlustes) erforderlich.

430 Vgl. insbesondere BAETGE/LIENAU, Fair Value (2005), S. 320, KÜTING, Objektivierungsgrundsatz (2011), S. 1405 f. sowie Abschnitt II.1.1.

liefern.“[431] Demzufolge ist festzuhalten, daß bei einer ausschließlich imparitätischen Nutzung von Zeitwerten offensichtlich Mängel in bezug auf das Erreichen des Bilanzzwecks der IFRS fortbestehen würden.

Obschon seiner Nachteile wird der letztgenannte Vorschlag zur teilweisen Akzeptanz von Zeitwerten aus nachfolgend aufgeführten Gründen als Lösungsansatz präferiert. Der *erste Kritikpunkt* kann ausgeräumt werden: Eine Rechnungslegungsinformation kann ausschließlich dann „einen Mehrwert zu der Entscheidungsfindung beitragen, sofern diese als verlässlich kategorisiert“[432] wird. Es wurde eingehend dargestellt, daß die gegenwärtige Zeitwertbilanzierung nach IFRS gerade nicht zu verläßlichen Werten führt. Auch bei dem aus dem HGB bekannten und hier als Grundlage dienenden imparitätischen Zeitwertkonzept verbleiben verläßlichkeitseinschränkende Ermessensspielräume und Prognoseentscheidungen. Nach MOXTER drückt sich eine objektivierte Vermögenswertermittlung u.a. in leicht überprüfbaren Bewertungsmaßstäben aus, weswegen eine Bilanz im Rechtssinne Ermessensbeschränkungen erfordert.[433] Daher sind die bilanzpolitischen Spielräume durch explizite Wahlrechte, über deren Ausübung zudem im Anhang zu berichten ist, auf ein überschaubares Maß zu beschränken.[434] Ein imparitätisches Zeitwertkonzept mit wenigen expliziten Wahlrechten[435] weist gegenüber der üblichen Vorgehensweise der IFRS, die durch eine Vielzahl an impliziten Wahlrechten gekennzeichnet ist, deren Ausnutzung sich dem Auge des Abschlußadressaten entzieht,[436] entscheidende Vorzüge auf: Eine derartige Objektivierung der Bewertungsvorschriften mündet in einer geringeren Manipulationsgefahr, einer besseren Nachvollziehbarkeit und damit in einer verbesserten Verläßlichkeit der im Abschluß dargestellten Werte.[437] Das Verläßlichkeitsdefizit von

431 BALLWIESER/KÜTING/SCHILDBACH, Wertansatz (2004), S. 546.

432 KÜTING, Objektivierungsgrundsatz (2011), S. 1405 f.

433 Vgl. MOXTER, Bilanzlehre (1984), S. 164 f.

434 Um der Rechenschaftsfunktion nachzukommen, ist eine objektivierte Rechnungslegung erforderlich. Vgl. MOXTER, Bilanzlehre (1984), S. 157, BAETGE/LIENAU, Fair Value (2005), S. 329. Aus dem Kriterium der Objektivität resultiert im Idealfall, daß verschiedene Anwender bei einer Wertermittlung zu demselben Ergebnis kommen, was eine intersubjektiv eindeutige Formulierung der Bilanznormen mit möglichst wenigen Ermessensspielräumen voraussetzt. Vgl. auch STREIM/BIEKER/ESSER, Entscheidungsnützlichkeit (2003), S. 473.

435 Z.B. könnte ein explizites Wahlrecht in bezug auf die oben genannte Bewertung von Handelswaren, Überbeständen an fertigen und unfertigen Erzeugnissen sowie Wertpapieren festgelegt werden. Der Bilanzierende kann im Rahmen der Folgebewertung entweder auf eine beschaffungs- oder absatzmarktorientierte Bewertung zurückgreifen. Das ausgeübte Wahlrecht sollte vermögenswertübergreifend einheitlich und stetig ausgeführt sowie im Anhang erläutert werden.

436 Zu der Aussage, daß die impliziten Wahlrechte nach IFRS zu einem höheren Entobjektivierungsgrad führen als die expliziten (kodifizierten) Wahlrechte des HGB, vgl. KÜTING, Objektivierungsgrundsatz (2011), S. 1410. Zu exemplarischen Wahlrechten nach HGB vgl. eingehend KÜTING, Unbestimmte Rechtsbegriffe (2011), S. 2094 f.

437 So auch KÜTING, Objektivierungsgrundsatz (2011), S. 1410.

Rechnungslegungsinformationen kann dadurch zwar nicht behoben, aber auf ein akzeptables Maß reduziert werden.[438] Schließlich geht jedes Rechnungslegungssystem unweigerlich mit Entobjektivierungen einher.[439] So darf nicht verkannt werden, daß sich die Verläßlichkeitslücke naturgemäß nicht vollständig schließen läßt, da Rechnungslegungssysteme nicht auf Ermessensspielräume verzichten können. Zudem übersteigt „eine Forderung nach Irrtumsfreiheit [...] das menschliche Vermögen“[440]. Zur Ausräumung des ersten Kritikpunktes ist abschließend festzuhalten, daß das hier präferierte Konzept mit seinen besser objektivierbaren bilanzpolitischen Spielräumen gegenüber der gegenwärtigen Vorgehensweise der IFRS zu einer zufriedenstellenden Lösung in bezug auf die Verkleinerung der Verläßlichkeitslücke der bilanzierten Werte führt.[441]

Außerdem ist das im *zweiten Kritikpunkt* geäußerte Bedenken zu relativieren: Daß das imparitätische Zeitwertkonzept ursprünglich eine andere Zielsetzung verfolgt und nicht kompromißlos mit dem aktionärsorientierten Bilanzzweck der IFRS in Einklang zu bringen ist, ist in bezug auf die hier verfolgte Zielsetzung zweitrangig.[442] Schließlich konterkariert die „unsystematisch selektive fair-value-Bewertung“[443] ebenfalls den Bilanzzweck. In Konsequenz vermögen es weder das bestehende Mischkonzept noch das imparitätische Zeitwertkonzept, dem Zweck der IFRS abschließend gerecht zu werden. Allerdings bieten die historischen Kosten und imparitätischen Zeitwerte hinsichtlich der verfolgten Zielsetzung entscheidende Vorteile. *Erstens* sind sie dem bestehenden Zeitwertkonzept, das Zeitwerte mit teils fragwürdigen Methoden ermittelt sowie paritätisch und für Vermögenswerte und Schulden gleichermaßen, z.T. aber mit Einschränkungen, zuläßt, hinsichtlich der theoretischen Fundierung überlegen. Die imparitätische Zeitwertbilanzierung bildet ein strukturiertes und konsis-

---

438 Zeitwerte nach dem gegenwärtigen Mischkonzept weisen folglich einen geringeren Grad an Verläßlichkeit auf als im Zuge einer einheitlichen imparitätischen Zeitwertbilanzierung ermittelte Werte. Somit stellen die „fair values“ gegenüber den historischen Kosten und imparitätischen Zeitwerten, vor allem bezogen auf die Verläßlichkeit, einen Rückschritt in der Bilanzierung dar. Vgl. OLBRICH, Zeitwertbilanzierung (2008), S. 224. Vgl. auch KÜTING, Entobjektivierung (2006), S. 3, SCHILDBACH, Wunsch und Wirklichkeit (2006), S. 29, KUßMAUL/WEILER, Fair Value-Bewertung Teil 2 (2009), S. 216.

439 Vgl., wie auch im folgenden, BIEKER, Fair Value Accounting (2006), S. 234, KÜTING, Objektivierungsgrundsatz (2011), S. 1410. Vgl. zudem SCHRUFF, Rechenschaft (2011), S. 860.

440 HERING, Investitionstheorie (2008), S. 342.

441 Da diese Methode ein höheres Maß an Verläßlichkeit mit sich bringt, die für die verfolgte Zielsetzung maßgeblich ist, werden bezüglich der Relevanz Abstriche gebilligt (vgl. Fn. 428).

442 Zwar dient das Anschaffungs- und Herstellungskostenprinzip mit seiner imparitätischen Nutzung von Zeitwerten im deutschen Handelsrecht ebenfalls dem Zweck der Zahlungsbemessung, mitunter für Anteilseigner, welche Ansprüche auf periodenerfolgsabhängige Zahlungen haben, allerdings im Gegensatz zu den IFRS unter strenger Wahrung des Vorsichtsprinzips. Vgl. eingehend und m.w.N. KÜTING/LAUER, Abschlußzwecke nach HGB und IFRS (2011), S. 1985 f.

443 BALLWIESER/KÜTING/SCHILDBACH, Wertansatz (2004), S. 543.

tentes Bewertungskonzept. *Zweitens* kommt die imparitätische Zeitwertermittlung in den bestehenden IFRS bereits zur Anwendung und ist somit vom Standardsetzer grundsätzlich akzeptiert. Eine Schwerpunktverlagerung innerhalb des Bewertungskonzepts der IFRS, weg von dem gegenwärtigen „fair value accounting" und hin zu Bilanznormen, welche Zeitwerte imparitätisch akzeptieren und die fortgeführten historischen Kosten anstelle fiktiver Verkaufspreise als relevanten Wertmaßstab vorsehen, könnte demnach mit einem überschaubaren Umstellungsaufwand einhergehen. *Drittens* ist die Verläßlichkeit der auf diese Weise ermittelten Werte unstreitig höher, womit das in Rede stehende Konzept dem Zweck der IFRS, verläßliche Informationen zu liefern, näher kommt als das gegenwärtige Mischmodell und diesem folglich auch diesbezüglich überlegen ist. Dieses Ergebnis würdigend ist festzuhalten, daß das Handelsrecht als Erkenntnisquelle für eine Verbesserung der IFRS-Rechnungslegung herangezogen werden kann.[444]

In dieser Untersuchung wurde die Verläßlichkeit als Würdigungsmaßstab der Prüfbarkeit bestimmt. Dies geschah aus zwei Gründen: Zum einen ist die Verläßlichkeit aus bilanztheoretischer Sicht die maßgebliche Voraussetzung zur Erfüllung des Objektivierungserfordernisses bilanzierter Werte. Zum anderen stellt sie eine maßgebliche Qualitätsanforderung hinsichtlich der Erfüllung des Bilanzzwecks der IFRS dar.[445] Die Ausführungen zur Ausräumung des ersten Kritikpunkts zeigen, daß mit dem vorgestellten Konzept gegenüber dem Status quo bei der Zeitwertermittlung ein höherer Grad an Verläßlichkeit i.S.d. bilanztheoretischen Objektivierbarkeit erreicht werden kann. Darüber hinaus zeigen die Erläuterungen zur Relativierung des zweiten Kritikpunkts, daß das dargelegte Konzept die qualitative Verläßlichkeitsanforderung der IFRS in einem höheren Maße erfüllen kann, als es die bestehenden Bilanznormen vermögen. Beide „Verläßlichkeits-Determinanten" i.S.d. hier verstandenen Prüfbarkeit erfahren demgemäß eine Aufwertung. Vor diesem Hintergrund ist daher im Ergebnis festzuhalten, daß das präferierte Zeitwertkonzept gegenüber dem Status quo zu einer Verbesserung hinsichtlich der Erfüllung des Prüfungsziels führt. Infolgedessen ist das vorgestellte imparitätische Zeitwertkonzept bezüglich der Prüfbarkeit beizulegender Zeitwerte als zufriedenstellende Lösung zu werten.

Als Schlußfolgerung ist zu konstatieren, daß durch den hier präferierten Ansatz zur teilweisen Akzeptanz der Zeitwertbilanzierung die für die Untersuchung maßgeblichen Problemstellungen in heuristischer Weise gelöst werden können:

---

444 Die aktionärsorientierte Entscheidungsnützlichkeit ist nicht mit der gläubigerschutzorientierten Zahlungsbemessung des Handelsrechts in Einklang zu bringen, weshalb ein IFRS-Abschluß einen HGB-Einzelabschluß nicht ersetzen kann. Vgl. statt vieler KÜTING/LAUER, Abschlußzwecke nach HGB und IFRS (2011), S. 1990 f. Wie gezeigt wurde, lassen sich andererseits jedoch Elemente der HGB-Rechnungslegung auf die IFRS übertragen.

445 Vgl. Abschnitt II.1.1 sowie IV.1.1

1. Da ein einheitliches Konzept vorliegt, bestehen hinsichtlich der Ermittlung von Zeitwerten *keine Inkonsistenzen*. Indem das Konzept generell für Erst- und Folgebewertungen sämtlicher Vermögenswerte – anstatt einer verwirrenden Vielzahl einzelfallbezogener Rechnungslegungsnormen, die auch nach der Einführung von IFRS 13 für die Folgebewertung verbleiben – in den Bilanznormen implementiert wird, kann ein maßgeblicher Beitrag zum Abbau der Regelungsdichte der IFRS geleistet werden. Die Rechnungslegungsregelungen werden vereinfacht, womit deren Anwendungsfreundlichkeit steigt.

2. Die der Ermittlungshierarchie des gegenwärtigen Zeitwertkonzepts zugrundeliegenden *bewertungstheoretischen Mängel bestehen nicht*. Bei der imparitätischen Zeitwertbilanzierung wird ein Bilanzansatz von Zeitwerten vermieden, die mittels sachlicher Vergleichspreise oder finanzierungstheoretischer Modelle ermittelt werden. Diese Verfahren können nicht zur Anwendung kommen, da es ihnen an einer bewertungstheoretischen Fundierung mangelt und entsprechende Zeitwerte nicht objektiviert – und damit nicht verläßlich – ermittelbar[446] sind.

3. Das imparitätische Zeitwertkonzept eröffnet dem Rechnungslegenden bilanzpolitische Freiheiten. Zu treffende *Prognoseentscheidungen sowie Ermessensspielräume lassen* sich nicht gänzlich ausräumen, *können* gegenüber dem gegenwärtigen Zeitwertkonzept der IFRS durch explizite und erläuterungspflichtige Wahlrechte aber *auf ein akzeptables Maß beschränkt werden*. Neue, das imparitätische Zeitwertkonzept berücksichtigende Bilanznormen können somit zu besser objektivierbaren und folglich verläßlicheren Werten führen als das bestehende Zeitwertkonzept. Folglich wird das Verständnis der Abschlußadressaten für die angesetzten Werte gefördert.

4. Aus den voranstehenden Punkten folgt, daß das *empfohlene Konzept* dem gegenwärtigen „fair value accounting" *im Hinblick auf die Vermittlung entscheidungsnützlicher Informationen überlegen ist*. Unter Rückgriff auf die pagatorischen Kosten und imparitätischen Zeitwerte wird der Informationsfunktion in bezug auf die Verläßlichkeit in zufriedenstellendem Maße Rechnung getragen. Werden aktuelle Zeitwerte, die zum Bilanzstichtag über den historischen Kosten liegen, außerdem im Anhang angegeben, wird zusätzlich der Informationsfunktion in bezug auf das Relevanzkriterium hinreichend entsprochen. Der Forderung von OLBRICH/ BRÖSEL zur Beseitigung der Informationsmängel[447] des gegenwärtigen Zeitwertkonzepts auf seiten der Abschlußadressaten wird mit dieser Vorgehensweise nachgekommen. Das dargelegte Konzept stellt folglich eine befriedigende Lösung hinsichtlich der Erreichung des Bilanzzwecks dar, insbesondere bezogen auf die Übereinstim-

446 So auch HAẞLINGER, IFRS-Rechnungslegung (2011), S. 159.

447 Vgl. OLBRICH/BRÖSEL, Inkonsistenzen (2007), S. 1546.

mung der zeitbewertungsrelevanten Bilanznormen mit dem Verläßlichkeitskriterium des „framework".

5. Insgesamt ist anzuerkennen, daß vereinfachte Rechnungslegungsregelungen zu einer vereinfachten Gesetzmäßigkeits- bzw. Ordnungsmäßigkeitsprüfung gemäß § 317 Abs. 1 Satz 2 HGB führen. Die vorgeschlagenen, vereinfachten Rechnungslegungsregelungen *erfüllen* zudem die *„Verläßlichkeits-Determinanten"* in einem *höheren Maße* als die bestehenden Regelungen. Trotz des verbleibenden Verläßlichkeitsdefizits kann das Problem der Prüfbarkeit von Zeitwerten nach IFRS daher in befriedigendem Maße gelöst werden. Demnach ist die imparitätische Zeitwertbilanzierung im Hinblick auf die Erreichung des verfolgten Prüfungsziels als zweckadäquat anzuerkennen. Die geschilderte Vorgehensweise zur Einflußnahme auf die Rechnungslegung leistet somit nicht nur einen Beitrag zur Entflechtung des IFRS-Regelwerks und zur Verbesserung der Informationsfunktion, sondern damit einhergehend auch zur Verbesserung der Rahmenbedingungen bei der Prüfung von IFRS-Abschlüssen.

Die Ergebnisse dieses Abschnitts *würdigend* ist festzuhalten, daß der formulierte Lösungsvorschlag als Empfehlung im Hinblick auf die Erreichung der verfolgten Zielsetzung zu interpretieren ist. Um Verbesserungen in bezug auf die Rechnungslegung und die Prüfungsbedingungen herbeizuführen, wäre es zu begrüßen, wenn der Berufsstand der Wirtschaftsprüfer das IDW als Sprachrohr nutzt, um seinen Einfluß auf das IASB geltend zu machen. NAUMANN, Sprecher des IDW-Vorstands, merkt an, daß eine komplette Abkehr vom „fair value accounting" oder eine Zerschlagung des IASB abzulehnen seien.[448] Entspricht dies der generellen Auffassung des IDW, ist es in Konsequenz um so wichtiger, das IASB statt dessen unermüdlich mit seinen Mißgriffen zu konfrontieren und auf die Berücksichtigung nationaler Bestrebungen – in diesem Fall die Verbesserung der Prüfbarkeit von Bilanzwerten[449] – im IFRS-Regelwerk zu drängen. Dabei wird empfohlen, das dargestellte Konzept zur teilweisen Akzeptanz von Zeitwerten als Grundlage heranzuziehen, um vom Standardsetzer eine Schwerpunktverlagerung innerhalb des Bewertungskonzepts der IFRS im Hinblick auf die Verbesserung der Prüfbarkeit beizulegender Zeitwerte zu fordern.

448 Vgl. NAUMANN, Prüfbarkeit der Standards (2010), S. 780.

449 Vgl. hierzu SCHRUFF, Rechenschaft (2011), S. 856 sowie das dort angeführte Schrifttum.

V. Die Zusammenfassung der Ergebnisse und ein Ausblick

Die Internationalisierung der Rechnungslegung hat in Deutschland – wenn auch vorwiegend in bezug auf kapitalmarktorientierte Unternehmungen – zunehmend an Bedeutung gewonnen. Infolgedessen widmete sich die Rechnungslegungsforschung insbesondere in der letzten Dekade verstärkt diesen Internationalisierungstendenzen, wobei der Bilanzierung zum beizulegenden Zeitwert als maßgebliches Bewertungskonzept der IFRS eine Schlüsselrolle zukommt. Dabei untersucht sie hauptsächlich die aus dem „fair value accounting" resultierenden Rechnungslegungsprobleme, ohne dabei die diesbezügliche Schnittmenge zur betriebswirtschaftlichen Prüfungsforschung angemessen zu würdigen. Einigkeit herrscht im Schrifttum lediglich dahingehend, daß das „fair value accounting" die Abschlußprüfung erschwert. Die sich aus der Zeitwertbilanzierung ergebenden Auswirkungen auf die Abschlußprüfung stellen eine besonders interessante, jedoch weitgehend unerforschte Herausforderung für den Wirtschaftsprüfer dar. So liegt eine umfassende betriebswirtschaftliche Untersuchung des Sujets, die sich der Perspektive des Abschlußprüfers annimmt und auf die Abgabe vertrauenswürdiger Prüfungsurteile abzielt, bislang nicht vor. Darüber hinaus wurde die bestehende praktische Regelungslücke bei der Zeitwertprüfung noch nicht hinreichend genau identifiziert, geschweige denn geschlossen. Die vorliegende Schrift sucht die Probleme der Zeitwertbilanzierung auf die Abschlußprüfung zu übertragen und berücksichtigt dadurch die bestehende Schnittmenge zwischen Prüfungs- und Rechnungslegungsforschung. Sie stellt dabei die Prüfbarkeit beizulegender Zeitwerte in den Mittelpunkt der Analyse. Zeitwerte sind prüfbar, wenn über sie ein vertrauenswürdiges Urteil abgegeben werden kann, die Zwecksetzung der Prüfung also erfüllt ist. Als Würdigungsmaßstab der Prüfbarkeit dient dabei die Verläßlichkeit. Wenn Zeitwerte aufgrund der Vorgaben der Bilanznormen nicht verläßlich ermittelbar sind, ist die Abgabe eines vertrauenswürdigen Prüfungsurteils nicht möglich: Zum einen, weil die Zeitwerte einer maßgeblichen qualitativen Anforderung an die Vermittlung entscheidungsnützlicher Informationen, der Zwecksetzung der IFRS-Rechnungslegung, und zum anderen dem bilanztheoretischen Objektivierungserfordernis nicht gerecht werden. Um die Prüfbarkeit beizulegender Zeitwerte sowohl prüfungs- als auch bilanztheoretisch zu durchdringen, werden im Hinblick auf die identifizierten Probleme sowohl Verbesserungsvorschläge bezüglich des Prüfungsprozesses als auch bezüglich der Rechnungslegungsnormen herausgearbeitet.

Die betriebswirtschaftliche Auseinandersetzung mit der Prüfung beizulegender Zeitwerte aus der Perspektive des Wirtschaftsprüfers verlangt zunächst nach einer Spezifikation der theoretischen und normativen Grundlagen sowohl der Zeitwertbilanzierung nach IFRS als auch der Abschlußprüfung nach nationalen Regelungen. Der weitgehende Ansatz von Vermögenswerten zu ihrem „fair value" soll dazu beitragen, daß der Jahresabschluß entscheidungsnützliche Informationen liefert und ist damit Mittel zur primären Zweckerfüllung der IFRS-Rechnungslegung. Der Begriff des beizulegenden Zeitwerts ist in den Standards jedoch nicht einheitlich geregelt. Allgemein läßt sich konstatieren, daß es sich um einen idealtypischen Preis im Gleichgewicht vollkommener und vollständiger Märkte handelt. In der Realität liegt jedoch ein Marktgleichgewicht unter diesen Bedingungen nicht vor, womit auch kein eindeutiger objektiver Marktwert, der als „fair value" Einzug in die Bilanz erhält, identifiziert werden kann. Wenn es schließlich um die Ermittlung des Zeitwerts geht, steht freilich die Bewertungskonzeption im Mittelpunkt der Betrachtung. Da das theoretische Ideal des Zeitwertkonzepts in der Realität nicht existiert, sind die Zeitwerte in Konsequenz näherungsweise abzuschätzen. Obschon weder das „framework" noch die zeitwertspezifischen Standards eine einheitliche Vorgehensweise definieren, kann eine allgemeine Ermittlungshierarchie festgestellt werden. Letztendlich ist zwischen Zeitwerten, die aus „objektiven" Marktpreisen resultieren, und Zeitwerten, die aufgrund ihrer alternativen Ermittlungsmethodik den Charakter von Schätzwerten annehmen, zu differenzieren. Von entscheidender Bedeutung ist dabei, daß sich die Abgabe eines vertrauenswürdigen Prüfungsurteils um so schwieriger gestaltet, je weiter sich die Wertfindung vom Marktpreis entfernt, da Schätzungen mit intersubjektiv schwer nachprüfbaren bilanzpolitischen Spielräumen einhergehen. In der Abgabe eines vertrauenswürdigen Urteils über die Ordnungsmäßigkeit der Jahresabschlußdaten liegt jedoch der Zweck der Abschlußprüfung. Eine gesetzliche Prüfungspflicht ergibt sich schließlich aus der Notwendigkeit, daß unterschiedliche Gruppen Interesse an einer die Glaubwürdigkeit der externen Rechnungslegung belegenden Prüfung haben. Die Prüfungspflicht ist in § 316 HGB kodifiziert, während Gegenstand und Umfang der Abschlußprüfung in § 317 HGB geregelt sind. Zudem sind die Medien zur Mitteilung des Prüfungsurteils gesetzlich festgelegt. Der Prüfungsbericht und der Bestätigungsvermerk sind in § 321 bzw. § 322 HGB geregelt; sie dienen der Kommunikation des Prüfungsergebnisses. Das Prüfungsergebnis gilt als zusammenfassendes Urteil, das der Prüfer über das Prüfungsobjekt fällt. Es erfolgt eine gestaffelte Kommunikation, zum einen ausführlich in Form des Prüfungsberichts an einen beschränkten internen Adressatenkreis und zum anderen aggregiert in Form des Bestätigungsvermerks, der zusätzlich für einen breiten externen Adressatenkreis vorgesehen ist. Es wird deutlich, daß diese Medien eine wichtige Plattform mit hoher Tragweite darstellen, die der Prüfer für die Unterrichtung über prüfungsbeeinflussende, zeitwertspezifische Probleme nutzen kann. Die gesetzlichen Regelungen zur Abschlußprüfung werden durch berufsständische Regelungen konkretisiert, wobei auf nationaler Ebene die IDW PS maßgeblich sind. Die ISA sind als internationales Pendant der IDW PS zu sehen und sind nach § 317 Abs. 5 HGB anzuwenden, wenn sie durch das Komitologieverfahren der EU angenommen werden. Eine Substitution erscheint aus nationaler Sicht hingegen nicht notwendig, da die PS die internationalen Regelungen durch entsprechende Sachverhaltstransformationen bereits weitgehend umsetzen und zudem nationale Besonderheiten regeln. Daher wird in der Untersuchung auf das nationale Regelwerk zurückgegriffen. Die Prüfungsnormen stellen das Handwerkszeug des Prüfers dar, indem sie das prüferische Vorgehen u.a. in Form konkreter Prüfungshandlungen regeln sowie Anforderungen an die Berichterstattung stellen. Neben gesetzlichen und berufsständischen Normen gilt es, weitere für den Untersuchungsverlauf maßgebliche Grundlagen der Abschlußprüfung zu betrachten. Zum einen beeinflußt das Prüfungsrisiko, das sich aus dem Fehler- und Entdeckungsrisiko zusammensetzt, als maßgebliche Determinante einer Abschlußprüfung, Art und Umfang der zu ergreifenden Prüfungshandlungen. Das Fehlerrisiko, das aus Kontroll- und inhärentem Risiko besteht, ist bei Schätzwerten tendenziell höher als bei Werten, die keine Schätzelemente beinhalten, und nimmt deshalb bei der Zeitwertprüfung eine besondere Stellung ein. Da die Abschlußprüfung sucht, ein hinreichend sicheres Prüfungsurteil zu erzielen, ist ein begrenztes Risiko, daß Fehler im Abschluß vorliegen, akzeptabel. Daher ist zum anderen der Grundsatz der Wesentlichkeit hervorzuheben, der eng mit dem Prüfungsrisiko verbunden ist. Es ist essentiell, daß Art und Umfang der Prüfungshandlungen so geplant werden, daß Fehler im zeitwertbezogenen Teil der Rechnungslegung, die alleine oder zusammen mit anderen Fehlern wesentlich sind, aufgedeckt werden.

Nach diesen allgemeinen Erkenntnissen wird ein Prüfungsprozeßmodell entwickelt, das PS 314 n.F. als umfänglich zu ergänzende Grundlage heranzieht. Das Modell arbeitet die notwendigen Schritte des zeitwertspezifischen Prüfungsprozesses heraus und bildet damit einen allgemeingültigen Rahmen zum Prüfungsablauf. Zu beachtende Besonderheiten, die sich aus dem Charakter des beizulegenden Zeitwerts ergeben, werden dabei in jedem Prüfungsschritt aufgezeigt, um Prüfungshandlungen und mögliche Prüfungsfeststellungen zu identifizieren. Der insgesamt vier Phasen umfassende zeitwertspezifische Prüfungsprozeß beginnt mit der *Prüfungsplanung*. Notwendig ist eine zeitwertspezifische Prüfungsplanung, da der Wirtschaftsprüfer freilich nur dann rationale Entscheidungen im Hinblick auf zeitwertspezifische Prüfungsmaßnahmen treffen kann, wenn er sich zuvor im Rahmen einer Risikoanalyse ein Bild von dem Umfang zeitbewerteter Bilanzpositionen sowie den eingerichteten organisatorischen Vorkehrungen zur Ermittlung von Zeitwerten verschafft hat. In diesem Zuge ist die Formulierung konkreter Prüfungshandlungen auf Unternehmungs- und Prüffeldebene zweckmäßig, welche der vorläufigen zeitwertspezifischen Risikoeinschätzung dienen. Dies ist insofern zweckmäßig, da die Prüfungshandlungen insbesondere zur Bestimmung des inhärenten Risikos der Zeitwertbilanzierung beitragen und den Verlauf der weiteren Prüfung damit maßgeblich beeinflussen. Hierauf aufbauend ist die risikoorientierte Prüfungsstrategie zu konkretisieren, die Prüfungsrisikograd und Wesentlichkeitsgrenze des zeitwertspezifischen Prüfungsgebiets festlegt und auf einzelne Prüffelder aufteilt. Die Strategie dient wiederum als Grundlage für das Prüfungsprogramm, das Prüfungshandlungen bestimmt, die auf die identifizierten Risiken, die zu einer wesentlichen Falschdarstellung im zeitwertbezogenen Teil der Rechnungslegung führen könnten, auszurichten sind. Die sich an die Planung anschließende *Systemprüfung* ist notwendig, um erstens Prüfungsnachweise über die Ausgestaltung und zweitens über die Wirksamkeit des zeitwertspezifischen Teils des IKS zu erlangen. Die Aufbauprüfung entspricht dem ersten Teil der Systemprüfung. Die in PS 314 n.F. diesbezüglich aufgeführten Prüfungshandlungen sind durch weitere prüferische Maßnahmen zu ergänzen, die dazu dienen, einerseits den Aufbau der zeitbewertungsrelevanten Kontrollmaßnahmen zu beurteilen und andererseits deren tatsächliche Implementierung festzustellen. Daran schließt sich die Funktionsprüfung an. Der Prüfer muß die im Vorfeld identifizierten Kontrollmaßnahmen durch Transformations- und Funktionsfähigkeitsprüfungen auf ihre Wirksamkeit untersuchen. Inhalt der sich anschließenden Phase sind *aussagebezogene Prüfungshandlungen*. Sie sind erforderlich, damit der Prüfer eine hinreichende Prüfungssicherheit erreicht, um wesentliche Falschaussagen im zeitwertspezifischen Teil der Rechnungslegung ausschließen zu können. Dabei ist es in diesem Zusammenhang zweckmäßig, die denkbaren Prüfungshandlungen in zwei Bereiche zu unterteilen, und zwar die Einzelfallprüfungen sowie die analytischen Prüfungshandlungen. Bei Betrachtung der Einzelfallprüfungen können diese einer weiteren Unterteilung in die Beurteilung der Daten und Annahmen, die Hilfsmittel zur Konkretisierung von Werteinschätzungen und die weiteren Prüfungshandlungen unterzogen werden. Gegenüber der Vorgehensweise des PS 314 n.F. ist entscheidend, daß die Prüfungshandlungen erstens durch das gewählte Vorgehen eine zweckmäßige Differenzierung erfahren und zweitens ausgeweitet werden. Die aufgeführten Prüfungshandlungen sind wegen der unterstellten Wesentlichkeit der Zeitwerte sowie der Tatsache, daß die alleinige Durchführung analytischer Prüfungshandlungen nicht die erforderliche Prüfungssicherheit erbringen kann, unverzichtbarer Bestandteil des zeitwertspezifischen Prüfungsprozesses. Gleichwohl sind analytische Prüfungshandlungen ergänzend notwendig, werden diese schließlich zur Plausibilisierung der Zeitwerte in ihrer Gesamtheit genutzt, um verzerrende Einflüsse in der Bilanz aufzudecken. Dabei bedarf es erneut einer über die Anforderungen des PS 314 n.F. hinausgehenden Betrachtung. Hat der Prüfer diese Phase abgeschlossen, muß er des weiteren entscheiden, wie mit den auf jeder Stufe zu eruierenden Prüfungsfeststellungen verfahren wird. Die Beantwortung dieser Frage ist Aufgabe der vierten und damit letzten Stufe des Prüfungsprozesses und spiegelt zugleich deren Notwendigkeit wider, den zeitwertspezifischen Teil der Rechnungslegung zunächst abschließend zu beurteilen, um im Anschluß darüber Bericht zu erstatten. Folglich ist es in diesem Zusammenhang zweckmäßig, die *Bildung und die Mitteilung des Prüfungsurteils* getrennt voneinander zu betrachten. Im Zuge der Urteilsbildung erfolgt eine Aggregation der in den voranstehenden Stufen mit Hilfe der jeweiligen Prüfungshandlungen aufgedeckten Prüfungsfeststellungen zu einem Gesamturteil über den zeitwertbezogenen Abschnitt der Rechnungslegung. Dabei sind vor dem Hintergrund der lückenhaften Regelungen des PS 314 n.F. zwingend Ergänzungen zur Prüfungsnorm zu beachten. Zur theoretischen Fundierung dieser Ergänzungen ist auf die Voraussetzungen einer sachgerechten Urteilsbildung nach LEFFSON zu rekurrieren. Damit ein hinreichend sicheres Prüfungsurteil gebildet werden kann, hat der Prüfer alle sich im Zuge des Prüfungsprozesses als wesentlich erweisenden zeitwertspezifischen Sachverhalte zu berücksichtigen, um dem Postulat der Wesentlichkeit und Vollständigkeit gerecht zu werden. Von besonderer Relevanz sind freilich jene Fehler, die festgestellt, dem Mandanten mitgeteilt, aber bis zum Abschluß der Prüfung nicht behoben werden. Überschreitet die Summe der identifizierten und vermuteten nicht aufgedeckten Fehler die für die Prüffelder der Zeitwertbilanzierung festgesetzte Wesentlichkeitsgrenze oder besteht ein zeitwertspezifisches Prüfungshemmnis, ist über die Zeitwertbilanzierung ein eingeschränkt positives oder negatives Gesamturteil zu bilden. Um zudem das Postulat der Objektivität zu erfüllen, muß der Urteilsbildungsprozeß intersubjektiv nachvollziehbar sein. Da die Adressaten des Prüfungsurteils keinen Einblick in die laufende Prüfungsdokumentation erlangen, ist das Postulat im Rahmen der Urteilsmitteilung zu erfüllen. Wegen der gestaffelten Publizität kann das Postulat jedoch nicht für alle Adressaten des Prüfungsurteils in gleichem Maße erfüllt werden. So läßt sich die Urteilsmitteilung in Ausführungen zum Prüfungsbericht einerseits und zum Bestätigungsvermerk andererseits differenzieren. Da PS 314 n.F. für den Prüfungsbericht keine Besonderheiten der Zeitwertbilanzierung regelt, dieser aber alle wesentlichen Schritte beinhalten muß, die für das Zustandekommen des Urteils über die Zeitwertbilanzierung relevant sind, müssen zu berücksichtigende zeitwertspezifische Details bestimmt werden, um den gesetzlichen und berufsständischen Regelungen zum Prüfungsbericht gerecht zu werden. Das Prüfungsprozeßmodell endet mit zeitwertspezifischen Ausführungen zum Testat. In Ergänzung zu PS 314 n.F. sind Handlungsanweisungen festzuhalten, unter welchen Umständen aus Sicht des zeitwertspezifischen Teils der Rechnungslegung der Vermerk uneingeschränkt oder eingeschränkt zu erteilen respektive zu versagen ist.

Maßgebliche Problemstellungen		**Inhalte und Beschreibungen der Problemstellungen**
Problemkreis 1	*Inkonsistenzen*	Heterogenes Vorgehen zur Zeitwertermittlung führt zu unterschiedlicher Aussagekraft der Zeitwerte, erhöht den Rechnungslegungsaufwand, schränkt die Verläßlichkeit der Werte ein und erschwert deren Prüfung.
	Bewertungs-theoretische Mängel	Rückgriff auf finanzierungstheoretische Bewertungsverfahren führt zu unterschiedlichen Bewertungsergebnissen; näherungsweise Abschätzung des Werts mittels theoretisch fragwürdiger Methoden beeinträchtigt die Verläßlichkeit und steht im Widerspruch zum Bilanz- und Prüfungszweck.
	Prognose-problematik	Unsicherheit bei Prognose der Zähler-/Nennergröße des Bewertungskalküls führt zu Bandbreite möglicher Zeitwerte; mit zunehmendem Zukunftsbezug nehmen Verläßlichkeit und Prüfbarkeit der Zeitwerte ab.
	Ermessensspiel-räume	Ermessensausübung im Rahmen der Bewertungshierarchie führt zu Bandbreite möglicher Zeitwerte; aufgrund zunehmender Ermessensspielräume nehmen Verläßlichkeit und Prüfbarkeit der Zeitwerte von Stufe zu Stufe ab.
Problemkreis 2	*Verfahrenstech-nische Probleme*	Akzeptanz und praktische Anwendungsempfehlung theoretisch fragwürdiger Bewertungsverfahren durch den Berufsstand.
	Prüfungs-normenbedingte Probleme	Unstrukturierter und lückenhafter PS stellt kein adäquates prüferisches Werkzeug dar, um mit Problemkreis 1 zielgerichtet zu verfahren. *Folge*: Verstärkung des Problems der Prüfbarkeit von Zeitwerten.

Abbildung 11: Die Synopsis der maßgeblichen Probleme und ihrer Inhalte

Deutlich wird auf der Grundlage des entwickelten Prozeßmodells, das sich auf die Prüfung im Status quo bezieht, daß die Prüfung beizulegender Zeitwerte bislang nicht abschließend geregelt ist. Folglich ergibt sich das Ziel der Erforschung der besonderen Herausforderung, der sich der Wirtschaftsprüfer bei der Prüfung von beizulegenden Zeitwerten zu stellen hat. Hierzu bedarf es zunächst der Identifikation und dezidierten Erläuterung der maßgeblichen Problemstellungen. Für die Herausforderung sind insbesondere zwei Problemkreise ursächlich: zum einen die vorhandenen Rechnungslegungsregelungen (Problemkreis 1) und zum anderen die bestehenden berufsständischen Regelungen (Problemkreis 2). Die obige Abbildung 11 dient der synoptischen Darstellung der Probleme und ihrer Inhalte.

Die Untersuchung der Problemkreise führt zu der Erkenntnis, daß unter Akzeptanz der bestehenden Rechnungslegungsnormen und der berufsständischen Normen die Abgabe eines vertrauenswürdigen Urteils über die Ordnungsmäßigkeit der Zeitwertbilanzierung i.d.R. nicht möglich ist. Aufbauend auf den Problemkreisen, die Unsicherheit in bezug auf die Abgabe eines vertrauenswürdigen Urteils erzeugen, sind daher Lösungen zu entwickeln, die zur Bewältigung dieser Herausforderung beitragen. Um eine zufriedenstellende Antwort auf die Frage der Prüfbarkeit beizulegender Zeitwerte zu erhalten, ist es zweckmäßig, die denkbaren Handlungsmöglichkeiten des Wirtschaftsprüfers in zwei Teilkomplexe zu differenzieren, die sich auf unterschiedliche Tätigkeitsbereiche beziehen. Dies sind *erstens* jene Maßnahmen, welche sich auf die Gestaltung des Prüfungsprozesses beziehen, und *zweitens* solche Maßnahmen, welche die Einflußnahme auf die Rechnungslegung betreffen.

Bei Betrachtung der Aktivitäten zur Gestaltung des Prüfungsprozesses werden die bestehenden IFRS-Normen akzeptiert, wohingegen die zeitwertspezifische berufsständische Regelung wegen ihrer Mängel abgelehnt wird. Es erfolgt eine weitere Unterteilung, einerseits in Maßnahmen zur Lösung der rechnungslegungsnormenbedingten Probleme und andererseits in Maßnahmen zur Lösung der Probleme, die sich aus den berufsständischen Regelungen ergeben. Die erstgenannten Maßnahmen erstrecken sich auf die Phase der Prüfungsdurchführung und die Phase der Urteilsmitteilung. Im Hinblick auf die Prüfungsdurchführung gilt, daß der Prüfer sicherstellen muß, daß der Mandant – weitgehend implizit aus den IFRS-Normen abgeleitet – weiterführende Anhangangaben zu getroffenen Prognoseannahmen und Ermessensentscheidungen tätigt. Durch entsprechende Zusatzinformationen über im Rahmen der Ermittlungshierarchie ausgeübte Ermessensentscheidungen und über die prognosebasierte Wertfindung im Rahmen des Bewertungskalküls erlangen die Abschlußadressaten ein besseres Verständnis hinsichtlich entobjektivierter Bandbreitenwerte respektive des Zustandekommens der im Abschluß angesetzten Punktwerte. Im Zuge der sich anschließenden Ausführungen wird das Erfordernis deutlich, daß der Prüfer zudem im Rahmen der Urteilsmitteilung explizit auf die Probleme der Zeitwertbilanzierung und die daraus resultierende eingeschränkte Prüfungssicherheit hinzuweisen hat. In diesem Zusammenhang ist es zweckmäßig, die handelsrechtlichen Vorgaben der §§ 321 f.

HGB zu ergänzen. Zum einen ist für den Prüfungsbericht zu normieren, daß bei der Prüfung von IFRS-Abschlüssen gesondert über zeitwertspezifische Prognoseannahmen und Ermessensentscheidungen zu berichten ist, um umfänglich auf die eingeschränkte Verläßlichkeit von Zeitwerten aufmerksam zu machen. Für den Bestätigungsvermerk ist zum anderen vorzuschreiben, daß ein Hinweis auf zeitwertspezifische Prognoseannahmen und Ermessensspielräume zu erfolgen hat, sofern diese die Prüfungssicherheit einschränken. Zweckmäßig ist eine gesetzliche Normierung insofern, als es sich um eine Notwendigkeit handelt, die Adressaten des Prüfungsurteils angemessen über wesentliche Probleme der Zeitwertbilanzierung und deren Auswirkungen auf die Prüfung zu informieren. Während die Inkonsistenzen und bewertungstheoretischen Mängel des Zeitwertkonzepts durch Maßnahmen zur Lösung der rechnungslegungsnormenbedingten Probleme unberührt bleiben, kann ein wesentlicher Beitrag zur Abmilderung der Prognose- und Ermessensproblematik geleistet werden. Dennoch läßt sich der erste Problemkreis durch die Gestaltung des Prüfungsprozesses nicht ausräumen, da dessen Teilprobleme den Rechnungslegungsnormen inhärent sind. Dies ist auch der Grund, warum die konsequente Einschränkung oder Versagung des Bestätigungsvermerks bei Wesentlichkeit der nicht verläßlich ermittelbaren Zeitwerte zwar eine praxisrelevante, aber theoretisch nicht abschließend überzeugende Lösung darstellen kann, da sie das ursächliche Problem nicht im Kern zu lösen vermag. Hinsichtlich der Maßnahmen zur Lösung der Probleme der berufsständischen Regelungen liegt das Hauptaugenmerk auf der Beseitigung der zeitwertspezifischen prüfungsnormenbedingten Mängel. Dabei ist zu dem Ergebnis zu kommen, daß eine bloße Korrektur der Mißstände der bestehenden Norm der Tragweite des Sachverhalts nicht ausreichend Rechnung trägt, sondern daß die Notwendigkeit besteht, PS 314 n.F. für die IFRS-Rechnungslegung abzulehnen und durch einen neuen Standard zur Prüfung beizulegender Zeitwerte zu ersetzen. Auf diese Erkenntnis rekurrierend, ist eine strukturelle und inhaltliche Neugestaltung der Prüfungsnorm erforderlich. Dabei wird zum einen sowohl strukturell als auch inhaltlich Bezug auf das entwickelte Prüfungsprozeßmodell genommen. Zum anderen wird inhaltlich auf die Ergebnisse der Maßnahmen zur Lösung der rechnungslegungsnormenbedingten Probleme zurückgegriffen, um die eruierten Zeitwertspezifika der IFRS-Rechnungslegung – soweit wie möglich – in adäquatem Maße zu berücksichtigen. Die gewählte Darstellung zur Neufassung der Prüfungsnorm löst die zeitwertspezifischen Mängel des zweiten Problemkreises. Obschon aufgrund der damit einhergehenden Schließung der praktischen Regelungslücke ein wesentlicher Beitrag zur Verbesserung der Prüfbarkeit beizulegender Zeitwerte geleistet wird, stellt der Lösungsvorschlag lediglich ein bedingt befriedigendes Ergebnis dar. Schließlich kann der erste Problemkreis nicht an seiner Basis gelöst werden, weswegen Defizite hinsichtlich der Prüfbarkeit verbleiben. Deutlich wird, daß die Prüfung nicht besser sein kann als die ihr zugrundeliegenden Rechnungslegungsregelungen. Es ist somit zu dem Schluß zu kommen, daß es einer Änderung der zeitwertbezogenen IFRS-Normen bedarf, um in bezug auf die verbleibenden Probleme Verbesserungen in der Abschlußprüfung erreichen zu können.

Um Maßnahmen zur Lösung der verbleibenden Probleme zu eruieren, ist auf ein anderes Betätigungsfeld des Wirtschaftsprüfers zu rekurrieren, und zwar die Gestaltung der Rechnungslegung durch Einflußnahme des Berufsstands auf den Standardsetzer. Schließlich befindet sich der Wirtschaftsprüfer in dem Dilemma, daß die Bilanznormen i.d.R. nicht zu verläßlichen Zeitwerten führen. Da die Verläßlichkeit indes die Voraussetzung dafür ist, daß Zeitwerte dem Bilanzzweck der IFRS gerecht werden und intersubjektiv nachprüfbar sind, ist es daher das Ziel des Lösungsvorschlags, das Zeitwertkonzept mit dem qualitativen und somit auch dem bilanztheoretischen Verläßlichkeitskriterium in Einklang zu bringen. Auf diese Weise ist die Grundlage zu schaffen, daß die Ordnungsmäßigkeit des zeitwertbezogenen Teils der Rechnungslegung im Zuge der Abschlußprüfung feststellbar und der Prüfungszweck bei Zeitwerten grundsätzlich erfüllbar ist. Um das Problem der Nichterfüllung des Bilanz- und Prüfungszwecks einer bilanztheoretischen Lösung zuzuführen, ist es sinnvoll, unterschiedliche Möglichkeiten zur Gestaltung der Rechnungslegungsvorschriften zu eruieren und im Hinblick auf deren Eignung zur Erreichung des Bilanz- und Prüfungszwecks zu untersuchen. Im einzelnen können in diesem Kontext drei grundsätzliche Optionen differenziert werden: die Vereinheitlichung, die Ablehnung sowie die teilweise Akzeptanz der Zeitwertbilanzierung. Die erste Option betrifft sowohl die Frage der Eignung des IFRS 13 als auch die eines eigenständigen Vorschlags zur Vereinheitlichung der Zeitwertbilanzierung. Während der zuletztgenannte Punkt die durch IFRS 13 einerseits weiterhin bestehenden Inkonsistenzen und andererseits die neu entstandenen Mißstände ausräumt und die Anwendungspraktikabilität der IFRS prinzipiell verbessert, verbleiben die bewertungstheoretischen Mängel des Zeitwertkonzepts sowie damit einhergehend die Prognose- und Ermessensproblematik bei der Zeitwertermittlung. Folglich kann weder der Bilanz- noch der Prüfungszweck grundsätzlich erreicht werden, weswegen zudem die Ablehnung der Zeitwertbilanzierung zu betrachten ist. Die Ergebnisse zeigen jedoch, daß der Vorschlag aus bilanztheoretischer Sicht als unzweckmäßig abzulehnen ist, da Zeitwerte im Zuge der Folgebewertung von Vermögenswerten als Korrekturgröße des Buchwerts für eine verläßliche Wertermittlung heranzuziehen sind. Vor dem Hintergrund der erlangten Erkenntnisse ist zu dem Schluß zu kommen, einen Kompromiß zu finden, der die verbliebenen Defizite in einer befriedigenden Weise zu lösen vermag, wobei die Verläßlichkeit der Zeitwerte dabei im Vordergrund der Betrachtung steht. Die daraufhin durchgeführte Zweckmäßigkeitsanalyse der teilweisen Akzeptanz von Zeitwerten kommt vor dem Hintergrund der verfolgten Zielsetzung zu dem Ergebnis, daß Zeitwerte ausschließlich imparitätisch zu akzeptieren sind. Während die fortgeführten Anschaffungs- und Herstellungskosten den „fair value" i.S.e. fiktiven Verkaufspreises als primären Wertmaßstab ablösen, sind Zeitwerte auf der Aktivseite lediglich i.S.e. Korrekturwerts anzusetzen, wenn sie die historischen Kosten unterschreiten.

Es wird ein einheitliches, die Regelungsdichte der IFRS abbauendes, Bewertungskonzept für Vermögenswerte dargelegt, das in bezug auf die Zeitwertermittlung keine Inkonsistenzen enthält und auf theoretisch fragwürdige iterative Ermittlungsmethoden wie sachliche Vergleichspreisverfahren oder finanzierungstheoretische Modelle verzichtet, weswegen die daraus resultierenden bewertungstheoretischen Mängel nicht bestehen. Das Bewertungskonzept mit seiner imparitätischen Verwendung von Zeitwerten kann freilich nicht gänzlich auf Prognoseentscheidungen sowie Ermessensspielräume verzichten. Entscheidend ist, daß subjektive bilanzpolitische Spielräume durch explizite Wahlrechte, über deren Ausübung zudem im Anhang zu berichten ist, zurückzudrängen sind. Zwar kann das sich aus Problemkreis 1 ergebende Verläßlichkeitsdefizit mit Hilfe der vorstehenden Maßnahmen nicht vollständig behoben, durch objektivierte Bewertungsvorschriften, wie sie auch im deutschen Handelsrecht zu finden sind, jedoch auf ein vertretbares Maß reduziert werden. Im Ergebnis ist *erstens* festzuhalten, daß gegenüber den bestehenden Regelungen bei der Zeitwertermittlung ein höherer Grad an Verläßlichkeit i.S.d. bilanztheoretischen Objektivierbarkeit erreicht werden kann. *Zweitens* ist zu betonen, daß die imparitätische Zeitwertbilanzierung hinsichtlich der Erfüllung des Bilanzzwecks, insbesondere bezogen auf die Übereinstimmung der Bilanznormen mit der Verläßlichkeitsanforderung, dem gegenwärtigen Zeitwertkonzept der IFRS überlegen ist. Folglich werden beide „Verläßlichkeits-Determinanten" der Prüfbarkeit beizulegender Werte in einem höheren Maße erfüllt als im Status quo. Diese Ergebnisse würdigend ist festzuhalten, daß das vorgestellte imparitätische Zeitwertkonzept hinsichtlich der Erfüllung des Prüfungszwecks als zufriedenstellende Lösung anzusehen ist.

Als Ausblick und Implikation für die Praxis ist nicht zuletzt anzumerken, daß es darauf ankommt, wie der Berufsstand der Wirtschaftsprüfer mit der Herausforderung umgeht und inwieweit er seine Einflußnahme geltend macht, um einen Beitrag zur Verbesserung der Prüfung beizulegender Zeitwerte zu leisten. *Entweder* werden die bestehenden Rechnungslegungsnormen mit ihren Defiziten akzeptiert, was mit einer Beseitigung der Schwächen in den berufsständischen Normen einhergehen muß. In diesem Fall wird die Neufassung einer zeitwertspezifischen Prüfungsnorm für die IFRS-Rechnungslegung – analog des entwickelten Verfahrens – dringend empfohlen. *Oder* es ist die Behebung der Rechnungslegungsmängel zu forcieren, was aus Sicht der Prüfbarkeit unstreitig zu präferieren ist. Denn um das Problem der Prüfbarkeit beizulegender Zeitwerte nachhaltig einer Lösung zuzuführen, ist eine Änderung der Zeitwertbilanzierung unumgänglich.[1] Konsequenterweise fordert der Berufsstand vom IASB bereits zunehmend, daß bei der Überarbeitung bzw. Weiterentwicklung der IFRS die Prüfbarkeit von Werten eine höhere Berücksichtigung erfahren solle. IFRS 13 entpuppt sich diesbezüglich als Fehlgriff. Um der Forderung daher eine größere Vehemenz zu verleihen, kann der Berufsstand, auf nationaler Ebene repräsentiert durch das IDW, die in dieser Schrift dezidiert aufgeführten Probleme der Prüfbarkeit beizulegender Zeitwerte als konkrete Grundlage heranziehen, um dem IASB seine Fehltritte exemplarisch aufzuzeigen. „Jeder hat das Recht, sich in wirt-

1 Diese Meinung vertritt auch die DPR. Vgl. DPR, Comments to IASB (2011).

schaftlichen Dingen zu vergreifen; keiner macht alles richtig."[2] Die Kunst liegt hingegen darin, sich eigene Fehler einzugestehen, diese zu korrigieren und künftig zu vermeiden. Übertragen auf das IASB bedeutet dies, die kritischen Auswirkungen der iterativen Zeitwertermittlung auf die Abschlußprüfung nicht nur zur Kenntnis zu nehmen, sondern auch zu akzeptieren, um in einem nächsten Schritt korrigierende Änderungen einleiten zu können. Dies sollte nicht zuletzt auch im Eigeninteresse des IASB geschehen, denn schließlich sollen die IFRS weltweit Anerkennung finden.[3] Um die weltweiten Märkte mit verläßlichen Informationen zu versorgen, muß jedoch auch ein einheitliches Verständnis hinsichtlich der Prüfbarkeit jener Abschlüsse vorliegen. In diesem Zusammenhang empfiehlt es sich, daß der Berufsstand auf den hier formulierten Lösungsansatz zurückgreift, um dem IASB – beispielsweise im Rahmen der Konsultationsrunden[4] – einen Reformvorschlag zur Zeitwertbilanzierung zu unterbreiten. Auf diese Weise kann nicht nur der Forderung nachgekommen werden, die Prüfbarkeit der Bilanzwerte und damit die Prüfungsbedingungen zu verbessern; es kann zudem der hinlänglich bekannte Fehler der Inkompatibilität des Zeitwertkonzepts mit dem Rechnungslegungszweck der IFRS korrigiert und der Entobjektivierung der externen Rechnungslegung entgegengewirkt werden.

---

2 SCHMALENBACH, Beteiligungsfinanzierung (1949), S. 21.

3 Vgl. IFRS FOUNDATION, Global standards (2011).

4 Exemplarisch zur letzten Stellungnahme des IDW zu einer IASB-Konsultationsrunde vgl. IDW, IASB Consultation Paper (2011).

Literaturverzeichnis

ADAM, DIETRICH (Planung und Entscheidung), Planung und Entscheidung, 4. A., Wiesbaden 1996.

ADAM, DIETRICH (Investitionscontrolling), Investitionscontrolling, 3. A., München/ Wien 2000.

AICPA (Audit Risk), Statement on Auditing Standards No. 47 – Audit Risk and Materiality in Conducting an Audit, in: Journal of Accountancy 1984, Nr. 2, S. 143-146.

ALTROGGE, GÜNTER (Investition), Investition, 4. A., München/Wien 1996.

ARBEITSKREIS „EXTERNE UND INTERNE ÜBERWACHUNG DER UNTERNEHMUNG" DER SCHMALENBACH-GESELLSCHAFT FÜR BETRIEBSWIRTSCHAFT E.V. (Prognoseprüfung), Probleme der Prognoseprüfung, in: Der Betrieb 2003, S. 105-111.

AULER, WILHELM (Wirtschaftseinheit), Die Bewertung der Unternehmung als Wirtschaftseinheit, in: Die Welt des Kaufmanns 1926, S. 41-46.

BAETGE, JÖRG (Prüfungsansatz), Der risikoorientierte Prüfungsansatz im internationalen Vergleich, in: BERTL, ROMUALD/MANDL, GERWALD (Hrsg.), Rechnungswesen und Controlling, Festschrift für Anton Egger zum 65. Geburtstag, Wien 1997, S.437-456.

BAETGE, JÖRG (DCF-Kalkül), Verwendung von DCF-Kalkülen bei der Bilanzierung nach IFRS, in: Die Wirtschaftsprüfung 2009, S. 13-23.

BAETGE, JÖRG/HIPPEL, BORIS/SOMMERHOFF, DOMINIC (Praxis der Prognoseberichterstattung), Anforderungen und Praxis der Prognoseberichterstattung, in: Der Betrieb 2011, S. 365-372.

BAETGE, JÖRG/KIRSCH, HANS-JÜRGEN/THIELE, STEFAN (Bilanzen), Bilanzen, 11. A. Düsseldorf 2011.

BAETGE, JÖRG/LIENAU, ACHIM (Fair Value), Fair Value auf der Passivseite der Bilanz?, in: BIEG, HARTMUT/HEYD, REINHARD (Hrsg.), Fair Value, Bewertung in Rechnungswesen, Controlling und Finanzwirtschaft, München 2005, S. 309-331.

BAETGE, JÖRG/LIENAU, ACHIM (Gläubigerschutzgedanke), Der Gläubigerschutzgedanke im Mixed Fair Value-Modell des IASB, in: SCHNEIDER, DIETER/ RÜCKLE, DIETER/KÜPPER, HANS-ULRICH/WAGNER, FRANZ W. (Hrsg.), Kritisches zu Rechnungslegung und Unternehmensbesteuerung, Festschrift zur Vollendung des 65. Lebensjahres von Theodor Siegel, Berlin 2005, S. 65-86.

BAETGE, JÖRG/MEYER ZU LÖSEBECK, HEINER (Prüfungsplanung), Starre oder flexible Prüfungsplanung?, in: VON SEICHT, GERHARD (Hrsg.), Management und Kontrolle, Festgabe für Erich Loitlsberger zum 60. Geburtstag, Berlin 1981, S. 121-171.

BAETGE, JÖRG/THIELE, STEFAN/MATENA, SONJA (Sicherung der Prüfungsqualität), Mittelbare Sicherung der Prüfungsqualität durch Enforcement geprüfter Jahres- und Konzernabschlüsse – Überlegungen aus ökonomische Sicht, in: Betriebswirtschaftliche Forschung und Praxis 2004, S. 201-218.

BAETGE, JÖRG/ZÜLCH, HENNING (Fair Value-Accounting), Fair Value-Accounting, in: Betriebswirtschaftliche Forschung und Praxis 2001, S. 543-562.

BALLWIESER, WOLFGANG (Prüfungsansatz), Was leistet der risikoorientierte Prüfungsansatz?, in: MATSCHKE, MANFRED J./SCHILDBACH, THOMAS (Hrsg.), Unternehmensberatung und Wirtschaftsprüfung, Festschrift für Professor Dr. Günter Sieben zum 65. Geburtstag, Stuttgart 1998, S. 359-374.

BALLWIESER, WOLFGANG (Umbruch), Rechnungslegung im Umbruch, Entwicklungen, Ziele, Missverständnisse, in: Der Schweizer Treuhänder 2002, S. 295-304.

BALLWIESER, WOLFGANG/KÜTING, KARLHEINZ/SCHILDBACH, THOMAS (Wertansatz), Fair value – erstrebenswerter Wertansatz im Rahmen einer Reform der handelsrechtlichen Rechnungslegung?, in: Betriebswirtschaftliche Forschung und Praxis 2004, S. 529-549.

BALLWIESER, WOLFGANG/KÜTING, KARLHEINZ/SCHILDBACH, THOMAS (Fair Value), Fair value in der Krise, in: Der Betrieb 2009, Gastkommentar in Heft 49, S. I.

BARTELS, PETER/JONAS, MARTIN (Wertminderung), § 27. Wertminderung und Wertaufholung, in: Beck'sches IFRS-Handbuch, Kommentierung der IFRS/IAS, 3. A., München et al. 2009, S. 993-1041.

BARTH, MARY E./LANDSMAN, WANE R. (Fair Value Accounting), Fundamental Issues Related to Using Fair Value Accounting for Financial Reporting, in: Accounting Horizons 1995, Nr. 4, S. 97-107.

BARTHEL, CARL W. (Subprime-Krise), Unternehmenswert: Konsequenzen aus der Subprime-Krise, in: Der Betrieb 2009, S. 1025-1032.

BAUCH, CHRISTIAN/PRECHT, JAN (Unabhängigkeit), I. Unabhängigkeit, in: HENSE, BURKHARD/ULRICH, DIETER (Hrsg.), WPO Kommentar, Kommentar zum Berufsrecht der Wirtschaftsprüfer und vereidigten Buchprüfer – Wirtschaftsprüferordnung (WPO) –, Düsseldorf 2008, § 43 I. Unabhängigkeit, Rz. 1-13.

BECKER, MICHAEL (Verprobung), Verprobungen bei der Prüfung der GuV, in: LÜCK, WOLFGANG (Hrsg.), Lexikon der Rechnungslegung und Abschlußprüfung, 4. A., München/Wien 1998, S. 861.

BERNDT, THOMAS (Wahrheitskonzeption), Wahrheits- und Fairnesskonzeptionen in der Rechnungslegung, Stuttgart 2005.

BIEG, HARTMUT/BOFINGER, PETER/KÜTING, KARLHEINZ/KUßMAUL, HEINZ/WASCHBUSCH, GERD/WEBER, CLAUS-PETER (Saarbrücker Initiative), Die Saarbrücker Initiative gegen den Fair Value, in: Der Betrieb 2008, S. 2549-2552.

BIEG, HARTMUT/HOSSFELD, CHRISTOPHER/KUßMAUL, HEINZ/WASCHBUSCH, GERD (IFRS), Handbuch der Rechnungslegung nach IFRS, Grundlagen und praktische Anwendung, 2. A., Düsseldorf 2009.

BIEG, HARTMUT/KUßMAUL, HEINZ/PETERSEN, KARL/WASCHBUSCH, GERD/ZWIRNER, CHRISTIAN (Bilanzrechtsmodernisierungsgesetz), Bilanzrechtsmodernisierungsgesetz, Bilanzierung, Berichterstattung und Prüfung nach dem BilMoG, München 2009.

BIEKER, MARCUS (Fair Value Accounting), Ökonomische Analyse des Fair Value Accounting, Frankfurt am Main 2006.

BIGGS, STANLEY F./MOCK, THEODORE J./QUICK, REINER (Prüfungsurteil), Das Prüfungsurteil bei analytischen Prüfungshandlungen – Praktische Implikationen von Forschungsergebnissen, in: Die Wirtschaftsprüfung 2000, S. 169-178.

BITZ, MICHAEL (Investition), Investition, in: BITZ, MICHAEL/DELLMANN, KLAUS/ DOMSCH, MICHEL/WAGNER, FRANZ W. (Hrsg.), Vahlens Kompendium der Betriebswirtschaftslehre, Band 1, 4. A., München 1998, S. 107-173.

BITZ, MICHAEL/EWERT, JÜRGEN/TERSTEGE, UDO (Investition), Investition, Wiesbaden 2002.

BOECKER, CORINNA/PETERSEN, KARL/ZWIRNER, CHRISTIAN (Accounting Fraud), Accounting Fraud – vielfältiges Betätigungsfeld des Abschlussprüfers, in: Der Betrieb 2011, S. 889-895.

BOECKER, CORINNA/REUTER, MICHAEL/ZWIRNER, CHRISTIAN (Umstellung der Rechnungslegung), Umstellung der Rechnungslegung (IFRS 1), in: BRÖSEL, GERRIT/ZWIRNER, CHRISTIAN (Hrsg.), IFRS-Rechnungslegung, 2. A., München 2009, S. 85-99.

BÖCKING, HANS-JOACHIM (Wertmaßstab im Rahmen der IAS), Fair Value als Wertmaßstab der IAS/IFRS – Grenzen der praktischen Anwendbarkeit, in: KÜTING, KARLHEINZ/PFITZER, NORBERT/WEBER, CLAUS-PETER (Hrsg.), Herausforderungen und Chancen durch weltweite Rechnungslegungsstandards, Kapitalmarktorientierte Rechnungslegung und integrierte Unternehmenssteuerung, Stuttgart 2004, S. 29-42.

BÖCKING, HANS-JOACHIM (Wechselspiel der Gefühle), Regulierung und Deregulierung in den Bereichen Rechnungslegung und Abschlussprüfung – Ein Wechselspiel der Gefühle?, in: BALLWIESER, WOLFGANG/GREWE, WOLFGANG (Hrsg.), Herausforderungen an Wirtschaftsprüfung, Steuerberatung, Consulting und Corporate Finance, Festgabe 100 Jahre Südtreu/Deloitte 1907-2007, München 2008, S. 75-96.

BÖCKING, HANS-JOACHIM/LOPATTA, KERSTIN/RAUSCH, BENJAMIN (Rechnungslegung), Fair-Value-Bewertung versus Anschaffungskostenprinzip – ein Paradigmenwechsel in der Rechnungslegung, in: BIEG, HARTMUT/HEYD, REINHARD (Hrsg.), Fair Value, Bewertung in Rechnungswesen, Controlling und Finanzwirtschaft, München 2005, S. 83-105.

BÖCKING, HANS-JOACHIM/NOWAK, KARSTEN (Discounted Cash Flow-Verfahren), Der Beitrag der Discounted Cash Flow-Verfahren zur Lösung der Typisierungsproblematik bei Unternehmensbewertungen – Eine Warnung vor einer „naiven" Übertragung modelltheoretischer Erkenntnisse auf die Bewertungspraxis, in: Der Betrieb 1998, S. 685-690.

BOLSENKÖTTER, HEINZ (Bestätigungsvermerk), Bestätigungsvermerk, in: COENENBERG, ADOLF G./VON WYSOCKI, KLAUS (Hrsg.), Handwörterbuch der Revision, Band 8 der Enzyklopädie der Betriebswirtschaftslehre, 2. A., Stuttgart 1992, Sp. 210-224.

BORN, KARL (Unternehmensanalyse), Unternehmensanalyse und Unternehmensbewertung, 2. A., Stuttgart 2003.

BRETZKE, WOLF-RÜDIGER (Terminologie), Zur Terminologie einer Theorie der Prüfung, in: Betriebswirtschaftliche Forschung und Praxis 1972, S. 253-265.

BRETZKE, WOLF-RÜDIGER (Überprüfbarkeit von Prognosen), Zur Frage der Überprüfbarkeit von Prognosen im Geschäftsbericht, in: Die Wirtschaftsprüfung 1974, S. 292-296.

BRETZKE, WOLF-RÜDIGER (Prognoseproblem), Das Prognoseproblem bei der Unternehmungsbewertung, Düsseldorf 1975.

BRETZKE, WOLF-RÜDIGER (Prognosepublizität), Inhalt und Prüfung des Lageberichtes: Anmerkungen zur gegenwärtigen und zukünftigen Praxis der Prognosepublizität, in: Die Wirtschaftsprüfung 1979, S. 337-349.

BRETZKE, WOLF-RÜDIGER (Prognoseprüfung), Prognoseprüfung, in: COENENBERG, ADOLF G./VON WYSOCKI, KLAUS (Hrsg.), Handwörterbuch der Revision, Band 8 der Enzyklopädie der Betriebswirtschaftslehre, 2. A., Stuttgart 1992, Sp. 1436-1443.

BRINKMANN, RALPH/LEIBFRIED, PETER/ZIMMERMANN, MARC (Subprime-Kreditkrise), Die Subprime-Kreditkrise im Spiegel der Rechnungslegung, in: Zeitschrift für Internationale Rechnungslegung 2008, S. 333-340.

BRÖSEL, GERRIT (Medienrechtsbewertung), Medienrechtsbewertung, Wiesbaden 2002.

BRÖSEL, GERRIT (Impairment Only Approach), „Impairment Only Approach" nach IFRS – Probleme und Lösungsansätze, in: HERING, THOMAS/KLINGELHÖFER, HEINZ E./KOCH, WOLFGANG (Hrsg.), Unternehmenswert und Rechnungswesen, Festschrift für Univ.-Prof. Dr. Manfred Jürgen Matschke zum 65. Geburtstag, Wiesbaden 2008, S. 229-250.

BRÖSEL, GERRIT/OLBRICH, MICHAEL (§ 253), § 253 Zugangs- und Folgebewertung, in: KÜTING, KARLHEINZ/PFITZER, NORBERT/WEBER, CLAUS-PETER (Hrsg.), Handbuch der Rechnungslegung, Einzelabschluss, Band 2, 5. A., Stuttgart 2010, Rz. 1-720 sowie Rz. 831-930.

BRÖSEL, GERRIT/ZWIRNER, CHRISTIAN (Goodwill), Zum Goodwill nach IFRS aus Sicht des Abschlußprüfers, in: Betriebswirtschaftliche Forschung und Praxis 2009, S. 190-206.

BRÜGGEMANN, BENEDIKT (Berichterstattung im Anhang), Die Berichterstattung im Anhang des IFRS-Abschlusses, Düsseldorf 2007.

BRÜHL, ROLF (Sensitivitätsanalysen), Sensitivitätsanalysen, in: FREIDANK, CARL-CHRISTIAN/LACHNIT, LAURENZ/TESCH, JÖRG (Hrsg.), Vahlens Großes Auditing Lexikon, München 2007, S. 670-671.

BUCHHEIM, REGINE/GRÖNER, SUSANNE/KÜHNE, MAREIKE (Übernahme in Europa), Übernahme von IAS/IFRS in Europa: Ablauf und Wirkung des Komitologieverfahrens auf die Rechnungslegung, in: Betriebs-Berater 2004, S. 1783-1788.

BUCHHEIM, REGINE/KNORR, LIESEL/SCHMIDT, MARTIN (Anwendung der IFRS in Europa), Anwendung der IFRS in Europa: Das neue Endorsement-Verfahren, in: Zeitschrift für internationale und kapitalmarktorientierte Rechnungslegung 2008, S. 334-341.

BUCHHEIM, REGINE/KNORR, LIESEL/SCHMIDT, MARTIN (Endorsement-Verfahren), Anwendung der IFRS in Europa: Die Auswirkungen des neuen Endorsement-Verfahrens auf die Rechnungslegung, in: Zeitschrift für internationale und kapitalmarktorientierte Rechnungslegung 2008, S. 373-379.

BUCHHOLZ, PETER (Aktiengesetz), Die Prüfung und Bekanntmachung des Jahresabschlusses im neuen Aktiengesetz, in: Der Wirtschaftstreuhänder 1937, S. 149-155.

BUCHNER, ROBERT (Wirtschaftsprüfer), Der Wirtschaftsprüfer – Beruf und Berufsorganisation, Herne/Berlin 1985.

BUCHNER, ROBERT (Prüfungswesen), Wirtschaftliches Prüfungswesen, 2. A., München 1997.

BUSSE VON COLBE, WALTHER (Zukunftserfolg), der Zukunftserfolg, Wiesbaden 1957.

CAMPBELL, JANE E./MUTCHLER, JANE F. (Expectations Gap), The „Expectations Gap" and Going-Concern Uncertainties, in: Accounting Horizons 1988, Nr. 3, S. 42-49.

CASTEDELLO, MARC (Fair Value Measurement), Fair Value Measurement – Der neue Exposure Draft 2009/5, in: Die Wirtschaftsprüfung 2009, S. 914-917.

COELEN, LUTZ/SCHLECHT, MICHAEL (Anforderungen an Prognoseprüfungen), Anforderungen an Prognoseprüfungen nach ISA 810 am Beispiel von Due Diligence-Prüfungen sowie Sanierungsprüfungen, in: Zeitschrift für internationale und kapitalmarktorientierte Rechnungslegung 2004, S. 60-66.

COENENBERG, ADOLF G. (Unternehmensbewertung), Unternehmensbewertung aus der Sicht der Hochschule, in: BUSSE VON COLBE, WALTHER/COENENBERG, ADOLF G. (Hrsg.), Unternehmensakquisition und Unternehmensbewertung, Stuttgart 1992, S. 89-108.

COENENBERG, ADOLF G./STRAUB, BARBARA (Rechenschaft), Rechenschaft versus Entscheidungsunterstützung: Harmonie oder Disharmonie der Rechnungszwecke?, in: Zeitschrift für internationale und kapitalmarktorientierte Rechnungslegung 2008, S. 17-26.

COMMERZBANK AG (Geschäftsbericht 2007), Geschäftsbericht 2007, Frankfurt am Main 2008.

COMMERZBANK AG (Geschäftsbericht 2008), Geschäftsbericht 2008, Frankfurt am Main 2009.

DELOITTE (Bewertung) IASB Agenda Project: Bewertung zum beizulegenden Zeitwert, abrufbar unter: http://www.iasplus.de/agenda/fairvalue.php, Stand: 9.08.2011.

DELOITTE (IFRS 13), Summaries of International Financial Reporting Standards: IFRS 13 – Bemessung des beizulegenden Zeitwerts, abrufbar unter: http://www.iasplus.de/standards/ifrs_13.php#objective, Stand: 9.08.2011.

DELOITTE (Vereinheitlichung), IFRS fokussiert – Vereinheitlichung der Vorschriften zur Ermittlung des beizulegenden Zeitwerts, abrufbar unter: http://www.iasplus.com/europe/1106germanfvm.pdf, Stand: 8.07.2011.

DIEHL, CARL-ULRICH (Abschlußprüfung), Risikoorientierte Abschlußprüfung – Gedanken zur Umsetzung in der Praxis, in: Deutsches Steuerrecht 1993, S. 1114-1121.

DINKELBACH, WERNER (Programmierung), Sensitivitätsanalysen und parametrische Programmierung, Berlin et al. 1969.

DINKELBACH, WERNER (Sensitivitätsanalysen), Sensitivitätsanalysen, in: BECKMANN, MARTIN J./MENGES, GÜNTER/SELTEN, REINHARD (Hrsg.), Handwörterbuch der Mathematischen Wirtschaftswissenschaften, Band 3, Wiesbaden 1979, S. 243-247.

DÖRNER, DIETRICH (Anforderungen), Ändert das KonTraG die Anforderungen an den Abschlußprüfer?, in: Der Betrieb 1998, S. 1-8.

DPR (Prüfverfahren), Informationen zum Prüfverfahren der DEUTSCHEN PRÜFSTELLE FÜR RECHNUNGSLEGUNG (DPR), abrufbar unter: http://www.frep.info/docs/2009-01-30_info_ablauf_pruefverfahren.pdf, Stand: 14.10.2011.

DPR (Comments to IASB), Schreiben des DPR vom 28.11.2011 an den Vorsitzenden des IASB: Comments with regard to the IASB Consultation Paper „Agenda Consultation 2011", abrufbar unter: http://www.ifrs.org/NR/rdonlyres/65439596-411D-43A9-A116-2B29EB5B04DA/21674/20111128141154_20111128_AgendaConsultation2011.pdf, Stand: 15.12.2011.

DPR (Tätigkeitsbericht), Tätigkeitsbericht 2010, Berlin 2011.

DREXL, ANDREAS (Planung), Planung des Ablaufs von Unternehmensprüfungen, Stuttgart 1990.

DRIESCH, DIRK (Änderungen der Bewertungsmethoden), § 45. Änderungen der Bilanzierungs- und Bewertungsmethoden, Änderungen von Schätzungen und Fehlerberichtigungen, in: Beck'sches IFRS-Handbuch, Kommentierung der IFRS/IAS, 3. A., München et al. 2009, S. 1595-1612.

DRIESCH, DIRK (Anhang), § 19. Anhang, in: Beck'sches IFRS-Handbuch, Kommentierung der IFRS/IAS, 3. A., München et al. 2009, S. 697-712.

DUTZI, ANDREAS (Sachanlagevermögen), Sachanlagevermögen, in: BRÖSEL, GERRIT/ZWIRNER, CHRISTIAN (Hrsg.), IFRS-Rechnungslegung, 2. A., München 2009, S. 101-116.

ECKES, BURKHARD/FLICK, CAROLINE (Gegenüberstellung der Vorschriften), Fair value gleich fair value – Gegenüberstellung der Vorschriften unter US GAAP und IFRS, in: Zeitschrift für internationale und kapitalmarktorientierte Rechnungslegung (2008), S. 456-466.

ENGELS, WOLFRAM (Bewertungslehre), Betriebswirtschaftliche Bewertungslehre im Licht der Entscheidungstheorie, Köln/Opladen 1962.

ERNST&YOUNG (Fair Value), How fair is fair value?, London 2005.

EUROPÄISCHE KOMMISSION (Verordnung), Verordnung (EG) Nr. 1004/2008 Der Kommission vom 15. Oktober 2008 zur Änderung der Verordnung (EG) Nr. 1725/2003 betreffend die Übernahme bestimmter internationaler Rechnungslegungsstandards in Übereinstimmung mit der Verordnung (EG) Nr. 1606/2002 des Europäischen Parlaments und des Rates im Hinblick auf International Accounting Standard (IAS) 39 und International Financial Reporting Standard (IFRS) 7, in: Amtsblatt der Europäischen Union, L 275, vom 18.10.2008, Brüssel 2008, S. 37-41.

EUROPÄISCHES PARLAMENT/RAT DER EUROPÄISCHEN UNION (Abschlußprüferrichtlinie), Richtlinie 2006/43/EG des Europäischen Parlaments und des Rates vom 17. Mai 2006 über Abschlussprüfungen von Jahresabschlüssen und konsolidierten Abschlüssen, zur Änderung der Richtlinien 78/660/EWG und 83/349/EWG des Rates und zur Aufhebung der Richtlinie 84/253/EWG des Rates, in: Amtsblatt der Europäischen Union, L 157, vom 9.6.2006, Straßburg 2006, S. 87-107.

EWERT, RALF (Prüfungsgrundsätze), Abschlußprüfung, Dritthaftung und Prüfungsgrundsätze – Ergebnisse einer ökonomischen Analyse, in: Betriebswirtschaftliche Forschung und Praxis 1999, S. 94-106.

FABRITIUS, DIETER (Systemprüfung), Systemprüfung, in: FREIDANK, CARL-CHRISTIAN/LACHNIT, LAURENZ/TESCH, JÖRG (Hrsg.), Vahlens Großes Auditing Lexikon, München 2007, S. 1323-1325.

FASB (Statement No. 157), Statement of Financial Accounting Standards No. 157 – Fair Value Measurements, September 2006, abrufbar unter: http://www.fasb.org/pdf/fas157.pdf, Stand: 9.08.2011.

FINK, CHRISTIAN/KAJÜTER, PETER (Management Commentary), Das IFRS Practice Statement „Management Commentary", in: Zeitschrift für internationale und kapitalmarktorientierte Rechnungslegung 2011, S. 177-181.

FISCHER, DANIEL T. (IFRS 13), IFRS 13 – Fair Value Measurement, in: Praxis der internationalen Rechnungslegung 2011, S. 235-238.

FREIBERG, JENS (Immobilien), § 16 Als Finanzinvestitionen gehaltene Immobilien (Investment Properties), in: LÜDENBACH, NORBERT/HOFFMANN, WOLF-DIETER (Hrsg.), Haufe IFRS-Kommentar, 9, A., Freiburg im Breisgau et al. 2011, S. 779-838.

FREIBERG, JENS/HOFFMANN, WOLF-DIETER (Außerplanmäßige Abschreibung), § 11 Außerplanmäßige Abschreibungen, Wertaufholung, in: LÜDENBACH, NORBERT/HOFFMANN, WOLF-DIETER (Hrsg.), Haufe IFRS-Kommentar, 9. A., Freiburg im Breisgau et al. 2011, S. 429-538.

FREIDANK, CARL-CHRISTIAN (IKS), Internes Kontrollsystem, in: FREIDANK, CARL-CHRISTIAN/LACHNIT, LAURENZ/TESCH, JÖRG (Hrsg.), Vahlens Großes Auditing Lexikon, München 2007, S. 699-702.

FREUDIG, CORINNA (Standard-Lösungen), Standard-Lösungen – IASB erarbeitet Themenagenda 2012 ff., in: Connect 2011, Heft 9, S. 34-35.

GÄRTNER, MICHAEL (Prüfungshandlungen), Analytische Prüfungshandlungen im Rahmen der Jahresabschlußprüfung, Ein Grundsatz ordnungsmäßiger Abschlußprüfung, Marburg an der Lahn 1994.

GEHRINGER, AXEL (Abschlußprüfung), Abschlussprüfung, Gewissenhaftigkeit und Prüfungsstandards, Baden-Baden 2002.

GIERSBERG, GEORG (IFRS-Bilanzen), Prüfstelle: Die IFRS-Bilanzen sind unzuverlässig, in: Frankfurter Allgemeine Zeitung 2011, Nr. 279 vom 30.11., S. 14.

GIERSBERG, GEORG (Wirtschaftsprüfer mit Ehrgeiz), Ein kleiner Wirtschaftsprüfer mit großem Ehrgeiz, in: Frankfurter Allgemeine Zeitung 2011, Nr. 280 vom 1.12., S. 18.

GIESE, ROLF (Risikomanagementsystem), Die Prüfung des Risikomanagementsystems einer Unternehmung durch den Abschlußprüfer gemäß KonTraG, in: Die Wirtschaftsprüfung 1998, S. 451-458.

GILGENBERG, BERNHARD/WEISS, JOCHEN (Zeitwertfalle), Die „Zeitwertfalle" – Bilanzierung von Finanzinstrumenten im Spannungsfeld der gegenwärtigen Finanzmarktkrise, in: Zeitschrift für internationale und kapitalmarktorientierte Rechnungslegung 2009, S. 182-186.

GOLDSCHMIDT, PETER/WEIGEL, WOLFGANG (Bewertung von Finanzinstrumenten), Die Bewertung von Finanzinstrumenten bei Kreditinstituten in illiquiden Märkten nach IAS 39 und HGB, in: Die Wirtschaftsprüfung 2009, S. 192-204.

GOSSEN, HERMANN H. (Gesetze des Verkehrs), Entwickelung der Gesetze des menschlichen Verkehrs, und der daraus fließenden Regeln für menschliches Handeln, Braunschweig 1854.

GREWE, WOLFGANG (Prüfungsergebnis), Das Prüfungsergebnis, in: IDW (Hrsg.), WP Handbuch 2006 – Wirtschaftsprüfung, Rechnungslegung, Beratung, Band I, 13. A., Düsseldorf 2006, Abschnitt Q, S. 1637-1937.

GROß, PAUL J./AMEN, MATTHIAS (Fortbestehensprognose) Das Beweismaß der *„überwiegenden Wahrscheinlichkeit“* im Rahmen der Glaubhaftmachung einer Fortbestehensprognose – zugleich Replik auf die Entgegnung von *Drukarczyk/Schüler*, WPg 2003, S. 56-67, in: Die Wirtschaftsprüfung 2003, S. 67-89.

GROßE, JAN-VELTEN (IFRS 13), IFRS 13 „Fair Value Measurement“ – Was sich (nicht) ändert, in: Zeitschrift für internationale und kapitalmarktorientierte Rechnungslegung 2011, S. 286-296.

GRÜNEFELD, KLAUS-PETER (Gutachten), Das betriebswirtschaftliche Gutachten, in: LEFFSON, ULRICH (Hrsg.), Band 7 der Schriftenreihe des Instituts für Revisionswesen der Westfälischen Wilhelms-Universität Münster, Düsseldorf 1972.

HAAKER, ANDREAS (Vermögenswerte nach IAS 38), Grundgedanken zu einer Reform der Bilanzierung von immateriellen Vermögenswerten nach IAS 38 und zur zweckadäquaten Ausgestaltung einer „IFRS-Informationsbilanz“ (Teil II) – Weiterentwicklung der IFRS-Bilanz zu einer entobjektivierten Informationsbilanz – in: Zeitschrift für internationale und kapitalmarktorientierte Rechnungslegung 2007, S. 332-341.

HAAKER, ANDREAS/FREIBERG, JENS (Aufblähung des Anhangs), Pro & Contra: Aufblähung des Anhangs zur Kapitalmarktinformation?, in: Praxis der internationalen Rechnungslegung 2011, S. 79-80.

HAGEST, JOACHIM/KELLINGHUSEN, GEORG (Problematik der Prognoseprüfung), Zur Problematik der Prognoseprüfung und der Entwicklung von Grundsätzen ordnungsmäßiger Prognosebildung, in: Die Wirtschaftsprüfung 1977, S. 405-415.

HANSMANN, KARL-WERNER (Prognosemethoden), Prognose und Prognosemethoden, in: WITTMANN, WALDEMAR/KERN, WERNER/KÖHLER, RICHARD (Hrsg.), Handwörterbuch der Betriebswirtschaft, Band 2, 5. A., Stuttgart 1993, Sp. 3546-3560.

HARES, CHRISTOPH (Zur Immobilie), Zur Immobilie aus Sicht der Rechnungslegung und Bewertungstheorie, Wiesbaden 2011.

HARING, NIKOLAI (impairment of assets), Zur Abbildung von Kapitalkosten und Steuern beim impairment of assets gemäß IAS 36, Wien 2004.

HAßLINGER, MARIUS (IFRS-Rechnungslegung), Zur IFRS-Rechnungslegung der Kapitalgesellschaft in Abwicklung, Wiesbaden 2011.

HAX, KARL (Wirtschaftsprüfung), Wirtschaftsprüfung und Wirtschaftsberatung im Ablauf der wirtschaftlichen Entwicklung, in: MUTHESIUS, VOLKMAR (Hrsg.), 75 Jahre Deutsche Treuhand-Gesellschaft, 1890-1965, Frankfurt am Main 1965, S. 99-125.

HAYN, SVEN (Internationale Rechnungslegung), Internationale Rechnungslegung, Ursachen, Wirkungen und Lösungsansätze zur Überwindung internationaler Rechnungslegungsdivergenzen, Stuttgart 1997.

HECKER, RENATE/KLEIN-WIELE, CHRISTIAN (Nacht-und-Nebel-Aktion des IASB), Echte und vermeintliche Wirkungen der Nacht-und-Nebel-Aktion des IASB – Eine empirische Bestandsaufnahme bei deutschen Banken, in: Die Wirtschaftsprüfung 2011, S. 151-166.

HEININGER, KLAUS (Besondere Fragen der ISA-Anwendung), Besondere Fragen der ISA-Anwendung bei der mittelständischen Prüfung, in: Die Wirtschaftsprüfung 2010, Sonderheft 2010: IDW Symposium, Finanzmarktkrise und Binnenmarkt, 19. November 2009 in Brüssel, S. S36-S39.

HEININGER, KLAUS (ISA-Anwendung), Aktuelle Entwicklungen zur ISA-Anwendung in Europa, in: Die Wirtschaftsprüfung 2010, S. 15-23.

HERING, THOMAS (Investition), Investition, in: ARENS-FISCHER, WOLFGANG/STEINKAMP, THOMAS (Hrsg.), Betriebswirtschaftslehre, München/Wien 2000, S. 439-491.

HERING, THOMAS (Konzeption der Unternehmensbewertung), Konzeptionen der Unternehmensbewertung und ihre Eignung für mittelständische Unternehmen, in: Betriebswirtschaftliche Forschung und Praxis 2000, S. 433-453.

HERING, THOMAS (Investition und Unternehmensbewertung), Investition und Unternehmensbewertung, in: KRAG, JOACHIM (Hrsg.), Wirtschaftsprüfer-Kompendium, Band 2: Betriebswirtschaft, Bielefeld 2002, Kennziffern 2500 und 2950.

HERING, THOMAS (DCF-Verfahren), Unternehmensbewertung mit DCF-Verfahren gemäß IDW-S1, in: BRÖSEL, GERRIT/KASPERZAK, RAINER (Hrsg.), Internationale Rechnungslegung, Prüfung und Analyse, München/Wien 2004, S. 510-514.

HERING, THOMAS (Unternehmensbewertung), Unternehmensbewertung, 2. A., München 2006.

HERING, THOMAS (Investitionstheorie), Investitionstheorie, 3. A., München 2008.

HERING, THOMAS (Laudatio), „Laudatio auf Manfred Jürgen Matschke zum 65. Geburtstag", in: HERING, THOMAS/KLINGELHÖFER, HEINZ E./KOCH, WOLFGANG (Hrsg.), Unternehmenswert und Rechnungswesen, Festschrift für Univ.-Prof. Dr. Manfred Jürgen Matschke zum 65. Geburtstag, Wiesbaden 2008, S. 463-469.

HERING, THOMAS/BRÖSEL, GERRIT (Blinder Passagier), Der Argumentationswert als „blinder Passagier" im IDW S 1, in: Die Wirtschaftsprüfung 2004, S. 936-942.

HERING, THOMAS/OLBRICH, MICHAEL (Bemessung), Zur Bemessung der Abfindung nach § 5 EGAktG – Die Abschaffung der Mehrstimmrechtsaktien aus modelltheoretischer und empirischer Sicht, in: Die Wirtschaftsprüfung 2001, S. 809-815.

HERING, THOMAS/OLBRICH, MICHAEL (Bewertungsproblem), Einige grundsätzliche Bemerkungen zum Bewertungsproblem beim Börsengang junger Unternehmen, in: Zeitschrift für Betriebswirtschaft 2002, Erg.-Heft Nr. 5, S. 147-161.

HERING, THOMAS/OLBRICH, MICHAEL (Mehrstimmrechte), Wert, Preis und Entschädigung der Mehrstimmrechte, in: Betriebs-Berater 2003, S. 1519-1520.

HERING, THOMAS/OLBRICH, MICHAEL (Unsicherheitsproblem), Bewertung von Mehrstimmrechten: Zum Unsicherheitsproblem bei der Entschädigung nach § 5 EGAktG, in: Deutsches Steuerrecht 2003, S. 1579-1582.

HERING, THOMAS/OLBRICH, MICHAEL (Zeitwertbilanzierung von Beteiligungen) Zeitwertbilanzierung von Beteiligungen nach IAS 39 und ihre Konsequenzen für das Beteiligungscontrolling, in: LITTKEMANN, JÖRN (Hrsg.), Beteiligungscontrolling – Ein Handbuch für die Unternehmens- und Beratungspraxis, Band 1: Grundlagen sowie bilanzielle, steuerliche und sonstige rechtliche Aspekte des Beteiligungscontrollings, 2. A., Herne/Berlin 2009, S. 363-374.

HERING, THOMAS/OLBRICH, MICHAEL/ROLLBERG, ROLAND (Finanzkrise), Zur angelsächsischen Bewertungstheorie als Mitursache der Finanzkrise, in: KEUPER, FRANK/NEUMANN, FRITZ (Hrsg.), Corporate Governance, Risk Management und Compliance, Wiesbaden 2010, S. 29-43.

HERZIG, ANDREAS (Funktionsprüfung), Funktionsprüfung, in: FREIDANK, CARL-CHRISTIAN/LACHNIT, LAURENZ/TESCH, JÖRG (Hrsg.), Vahlens Großes Auditing Lexikon, München 2007, S. 514-516.

HINZ, MICHAEL (Stichprobenprüfung), Stichprobenprüfung, in: FREIDANK, CARL-CHRISTIAN/LACHNIT, LAURENZ/TESCH, JÖRG (Hrsg.), Vahlens Großes Auditing Lexikon, München 2007, S. 1305-1307.

HITZ, JÖRG-MARKUS (IFRS-Rechnungslegung), Fair value in der IFRS-Rechnungslegung – Konzeption, Inhalt und Zweckmäßigkeit, in: Die Wirtschaftsprüfung 2005, S. 1013-1027.

HITZ, JÖRG-MARKUS (Rechnungslegung), Rechnungslegung zum Fair Value – Konzeption und Entscheidungsnützlichkeit, Frankfurt am Main 2005.

HITZ, JÖRG-MARKUS/ZACHOW, JANNIS (IFRS 13), Vereinheitlichung des Wertmaßstabs „beizulegender Zeitwert“ durch IFRS 13 „Fair Value Measurement“, in: Die Wirtschaftsprüfung 2011, S. 964-972.

HOFFMANN, WOLF-DIETER (IFRS-Rechnungslegung), § 7 IFRS-Rechnungslegung nach deutschem Recht, in: LÜDENBACH, NORBERT/HOFFMANN, WOLF-DIETER (Hrsg.), Haufe IFRS-Kommentar, 9. A., Freiburg im Breisgau et al. 2011, S. 317-332.

HOFFMANN, WOLF-DIETER (Neubewertung), § 8 Anschaffungs- und Herstellungskosten, Neubewertung, in: LÜDENBACH, NORBERT/HOFFMANN, WOLF-DIETER (Hrsg.), Haufe IFRS-Kommentar, 9. A., Freiburg im Breisgau et al. 2011, S. 335-385.

HOFFMANN, WOLF-DIETER (Vorräte), § 17 Vorräte, in: LÜDENBACH, NORBERT/HOFFMANN, WOLF-DIETER (Hrsg.), Haufe IFRS-Kommentar, 9. A., Freiburg im Breisgau et al. 2011, S. 839-860.

HOFMEISTER, HEIDEMARIE (Prüfungshemmnisse), Prüfungshemmnisse, in: FREIDANK, CARL-CHRISTIAN/LACHNIT, LAURENZ/TESCH, JÖRG (Hrsg.), Vahlens Großes Auditing Lexikon, München 2007, S. 1084-1085.

HÖMBERG, REINHOLD (Fachgutachten), Das IDW-Fachgutachten über die „Grundsätze ordnungsmäßiger Durchführung von Abschlußprüfungen“ – Kritische Analyse wichtiger Prüfungsnormen und Vergleich mit amerikanischen Prüfungsgrundsätzen, in: Der Betrieb 1989, S. 1781-1788.

HÖMBERG, REINHOLD (Prüfungsplanung), Prüfungsplanung, in: BALLWIESER, WOLFGANG/COENENBERG, ADOLF G./VON WYSOCKI, KLAUS (Hrsg.), Handwörterbuch der Rechnungslegung und Prüfung, Stuttgart 2002, Sp. 1852-1860.

HOMMEL, ULRICH (Standardverfahren), Der Realoptionsansatz: Das neue Standardverfahren der Investitionsrechnung, in: M&A Review 1999, Nr. 1, S. 22-29.

HOMMEL, ULRICH/MÜLLER, JÜRGEN (Investitionsbewertung), Realoptionsbasierte Investitionsbewertung, in: Finanz-Betrieb 1999, S. 177-188.

HOOGERVORST, HANS (Ausrichtung der IFRS), Zur künftigen Ausrichtung der IFRS, in: Die Wirtschaftsprüfung 2011, Editorial in Heft 18, S. I.

IAASB (Comments on IASB), Comments on IASB's Exposure Drafts on Offsetting Financial Assets and Financial Liabilities, abrufbar unter: http://www.ifac.org/sites/default/files/downloads/IAASB-IASB_Liaison-Response-to-Offsetting-ED.pdf, Stand: 13.10.2011.

IASB (Reclassification), Reclassification of Financial Assets – Amendments to IAS 39 Financial Instruments: Recognition and Measurement and IFRS 7 Financial Instruments: Disclosures, London 2008.

IASB (Exposure Draft), Exposure Draft ED/2009/5, Fair Value Measurement, abrufbar unter: http://www.iasb.org/nr/rdonlyres/c4096a25-f830-401d-8e2e-9286b194798e/0/edfairvaluemeasurement_website.pdf, Stand: 9.09.2009.

IASB (Guidance on fair value measurement), Press Release: IASB publishes draft guidance on fair value measurement, abrufbar unter: http://www.ifrs.org/NR/rdonlyres/C2F93A23-64EF-409C-A8F2-FC98B6466285/0/PREDFairValueMeasurementMJCB0509.pdf, Stand: 9.12.2009.

IASB (Conceptual Framework), Conceptual Framework for Financial Reporting, London 2010.

IASB (IFRS 9), International Financial Reporting Standard 9 Financial Instruments, London 2010.

IASB (Improvements to disclosure requirements), Press Release: IASB proposes improvements to disclosure requirements for Level 3 fair value measurements, abrufbar unter: http://www.iasb.org/NR/rdonlyres/6EC240AB-5D34-424D-A881-A3F7B403092A/0/PRFVMreexposure29June2.pdf, Stand: 9.08.2010.

IASB (Management Commentary), IFRS Practice Statement Management Commentary, A framework for presentation, London 2010.

IASB (Measurement Uncertainty), Exposure Draft ED/2010/7, Measurement Uncertainty Analysis Disclosure for Fair Value Measurements, Limited re-exposure of proposed disclosure, abrufbar unter: http://www.iasb.org/NR/rdonlyres/07855A41-D0A9-4197-ADF9-15A1088E466A/0/EDMeasurementUncertaintyAnalysis0610.pdf, Stand: 9.08.2010.

IASB (Staff draft), Staff draft of a forthcoming IFRS on fair value measurement, abrufbar unter: http://www.ifrs.org/News/Announcements+and+Speeches/FVM+staff+draft.htm, Stand: 9.12.2010.

IASB (Basis for Conclusions), Basis for Conclusions on IFRS 13 Fair Value Measurement, London 2011.

IASB (Common fair value measurement), Press Release: IASB and FASB issue common fair value measurement and disclosure requirements, abrufbar unter: http://www.ifrs.org/NR/rdonlyres/34C1C60B-451C-4A11-AA49-A20357AE92AF/0/PRfairvaluemeasurmentMay2011.pdf, Stand: 9.08.2011.

IASB (Financial Instruments), IFRS 9: Financial Instruments (replacement of IAS 39), abrufbar unter: http://www.ifrs.org/Current+Projects/IASB+Projects/Financial+Instruments+A+Replacement+of+IAS+39+Financial+Instruments+Recognitio/Financial+Instruments+Replacement+of+IAS+39.htm, Stand: 29.11.2011.

IASB (IFRS 13), International Financial Reporting Standard 13 Fair Value Measurement, London 2011.

IASB (Illustrative Examples), IFRS 13 Fair Value Measurement – Illustrative Examples, London 2011.

IDW (Unregelmäßigkeiten), Stellungnahme HFA 7/1997: Zur Aufdeckung von Unregelmäßigkeiten im Rahmen der Abschlußprüfung, in: Die Wirtschaftsprüfung 1998, S. 29-33.

IDW (PS 200), IDW Prüfungsstandard: Ziele und allgemeine Grundsätze der Durchführung von Abschlußprüfungen (IDW PS 200, Stand: 28.06.2000), in: Die Wirtschaftsprüfung 2000, S. 706-710.

IDW (PS 312), Analytische Prüfungshandlungen (IDW PS 312, Stand: 6.07.2001), in: Die Wirtschaftsprüfung 2001, S. 903-906.

IDW (PS 314), Die Prüfung von geschätzten Werten in der Rechnungslegung (IDW PS 314, Stand: 2.07.2001), in: Die Wirtschaftsprüfung 2001, S. 906-909.

IDW (PS 230), IDW Prüfungsstandard: Kenntnisse über die Geschäftstätigkeit sowie das wirtschaftliche und rechtliche Umfeld des zu prüfenden Unternehmens im Rahmen der Abschlussprüfung (IDW PS 230, Stand: 8.12.2005), in: Die Wirtschaftsprüfung 2000, S. 842-846 sowie Die Wirtschaftsprüfung 2006, S. 218.

IDW (PS 315), Die Prüfung von Zeitwerten (IDW PS 315, Stand: 8.12.2005), in: Die Wirtschaftsprüfung 2006, S. 309-314.

IDW (RS HFA 10), IDW Stellungnahme zur Rechnungslegung: Anwendung der Grundsätze des IDW S 1 bei der Bewertung von Beteiligungen und sonstigen Unternehmensanteilen für die Zwecke eines handelsrechtlichen Jahresabschlusses (IDW RS HFA 10, Stand: 18.10.2005), in: Die Wirtschaftsprüfung 2003, S. 1257-1258, Die Wirtschaftsprüfung 2004, S. 434 sowie Die Wirtschaftsprüfung 2005, S. 1322-1323.

IDW (RS HFA 16), IDW Stellungnahme zur Rechnungslegung: Bewertungen bei der Abbildung von Unternehmenserwerben und bei Werthaltigkeitsprüfungen nach IFRS (IDW RS HFA 16, Stand: 18.10.2005), in: Die Wirtschaftsprüfung 2005, S. 1415-1426.

IDW (Satzung), Satzung des Instituts der Wirtschaftsprüfer in Deutschland e.V., In der Fassung der auf dem 27. Wirtschaftsprüfertag am 19. September 2005 in Neuss beschlossenen Satzungsänderung, abrufbar unter: http://www.idw.de/idw/portal/n281334/n379162/index.jsp, Stand: 11.11. 2011.

IDW (PS 300), Prüfungsnachweise im Rahmen der Abschlussprüfung (IDW PS 300, Stand: 6.09.2006), in: Die Wirtschaftsprüfung 2006, S. 1445-1452.

IDW (RS HFA 9), IDW Stellungnahme zur Rechnungslegung: Einzelfragen zur Bilanzierung von Finanzinstrumenten nach IFRS (IDW RS HFA 9, Stand: 12.04.2007), in: IDW Fachnachrichten 2007, S. 326-400.

IDW (IDW S 1), IDW Standard: Grundsätze zur Durchführung von Unternehmensbewertungen (IDW S 1 i.d.F. 2008, Stand: 2.04.2008), in: IDW Fachnachrichten 2008, S. 271-292.

IDW (RH HFA 2.003), IDW Rechnungslegungshinweis: Erstellung von Gewinnprognosen und -schätzungen nach den besonderen Anforderungen der Prospektverordnung (IDW RH HFA 2.003, Stand: 22.2.2008), in: IDW Fachnachrichten 2008, S. 120-123.

IDW (Geschichte), Die Geschichte des Berufsstands und des IDW, abrufbar unter: http://www.idw.de/idw/portal/n281334/n379162/index.jsp, Stand: 18.08. 2009.

IDW (PS 201), IDW Prüfungsstandard: Rechnungslegungs- und Prüfungsgrundsätze für die Abschlußprüfung (IDW PS 201, Stand: 9.09.2009), in: IDW Fachnachrichten 2008, S. 172-177 sowie IDW Fachnachrichten 2009, S. 533-534.

IDW (PS 203 n.F.), Ereignisse nach dem Abschlussstichtag (IDW PS 203 n.F., Stand: 9.09.2009), in: IDW Fachnachrichten 2009, S. 440-444.

IDW (PS 314 n.F.), Neufassung des IDW Prüfungsstandards: Die Prüfung von geschätzten Werten in der Rechnungslegung einschließlich von Zeitwerten (IDW PS 314 n.F., Stand: 9.09.2009), in: IDW Fachnachrichten 2009, S. 415-427.

IDW (PS 450), IDW Prüfungsstandard: Grundsätze ordnungsmäßiger Berichterstattung bei Abschlussprüfungen (IDW PS 450, Stand: 9.09.2009), in: Die Wirtschaftsprüfung 2006, S. 113-128 sowie IDW Fachnachrichten 2009, S. 541-543.

IDW (RS HFA 24) IDW Stellungnahme zur Rechnungslegung: Einzelfragen zu den Angabepflichten des IFRS 7 zu Finanzinstrumenten (IDW RS HFA 24, Stand: 27.11.2009), in: IDW Fachnachrichten 2010, S. 7-19.

IDW (Standpunkte), Standpunkte: IDW zur Übernahme der International Standards on Auditing, in: IDW Fachnachrichten 2009, S. 437.

IDW (PS 210), IDW Prüfungsstandard: Zur Aufdeckung von Unregelmäßigkeiten im Rahmen der Abschlussprüfung (IDW PS 210, Stand: 9.09.2010), in: Die Wirtschaftsprüfung 2006, S. 1422-1433 sowie IDW Fachnachrichten 2010, S. 425-426.

IDW (PS 240), IDW Prüfungsstandard: Grundsätze der Planung von Abschlussprüfungen (IDW 240, Stand: 9.09.2010), in: Die Wirtschaftsprüfung 2000, S. 846-849, Die Wirtschaftsprüfung 2006, S. 218 sowie IDW Fachnachrichten 2011, S. 113-114.

IDW (PS 250), IDW Prüfungsstandard: Wesentlichkeit im Rahmen der Abschlussprüfung (IDW PS 250, Stand: 9.09.2010), in: Die Wirtschaftsprüfung 2003, S. 944-946 sowie IDW Fachnachrichten 2010, S. 426-428.

IDW (PS 322), IDW Prüfungsstandard: Verwertung der Arbeit von Sachverständigen (IDW PS 322, Stand: 24.11.2010), in: Die Wirtschaftsprüfung 2002, S. 689-696 sowie IDW Fachnachrichten 2011, S. 113-114.

IDW (PS 400), IDW Prüfungsstandard: Grundsätze für die ordnungsmäßige Erteilung von Bestätigungsvermerken (IDW PS 400, Stand: 24.11.2010), in: IDW Fachnachrichten 2010, S. 537-565.

IDW (PS 470), IDW Prüfungsstandard: Grundsätze für die Kommunikation des Abschlussprüfers mit dem Aufsichtsorgan (IDW PS 470, Stand: 9.09.2010), in: Die Wirtschaftsprüfung 2003, S. 608-610 sowie IDW Fachnachrichten 2010, S. 435-436.

IDW (RS BFA 2), IDW Stellungnahme zur Rechnungslegung: Bilanzierung von Finanzinstrumenten des Handelsbestands bei Kreditinstituten (IDW RS BFA 2, Stand: 3.03.2010), in: IDW Fachnachrichten 2010, S. 154-166.

IDW (EPS 261 n.F.), Entwurf einer Neufassung des IDW Prüfungsstandards: Feststellung und Beurteilung von Fehlerrisiken und Reaktionen des Abschlussprüfers auf die beurteilten Fehlerrisiken (IDW EPS 261 n.F., Stand: 10.06.2011), in: IDW Fachnachrichten 2011, S. 408-425.

IDW (IASB Consultation Paper), Schreiben des IDW vom 25.10.2011 an den Vorsitzenden des IASB: Re.: IASB Consultation Paper „Agenda Consultation 2011", abrufbar unter http://www.idw.de/idw/portal/d613220/index.jsp, Stand: 28.10.2011.

IDW (IDW S 5), IDW Standard: Grundsätze zur Bewertung immaterieller Vermögenswerte (IDW S 5, Stand: 23.05.2011), in: IDW Fachnachrichten 2011, S. 467-484.

IDW (Künftige Ausrichtung), IDW zur künftigen Ausrichtung des IASB, in: Die Wirtschaftsprüfung 2011, S. 293-294.

IDW (Presseinformation), Presseinformation 2/2011: IDW zur künftigen Ausrichtung des IASB, abrufbar unter: http://www.idw.de/idw/portal/n281334/n383272/index.jsp, Stand: 5.8.2011.

IFAC (Clarity) IAASB Advances Project on Clarity of International Standards; Issues First Set of Final ISAs in New Style, 2007, abrufbar unter: http://www.ifac.org/MediaCenter/?q=node/view/269, Stand: 28.4.2010.

IFAC (Handbook), Handbook of International Quality Control, Auditing, Review, Other Assurance, and Related Services Pronouncements, 2010 Edition Part I, Neuyork 2010.

IFRS FOUNDATION (Global standards), Use around the world – The move towards global standards, abrufbar unter: http://www.ifrs.org/Use+around+the+world/Use+around+the+world.htm, Stand: 28.10.2011.

IFRS FOUNDATION (IFRS for SMEs), IFRS for SMEs, abrufbar unter: http://www.ifrs.org/IFRS+for+SMEs/IFRS+for+SMEs.htm, Stand: 7.07.2011.

JAECKEL, ULF (Basiszinsfuß), Zur Bestimmung des Basiszinsfußes bei der Ertragswertermittlung, in: Betriebswirtschaftliche Forschung und Praxis 1988, S. 553-563.

JÄGER, RAINER/HIMMEL, HOLGER (Rechnungslegungsstandards), Die Fair Value-Bewertung immaterieller Vermögenswerte vor dem Hintergrund der Umsetzung internationaler Rechnungslegungsstandards, in: Betriebswirtschaftliche Forschung und Praxis 2003, S. 417-440.

JANZE, CHRISTIAN (Landwirtschaft), § 40 Landwirtschaft (Agriculture), in: LÜDENBACH, NORBERT/HOFFMANN, WOLF-DIETER (Hrsg.), Haufe IFRS-Kommentar, 9. A., Freiburg im Breisgau et al. 2011, S. 2315-2338.

JONES, JEFFERSON P./STANWICK, SARAH D. (Fair Value), Fair Value Accounting: A Guide to Understanding the Current Standards, in: The Journal of Corporate Accounting and Finance 1999, Nr. 1, S. 103-108.

KÄMPFER, GEORG/SCHMIDT, STEFAN (Auswirkungen), Die Auswirkungen der neueren Prüfungsstandards auf die Durchführung von Abschlussprüfungen, in: Die Wirtschaftsprüfung 2009, S. 47-53.

KASPERZAK, RAINER/KALANTARY, ASHKAN (Objektivierung Teil 1), Objektivierung des Prognosezeitraums bei der Fair-Value-Bewertung immaterieller Vermögenswerte – Teil 1, in: Die Wirtschaftsprüfung 2011, S. 1114-1119.

KASPERZAK, RAINER/KALANTARY, ASHKAN (Objektivierung Teil 2), Objektivierung des Prognosezeitraums bei der Fair-Value-Bewertung immaterieller Vermögenswerte – Teil 2, in: Die Wirtschaftsprüfung 2011, S. 1171-1178.

KELLER, SILKE (Verschwiegenheit), III. Verschwiegenheit, in: HENSE, BURKHARD/ ULRICH, DIETER (Hrsg.), WPO Kommentar, Kommentar zum Berufsrecht der Wirtschaftsprüfer und vereidigten Buchprüfer – Wirtschaftsprüferordnung (WPO) –, Düsseldorf 2008, § 43 III. Verschwiegenheit, Rz. 54-112.

KESSLER, HARALD (Fair Value), Ist der Fair Value fair?, in: BIEG, HARTMUT/HEYD, REINHARD (Hrsg.), Fair Value, Bewertung in Rechnungswesen, Controlling und Finanzwirtschaft, München 2005, S. 57-81.

KIESEL, RÜDIGER/KLEINOW, TORSTEN (Optionspreisbewertung), Fair Value-basierte Optionspreisbewertung, in: BIEG, HARTMUT/HEYD, REINHARD (Hrsg.), Fair Value, Bewertung in Rechnungswesen, Controlling und Finanzwirtschaft, München 2005, S. 763-778.

KIRNBERGER, CHRISTIAN (Aktienoptionsprogramme), § 24. Anteilsbasierte Vergütung (Aktienoptionsprogramme), in: Beck'sches IFRS-Handbuch, Kommentierung der IFRS/IAS, 3. A., München et al. 2009, S. 847-867.

KIRSCH, HANS-JÜRGEN (Künftige Zahlungsströme), Die Objektivierung künftiger Zahlungsströme bei einer Bewertung nach IFRS, in: KIRSCH, HANS-JÜRGEN/THIELE, STEFAN (Hrsg.), Rechnungslegung und Wirtschaftsprüfung, Festschrift zum 70. Geburtstag von Jörg Baetge, Düsseldorf 2007, S. 359-380.

KIRSCH, HANS-JÜRGEN (quo vadis), Fair Value – quo vadis?, in: Die Wirtschaftsprüfung 2009, Editorial in Heft 19, S. I.

KLEIN, MARTIN/HARTMANN, ACHIM/SCHERR, ELISABETH (Prognoseberichtspublizität), Investororientierte Prognoseberichtspublizität in börsenregulierten Marktsegmenten? Eine empirische Untersuchung am Beispiel des Entry Standards, in: Zeitschrift für internationale und kapitalmarktorientierte Rechnungslegung 2011, S. 143-152.

KÖHLER, ANNETTE G./BÖHM, WOLFGANG P. (Stellungnahme), Stellungnahme zum Beitrag „Wider die Substitution der IDW-Prüfungsstandards durch die International Standards on Auditing" (M. Olbrich/M. Weimann), erschienen in BFuP, 63 (2011), Heft 2, S. 180-197, in: Betriebswirtschaftliche Forschung und Praxis 2012, S. 93-97.

KOLLER, TIM/GOEDHART, MARC/WESSELS, DAVID (Value of Companies), Valuation: Measuring and Managing the Value of Companies, 5. A., Hoboken 2010.

KÖNIG, ELKE (Finanzmarktkrise), Die Auswirkungen der Finanzmarktkrise auf die Rechnungslegung und die Antworten des IASB, in: Die Wirtschaftsprüfung 2010, Sonderheft 2/2010, S. 81-83.

KRAG, JOACHIM/KASPERZAK, RAINER (Grundzüge), Grundzüge der Unternehmensbewertung, München 2000.

KRANTZ, TELGE-SASCHA (Prüfungsnormen), Prüfungsnormen, in: FREIDANK, CARL-CHRISTIAN/LACHNIT, LAURENZ/TESCH, JÖRG (Hrsg.), Vahlens Großes Auditing Lexikon, München 2007, S. 1091-1093.

KROLLE, SIGRID/OßWALD, ULRICH (Wertorientierte Strategieberatung), Wertorientierte Strategieberatung mit Real Option Valuation™ (sic!), in: Finanz-Betrieb 2001, S. 233-239.

KÜMMEL, JENS (Barwertkalküle), Grundsätze für die Fair Value-Ermittlung mit Barwertkalkülen – Eine Untersuchung auf Grundlage des *Statement of Financial Accounting Concepts No. 7*, Düsseldorf 2002.

KÜNNEMANN, MARTIN (Fair Value Accounting), Fair Value Accounting, Enforcement und Abschlussprüfung, in: KIRSCH, HANS-JÜRGEN/THIELE, STEFAN (Hrsg.), Rechnungslegung und Wirtschaftsprüfung, Festschrift zum 70. Geburtstag von Jörg Baetge, Düsseldorf 2007, S. 937-964.

KUßMAUL, HEINZ (Vergleich), Internationale Rechnungslegungssysteme im Vergleich, Grundstrukturen, Zielsetzungen und Bedeutung, in: Der Steuerberater 2000, S. 383-386.

KUßMAUL, HEINZ (Fair Value), Fair Value-Bewertung und Maßgeblichkeit, in: BIEG, HARTMUT/HEYD, REINHARD (Hrsg.), Fair Value, Bewertung in Rechnungswesen, Controlling und Finanzwirtschaft, München 2005, S. 179-201.

KUßMAUL, HEINZ/WEILER, DENNIS (Fair Value-Bewertung Teil 1), Fair Value-Bewertung im Lichte aktueller Entwicklungen (Teil 1), in: Zeitschrift für internationale und kapitalmarktorientierte Rechnungslegung 2009, S. 163-171.

KUßMAUL, HEINZ/WEILER, DENNIS (Fair Value-Bewertung Teil 2), Fair Value-Bewertung im Lichte aktueller Entwicklungen (Teil 2), in: Zeitschrift für internationale und kapitalmarktorientierte Rechnungslegung 2009, S. 209-216.

KÜTING, KARLHEINZ (Bilanzpolitik), Die Bedeutung der Fair Value-Bewertung für Bilanzanalyse und Bilanzpolitik, in: BIEG, HARTMUT/HEYD, REINHARD (Hrsg.), Fair Value, Bewertung in Rechnungswesen, Controlling und Finanzwirtschaft, München 2005, S. 495-516.

KÜTING, KARLHEINZ (Entobjektivierung), Auf dem Weg zu einer Entobjektivierung der Bilanz, in: KÜTING, KARLHEINZ/PFITZER, NORBERT/WEBER, CLAUS-PETER (Hrsg.), Internationale Rechnungslegung: Standortbestimmung und Zukunftsperspektiven, Kapitalmarktorientierte Rechnungslegung und integrierte Unternehmenssteuerung, Stuttgart 2006, S. 1-6.

KÜTING, KARLHEINZ (Suche nach dem richtigen Gewinn), Auf der Suche nach dem richtigen Gewinn, in: Der Betrieb 2006, S. 1441-1450.

KÜTING, KARLHEINZ (Objektivierungsgrundsatz), Der Objektivierungsgrundsatz im HGB- und IFRS-System, Eine vergleichende Darstellung und Würdigung, in: Der Betrieb 2011, S. 1404-1410.

KÜTING, KARLHEINZ (Unbestimmte Rechtsbegriffe), Unbestimmte Rechtsbegriffe im HGB und in den IFRS: Konsequenzen für Bilanzpolitik und Bilanzanalyse, in: Betriebs-Berater 2011, S. 2091-2095.

KÜTING, KARLHEINZ/DAWO, SASCHA (Anwendungsfälle), Anwendungsfälle der fair value-Bewertung bei nicht finanziellen Vermögenswerten im Rahmen der International Financial Reporting Standards (IFRS), in: Zeitschrift für internationale und kapitalmarktorientierte Rechnungslegung 2003, S. 228-241.

KÜTING, KARLHEINZ/EICHENLAUB, RAPHAEL (Einzelbewertungsgrundsatz), Einzelbewertungsgrundsatz im HGB- und im IFRS-System, in: Betriebs-Berater 2011, S. 1195-1200.

KÜTING, KARLHEINZ/HAYN, MARC (Anwendungsgrenzen), Anwendungsgrenzen des Gesamtbewertungskonzepts in der IFRS-Rechnungslegung, in: Betriebs-Berater 2006, S. 1211-1217.

KÜTING, KARLHEINZ/LAUER, PETER (Krise), Der Fair Value in der Krise, in: Betriebswirtschaftliche Forschung und Praxis 2009, S. 547-567.

KÜTING, KARLHEINZ/LAUER, PETER (Abschlußzwecke nach HGB und IFRS), Die Abschlusszwecke nach HGB und IFRS – Polarität oder Konvergenz? – Zugleich Würdigung von Wolfgang Stützel –, in: Der Betrieb 2011, S. 1985-1991.

KÜTING, KARLHEINZ/RANKER, DANIEL (Auslegung der endorsed IFRS), Tendenzen zur Auslegung der endorsed IFRS als sekundäres Gemeinschaftsrecht, in: Betriebs-Berater 2004, S. 2510-2515.

KÜTING, KARLHEINZ/REUTER, MICHAEL (Neubewertungsrücklagen), Neubewertungsrücklagen als Konsequenz einer (erfolgsneutralen) Fair Value-Bewertung – Untersuchung dieser IFRS-spezifischen Eigenkapitalposten und ihrer fragwürdigen Bedeutung in der Bilanzierungspraxis, in: Zeitschrift für internationale und kapitalmarktorientierte Rechnungslegung 2009, S. 172-181.

KÜTING, KARLHEINZ/WEBER, CLAUS-PETER (Bilanzanalyse), Die Bilanzanalyse, 9. A., Stuttgart 2009.

LANFERMANN, JOSEF (ISA), International Standards on Auditing (ISA), in: BALLWIESER, WOLFGANG/COENENBERG, ADOLF G./VON WYSOCKI, KLAUS (Hrsg.), Handwörterbuch der Rechnungslegung und Prüfung, Stuttgart 2002, Sp. 1207-1216.

LANFERMANN, GEORG/RICHARD, MARC (Ausschüttungen), Ausschüttungen auf Basis von IFRS: Bleibt die deutsche Bundesregierung zu zögerlich?, in: Der Betrieb 2008, S. 1925-1932.

LEFFSON, ULRICH (Grundsätze), Die Grundsätze ordnungsmäßiger Buchführung, 6. A., Düsseldorf 1982.

LEFFSON, ULRICH (Wesentlich), Wesentlich, in: LEFFSON, ULRICH/RÜCKLE, DIETER/GROßFELD, BERNHARD (Hrsg.), Handwörterbuch unbestimmter Rechtsbegriffe im Bilanzrecht des HGB, Köln 1986, S. 434-447.

LEFFSON, ULRICH (GoB), Die Grundsätze ordnungsmäßiger Buchführung, 7. A., Düsseldorf 1987.

LEFFSON, ULRICH (Wirtschaftsprüfung), Wirtschaftsprüfung, 4. A., Wiesbaden 1991.

LEUTHIER, RAINER (Unternehmensbewertung), Das Interdependenzproblem bei der Unternehmensbewertung, Frankfurt am Main et al. 1988.

LINK, ROBERT (Abschlußprüfung), Abschlussprüfung und Geschäftsrisiko, Normative Anforderungen an die Abschlussprüfung und ihre Erfüllung durch einen geschäftsrisikoorientierten Prüfungsprozess, Wiesbaden 2006.

LINTNER, JOHN (Valuation of Risky Assets), The Valuation of Risky Assets and the Selection of Risky Investments in Stock Portfolios and Capital Budgets, in: The Review of Economics and Statistics 1965, Nr. 1, S. 13-37.

LOITLSBERGER, ERICH (Treuhandwesen), Treuhand- und Revisionswesen, Stuttgart 1966.

LORSON, PETER (Wertbegriffe nach IAS/IFRS), Der Fair Value im System der Wertbegriffe nach IAS/IFRS und US-GAAP, in: BIEG, HARTMUT/HEYD, REINHARD (Hrsg.), Fair Value, Bewertung in Rechnungswesen, Controlling und Finanzwirtschaft, München 2005, S. 3-36.

LORSON, PETER/GATTUNG, ANDREAS (Qualitative Schranken), Die Forderung nach einer „Faithful Representation", Quantitative und qualitative Schranken des Grundsatzes „Wahrheitsgemäßer Darstellung der IFRS", in: Zeitschrift für internationale und kapitalmarktorientierte Rechnungslegung 2007, S. 657-665.

LORSON, PETER/GATTUNG, ANDREAS (Faithful representation), Die Forderung nach einer „faithful representation", in: Zeitschrift für internationale und kapitalmarktorientierte Rechnungslegung 2008, S. 556-565.

LÜCK, WOLFGANG (Quo Vadis), Quo Vadis? Rechnungslegung und Jahresabschlußprüfung im Widerstreit der Interessen, in: LÜCK, WOLFGANG (Hrsg.), Wirtschaftswissenschaften in Theorie und Praxis, Marburg an der Lahn 1989, S. 67-83.

LÜCK, WOLFGANG (Treuhandwesen), Wirtschaftsprüfung und Treuhandwesen, 2. A., Stuttgart 1991.

LÜCK, WOLFGANG (Abschlußprüferrichtlinie), Abschlußprüferrichtlinie, in: LÜCK, WOLFGANG (Hrsg.), Lexikon der Rechnungslegung und Abschlußprüfung, 4. A., München/Wien 1998, S. 7-8.

LÜCK, WOLFGANG (Direkte Prüfung), Direkte Prüfung, in: LÜCK, WOLFGANG (Hrsg.), Lexikon der Rechnungslegung und Abschlußprüfung, 4. A., München/Wien 1998, S. 183.

LÜCK, WOLFGANG (Gesetzmäßigkeitsprüfung), Gesetzmäßigkeitsprüfung, in: LÜCK, WOLFGANG (Hrsg.), Lexikon der Rechnungslegung und Abschlußprüfung, 4. A., München/Wien 1998, S. 322.

LÜCK, WOLFGANG (Indirekte Prüfung), Indirekte Prüfung, in: LÜCK, WOLFGANG (Hrsg.), Lexikon der Rechnungslegung und Abschlußprüfung, 4. A., München/Wien 1998, S. 390.

LÜCK, WOLFGANG (IKS), Internes Überwachungssystem, in: LÜCK, WOLFGANG (Hrsg.), Lexikon der Rechnungslegung und Abschlußprüfung, 4. A., München/Wien 1998, S. 405-408.

LÜCK, WOLFGANG (Ordnungsmäßigkeitsprüfung), Ordnungsmäßigkeitsprüfung, in: LÜCK, WOLFGANG (Hrsg.), Lexikon der Rechnungslegung und Abschlußprüfung, 4. A., München/Wien 1998, S. 568.

LÜCK, WOLFGANG (Prüfung), Prüfung, in: LÜCK, WOLFGANG (Hrsg.), Lexikon der Rechnungslegung und Abschlußprüfung, 4. A., München/Wien 1998, S. 612.

LÜCK, WOLFGANG (Prüfungsbericht), Prüfungsbericht, in: LÜCK, WOLFGANG (Hrsg.), Lexikon der Rechnungslegung und Abschlußprüfung, 4. A., München/Wien 1998, S. 626-628.

LÜCK, WOLFGANG (Prüfungsergebnis), Prüfungsergebnis, in: LÜCK, WOLFGANG (Hrsg.), Lexikon der Rechnungslegung und Abschlußprüfung, 4. A., München/Wien 1998, S. 629-630.

LÜCK, WOLFGANG (Prüfungsplan), Prüfungsplan, in: LÜCK, WOLFGANG (Hrsg.), Lexikon der Rechnungslegung und Abschlußprüfung, 4. A., München/ Wien 1998, S. 639.

LÜCK, WOLFGANG (Abschlußprüfung), Prüfung der Rechnungslegung: Jahresabschlußprüfung, München/Wien 1999.

LÜCK, WOLFGANG/HUNECKE, JÖRG (Warnfunktion), Zur Warnfunktion des Abschlußprüfers, in: Der Betrieb 1996, S. 1-6.

LÜCK, WOLFGANG/HUNECKE, JÖRG (Krisenwarnfunktion), Die Krisenwarnfunktion des Abschlußprüfers, in: Das Wirtschaftsstudium 1997, S. 55-62.

LÜDENBACH, NORBERT (Anhang), § 5 Anhang (Notes and Disclosures), in: LÜDENBACH, NORBERT/HOFFMANN, WOLF-DIETER (Hrsg.), Haufe IFRS-Kommentar, 9. A., Freiburg im Breisgau et al. 2011, S. 219-252.

LÜDENBACH, NORBERT (Darstellung), § 2 Darstellung des Abschlusses, in: LÜDENBACH, NORBERT/HOFFMANN, WOLF-DIETER (Hrsg.), Haufe IFRS-Kommentar, 9. A., Freiburg im Breisgau et al. 2011, S. 79-128.

LÜDENBACH, NORBERT (Finanzinstrumente), § 28 Finanzinstrumente, in: LÜDENBACH, NORBERT/HOFFMANN, WOLF-DIETER (Hrsg.), Haufe IFRS-Kommentar, 9. A., Freiburg im Breisgau et al. 2011, S. 1517-1735.

LÜDENBACH, NORBERT (Stetigkeitsgebot), § 24 Stetigkeitsgebot, Änderung Bilanzierungsmethoden und Schätzungen, Bilanzberichtigung, in: LÜDENBACH, NORBERT/HOFFMANN, WOLF-DIETER (Hrsg.), Haufe IFRS-Kommentar, 9. A., Freiburg im Breisgau et al. 2011, S. 1251-1279.

LÜDENBACH, NORBERT/HOFFMANN, WOLF-DIETER (Kausalität der Rechnungslegung), Enron und die Umkehrung der Kausalität bei der Rechnungslegung, in: Der Betrieb 2002, S. 1169-1175.

LÜDENBACH, NORBERT/HOFFMANN, WOLF-DIETER (Zukunftswerte), Imparitätische Wahrscheinlichkeit – Zukunftswerte im IAS-Regelwerk, in: Zeitschrift für internationale und kapitalmarktorientierte Rechnungslegung 2003, S. 5-14.

LÜDENBACH, NORBERT/HOFFMANN, WOLF-DIETER (Framework), § 1 Rahmenkonzept (Framework), in: LÜDENBACH, NORBERT/HOFFMANN, WOLF-DIETER (Hrsg.), Haufe IFRS-Kommentar, 6. A., Freiburg im Breisgau et al. 2008, S. 27-85.

LÜDENBACH, NORBERT/HOFFMANN, WOLF-DIETER (Rahmenkonzept), § 1 Rahmenkonzept (Framework), in: LÜDENBACH, NORBERT/HOFFMANN, WOLF-DIETER (Hrsg.), Haufe IFRS-Kommentar, 9. A., Freiburg im Breisgau et al. 2011, S. 29-78.

MANDL, GERWALD/JUNG, MAXIMILIAN (Schätzprüfung), Prognose- und Schätzprüfung, in: BALLWIESER, WOLFGANG/COENENBERG, ADOLF G./VON WYSOCKI, KLAUS (Hrsg.), Handwörterbuch der Rechnungslegung und Prüfung, Stuttgart 2002, Sp. 1698-1706.

MARKOWITZ, HARRY (Portfolio Selection), Portfolio Selection, in: Journal of Finance 1952, Heft 1, S. 77-91.

MARTEN, KAI-UWE (Entwicklungen), Entwicklungen in der Abschlussprüferaufsicht, in: BALLWIESER, WOLFGANG/GREWE, WOLFGANG (Hrsg.), Herausforderungen an Wirtschaftsprüfung, Steuerberatung, Consulting und Corporate Finance, Festgabe 100 Jahre Südtreu/Deloitte 1907-2007, München 2008, S. 121-139.

MARTEN, KAI-UWE/QUICK, REINER/RUHNKE, KLAUS (Grundlagen), Wirtschaftsprüfung, Grundlagen des betriebswirtschaftlichen Prüfungswesens nach nationalen und internationalen Normen, 3. A., Stuttgart 2007.

MARTEN, KAI-UWE/QUICK, REINER/RUHNKE, KLAUS (Wirtschaftsprüfung), Wirtschaftsprüfung, Grundlagen des betriebswirtschaftlichen Prüfungswesens nach nationalen und internationalen Normen, 4. A., Stuttgart 2011.

MATSCHKE, MANFRED J. (Kompromiß als betriebswirtschaftliches Problem), Der Kompromiß als betriebswirtschaftliches Problem bei der Preisfestsetzung eines Gutachters im Rahmen der Unternehmungsbewertung, in: Schmalenbachs Zeitschrift für betriebswirtschaftliche Forschung 1969, S. 57-77.

MATSCHKE, MANFRED J. (Schiedsspruchwert), Der Arbitrium- oder Schiedsspruchwert der Unternehmung – Zur Vermittlerfunktion eines unparteiischen Gutachters bei der Unternehmungsbewertung –, in: Betriebswirtschaftliche Forschung und Praxis 1971, S. 508-520.

MATSCHKE, MANFRED J. (Gesamtwert), Der Gesamtwert der Unternehmung als Entscheidungswert, in: Betriebswirtschaftliche Forschung und Praxis 1972, S. 146-161.

MATSCHKE, MANFRED J. (Entscheidungswert), Der Entscheidungswert der Unternehmung, Wiesbaden 1975.

MATSCHKE, MANFRED J. (Argumentationswert), Der Argumentationswert der Unternehmung – Unternehmungsbewertung als Instrument der Beeinflussung in der Verhandlung, in: Betriebswirtschaftliche Forschung und Praxis 1976, S. 517-524.

MATSCHKE, MANFRED J. (Argumentationsfunktion), Die Argumentationsfunktion der Unternehmungsbewertung, in: GOETZKE, WOLFGANG/SIEBEN, GÜNTER (Hrsg.), Moderne Unternehmungsbewertung und Grundsätze ihrer ordnungsmäßigen Durchführung, Köln 1977, S. 91-103.

MATSCHKE, MANFRED J. (Arbitriumwert), Funktionale Unternehmungsbewertung, Band II: Der Arbitriumwert der Unternehmung, Wiesbaden 1979.

MATSCHKE, MANFRED J. (Mehrdimensionale Entscheidungswerte), Einige grundsätzliche Bemerkungen zur Ermittlung mehrdimensionaler Entscheidungswerte der Unternehmung, in: Betriebswirtschaftliche Forschung und Praxis 1993, S. 1-24.

MATSCHKE, MANFRED J./BRÖSEL, GERRIT (Bewertung), Unternehmensbewertung, 3. A., Funktionen – Methoden – Grundsätze, Wiesbaden 2007.

MATSCHKE, MANFRED J./MUCHEYER, HEINZ (Argumentation in der Preisverhandlung), Die Nutzung der traditionellen Unternehmungsbewertungsverfahren zur Argumentation in der Preisverhandlung, in: GOETZKE, WOLFGANG/ SIEBEN, GÜNTER (Hrsg.), Moderne Unternehmungsbewertung und Grundsätze ihrer ordnungsmäßigen Durchführung, Köln 1977, S. 157-183.

MELCHER, WINFRIED/MURER, ALEXANDER (IFRS Practice Statement), Das IFRS Practice Statement „Management Commentary" im Vergleich zu den DRS Verlautbarungen zur Lageberichterstattung, in: Der Betrieb 2011, S. 430-434.

MENGER, CARL (Volkswirthschaftslehre), Grundsätze der Volkswirthschaftslehre, Wien 1871.

MINDERMANN, TORSTEN/HARTMANN, BERIT (Immaterielles Anlagevermögen), Immaterielles Anlagevermögen, in: BRÖSEL, GERRIT/ZWIRNER, CHRISTIAN (Hrsg.), IFRS-Rechnungslegung, 2. A., München 2009, S. 85-99.

MOCHTY, LUDWIG (Prüfungsansatz), Zur theoretischen Fundierung des risikoorientierten Prüfungsansatzes, in: FISCHER, THOMAS R./HÖMBERG, REINHOLD (Hrsg.), Jahresabschluß und Jahresabschlußprüfung, Probleme, Perspektiven, internationale Einflüsse, Festschrift zum 60. Geburtstag von Jörg Baetge, Düsseldorf 1997, S. 731-780.

MODIGLIANI, FRANCO/MILLER, MERTON H. (Cost of Capital), The Cost of Capital, Corporation Finance and the Theory of Investment, in: The American Economic Review 1958, S. 261-297.

MODIGLIANI, FRANCO/MILLER, MERTON H. (Correction), Corporate Income Taxes and the Cost of Capital: A Correction, in: The American Economic Review 1963, S. 433-443.

MOSSIN, JAN (Capital Asset Market), Equilibrium in a Capital Asset Market, in: Econometrica 1966, S. 768-783.

MOXTER, ADOLF (Gewinnermittlung), Betriebswirtschaftliche Gewinnermittlung, Tübingen 1982.

MOXTER, ADOLF (Unternehmensbewertung), Grundsätze ordnungsmäßiger Unternehmensbewertung, 2. A., Wiesbaden 1983.

MOXTER, ADOLF (Bilanzlehre), Bilanzlehre, Band I: Einführung in die Bilanztheorie, 3. A., Wiesbaden 1984.

MOXTER, ADOLF (Probleme), Probleme des Geschäfts- oder Firmenwerts in der höchstrichterlichen Rechtsprechung, in: MATSCHKE, MANFRED J./ SCHILDBACH, THOMAS (Hrsg.), Unternehmensberatung und Wirtschaftsprüfung, Festschrift für Professor Dr. Günter Sieben zum 65. Geburtstag, Stuttgart 1998, S. 473-481.

MOXTER, ADOLF (Rechnungslegungsmythen), Rechnungslegungsmythen, in: Betriebs-Berater 2000, S. 2143-2149.

MOXTER, ADOLF (IFRS als Auslegungshilfe), IFRS als Auslegungshilfe für handelsrechtliche GoB?, in: Die Wirtschaftsprüfung 2009, S. 7-12.

MUJKANOVIC, ROBIN (Fair Value), Fair Value im Financial Statement nach International Accounting Standards, Stuttgart 2002.

MÜLLER, CHRISTIAN/SUTTNER, JOHANNES (Pflichtrotation), Pflichtrotation bei Kündigungsausschluss, in: Frankfurter Allgemeine Zeitung 2011, Nr. 125 vom 30.5., S. 12.

MÜLLER, HERBERT/MÜLLER, KATRIN (Wirtschaftsprüfer), Der Wirtschaftsprüfer im Spannungsfeld zwischen Mandant und Öffentlichkeit, in: KÜTING, KARLHEINZ/PFITZER, NORBERT/WEBER, CLAUS-PETER (Hrsg.), Herausforderungen und Chancen durch weltweite Rechnungslegungsstandards, Kapitalmarktorientierte Rechnungslegung und integrierte Unternehmenssteuerung, Stuttgart 2004, S. 333-358.

MÜNSTERMANN, HANS (Wert und Bewertung), Wert und Bewertung der Unternehmung, 3. A., Wiesbaden 1970.

NAGEL, THOMAS (Jahresabschlußprüfung), Risikoorientierte Jahresabschlußprüfung, Grundsätze für die Bewältigung des Prüfungsrisikos des Abschlußprüfers, Sternenfels 1997.

NAGEL, THOMAS (Audit Risk), Audit Risk, in: LÜCK, WOLFGANG (Hrsg.), Lexikon der Rechnungslegung und Abschlußprüfung, 4. A., München/Wien 1998, S. 45-46.

NAGEL, THOMAS (Control Risk), Control Risk, in: LÜCK, WOLFGANG (Hrsg.), Lexikon der Rechnungslegung und Abschlußprüfung, 4. A., München/ Wien 1998, S. 165.

NAGEL, THOMAS (Inherent Risk), Inherent Risk, in: LÜCK, WOLFGANG (Hrsg.), Lexikon der Rechnungslegung und Abschlußprüfung, 4. A., München/ Wien 1998, S. 394.

NAUMANN, KLAUS-PETER (Verlautbarung), Verlautbarungen des IDW, in: BALLWIESER, WOLFGANG/COENENBERG, ADOLF G./VON WYSOCKI, KLAUS (Hrsg.), Handwörterbuch der Rechnungslegung und Prüfung, Stuttgart 2002, Sp. 2492-2499.

NAUMANN, KLAUS-PETER (Beruf des Wirtschaftsprüfers), Der Beruf des Wirtschaftsprüfers, in: IDW (Hrsg.), WP Handbuch 2006 – Wirtschaftsprüfung, Rechnungslegung, Beratung, Band I, 13. A., Düsseldorf 2006, Abschnitt A, S. 1-197.

NAUMANN, KLAUS-PETER (Berufsorganisation), Berufsorganisation, in: IDW (Hrsg.), WP Handbuch 2006 – Wirtschaftsprüfung, Rechnungslegung, Beratung, Band I, 13. A., Düsseldorf 2006, Abschnitt B, S. 199-219.

NAUMANN, KLAUS-PETER (IDW), Institut der Wirtschaftsprüfer in Deutschland e.V., in: FREIDANK, CARL-CHRISTIAN/LACHNIT, LAURENZ/TESCH, JÖRG (Hrsg.), Vahlens Großes Auditing Lexikon, München 2007, S. 670-671.

NAUMANN, KLAUS-PETER (Wirtschaftsprüfer), Verlautbarungen des Instituts der Wirtschaftsprüfer in Deutschland e.V., in: FREIDANK, CARL-CHRISTIAN/ LACHNIT, LAURENZ/TESCH, JÖRG (Hrsg.), Vahlens Großes Auditing Lexikon, München 2007, S. 1463-1465.

NAUMANN, KLAUS-PETER (Prüfbarkeit der Standards), Fair Value: Wie geht es weiter? – Anwendung und Prüfbarkeit der Standards, in: Die Wirtschaftsprüfung 2010, S. 780-782.

NEUBECK, GUIDO (Risikomanagementsystem), Risikomanagementsystem, Prüfung, in: MARTEN, KAI-UWE/QUICK, REINER/RUHNKE, KLAUS (Hrsg.), Lexikon der Wirtschaftsprüfung, Stuttgart 2006, S. 693-698.

NOODT, ANDREAS/KUNELLIS, AXEL (Anpassung von IDW PS), Die Anpassung von IDW Prüfungsstandards an die im Rahmen des Clarity-Projekts überarbeiteten ISA – Wesentliche Änderungen und Auswirkungen auf die Prüfungspraxis, in: Die Wirtschaftsprüfung 2011, S. 557-571.

OBERMAIER, ROBERT, (Barwertkalküle), Fair Value-Bilanzierung nach IFRS auf der Basis von Barwertkalkülen – Ermittlung und Wirkungen kapitalmarktorientierter Basiszinssätze, in: Zeitschrift für internationale und kapitalmarktorientierte Rechnungslegung 2009, S. 545-554.

OLBRICH, MICHAEL (Unternehmungswert), Unternehmungskultur und Unternehmungswert, Wiesbaden 1999.

OLBRICH, MICHAEL (Bedeutung des Börsenkurses), Zur Bedeutung des Börsenkurses für die Bewertung von Unternehmungen und Unternehmungsanteilen, in: Betriebswirtschaftliche Forschung und Praxis 2000, S. 454-465.

OLBRICH, MICHAEL (Unternehmungsnachfolge), Zur Unternehmungsnachfolge im elektronischen Geschäft, in: KEUPER, FRANK (Hrsg.), Electronic Business und Mobile Business – Ansätze, Konzepte und Geschäftsmodelle, Wiesbaden 2002, S. 677-708.

OLBRICH, MICHAEL (IAS 40), Zur Bilanzierung von als Finanzinvestition gehaltenen Immobilien nach IAS 40, in: Betriebswirtschaftliche Forschung und Praxis 2003, S. 346-357.

OLBRICH, MICHAEL (Unternehmungsverkauf), Unternehmungsnachfolge durch Unternehmungsverkauf, Wiesbaden 2005.

OLBRICH, MICHAEL (Fragwürdigkeit), Nochmals: Zur Fragwürdigkeit eines wertorientierten Controllings auf Basis des IAS 36, in: Zeitschrift für internationale und kapitalmarktorientierte Rechnungslegung 2006, S. 685-687.

OLBRICH, MICHAEL (IAS 36), Wertorientiertes Controlling auf Basis des IAS 36?, in: Zeitschrift für internationale und kapitalmarktorientierte Rechnungslegung 2006, S. 43-44.

OLBRICH, MICHAEL (Zeitwertbilanzierung), Manfred Jürgen Matschke und die Zeitwertbilanzierung nach IFRS, in: HERING, THOMAS/KLINGELHÖFER, HEINZ E./KOCH, WOLFGANG (Hrsg.), Unternehmenswert und Rechnungswesen, Festschrift für Univ.-Prof. Dr. Manfred Jürgen Matschke zum 65. Geburtstag, Wiesbaden 2008, S. 211-228.

OLBRICH, MICHAEL (IFRS und Unternehmungsbewertung), IFRS und Unternehmungsbewertung, in: BRÖSEL, GERRIT/ZWIRNER, CHRISTIAN (Hrsg.), IFRS-Rechnungslegung, 2. A., München 2009, S. 526-534.

OLBRICH, MICHAEL (IFRS 13), IFRS 13 und finanzierungstheoretische Modelle zur Zeitwertbestimmung, in: Zeitschrift für internationale und kapitalmarktorientierte Rechnungslegung 2011, S. 393-394.

OLBRICH, MICHAEL/BRÖSEL, GERRIT (Fair value accounting), Fair value accounting in IFRS: Diverse approaches and a plea for standardization, in: The 18th Asian-Pacific Conference on International Accounting Issues, Maui (Hawaii) 2006, S. 1-13.

OLBRICH, MICHAEL/BRÖSEL, GERRIT (Inkonsistenzen), Inkonsistenzen der Zeitwertbilanzierung nach IFRS: Kritik und Abhilfe, in: Der Betrieb 2007, S. 1543-1548.

OLBRICH, MICHAEL/WEIMANN, MATTHIAS (International Standards on Auditing), Wider die Substitution der IDW-Prüfungsstandards durch die International Standards on Auditing, in: Betriebswirtschaftliche Forschung und Praxis 2011, S. 180-197.

OLBRICH, MICHAEL/NIKOLIS, ANNA E. (IFRS-Rechnungslegung), IFRS-Rechnungslegung im Lichte der Unternehmensbewertung, in: KÜTING, KARLHEINZ/ WEBER, CLAUS-PETER (Hrsg.), Tagungsband Rechnungslegung und Konzern, Saarbrücken 2012, im Druck.

OLBRICH, MICHAEL/WEIMANN, MATTHIAS (Zur Substitution der IDW PS), Zur Substitution der IDW-Prüfungsstandards durch die International Standards on Auditing aus wissenschaftlicher und praktischer Sicht – Erwiderung auf den Beitrag von Köhler/Böhm in diesem Heft –, in: Betriebswirtschaftliche Forschung und Praxis 2012, S. 98-102.

ORDELHEIDE, DIETER (Kapital und Gewinn), Kapital und Gewinn. Kaufmännische Konvention als kapitaltheoretische Konzeption?, in: HAX, HERBERT/ KERN, WERNER/SCHRÖDER, HANS-HORST (Hrsg.), Zeitaspekte in betriebswirtschaftlicher Theorie und Praxis, Stuttgart 1989, S. 21-41.

ORTH, THOMAS M. (Aufbauorganisation), Aufbauorganisation, in: FREIDANK, CARL-CHRISTIAN/LACHNIT, LAURENZ/TESCH, JÖRG (Hrsg.), Vahlens Großes Auditing Lexikon, München 2007, S. 66-68.

ORTH, THOMAS M. (Prüfung), Lückenlose Prüfung, in: FREIDANK, CARL-CHRISTIAN/ LACHNIT, LAURENZ/TESCH, JÖRG (Hrsg.), Vahlens Großes Auditing Lexikon, München 2007, S. 920-921.

O.V. (Commerzbank), Commerzbank gibt den Startschuss, Rückzahlung der Staatshilfen, abrufbar unter: http://www.faz.net/aktuell/wirtschaft/unter nehmen/rueckzahlung-der-staatshilfen-commerzbank-gibt-den-startschuss-1589911.html, Stand: 13.10.2011.

PELGER, CHRISTOPH (Conceptual Framework), Rechnungslegungszweck und qualitative Anforderungen im Conceptual Framework for Financial Reporting (2010) – Der erste Stein im neuen Fundament der internationalen Rechnungslegung, in: Die Wirtschaftsprüfung 2011, S. 908-916.

PELLENS, BERNHARD/FÜLBIER, ROLF U./GASSEN, JOACHIM/SELLHORN, THORSTEN (Rechnungslegung), Internationale Rechnungslegung, IFRS 1 bis 8, IAS 1 bis 41, IFRIC-Interpretationen, Standardentwürfe, Mit Beispielen, Aufgaben und Fallstudie, 7. A., Stuttgart 2008.

PETERSEN, KARL/ZWIRNER, CHRISTIAN (Bilanzrecht), Rechnungslegung und Prüfung im Umbruch: Überblick über das neue deutsche Bilanzrecht – Veränderte Rahmenbedingungen durch das verabschiedete Bilanzrechtsmodernisierungsgesetz (BilMoG) –, in: Zeitschrift für internationale und kapitalmarktorientierte Rechnungslegung 2009, Beihefter 1/2009.

PFITZER, NORBERT/DUTZI, ANDREAS (Fair Value), Fair Value, in: BALLWIESER, WOLFGANG/COENENBERG, ADOLF G./VON WYSOCKI, KLAUS (Hrsg.), Handwörterbuch der Rechnungslegung und Prüfung, Stuttgart 2002, Sp. 749-764.

PLATH, RAINER (Entwicklungen in der Abschlußprüfung), Aktuelle Entwicklungen in der Abschlußprüfung und Rechnungslegung, in: Die Wirtschaftsprüfung 2010, S. 1137-1141.

PLENDL, MARTIN/STANKE, CORNELIA (GoA), Grundsätze ordnungsmäßiger Abschlussprüfung, in: FREIDANK, CARL-CHRISTIAN/LACHNIT, LAURENZ/TESCH, JÖRG (Hrsg.), Vahlens Großes Auditing Lexikon, München 2007, S. 581-584.

POERSCHKE, KRISTIN (Zur Veräußerung gehaltenes Vermögen), Die Bilanzierung von zur Veräußerung gehaltenem Vermögen nach IFRS, Düsseldorf 2006.

POTTGIEßER, GABY/VELTE, PATRICK/WEBER, STEFAN C. (Impairment), Ermessensspielräume im Rahmen des Impairment-Only-Approach, Eine kritische Analyse zur Folgebewertung des derivativen Geschäfts- oder Firmenwerts (Goodwill), in: Deutsches Steuerrecht 2005, S. 1748-1752.

POUGIN, ERWIN (GoA), Grundsätze ordnungsmäßiger Abschlußprüfung in USA und Deutschland, in: Die Wirtschaftsprüfung 1960, S. 2-8.

QUICK, REINER (Prüfungsrisikomodelle), Prüfungsrisikomodelle, in: Wirtschaftswissenschaftliches Studium 1998, S. 244-248.

QUICK, REINER/MONROE, GARY S./NG, JULIANA K. L./WOODLIFF, DAVID R. (Inhärentes Risiko), Risikoorientierte Jahresabschlußprüfung und inhärentes Risiko – Zur Bedeutung der Faktoren des inhärenten Risikos, in: Betriebswirtschaftliche Forschung und Praxis 1997, S. 209-228.

RABENHORST, DIRK (TransPuG), Neue Anforderungen an die Berichterstattung des Abschlussprüfers durch das TransPuG, in: Deutsches Steuerrecht 2003, S. 436-440.

RAMMERT, STEFAN (Prüfungsnachweise), Prüfungsnachweise, in: FREIDANK, CARL-CHRISTIAN/LACHNIT, LAURENZ/TESCH, JÖRG (Hrsg.), Vahlens Großes Auditing Lexikon, München 2007, S. 1090-1091.

RAMMERT, STEFAN (Bilanzpolitik), § 51 Bilanzpolitik und Bilanzanalyse, in: LÜDENBACH, NORBERT/HOFFMANN, WOLF-DIETER (Hrsg.), Haufe IFRS-Kommentar, 7. A., Freiburg im Breisgau et al. 2009, S. 2215-2264.

RAPPAPORT, ALFRED (Shareholder Value), Creating Shareholder Value, 2. A., Neuyork et al. 1998.

ROLLBERG, ROLAND (Unternehmensplanung), Integrierte Unternehmensplanung, Wiesbaden 2001.

RUHNKE, KLAUS (Normierung), Normierung der Abschlußprüfung, Stuttgart 2000.

RUHNKE, KLAUS (Prüfung von IFRS-Abschlüssen), Geschäftsrisikoorientierte Prüfung von IFRS-Abschlüssen – Prüfungsansatz, Konkretisierung am Beispiel der Prüfung geschätzter Werte sowie Beurteilung des Ansatzes, in: Zeitschrift für internationale und kapitalmarktorientierte Rechnungslegung 2007, S. 155-166.

RUHNKE, KLAUS/SCHMIDT, MARTIN (Überlegungen), Überlegungen zur Prüfung von beizulegenden Zeitwerten, in: Die Wirtschaftsprüfung 2003, S. 1037-1051.

RUHNKE, KLAUS/SCHMIDT, MARTIN (Fair Value), Fair Value und Wirtschaftsprüfung, in: BIEG, HARTMUT/HEYD, REINHARD (Hrsg.), Fair Value, Bewertung in Rechnungswesen, Controlling und Finanzwirtschaft, München 2005, S. 575-597.

RUHNKE, KLAUS/SCHMIELE, CATHARINA/SCHWIND, JOCHEN (Erwartungslücke), Die Erwartungslücke als permanentes Phänomen der Abschlussprüfung – Definitionsansatz, empirische Untersuchung und Schlussfolgerung, in: Schmalenbachs Zeitschrift für betriebswirtschaftliche Forschung 2010, S. 394-421.

RÜCKLE, DIETER (Prognoseprüfung), Externe Prognosen und Prognoseprüfung, in: Der Betrieb 1984, S. 57-69.

RÜCKLE, DIETER (Grundsätze), Grundsätze ordnungsmäßiger Abschlussprüfung (GoA) – Stand und Entwicklungsmöglichkeiten im Rahmen des Gesamtsystems der Unternehmensführung, in: VON WERDER, AXEL (Hrsg.), Grundsätze ordnungsmäßiger Unternehmensführung (GoF) für die Unternehmensleitung (GoU), Überwachung (GoÜ) und Abschlußprüfung (GoA), ZfbF-Sonderheft 36/96, Düsseldorf 1996, S. 107-148.

RÜCKLE, DIETER (GoA), Grundsätze ordnungsmäßiger Abschlussprüfung, in: BALLWIESER, WOLFGANG/COENENBERG, ADOLF G./VON WYSOCKI, KLAUS (Hrsg.), Handwörterbuch der Rechnungslegung und Prüfung, Stuttgart 2002, Sp. 1026-1042.

RÜCKLE, DIETER/KLATTE, VOLKMAR (Diskussionsstand), Grundsätze ordnungsmäßiger Abschlußprüfung – Diskussionsstand und mögliche Fortentwicklung (I), in: Das Wirtschaftsstudium 1994, S. 138-141.

RÜCKLE, DIETER/KLATTE, VOLKMAR (Fortentwicklung), Grundsätze ordnungsmäßiger Abschlußprüfung – Diskussionsstand und mögliche Fortentwicklung (II), in: Das Wirtschaftsstudium 1994, S. 212-218.

RUTHARDT, FREDERIK/HACHMEISTER, DIRK (Anwendung von Bewertungsstandards), Zur Frage der rückwirkenden Anwendung von Bewertungsstandards – Analyse und Würdigung der Rechtsprechung zur Unternehmensbewertung, in: Die Wirtschaftsprüfung 2011, S. 351-359.

RYAN, STEPHEN G. (Equity Risk), A Survey of Research Relating Accounting Numbers to Systematic Equity Risk, with Implications for Risk Disclosure Policy and Future Research, in: Accounting Horizons 1997, Nr. 2, S. 82-95.

SCHARPF, PAUL/KUHN, STEFFEN (Finanzinstrumente), Fair Value-Bewertung von Finanzinstrumenten nach IAS 39, in: BIEG, HARTMUT/HEYD, REINHARD (Hrsg.), Fair Value, Bewertung in Rechnungswesen, Controlling und Finanzwirtschaft, München 2005, S. 205-238.

SCHARPF, PAUL/SCHABER, MATHIAS/MÄRKL, HELMUT (§ 255), § 255, in: KÜTING, KARLHEINZ/PFITZER, NORBERT/WEBER, CLAUS-PETER (Hrsg.), Handbuch der Rechnungslegung, Einzelabschluss, Band 2, 5. A., Stuttgart 2010, Rz. 413-443.

SCHILDBACH, THOMAS (DCF-Verfahren), Ist die Kölner Funktionenlehre der Unternehmensbewertung durch die Discounted Cash-flow-Verfahren überholt?, in: MATSCHKE, MANFRED J./SCHILDBACH, THOMAS (Hrsg.), Unternehmensberatung und Wirtschaftsprüfung, Festschrift für Professor Dr. Günter Sieben zum 65. Geburtstag, Stuttgart 1998, S. 301-322.

SCHILDBACH, THOMAS (Zeitwertbilanzierung), Zeitwertbilanzierung in USA und nach IAS, in: Betriebswirtschaftliche Forschung und Praxis 1998, S. 580-592.

SCHILDBACH, THOMAS (US-GAAP), US-GAAP – Amerikanische Rechnungslegung und ihre Grundlagen, 2. A., München 2002.

SCHILDBACH, THOMAS (Wunsch und Wirklichkeit), Fair Value – Wunsch und Wirklichkeit, in: KÜTING, KARLHEINZ/PFITZER, NORBERT/WEBER, CLAUS-PETER (Hrsg.), Internationale Rechnungslegung: Standortbestimmung und Zukunftsperspektiven, Kapitalmarktorientierte Rechnungslegung und integrierte Unternehmenssteuerung, Stuttgart 2006, S. 7-32.

SCHILDBACH, THOMAS (Unternehmensbewertung), Fair-Value-Bilanzierung und Unternehmensbewertung, in: HERING, THOMAS/KLINGELHÖFER, HEINZ E./ KOCH, WOLFGANG (Hrsg.), Unternehmenswert und Rechnungswesen, Festschrift für Univ.-Prof. Dr. Manfred Jürgen Matschke zum 65. Geburtstag, Wiesbaden 2008, S. 189-209.

SCHILDBACH, THOMAS (Fair-Value-Bilanzierung), Fair-Value-Bilanzierung und Unternehmensbewertung, in: Betriebswirtschaftliche Forschung und Praxis 2009, S. 371-387.

SCHILDBACH, THOMAS (IFRS), Einsatzmöglichkeiten des IFRS for SMEs in Europa, in: Die Wirtschaftsprüfung 2011, S. 114-119.

SCHILDBACH, THOMAS/GROTTKE, MARKUS (Gefahr für den Mittelstand), IFRS for SMEs – unvereinbar mit den Anforderungen der EU und eine Gefahr für den Mittelstand, in: Der Betrieb 2011, S. 945-953.

SCHINDLER, JOACHIM/RABENHORST, DIRK (Auswirkungen), Auswirkungen des KonTraG auf die Abschlußprüfung (Teil I), in: Betriebs-Berater 1998, S. 1886-1893.

SCHMALENBACH, EUGEN (Finanzierungen), Finanzierungen, Leipzig 1915.

SCHMALENBACH, EUGEN (GoB), Grundsätze ordnungsmäßiger Bilanzierung, in: Zeitschrift für handelswissenschaftliche Forschung 1933, S. 225-233.

SCHMALENBACH, EUGEN (Dynamik), Dynamische Bilanz, 9. A., Leipzig 1948.

SCHMALENBACH, EUGEN (Beteiligungsfinanzierung), Die Beteiligungsfinanzierung, 7. A., Köln/Opladen 1949.

SCHMALENBACH, EUGEN (Kostenrechnung), Kostenrechnung und Preispolitik, 7. A., Köln/Opladen 1956.

SCHMIDT, STEFAN (Risikoorientierung), Handbuch Risikoorientierte Abschlussprüfung, Fachliche Regeln für Auftragsabwicklung und Qualitätssicherung, Düsseldorf 2008.

SCHNEIDER, DIETER (Unternehmensrechnung), Marktwertorientierte Unternehmensrechnung: Pegasus mit Klumpfuß, in: Der Betrieb 1998, S. 1473-1478.

SCHÖN, STEPHAN (Sensitivitätsanalysen nach IFRS 7), Quantifizierung des Marktpreisrisikos auf Basis von Sensitivitätsanalysen nach IFRS 7 – Aussagegehalt sowie Umsetzung in der Praxis der DAX-30-Handels- und Industrieunternehmen von 2007 bis 2009, in: Die Wirtschaftsprüfung 2011, S. 310-319.

SCHÖNWALD, ULRICH (Prüfungshandlungen), Analytische Prüfungshandlungen, in: FREIDANK, CARL-CHRISTIAN/LACHNIT, LAURENZ/TESCH, JÖRG (Hrsg.), Vahlens Großes Auditing Lexikon, München 2007, S. 41-42.

SCHRUFF, WIENAND (Rechnungslegung), Rechnungslegung nach IFRS, in: IDW (Hrsg.), WP Handbuch 2006 – Wirtschaftsprüfung, Rechnungslegung, Beratung, Band I, 13. A., Düsseldorf 2006, Abschnitt N, S. 1341-1566.

SCHRUFF, WIENAND (Änderungsbedarf), Fachliche Anforderungen an die IFRS – Wo zeigt die Krise Änderungsbedarf?, in: Die Wirtschaftsprüfung 2010, Sonderheft 2/2010, S. 84-86.

SCHRUFF, WIENAND (Rechenschaft), Die IFRS-Rechnungslegung im Spannungsfeld zwischen Cachflow-Prognose und Rechenschaft, in: Die Wirtschaftsprüfung 2011, S. 855-860.

SCHWIND, JOCHEN (Informationsverarbeitung), Die Informationsverarbeitung von Wirtschaftsprüfern bei der Prüfung geschätzter Werte, Eine verhaltenswissenschaftliche Analyse, Wiesbaden 2011.

SEARFOSS, D. GERALD/FELLNER WEISS, JUDITH (Value Reporting) Current Value Reporting for Real Estate, in: Journal of Accountancy 1990, Nr. 10, S. 69-75.

SEBASTIAN, KARL-HEINZ/OLBRICH, MICHAEL (Due Diligence), Goldgrube oder Faß ohne Boden? Die Market Due Diligence bei Internet-Unternehmen, in: CONVENT (Hrsg.), Venture Capital 2001, Jahrbuch für Beteiligungsfinanzierung, Frankfurt am Main 2001, S. 72-75.

SELCHERT, FRIEDRICH W. (Kapitalgesellschaft), Jahresabschlußprüfung der Kapitalgesellschaften, 2. A., Wiesbaden 1996.

SHARPE, WILLIAM F. (Capital Asset Prices), Capital Asset Prices: A Theory of Market Equilibrium under Conditions of Risk, in: The Journal of Finance 1964, S. 425-442.

SIEBEN, GÜNTER (Unternehmensbewertung), Unternehmensbewertung, in: WITTMANN, WALDEMAR/KERN, WERNER/KÖHLER, RICHARD/KÜPPER, HANS-ULRICH/VON WYSOCKI, KLAUS (Hrsg.), Handwörterbuch der Betriebswirtschaft, Band 3, 5. A., Stuttgart 1993, Sp. 4315-4331.

SIEBEN, GÜNTER/DIEDRICH, RALF (Wertfindung), Aspekte der Wertfindung bei strategisch motivierten Unternehmensakquisitionen, in: Schmalenbachs Zeitschrift für betriebswirtschaftliche Forschung 1990, S. 794-809.

SIEBEN, GÜNTER/LÖCHERBACH, GERHARD/MATSCHKE, MANFRED J. (Bewertungstheorie), Bewertungstheorie, in: GROCHLA, ERWIN/WITTMANN, WALDEMAR (Hrsg.), Handwörterbuch der Betriebswirtschaft, Bd. 1, 4. A., Stuttgart 1974, Sp. 839-851.

SIEBEN, GÜNTER/SCHILDBACH, THOMAS (Bewertung), Zum Stand der Entwicklung der Lehre von der Bewertung ganzer Unternehmungen, in: Deutsches Steuerrecht 1979, S. 455-461.

SIEBERT, HILMAR (Plausibilitätsbeurteilung), Plausibilitätsbeurteilungen, in: LÜCK, WOLFGANG (Hrsg.), Lexikon der Rechnungslegung und Abschlußprüfung, 4. A., München/Wien 1998, S. 596-597.

SIEGEL, THEODOR (Relevanz), Anschaffungskosten und ihre Relevanz im System des Rechnungswesens, in: KIRSCH, HANS-JÜRGEN/THIELE, STEFAN (Hrsg.), Rechnungslegung und Wirtschaftsprüfung, Festschrift zum 70. Geburtstag von Jörg Baetge, Düsseldorf 2007, S. 589-623.

SIENER, FRIEDRICH/GRÖNER, SUSANNE (goodwill), Bedeutung der Fair Value-Bewertung bei der goodwill-Bilanzierung, in: BIEG, HARTMUT/HEYD, REINHARD (Hrsg.), Fair Value, Bewertung in Rechnungswesen, Controlling und Finanzwirtschaft, München 2005, S. 333-352.

SPINDLER, DANIEL (Zeitwertbilanzierung), Zeitwertbilanzierung nach dem ADHGB von 1861 und nach den IAS/IFRS – eine empirische Analyse aus Kapitalgebersicht, Sternenfels 2005.

STEINER, BERTRAM (Prüfungsbericht), Der Prüfungsbericht des Abschlußprüfers, Köln 1991.

STESKAL, HANS L. (Richtlinien), Prüfungsrichtlinien, in: COENENBERG, ADOLF G./VON WYSOCKI, KLAUS (Hrsg.), Handwörterbuch der Revision, Band 8 der Enzyklopädie der Betriebswirtschaftslehre, 2. A., Stuttgart 1992, Sp. 1526-1532.

STREIM, HANNES/BIEKER, MARCUS/ESSER, MAIK (Entscheidungsnützlichkeit), Vermittlung entscheidungsnützlicher Informationen durch Fair Values – Sackgasse oder Licht am Horizont?, in: Betriebswirtschaftliche Forschung und Praxis 2003, S. 457-479.

STREIM, HANNES/BIEKER, MARCUS/ESSER, MAIK (Zweckmäßigkeitsanalyse), Fair Value Accounting in der IFRS-Rechnungslegung – eine Zweckmäßigkeitsanalyse, in: SCHNEIDER, DIETER/RÜCKLE, DIETER/KÜPPER, HANS-ULRICH/WAGNER, FRANZ W. (Hrsg.), Kritisches zu Rechnungslegung und Unternehmensbesteuerung, Festschrift zur Vollendung des 65. Lebensjahres von Theodor Siegel, Berlin 2005, S. 87-109.

TESCH, JÖRG (Abschlussprüfung), Jahresabschlussprüfung, in: FREIDANK, CARL-CHRISTIAN/LACHNIT, LAURENZ/TESCH, JÖRG (Hrsg.), Vahlens Großes Auditing Lexikon, München 2007, S. 741-742.

THIELE, STEFAN (Zeitbewertung), Zeitbewertung und Rechnungslegungsgrundsätze – Hat der Fair Value eine Chance?, in: KIRSCH, HANS-JÜRGEN/THIELE, STEFAN (Hrsg.), Rechnungslegung und Wirtschaftsprüfung, Festschrift zum 70. Geburtstag von Jörg Baetge, Düsseldorf 2007, S. 625-644.

THIERGARD, JENS (Wesentlichkeit), Wesentlichkeit, in: FREIDANK, CARL-CHRISTIAN/LACHNIT, LAURENZ/TESCH, JÖRG (Hrsg.), Vahlens Großes Auditing Lexikon, München 2007, S. 1529-1530.

UNION EUROPÉENE DES EXPERTS COMPTABLES (Prüfung), Die Prüfung des Jahresabschlusses – Handbuch für Studium und Praxis, 4. A., Düsseldorf 1977.

VEIDT, REINER J. (WPK), Wirtschaftsprüferkammer, in: FREIDANK, CARL-CHRISTIAN/LACHNIT, LAURENZ/TESCH, JÖRG (Hrsg.), Vahlens Großes Auditing Lexikon, München 2007, S. 1542-1544.

VORWOLD, GERHARD (FASB), Das Modell „FASB" in den USA – Ein Fehlschlag, in: Internationales Steuerrecht 2000, S. 599-607.

WAGENHOFER, ALFRED/EWERT, RALF (Unternehmensrechnung), Externe Unternehmensrechnung, 2. A., Berlin et al. 2007.

WAWRZINEK, WOLFGANG (Bewertung und Ausweis), § 2. Ansatz, Bewertung und Ausweis sowie zugrunde liegende Prinzipien, in: Beck'sches IFRS-Handbuch, Kommentierung der IFRS/IAS, 3. A., München et al. 2009, S. 33-91.

WIEDMANN, HARALD (Prüfungsansatz), Der risikoorientierte Prüfungsansatz, in: Die Wirtschaftsprüfung 1993, S. 13-25.

WIEDMANN, HARALD (Fair Value), Fair Value in der internationalen Rechnungslegung, in: LANFERMANN, JOSEF (Hrsg.), Internationale Wirtschaftsprüfung, Festschrift zum 65. Geburtstag von Prof. Dr. Dr. h.c. Hans Havermann, Düsseldorf 1995, S. 780-811.

WIEDMANN, HARALD (Prüfungstechnik), Prüfungstechnik, in: IDW (Hrsg.), WP Handbuch 2006 – Wirtschaftsprüfung, Rechnungslegung, Beratung, Band I, 13. A., Düsseldorf 2006, Abschnitt R, S. 1939-2161.

WIELAND-BLÖSE, HEIKE (TransPuG), Verabschiedung des „Transparenz- und Publizitätsgesetzes – TransPuG", in: GmbH-Rundschau 2002, S. R277-R278.

WÖHE, GÜNTER/DÖRING, ULRICH (Einführung), Einführung in die Allgemeine Betriebswirtschaftslehre, 21. A., München 2002.

WOLZ, MATTHIAS (Wesentlichkeit), Wesentlichkeit im Rahmen der Jahresabschlussprüfung, Bestandsaufnahme und Konzeptionen zur Umsetzung des Materialitygrundsatzes, Düsseldorf 2003.

WOLZ, MATTHIAS (Wesentlichkeitsgrenzen), Die Festlegung von Wesentlichkeitsgrenzen in der deutschen Wirtschaftsprüfungspraxis, in: Schmalenbachs Zeitschrift für betriebswirtschaftliche Forschung 2004, S. 122-145.

VON WYSOCKI, KLAUS (Grundlagen), Grundlagen des betriebswirtschaftlichen Prüfungswesens, München 1988.

VON WYSOCKI, KLAUS (Wirtschaftlichkeit), Wirtschaftlichkeit von Prüfungen, in: COENENBERG, ADOLF G./VON WYSOCKI, KLAUS (Hrsg.), Handwörterbuch der Revision, Band 8 der Enzyklopädie der Betriebswirtschaftslehre, 2. A., Stuttgart 1992, Sp. 2171-2180.

VON WYSOCKI, KLAUS (Prüfungswesen), Wirtschaftliches Prüfungswesen, Band III: Prüfungsgrundsätze und Prüfungsverfahren nach den nationalen und internationalen Prüfungsstandards, München/Wien 2003.

ZAEH, PHILIPP (Prüfungsrisikomodelle) Prüfungsrisikomodelle, Eine systematische Analyse unter besonderer Würdigung des Bayesschen Theorems, in: Wirtschaftswissenschaftliches Studium 2000, S. 244-248.

ZILCH, CHRISTOPHER (Wirtschaftsprüfung), Die motivationale Wirkung der Regulierung der Akteure in der Wirtschaftsprüfung, Wiesbaden 2010.

ZWIRNER, CHRISTIAN (Finanzkrise), Finanzkrise – Auswirkungen auf die Rechnungslegung, in: Zeitschrift für internationale und kapitalmarktorientierte Rechnungslegung 2009, S. 353-356.

Rechtsprechungsverzeichnis

ENTSCHEIDUNG DES REICHSGERICHTS

Datum	Aktenzeichen	Fundstelle
16.6.1944	Z II 142/43	WPg 1970, S. 421-426

ENTSCHEIDUNG DES BUNDESGERICHTSHOFS

Datum	Aktenzeichen	Fundstelle
15.12.1954	II ZR 322/53	BGHZ 1955 Band 16, S. 22-23

Gesetzesverzeichnis

AKTIENGESETZ (AktG) vom 06.09.1965 (BGBl. 1965 I, S. 1089), zuletzt geändert durch Artikel 6 des Gesetzes zur Restrukturierung und geordneten Abwicklung von Kreditinstituten, zur Errichtung eines Restrukturierungsfonds für Kreditinstitute und zur Verlängerung der Verjährungsfrist der aktienrechtlichen Organhaftung vom 09.12.2010 (BGBl. 2010 I, S. 1900).

BILANZRICHTLINIENGESETZ (BiRiLiG) vom 18.12.1985 (BGBl. 1985 I, S. 2355).

GESETZ BETREFFEND DIE ERWERBS- UND WIRTSCHAFTSGENOSSENSCHAFTEN (GenG) vom 16.10.2006 (BGBl. 2006 I, S. 2230), zuletzt geändert durch Artikel 10 des Gesetzes zur Modernisierung des Bilanzrechts vom 25.05.2009 (BGBl. 2009 I, S. 1102).

GESETZ BETREFFEND DIE GESELLSCHAFTEN MIT BESCHRÄNKTER HAFTUNG (GmbHG) vom 20.04.1892 (RGBl. 1892, S. 477), zuletzt geändert durch Artikel 5 des Gesetzes zur Angemessenheit der Vorstandsvergütung vom 31.07.2009 (BGBl. 2009 I, S. 2509).

GESETZ ÜBER DAS KREDITWESEN (KWG) vom 09.09.1998 (BGBl. 1998 I, S. 2776), zuletzt geändert durch Artikel 1 des Gesetzes zur Umsetzung der Richtlinie 2010/78/EU vom 24. November 2010 im Hinblick auf die Errichtung des Europäischen Finanzaufsichtssystems vom 04.12.2011 (BGBl. 2011 I, S. 2427).

GESETZ ÜBER DEN WERTPAPIERHANDEL (WpHG) vom 09.09.1998 (BGBl. 1998 I, S. 2708), zuletzt geändert durch Artikel 2 des Gesetzes zur Umsetzung der Richtlinie 2010/78/EU vom 24. November 2010 im Hinblick auf die Errichtung des Europäischen Finanzaufsichtssystems vom 04.12.2011 (BGBl. 2011 I, S. 2427).

GESETZ ÜBER DIE BEAUFSICHTIGUNG DER VERSICHERUNGSUNTERNEHMEN (VAG) vom 17.12.1992 (BGBl. 1993 I, S. 2), zuletzt geändert durch Artikel 6 des Gesetzes zur Umsetzung der Richtlinie 2010/78/EU vom 24. November 2010 im Hinblick auf die Errichtung des Europäischen Finanzaufsichtssystems vom 04.12.2011 (BGBl. 2011 I, S. 2427).

GESETZ ÜBER EINE BERUFSORDNUNG DER WIRTSCHAFTSPRÜFER (WIRTSCHAFTSPRÜFERORDNUNG – WPO) vom 05.11.1975 (BGBl. 1975 I, S. 2803), zuletzt geändert durch Artikel 18 des Gesetzes zur Umsetzung der Dienstleistungsrichtlinie in der Justiz und zur Änderung weiterer Vorschriften vom 22.12.2010 (BGBl. 2010 I, S. 2248).

GESETZ ZUR EINFÜHRUNG INTERNATIONALER RECHNUNGSLEGUNGSSTANDARDS UND ZUR SICHERUNG DER QUALITÄT DER ABSCHLUSSPRÜFUNG (BilReG) vom 04.12.2004 (BGBl. 2004 I, S. 3166).

GESETZ ZUR KONTROLLE UND TRANSPARENZ IM UNTERNEHMENSBEREICH (KonTraG) vom 01.05.1998 (BGBl. 1998 I, S. 768).

GESETZ ZUR KONTROLLE VON UNTERNEHMENSABSCHLÜSSEN (BilKoG) vom 15.12.2004 (BGBl. 2004 I, S. 3408).

GESETZ ZUR WEITEREN REFORM DES AKTIEN- UND BILANZRECHTS, ZU TRANSPARENZ UND PUBLIZITÄT (TransPuG) vom 19.07.2002 (BGBl. 2002 I, S. 2681).

HANDELSGESETZBUCH (HGB) vom 10.05.1897 (RGBl. 1897, S. 219), zuletzt geändert durch Artikel 8 des Gesetzes zur Umsetzung der Zweiten E-Geld-Richtlinie vom 01.03.2011 (BGBl. 2011 I, S. 288).